"大学堂" 开放给所有向往知识、崇尚科学，对宇宙和人生有所追问的人。

"大学堂" 中展开一本本书，阐明各种传统和新兴的学科，导向真理和智慧。既有接引之台阶，又具深化之门径。无论何时，无论何地，请你把它翻开……

后浪出版公司　大学堂 015

FUNDAMENTALS OF
HUMAN SEXUALITY, 6E

性学观止

插图第6版·上册

[美]贺兰特·凯查杜里安（Herant A. Katchadourian）著
胡颖翀 史如松 陈海敏 译
郎景和 赵伯仁 审订

科学技术文献出版社
SCIENTIFIC AND TECHNICAL DOCUMENTATION PRESS

·北京·

图书在版编目（CIP）数据

性学观止：插图第 6 版：全两册 /（美）贺兰特·凯查杜里安（Herant A. Katchadourian）著；胡颖翀等译 . —北京：科学技术文献出版社，2019.3（2022.12 重印）

（大学堂）

书名原文：Fundamentals of Human Sexuality,6e

ISBN 978-7-5189-5126-0

Ⅰ . ①性… Ⅱ . ①贺… ②胡… Ⅲ . ①性学 Ⅳ . ① C913.14

中国版本图书馆 CIP 数据核字 (2019) 第 016143 号

著作权合同登记号　图字：01-2018-8393

中文简体字版权专有权归银杏树下（北京）图书有限责任公司所有

Foundamental of Human Sexuality

Copyright ©1972, Herant Katchadourian

All rights reserved.

性学观止（插图第6版）（上册）

| 责任编辑：巨娟梅　王梦莹 | 责任出版：张志平 | 筹划出版：银杏树下 |
| 出版统筹：吴兴元 | 营销推广：ONEBOOK | 装帧制造：墨白空间 |

出　版　者	科学技术文献出版社
地　　　址	北京市复兴路15号　邮编 100038
编　务　部	（010）58882938，58882087（传真）
发　行　部	（010）58882868，58882870（传真）
邮　购　部	（010）58882873
销　售　部	（010）64010019
官方网址	www.stdp.com.cn
发　行　者	科学技术文献出版社发行　全国各地新华书店经销
印　刷　者	北京天宇万达印刷有限公司
版　　　次	2019 年 3 月第 1 版　2022 年 12 月第 5 次印刷
开　　　本	787×1092　1/16
字　　　数	935千
印　　　张	51
书　　　号	ISBN 978-7-5189-5126-0
定　　　价	150.00元（全两册）

版权所有　违法必究

购买本图书，凡字迹不清、缺页、倒页、脱页者，请联系销售部调换

致中国读者

无论在世界上哪个地方，性都是人类生活中一个关注的中心。它的重要性早已在古代文明和高等文化（这其中当然也包括中国）中以文学和艺术的形式得到认可。因此，能够以中文的形式在中国面世当属本书的荣幸。

自从第1版于1972年问世以来，本书很快成为大学性学课程的标准教材。它也同样被广大的一般读者所阅读，因此在此后的三十多年里，本书历经了五个版本。

性学是一个复杂的主题，必须从多方面来理解。首先，无论从生殖及其他更为基础的方面，还是从其他一般的方面而论，性都是人的一项基础生物学机能。因此，本书仅以很少的章节从解剖学、生理学及激素方面来讨论性学。性既是人们以繁殖为目的进行的一种行为，又是同爱情联系在一起的。它还是人们生活乐趣的几个源泉之一。

我们天生都具备某种性能力，就像所有通过性来繁殖的动物一样。因此，我们就与动物共享一些重要的进化特征。但是也有一些东西是人类独有的，并且是可以学习的。因此，性学的发展就必须界定在某种高度之上。

我们如何实践性行为，是我们私人生活和个人选择方面，以及社会性方面重要利害关系的根源。我们如何对待自己的性生活往往也对他人的生活有着深刻的影响。因此，社会总是以极大的重视来规范这类行为。所以本书中所讨论的所有主要形式的性行为，都坚持客观的角度，同时也不辍其道德和社会后果的视角。

性在人类相互关系和婚姻制度中的重要性可以说怎么夸大都不过分，因此在本书中，我们既会探讨性与亲密、爱情、婚姻及另类婚姻的关系，同样也关注性利用和性侵犯。这些讨论使得与某种特殊行为相关的潜在的危险性得以凸显。

最后，本书从历史、文化、法律和道德的方面来对性行为进行检视。因为本书是为西方读者尤其是美国读者而撰写，故很难特别提及亚洲和中国的传统。虽然如此，希望这些资料仍能引起中国读者的兴趣。

贺兰特·凯查杜里安
2009年8月

简　目

中文第6版序　传播性学的"圣火" ······ 郎景和	3
中文第6版序　为什么我们永远都会谈论性 ······ 江晓原	7
中文第4版序　为性学正名 ······ 郎景和	10
中文第4版　序言 ······ 贺兰特·凯查杜里安	12
英文第4版序　美国第一部成功的性学教科书 ······ 大卫·韩伯哥	14
英文第4版　前言 ······ 贺兰特·凯查杜里安	15
前　言 ······ 贺兰特·凯查杜里安	18
目　录 ······	21
专题目录 ······	35

第1章　性学导论　001

第一部分　性结构与功能　031
第2章　性解剖　033
第3章　性生理　057
第4章　性激素　083
第5章　性器官疾病　113

第二部分　性与生殖　155
第6章　怀孕与分娩　157
第7章　避孕与流产　189

第三部分　性发育　225
第8章　童年期的性发育　227
第9章　青春期与成年期的性　261
第10章　性别与性　293

第四部分　性经历的多样性　321
第11章　自身性行为　323
第12章　性游戏与性交　349

第13章　同性爱与双性爱　377
第14章　性欲倒错　403
第15章　性功能障碍与治疗　431

第五部分　性与人际关系　465
第16章　性亲密和爱　467
第17章　婚姻与另类婚姻　499
第18章　性利用　533
第19章　性侵犯　565

第六部分　性与社会　599
第20章　历史上的性　601
第21章　文化中的性　639
第22章　东方文化中的性　671
第23章　性与法律　695
第24章　性与道德　725

延伸阅读　747
重要词汇　753
出版后记　767

中文第6版序

传播性学的"圣火"

欧洲思想家卢梭曾说:"我觉得人类各种知识中,最有用而不完备的,就是关于人的知识。"我们还可以说,关于人的知识中,最有用而不完备的是性的知识。

在谈论性,或者在性问题、性生活上,把人类至洁至纯的崇高的美与污秽的、低贱的丑的概念和界限区别开来是非常重要的,却也是非常困难的。

恰在二十年前,我为这部著作的第一部中译本写了序言,其结尾作了如此的期望:愿同道们都来做我国性学的普罗米修斯。应该说这一期盼已经得以实现。现今性学的研究、发展及普及要比那时的想象快速得多,而随之而来的问题也比想象的复杂得多。

因此,当我们把新版《性学观止》奉献给同胞之时,也感慨良多。

十多年前,我在中国协和医科大学(八年制)的妇产科学教学中开始讲授《性学的发展和现状》。开始便说:这是令人奇怪而具有辛辣讽刺意味的事实,即那些对人类生活有着极大影响的学科,在科学研究或高等教育中几乎无人问津,更不用说它如何在人群中普及。而现今,我们已经有了大学课程、研究所、性学会及不计其数的书著、影视,甚至还有铺天盖地的广告!

是也,亦是非。我们并非"叶公好龙",但又该如何审慎地估计这一现状,以及如何健康地发展性学研究和性学普及呢?

我认为,至少这部新版《性学观止》有极强的科学借鉴及参考价值。

我们仍有必要简要回顾一下性学发展的轨迹。

一百多年前,奥地利人克拉夫特-伊宾(R.Von Krafft-Ebing,1840~1902)于1886年出版了他的《性心理学》,被认为是性学的肇始。后来,德国人布洛赫(I. Bloch,1872~1922)把社会学引入性学研究,正式创立"性学"(Sexology)一词。所谓性学就是研究两性发育、性生理、性心理、性病理及有关社会学意义的科学。

在性心理学研究方面的一个重要人物是弗洛伊德(S. Freud,1856~1939),他的代表作是《性学三论》,其精神分析学说是以性为核心的。英国人霭理士(H. Ellis,1858~1939)是一位很有影响的科学家、思想家,他终生严肃地从事人类性科学的研究和教育,认真探讨人类的精神世界和性的生物学的密切关系,1933年出版了《性心理学》。潘光旦先生于1941年将其译成中文,梓成自题曰"我亦传来竺国经,不空不色唤人醒",可见其用心良苦。

20世纪中叶,重点移向美国的生态学研究和广泛的性学调查,当推金赛博士(A. Kinsey,1894—1956),他的《人类男性的性行为》(1948)和《人类女性的性行为》(1953)是著名的性学报告。

接着,性学进入了实验科学的新领域。它的开拓者是华生(J. B. Watson,1978—1956),为此曾濒于身败名裂。马斯特斯(W. Masters,1915—2001)和约翰逊(V. Johnson,1925—)夫妇建立在科学实验基础上的《人类性反应》(1966)、《性医学教科书》(1979)是当代性学、性治疗学和性医学的权威著作。2002年翻译过来的《海蒂性学报告》包括男人篇、女人篇和性爱篇,堪与金赛报告相媲美。

当今,在西方,性问题面临着严峻现实:二十多年掀起的"性自由""性解放"和"开放婚姻"与科学家们严肃的研究形成鲜明对照;一些国家关于性的禁锢有增无减,又不能不在外来的冲击下发生难以预料的震颤。在一种文化和道德的病态中,爱情正无法遏制地丧失它的意义。而包括艾滋病在内的性传播疾病的泛滥,使人们从"性革命"初期的陶醉情绪中似乎清醒过来,那种追求放肆的纯粹的快乐不过是一种妄想。因为如今世界的开放如若同淫乱相结合,将引起并促成一场规模无法预测的全球性灾难。地球上的任何角落、任何人群都要迎接挑战,都要作出抉择 —— 它将影响我们这个星球上的人类文明和子孙繁衍。我以为,医生的力量大概是十分有限的。

因为我们要展谈的是一本西洋书,也有必要将中国(以及东方)的性文化点评一二。我们姑且不读性学的定义,而就性问题而言,除了性的实验科学以外,现代性学的基本思想,在东方,特别是在中国古代的文化中几乎都曾涉及过。

我国早在汉朝(公元前2世纪—公元2世纪)即有关于性的研究,当时这种学问被称为"房中术"。这类书可以说颇为丰富,从先秦西汉到明清两朝,诸如《黄帝内经》《十问》《合阴阳》等均系最古典者;而《素女经》《素女方》则于民间流传甚盛;中医大家孙思邈(581—682)是唐代医药学家,医术精湛,医德高尚,善于养生,年逾百岁。孙氏所著《备急千金要方·卷二十七·房中补益》对房中养生贡献尤巨。《医心方》是一部综合性医著,系日本丹波康赖氏于公元982年所撰,其中卷二十八《房内》,则是专论房室生活的,收载专著30篇,涉及男女两性生活之各个方面。南宋陈自明(约1190—1270)之《妇人大全良方》亦值得称道,书中论及房事及子嗣,已有了胎教和优生之说。《三元延寿参赞书》关于房中养生之八论更令人击节,乃为宋元房中养生学之重要总结,其作者李鹏飞撰写该书时年已七十,真不惮辛苦矣!明代著名医学家张介宾(1563—1640),字景岳,也对男女两性阴阳交会及优生等有较系统的论述,这在《景岳全书》卷三九《子嗣类》里分天时、地利、人事、药食、疾病等五部分、二十四论加以阐述,可谓早期的性医学专著。如此等等,我们不禁为中国绚烂丰富的天人合一、阴阳辩证的思维所震撼!

在印度,早在公元4世纪即有所谓《爱经》,后有古印度学者马兰伽·瓦察亚纳(Mallanaga Vātsyāyana)著《卡码箴言》,而问世于15、16世纪的《爱欲之舞台》则是当时写给王室的性教育书。在古代艺术中,如绘画、雕塑、文学作品中都不乏关于性崇拜、性爱的表达。

我国封建社会时期十分漫长,特别是两宋时期,程(程颢、程颐)、朱理学盛行。他们的封建纲常伦理对后世影响甚大,是时缄口不谈两性生活,而以道貌岸然正人君子标榜的,及至清末民国概系如此。"五四"运动是一次跨世纪的文化思想启蒙运动,其波澜所及非一时一事。1926年,张竞生先生大胆地出版了《性史第一集》,是投向旧封建礼教的一颗重磅炸弹。但张先生此后终未得安宁。潘光旦先生1941年翻译了霭理士的《性心理学》,也是厄运丛生。虽说

"太阳从这里升起,文化最先从这里开始",虽说圣人已有哲语早出——"食色性也",但性一直是禁锢的领域。

新中国成立之后,1950年,北京协和医院的赵志一、王文彬、谭铭勋合著的《性的知识》出版了,这是一部只有5万字的小册子,但它打破了性学领域沉寂的局面,受到广大群众、特别是青年读者的欢迎,并被翻译成朝鲜文、越南文。在"文化大革命"中,这部书却以"冠以科学之花的大毒草"横遭批判。

差不多在可怕的停滞与空白之后,20世纪80年代初,韩向阳、郎景和出版了《新婚卫生必读》,印数达千余万册。1982年吴阶平教授等编译了马斯特斯和约翰逊的《性医学》,这已是跨越普及而正式将经典著作介绍给国人了,其意义不言而喻。阮芳赋的《性知识手册》(1985第1版,后又再版)和刘达临的《中国当代性文化》(1988)及几部西方性学专著《理想的婚姻》[(美)冯·德·魏德尔著,杨慧琳等译],以及本书《人类性学基础——性学观止》第5版等的引入,都给我国性学发展以巨大推动力。

但突破堤坝,难免鱼龙混杂、泥沙俱下,一些低级庸俗的作品也充斥于市场,更有色情淫秽的各种出版物及沉渣泛起,甚至闹得乌烟瘴气。它不仅蛊惑于众,污染精神,损害身心,也为性学的正常健康发展带来了不小的障碍。

20世纪80年代后期,各地公开举办性学讲座、培训班,并成立了学术团体。一批活跃的专家学者为性学发展作出了重要贡献,如刘达临、李银河、潘绥铭、马晓年等。值得提出的是,在原人大副委员长、两院院士吴阶平的领导下,由中国大百科全书出版社出版了《中国性科学百科全书》(1998),举入1065个条目,164万字,包括了性学的所有内容,可以认为有里程碑或划时代意义,我曾推荐其为优秀辞书,称其为"科学与文化的珍品,知识与健康的宝库"亦毫不过分。值此,也意味着性科学已经堂而皇之地立于我国现代科学之林了!

诚然,我们面临的性学问题及开展性学研究、性教育的困惑仍然很多。封建意识、低文化素质乃是最严重的因袭力量,它一方面对性科学有"天然"抵抗,一方面又常常使色情淫秽泛延于世。

性学是内涵深刻、外延广阔的领域,包括生殖、不孕、性乐趣、性障碍、性传播疾病、性伦理、性法律及色情文化等,而且性的医学、心理学范畴远远不及,或者越来越不及其社会、伦理学范畴广阔。因为我们遇到的后者方面的问题日益增多,也会愈加感到解决这些问题的沉重和困难。

随着国门的开放和人们经济文化生活的改变,以及道德观、价值观的变化,性行为所带来的医学问题也日渐增多。性传播疾病是新的挑战,老的性病(梅毒、淋病、下疳)死灰复燃;新的性病(及至艾滋病)花样翻新,很有蔓延之虞。其防治显然不仅仅要靠医学手段。

据有关调查研究表明,我国有十大性问题:早恋低龄趋势、婚前性行为、婚外性行为、夫妇性生活不满意、强奸罪上升、嫖娼卖淫屡禁不止、性传播疾病发病上升、黄色淫秽物品流传、性观念混乱、计划生育推行困难等。因此,性学研究、性教育、性科学普及任务十分沉重,在某种意义上,更要提高全民的文化及性素质,不仅是学术队伍,还有国家政府的组织领导,以及相应的政策法规等。

一个重要的转变将首先是意识的。我们无论如何也不能得出,性生活是生活中最重要的东西的结论。不过,如果让性生活像杂草一样生长,那它就会覆没我们存在的深刻的内容和意义。但是,如果过分地压制它,认为它是淫秽的、亵渎的、无聊的、犯罪的,那就会萎缩和剥夺人们许多美好的生活感受,或者带来更多的家庭与社会问题。换言之,性生活应该在人们和社会生活中占据相应的位置;也应该在以治疗和保护人体和人性为职业的医学工作者、心理精神学工作者、伦理教育学工作者,以及政治家、社会学家的头脑中占据一定位置。当然,性对于幸福和快乐的重要因人而异,随个人的需要而变化。单是从这些区别中得出诸如道德之类的结论是不公正的,而对其轻慢和草率也是极大的遗憾。

正是在这种情势下,我在写再版序言时,有一种欣喜舒畅而信心倍增的感觉。毫不夸张地说,这的确是一部堪称"观止"的性学大全,无论是学者抑或百姓,都会从中受益。而译者和编者的认真负责尤其令人感动,形式美轮美奂,文字亦谐亦庄。我甚至愿意把它称为性学传播的"圣火"……

郎景和

2009年3月

中文第6版序

为什么我们永远都会谈论性

二十年前,贺兰特·凯查杜里安的《人类性学基础——性学观止》被引进中国时,中文版的版权页上还标着"内部发行"字样,它几乎被作为一个"打擦边球"的出版行为。

此书中文版(1989)在当时的国内性学界就是一本引人注目的书籍。除了作为在性方面进一步改革开放的又一例证,更重要的是本书所体现、所强调的对性的全方位关注和思考——这种关注和思考与国内多年来的习惯大不相同。

进入20世纪下半叶之后,性在中国重新遭遇了一段禁锢的岁月。在改革开放之后,这段禁锢岁月仍然给中国性学界留下了很深的印痕,最重要的具体表现之一,就是性被视为医学的附属物。

这不妨以我自身的经历为例。我作为中国性学会的发起人之一,在中国性学会正式成立的1994年之前,早就参加了中国性学会筹备委员会多年的学术活动。在那些活动中,绝大部分参加者都是托身于医院或医学院的——皮肤科、泌尿科、妇科,等等,还有一些人士属于计划生育部门。这种现象在中国是如此的普遍,如此的天经地义,以至于中国性学会自身也是挂靠于北京医科大学——现在的北京大学医学部;而我目前担任副会长的上海市性教育协会,则挂靠于上海市计划生育委员会。

这种在体制上被视为医学附属物的安排,并非仅仅具有象征意义。事实上,它影响了许多中国人看待性的视角和眼光。

因此,在国内,关于性的书籍通常都可以被分成两类:一类是讲"临床"的,包括生理构造、生育、避孕、药物、性病和性功能障碍的治疗,等等,总之就是可以作为医学附属物的那些性问题;另一类是讲"文化"的,包括性史、性社会学、性伦理学、性心理学、性与法律、性与文学艺术,等等,总之就是与"临床"无关的那些事情——因为在中国人的观念中,"医学"显然消受不了这些附属物。

据我大致的观察,上述两类书籍通常总是分开的。也就是说,讲"临床"的通常不讲"文化",讲"文化"的通常不讲"临床"。大家仿佛有着一个默认的分工原则。

再换一个角度看,其实"临床"的那部分可以对应为"科学知识",而"文化"的那部分可以对应为"人文精神"。有些思想保守的人士认为,对于性,只要讲那些"科学知识"就够了,别的讲多了非但无益,而且可能有害。他们也更喜欢使用"性科学"这样的措辞(而不是"性学"),因为将性窄化为某一类"科学知识",确实可以在许多时候给我们带来较多的安全感。

这本《性学观止》在美国是被当作教材使用的,尽管也有许多一般公众阅读此书。说到

"教材",很容易又让人联想到"科学知识"上去了,况且性学教材在国内多半会与医学教材并列,被归入"理工农医"教材的大类中去——还是与"文化"或"人文精神"沾不上边。

但是这部《性学观止》,却是将上述两者放在同一本书中讲的,而且相互穿插交错,融为一体。这倒并非贺兰特·凯查杜里安的"创新",因为在西方性学教材中,这是常见的做法。不过对于习惯于两者分离的中国性学界来说,《性学观止》这本书就相当有新意了。

为什么要将"临床"和"文化"放在一起讲呢?

当然,我们可以解释说,"科学知识"本来就应该与"人文精神"结合在一起的。但是对于性学来说,这样大而化之的解释是特别不够的。

性学不是天文学或物理学——这类所谓的精密科学,确实可以在相当大的程度上脱离人文精神而讲论(绝对脱离也是不可能的),但性学却是一个脱离了文化或人文精神就绝对讲不好、讲不深、讲不透的学问。

因为性学中的许多问题,并不仅仅是所谓"科学问题",实际上它们同时又是伦理问题或文化问题。例如,关于男性的阳痿和女性的性冷淡问题,在现代社会中,就是非常普遍而又非常难以解决的问题。如今大家通常都心照不宣地将话语约束在一个"政治正确"的框架中(就连本书也是如此),这样的对话可以保证在伦理道德方面无懈可击,但是许多情况下却无助于问题的解决。类似的例子在性学中可以找到许许多多——性学根本就是一个横跨科学与人文两大领域的特殊学科。

性学还有一个特殊之处,就是它与我们的日常生活密切相关——密切到每个人、每一天都离不开它的影响。我们可以让天文学或物理学离开我们的日常生活,但是我们中间的每一个人——包括独身者、儿童和老年人——的日常生活,都不可能脱离性或性的影响。

性与我们日常生活的密切相关,以及性作为横跨科学与人文两大领域的特殊性,注定了我们永远都会谈论性这件事情。

性学中可以归入"科学知识"的那部分,虽然在改革开放之初曾经是非常引人注目的话语,但是随着公众受教育程度的普遍提高,加上多年来对于性知识的普及工作,已经没有多少内容可以继续谈论了。

但是性学中"文化"的那部分,却有着无穷无尽的空间。随着我们经济的发展和观念的开放,人们对于性的认识,人们的性观念和性心理,都在不断地变化着。旧的问题获得了解决或还未解决,新的问题却又层出不穷地冒出来。更何况,许多根本性的、终极性的问题(比如,爱情的变迁、婚姻的价值之类),是永远无法解决的。这些都使得我们关于性的讨论和思考将一直持续下去。

这一点甚至可以在本书的多次修订版中得到旁证。

本书二十年前的中文版,是依据英文第4版(1985)译出的。但是随后的英文第5版(1989)有了很大的变动,特别是作者更新了大部分所引用的调查数据。1984年的英文第4版全书共20章,此次的中文版增加了4章,同时也分解、合并甚至删去了几章,我们只要看看新出现的各章标题——"性别与性""性亲密和爱""婚姻与另类婚姻""性利用""性侵犯""文化中的性""东方文化中的性"——就知道性的"文化"部分是如何的常谈常新了。其中第22章"东方文化中的性"是英文第5版中也没有的,由作者授权此次中文新版首次使用。

作为一部优秀的性学读物,本书中文新版的问世,本身就是我们这个社会继续谈论性这件事情的行动之一。

那么,好吧,就让我们继续谈论吧。

江晓原
2008年5月28日
于上海交通大学科学史系

中文第 4 版序

为性学正名

　　我们需要性知识,需要科学的性知识,需要适宜的性知识教育。

　　对于性采取禁锢和蒙昧政策,已经越来越被公认为是不明智的。因为,无论从古老的创世神话到试管婴儿的诞生,从婚姻到生育、优生控制,我们都难以回避性——一个重要的生命和生活主题!

　　当人类试图维护自己的尊严,从而标榜傲居动物之上的时候,性关系与性问题被潜藏和神秘化了;居室与服饰遮掩了最令人羞怯的部位和行为。当又经历了相当长的时间后,一些人又觉得这种潜藏和遮掩是一种束缚,于是又尽情地甚至肆无忌惮地解放和暴露。人的行为轨迹,或者画一个圆圈回归原地,或者螺旋上升到新的高度。人类栖居的星球在宇宙的海洋中沉浮,经济与文化、道德与文明是定向力量,而我们每人似乎都无足轻重,但每个人却又是一个有质量的粒子,这里讲的质量意味着素质——身体的和精神的,它显示着我们自身发展的水平和驾驭自身发展的能力,其中也许起重要作用的是性。

　　性是一个颇为广大的范畴,至少它包含有生物学和社会学两重性。性行为又是力量因素,诸如生物本能、生理驱动、精神意志、道德观念、法律习俗等相互作用的结果,是多元辐射聚焦的热点。因此,对它的认识和思考应该是多方面的,肤浅的对比、简单的结论都是不足取的。

　　对于性,我们不能忽视它,还因为它是人生快乐,同时也是痛苦的一个渊薮。它本身就完全可以"导演"出震撼人心的喜剧和悲剧!

　　对于性,我们不能低估它,还因为它是人类文化的一部分。从史前时期的原始石刻到马斯特斯与约翰逊的性学实验,可以看到不同时代对性认识的文化背景;从缠足制造出的扭捏到胸罩展示的丰满,这是何等大相径庭的美学意蕴!

　　对于性,我们不能轻慢它,还因为性的不正常或不正当积蓄和宣泄,会造成十分有害的社会后果。性传播疾病、嫖娼、性侵犯等都足以使千百万人在变形的性活动中毁灭!

　　因此,应该把性教育作为健康教育、文化教育、道德教育和社会教育的一个重要内容。遗憾的是,我们做得还很不够。一方面,性教育的真正开展为时尚短;另一方面是缺乏性的知识材料、科学研究和专家学者。人们对性知识的渴求和顾虑,对性困惑的忍耐和抗争,也构成了一种非常怪异的局面。这个时候,译者们把《人类性学基础——性学观止》引进国门是难能可贵的。

　　这无疑是一部十分严肃的性学学术著作,作为一所著名大学的教科书二十余载,当之无愧是该领域的基础和权威教材。它的内容非常全面,从解剖生理到伦理法律,从性行为的始发到历史演进,涉及性的研究、教育和治疗诸方面,又有东西方性文化的回顾和性学研究的最新进展,可以认为是一部性学大全。

我以为本书的翻译出版会推动我国的性教育和性学研究,希望有一天能建立我们自己的性学基础;再者它可以净化性学宣传,人们会从本书中得知性科学与色情、诲淫的本质区别,它将有力地为性学正名。

性问题涉及各个年龄、各个阶层的不同人群。同样,性教育的对象和内容也必须是多层次,甚至是多色调的。本书显然不是兼顾各方面的通用读物,但不论是专业工作者还是具有相当文化水平的读者都可以从中得到裨益。人们观念上的"承受力"、社会舆论的"抵抗力"如何,未必能完全公正地衡量本书的价值,但或可影响对它的品评和接受。这一顾虑不无多余,对某些章节的处理大概是必要的。更何况存在着国情民俗、文化背景、价值观念上的诸多差异。对本书的批评和赞赏同样应该欢迎,如是,至少说明它及其代表的学科毕竟引起了人们的关注。至于精华与糟粕的分辨、摄取与扬弃的决定,则只有仁智之见。

我们应该感谢本书的译者和编者。愿同道们都来做我国性学的普罗米修斯。

郎景和
1988 年秋于北京

中文第4版

序　言

　　我很荣幸地能够在此与《性学观止》中译本的读者说几句话。我的这本教科书初版于1972年，当时性学课程在美国的大学讲坛上刚刚开始站住脚。现在它的第5版（英文）即将问世。在这短短十几年的时间里，性学有了长足的发展。

　　性是一个惹人好奇的领域。虽然很多人对它感到极大的兴趣，但世间却总有一种倾向，即限制对它的公开研讨。在西方，19世纪的维多利亚时代被认为是这个方面的最好的例子；在中国，类似的过分虚伪的风气据说出现在17世纪（指清朝初年，此乃荷兰汉学家高罗佩之观点——译者）。高罗佩博士写道："清朝（官方）编纂的巨型文库对中国人生活所有的方面都有记载……唯独性的方面却是个例外。" 类似的观念在世界的各个地区还可举出更多的例子……不过，中国文化中性的学问和智慧却可以上溯几千年，是人类文化的一笔财富。

　　20世纪60年代，一场"性革命"的浪潮席卷了整个美国，直到今天，它的余波仍在冲击着世界上其他的国家和地区。这是一个社会巨变的重要年代，尤其是青年人的性行为，经过了性革命，可以说已发生了翻天覆地的变化。至于美国人在性的方面是否真的已发生了一次"革命"，却是仁者见仁，智者见智。

　　用"压抑"或"放纵"这样的字眼来简单化地描述某个历史时期的性行为经常会掩盖当时的实际情况。外在的表现，无论怎样的剧烈，都无异于大海表面上的风浪——下面大量的水依然不会受到多少影响。所以，不论时代被历史学家和道德家贴上怎样的标签，大多数的男女仍然秘密地过着自己的性爱生活。

　　性是人类本性的一个组成部分，也是大自然淘汰与生物进化留给我们人类的一份遗产和礼物。自古以来，各种社会都试图去干涉它的表达，甚至压抑它。但是，性并没有——也不会——离开我们。我们必须和它打交道，谁也逃脱不了。我们必须诚实、直率——同样重要的，还必须负责、谨慎。性不是游戏，它是极乐之源泉，也是至悲之出处。艾滋病问题把和性有关的潜在的危险戏剧性地展现在我们的面前；性传播疾病及其他的问题，如意外妊娠等都引人关注；与性爱关系有涉的感情创伤，以及通过性而导致的社会混乱如性暴力、性剥削等一系列的问题都不可谓不重要……

　　"性之奇妙如是！吾辈更应通晓其隐患。"这一点对青年人尤其重要。处理这些事情的最佳途径不是回避、压抑，而是研究、教育、负责的行为及关心他人胜似关心自身。

　　《性学观止》首先是为美国大学生编写的教材，但它对任何成年读者——无论出于个人兴趣，还是为了职业的需要——都会有些益处。显而易见，书中所论及之性行为未必完全适用于世界其他地区，但大部分材料讨论的却是性的生物学及心理—社会等方面的一些基本规律，这些却是通用于全人类的。这不是一本"性爱指南",但它所提供的知识应该能够丰富读者的性生活,更大范围及更重要的是精神生活。

我很高兴看到自己的书能够到中国读者的手上。但是经验又使我不得不感到寒酸。在性的学问方面,我应该向中国人学习的东西比我所讲授的要远远多得多。不过,我仍希望拙著对于中国的年轻男女们的性教育,以及对于其他感兴趣的中国人作出一份微薄的贡献。

对于译者及其他帮助此书成为现实的所有人,我都表示十分感激。

贺兰特·凯查杜里安
1988年10月于美国加州斯坦福大学

英文第 4 版序

美国第一部成功的性学教科书

这是一个令人感到奇特而又辛酸的事实，即有些对于人类生活具有极大影响的学科，在进行科学研究的高级深程中几乎无人问津。性学就是这样一门曾遭受冷遇的学科。幸而这种状况（在美国）正在朝好的方向转化，这部书的出版就是对这种进步的一个卓越贡献。在我所知道的关于人类性学的书籍中，没有第二本书——无论在清晰程度、说服力和材料的翔实可靠诸方面能够与这部教科书媲美。

目前性学的文献仍处在早期积累的阶段。市场上尽管充斥着流行的通俗读物，其中也有不少让人将信将疑的探讨，但能够作大学性教育教科书的却寥若晨星，这与拥有大量优秀教科书的许多其他学科（诸如心理学、生物学等）形成鲜明对照。

就我所知，这本书曾是第一部成功的性学教科书。无论在范围、深度和可靠性方面，它比生物学和社会科学方面的优秀教材都略胜一筹。在具有冒险意味的一系列成功之作中，作者对原版本的成功修改使这本好书日臻完美。

这部书让人们首要关注的是信息而不是忠告。经过精选的信息告诉读者各种实验数据出现的时间，如果依据这些数据作出理论的假设时，它又有什么局限，作者对此配有精辟的分析。与此同时，对相同的现象与行为，作者尽量多地提供了各种中肯的解释。书中材料的安排适合于大学低年级的同学，但书中学问之精深，对高年级的同学也是极为宝贵的。科学基础上的性教育，对于全社会恐怕都是非常有益的。

很少有其他论题需要像性学领域这样有如此综合与统一的观点。目前性的生物学、心理学及文化等层次仍有许多方面需要深入探索，现有的知识已使我们清楚地意识到上述诸因素密不可分，使我们无法厚此而薄彼。这本书的一个重要特点就是其用综合与统一的方法，把各方面的重点恰到好处地分散于不同的领域，引导读者用进化的、历史的和跨文化的观点来审视性学，从整体上把握和探讨人类的性行为。

本书作者为了写出这部反映当前性学知识现状的宏著，广泛涉猎了生物科学、社会科学、人文学科及临床医学等多方面的最新成就。他没有被任何一门学科的局限所制约，也没有固守任何一种意识形态的教条；他的头脑开放，信息丰富，对任何问题的探讨都极为自由而无任何的约束。他对证据的评价也是一贯地明智和有益。他的表达风趣而雅致。

这本书让人读来入迷，它对于我们认识和理解人类的性行为作出了天才的贡献。

大卫·韩伯哥（David A. Hamburg, M. D.）
1984 年于纽约

英文第4版

前 言

　　此书第1版于十多年前问世,那时在学院和大学中刚开始教授人类性行为的课程。从那以后,此书的三个版本都被广泛使用,并被译成法文、西班牙文和葡萄牙文。

　　第4版保持了前几个版本的基本内容,但也加了几个新章节,并对旧版本作了广泛的修改,全书从而呈现新貌,此书我们可以看作是一本新书。

　　第1章介绍人类性行为这门学科,讲的是性学研究中所发生事件的来龙去脉和研究的历史纵观。此后的19章基本平均分为三个部分,分别对性行为进行生物学、行为学及文化方面的考察。这种学科式的探讨就像科学文献,因为它们也是按相似格式组织的。它允许三个主要的考察能独立而系统地展开,但这并不意味把性行为和功能中的生物学因素和心理学强行人为地分开。

　　第3版中的第8章(整个生命过程中的性行为)被分为性行为(第8章)和性发育(第9章),这样做能更集中地讨论涉及的问题。第4版中新增加的第12章是为了更广泛地讨论性关系中的人际关系和法律问题。和先前版本不同,本版将同性爱放在一个独立章节(第13章)中予以讨论,而偏执狂和性侵犯作为单独一章讨论。

　　人类性学方面的教科书普遍没有对性的历史和文化等方面给以足够的注意。这本教科书试图通过加入的新章节(第17章"古代世界的性")和(第18章"西方文化")来克服这个弱点。精美艺术品在这些章节和本书其他部分中的采用,则进一步增加了文化方面的分量。

　　此书力图内容丰富,但又非面面俱到。性的许多重要方面都予以讨论,但重点放在大多数读者可能最关心的地方。论述的水平可比得上学院中使用的生物学和行为科学方面的教科书。所用语言为科技英语,语气客观。对事情的陈述和所附插图坦率、明确,但绝无耸人听闻和冒犯读者之意。这些篇幅中的材料许多是令人愉悦的,但也有令人沮丧和憎恶的,那是因为性行为被加以客观的描绘,而不是按作者或其他某些人的偏爱,觉得应当怎样去描述。此书力图对各种观点予以客观的叙述,但这绝不意味着本书中的每一种观点都具有相同的价值,也不表明作者本人对什么观点值得崇尚、什么观点是明智的、什么观点是教诲性的没有自己的判断。

　　一本教科书的成功首先取决于其内容,其次是表述的方式。如果一本书内容空空,教师就无法施展本领使其变得有价值。另外,如果书中的材料不着眼于读者的注意点,那么它也没什么用处。为了避免这种情况,每个议题先给以定义,然后描述,最后讨论。和生物功能有关的一些关键性概念都在用于本学科前就予以明确。当讨论到具体行为时,将进行跨文化和跨种群的比较,从而将其置于适当的背景下考察。

我是精神病医生,但我的精神病学研究一直主要是跨文化的流行病学,因而和行为科学的历史的考察研究很相近。在过去的15年中,我基本上在斯坦福大学从事教学工作,既是人类生物学任课教师中的一员,又是大学教务长和副院长。

我对人类性学领域的兴趣是和教学有关的。1968年,我在斯坦福大学开始讲授人类性学这门课,至今已教过一万多名学生了。我也教过医学院学生和数千名行为科学工作者,以及其他具有大学水平的非专业人士。我认为我作为本书作者的身份是我作为一个教师身份的延伸。

依我看,教师起三个基本作用:第一,教师相当于"浓缩器",他集中某个领域的知识,然后传给学生;第二,教师相当于"过滤器",把有意义的东西和荒唐的东西分开;第三,也许是最重要的,即教师应通过提出问题促使学生检视自己的看法、假说和判断。教学应包含让学生学会严谨思考的方法,并通过独立思考,全面地获得关于学习对象的全部知识。

如果我当一个教师是称职的话,那么除了不干涉学生的私事外,在其他事情上我都不能失败。但试图向学生反复灌输我自己的性价值观是不合适的。甚至,尽管我认为性是生活中一件奇妙的礼物,但把它兜售给我的学生并不是我这个做教师的事。只要可能,我力图在本书中不掺入我个人的性偏爱、性价值观和偏见。读者可判断我到底做得怎么样。

此书所有版本的成功历程中包含着许多学院和大学的极大贡献。由于篇幅所限,我不能将先前版本中的致谢再在这里重复,但对他们的帮助我始终怀着感激之情。

Donald T. Lunde 是本书第3版的合著者,他主要负责性激素、生殖、避孕、性紊乱、同性爱和其他性行为、性和社会、性和法律及性和道德等章。现在这个版本从前版本中重新引用了上述这些方面的基本内容,并保留了大量插图,但所有这些章节都在经过广泛修改后写成,虽然这些情况使得我们在此版本中没写上原合著者的名字,但我仍对我们以前的合作给予高度评价。

第4版受益于许多人的贡献。Lynda Anderson(北加州大学),John. B. Black(奥古斯塔学院),Nancy Cozzens(迪安萨城市学院)及 Susan Fleischer(皇后学院)都教授人类学,他们阅读初稿,修改图表,并对内容和编排提出了大量有益的建议。一些专业性较强的议题,得到了斯坦福大学许多人有价值的建议和帮助。他们是 George 和 Phyllis Brown(文学和中世纪研究),Carl Djerassi(避孕),Julian Davidson(生理学和内分泌学),Nark Edwarks(分类学),William J.Goode(社会学),John Kaplan(法律),Iris Litt(避孕、青春期医学)和 Arthur Wolf(人类学)。

我亦对在查资料和准备材料过程中给予帮助的人们表示感谢。他们是 Sue AbRowitz,Roger Broakman,Alam Fausel,Carrol King 和 Ruth Audrea Levinson。手稿的反复录入也不是一件简单的工作。初稿由 Margaret Gelatt 录入,Andrea Garwood 和 Nancy Bovee 负责其他部分,但 Laurie Burmeister 负责了主要的工作。除了她有效而不懈的工作,更主要的是她的耐性和热情支持着我度过了许多困难时刻。

我还要感谢 Holt Rinehart 和 Winston 的人们。他们给了我必不可少的帮助,尤其是此书的编辑 Earl MePeek,他的助手 Lucy MacMillan Stitzer,Jennette Ninas Johnson,是他们引导着此书

从手稿到成书的整个过程。我还要感谢出版经理 Annette Mayeski 和设计总监 Robert Kopelman。

最后要提到的是，Albert H. Hastorf 院长，使我有可能在任副院长之职期间完成这项工作。

谨将此书献给我的妻子和我们的两个孩子，他们使我的这项劳动有了价值。我向他们，以及其他的朋友和合作者（太多了，以致无法一一提到）表示感谢。

贺兰特·凯查杜里安

前 言

1972年,当这本书的第1版出版时,关于人类性行为的现代课程刚刚出现在大学校园。从那时起,这个领域始终和这部教材一起成长并相互促进。现在有超过一打的大学教材可供选择,但哪一本都比不上本书的第5版在这个领域的资历。

一部成功的教材必须在随着时代的需要创新和改变的时候,保留它原有的得到公认的实力和特色。这是我们过去一直尝试去做的。这一版保留了它基本的目的:在人类性行为的生物、心理、社会文化层面上为学生提供一个广阔的、跨学科的视野;向学生展示这个领域的基础知识及研究和学术进展;鼓励学生将他们所读到的内容和他们学到的东西反映和应用到他们自己的生活中。为了这些目的,这本书给学生传授知识,给他们教导,并向他们提出挑战;它不是鼓吹,也不是在发表评论。

在保持实力的同时,第5版在内容、风格及格式上都有很大的修订。这样的改变有一些是必须的,因为这个领域的新发展及新问题——例如艾滋病——需要更多的关注。还有一些改变是为回应一些批评家的意见而作,他们是这个学科的专家,有着丰富的教学经验。结果,在很多地方我们改变了强调的标准;我们使陈述的标准能为更多的学生所接受;并且我们也回应了更多机构教师的需求,同时保持了思想上的活力和文本的一致性。

这部教材力求全面,但又不苛求面面俱到。关于性学很多重要的方面都没有涉及,但它强调的是大多数读者所关注的主题。

本书的结构

第5版除了保留前几版的基本格式之外,还有一些重要的改变。之前的版本以三大部分分别论述性行为的生物、行为及文化方面;现在这个版本把所有章节分成六部分,按照次序分别是性器官与功能、性生殖、性发育、性经历的多样性、性与人际关系,以及性与社会。

这种进路突出了它对性学领域的贡献,并使学生能够在一段时间里集中关注一个主题。然而,本书也一贯努力去提供一个整体性的、多学科的视角。各种问题的生物、心理和社会意义,以及它们之间的关系得到突出。进化论的、跨文化的,以及历史的维度被引进来,在任何适当的时候,它们都能加深或拓宽学生的理解。

新特点

实际上这一版所有的章节都已重写。因此对以前版本的改变不止是一次普通的修订那么简单。

1. 更新。新版增加了1000多本参考书目。快速变化的领域(像对艾滋病的研究)在书中被很好地反映出来,读者可获得尽可能新的信息。这本书广泛覆盖了艾滋病及其他传染性疾病。除了这些问题的生物医学和心理层面外,还特别注重给学生提供必要的信息和指导,来帮助他们作出安全而明智的性决定。对避孕问题及其他由性健康衍生出来的主题,也是如此。

为了能更加强调性的关系层面,我们突出了关于爱情的最新研究文献。同样我们非常强调性别与各种层面的性行为的关系。婚姻及它的替代选择受到集中关注。同样地,性行为的负面——剥削和侵犯——也得到客观而又必要的重视。

对性与社会相关章节的更新主要集中在法律及其最近的发展上。但同时,像性道德之类的问题也被重新思考,以为学生提供尽可能新的观点。

2. 新增章节。在之前的版本中,性发育只有一章的内容。在第5版中,它扩展成了三章:第一是关于儿童期的性发育;第二是关于青春期和成年期;第三是关于性别与性行为——这个领域受到越来越多的关注,其重要性也在日益增加。

第二个主要的扩展体现在性与人际关系的领域(第五部分)。由一章扩展到四章,分别论述性亲密关系与爱情、婚姻及其替代选择、性剥削,以及性侵犯。

此外,第8章(性行为)的材料部分被删除了,剩下的被重新分配。第17章和18章,分别是关于古代世界的性行为及西方文化中的性行为,在第5版中被压缩为一章(第20章),从历史的视角来看性行为。同样关于性与社会的那一章被改写为文化视野中的性行为(第21章)。这些改变是为了更好地适应教师的需求,使本书与他们的教学提纲更一致。

3. 图解。第5版最重要的改变是图解。在一个统一的风格下,我们重做了图和表。在保留最好的艺术品的同时,我们大大增加了图片的数量。这些图解的目的并非仅仅装饰,而是为课本增加实质内容。从最初的四色插图发展为不平凡的一套图片是这一版的另一个新特点。双色插图也同样将本书的面貌和教学目的提高到了一个新的层面。

4. 教学辅助品。一本教科书的效果首先依靠的是它的内容,其次是它的表述方式。如果一本书没有实质内容,它也就不需要"教学方法的"技巧。然而,如果材料的表述方式不能引起读者的注意,它的作用也不大。

我们继续用专题的形式来突出特殊的主题,并用它展示文献摘录。课本中的关键词我们用斜体印刷(以表示强调)[1]。每一章的最后都安排有一套复习性问题和思考性问题[2]。延伸阅读为进一步研究提供了所需的书单。一个详细的术语表(附带音标)定义了重要的术语。超过1500本的参考书目为读者提供了一个文献资源,并指导学生进一步获取信息。

5. 辅助资料。本书配有一本教师手册、测试题库、电脑化的测试题库和一本学习指导。

---

[1] 本次中译本以黑体表示关键词。
[2] 这些问题在本书中以边注的形式出现在了对应的正文旁边。

致 谢

在本书各个版本使用过程中,很多同事和评论家都对它的成功作出了巨大的贡献。由于篇幅所限,我就不重复以前版本中的致谢名单了,但这不能抹杀我对他们的谢意。

在第5版的准备过程中,很多人为各个部分材料的更新提供了很大的帮助:Julian Davidson——生理学及激素;Sylvia Cerel Bowen——避孕和性传播疾病;Sherrie Matteo——性发育及性别相关问题;Rutledge Martin——关于性与法律的章节。

还要感谢的是很多评论家,他们从各个层面为本书提供了极有价值的建议和意见。他们是:John M. Allen,密歇根大学;Wayne Anderson,密苏里大学,哥伦比亚;Ann Auleb,旧金山州立大学;Elaine Baker,马绍尔大学;Janice Baldwin,加州大学圣巴巴拉分校;M. Betsy Bergen,堪萨斯州立大学;Ruth Blanche,蒙特克莱尔新泽西州立大学;Stephen W. Bordi,西谷学院;James E. Cherry,Charles Stewart Mott 社区学院;Dennis M. Dailey,堪萨斯大学;Ronald S. Daniel,加州理工大学波莫纳分校;Wayne Daugherty,圣迭戈州立大学;William A. Fisher,西安大略大学;Susan Fleischer,皇后学院;Suzanne G. Frayser,丹佛大学;Grace Galliano,肯尼索学院;Frederick P. Gault,西密歇根大学;Brain A. Gladue,北达科他州立大学;Barbara Gordon-Lickey,俄勒冈大学;John T. Haig,费城纺织与科学学院;Sandra Hamilton,俄勒冈大学;Donald E. Herrlein,东北州立大学;Ray W. Johnson,北德州州立大学;Ethel Kamien,洛厄尔大学;Sander M. Latts,明尼苏达大学;Ronald S. Mazer,南缅因大学;Roger N. Moss,加州州立大学北岭分校;Daniel P. Murphy,克雷顿大学;Andrea Parrot,康奈尔大学;Sara Taubin,德雷塞尔大学;Richard M. Tolman,伊利诺伊大学,芝加哥;Marlene Tufts,Clackamas 社区学院;Charles Weichert,圣安东尼奥大学;Donald Whitmore,德州大学,阿灵顿;Edward W. Wickersham,宾夕法尼亚州立大学;Midge Wilson,德保尔大学。

一本书的出版几乎和它的写作一样艰难。Laurie Burmeister 出色地、一丝不苟而又不知疲倦地完成了对这本书的打印和准备出版工作。Jane Knetzfger,策划编辑,在这个过程中扮演了核心的角色。Paula Cousin,高级项目经理,指导了这本书的出版工作。我还希望感谢 Susan Driscoll,行为与社会科学部发行人;Susan Arellano,组稿编辑;Kristin Zimet,文案编辑;Annette Mayeski,发行经理;Judy Allan,策划主管;Lisa Bossio,她编写了术语表;Elsa Pererson 及 Marion Geisinger,他们在图片上给了我很大帮助。

这本书献给我的家人,特别是我的太太 Stina,她为我分担了很多负担,使我能更轻松地完成这本书。对她,以及我的孩子们,Nina 和 Kai,我谨致以我亲切的感谢。

贺兰特·凯查杜里安
1988年10月

目　录

简　目 ………………………………………………………………………… 2
中文第 6 版序　传播性学的"圣火" ……………………………………… 郎景和　3
中文第 6 版序　为什么我们永远都会谈论性 …………………………… 江晓原　7
中文第 4 版序　为性学正名 ……………………………………………… 郎景和　10
中文第 4 版　序言 ………………………………………………… 贺兰特·凯查杜里安　12
英文第 4 版序　美国第一部成功的性学教科书 ……………………… 大卫·韩伯哥　14
英文第 4 版　前言 ………………………………………………… 贺兰特·凯查杜里安　15

前　言 ………………………………………………………………………… 18
专题目录 ……………………………………………………………………… 35

第 1 章　性学导论　001

1.1　人类性学研究　002

生物学观点　003

性的医学研究 / 003　性的生物学研究 / 004

心理—社会学观点　005

性的心理学研究 / 005　性的社会学研究 / 006　性的人类学研究 / 006

人文观点　008

艺术中的色情 / 008　文学中的色情 / 009　电影中的色情 / 010　历史的方法 / 010　哲学和宗教 / 011

1.2　人类性学领域　012

性学史　012

起源 / 013　建立 / 013　复苏 / 017

性学现状　019

性研究 / 019　性教育 / 019　性治疗 / 021

1.3　性学研究方法　021

基本考虑　021

研究的目的和角度 / 021　偏见的问题 / 022

21

变量的选择 / 022　伦理的考虑 / 023
抽样法 / 023　统计数据的使用 / 024
临床研究　025
访谈研究法　026
问卷法　027
直接观察法和实验法　029

第一部分　性结构与功能　031

第2章　性解剖　033

2.1　生殖系统　035
性繁殖 / 035　基本规划 / 035

2.2　女性性器官　036
外生殖器　036
阴阜 / 036　大阴唇 / 036　小阴唇 / 036
阴蒂 / 037　尿道口 / 037　阴道口 / 037
内生殖器　039
卵巢 / 039　输卵管 / 039　子宫 / 041　阴道 / 043　尿道球腺 / 043
乳　房　043

2.3　男性性器官　045
外生殖器　045
阴茎 / 045　阴囊 / 047
内生殖器　047
睾丸 / 047　附睾 / 048　输精管 / 049　尿道 / 049　附性器官 / 050

2.4　配子形成　051
精子发育　051

卵子发育　052

2.5　生殖系统的发育　054
性腺的分化　054
生殖管的分化　054
外生殖器的分化　055

第3章　性生理　057

3.1　性唤醒　058
肉体性刺激　059
触摸 / 059　刺激性欲的视觉、听觉和嗅觉 / 060
心理性刺激　061

3.2　性反应　063
性反应模式　063
性反应的生理机制　066
兴奋期和平台期　066
男性性器官性唤醒后的反应 / 068　女性性器官性唤醒后的反应 / 069　其他反应 / 070
性高潮　072
高潮期男性性器官的反应 / 073　高潮期女性性器官的反应 / 075　其他反应 / 075　一个通用模式 / 076
消退期及高潮后果　076
消退期性器官的反应 / 077　其他反应 / 077

3.3　性功能的神经生理控制　077
性功能的脊髓控制　078
勃起和射精机制 / 078　女性的反射机制 / 081　神经传递素的作用 / 081
大脑的控制机制　081

第4章　性激素　083

4.1　激素系统和性功能　084
性腺激素　084

雄激素 / 084　雌激素和孕激素 / 085
抑制素 / 086
垂体激素　086
下丘脑激素　086
神经内分泌控制系统　087

4.2 青春期生殖系统的成熟　088
身体变化　088
生殖系统的成熟　090
女性生殖系统的成熟 / 090　男性生殖系统的成熟 / 091
青春期的神经内分泌控制　091

4.3 月经周期　092
初　潮　092
月经周期阶段　094
排卵前期 / 094　排卵 / 095　排卵后期 / 095　月经期 / 096
月经不适　096
痛经 / 097　经前综合征 / 097

4.4 性发育异常　100
性染色体引起的病变　101
性激素异常引起的病变　102
组织应答异常引起的病变　103

4.5 激素和性行为　103
激素与哺乳动物行为　103
激素的组织化和活化作用 / 104　脑的性差异 / 104　实验证据 / 105　灵长类的性行为 / 106
激素和人类性行为　108
激素与男性性欲 / 110　激素与女性性欲 / 111

第 5 章　性器官疾病　113

5.1 保持性健康　114
性卫生　114
中毒性休克综合征　115

月经和性生活　115

5.2 生殖系统的常见疾患　116
泌尿生殖器感染　116
生殖器排泄物 / 116　阴道炎 / 116　念珠菌病 / 117　膀胱炎 / 117　前列腺炎 / 118
生殖器癌和乳腺癌　118
乳腺癌 / 118　宫颈癌 / 120　子宫内膜癌 / 121　前列腺癌 / 121　睾丸癌 / 122　阴茎癌 / 122

5.3 性传播疾病　123
STDs 的流行　123
STDs 的种类　124

5.4 细菌性 STDs　124
淋　病　124
症状 / 125　治疗 / 126
衣原体　126
症状 / 127　治疗 / 127
盆腔炎　127
症状 / 128　治疗 / 128
梅　毒　128
一期梅毒 / 129　二期梅毒 / 130　三期梅毒 / 130　先天性梅毒 / 131
由细菌引起的其他 STDs　131

5.5 由多种生物引起的 STDs　131
肠道生物　132
起因 / 132　症状 / 132
寄生虫感染　132
阴虱 / 133　疥疮 / 133

23

5.6 **滤过性毒菌引起的 STDs** 133
  生殖器疱疹 133
    疱疹的传播 / 134 症状 / 134
    治疗 / 135
  生殖器疣 136
    症状 / 136 治疗 / 137
  肝炎 / 137

5.7 **艾滋病与人体免疫缺陷病毒
  (HIV)** 137
  艾滋病毒与免疫系统 139
  艾滋病的传播 140
    肛交 / 141 混用针头 / 141 异性性交 /
    142 输血 / 143 母婴传染 / 143 事故
    传染 / 144 怎样防止传播 / 144
  艾滋病的症状 144
    第 1 类 / 144 第 2 类 / 145 第 3 类 / 145
    第 4 类 / 145
  检 查 146
  咨 询 146
  治 疗 148
  艾滋病的代价 148
  预防艾滋病 149
    疫苗 / 149 安全性交法 / 150 冒险行
    为 / 152 性的愉悦 / 153

第二部分 性与生殖 155

第 6 章 怀孕与分娩 157

6.1 **受 孕** 159
  精子的历程 159
  卵子的迁徙 160
  受精和着床 160

6.2 **妊 娠** 162
  妊娠早期 162
    胚胎的发育 / 162 胎盘的发育 / 163 妊

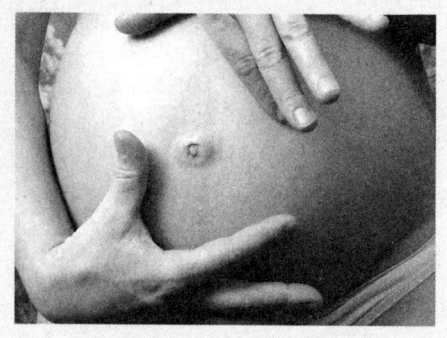

    娠早期的母亲 / 163 妊娠测试 / 165 预
    产期 / 166
  妊娠中期 167
    胎儿的成长 / 167 妊娠中期的母亲 / 167
  妊娠晚期 167
    胎儿成熟 / 167 妊娠晚期的母亲 / 168
  心理层面 168
  妊娠期的性兴趣及性活动 169
  为人父的经历 170

6.3 **新生儿的诞生** 171
  分娩过程 172
  分娩方法 173
    家中分娩 / 173 住院分娩 / 174 有准备的
    分娩 / 175
  母婴的早期交流 176

6.4 **产后期** 177
  生理变化 177
  情绪波动 177
  喂 养 178
  排卵与月经的恢复 179
  产后期的性活动 179

6.5 **产前护理** 179
  营养和运动 180
  烟、酒和药物的影响 180

6.6 **妊娠并发症** 181
  怀孕过程中的困难 181
  先天缺陷 183

6.7 **不孕症** 183

不孕症的病因　184
心理影响　184
不孕症的治疗　184

第 7 章　避孕与流产　189

7.1　避孕实践模式　190
避孕的理由　190
避孕的盛行　192
不采取避孕措施的理由　194
负起责任来！　197

7.2　避孕方法　197
禁　欲　198
激素法　199
药物发展史 / 199　口服避孕药的种类 / 199　不良反应 / 201　事后避孕药 / 202
宫内节育器　203
障碍法　204
避孕膜 / 205　宫颈帽 / 206　避孕海绵 / 206　避孕套 / 207
杀精子剂　208
安全期避孕法　209
日历法 / 209　基础体温法 / 210　宫颈黏液法 / 211
哺乳避孕法　211
体外排精法　212
绝　育　213
男性绝育 / 213　女性绝育 / 215
未来的避孕方法　216

男性避孕研究的进展 / 216
女性避孕研究的进展 / 217

7.3　流　产　218
流产方法　219
负压吸宫术 / 219　刮宫术 / 219　中期妊娠引产术 / 220　高渗盐水引产术 / 220　前列腺素引产术 / 220　减胎术 / 220　实验方法 / 221
流产的心理影响　221
对意外妊娠的反应 / 221　四种选择 / 222　对流产的反应 / 223

第三部分　性发育　225

第 8 章　童年期的性发育　227

8.1　儿童期的性　228

8.2　天生反应能力　230
反射性反应　230
唤醒的来源　231

8.3　儿童期的性行为　231
自体性游戏　232
社会性生活游戏　233
兄弟姐妹间的性活动　234
父母该作何反应？　235

8.4　性的社会化　237
性心理发育的灵长类模型　237
母爱 / 237　母婴之爱 / 237　父爱 / 238　同龄之爱 / 238　异性之爱 / 238
早期接触和亲键　239
成熟与性学习　241
家庭的作用　242
家庭性教育 / 242　家庭性交流 / 243
学校的作用　244
儿童想学习什么？/ 245　应向儿童讲授什么？/ 245　学校内的社会化 / 246
媒体的作用　247

25

与成人的性行为 247

8.5 性行为与性发育理论 248
性本能和驱动 248
动物本能 / 249 人类性驱力 / 249
精神分析学理论 250
精神器官 / 252 性心理发育的阶段 / 252
批评 / 254
艾里克森对社会心理发育的研究 254
认知发育模型 255
条件反射理论 256
经典性条件反射 / 256 操作性条件作用 / 257
社会学习模型 258
经历的作用 / 258 脚本理论 / 259

第9章 青春期与成年期的性 261

9.1 青春期性行为 262
适应青春期 263
身体形象的改变 / 264 早熟与晚熟 / 265
性驱力的高涨 / 265
性行为 266
性幻想 / 266 性梦 / 267 自慰 / 267
爱抚 / 268 口交 / 269 性交 / 270 同性关系 / 271
性观念 272
同伴文化 / 272 性与成年人身份 / 273
性与家庭的角色 / 273
性交的后果 275
正面的结果 / 275 负面的结果 / 275 青春期的性教育 / 277

9.2 青年性行为 279
社会性生活方面 280
婚前性行为 281
流行 / 281 反应 / 282 人际背景 / 283

9.3 中年性行为 284
男性中年期转变 285

女性中年期转变 286
绝经症状 / 286 绝经症状的治疗 / 287
社会心理变化 / 287

9.4 老年期的性生活 288
性反应的改变 288
男性反应 / 288 女性反应 / 289
性行为的模式 289

第10章 性别与性 293

10.1 性身份的组成 294
性别认同 295
性别角色 296
性别刻板印象 296
阴阳人 298
测试性别差异 / 299 阴阳人印象 / 299

10.2 生命周期的性别差异 301
婴儿期 302
儿童期 302
青春期 303
成人期 304

10.3 性别认同形成过程 305
交互模式 305
特 例 306
性的二态性行为 307

10.4 性别紊乱 309
儿童性心理认同障碍 310

后期性心理认同障碍 310
易性癖 310

10.5 性别与性行为 313
性欲和性行为 313
对情色品的反应 314
性高潮能力 315
性关系方面 316
如何解释差异？ 316
性行为中的进化观 / 317　差别的社会化 / 318

第四部分
性经历的多样性 321

第11章 自身性行为 323

11.1 性幻想 324
性幻想的实质 325
范型 / 325　目的 / 326　问题 / 328
性幻想和性行为 329
手淫幻想 / 329　性交幻想 / 330　前戏还是替代品？ / 331
性别差异 332
理论视点 333

11.2 性梦 334
做梦的神经生理学 335
性梦高潮 335

11.3 手淫 336
手淫的方法 338
用手刺激 / 338　用物品摩擦 / 339　紧绷肌肉 / 339　特殊工具 / 339
手淫的流行 341
手淫频率 / 342　社会因素 / 342
手淫的功能 343
手淫、健康与社会 344

手淫与心理健康 / 345　内疚和羞耻 / 346

第12章 性游戏与性交 349

12.1 性游戏的种类 350
接　吻 351
触摸和爱抚 352
乳房刺激 / 353　生殖器刺激 / 353
口对生殖器的刺激 354
其他形式的性游戏 356
对肛门的刺激 / 356　特殊的行为 / 357
对象和工具 / 357
性游戏的长度 357

12.2 交媾 358
插　入 359
肉体上的考虑 / 359　心理上的考虑 / 359
交媾体位 360
面对面式 / 360　后进位 / 362
性交动作 362
高潮控制 362
延长交媾时间 / 363　双方、多重以及延长的性高潮 / 363
达到性高潮的不同形式 364
性交中断 / 364　在身体皮肤上的射精 / 365　口交 / 365　肛交 / 365
尾　声 366

12.3 增加性交的快感 367
肉体因素 367

外表 / 367　锻炼 / 369

时间·地点　369

性诱导和实践　370

气味 / 370　声音和音乐 / 370　衣着 / 371　乳液 / 371　沐浴 / 371　动作 / 371　春药 371

心理因素　372

性别考虑 / 373　互惠 / 373　接受 / 373　消除焦虑 / 373　温情和信任 / 374　交流 / 374

第13章　同性爱与双性爱　377

13.1　同性爱的概念　378

定义的困难　378

标准是什么？/ 379　金赛的等级量表 / 379

身份确认的问题　380

性爱取向和性别认同 / 381　选择性的和专一性的同性爱者 / 381　双性爱 / 382

偏见的问题　382

同性爱标签的效果 / 382　同性爱恐惧症 / 383

13.2　同性爱行为　383

同性爱行为的流行程度　384

同性爱者的性实践　386

主动及被动角色　386

13.3　同性爱作为一种生活方式　387

同性爱亚文化群　387

同性爱者的关系　388

秘密的同性爱生活者 / 388　公开化 / 388　公开的同性爱者 / 389　同性爱父母 / 391

同性爱生活的公共场所　392

如何接触交流 / 392　同性爱酒吧 / 393　同性爱浴室 / 393　公共据点 / 393

13.4　性爱取向的发展　394

生物学决定因素的证据　394

遗传因素 / 394　激素作用 / 395　脑的

差异 / 395

心理—社会决定因素　396

精神分析观点 / 396　社会学习途径 / 397　性别的不确定 / 398

13.5　社会对同性爱者的观点　399

社会对同性爱行为的评价　400

医学判断　400

起因 / 401　治疗 / 401

第14章　性欲倒错　403

14.1　概　念　404

历史概念　405

基本特征　405

14.2　性欲倒错行为　407

恋童癖　407

大体特征 / 407　异性恋童癖 / 409　同性恋童癖 / 409　对儿童的影响410 /

乱　伦　411

乱伦禁忌 / 411　乱伦恋童癖 / 413　应对乱伦 / 414

恋动物癖　415

恋物癖　416

恋物癖的种类 / 416　心理特征 / 417

异装癖　418

恋尸癖　418

窥阴癖　419

露阴癖　420

猥亵电话　421

施虐—受虐癖（S-M） 422
其他性欲倒错行为 424
性瘾君子 425

14.3 原因和治疗 427
性欲倒错的形成 427
生物学根源 / 427　心理分析模型 / 427
学习模型 / 428
对性欲倒错的治疗 428
基于生物学的治疗 / 429　惩罚 / 429
心理治疗 / 429　行为治疗 / 429

第 15 章 性功能障碍与治疗 431

15.1 性功能障碍的发病类型 432
定　义 432
流　行 433

15.2 性欲失调 435
性欲减低疾病 435
性厌恶 436
性欲亢进 436

15.3 性唤醒障碍 437
勃起障碍（阳痿） 437
女性性唤醒障碍 439

15.4 高潮障碍 439
女性高潮抑制 439
早　泄 440
男性高潮抑制 441

15.5 性疼痛障碍 441
性交不快 441
女性性交不快 / 442　男性性交不快 / 442
阴道痉挛 442

15.6 性功能障碍的病因 442
器质性病因 443
外伤 / 443　内分泌紊乱 / 444　神经系统紊乱 / 444　血液循环失调 / 444　酒

精 / 445　药物 / 445
器质性的还是心理性的？ 446
精神因素 447
直接因素 / 447　深层原因 / 448　人际关系问题 / 449　文化因素 / 450

15.7 治疗 451
性治疗 451
PLISSIT 原则 / 451　马斯特斯和约翰逊模型 / 452　勃起障碍的治疗 / 454　无性高潮的治疗 / 454　男性高潮抑制的治疗 / 454　早泄的治疗 / 455　阴道痉挛的治疗 / 455
精神和行为疗法 456
精神疗法 / 456　系统疗法 / 456　行为疗法 / 456
群体疗法 457
自　助 458
药物治疗 459
物理疗法 461
凯格尔操 / 461　手淫训练 / 461
外科手术法 462
性功能障碍的预防 463

第五部分
性与人际关系 465

第 16 章 性亲密和爱 467

16.1 性吸引力 468

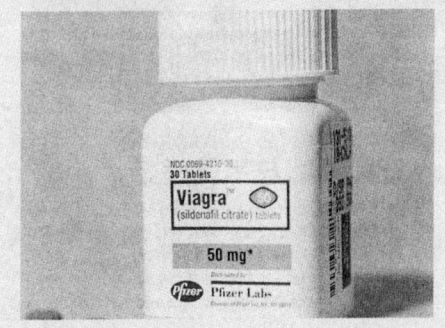

身体方面　468
心理决定因素　471
社会因素　472
性别差异　473

16.2 **性亲密**　475
性行为模式　475
繁殖性和关系性的性 / 475　关系性和娱乐性的性 / 476　性的协商 / 477　合作 / 479　诱惑 / 479　胁迫 / 479
亲密关系的建立和维持　480
沟通和自我表露 / 480　关心和情感 / 481　分享 / 482　诚实和信任 / 482　承诺 / 483
亲密和承诺中的问题　483
人格因素 / 484　性别差异 / 487

16.3 **情　爱**　488
爱的种类　488
爱的成分 / 489　爱和依靠 / 490
陷入情网　491
爱的化学作用 / 491　行为方面 / 494
伴侣式爱情　496
性和爱的关系　496
爱对性的影响 / 496　性对爱的影响 / 498

第 17 章　婚姻与另类婚姻　499

17.1 **婚　姻**　500
人口变化　502

结婚率 / 503　年龄差别 / 503
家庭模式的改变　504
配偶选择　506

17.2 **另类婚姻**　508
同　居　508
流行 / 509　赞成与反对 / 510
同性爱伴侣　512
其他替代形式　512

17.3 **单　身**　512
从未结婚者　514
离婚者　514
离婚统计 / 515　离婚的原因 / 515
丧　偶　517

17.4 **性活动和性满足**　518
婚内性行为　518
婚姻中的性活动 / 518　婚姻中的性满足 / 520
婚外性行为　521
婚外性行为的模式 / 522　共享性伴侣的行为模式 / 523　动机 / 524　流行 / 526　影响 / 527
同居情侣　529
无婚姻的性　529
从未结婚者 / 530　离婚者 / 530　丧偶者 / 531
独身生活　531

第 18 章　性利用　533

18.1 **性的评价**　534
个人的性价值观　534
情感承诺的价值　536
公平交换　536
知情同意 / 536　地位的对称 / 537
性别的考虑　537

18.2 **卖　淫**　538
卖淫的类型　538

妓女 / 538　同性爱卖淫者 / 540
流　行　541
性心理方面　541
为什么女性会沦为妓女 / 544
后　果　545
嫖客的风险 / 545　妓女的危险 / 546
社会影响 / 546

18.3 色情品　547
定义的问题　547
外在的标准 / 547　文学的和艺术的标准 / 548　政治的标准 / 548　色情品的性质 / 549　色情经济学 / 551
后果的问题　552
潜在的伤害 / 553　潜在的利益 / 556
对社会无关紧要的色情品 / 558
审查制度的问题　558

18.4 性和广告　559
性销售的广告　559
出售性产品 / 559　出售性服务 / 560
广告销售中的性　561
吸引注意 / 561　性的影射 / 561　性的象征手法 / 561　性的效仿 / 561
广告中性的影响　562
潜在的益处 / 562　潜在的危害 / 562

第19章　性侵犯　565

19.1 性行为中的侵犯因素　566
支　配　566
敌　意　568
胁　迫　569

19.2 性骚扰　569
决定因素　570
性元素 / 570　不受欢迎的过分要求 / 571　地位不平等 / 571
场　合　571
求爱时期 / 572　社会环境 / 572　工作

场合 / 573　高校 / 574　专业服务 / 574
应对性骚扰　575

19.3 强　奸　576
强奸的实质　577
地　点　578
强奸的犯罪率　579
强奸的种类　581
陌生人的强奸 / 581　熟人强奸和约会强奸 / 582　婚内强奸 / 583　法定强奸 / 584　群奸 / 585　对男性的强奸 / 585
强奸受害者　585
受害者的角色 / 586　强奸的后果 / 588
帮助强奸受害者 / 589
强奸犯　591
异性强奸者的社会心理特征 / 593　强奸者的类型学 / 594　背景特征 / 596
助长因素 / 597　对强奸犯的处理 / 597

第六部分　性与社会　599

第20章　历史上的性　601

20.1 性与文化起源　602
20.2 性与犹太传统　603
《圣经》时代的性　603
犹太人对性的态度　604
犹太教中的性与婚姻　604　被禁止的性

31

行为 / 606　犹太人的道德遗产 / 607

20.3 **古希腊和古罗马时期的性** 608

古希腊的厄洛斯 608

古希腊的同性爱 / 609　卖淫 / 611　希腊文艺中的性爱主题 / 611

古罗马的性 614

阳具象征 / 614　卖淫 / 615　性爱文艺 / 615

20.4 **基督教的兴起** 615

犹太教的影响 616

斯多噶主义的影响 616

《启示录》的期望 617

教父时期 617

诺斯替教的挑战 / 618　摩尼教的挑战 / 619

20.5 **中世纪的性** 620

中世纪早期 620

中世纪晚期 621

20.6 **文艺复兴与宗教改革时期的性** 624

文艺复兴时期的性 624

宗教改革及新教的性道德 625

20.7 **启蒙运动时期的性** 628

礼仪和道德 628

文艺中的性 629

北美殖民地上的生活 630

20.8 **19 世纪的性** 630

维多利亚时代的性意识形态 631

压抑的模式 / 631　男子性行为的约束 / 632

色情文学与艺术 633

性行为 634

婚姻关系中的性行为 / 634　引起社会争议的行为 / 635

20.9 **性的现代化** 636

第 21 章　文化中的性 639

21.1 **性革命** 640

21.2 **性革命的起因** 641

政治事件的影响 641

经济因素的影响 642

性与生育的分离 643

女权运动的复兴 643

21.3 **性解放的表现** 645

反主流文化的兴起 645

妇女的性解放 647

同性爱解放运动 649

公共场合性表达的自由及其泛滥 652

性与婚姻 652

生育控制 / 653　家庭 / 654　婚前性宽容 / 654

性革命过去了吗？ 655

保守主义回潮 655

性革命的得与失 656

21.4 **性的社会控制** 657

性的社会化 658

社会规范和社会制约 658

外部控制 / 659　内部控制 / 659

社会控制的渠道 660

性行为的社会评价 661

为社会控制辩解 663

生育的结果 / 663　所有权 / 664　性利

用 / 664　社会的稳定 / 664

性与社会地位　665

21.5　社会控制的跨文化比较模式　666

性的多元化和统一　666

压抑与放任　668

性压抑的文化 / 669　性放任的文化 / 670

第22章　东方文化中的性　671

22.1　印度的色情　672

印度文明的性开端　672

吠陀传统　673

佛　教　674

印度教组织　674

瑜伽和密宗　678

寺庙艺术　679

22.2　中国文化中的性爱　680

阴与阳　681

色情艺术和文学　682

儒家伦理　684

22.3　日本文化中的性爱　688

日本宗教里的性主题　688

顺从和次序　689

浮　世　690

娱乐场所　690

春宫艺术　692

第23章　性与法律　695

23.1　同婚姻和生育有关的法律　696

婚姻法　696

离婚法 / 696　子女监护权 / 697　对生育的法律规定　697

避孕 / 698　绝育 / 699　堕胎 / 699　代孕母亲 / 701

23.2　艾滋病与法律　704

强制检测　704

隔　离　705

法律责任　706

23.3　对成人两愿行为的法律规定　707

异性爱行为　707

同性爱行为　708

鸡奸的合法化 / 708　歧视与偏见 / 710

23.4　对他人的性侵犯　711

强奸罪　711

婚内强奸　714

对青少年的性侵犯　715

法定强奸罪 / 715　调戏儿童 / 716

妨碍公共利益罪　716

23.5　有关性商业利用的法律　717

卖　淫　717

反对合法化的论点 / 718　赞成合法化的论点 / 719

色情品　720

色情品的危害 / 721　审查问题 / 721

第24章　性与道德　725

24.1　性道德的基础　726

世俗基础　726

宗教基础　727

24.2　保守主义道德观　728

拥护保守主义道德观的实例　730

《圣经》依据 / 730　教会的教义 / 732

33

自然法 / 732
反对保守主义道德观的实例　732
《圣经》记载 / 733　教会的教义 / 734
自然法 / 735

24.3　自由主义道德观　735
拥护自由主义观点的实例　738
犹太教的观点 / 738　天主教性道德的新倾向 / 740　道德判断的经验基础 / 741　境遇伦理学 / 742　世俗道德观 / 742

反对自由主义观点的实例　744
概念上的批评 / 744　结果 / 745

尾　声　746

延伸阅读　747

重要词汇　753

出版后记　767

专题目录

专题 1-1　莫舍的研究　018
专题 1-2　性学调查　028

专题 2-1　女性包皮环切术　038
专题 2-2　辣手摧花　040
专题 2-3　阴道的大小　042
专题 2-4　男性包皮环切术　046
专题 2-5　阴茎的大小　049

专题 3-1　马斯特斯和约翰逊对性反应的研究　062
专题 3-2　性研究领域的新技术　064
专题 3-3　格拉芬波点与女性"射精"　071
专题 3-4　女性性高潮的分类　073
专题 3-5　射精控制　079

专题 4-1　月经的禁忌　093
专题 4-2　行为与 PMS　099
专题 4-3　性早熟　101
专题 4-4　信息素　107
专题 4-5　阉人　109

专题 5-1　如何作乳房自我检查　119
专题 5-2　如何检查你的睾丸　122
专题 5-3　艾滋病血液检查　147

专题 6-1　生男还是生女　161
专题 6-2　胚胎发育假说　164
专题 6-3　羊膜穿刺术和绒毛活检技术　166
专题 6-4　分娩与年龄　186

专题 7-1　早期的避孕方法　191
专题 7-2　人口控制　193

专题 8-1　婴儿的高潮　230
专题 8-2　儿童性活动的跨文化比较　236
专题 8-3　关于先天与后天的争论　251

专题 9-1　一位少女和她不断变化的身体　263
专题 9-2　对婚前性行为的跨文化考察　274
专题 9-3　未成年分娩的影响　278
专题 9-4　两首关于衰老及性生活的诗　291

专题 10-1　语言和性别刻板印象　297
专题 10-2　性别分化的临界期　307

专题 11-1　大学男生的一些性幻想　326
专题 11-2　大学女生的一些性幻想　327
专题 11-3　手淫的跨文化观　337
专题 11-4　手淫的精神失常　345
专题 11-5　文学中的手淫　347

专题 12-1　舔阴：目前的看法　355
专题 12-2　口淫：目前的看法　356
专题 12-3　合而不泄　364
专题 12-4　性爱手册　368
专题 12-5　春药　372

专题 13-1　动物中的同性性行为　384
专题 13-2　同性爱行为的跨文化考察　385
专题 13-3　C. P. Cavafy 的两首诗　391

专题 14-1	父女乱伦行为 412		专题 19-3	预防强奸 591
专题 15-1	残障人士的性生活 438		专题 20-1	犹太婚姻 605
专题 15-2	对一对性功能障碍夫妇进行的精神治疗 452		专题 20-2	希腊神话中的性爱主题 612
专题 15-3	性治疗的结果 457		专题 20-3	文艺复兴时期的色情文学和艺术 626
专题 15-4	为你的性障碍寻求帮助 458		专题 21-1	文明及其带来的不满 667
专题 16-1	性嫉妒 485		专题 22-1	印度男人的性幻想 677
专题 16-2	一个爱情故事 492		专题 22-2	贡荼利尼 678
专题 16-3	爱上瘾 495		专题 22-3	中国性手册的智慧 683
专题 16-4	让爱继续 497		专题 22-4	古代中国女人的命运 685
专题 17-1	我不是一个"重要的另一半" 509		专题 22-5	儒家伦理对一家之长在性方面的严格规定 686
专题 17-2	日久弥香的婚姻 521		专题 23-1	性法律:性质和适用 698
专题 17-3	交换性伴侣 525		专题 23-2	堕胎的问题 702
专题 18-1	男 妓 542		专题 23-3	对不当性行为的惩罚 712
专题 18-2	色情乌托邦 543		专题 24-1	论人生(节录) 729
专题 18-3	色情和情色:学生的观点 550		专题 24-2	什么是错? 什么是对?——流行的观点 737
专题 18-4	色情品司法委员会(1986):部分结论 557		专题 24-3	人文主义的婚姻忠诚观 739
专题 19-1	大学里的性胁迫 583			
专题 19-2	男性能被强奸吗? 587			

第 1 章

性学导论

1.1 人类性学研究

1.2 人类性学领域

1.3 性学研究方法

性不是最好的东西,也不是最坏的东西,但它是独一无二的。

——费尔茨(W.C.Fields),美国演员,幽默作家

性是人类生命的源泉，是整个人生不可或缺的一部分。不管我们是否主动参与，性欲都是构成我们日常思想和情感的一部分。它根植于我们的梦想、渴望、恐惧和挫折之中。

对于某些人来说，性控制着他们，他们在这上面消耗了大部分的时间和精力；而对于另一些人，由于机会的原因，或是出于个人的选择，性在他们的生活里没有显著的作用。然而对于我们大多数人，性的吸引力取决于自己内心的需求和外界情况的变化，时强，时弱。在人生的每个层面，性的表现形式各不相同。

从生物学的层面上讲，性的首要功能是繁殖——生儿育女。生物学为性功能和性行为提供了一幅机械图景，其要素从基因到生殖器。性功能受神经和激素的调节，靠血液循环、肌肉及其他一些体内的系统维持。

从心理学层面上讲，性由一系列以性乐趣、关爱和其他需求为目的的行为和关系组成。

从社会层面上讲，性遍布于人生的各个方面，它使你身处的文化别具一格，为其艺术、历史、法律和价值增添滋味。

此外，性在你的生活中还充当了很多间接的角色。它是你的性别认同的一大组成部分（男性阳刚气质，女性阴柔气质），同时也是人们对你的社会角色期待的一大组成部分。性可以传达支配和敌意，它会影响你的自尊和社会地位，并且以其他一些方式塑造了你的生活，从婴儿到老年。

在我们探索性的上述方面时，时刻记得要思考这些对你个人来说意味着什么。我们首要关注的焦点是性行为——情欲的念头、感觉、行为。你为什么会有性行为？你如何表现性行为？你又应该怎么样表现性行为？

本章我们将首先检视不同领域，尤其是性研究领域的研究者们是如何回答上述问题的，以此作为本书的开始。在本书的剩余部分，我们将讨论他们给出的答案，并且向你提出挑战，希望你找出你自己的答案。

1.1 人类性学研究

性是人生中具有如此大渗透力的因子，以至于实际上不存在哪个研究领域不与性学有这样那样的联系。到目前为止，这种广泛联系的特殊结果便是：因为是大家每一个人的事情，性的研究便也不是任何一个人的事情了。

过去几世纪中，性方面的资料信息可以说是非常丰富。国会图书馆图书分类中有超过500个条目被归类在"性"(sex)之下。但是这些信息都是别的研究偶然发现的副产品——生物学的、心理学的和人文主义的。遗传学家研究性染色体，人类学家描制血统图，艺术史学家猜测色情符号的意义。所有这些工作都可以是互不相干的，尽管有人会说他们中的每一位都在作性学领域的研究工作。

比较起来，**性的研究**(sex research)作为一个专门的领域，历史是不长的，范围也并不很大，但是它的来源很广。这就好比一个很小的雕像装在一个很大的底座上。但是正因其小,反而醒目。

生物学观点

生物医学科学对性学研究的贡献是针对性器官的结构、功能、疾病而言的。但在性行为的研究上,性学与医学(如精神病学)也有重要的联系;在动物性行为的研究上,性学与生物学及灵长目动物学又有很重要的联系。

性的医学研究

医学与文明一样古老。但我们今天基本的医学概念的来源却要追溯到古希腊。亚里士多德(Aristotle)是古代科学密码的伟大编集人,他奠定了生物学研究的基础。生物学上的一些词汇,如"种""属"等都是他用过的词汇的拉丁文翻译。希波克拉底(Hippocrates)把医学建成为一种经验科学,被后人称为"医学之父"。他提出的"行为-体液"概念可以说是现代的"性行为-激素"概念的前身。在文艺复兴时期,翻译阿拉伯文献时发现的古希腊医学成了现代医学科学的基础。文艺复兴时期伟大的解剖学家[如维萨留斯(Andreas Vesalius)]和艺术家

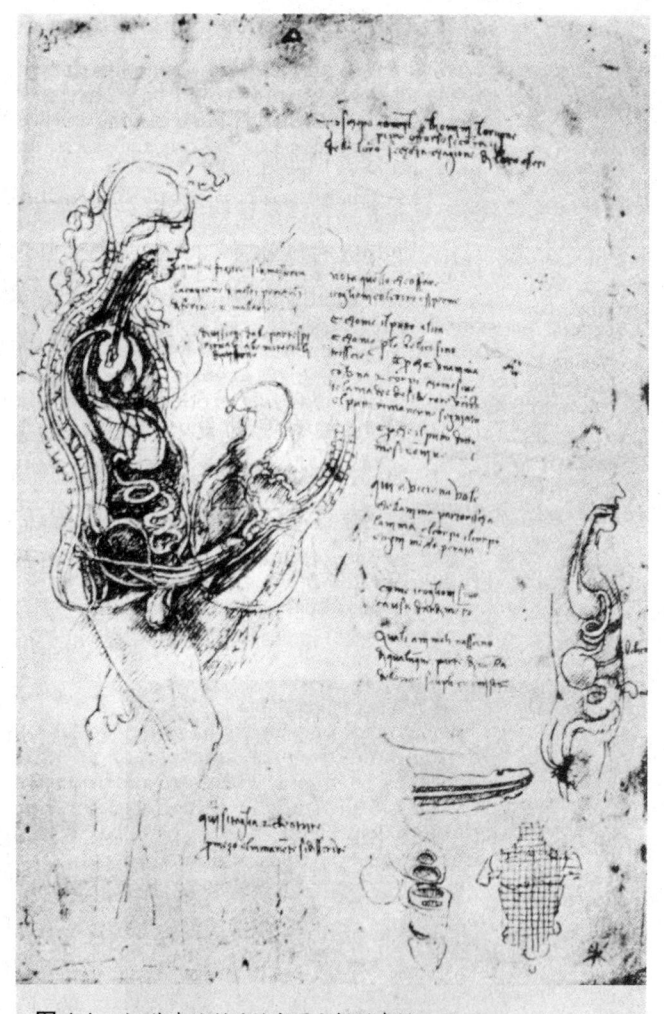

图1.1 达·芬奇绘制的性交图和解剖素描

[如达·芬奇(Leonardo da Vinci)]的工作使人体(包括性器官)的表现成为一门准确的科学。

随着18、19世纪医学各专业的兴起,一些研究领域对性功能投以更大的兴趣。直到现在,性仍是医学实践各方面所关注的一部分。不过有些专业与性的联系更加直接:解剖学家(anatomist)研究生殖器官的结构;胚胎学家(embryologist)研究子宫内受精卵的发育;生理学家(physiologist)研究性功能;遗传学家(geneticist)研究性发育和行为背后的遗传机理。这些领域是医学的基础领域。这些领域的研究人员一般不是医生,而是这些特定学科内的专家。

严格地讲,医学是指应用或临床领域。内分泌学家(endocrinologist)研究激素及其调节;泌尿学家(urologist)研究生殖系统的疾病;妇科医师(gynecologist)和产科医师(obstetrician)研究女性生殖功能与失调;皮肤病学家(dermatologist)尤其关注通过

性活动传播的疾病(这是因为通过性活动传播的疾病一般表现为皮肤的损害)。

公共卫生和流行病学专家关心的是疾病传播的方式和性传播疾病的预防。这些专家们对性传播疾病有一种特别的兴趣,因为很多人受其折磨,并且已有了有效的预防它们的方法。

性行为及性功能与行为失常的医学研究属于精神病学的范围。心理分析的贡献是尤为显著的。这是因为性在其理论中占据了很重要的中心地位。心理分析发源于欧洲,开始时并不完全是一个医学领域。但是,在今天的美国,大多数心理分析开业医生都要求获得医学博士学位,并且绝大多数还都受过精神病学训练。

性的生物学研究

生物学家主要关心动植物的研究,而不是人的研究。但是,他们的工作对于我们理解性功能与行为却有极大的意义(Hinde,1974)。第一,对动物的研究发展了研究方法,这些方法再改进一下就可能应用到对人的研究中来。大多数医学实验和治疗试验都首先在动物身上进行。由于动物行为模式简单,容易描述、分析,得到的结果可以用于研究人类的社会行为。

第二,由于人的伦理道德原因,有些实验只能在动物身上进行。例如,把幼猴与母猴分离得到了关于性发育方面的重要发现。同样的,给怀孕的动物服用性激素,搞清了生殖系统的发育之谜,以及激素对性别认同(gender identity)的影响。不能想象在人类身上实行这些实验。

第三,动物行为研究所发现的规律可以用来检验对人类的适用程度。例如,通过观察幼猴挂在母猴身上这一现象而发现的"接触安慰",为我们更好地认识婴儿早期喂养的重要意义作了很大贡献(第8章)。同样,关于灵长类雌、雄动物之间的社会关系的研究给我们理解人类性关系以很多有益的启示(Symons,1979)。

不过,动物研究中的任何发现都不能一成不变地推广到人。可以应用于人的也必须首先能在人身上显现出来。而且,动物行为具有如此多的花样,以至于任何一种性行为模式(从一夫一妻到乱交)都可以从动物那里找到证据,以证明其"天然性"。把人与动物的性行为作肤浅的对比,可能得出错误的结论。看起来相似的性行为,很可能具有不同的目的;而相同的基本性目的也很有可能通过不同的行为而获得。

图1.2 美国威斯康辛大学灵长类实验室的研究人员正在通过对恒河猴进行试验,来研究动物在封闭环境下成长的主题。小猴子正盯着一个由铁丝做成的代理妈妈。

生物学的基本理论骨架是达尔文（Charles Robert Darwin）的**进化理论**（evolution），这是人类思想史上最革命的概念之一。它的重要意义不仅在于理解肉体形式的出现，还在于理解行为形式的出现、进化。因此，生物学研究向我们展示了从最简单的生物运动到最复杂的人类行为的性进化过程。

在过去几十年的发展过程中，生物学又产生了一些新的领域，专门作行为研究，如动物行为学（ethology）研究动物的社会行为。社会生物学（sociobiology）在进化论的基础上对人的行为进行统一综合的研究（Wilson, 1975; 1978），其中又从几个方面对性学进行研究：动物（尤其是**灵长类**如猴与猿）的社会行为研究；早期人类[**人科动物**（hominids）]化石的研究；人类学家的跨文化资料分析；当前对人类行为的研究。这种方法的目的在于揭示人类相互作用中的生物与社会的各方面是如何从一开始就结合在一起的（Leboeuf, 1978; Symons, 1979）。

动物的性学研究并不是由生物学家独家进行的，实验心理学家也做了大量的动物实验。同样，许多灵长类动物学家（primatologist）都受过人类学的训练。一些社会学家的眼光也放在生物-社会角度上。因此，性的生物学观点不是一项小事业，而是涉及所有形式的生物体的一种多学科的研究方法。

心理-社会学观点

每一种学科都有其独特的方法，当把这些方法应用于性研究时，它们应该是补充性的而不是喧宾夺主的。但由于一些历史渊源、概念和方法上的差异、学科自身的利益及政治等原因，这一理想还没有实现。因此，尽管人们认识到心灵和肉体在性行为中的相互作用，但科学家们仍在片面强调其中一方面的重要性。

从最坏的角度来看，生物学方法把一个个活生生的人描绘成了没有灵魂的机器，而心理-社会学方法则把他们描绘成了脱离了肉体的灵魂。大多数行为科学家认为生物学对性行为所起的作用与其对语言的获得所起的作用相似。我们每个人都有一个产生声音的声带系统，并且我们的大脑有足够的容量供我们学习语言。但是，每个人是否能够学会说某种语言，取决于他是否被环境因素教授以这种语言，与生物学因素没有任何关系。我们是否讲英语或汉语，直接反映着养育了我们的文化。按照这样的逻辑，似乎可以说：我们生来带有性器官，具有表现性行为的能力，可是我们的性行为及性取向则主要通过我们生活的社会环境而获得。

性的心理学研究

性行为包括人与人之间的性的相互作用，也包括更为私密的色情幻想和"春梦"的世界。心理学家关心可以观察的所有性行为的科学研究：发育心理学家主要关注伴随儿童成长的性的出现；社会心理学家研究信仰体系（如态度等）和行为之间的联系；人格心理学家则思考人格特质、情境因素和行为之间的相互作用。

尽管实验心理学家做了大量的动物实验工作，而生理心理学家主要也是从事神经生理过程的研究，但是他们的性研究方法与生物学家们是不同的。在生物学研究中，进化是一个关键的概念，而**学习**(Learning)的概念则是心理学理论与实践的奠基石。

在性差异的研究上，心理学家作了很主要的贡献，但直到最近他们对性行为也没有投入太多的关注。研究者们诸如阿诺德·格赛尔(Arnold Gesell)对儿童发育的观察与记录非常之详尽、漂亮，但很少触及性的问题。直到最近，才有极个别的研究者关注这个话题(Sears et al., 1957)。

近来，在心理学领域掀起了对性感兴趣的巨大浪潮。不论是在性行为还是与之相关的诸如性别认同及性角色等方面，心理学家都作了大量的探索。现在，在性学研究、教育等所有专业内，心理学家所占的比重可能是最大的（Polyson et al., 1986）。20 世纪 60 年代由马斯特斯和约翰逊等人发展起来的性治疗的新方法大都是基于心理学家们所提出的行为矫正技术（Caird 和 Wincze, 1977）。

性的社会学研究

社会学家历来潜心研究诸如家庭之类与性相关的社会结构，而很少作性行为方面的研究。最著名的性社会学研究是由金赛博士完成的。尽管所用的方法及解释是社会学性质的，但金赛本人却不是社会学家而是一位生物学家。金赛之后，情况有了很大变化。现在，已有很多社会学家在从事人类的性学研究。

社会学的贡献是在几个很重要的领域里丰富了性学研究。社会学家们仍然是有关婚姻、家庭问题的最前沿的专家。在我们的社会里，婚姻和家庭是表达和规范性行为的主要制度。同样的，收集性行为数据用得最多的调查方法也是一种社会学技术。

广义地讲，社会学家广泛研究过的所谓"角色"的概念，可以直接应用到性角色上来；同样，性变态（sexual deviance）的概念可以用角色理论来阐述，也就是说，因为或这或那的原因，个人扮演了"变态者"的角色。社会学家认为：性行为由我们所扮演的性角色决定，这种角色或多或少是社会强加给我们的。换言之，社会学方法为我们理解个人性行为提供了一种较大的社会框架（Kando, 1978; Henslin 和 Sagarin, 1978）, 社会学家的兴趣与人类学家的兴趣是重叠的(Reiss, 1986)。

性的人类学研究

我们知道，文化在塑造人类的性行为方面起着关键作用。所以，在不同的文化之间作性的比较研究也是很有

图 1.3 阿尔弗雷德·金赛

必要的。

性是一个生物学功能,但它只有通过社会化才能获得其形式和意义(Davenport,1977)。所有的文化都影响着性行为,但方式各不相同。从单一社会背景的角度是不可能对性有严肃认真的理解的,因为没有哪一个民族可以代表全人类。要想了解人类大家庭,唯一的途径是去了解它的每一个成员。

文化人类学的传统使命就是研究那些与我们自己的社会大不相同的社会（图1.4）。这些社会（如原始社会、部落社会、前文字社会等）相对来讲一般比较小、单纯，技术不发达，变化步伐比较慢，因而比较容易研究(Davenport,1977)。

对不同文化的研究,产生了大量的材料,丰富多样地记述了人类的性行为、性风俗和性标志(Gregersen,1983;Ford 和 Beach,1951;Murdock,1949)。但是,人类学方法在性问题上存在不足,部分原因在于性行为本身的特点。因为大部分性行为是在秘密状态下发生的,因而排除了直接观察的可能性。而人类学家呢,又必须依靠关于这些行为的报告。这些报告很难反映行为的本来面目,主要是由于当事者害怕暴露秘密,或由于夸大其词从而使得这些报告极易受到歪曲。因为谈论性这件事情本身也是一种性行为形式,所以持保守观点的人或处于性压抑环境下的人是很不情愿对外人暴露自己的性生活的。因此,来自这种社会的报告所描述的性价值观念要比实际的情况保守一些。同样,性开放社会看起来也似乎比实际情况更加开放。

正如达文波特(Davenport)(1977)在评价性的人类学研究的利弊时说的那样：

> 一些过时的理论和一些曾经令人喜爱的假设,现在看来要么是错误观念,要么就是从我们自己的文化所作的种族中心主义的推广,因而实际上我们不敢作任何具有明显的或不明显的理论意义的推广。我们刚刚开始感觉到文化多样性的程度和局限。我们还不知道这些文化多样性是如何发生,以及为什么发生的。

图1.4 非洲图西(Watutsi)部落的人,拍摄于20世纪30年代。由于他们独特的风俗,这些照片被公开展览,用以推广性观念自由化。

人文观点

在性学领域里,一般认为生物医学观点及心理社会观点是占支配地位的。但是,对这个主题进行文学的、艺术的、哲学的及历史的探索却具有悠久的历史,并积累了丰富的资料,使我们对性能够有更深一层的认识。

行为科学本身起源于文艺复兴时期繁荣起来的知识分子运动——人文主义思潮[尽管**人文主义**(humanism)这个词直到19世纪才被确定下来](Kagan et al., 1987)。古代的教育理想认为,最适合于培养自由的、负责的人的课程是对人类的研究,即人文学科。这一理想在文艺复兴时期得以"复兴"。基于这样的理想,理性探索人类的意图和活动的精神,经过几个世纪的努力,逐渐发展出了社会科学的一系列系统性学科。这种精神的进一步发展,使得性的研究也成了一个独立的探索领域。

现在一般认为人文学科包括文学、艺术、音乐、哲学、宗教和历史,这些领域的成果是人类理解性及其他人类经验所作的最早也是最广泛的尝试。

艺术中的色情

色情艺术,或者艺术中的打动人心的色情主题,为我们提供了人类性活动的最古老的记载。自然主义或象征形式的性表现存在于幸存下来的最早的人类文化的艺术品中(Field, 1975)。

在最古老的形式中,艺术不是用来表现现实的,它本身就被认为是现实的(Eitner, 1975)。当旧石器时期的人们塑造孕妇雕像或者在洞穴壁上画上被箭头刺中的动物的时候,他们实际上在创造一个新的现实,并制定一种宗教仪式,以寄托他们对生殖力和食物来源的希望。对性象征(通常将生殖器官风格化)的充满魔力和宗教气息的使用以微妙而模糊的形式出现,经久不衰。

艺术也是性行为的图画记录,正如格言所云:一图赛千言。裸露的身体、性相互作用的图景都在为我们提供那永远逝去了的时光的见证,栩栩如生地反映着当时生活的各个侧面。当我们看到希腊花瓶上描绘着的性图景时,我们能从中对希腊人了解很多。

艺术家对人的感情和性活动的分析与解释,同样也是很重要的。毕加索(Picasso)的色情画描绘的是艺术家与模特儿的互动。从画面上我们学不到解剖比例或性交姿势,但他的才华就在于他及时抓住了那一刻的感情状态。

色情艺术的目的还在于愉悦观众的眼睛,撩拨他们的心扉,唤醒他们的情欲。在最流行和最强有力的色情艺术品中,从令博物馆蓬荜生辉的裸体艺术作品,到性用品商店里随处可见的劣等货色,都包含着唤醒色情意象的功能。每一个社会都不得不接触色情艺术。社会怎样对待它,反映着这个社会的性价值观念和性文化

图 1.5 阳物崇拜在古代和现代艺术中都存在,左图为挪威奥斯陆 Frogner 公园的一处雕塑,右图为泰国印度教的一个男性崇拜(lingam)雕刻。

(Eitner, 1975; Webb, 1975)。

文学中的色情

从文学的角度来看待性,与艺术的情况差不多,都是为描写、分析和情色唤醒等目的服务的。作家对待性的方式与临床医生更接近一些,离行为科学家则远一些。作家强调的是个人而不是群体,是细致入微的观察和对事物的直觉,而不是数据的系统搜集与分析。劳伦斯(D. H. Lawrence)的查泰莱夫人及乔伊斯(James Joyce)的列奥波多·布鲁姆并不是一般男女的代表,甚至他们也不是对某个具体男人或女人的真实描写。但是作家还是能够在一个虚构的人物身上抓住性的某些内在的、普遍的本质。不要指望哪一次调查能提取出这样的本质。

西方的色情文学与艺术一样,主要是为世俗(非宗教)生活服务的。色情文学形式很多,被社会接受的程度各不相同。大多数详细描述的是爱情关系,性的描写一般是不充分的。在英文里,赤裸裸的情欲品被称为**色情品**(Pornography)(第 18 章),尽管判断的标准是很难确定的,并且经常发生戏剧性的变化。遇到性主题时,大作家们有一种趋向,即进行微妙的描写而不是赤裸裸的暴露,部分原因是害怕社会的责难。但一般来讲,如果作品能给读者留有想象的余地,那么它的色情主题所负载的能量就更大。大多数色情文学,至少那些比较直露的作品都是由男人写给男人看的。女人一般是主人公,但她们的存在却是为了满足男人的欲望(Purdy, 1975a)。

虽然大多数色情文学描写的都是异性之间的事情,但其他性经历在文学中也都占有位置。如果我们把眼界放开,把那些更广泛的描写爱情、嫉妒、不忠及其他与

图1.6 美国电影《出轨》(Unfaithful)中男女主角的亲密裸露充满了性的张力。

性相关题材的文学作品包括进来，那么恐怕我们就不得不涉猎古今中外的全部文学了。*

电影中的色情

与艺术和文学相比，电影还是很新的东西。但它的渗透力却是无与伦比的。在过去的几十年里，人们受电影、电视的影响远比受艺术、文学的影响深得多，并且，爱情和性一直是剧本的主题之一。

电影和戏剧相似，是一种艺术形式。它开创的一些色情主题永远值得人们回忆。相比之下，电视仍然主要受着肥皂剧的冲击。尽管用电影来描写性图景或者探索有争议的问题已不是什么新鲜事儿了，但是在一般供消遣用的电影和所谓"黄片"("blue film"，色情电影)之间还是有一个实质性的、尽管比较模糊的界线。这与文学的情况相类似。上面提到的"黄片"又有所谓"软核"(不暴露生殖器)和"硬核"之分。

黄色电影是伴随着电影工业的出现而出现的。开始时都是地下活动，随着20世纪60年代审查制度的自由化而得以迅速发展。但是，这类电影对于性的科学研究却没有多少贡献，尽管性是它们的唯一目的，并且非常之详尽。

黄片看多了会使人意志消沉。但性具有一种内在的魔力，不管以多么不恰当的形式表现出来，都对人构成了巨大的吸引。考虑到这一点，我们可以利用无任何渲染的性器官及性活动的描写来达到一些教育的目的。

电影在性研究、性教育及性治疗领域的应用也越来越有效。为了教育的目的而拍摄的性交、手淫、同性爱等电影是从20世纪70年代开始发展起来的。无论是在教室里还是在医院里使用，这些电影都提供了不小的帮助。但是它们仍受着一些限制，这一点与商业性的黄色电影是一样的。

历史的方法

历史学家记录整理了大量的著作，但很少有详细的性行为描写。即使偶尔注意到这个方面，也一般集中于那些统治者及社会特权阶层人物的生活。因此，对于历史上绝大多数的一般男女的性生活我们所知甚少。

由于过去没有任何性方面的调查研究，所以我们对性行为的认识主要来自于历史记录。历史学家向我们说明了性关系得以展开的广泛的社会背景，并揭示了在

*有关文学中的色情的简介，见 Purdy(1975a)，该书同时提供了一个精选书目。更广泛的研究见 Legman(1963) 和 Atkins(1973,1978)。Marcus(1966)曾就色情文学的本质作出了精彩的讨论。

人类文明中延续的线索。

不管他们自己是否会意识到，历史学家和平常人一样，也有自己的信仰及偏见。因此，历史研究中的偏见也是不可避免的，在处理性主题时偏见尤其多。除此之外，人为的歪曲也使得历史记录，尤其是关于有争议的性行为（如同性爱）的记载受到损害（Boswell, 1980）。例如，奥维德（Ovidius）的《爱的艺术》（Amores）一书中的"男孩的爱对我的吸引力比较小"这句话，从一个中世纪学者的嘴里念出来后却成了"男孩的爱对我的吸引力等于零"。类似的情况还有，在欧玛·卡依亚姆（Omar Khayyam）的《路巴依亚特》（Rubaiyat）里，由于人称代词被人为地换过了，所以原诗人对同性爱情人的思念听起来和异性爱情已经相差无几了。

偏见的另一来源是由历来一统天下的男性观点造成的，所以尽管女性人物出现了很多很多，但她们都是被从男人的视角来看的。这与色情文艺中的情况类似。这种情况在近几十年来有所改观，关于过去的性记录也开始谨慎地重新整理。今天的历史学家们也开始关心历史的隐秘的一面了。所谓的家庭史和妇女史等领域，特别关心这些事情。*

哲学和宗教

人类所有的探索和知识最早都叫做哲学。古希腊的哲学家通常关注爱情和性，他们的看法塑造了后来西方文化中的性观念和性价值观（第20章）。例如，柏拉图哲学中身体的快感和理性的更高渴求的二元性，在后来基督教中肉欲与灵魂的高尚追求之间的抗衡中得到延续（Edman, 1956）。

宗教在决定人们的性观念以及性行为上起着更为至关重要的作用。在西方，基

* Freedman（1982; 1988）。有关性学的历史文学作品调查，见 Burnham（1972）。历史学家对性主题的具体探讨，见 Degler（1974），Boswell（1980），Robinson（1976），Foucault（1978）。Tannahill（1980）对性的历史的研究更为流行。

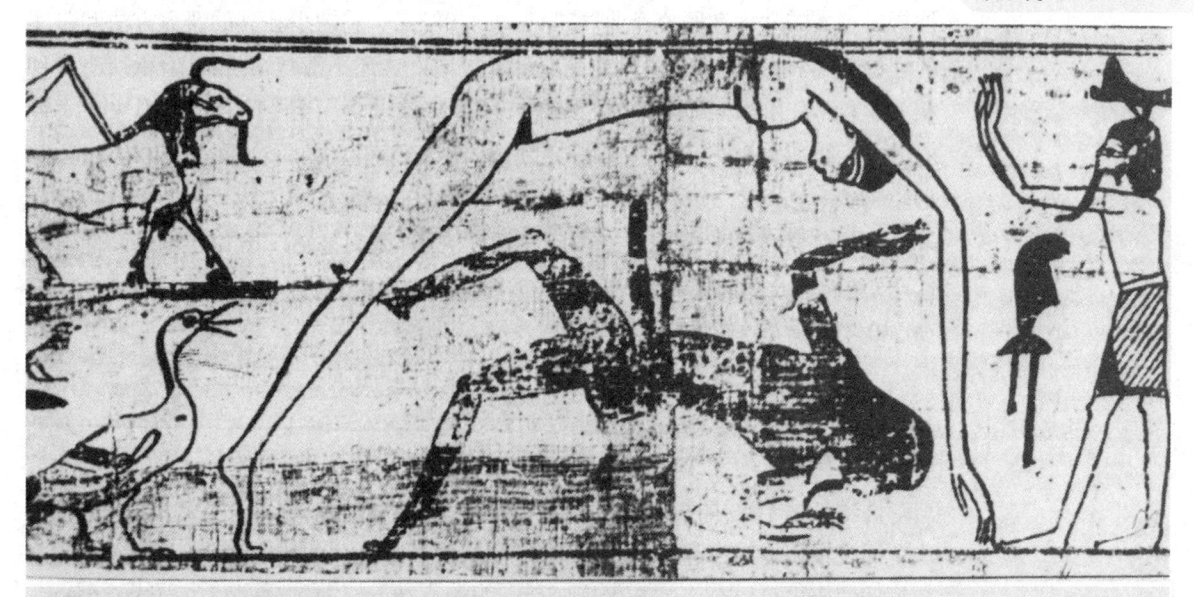

图 1.7 古埃及大地之神盖布和天空之神努特，公元前1102～前952年。

督教是影响性行为伦理的主导力量(第 24 章)。在另一方面,曾经与宗教联系密切的法律,如今已独当一面成为世俗社会中规约人类性行为的主要手段(第 23 章)。

在古代文化的**创世神话**(creation myth)中有十分精彩的性主题。如在艺术中,性欲表达了我们对生命感知的最复杂的原始冲动。我们最熟悉的与性无关的突出表现是犹太教创世纪录:神用地上的尘土造人,将生气吹进他的鼻孔里;然后取下他的一条肋骨造了一位女性配偶(《创世记》2:7,21—23)。与之相反的是埃及的创世神话:太阳神阿图姆-拉(Atum-Re)通过向手中射精,把精液放入自己口中然后再次射出的方式,创造了第一对子女休(Shu)和泰芙努特(Tefnut)。他的一滴精液滴到水中,变成了第一片土地。休成为风神,他的姐妹泰芙努特就是空气女神。他们两个结合后,生出了大地之神盖布(Geb)和天空之神努特(Nut)。盖布继续与努特结合直到被他们的父亲分开,努特成为天堂的星宇苍穹,盖布的阴茎够不到她,只好继续徒劳地将生殖器伸向苍穹,即他的妻子(图 1.7)。努特失去了配偶,她每天晚上吞咽下太阳而怀孕,次日早晨太阳又重生于她的两腿之间(Field,1975)。

对印度教及其他东方宗教的研究为探索宗教传统、教义及建筑中的情色主题提供了丰富的机会。我们将在第 23 章回来继续讨论这个话题。*

* 有关古埃及神话中的色情主题,见 Manniche(1987)。Parrinder(1980)的研究将性放到了世界宗教的语境中;有关《圣经》中的性主题,见 Larue(1983)。

1.2 人类性学领域

与我们上面讨论的各个学科不同,**性学**(sexology)或性的研究的对象仅仅是性。尽管在过去 20 年中性学研究已经取得了很大进步,在今天它仍然是"被误解、被错误定义的学术和医疗产业"(Haeberle,1983a)。它缺少独立的研究方法和坚实的理论基础。性学研究今后到底朝着什么方向发展还不清楚。是把性看做所有各种相关学科(从生物学到神学)的一部分,还是应该设立一个专门化的学科来关心性的方方面面呢?这些问题在性研究领域内引起了很大的争论(Reiss,1982;Moser,1983)。

人们经常将性研究和"二战"后联系到一起,尤其是 20 世纪 60 年代的性解放运动。然而在此之前很久就已经出现重要的性学研究了,性学的历史可以追溯到至少 200 年以前。

性学史

性学是一个关于性研究、性教育及性治疗的很广阔的领域。英文里的 Sexology 这个词现在用得越来越少了,但至今还没有另一个公认的词能够适当地代替它。这个领域的历史可以分为三个发展阶段:起源、建立、复苏(Haeberle,1982,1983b;Hoenig,1977)。

起 源

今天的性学研究，可以寻踪到启蒙运动时期的思想家们，如卢梭（Jean Jacques Rousseau）等人的博大思考。他们谈到了性关系及其恰当的社会地位问题。但是，这还只能算是对人类本性及行为的知识性探索这些大问题中的一部分。

建 立

19世纪中欧的一些医生，尤其是精神病医生，把科学研究的一些方法和成果应用到性的问题上来，使性行为研究有所进步。性病理学的一些基本概念，如"性欲倒错"的说法，是在法国发展起来；但只有在19世纪下半叶的德国，性学的基础才得以奠定，并在19、20世纪之交取得了丰硕成果。

对于医生们在这一运动中的先锋作用，可以这么来解释：他们关心人体，而性是人体的天然功能；他们关心性，将其作为专业上的延伸。并且，他们所具有的社会地位和信誉使他们能顶住别人对他们这种"非法入侵"的猛烈批评。历史上有两个人，虽不被人们认为直接参与了性学的建立，但他们的思想却给后人以深远的影响。

图 1.8 理查德·冯·克拉夫特-伊宾

第一位是德国的**克拉夫特-伊宾**（Richard von Krafft-Ebing, 1840—1902）。作为一名精神病医生，伊宾系统地研究了性心理失常（sexual aberration）的各种病例，其著作《性精神疾病》（*Psychopathia Sexualis*）于1886年首次出版，以后又修订了12版。克拉夫特-伊宾概括了早期的医学尤其是精神病学方法对性的研究。他的研究工具是**病史**（case history），这是临床精神病学的传统。由于他的主要兴趣是法医学和心理病理学，因此他选择的也是一些极端的例子。所以读他的书，不免会使你毛骨悚然。但是，直到今天，他书中的一些例子，读来仍是有教益的。

他过去不得不说的许多话，现在看来其理论基础是错的。但是，他首次把关于性行为的材料用一种系统的、合理的方法组织起来，这本身就为性学打下了基础。他把性纳入医学领域，并使之赢得了相当的尊重。这在当时人们对于坦率地谈论性还极不习惯，甚至不能容忍的情况下，是多么难能可贵！

虽然是一名备受尊敬的学者，但伊宾还是因为涉足禁区而横遭批评。在他的《性精神疾病》的前言中，我们可以看到他的自我辩护：

> 不管是肉体的还是道德的痛苦，不管是怎样的创伤，都不能吓倒一个献身（关于人的）科学的人；并且，一个医生的神圣职责使他讲出他所看到的一切。

图1.9 西格蒙·弗洛伊德

第二位则是维也纳医生**弗洛伊德**（Sigmund Freud，1856—1939）。他开始也是个医生。他对性的兴趣，开始完全是由于他更加关心人格发育学说和心理病理学。但后来，性统治了他的学说，成为了人类动机之后的驱动力。他提出的两个最重要的概念是：无意识和婴儿性欲。*这两个词都不是出自他的发明创造（Whyte，1960），但经他一用，却成了现代西方知识史上极有影响的概念。

弗洛伊德与早期的性学家们有过交往，但从未参与他们的具体开创性工作（Sulloway，1979）。但是，他的工作使性学成为一门学科，从而比其他任何人的工作都有更为深远的影响。弗洛伊德在许多方面都是错的，并且他的一些观点也引起了人们巨大的争议，很多都没有坚实的基础（第8章）。但是，他的性发育与行为学说仍是最综合、最完备的理论系统。

不过，性在不同的心理分析学者的工作中所占的地位不同。弗洛伊德的一些追随者，如荣格（Carl Jung，1875—1961），阿德勒（Alfred Adler，1870—1937），认为他过分强调了性。其他人，如**赖希**（Wilhelm Reich，1897—1957），认为弗洛伊德没能完全公正地对待性。

*弗洛伊德第一部主要分析无意识的著作是1900年出版的《梦的解析》（*Interpretation of Dreams*）。五年后在他的《性学三论》（*Three Essays on the Theory of Sexuality*）中，首次提到了婴儿性欲。有多部弗洛伊德传记，其中以Gay（1988）的作品最佳。

赖希是一名维也纳医生，后来跃为早期心理分析运动中的杰出人物。他是一名马克思主义者，不满于弗洛伊德对社会、政治因素的忽略。他认为马克思的异化概念应该延伸到性，因为资本主义制度强加给人的生活方式削弱了性的自由及健康的表达。并且，所有的神经官能症（Neuroses）及性格上的问题，都是由于完全表达和释放受阻而累积起来的性能量造成的。

为弥补心理分析在政治思考方面以及马克思主义在性考虑上的不足，赖希于1929年组织了"社会主义性指导与性研究协会"（Socialist Society for Sexual Advice and Sexual Research）。实践证明，他试图进行的调和是行不通的。他同时被共产主义者和心理分析学派两个阵营开除。在晚年移居美国后，他想出了一种稀奇古怪的主意：在他的"宇宙能匣柜"（orgone box）中诱捕所谓的生物能（biological energy）。此时，他的工作已没有多少人相信了。随后，他又被"新左派"中的激进分子捧为性与政治自由的斗士（Robinson，1976）。

想一想

为什么性研究被忽视那么长时间？

作为一个独立学科，性学的建立主要是由另外三名德国医生来实现的。他们是：伊万·布洛赫（Iwan Bloch，1822—1922），艾尔伯特·摩尔（Albert Moll，1862~1939），以及赫什菲尔德（Magnus Hirschfeld，1868—1935）。他们的领导加上其他人的贡献，使得性学终于在19、20世纪转折之际建立起来了，并在几十年时间里得到发展，直到后来被纳粹镇压（Haeberle，1981）。

布洛赫是一位皮肤病医生，对性病特别感兴趣。他受过很好的教育，知识渊博，在人文社科等领域尤有造诣。在那个时代,尽管研究性欲倒错(sexual degeneracy)问题是医学界的事情,但他对这个问题的看法却打破了生物学的界限,引入社会科学(尤其是人类学)的观点方法,从而丰富了他的性学理论。为了反映性学多学科方法研究的特点,他于1906年创造了德文词汇 Sexualwissenschaft——"性的科学",即性学。

摩尔是一位神经精神病医生,他虽然没有布洛赫那样的博学,但他的组织能力却非常强。1913年他领头成立了"实验心理学学会"(Society for Experimental Psychology)以及"国际性研究学会"(International Society for Sex Research)。摩尔非常尊重社会习俗和社会的接受能力,这一点使他与反传统的激进分子赫什菲尔德经常发生摩擦。摩尔早期的贡献是论述同性爱及力必多(libido)的一些专著。在他1909年论述儿童性生活的著作中,首次阐述了婴儿性欲的概念,这很可能对后来的弗洛伊德产生了影响。

赫什菲尔德是早期性学界最有影响的领导人物。早年他梦想成为作家,后来弃文从医,开始只是一个一般的开业医生,后来对性问题逐渐产生了兴趣,最终成为一名性研究与治疗的专家,以及争取性自由运动的积极组织者和参与者。

赫什菲尔德的最大兴趣所在是同性爱。他直言不讳自己是同性爱者,并经常在法庭上为别的同性爱者辩护。为了改革针对同性爱的性法律,他作了不懈的努力。

同样,作为一个研究人员,他也是颇具魄力的。1903年他调查了3000名大学生,之后又调查了差不多两倍数目的钢铁工人,试图证实同性爱现象的普遍性(他的回收率比很多现代调查的情况都要好)(Lesser, 1967)。除了一些小部头著作外,赫什菲尔德还撰写了大量关于同性爱的纲要式著作,并被编入由布洛赫主编的系列丛书中。他首创了"transvestism"(易装癖)这个词,并编著了第一部有关易装癖的系统性著作。1928年,赫什菲尔德在事业上达到了顶峰,出版了一部五卷本的性学著作(Hoenig, 1977)。

赫什菲尔德的观点在许多方面都是对布洛赫观点的发挥。1908年,赫什菲尔德在他主编的第一份性学杂志(*Zeitschrift für Sexualwissenschaft*)中使用了布洛赫创造的性学概念。与布洛赫一样,他也是第一个性学学会(性学与优生学医学会)的奠基人之一。到1919年,赫什菲尔德终于实现了自己最大的抱负,成立了世界上第一个性学研究所(Institute for Sexology)。这个研究所坐落在柏林一所优雅的建筑中,能够开展研究工作,提供临床服务(包括婚前指导)以及医学法律帮助。同时它又是一个培训中心,配备齐全的图书馆藏有20

> **想一想**
> 人类性学的生物学、心理学和人本主义方面的主要特色是什么?

图 1.10 麦格努斯·赫什菲尔德

想一想

决定成为一个性学研究者之前需要考虑的正面和负面的因素有哪些?

000 卷书籍、35 000 张照片及各种艺术品,还有大约 40 000 份自传体实例材料(Haeberle,1982)。

所有这些及其他一些很有希望的进展(包括两所著名大学里的性学研究项目),在纳粹掌权之后,都遭到残酷的破坏,甚至被摧毁。前面提到的三位性学先驱都是犹太人,注定了要受迫害。赫什菲尔德的血统,他的政治激进主义,还有同性爱取向构成了灾难性的组合。1933 年,他的研究所遭到一群暴徒的洗劫,其所有家当被当众付之一炬。这一切发生在希特勒刚刚上台三个月之后。所幸的是赫什菲尔德当时正在法国,以后他便留在了那里。

性学在德国的厄运也给别处的性学发展造成了损失。瑞士的**福勒尔**(Auguste Forel,1848—1931)和英国的**霭理士**(Henry Havelock Ellis,1859—1939)与德国的性学家们是同时代人,并有密切往来。但在各自的国家里,他们无力重现德国学者们所创造的盛况。

但是,霭理士的努力还是对英语国家的人们的性观念产生了很大的影响。他没作什么第一手研究,但他收集了大量的性学材料,编著成《性心理学研究》(*Studies in Psychology of Sex*)一书,并于 1896 年至 1928 年间定期修订数次。这本书为他赢得了学者声誉,但在早年则饱受非议。

霭理士和夫人爱迪丝(Edith Ellis)都是妇女运动中的积极分子,他们俩的结合也是一种不合常规的婚姻:他们在感情上亲近,但回避性交。双方都同意,他们忙于处理妇女问题。他直到晚年也未曾获得性满足。在维多利亚道德风行时期,霭理士的个人经历所碰到的困难促使他成为一个不懈地倡导对性的多元化采取宽容态度的人。考虑到他对性的积极开放观点,布莱彻(Brecher)称他为"第一个叫好的人"(first of the Yea-Sayers)。

令人瞩目的是,在这些对性持肯定态度的人中独独没有女性。可能是由于当时维多利亚时期的社会环境不容许她们参与这一领域;另一个原因则可能在于,即使是有勇气的女性,也一般是以社会改革家的形象出现,为节育之类与妇女生活息息相关的事情而努力,如英国的**斯托克斯夫人**(Marie Stokes,1880—1958)和美国的**桑格尔夫人**(Margaret Sanger,1883—1966)等人的工作。

还有一种可能,就是妇女所作过的研究被人忽视了。例如,1973 年卡尔·戴格勒(Carl Degler)在斯坦福大学档案中发现了**莫舍博士**(Dr. Clelia Duel Mosher,1863—1940)所作的广泛调查。这是一份涉及 45 名女性(其中 70% 出生于 1870 年以前)的性态度的调查研究报告,调查时间从 1892 年到 1920 年。这项工作的发现给维多利

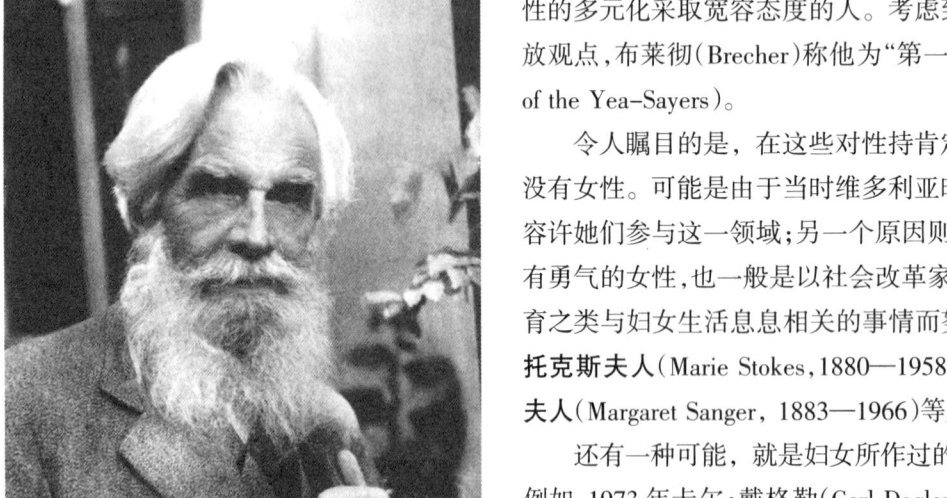

图 1.11 海洛克·霭理士

亚时期的女性性学带来了新的光明(专题1-1)(Mahood和Wenburg,1980)。

复　苏

尽管20世纪30年代在德国所发生的事情对于性学的进一步发展是一个巨大的挫折,但各种各样的性研究一直没有中断。在第二次世界大战爆发之际的美国,一些行为调查还在进行,同时还有很多的临床研究。但是,现代性学的真正复苏要从20世纪40年代金赛的工作算起。

金赛博士(Alfred C. Kinsey,1894~1956)原是印第安纳大学的动物学家,在作了25年的黄蜂研究之后,转而对人类性行为进行系统研究。起因是他在别人的劝说下开设了一个婚姻课程班,他的学生问了他很多问题,为这些问题寻找答案的过程促成了他的改行。从此,他和他的合作者们[鲍默罗伊(Wardell B. Pomeroy)、马丁(Clyde E. Martin)和杰勃哈特(Paul H. Gebhard)]收集了美国各地各色人种的16,000份性史,这是前无古人的工作。仅金赛一人就收集了7000份性史,10年中平均每天两份。遗憾的是,他还未来得及完成他会见100,000个人的宏伟目标就过早地离开了我们。

图1.12　阿尔弗雷德·金赛和他的研究团队,堪称是性研究和调查的先锋。

虽然已过去了约40年,但金赛对男、女性行为的研究仍是关于人类性行为的最综合最系统的信息来源。金赛之后也有人搞过一些调查研究,但无论是深度还是广度都不能与金赛的工作相媲美。

金赛建立的性研究所[Institute for Sex Research,最近更名为金赛性、性别与生殖研究所(The Kinsey Institute for Research in Sex, Gender, and Reproduction)]一直致力于其他更广泛的性行为的调查研究,包括对性犯罪与同性爱者的研究。这个研究所的图书馆收藏有60,000册书籍,3700部电影,大量的图片材料及人工制品,当然都是与性有关的,因此兼具资料馆与教育的功能。

金赛的工作之所以能引起公众如此大的注意,除了因为其描述了各种各样的性行为模式之外,更重要的还在于它使这些行为模式发生了改变。在他之后,无论是别的调查者、记者,还是性用品商人,都在不断地刺激大众探讨自己的性生活,性调查成了通用的工具。谈论性的大众书的出版发行成了一个庞大的工业,尽管这类书对于性学知识的发展和普及并不会作出多少实际的贡献。

性研究的下一个飞跃是人类性生理的实验室研究。金赛早就期待着直接观察性活动,但是实现从会谈到观察这一关键性的转折,是20世纪60年代的事情。这是在妇科专家**马斯特斯**(William Masters,1915—2001)和他的女助手**约翰逊**(Vir-

专题 1-1
莫舍的研究

1973年,卡尔·戴格勒在斯坦福大学发现了一份对45位美国妇女进行的关于性态度的问卷调查,其中有70%的受访者出生于1870年以前。这些从未被公开的手写记录是迄今所知最早实行的性调查,也是关于19世纪女性性方面的唯一资料。

这项调查是由希利亚·杜尔·莫舍完成的,而她自己的一生也是维多利亚时期女性的一个有趣研究对象。莫舍于1863年出生在纽约奥尔巴尼(Albany)的一个医生世家,她的父亲和四位叔叔都是医生。1892年,还在威斯康辛大学攻读学士学位的莫舍就开始了这项调查,一直到1920年才完成。在此期间,她获得了斯坦福大学的硕士学位和约翰·霍普金斯大学的医学博士学位。她职业生涯的大部分时间都在斯坦福大学的健康中心担任医生,同时是卫生学教授。

莫舍所做的女性调查对象并不是随意的人群,而是受过良好教育的中产阶级学者的夫人们。她们的回答所显示的对性的坦白程度令人印象深刻,同时也反驳了我们有关维多利亚时代妇女禁欲的印象。

问卷表明,大部分(45人中有35人)受访者有渴望性交的感觉,不论丈夫是否有兴趣进行。只有9人说她们从来没有或者很少有这种感觉。莫舍一定是事先假定女性通常都能体验性高潮,因为她在调查中并不是询问受访者有没有体验到性高潮,而是问是否"总"能在性交中体验到性高潮。35%的受访者回答"总是"和"经常",40%回答"有时"或者"不总是"。如果把出生于1875年之前的女性单独归类,那么有性高潮(至少1次)的比例是82%,和出生于1900—1920年间的金赛访问的女性样本非常相似。

这些妇女对性的评论告诉了我们很多信息:性交"是人类的正常行为";"即使没有孩子,性关系也会使男人更爱他的妻子,性行为的最大贡献正基于此。性是美丽的,我很高兴自然将之赋予我们";"对我来说,夫妻双方渴望结合的首要原因就是为了性交,其次才是为了繁衍后代,这是次要的,尽管这个动机是完全有价值的,但是除非是双方都表现出欲望,否则性交就不可能正常进行"(引自 Degler,1980,p.264)。

在另一方面,这些女性也有许多性焦虑。由于避孕措施不可靠,对怀孕的恐惧控制了她们的想法。尽管她们都受过良好的教育,但是其中很多人说她们在结婚前对性一无所知。在这45位妇女中,有25位报告说每周至多行房一次;10人报告说每周有一次或两次;9人报告更多。然而,37位受访者中只有8人希望每周性交一次或更多,也就是说有超过一半的妇女进行性交的次数超过了她们的意愿。尽管如此,对维多利亚时期女性的这些正面观点仍被视为莫舍研究的重要成果(有关本次调查的完整研究,见 Mahood 和 Wenburg,1980)。

图 1.13 希利亚·杜尔·莫舍(1863—1940)

ginia Johnson,1925—)的工作中完成的。

在694名志愿者(18—89岁)的配合下,马斯特斯和约翰逊观察、监测、拍摄了通过手淫或性交达到的10,000次高潮时的身体反应。他们的工作至少建立了性生理学的初步基础,而这正是长期以来被生理学家和性学家忽略的。他们随后的工作,即性功能失调的治疗和研究,开辟了性治疗的新纪元(Brecher,1969;Robinson,1976)。

性学现状

狭义地讲,今日的性学领域主要由三部分组成:研究、教育和治疗。由于这些详细内容以后都会讲到,这里只简要作一介绍。

性研究

大部分性学研究是在大学里进行的。生物医学家继续研究性的生物学方面,但是现在从事性行为研究的人员大多数是行为科学家,许多人是心理学家。

从某种程度上说,相比其他学科,人类性学的研究仍是边缘性的。尽管性研究的质量正在迅速提高,但和心理学或生物学等建设比较完善的学科相比仍然是极不标准化的。研究者中有受过严格训练的学者,也有一些不够专业的人。人们对性学的了解往往是来自于畅销书,而不是扎实的研究或者学术成果。

有关性研究的主要期刊有两种:《性行为档案》(*Archives of Sexual Behavior*)和《性研究学报》(*Journal of Sex Research*);另外还有大约十几种专业杂志和通讯刊物,也刊登一些有用的信息,如《美国性知识与性教育咨询中心报告》(*SIECUS Report*)。还有,因其多学科交叉的特点,有关性的重要的研究报告同样也能在别的相关专业杂志上发表。

性教育

自20世纪以来,美国的教育家们以各种各样的方式在大学里为学生们提供性指导。早年的先驱们,如摩罗(P. A. Morrow,他发展了更加正当、更加有效的课程)等人主要关心的是性病的预防。"二战"之后,关于婚姻和家庭的课程开始流行起来,但直到20世纪60年代,才开始出现今天这样的人类性学课程。*

关于美国各大学人类性学课程的数目与性质,我们虽然没有综合的资料和数据,但是通过1986年对225所机构所作的调查发现:开设一门或更多门性学课程的占41%;另外,还有44%的学校的精神病学系开设了涉及性的相关课程(Polyson et al.,1986)。这些数据与20世纪70年代末期曾开展过的同性质调查(Sheppard,1974)所得出的数据非常接近,可见自70年代早期的扩展后,高校性教育始终比较稳定。

*有关美国的性教育概况,见Kirkendall(1981),Katchadourian(1981)描述了美国一所重要大学里开设性学课程的经过。也见McCary(1975),Anderson(1975)和Sarrel与Coplin(1971)。

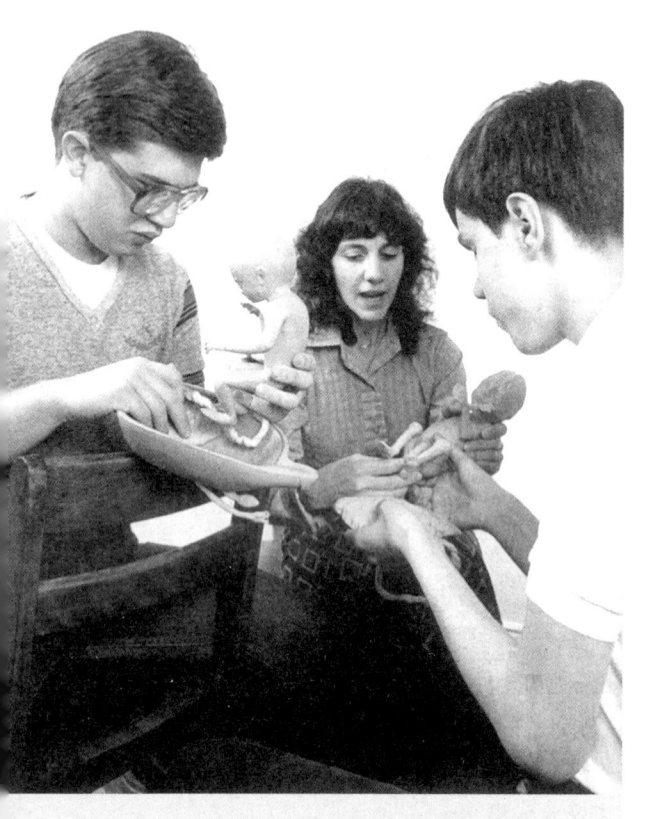

图 1.14 对身体有残疾的学生往往要采取特殊的性教育手段。上图便是两名视力受损的学生在通过以手感触仿生模型的方式学习有关怀孕和生育的知识。

人类性学课程的教师来自各种学科,但最多的是来自健康教育系和心理学系的。同学们对大学里开设的性教育课程一般是非常感兴趣的。但大多数教师们认为性学不属于自己的专业范围。除了少数几次试办研究生项目的不成熟的尝试之外,在高等教育战线,性学还是一个有待于人们去开拓的领域。在大多数成熟的高校中,在这个领域工作的教师往往在其他专业有自己的主要教职。

青春期少年和儿童的性教育也一直存在着争论。由谁,以什么形式,为何目的给青少年以性的指导,一直是棘手的问题(第8章)。在过去的几十年里,性教育有了很大的进步,但我们仍有理由关心这些项目是否完善。这些性教育项目往往资金有限,执教者自己通常是自学的,并且还要面对社会不时的反对呼声等等。

当今,艾滋病的威胁成为一个前所未有的挑战,但同时这也是进行全面性教育的机会。公众从来没有如此热切地希望孩子们能在学校中接触到性知识。社会最终将如何处理这个问题,我们将拭目以待。

以促进和推广性教育为己任的最著名的(也是受攻击最多的)组织是 1960 年成立的 SIECUS(Sex Information and Education Council of the United States,美国性知识与性教育咨询中心),它的领导人是**玛丽·卡尔德龙夫人**(Mary Steichen Calderone, 1904—1998)。在这个组织的章程里,性的宽泛概念是这样的:

> SIECUS 的性概念强调的是作为一个人的整体性。它包括人类存在的各个方面,尤其强调的是与一个人作为男人、女人或男孩、女孩等密切相关的方面。并且,它是一个在人们的一生中一直运动变化着的整体性问题。性不仅仅反映着人的生殖特征,也反映着人的特征。作为总体人格的一种功能,性与生物学、心理学、社会学及精神的、文化的变量都有关系;反过来,这些变量也会影响人格的发展和人际关系,从而影响到社会的结构。

关于性教育的最典型的争论是,性教育打扰了儿童天真单纯的性的太平世界,点燃了青春期少年性欲的熊熊火焰。并且,在进行性教育的同时,不论是有意还是无意鼓励起来的性实验,都将带来可怕的后果。性教育的倡导者们则强调说,性教育可以帮助人们预防性传播疾病、避免意外怀孕、纠正错误的性态度等等；通过提供正确的信息，筛选出正确的态度，使人们过上更加满足的性生活。

性治疗

大多数患有性功能障碍(如阳痿、不能达到性高潮)的人一般是由开业医生、临床心理学家或其他提供咨询的人来治疗的。不过，在过去的20多年里出现了一个**新的性治疗**领域，它有自己独特的方法(第15章)。现在还看不清这一新的性治疗最终是否能发展成为一个独立、完整的专业，也估计不出它的贡献是否会被吸收到成熟学科的主流中去。

虽然存在着不少缺点，性学领域现在已经得到了很大的扩展，并获得了作为一个值得研究和教育的学科的合法地位。在被忽视、被压抑了几个世纪之后的今天，这一于人至关重要的学科，值得我们像对待人的生活的其他方面一样，坦诚、严肃、正直地对待它。

1.3 性学研究方法

为研究性行为这样复杂的问题，我们设计了不同的研究方法。每一种研究方法都有其优缺点，但它们都具有许多基本的考虑因素。在我们转向论述每一种方法的特点之前，我们首先要提出这些问题。

基本考虑

方法论问题在任何行为研究领域都存在，而由于研究领域的新奇，研究对象的独特以及社会的偏见等因素，在性研究领域，该问题表现得尤为突出。然而，随着过去几十年性学研究领域越来越面向更多更高素质的调查者，性科学家也日益专业化(Jayne, 1986)。

研究的目的和角度

每一种研究工作都有其目的，零散的收集资料是没有多大价值的。即使只是一个极简单的性行为，也有着许多的方面，因此，除非研究者先确立一个清醒的头脑，知道他们要研究什么，否则他们可能什么也得不到。

研究性学不是为了证明一个先入为主的想法。相反，最开始的一点是**假设**，下一步才是去证实(即重新用新的事实证明或否定假设)、重述或证伪。假设的作用只是为了帮助研究者集中注意兴趣点，理解结果，以便于决定要检验的想法是对还是错。有无数的研究工作报道：有如此如此多的男人是这样做的，有那么那么多的女

想一想

如何在你的大学中研究婚前性行为?

人是那样做的。尽管所有谨慎收集到的资料都很有趣,但通常难以知道通过这些孤立的数据可以得出什么样的结论。

偏见的问题

性研究者们与其他研究者一样,都是某种职业中的一员,是智识传统的继承者;他们又都是有个人精神和需要的人类中的一员,有自己的性价值观(这是无可厚非的),也有自己的偏见(他们已尽力在工作上排除它),他们也许仍没有发现他们的偏见,或者在工作中屈从于这些偏见。

在这些方面,性学研究者与其他行为科学家没有什么不同,除了在这一领域有更多容易上当的圈套,需要消除更多的磨难。从这一点看,有益的怀疑(但不是愤世嫉俗),对评价任何一项性研究工作,都是一个良好的起点。

变量的选择

调查者不可能关注到研究的每个细节和每个方面,他们必须有所选择。因此,提问的类型和如何提问在一定程度上将决定会得到什么回答。例如,如果我们想知道男人和女人性需求的频繁程度,我们可能会向一个随机志愿者样本发放问卷,提问在过去一个月中他们的性高潮次数。经过恰当的统计分析,我们发现男性报告的性高潮次数比女性多,然后我们得出结论,男性比女性对性的渴望更频繁。那么现在我们要问,每周性高潮的次数是否是衡量性需求的**有效**工具呢?如果我们想知道的是男人和女人性需求的频繁程度,难道我们不应该问他们主动要求进行性行为的次数,不论其结果如何?或者问他们的性伴侣提出性交要求但被他们拒绝的次数呢?还有他们在独处或者与伴侣在一起时的性念想和性幻想的次数呢?这些都是性需求的重要组成部分,尽管其中只有一些包括性高潮。人们经历性高潮的次数可能是他们性生活的重要方面,但不是衡量性需求的充分手段。

第二个问题是实验方法的**信度**(reliability)问题。效度(validity)是指实验的有效性或者是否精确地测量了研究者想要测量的东西,信度则是指测验或实验研究得到的数据是否具有一致性或可靠性。要有信度,问题在重复向受访主体提出时,必须能得出或多或少相同的答案。当我们要求人们回忆他们过去的性行为时,我们可能需要考虑到回忆的准确性以及如果我们在以后重复作这项研究是否能得到相同的答案。

另一个潜在的陷阱是,我们假定一个变量,如性高潮,对男女老少来说意味的是同样的经验。

除了上述我们提到的把性高潮作为衡量性需求的手段的问题之外,其他社会心理和情境因素也会影响两性报告的性高潮次数。例如,假设参与实验的志愿者们基本上都是异性爱者,并且通常喜欢采用"男上女下"的性交体位等。因为在这种体位下女性达到性高潮所需要的时间比较长,男性一般先达到性高潮,除非夫妻有时间和意愿继续做爱以使女方获得性高潮,否则性行为就到此为止了。除此之外,男性和女性的性角色观念使得女人更难向伴侣提出要做什么才能帮助她们达到性高潮。同样的问题也存在于当我们试图确定男人和女人是否对某一特定的性刺激更易有反应的时候。对性刺激的评价标准往往由男性设定,因此女性对这些性刺激的反应可能比不上男性。

伦理的考虑

研究者通常十分清楚他们有责任不侵害受试者。现在,许多研究单位和政府部门都制定了正式而严格的限定,以保证人类本身不受侵害(对动物的研究也有相似的限制,但研究人员的自由要大得多)。

对人类受侵害的防护有几个方面,这些研究必须不使受试者处于承受痛苦、伤害和严重苦恼之下,因为这些很可能导致创伤。如我们不能给孕妇施以睾丸激素,以观察其对体内胎儿作用的效果;同样我们也不能让孩子与成人进行性活动,来观察这样的事件如何影响他们的性发育过程。

保密对于性行为的研究来说是特别重要的。金赛和他的合作者们建立了一个精心编制的编码系统,以保护数以千计的受试者的身份。临床记录包含个人信息,这里存在着保护的需要,因为披露个人私生活中详细的性情况,有可能会导致丑闻、社会排斥、婚姻不和、职业危机及法律行动。

尽管研究都是小心进行以避免伤害,但对于受试者的后果是不能完全预料的。出于这个原因,当告诉受试者必须承担什么实验后,取得他们的**知情同意**(informed consent)是非常必要的。为了进一步保护受试者,当实验完成后受试者会被查询。调查者向受试者澄清研究的真实性质(如果存在着欺骗的话),同时帮助受试者克服由实验造成的思想或感情上的扰乱。

欺骗的应用有它本身的特殊问题。有的实验是基于受试者本人不知道内情的。有的群体不喜欢有外来者的打扰,于是有的研究者就假称自己有相似的性兴趣而借以了解内情。例如,有一个人类学家曾与他的妻子一道与性混交的男女相处,以进行群体性学研究。他们设法使用各种各样的借口(如"我妻子正在行经")来避免进行性活动,同时维护他们本身是性混交者这一假象(Bartell,1971)。

尽管这样的研究者确实不打算伤害他们的受试者,但由于这种方式导致的偷偷摸摸,缺少知情同意和事后沟通,让人质疑他们作为研究者的妥当性。与此针锋相对的观点争辩说,不用这样的方法,有些性学领域就不可能披露出来。何况,我们的社会还允许警察和从事调查的新闻记者采用这种方法。

抽样法

所有行为研究的基本目的都是为了发现人类活动的共同形式。我们想要进行普遍化,研究结果不仅适用于一些个体,而且可应用于整个人类。例如,我们想要知道所有高等院校的学生会怎样做。我们还想知道,由于年龄、婚姻状况、社会经济地位或其他情况的不同,性活动会有怎样的不同。

只了解几个人的性行为的信息是不够的,但对整个人类进行研究通常又是不可能的。因此研究者必须抽取**样本**,研究感兴趣的那部分人群。如果所抽样本是有代表性的,可以代表更大的群体,那么从抽样中得到的发现就可以推衍到余下的人中去。

抽样法有多种,最常用的一种叫**随机抽样**(random sampling),即群体中每一个成员都有相同的概率会被随机抽到。于是,要知道一个班的大一新生手淫的次数,我们直接抽一组大一新生即可(根据某个给定的目的,抽样的合适规模由许多统计学的考虑因素决定)。

随机抽样并不总是合适的。在上面的例子中随机选取样本的那个大一班级中,女性、黑人或者天主教徒都太少了。如果我们希望这些差异造成重要的差别,那么我们仅仅依靠概率,要从这三个分组中选出合适的比例是不太可能的。我们可以通过使用**分层取样**(stratified sample)的方法来使样本获得更好的代表性。这种方法将随机选择每个分组中的样本,然后在整体样本中以恰当的比例呈现。

实际上,所有对性行为进行的普遍性研究,均会出现严重的**抽样偏差**,这种偏差的性质随研究方法的不同而不同,常常是由于被选择者不愿意参加引起的。这样一来,即使样本是随机抽取的,低应答率也会使抽样成为**自我选择样本**(self-selected sample),很可能不具有代表性。每一特定形式的研究都有独特的抽样偏差。例如,在研究男同性爱者时,年轻男性的样本往往在总人口中没有表现出代表性(Harry,1986);或者在研究性反应的精神心理学时,与其他大部分人相比,志愿者对性往往比较不拘谨(Morokoff,1986)。

基于问卷调查和会晤访谈的研究都有自己的偏差(Catania et al.,1986)。由于具有保守性观念的人们在性形式上有更大的限制性,因此在性学研究中,许多人不愿意参加性调查研究,也不想当志愿受试者,所以许多研究仅仅只展示了一幅性解放者行为图。另一方面,给社会带来问题和不便的行为更倾向于不报告,因为有些受试者不愿暴露这些行为。

由于这些原因和相似的考虑,没有哪个普遍性行为研究已被公认其发现能适用于更大的群体,更不用说整个国家了。尽管如此,从有缺陷和有偏差的样本中得出有效的结论仍是可能的。不过,仍然要小心那些声称衡量全部人口中的某种普遍行为的流行程度的研究,比如说参与某种性行为的人口比例(Brecher和Brecher,1986)。

统计数据的使用

统计学方法是分析数量资料的数学技巧,研究者通过统计学方法收集、组织和理解数量资料。对于理解性行为,统计学是能为我们提供帮助的有力工具,但它

想一想

当你要研究性快感时,你将如何结合生物学、行为科学和人本主义思想?

会因其精确性的幻象而被滥用。如果采用的样本是经过高度选择的,统计学就特别容易使人误入歧途。这样,在一项只有5%的应答率的研究中,即使有90%的回应都对某个问题回答"是",你仍然不可能知道样本中其余95%的人对此问题意见如何。

即使性行为的测量中可变因素很多,但我们有一个可以用于比较的基础仍是十分重要的。如果我们不知道被测者所属的那个更大群体的性高潮频率,那么知道他/她每天每月或每年会有一次高潮,也就没有什么意义。同样地,统计学帮助我们认识到,性行为是一个抽象的概念:在实际中,许多不同的组别和个人是按不同的方式行事的,没有一个固定的性行为模式。即使通过仔细研究发现给定组别中有某些模式,这一信息也不能自动地推广到所有成员中。

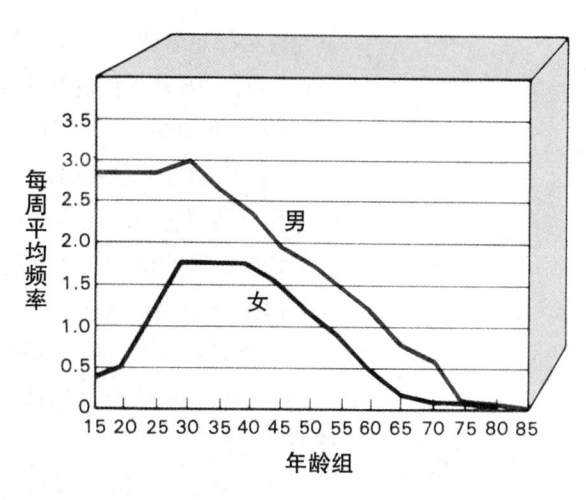

图 1.15 各年龄段男女两性的平均高潮频率

"**平均**"这个词告诉我们的是人类群体的情况而不是人类个体的情况。要理解每一个人,必须研究这个特定的人。比如,图 1.15 给出了金赛调查中男女受试者每周高潮的平均次数。这项研究中的个体高潮的次数或高于或低于这些平均数,因此它帮助我们了解了群体高潮次数的**变化**(variance)范围。对于个体的研究,在我们了解小组中的变化范围时能提供许多有意义的东西,小组与个体的研究可以互补,但不能互相代替。

统计学测定在了解性行为的所有方式中并非必需。单一个案的研究可能一针见血。作家和艺术家并不研究有代表性的样本,但仍能够深入透视人类性行为。统计学仅仅是一种工具,既不可完全接受,也不能盲目反对。

临床研究

对患者或被治疗者的研究,称为**临床研究**(clinical research)。传统上认为,临床研究是医生的领域,但许多现代临床心理学家、社会工作者、婚姻及家庭律师,以他们自身的特殊视角,也投身于临床领域。

临床研究可以是对单一病例的**案例研究**(case study),也可以是基于一系列病例的研究。临床工作的研究成分可以是更大的治疗或处理过程的一部分。单一病例研究的传统方法在性学临床研究中仍在继续,但现在更常用于对更大的患者群体进行研究,更重视对照组及对资料的数量分析。

临床研究方法的长处有三方面。首先临床研究者往往都是受过良好职业训练的专家。任何一个有进取心的记者,都可以自由地为一本杂志进行一项调查。但要被允许治疗患者或当患者的私人医生，则此人需要有正式的受训经历并通过资格考核。第二，临床研究更可能集中在一个有意义的问题上。人们由于受了创伤才来寻求治疗，因此临床医师处理的是真正的问题，而不是瞎搞什么创造出来的问题。第三，临床治疗的程序允许更深入的研究。即使是非常短期的心理咨询，通常也包含了比典型的访谈研究或问卷法更强烈的交往频度。

临床研究的缺点与优点是同一硬币的正反面，不可避免。存在这样一个事实：临床医生长期以个人视角看待他们的受试者，这就意味着他们仅能处理很有限的受试者（尽管许多来源的病例可以收集到一起）。这些受试者是自愿选择的，所以也不太可能代表整个群体。甚至已发表的病例研究也会包含戏剧性的非典型情境。

这些缺点由于以下事实而变得更加复杂，即临床受试者由于处在苦恼和痛苦中，会有特殊的行为方式。临床的内容既不是中性的，也不完全适合无偏见的探询。这种治疗方式的主要目的是治疗，这样受试者及研究者在治疗过程中均有其各自的利害关系，从而影响被研究问题的客观性。医生仅想听到符合自己理论的描述，而受试者则被迫描述医生想听到的事。

最后，就算是受过严格训练的治疗师，他们在实验方法论和统计学上也会缺乏培训。他们可能通过历史案例来对正常性行为下结论，而不是严格的对照实验观察。

总而言之，临床方法为关心现实生活问题的少数人提供了很有深度的研究信息，但是从病理和治疗的方面考虑，似乎给被观察到的行为着上了杂色。

访谈研究法

访谈研究和案例史研究很相似，即研究患者发病的历史。研究**性史**时，访谈者会就性行为的不同方面提问，或集中注意某种特别的活动。在"**结构化访谈**"（structured interview）中，首先是提出一套预先拟定的问题，然后把同样的问题给所有的受访者回答。在"**开放性访谈**"（open-ended interview）中，由组织会谈者给出少量的指导或推动，以鼓励受访者自己说出其性生活情况。前一种方法，数据更有系统性、统一性，后一种方法则允许更自然和自由的表露，所以两种方法有互补性。

与临床方法不同的是，访谈研究更广泛、更随机地选择受试组。尽管如此，这种方法的优点常难以实现，因为常常只有少量被选择的受访者同意参加研究，这样又导致自我选择样本的后果。这些人说的可能并不代表那些不愿意参与访谈的人的想法。

另一个缺点是，访谈者与受访者的接触是相对肤浅的，特别是在非常敏感的方面，如性行为上，更是如此。对一个不能给他帮助的陌生人，除非是医生，人们常常不会透露生活中的内情。如果考虑到一个人有不可避免的遗忘、隐瞒或夸大性经历的倾向，那么我们从这些访谈研究中能学习到的东西，将会进一步减少。

但对于像金赛这样一位老练的研究者来说，访谈研究只要进行几个小时，就可以得到有用的信息。专题1-2将讨论一些最著名的调查。由于金赛研究的规模及其在历史上的重要性，我们将详细地介绍金赛的研究；尽管别的研究也用到访谈法，但没有一个能够接近金赛付出的巨大努力。典型的是，访谈研究法已被引入更大范围的问卷法中。如在亨特调查（专题1-2）中，除了2000份问卷回应之外，研究者还用访谈法加以补充。在别的一些情况中，访谈法提供了一种获得充满情趣的描述的合适方法，可以使那些由别的方法获得的毫无生气的资料变得有趣些。

问卷法

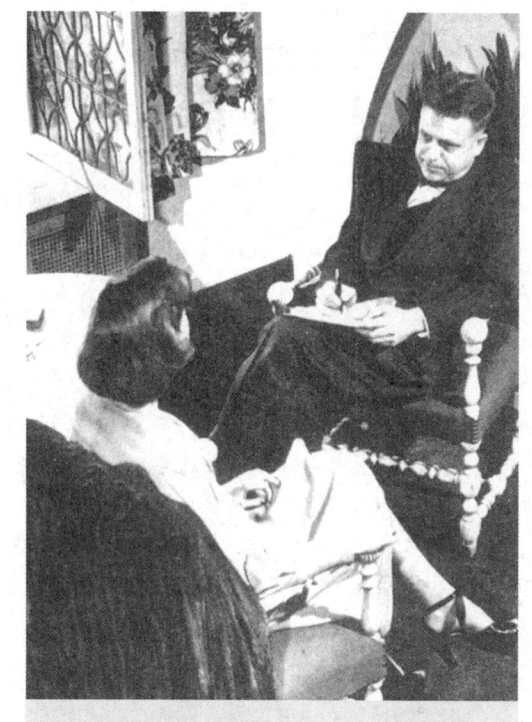

图1.16 阿尔弗雷德·金赛在对受访者进行访谈。

问卷法（questionnaire）是结构化访谈的一种延伸，在该方法中，受试者不是通过口头，而是通过文字表达回答一套写好的问题。一个好的访谈者要有熟练的技巧及受过培训的资历，因为有效提问的编写是一个相当困难的过程，需要特别的专业知识。

问卷法的主要优点是容易获得大量的受试者，提出问题的连贯性及可以有机会比较对同一问题的不同回答。在金赛组织会谈的16 000名受试者中，这种方法收到了巨大的效果。但是极不成熟的研究者，却只能从许多的回答中收到非常少的信息，即使能回收10倍于金赛的问卷。

另一方面，问卷法只能获得非常贫乏的回答率，有没有人真实地回答问题，这是难于了解的。在匿名的伪装下，是可以给出更真实的回答的。而一位访谈者的出现，则会帮助受试者理解所提问题的目的，以及提高认真回答的可能。通过提更多的问题，访谈者能够探索一个特别的领域，追踪是什么导致受试者提供这样的答案。

与案例研究相比，问卷法是一种更加客观的研究方式，但是这决不是说它就摆脱了偏见的干扰。问题提出的方式会影响到受试者的回答。为了摆脱这样的"负担"，受试者很有可能会按照社会期许来回答问题（就像他们在其他语境下所做的那样），也就是说，他们会给出他们认为符合社会主流价值观，或者调查人员所期待的回答。这样，问卷法就成了案例研究方法的反面——它耗时更短，覆盖人口更多，但提供的信息却更肤浅、更表面。在过去的二十年里许多问卷法研究被付诸实践。

专题 1-2
性学调查

在基于访谈的性研究中，金赛和他的合作者从事的性行为研究是最为雄心勃勃的探究。即使在40年后，不论是在规模上、内容的详尽程度及社会效果上，他们都保持着无法赶超的地位。

作为访谈者，金赛和他的同伴获得了极大的成功。他们都受过极好的训练，依靠一套标准问题，获得可比较的结果；给受试者提供包括交叉检查（如比较丈夫和妻子的答案）在内的成百套问题，以确保回答的可靠性。这些研究人员也记住他们的密码，并且把结果直接用密码记录下来，以便有更大的精确性和保密性。

在1938年至1950年间，这些研究者访谈了16 000多人。金赛得到了7000个性史记录，在10年中平均一天获得两个。在这些报告中，基本样本由5940名女性和5300名男性美国公民组成。

金赛清醒地认识到，要在人群中获得随机样本参加他的研究是相当困难的。常有许多人拒绝参加，这损害了群体的代表性。他转而采用一种"小组样本选择"法，选择差别很大的小组（如神父、犯人、大学生），然后说服每人都参与会谈。在1/4的这种小组中，他努力获得"百分之百的样本"，使这些群体（小组）中的每一个成员都说出自己的性史。这些小组来自不同的社会阶层。

在11 240人的群体中，性史的研究包括了年龄、婚姻状况、教育水平、职业、地理分布、宗教信仰等方面。所有这些小组都有足够的成员作为代表来进行比较，所以金赛的样本是**分层次的**(stratified)。不过它不是**有代表性的**(representative)调查，因为抽样的群体中，每一小组的大小和美国总人口中群体的构成是不成比例的。受教育水平低的和乡村的小组中，样本很少，几乎没有代表。有些小组，事实上根本没有代表性，如所有提供过性史的受试者都是白人（金赛收集过黑人的性史，但不够进行统计分析）。3/4的妇女是大学毕业生，许多低阶层的男性则犯有前科。这样他的受试者主要只代表了白人、都市居民、新教徒、受过大学教育的美国东北部人群。金赛相当清醒地认识到这样选择造成的问题，对一些批评也不予置评。他称他的性行为研究只是在一定的人类群体中的，不是针对所有文化和所有人种的性行为研究(Kinsay et al.,1948;1953)。

在20世纪70年代早期，《花花公子》基金会(the Playboy Foundation) 发起了一个全国范围的性调查，是由一个独立的行为研究和市场调查组织主持的。研究的样本是从美国24个城市的电话簿上随机选择的2026名成年人。样本中的982名男性和1044名女性，在年龄的分布上与美国18岁以上人口的年龄分布相似。但是并不是每一个人的名字都能出现在电话簿上，所以这些样本也不能说具有代表性，特别从80%联系到的人拒绝参加研究这一事实看，更不能说是有代表性。

这些资料是通过高度自我回答的方式收集到的。另外有100名男性和100名女性，被莫顿·亨特(Morton Hunt) 和他的妻子伯尼斯·科恩(Bernice Kohn)选来进行更深入的访谈。这二位均是职业作家。亨特曾就这项调查研究写过报告，所以这里我们称这种研究为"亨特调查"(1974)。该法尽管难以与金赛调查法媲美，但亨特调查在用来与几十年前的金赛报告做比较时还是很有用的。

20世纪70年代末雪儿·海蒂(Shere Hite)用问卷调查法研究女性的性，引起广泛的公众注意(1976)。它主要是通过不同的妇女团体来获得回应者，为了扩大研究范围，他们还通过几种杂志[如《阁楼》(Penthouse)]和时事通信来征募受试者。在做了大量努力之后，在100 000拿到问卷的人中，只有3000人回应，回应率只有3%。另外还做了一个针对8000名男性（回应率只有6%）的类似的研究(Hite,1981)。1987年海蒂关于女人和爱情的研究是基于一个有大约 4500 位女性参与的样本，这项研究一共联系了 10 万人，故其回应率是 4.5%。

海蒂的报告受到批评，因其样本不具代表性，作者具有辩论风格以及政治目的。但海蒂研究中的个人经验使其具有很高的阅读性。从某种意义上说，他们所说的是和其他人所想所感一致的，所以她的书才得以畅销。

最后，大量收集问答资料的方法是杂志常用的调查法。通过在杂志上印上问卷来让杂志读者回答，回答问题的人构成研究的样本。因为杂志具有庞大的读者群体，所以即使只有 1% 的回应率，也还可以得到数以千计的回答。不过这样得到的结果甚至不能推广到其他读者身上，因为它本身难以代表大量的群体。这种性调查法已被引进到《今日心理学》(Athanasiou et al., 1970)、《红皮书》(*Redbook*)(Tavris 和 Sadd, 1977)、《女士之家杂志》(*Ladies Home Journal*)(Schultz, 1980)、《大都会》(*Cosmopolitan*)(Wolfe, 1981) 和《花花公子》(Peterson et al., 1983) 杂志，如果不计它们的局限性，这些信息还是有趣的。许多调查对象更为有限的性调查已被实施。大学生通常是这些研究的调查对象。

专题 1-2 里描述了其中较为著名的几次研究。

我们引用的一些研究例子，一直是关于性行为的一般性研究。这些方法同样也可用于一些特殊形式的行为中(如婚前性行为)，或特定行为的特殊方面(如同性爱交往中的个人交往方面)。我们在后文中将有机会去讨论特殊的研究。

直接观察法和实验法

在性行为研究中，直接观察法、参与观察法和实验法至今仍局限在很小的范围内，其中的原因是在许多文化中需要一定的隐秘性去遮掩性过程。迄今为止，直接观察法最有意义和最深远的应用都是在实验室中进行的，比如由马斯特斯和约翰逊主持的实验室研究。不过这项工作主要注重性功能的生理方面。

人类学发展史上有很长的参与观察的传统，但该法很少用于性行为的研究。当然，对于一个人类学家来说，看到一个婚礼比目击一个完整的性结合要容易得多。这样，人类学家经常从被调查者的自我报告和多种观察资料那里获取信息，而不是亲眼目睹性行为。

实验法应用到性研究时有更大的困难，因为就研究者而言，要承受各种对实验的干扰。直接观察法只是简单地观察受访者按各种方法做了些什么，如交配；但在建立一个实验过程中，受试者则被引导去做事先讲好的动作，以满足实验者的目的。为保证受试者的安全，近年来，更新的实验标准和限制措施增强了严格性，因此导致性学实验特别难以达到目的。但是仍有数量可观的此类方法被采用。一个例子是给受试者展示能引起性唤醒的物体，同时用特殊设备测量生理反应。

最典型的是，研究者必须一直依赖于所谓的"自然实验"的效果，他们不能给孕妇服用激素，但他们可以研究激素已经显著改变的孕妇，观察激素对胎儿发育的影响(第 10 章)。

想一想

你觉得何种形式的性调查对受访者而言最舒服？研究性行为是否是对人们私生活的不道德介入？

你将在这本书中阅读到各种各样的研究。记住我们提到的每种方法的赞成和反对的论据,以及各自的优势和可能遇到的问题。有些研究互相反驳对方的结论,或者解答了一个大问题的一些小方面。你会发现不时会遇到很多不同的选择或不同的解释。这就是为什么性学是一个精彩的领域的原因之一。你有很大的空间去解读、判断和得出自己的结论。

第一部分 性结构与功能

第2章 性解剖
第3章 性生理
第4章 性激素
第5章 性器官疾病

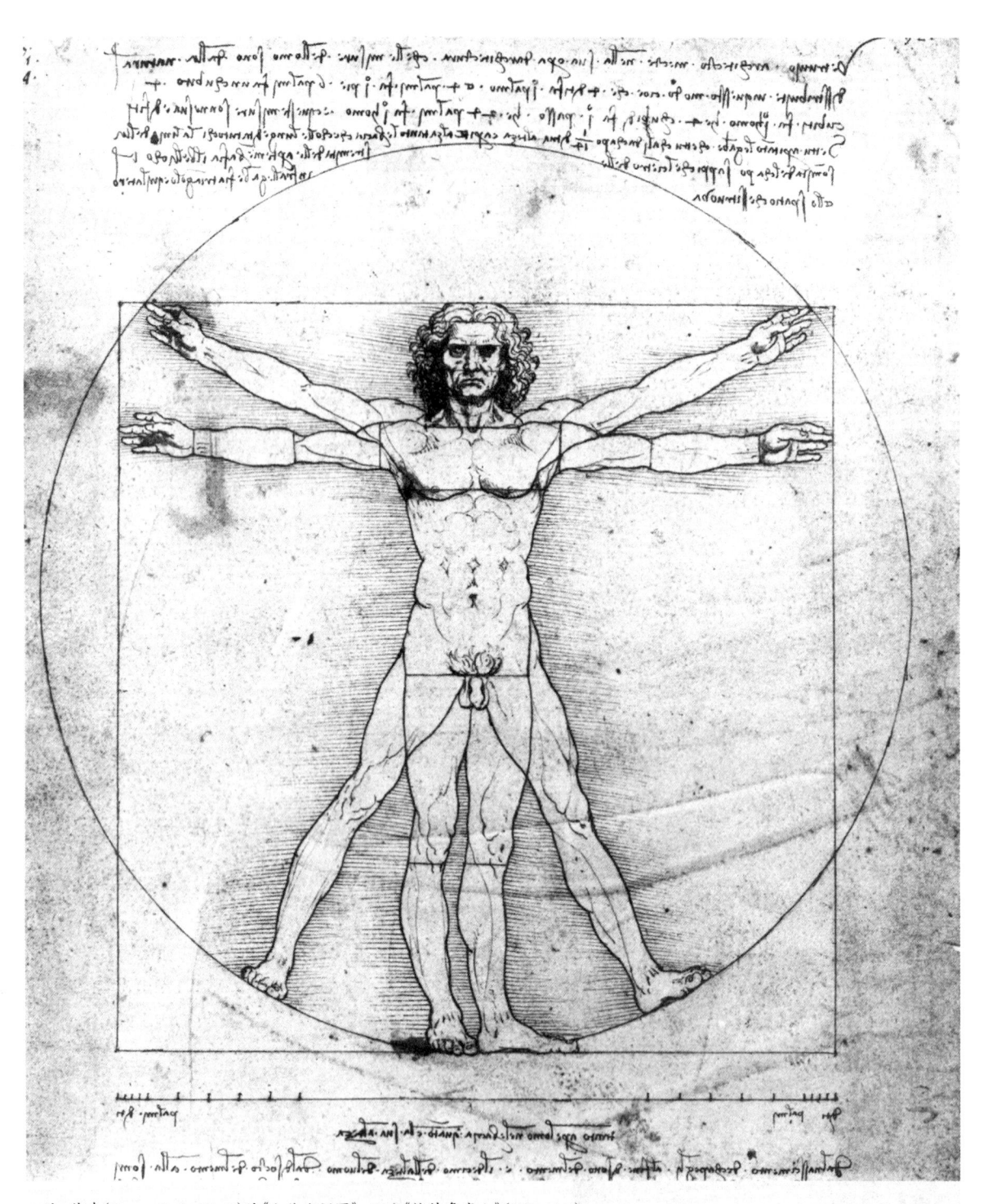

达·芬奇(Leonardo da Vinci)的《人体比例图》，又名《维特鲁威人》(*Vitruvius*)。

第 2 章

性解剖

2.1 生殖系统
2.2 女性性器官
2.3 男性性器官
2.4 配子形成
2.5 生殖系统的发育

感谢上帝,他赋予男人神圣使命,那就是以其阳刚之躯为女人带来欢乐。男人也从中获得极大的享受。

——沙亚克·奈夫扎威(Shaykh Nafzawi),15世纪突尼斯性学家,上句选自其性学手册《香园》(*The Perfumed Garden*)

人体几乎没有什么部位能像性器官那样充满魅力。人们对之或是称颂，或是诋毁，或是保持缄默，或是大胆流露。人类性器官引起的是各式各样的反响，它们在不同的艺术形式中被表现得淋漓尽致，有诗歌、散文的赞美或诅咒，有宗教狂热般的崇拜，也有精神病态般的毁损。

我们许多人在对性器官感兴趣的同时也夹杂着排斥心理，即否认这种兴趣的存在或为其存在而羞愧。有些夫妇结婚多载，做爱频频，却不敢坦诚地审视对方的性器官。有人提出说隐匿有利于提高性欲，但同时也造就了无知。

从物理上讲，性器官与我们身体的其他器官并无不同，它们都被用来履行一些特殊功能，生命器官如心肺保证我们个人的生存，而性器官则保证着我们人种的繁衍。

本章我们将讨论人类生殖系统的解剖学原理，同时将特别关注如阴道和阴茎这类在性活动中发挥关键作用的器官。尽管如此，也应记住，性活动所涉及的远不仅仅是性器官的使用，你的整个身体，你的思想和感觉，都是性的组成部分。

或许有一天，我们会像谈论人的鼻子和嘴巴一样自如地谈论性器官，但现在时机尚未成熟，所以如果你在阅读本章时感到五味杂陈，无需尴尬，你不是唯一的一个。

我们对身体的态度自童年起便已建立，但成人后这种态度可以改变。我们的社会传统上习惯于不向儿童传递正确的生殖器信息，有时甚至不会提供准确的名称。尽管现在的父母相比以往已经更直率了，但在向孩子们解释的时候仍会觉得困惑而尴尬。

我们接受了太多针对性部位的消极看法，我们认为它们"脏"，这可能跟它们接近粪便和尿液有关，但同时我们又知道如果它们"发育良好"的话是多么美妙而有吸引力。总之，我们的社会对性怀有一种爱恨交织的情感。

自20世纪60年代以来，西方社会对性的态度已经越来越开放、宽容和开明。在图片和电影中，在海滩上，裸体和性器官的暴露已相当平常。但是也有人认为我们正在失去我们的端庄，而性感受也正在变得迟钝。

习惯上说，男性较易被女性性器官所吸引，为之冲动，想入非非，但同时又恐惧和排斥女性性器官。男性对自身性器官的认识也充满了矛盾，他们夸大了它们的重要性，同时又对其大小、形态和性的能力忧虑不安。

女性对其本人或男性性器官的态度很少表露。然而，她们对自身的性器官也同样交织着骄傲、欢悦和羞耻、困惑等多种情绪。和男性相比，女性倾向于对性解剖知识了解得更少。因为她们的性器官在身体"内部"，较为隐蔽，社会传统又迫使她们不能对男性生殖器表示出兴趣。近年来，男女两性对性的态度变得较为公开化，但这方面仍然存在着矛盾心理。

详细了解性的解剖学并不是拥有活跃性生活的必要条件，但是要求你最好掌握一些知识还是有其理由的：

首先，学习性器官的构成及其运作机制，能够帮助你停止胡思乱想和担心。

其次，性行为能导致怀孕和疾病，为了避孕并且防止疾病，你必须仔细了解性活动所涉及的身体部分。

第三，要想负责任地进行性行为，你必须接受你的身体，同时接受你的伴侣的身体。除了了解性交的现实好处之外，性解剖学知识将为你形成健康的性观念奠定基石。

2.1 生殖系统

性器官的基本功能之一是**生殖**(reproduction),是繁育后代。当然,不是每个单身男女都能,或者应该生育孩子,即使有一天你想为人父母,你的很多性行为都无法创造出一个孩子来。

尽管如此,只有从生殖功能上去理解,我们的性器官的形状和构造才能得到最好的解读,原因在于性器官历经了千百年的进化已保证了人类得以成功地繁衍生息,能幸存下来的器官都是在繁殖这一项上最成功的器官。

性繁殖

那么,是不是所有的生命都取决于性呢?不——性繁殖既不是最原始的繁衍形式,也不是产生后代的不二法门。**无性繁殖**(asexual reproduction)仍是许多形式更简单的生物保存自己物种的方式。阿米巴虫一个可以分裂成两个,海星断了一条腿依然能长出新的有机体,这些都不需要通过性,而且后代们跟它们的父母长得很像,并且没有男女之分(Campbell,1987)。你想必已听说过克隆,科学家们试图从一个体细胞中制造出生物来,这种克隆也是无性繁殖。

性繁殖首先在海洋生物中得到进化。这是当今大多数种属的繁殖方式。从无性繁殖向性繁殖转变的原因和机制尚不得而知,但这种进化的后果是巨大的。没有性繁殖,复杂如我们自身的有机体便不会进化而来(Raven 和 Johnson,1986)。

性繁殖并不总是意味着发生性行为。例如,雌鱼会把许多成熟的卵子排到水中,雄鱼会在卵子上排放精子。这种**体外受精**(external fertilization)并不适用于陆地动物,因为精子和卵子一旦脱离海水便会干瘪。相反,陆地动物依靠**体内受精**(internal fertilization),雄性直接把精子植入雌性体内,从而使卵子受精。爬行动物、鸟类和哺乳动物(包括人类)便是采用这种**交媾**(copulation),或者叫性交来进行繁殖的。

性繁殖的关键因素在于来自雄性和雌性的两种不同细胞的结合,由于不同的父母双方贡献了不同的遗传物质,所以他们的后代便具有很大的多样性。想想你所了解的兄弟姐妹之间的差别。正是这种遗传多样性使得个体能够在不同的环境中适应生存下来。

为人父母是一种心理和社会层面上的复杂体验。用生物学上的话来讲,这是一个绵延几百万年之久的过程,不同物种概莫能外。

基本规划

男女两性的生殖系统是基于相同的胚胎基础上发育演变而成的,并承担相似的生理功能,即(1)生产、运送生殖细胞(男性为**精子**,女性为**卵子**);(2)产生性激素,分泌到血液中(第4章)。

生殖系统位于**骨盆腔**(bony pelvis)内。各系统的主要部分与它们和骨盆的联系见图2.1。男性骨盆骨质结构较为致密,而女性骨盆较宽,以方便生产时将胎儿产出。骨盆由后方三角形的**骶骨**(sacrum)及两侧的**髋骨**(hip bones)组成,髋骨向后延续与骶骨相接,向前则形成耻骨联合(symphysis pubis)。横穿骨盆和韧带开口的肌肉,和一片将它们与周围组织和骨盆骨连接起来的组织一起将性器官环绕起来。尽管是同一生殖系统的部分,但位于骨盆外的器官通常被叫做**外部性器官**(external sex organs),位于下腹部内部的则被称为**内部性器官**(internal sex organs),外部性器官也叫**生殖器**(genitals),它们是性唤醒和性刺激的主要承载者,如果你是一位女士,用一面镜子可以帮你轻松察看自己的生殖器。

2.2 女性性器官

外生殖器

女性外生殖器总称为**外阴**(vulva,意为"覆盖"),包括阴阜、大阴唇、小阴唇、阴蒂、阴道口(图2.2)*。

*关于女性外生殖器,有一些通俗的叫法,如cunt、pussy、slit、box、quim、snatch、twat、beaver及bearded clam。一些古典性学典籍如《香园》中甚至有不少更为曼妙的描写,如crusher、silent one、yearning one、glutton、bottomless restless、biter、sucker、wasp、hedgehog、starling、hot one、delicious ones等等。这些表述大大有助于我们了解某文化对女性性方面的看法。

阴 阜

阴阜(mons pubis,也叫mons veneris,意为"维纳斯丘")为耻骨联合前方隆起的圆形脂肪组织。青春期后,阴阜覆有阴毛。阴阜也是女性外生殖器中最易窥见的部分,它对性刺激有相当强烈的反应。

大阴唇

大阴唇(the major lips,也叫labia majora)为一对隆起的皮肤皱襞,起自阴阜。外形上它们差异很大,有的呈扁平状,在浓密的阴毛遮掩下几乎看不见;有的丰满隆起。通常它们相互紧靠,使得女性生殖器呈现"关闭"状态。大阴唇之间的间隙称为**外阴裂**(pudendal cleft),只有将大阴唇分开时才能看到此裂隙。

大阴唇近前部分较为隆起,靠近肛门部分则逐渐变平,与周围组织融为一体。大阴唇的外侧面肤色较深,青春期后长出阴毛。大阴唇内侧面平滑、无毛。在这些皮肤皱襞内有平滑肌纤维、神经、血管和淋巴管分布。

小阴唇

小阴唇(the minor lips,也叫labia minora)为位于大阴唇内侧的一对皮肤皱襞,表面颜色较浅,无毛。小阴唇之间的菱形区域称阴道前庭,阴道口、尿道口以及前庭大腺管(即巴氏腺)均开口于此。小阴唇靠近阴蒂部分一分为二,上半部形成单一的皮肤皱襞覆于阴蒂,称阴蒂包皮。下半部在阴蒂腹侧相会,形成皮肤皱襞,称阴蒂系带。小阴唇由海绵组织构成,在性兴奋时会充血肿胀。它们对情色刺激非常敏感。小阴唇包含的主要结构从前往后依次是:阴蒂、尿道外口、阴道口。肛门与外生殖器则完全分离开来,在其后方。

* 关于阴蒂的通俗用语有 clit, button, 以及更稀奇古怪的 "little boy in the boat"。

阴 蒂

阴蒂(clitoris)由两块具有勃起性的海绵体组织(corpora cavernosa)组成*。阴蒂体的大部分被小阴唇上半部的皮肤皱襞所覆盖,只有游离圆形的末端——阴蒂头暴露在外。

性兴奋时阴蒂充血勃起。由于其附着的方式不同,阴蒂不能像阴茎那样完全勃起。功能学上,阴蒂类似于阴茎头,它富于神经分布,十分敏感,是性刺激十分重要的部位(此乃阴蒂的唯一功用)。因其在女性性唤醒中的重要性,阴蒂已成为许多研究的中心(Lowry 和 Lowry,1976;Lowry,1978)。在某些文化习俗中,阴蒂乃是宗教礼仪残害的对象(专题 2-1)。

尿道口

尿道外口(meatus,意为"通道")似小的矢状裂缝,边缘略为高起。女性尿道专管排尿,完全独立于生殖系统之外。有些妇女在性高潮中尿道可有"射液"现象,有些人认为这是女性"射精"现象(第 3 章)。

阴道口

阴道口只有在分开小阴唇时方可窥见。根据大小和位置,阴道口和尿道口很容易区分开来,它比尿道口更大,在其下方。阴道口的外形很大程度上取决于**处女膜**(hymen)的形状和形态。处女膜是一层纤嫩的膜性组织,为人类女性所特有。目前还未发现它有何生理功能,但其作为贞节的标志在心理学和社会文化上的意义是十分巨大的。

处女膜的形状、大小因人而异,可呈环状、隔膜状或筛孔状。正常情况下,处女膜有孔与外部相通。多数

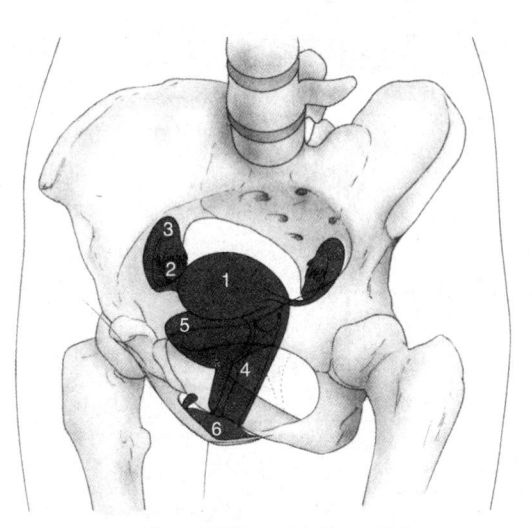

1.子宫 2.卵巢 3.输卵管 4.阴道
5.膀胱 6.阴唇

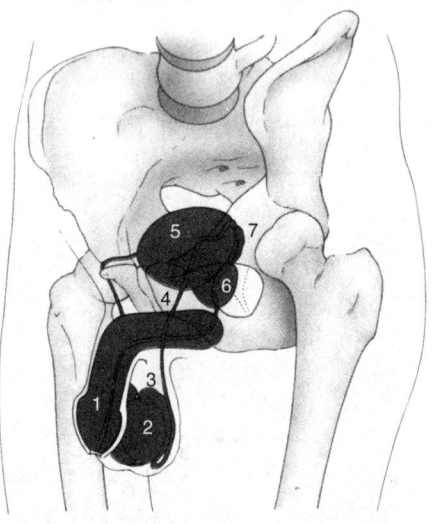

1.阴茎 2.睾丸 3.附睾 4.输精管
5.膀胱 6.前列腺 7.精囊腺

图 2.1 男女两性的生殖系统和骨盆。上图为女性器官,下图为男性器官。

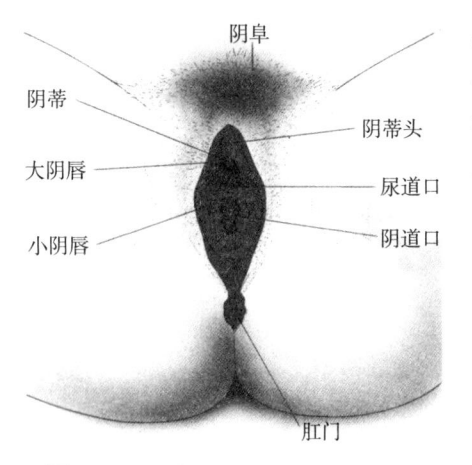

图 2.2 女性外生殖器

标注：阴阜、阴蒂、大阴唇、小阴唇、阴蒂头、尿道口、阴道口、肛门

处女膜孔可容手指大小物体（如卫生棉条）通过，但是，一般情况下无法适应勃起的阴茎，因而在性交时破裂。当然也有弹性极好的处女膜，偶尔有过性生活而不被撕裂的。此外，有些人的处女膜可因意外事故而破裂。所以依靠处女膜存在与否，判别是否有过性交史是不可靠的。分娩时，处女膜被进一步撕裂，只留下残迹附着于阴道口。完好的处女膜上几乎总存在一些可通外部的缺孔。然而在极少情况下，处女膜呈现为没有开口的坚韧纤维组织（**无孔处女膜**）。这种情况通常在一个女孩开始有月经，以及出现连续月经期的经血积存及阴道和子宫的膨胀时而被察觉。经过手术病症会被消除，不会留下后遗症。

将大、小阴唇剖开时，我们可以看到阴道周围的肌肉群[尤其是**耻尾肌**（pubococcygeus）]。其中有几组肌肉对女性性功能是

专题 2-1
女性包皮环切术

一般来说，女性包皮环切术远不及男性包皮环切术那样为人们所知。在某些文化习俗中，主要在非洲大陆，这种手术仍被广为接受（图 2.3）。据估计目前有 2000 万非洲妇女接受过这种破坏性手术。

严格地说，女性包皮环切术只限于阴蒂包皮的切除。但实际上手术往往把阴蒂也一并切除，或同时切除阴唇并将之缝合，使得阴茎无法进入阴道（留有小孔可容尿液、经血排出），性交便无法完成。当妇女行将婚配时再把出口处切开扩大。

尽管"法老割礼"这个术语经常被随意地用于这些过程，但没有证据表明它们被古代埃及人实施过。在犹太教中这也不是必需的；仅仅只是埃塞俄比亚黑人犹太教徒法拉沙人（the Falashas）遵守这一礼法，可能是源于对邻近团体的效仿。

这种手术同男性包皮环切术一样具有久远的历史。然而，男性包皮环切术并不伤害其性能力。但对女性来说，这种破坏性手术的后果就严重得多。手术既摧残了她们的性功能，又危害了她们的健康。这种缝合女性生殖器直至其"合法所有者"有权使用为止的想法是将女性视为私人占有物的一个非常可耻的实例。然而，实施这些操作的社会为其进行辩护，认为特定文化有权利形成他们自己的宗教礼节*。西方世界同样也有毁损女性性器官的手术。早在 19 世纪初，欧洲和美国就出现了阴蒂切除术，作为医疗手段治疗女子手淫、女同性爱、女子性冷淡和性欲过度。

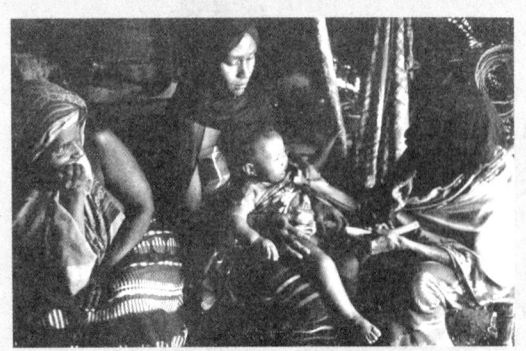

图 2.3 非洲埃塞俄比亚的一个小女孩即将进行女性包皮环切术。在该国，这种残忍的手术虽然为宪法所禁止，但是在一些穆斯林和天主教徒中始终长期存在着。

* For more detailed accounts of these practices, see Gregersen (1983); Hayes (1975); Huelsman (1976); P (1978b); and Taba (1979).

至关重要的(图 2.4)。这些围绕阴道下端的肌肉形成肌肉环。控制身体出口的肌肉环通常称为**括约肌**(sphincters)。虽然阴道的括约肌并非由单块肌肉组成，也不像肛门括约肌那样发达，但女性可以随意控制这些肌肉或在无意识情况下使其张力增加，因而使阴道变窄，阴道口缩小。这些肌肉收缩程度和张力水平有着重要作用(第 15 章)。

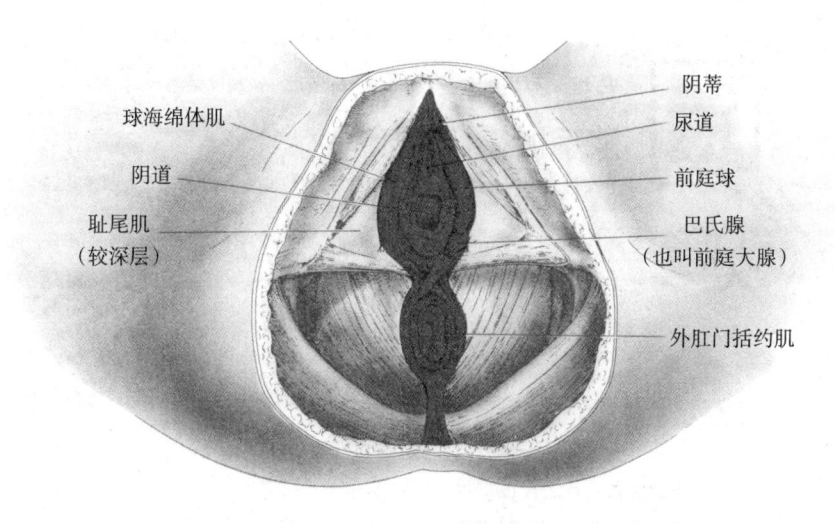

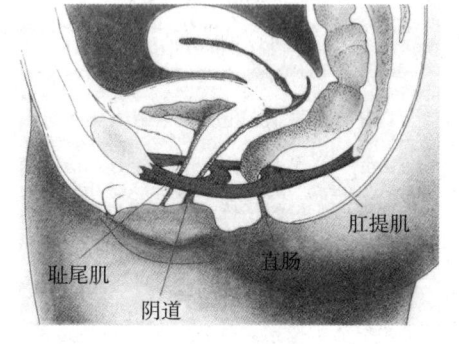

球海绵体肌下方是两块长条形勃起组织，称为**前庭球**(vestibular bulbs)。前庭球上端末段与阴蒂相连。同阴蒂一样，前庭球在性冲动时充血勃起，增强性反应。在女性性反应周期中，阴蒂、前庭球、阴道括约肌起重要作用，它们决定了阴道的大小、松紧和"感觉"(专题 2-3)。

图 2.4 女性阴部的肌肉和内部结构。上图为平面图，下图为剖面图。

内生殖器

接下来让我们转向女性的内生殖器，包括一对卵巢、两条输卵管、子宫、阴道和尿道球腺。

卵　巢

卵巢(ovaries)是女性的**性腺**(gonads)或称生殖腺，负责产生卵子(ova)和性激素(雌激素、孕激素)。腹腔内，卵巢的自然位置位于子宫两侧(图 2.6 和图 2.7)，呈垂直位，大约 1.5 英寸长(约 4cm)，依靠周围的韧带保持其位置。韧带是实性的索状组织，一般不易与输卵管相混淆，后者通向子宫腔。

卵巢本身无管道与外界直接相通。卵子离开卵巢后被输卵管伞端拾捡。为使卵子容易排出，卵巢的包膜很薄。青春期前，卵巢表面平滑、光亮。当月经周期开始以后，每月定期排出卵子，卵巢表面瘢痕渐增，变得凹凸不平。

输卵管

输卵管(fallopian tubes)是一对位于卵巢、子宫之间的肌性管道，约 4 英寸长(约 10cm)，其名称取自 16 世纪一位意大利解剖学家加布里埃罗·菲勒皮奥(Gabriello Fallopio)，他错误地认为输卵管是子宫的通风机。实际上，输卵管连接卵

想一想

应该以国际法的形式来禁止女性包皮环切术吗？

专题 2-2
辣手摧花

处女膜是人体所独有的一个部分,其他动物都没有处女膜。目前处女膜为什么以及怎么演变而来的尚未清楚,但是大多数的社会都会对其大作文章。在东西方文化中都存在着新婚之夜展示沾满新娘鲜血的手帕,以证明新娘贞节的古老风俗,而这些风俗至今仍在某些社会中存在。在埃及农村,农民通过让新郎在新婚之夜以前将缠了一层布的食指插入新娘的阴道来验证新娘是不是处女。

"Defloration"(辣手摧花)指的就是通过插入来弄破女性的处女膜。人们认为这种行为是一种具有魔力的威胁,因此请一些特殊的男人或女人来实施这一仪式。在各种不同的文化中,人们在"辣手摧花"的仪式中会使用动物角、石刻阴茎等不同的工具。在澳大利亚半游牧的扬格人(Yungar)中,女孩子会在婚前一个星期被两个老年女性"deflowered"。如果这个时候发现女孩的处女膜已破,那么她将会被禁食、折磨、致残甚至被杀死。

摩西律法对处女的证明极为看重。为了反驳女儿已不是处女的诬陷,新娘的父母必须拿出女儿被沾染的衣服。如果证实对新娘的指控是空穴来风,那么新郎就必须付100块银币给新娘的父亲,并且以后无权跟新娘离婚("因为他给一名以色列人的处女栽上了坏的名声")。如果这种控诉不能被驳斥,这位新娘将在她父亲的房门前被石头活活砸死。

实际上,对于处子贞节来说,处女膜并不是一个可靠的证据。哪怕一个轻微的扯动或者仅仅是手淫都有可能将其弄破,而性交有时候却会使它完好无损。

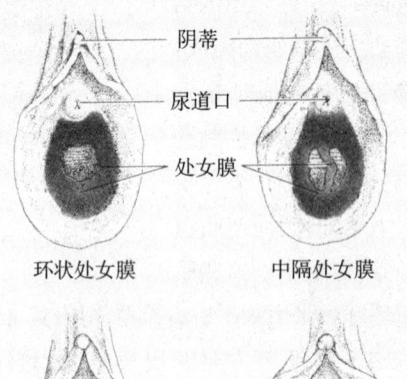

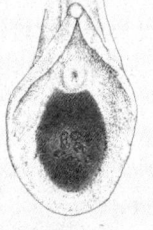

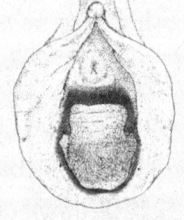

图 2.5 处女膜的种类。上面两个和下面左边的为完好的处女膜,右下角的为经产处女膜。

环状处女膜　　中隔处女膜

筛状处女膜　　被捅破的处女膜

在理想状况下,第一次性行为并不会造成外科创伤:在性兴奋的刺激下,女性只会感觉到很小的疼痛,而且流血也比较轻微。之所以会感觉到疼痛,是因为女性在焦急、无准备或不情愿的情况下,被笨拙而强行进入时感受到的肌肉紧绷。为了避免这种麻烦,许多没有婚前性经验的女性会在其新郎知情且同意的情况下在新婚夜以前扯破或者通过手术割破处女膜。相反的一种情况是,许多失去处女膜的女性会通过外科整形手术来对其进行"修复",这种手术据报道目前在日本非常流行。

想一想

为什么处女膜总会被牵扯进人际关系中?

巢和子宫。输卵管末端称**漏斗部**(infundibulum),呈漏斗状。锯齿状不规则的突起称**输卵管伞**(fimbriae)。伞部贴近卵巢,但不直接接触(图 2.7)。卵子离开卵巢表面后必须进入输卵管口。卵子仅有针尖大小,而输卵管的开口也不过为米粒大小的裂隙,却能巧妙地完成拾捡卵子的工作。这番奇异的技能真令人惊叹不已。输卵管的其他部分还包括壶腹部、峡部和子宫部。子宫部穿行于子宫壁,开口于子宫腔。输卵管管

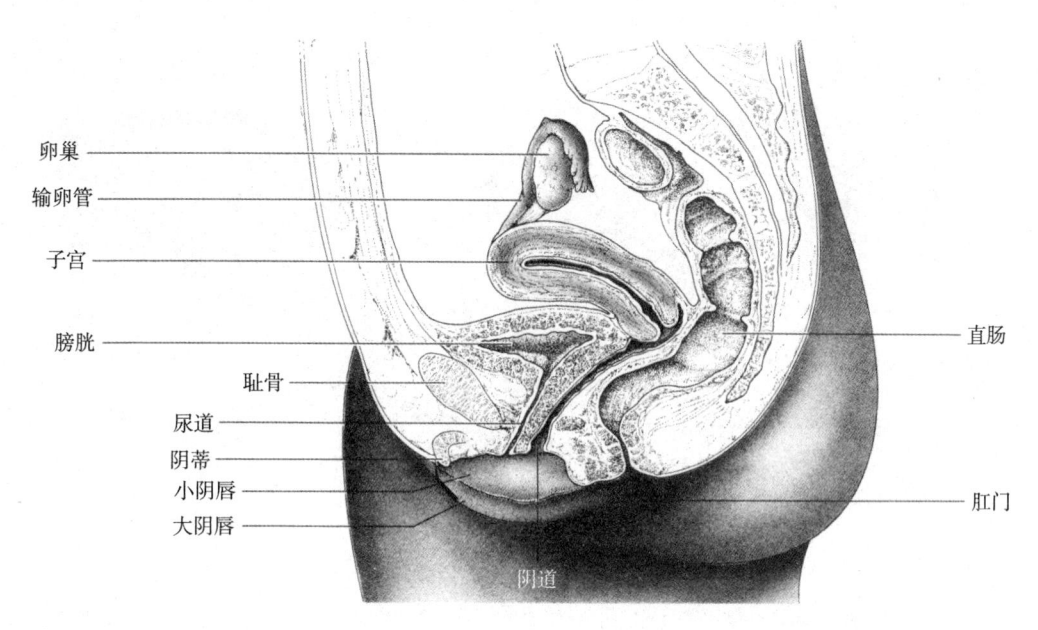

图 2.6 女性生殖系统

腔从卵巢端向子宫端行进过程中渐进缩小。管腔内面覆有大量**纤毛**(cilia)。不同于精子，卵子是没有活动能力的，其运动完全依赖于纤毛的摆动和输卵管的收缩活动。假如卵子有橘子那么大,那么纤毛就像眼睫毛般大小。

卵子受精通常在输卵管外 1/3 部分的漏斗部进行。手术学上看，虽然输卵管不像男性输精管那样容易下手，但在妇女绝育手术中仍是最常被选择的目标（第 7 章）。

子　宫

子宫(uterus,也叫 womb)是中空的肌性器官。胚胎[embryo,妊娠第 8 周后称为胎儿(fetus)]在子宫内生长发育，直至被娩出。子宫的形态似一倒置的梨子，通常情况下略为前倾。子宫的活动性较大，依靠周围的韧带托持使之保持一定的位置。正常成年妇女的子宫底部一般为 3 英寸长、3 英寸宽（大约 7.5cm×7.5cm）。妊娠时的子宫能极度伸展，以适应胚胎发育的空间需要，在分娩后则收缩回去。目前所知，人体内尚无像子宫这样能在形态上变化如此显著的器官。

在希腊语中将子宫称为 hystera，此术语是一些词的词根，如子宫切除术(hysterectomy，即手术移除子宫)和癔病(hysteria)。后者是古希腊人认为子宫在身体中为了寻找胎儿而游荡不定造成的一种心理病症(Veith,1965)。

子宫通常会被描绘为趋前或前倾（图 2.6）。由于这一倾斜，那些企图尝试自我流产或流产的不合格人员常常以彻底失败而告终。当探针或长针被盲目推入子宫时，器械不会进入子宫，而是刺破阴道顶部，穿破腹腔，引发感染。

子宫由四部分组成：**子宫底**(fundus)、**子宫体**(body)、**子宫峡部**(cervical canal)

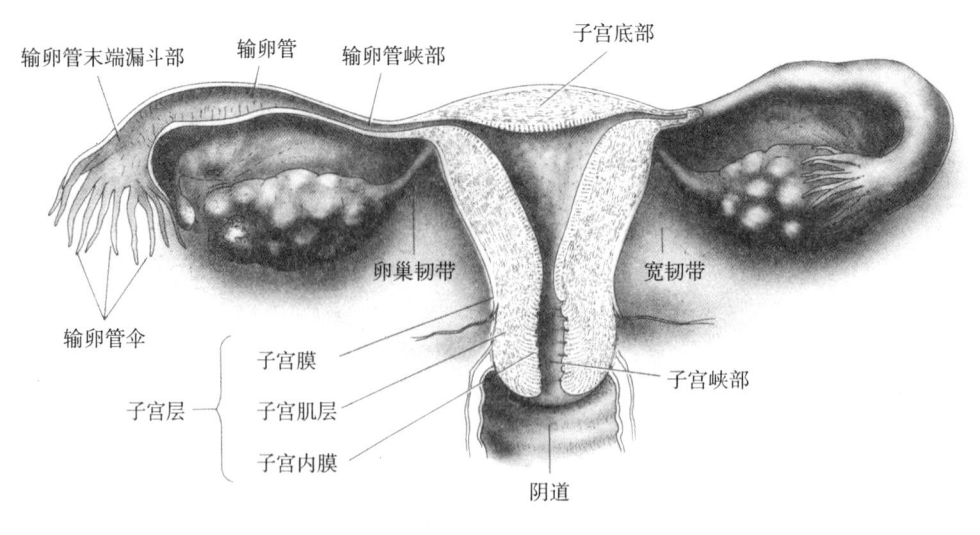

图 2.7 女性内生殖器

专题 2-3
阴道的大小

阴道的大小同阴茎一样,一直是人们感兴趣和观察的目标。道教性学典籍将阴道归为八种类型,依据它们的深度分别是:玄珠(4英寸)、谷实(5英寸)、愈阙(6英寸)、昆户(7英寸)以及北极(8英寸)。通俗概念中,阴道的松紧是以能否"抓握"阴茎为标准的。凡能主动"抓握"者为紧,反之为松。但很少有人对这些概念进行正式的研究探讨。

从功能上看,把阴道口与阴道中上段分开来考虑更有意义。阴道中上段部分柔软,可扩张。虽然它看起来像是条扁平状管道,但它工作起来时更像是气球。正常情况下,并无阴道"太小""太紧"之说。理论上,只要给予足够的刺激,任何正常成人的阴道可以容纳最粗大的阴茎。

与之相比,倒是阴道太松之说更能站得住脚。分娩后,阴道不再能恢复到原有大小,加之分娩过程中产道撕裂,降低了阴道壁的张力。但即使是在上述情况下,阴道也能根据阴茎的大小而扩张。鉴于阴道壁相对不敏感的解剖特性,我们可以说,阴道腔的主体部分不会对双方的性感觉发生明显影响。总之,大多数情况下不存在阴茎与阴道不合适的问题。

然而,阴道口是高度敏感的部位。阴道前庭的勃起组织充血程度和阴道周围括约肌的肌张力水平使得阴道的松紧程度明显不同,从而使女性本人及其配偶的性感觉不同。如果这些肌肉张力过高,会使双方感到不适;过松则不会引发性高潮。为提高女性的性感觉,可以让她们进行特殊的阴道肌肉舒缩锻炼(第15章)。

阴茎是否可能陷于阴道"陷阱"的问题长期以来存在着争议。不仅是西方世界有这个问题。太平洋马绍尔群岛上的土著认为乱伦会导致阴道痉挛,这将陷住阴茎。其他文化中也有对阴茎被陷住将使不合法关系曝光的恐惧。这种看法多半是从观察狗的交媾现象中得出的错误概念(狗的阴茎在阴道里进一步充血呈结节状,只有在阴茎疲软后方可抽出)。但是,目前有报道人类中也发现有类似现象。

和**子宫颈部**(cervix)(图 2.7)。子宫底为双侧输卵管开口以上的圆形子宫部分。子宫体则是子宫的主体部分。子宫峡部是子宫颈阴道上部与子宫体相接的狭细部分。子宫颈的下部突入阴道内称阴道部。子宫腔在输卵管开口平面最宽,在子宫峡部平面最窄。子宫峡部的开口约铅笔头大小,通向阴道(图 2.6),并于分娩期间扩张。

子宫壁分三层,内层是**黏膜层**(endometrium),也称子宫内膜,由多量腺体组成,富含血管。这是胚胎成长的地方。其结构在妇女一生中(青春前期、生育期、绝经期)有不同的变化,并且子宫内膜也随月经周期而改变(第 4 章)。中层称**子宫肌层**(myometrium),由平滑肌组成。在分娩过程中,借由这些肌纤维的收缩可将胎儿排出体外。外层称子宫外膜或**浆膜层**(perimetrium)。

阴 道

阴道(vagina,"鞘""套"之意)是女性的交媾器官,也是经血排出和胎儿娩出的通道。阴道无排尿功能。

阴道通常情况下为塌陷的肌性管道,是一个潜在性腔隙(专题 2-3)。阴道侧壁狭窄,因而侧面观时阴道呈裂隙状(图 2.6)。阴道腔向前向下倾斜。阴道上端与子宫颈管相接,下端开口于小阴唇之间的阴道前庭。

阴道壁内层称**阴道黏膜层**(vaginal mucosa),酷似口腔黏膜。与子宫内层不同,它不具腺体,但在性兴奋时阴道黏膜有清亮的润滑液渗出(第 3 章)。

绝经前妇女的阴道壁含有**皱襞**(rugae),松软、富有肉质感,绝经后变薄而平滑。由于阴道的神经分布并不丰富,除阴道口为可高度兴奋的区域外,阴道的其他部分则相对不敏感。在金赛 1953 年进行的妇产测试中,98% 的妇女能感觉到对阴蒂的触动;相反不到 14% 的妇女能感觉到对阴道的触动。然而,阴道口附近的区域可能极易兴奋。但最近有人认为阴道前壁是性敏感区域(即**格拉芬波点**,见第 3 章的专题 3-3)。

阴道黏膜下是阴道壁的**肌肉层**,在性交、尤其在分娩过程中能够相当程度地拉伸。

尿道球腺

尿道球腺(bulbourethral glands),又称巴氏腺(Bartholin's glands,即**前庭大腺**),位于两侧前庭球后方,开口于处女膜和小阴唇之间。过去认为尿道球腺主要使阴道润滑,而目前认为它们在这方面没有明显作用。

乳 房

乳房(breasts)虽不是性器官,但它与生殖和动情密切关联。乳房是高等脊椎动物(哺乳类)的特征性构造,用来哺育后代。泌乳器官称**乳腺**(mammary glands)。在雌性灵长类动物中,唯有人类妇女的乳房在非哺乳期仍保持丰满状态。在乳房内

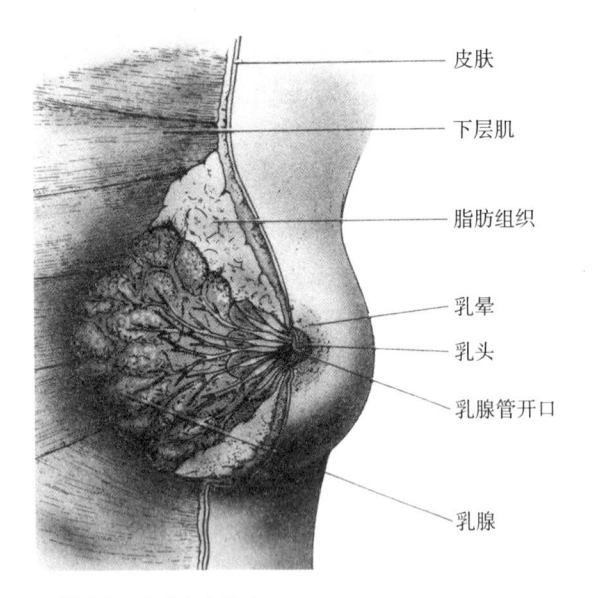

图2.8 乳房内部构造

（图片标注：皮肤、下层肌、脂肪组织、乳晕、乳头、乳腺管开口、乳腺）

部，乳腺周围环绕着松散的纤维组织和脂肪组织（图2.8）。

虽然我们通常把乳房和女性相联系，但实际上男性也有乳房的基本结构，只不过是没有充分发育而已。如果给男性使用雌性激素，男性也会发育出与女性外观相仿的乳房（第10章）。

成年女性的乳房由15~20个乳腺小叶组成。各小叶有独立的管道开口于乳头。乳腺小叶为疏松的纤维和脂肪组织所分割，使得乳房保持一定的形态和质地。

乳头（nipple）是乳房的突起部分，乳腺管开口于此。乳头含有平滑肌纤维，受到刺激时可以勃起。**乳晕**（areola）是乳头周围的环形部分。乳头富含神经纤维，因而十分敏感。性兴奋时，乳头起到很重要的作用。有些女性的乳头内凹、内陷，但这并不影响其性反应能力。

乳头大小各异，有时会因推挤而凹陷，这通常是无害的，不会影响哺乳。

乳房的大小和形态与它们对性的反应无关，而且乳房较小的女性其哺乳能力不一定比乳房较大的女性差。多数女性（但非全部），包括部分男性发现，对乳房和乳头的刺激可引起性兴奋。除个体差异外，乳房的敏感性与性激素水平有关。性激素在月经周期和妊娠期有波动性的改变。

乳房的大小和形状在不同的女性那里变化很大，甚至在同一位女性身上，也会因为年龄、体重和其他因素导致乳房的变化。有时大乳房时髦，有时则是小乳房流行。大小和形状与乳房的产乳能力和性反应能力没有关系。除了个人爱好外，乳房的敏感能力取决于激素水平，它在经期和怀孕期间会上下波动。

女性乳房在青春期开始发育。有时，一侧乳房较另一侧发育得快些。乳房发育的不对称使许多女性感到烦恼，但最终双侧乳房大小会发育得基本相等。随着年龄的增长，乳房也经历着自然变化。由于维持乳房形态的韧带松弛，乳房变得下垂。绝经后乳房变小，不再坚挺。虽然这些变化在生理上是正常的，但某些女性可能会因此心理压抑。应该如何应付这些变化，则完全取决于个人意愿。

锻炼、丰乳膏和那些在报刊杂志上广为宣传的方法都未能证实有增大乳房之功效。如果一位妇女真的非常不满意，她可以求助于整形手术。手术能使其胸部更大或更小，并且能矫正（自然造成的）左右不对称和（可能随乳房手术而产生）畸形。使用液体硅胶注射剂增大乳房的方法已导致了众多的并发症。现在一种更为安全的方法是利用软硅胶进行植入；植入乳房的材料是填充在无活性的囊中的，并没有直接与乳房组织接触。

对健康身体的局部进行整容手术是否合理？这是个人选择的问题。一些妇女在

想一想
如果一位女士有一对健康的乳房，那么她应该出于美容的目的去做手术吗？

手术之后感到更幸福；另一些为了治疗癌症而失去双乳的妇女依然认为她们是完整的女性，正如她们所表现的一般。

2.3 男性性器官

外生殖器

男性外生殖器包括阴茎和阴囊。你可能已听说过许多关于它们的俚语名词*。

阴 茎

阴茎(penis)是男性的交媾和排尿器官，由三个平行的海绵体构成。**尿道**(urethra)贯穿阴茎，负责排送尿液和精液(图2.9)。

阴茎的三个圆柱体结构上相似，其中两个称**阴茎海绵体**(corpora cavernosa)，另一个称**尿道海绵体**(corpus spongiosum)。每个海绵体被纤维膜包裹，不过阴茎海绵体有另外的膜共同连接，使得它们形同单一的构造。勃起时，尿道海绵体在阴茎腹侧突出，形成特征性的隆起部。

正如"海绵体"这个术语所提示，阴茎是由许多不规则的腔隙构成的，如同致密的海绵。这些组织与丰富的血管相连。阴茎松弛时，海绵体腔内几乎没有血液；性冲动时，海绵体内充血。由于海绵体外侧致密纤维膜的限制作用，使得勃起的阴茎具有直立和坚硬的特性。

阴茎平滑、圆形的头部称为**阴茎头**[glans，或称"龟头"(acorn)]。阴茎头完全由尿道海绵体的游离末端组成（图2.10)。同阴蒂一样，阴茎头在性感受上有着特殊的重要性。阴茎头有着丰富的神经，十分敏感。阴茎头腹侧窄条状的皮肤使之与邻近的阴

* 有关阴茎的现代口语名词包括 prick、poker、pecker、rod、tool、cock、dick、joy、stick、boner、weenie。15世纪的叙述更为奇异：奈夫扎威的《香园》中有 housebreaker、ransacker、rummager、pigeon、shamefaced one、the indomitable、swimmer。词典中关于同性爱的俚语就列了几页，都是同义的词。它们中的许多词是指食物（萨拉米香肠）、男性姓名(Peter, Mickey, Mr.Wong)，以及武器或锐利机械（匕首、铁锤、矛、枪)(Rodgers, 1972)。

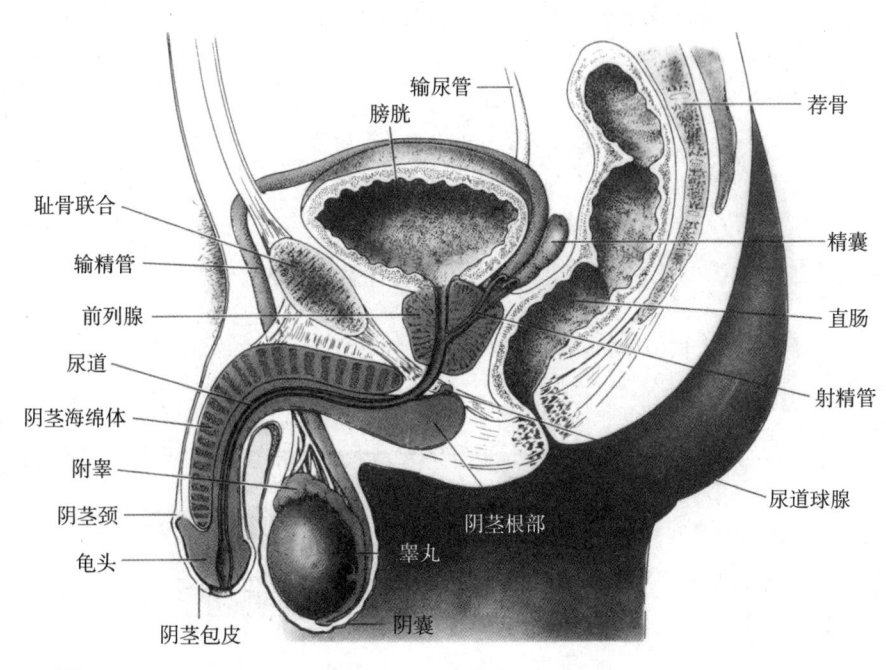

图2.9 男性生殖系统

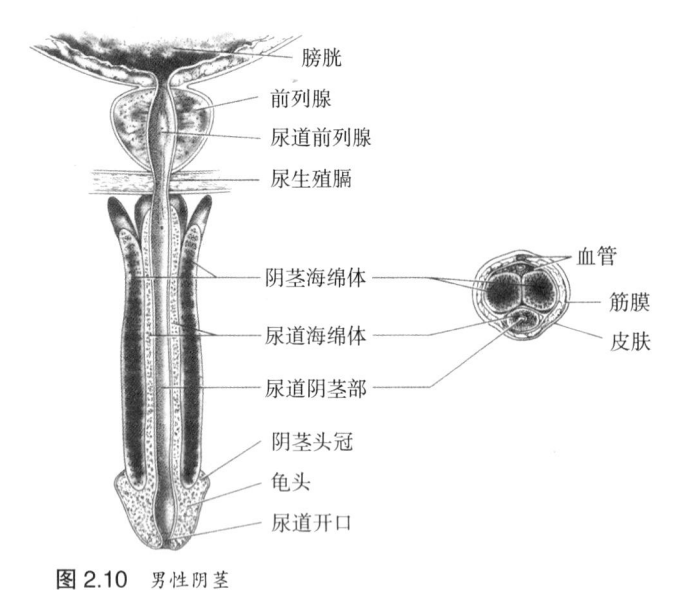

图 2.10 男性阴茎

茎体相连（即包皮系带）。在**阴茎头冠**（corona）处，阴茎头略高出阴茎颈部，形成阴茎和阴茎头的交界。阴茎头的尖端有呈纵形裂隙的尿道口。

阴茎皮肤无毛，通常较松，以适应阴茎勃起时皮肤的扩张。虽然阴茎皮肤在阴茎颈部是固定的，但有部分皮肤覆盖和包裹阴茎头（似学位礼服的袖子），形成**包皮**（prepuce，或foreskin）。通常包皮可向后退缩、翻转，露出阴茎头。**包皮环切术**（circumcision）就是切除包皮的一种手术。经过包皮环切的阴茎，阴茎头就完全暴露在外了（专题2-4）。

阴茎头冠和颈部的小腺体可产生一些松

专题 2-4
男性包皮环切术

包皮环切术即将包皮切除的一种手术。这种手术在世界各地被广泛地接受，其原因或是出于宗教礼仪，或是出于医疗需要。世界上大约一半的男性实行过包皮环切术。包皮环切术后阴茎头和阴茎颈就完全暴露在外了（图 2.11）。

作为宗教礼仪，埃及在公元前 2000 年就开始施行包皮环切术，远比我们所熟知的在犹太教和伊斯兰教中的此类行为古老得多*。公元前 5 世纪的古希腊历史学家希罗多德（Herodotus）曾游历埃及，他认为埃及人"为清洁而行割礼"。

环切术仅仅是在许多文明中普遍存在的尝试改变生殖器原状的一种形式，其他形式包括切割、刺穿、切下或插入物体。例如，缅甸人会把微小的青铜铃嵌入阴茎底部；婆罗洲的迪雅克人（the Dayaks）会用细棒（ampallang）刺穿龟头，将球形物或刷状物固定在其末端，以便在性交时刺激阴道。在太平洋岛屿的许多居民中，包皮被纵向切开（超长切割）。另外一些社会使用不完全切割的方法来切开阴茎底侧，一直深入到尿道，其结果是男子在小便时必须像妇女一样蹲坐。

在美国，出于医学治疗目的而应用包皮环切术的例子可以追溯到 19 世纪。起先，这种手术被用来治疗手淫，但后来其合理性受到怀疑，施行手术的目的转而变为避免包皮下的包皮垢聚积。在发现并报道了进行手术的男子较少发生阴茎癌和其配偶罕见子宫颈癌的现象后，包皮环切术更受欢迎。

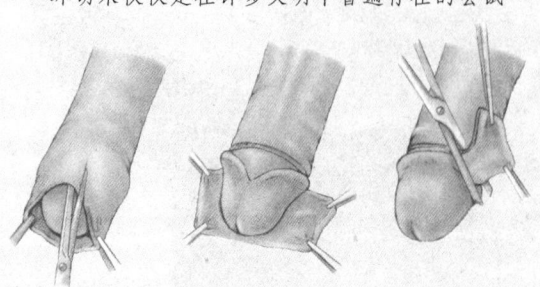

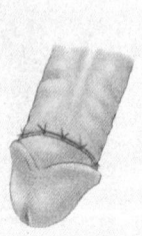

关于包皮垢与阴茎癌和子宫颈癌的发生相关的理论目前受到了怀

图 2.11 男性包皮环切术步骤示意图

疑。对于婴幼儿是否有必要进行包皮环手术,临床医生的意见也不一致。尽管环切术没有被美国儿科学会所建议,但在美国,几乎每年都有一百万的新生儿(或60%)接受这一做法;相比较而言,仅仅只有20%的加拿大婴儿割了包皮。手术操作时不使用麻药。

在包皮过紧、不易上翻显露阴茎头的情况下,进行包皮环切术还是很有必要的。我们称这种病症为包茎(phimosis)。包茎比较少见,在婴幼儿时期也难以预知,因为包皮从紧到可以上翻需要好几年的时间。

一般认为,由于阴茎头完全暴露,包皮环切术后的男子在性生活时较易冲动,有早泄倾向。但目前的研究尚无法证实这一点,也就是说施行手术和不施行手术的男子在性兴奋上是没有区别的。

* 犹太人行割礼的根据记载于《创世记》17:9-15,那里说受割礼是犹太人与上帝立约的证据。

软的豆腐渣样的物质,称**包皮垢**(smegma)。包皮垢完全是由局部分泌物在包皮下聚集而形成的,有特殊的气味。包皮垢无生理作用,切勿与精液相混淆,后者是自尿道排出的。

关于阴茎,很多流行的说法都站不住脚。大小并不是最重要的(专题2-5),尽管男人常在担心。人的阴茎不同于狗的,它不具骨头,也不含随意肌。包绕着阴茎根部的肌肉主要与排尿、射精有关,在勃起上不具有什么作用。

阴　囊

阴囊(scrotum)为多层的囊袋,其皮肤颜色较身体其他部位更为深暗,有多量汗腺,青春期时长出稀疏的阴毛。阴囊皮肤之下是松散排列的肌纤维[**提睾肌**(cremasteric muscle)]和纤维组织。这些肌纤维属非随意肌。不过,在寒冷、性兴奋和其他刺激下肌纤维会收缩,阴囊紧张,皮肤皱缩愈加明显。当刺激大腿内侧时,提睾肌就能反射性收缩(**提睾肌反射**)。平时阴囊松弛,表面皮肤光滑。

阴囊由两个独立的腔室组成,各含有**睾丸**(testicle)和**精索**(spermatic cord)。精索从阴囊通过腹壁斜行的腹股沟管进入腹腔。精索内含输精管、血管、神经和肌纤维。输精管从睾丸向外运送精子。肌纤维收缩时精索缩短,睾丸上提,此过程是性唤醒之重要特征(第3章)。

内生殖器

男性内生殖器包括一对睾丸和贮存、运送精子的管道系统(附睾、输精管、射精管、尿道)。此外男性还具有一对精囊、尿道球腺和一个前列腺。

睾　丸

睾丸(testes)是男性的性腺,即生殖腺,产生精子和性激素(雄激素)。英文中"Testis"一词来源于"作证"(witness)一词。古时候,当一个男人宣誓时,他会将手放在

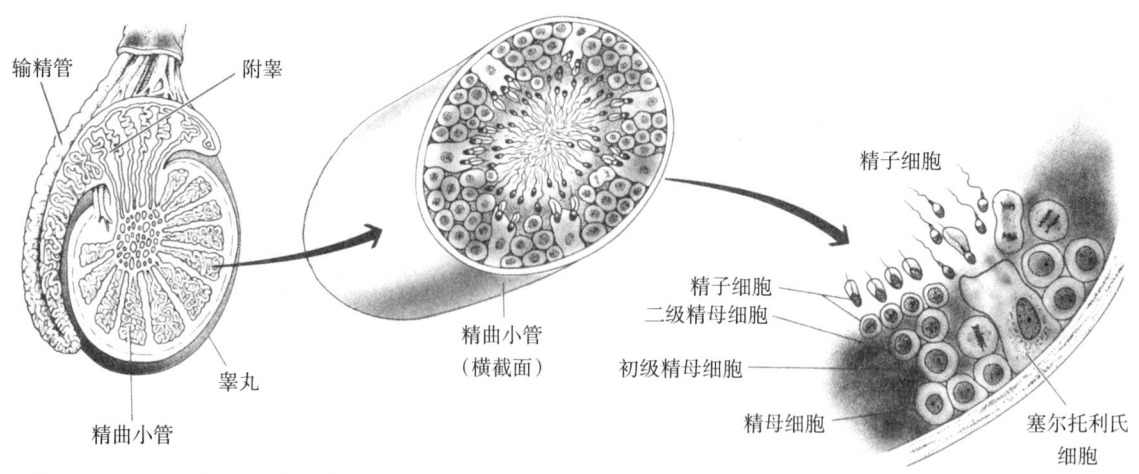

图 2.12 睾丸以及在睾丸内部发育的精子

想一想

你如何解释各种不同文化的艺术中都出现的巨大的男性生殖器?

自己的生殖器上,这就是"testify"(为……作证)一词的来历。两个睾丸大小相似,约 2 英寸长(约 5cm),但左侧睾丸位置较右侧低(这在古典雕刻家的作品中都有体现)。每个睾丸重约 1 盎司(约 30 克),老年后睾丸倾向于萎缩。

睾丸被致密、白色的纤维膜包裹,该纤维膜在睾丸后方增厚,穿入睾丸将之分割成圆锥状小叶(图 2.12)。每个小叶内有盘曲的**精曲小管**(seminiferous tubules)。这些线状结构是精子的发生地。每条精曲小管长 1~3 英尺(30~90cm),两侧睾丸的精曲小管加起来总长度超过 1/4 英里(约 400 米)!

小管的精密系统使亿万个精子的产生和贮存成为可能。这个过程称为精子生成,它完全是在精曲小管内进行的。睾丸的另一主要功能是产生、分泌雄激素。雄激素的产生不在精曲小管内。精曲小管之间的间隙有睾丸细胞,称为**间质细胞**(interstitial cells),或称**莱迪希氏细胞**(Leydig's cell),产生雄激素。负责睾丸两大主要功能的细胞是完全分开和独立的(但是,间质细胞所产生的雄激素对精子的形成却是必要的)。

睾丸内还包含了第三种细胞,称为**塞尔托利氏细胞**(Sertoli cells),散布在输精管内未成熟的精子细胞之间。我们会在后面简单讨论它们在精子发育中的作用。塞尔托利氏细胞也能分泌一种被称为抑制素(inhibin)的激素,我们将在第 4 章谈到这一激素。

附 睾

精曲小管汇聚成迷宫样复杂的管道,继而形成单一的管道系统——**附睾**(epididymis)。附睾由长长的(约 20 英尺)、盘曲状的附睾管组成,呈"C"字形附着于睾丸表面。附睾中存储着大量的精子。精曲小管的缓慢收缩将精子送入附睾,在附睾中精子成熟起来,并变得能够以自己的尾巴进行鞭样运动而前行(Jensen, 1980)。

专题 2-5
阴茎的大小

阴茎松弛时长 3~4 英寸（7.5~10cm），直径 1.25 英寸（3cm）。勃起时长度可增加一倍，直径增加 1/4 英寸（0.6cm）。当然，阴茎也可更小些或更大些。

同人体的其他部位一样，阴茎在其大小或形态上也有一定的正常变动范围。然而阴茎的大小和形态往往是人们好奇和关注的对象。在许多文化中，包括远古文物中，可以看到表现粗大的阴茎的作品（图 2.13）。这些解剖上的夸张或者是男性虚荣的漫画像或纪念物，或者是男性生育能力和力量的象征。阴茎的象征性作品常被应用于宗教和巫术活动中。

与世俗的概念相反，阴茎的大小和形态并不与男人的体魄、种族、男性化程度、给予对方性满足和获得性满足的能力相关。勃起后的阴茎在个体间的差异变得很小。也就是说，松弛时阴茎越小，勃起后相应增粗的比例就越大。阴茎不会因经常使用、药物、膏剂或"锻炼"而增粗。

许多妇女并不关心她们性伴侣阴茎的尺寸，尽管在色情作品（通常是男性所创作）中这一主题是很普遍的。在增强对男性同性爱者的性吸引力方面，阴茎的尺寸显得更为重要。

图 2.13 古代艺术作品中对阴茎的夸张（古希腊萨提尔的雕像）。

输精管

输精管（vas deferens）是附睾的直接延续，比较短。它从阴囊部向上穿行进入腹腔。睾丸部分的输精管可以用手直接摸到，质地较硬，是外科进行结扎绝育手术十分方便的目标（第 7 章）。

输精管末端扩张膨大部位称输精管壶腹。在膀胱后方，输精管壶腹变细，与精囊管末端汇合形成**射精管**（ejaculatory duct）。射精管很短（不足 3cm），直行穿过前列腺，继而开口于尿道。

尿 道

男性**尿道**（urethra）兼有射精、排尿两大功能。（勿与输尿管相混淆，输尿管起于

想一想

对于一位终日困扰于其生殖器大小的年轻人，你会对他说什么？

肾脏,运送尿液直至膀胱。)尿道约8英寸长(约20cm),始于膀胱,穿过前列腺,通过阴茎到达外部开口(图2.9、图2.10)。两条射精管和前列腺管开口于尿道前列腺部。来自睾丸、精囊腺、前列腺的精液成分在此混合,尔后随射精排出体外。

精液和尿液均从尿道排出,但两者从未混合,这就要求体内有能将两者完全分开的生理构造——尿道括约肌。它包括位于膀胱颈的**内括约肌**(internal sphincter,尿道由此进入前列腺)和紧紧环绕尿道膜部的**外括约肌**(external sphincter,在尿道与前列腺出口处的下方)。

排尿时,尿道内、外括约肌都松弛(从幼儿期始,外括约肌可自主控制),膀胱壁收缩加压使尿液排出。射精时,内括约肌关闭,外括约肌松弛,因此精液流向阴茎,而不是反流入膀胱(如果反流入膀胱则称逆行射精,将在第3章讨论)。

尿道阴茎部穿过尿道海绵体球部,贯穿海绵体全长终止于龟头顶端的尿道外口。尿道外口无括约肌,所以在排尿末,残留在尿道阴茎部的尿液必须通过球海绵体肌、坐骨海绵体肌的收缩而逼出。

附性器官

男性有三种附性器官参与到精液的生产中,那就是:前列腺、精囊腺和尿道球腺。

前列腺(prostate)是具有包膜的结构,大小及形态如同栗子,位于膀胱的底面(图2.10)。前列腺有三叶组成,每叶内包含平滑肌纤维和腺体组织,其分泌液是精液的主要成分,并使其具有特征性的气味。**前列腺素**(prastaglandins)是一种由前列腺(以及其他一些组织)生成的激素,其对人体功能有着一系列的影响(第4章)。

精囊腺(seminal vesicles)有两个囊。每个精囊腺约2英寸长(约5cm),其末端为细直的管道,与输精管汇合成射精管。过去认为,精囊腺的功能是贮存精子(每个精囊腺能保存约一茶匙的液体)。但目前认为它的主要作用是给精液以养分,它们的分泌物富含碳水化合物,尤其是果酸,提供精子活动的能量。

尿道球腺[也叫**库珀氏腺**(Cowper's glands)]是一对豌豆大小的结构,通过小管注入尿道阴茎部。性唤醒时,这对腺体能分泌出一种清亮、黏稠的液体,似水滴样溢出。中世纪的神学家称其为"爱的精华"。一位拉丁诗人写下了如下一段隽语诗(引自Ellis,1942):

> 你看这器官……潮湿着
> 这潮湿不是雨露,不是雨滴,
> 这是甜美回忆的果,
> 忆起对柔顺少女的思念。

通常,这些分泌液的量很少,无法作为性交的润滑剂。但在精液排出前这种碱性分泌物可以中和尿道的酸性(酸性对精子有害)。虽然我们不应把精液和尿道球腺分泌液混为一谈,但必须注意的是,这种分泌液中也含有少量精子,因此当为了避孕而在性交中使用避孕套时,男性应在进入女性阴道前就套上避孕套,不管他是不是要射精。

2.4 配子形成

在了解了男女两性基本的解剖学原理后,我们现在可以来谈它们共同的目标——生产生命所需的细胞。精子和卵子是男女的生殖细胞,即**配子**(gametes),是生殖系统的组成成分。生殖细胞的产生[**配子发生**(gametogenesis)]在男女两性中都遵循相同的原理,但其发生和演化的结果——精子和卵子则是完全不同的细胞,它们具有各自特定的功能(Moore,1982;Sadler,1985)。

每个活体细胞的细胞核内都有**染色体**(chromosomes)。它们携有**基因**(genes),后者传递了所有的遗传特性。配子的形成依赖于**有丝分裂**(mitosis),或是普通细胞的增殖。在有丝分裂中,一个细胞分裂为两个带有相同染色体数的细胞。另外,生殖细胞则经历了一种特殊的**减数分裂**(meiosis),通过这一过程,细胞的染色体数目减少了一半。

人类所有的细胞(除卵子、精子外)都含有 46 条染色体,其中 22 对为常染色体(男女两性都一样)和一对**性染色体**。女性体细胞有 2 条 X 性染色体;而男性则是 1 条 X 性染色体,1 条 Y 性染色体。女性体细胞的**基因型**(genotype)是 44+XX,男性是 44+XY*。生殖细胞各含有一半数目的染色体:卵子包含 23 条染色体(22+X),精子也含有 23 条染色体,22+X 或者 22+Y。因此精子与卵子结合受精时,染色体数恢复正常,而不是多出一倍(第 6 章)。

精子发育

精子的生成(spermatogenesis)于青春期时发生于精曲小管内。青春期前,精曲小管只是实性的索状物,内含休眠状态的生殖细胞。青春期后,精曲小管内开始产生精子(图 2.12)。精子形成后释入小管腔,继而被运送至附睾,在那里进一步成熟直至射精时被排出体外。由于所有的精曲小管内同时进行着精子发生,因而发育成熟的精子也源源不断。从一个未成熟的生殖细胞即精原细胞演变为成熟精子的周期为 64 天。这种周期循环是不断的。支持细胞/滋养细胞(塞尔托利氏细胞)散布在精母细胞中,给发育中的精子提供支持、保护和营养(Kessel 和 Kardon,1979)。

精子发生可以分成三个期。第一期,也就是精子成熟链中最早期的细胞即**精原细胞**(spermatogonium),经过增殖、分裂转变为较大的**初级精母细胞**(primary spermatocyte)。初级精母细胞在染色体数目上没有变化。第二期,每个初级精母细胞经

*女性体细胞中两条 X 染色体中的一条是不活跃的,它是细胞核内一片小小的黑暗区域,只有在显微镜下才能看到,这条 X 染色体即巴氏小体(Barr Body),它可以提供一个方便的方法检测一个人是否从基因上是女性,这一原理常被应用于竞技体育中(Arms 和 Camp,1987)。

过减数分裂成为两个**次级精母细胞**（secondary spermatocytes）（通过两个特殊的分裂过程，即第一次减数分裂和第二次减数分裂）。继而，每个次级精母细胞又分化为两个**精子细胞**(spermatids)。精子细胞的染色体数目只有初级精母细胞的一半。其中两个是 22+X，两个是 22+Y。精子发生的第三期不再进行分裂，而只是经过演变分化成为精子。

成熟的精子包括头部、中段、尾部。精子头内含有染色体，头部是参加受精的唯一部分。精子通过尾部的鞭样运动具有活动能力。精子很小，不足 1 微米，因而用肉眼是无法看到它们的。

卵子发育

男子一生中产生的精子无可计数，而女性出生时卵巢内含有约 200 万个始基卵泡。到青春期，只有 4 万个存有活力。在女性整个生育期中，能达到成熟阶段的卵泡不过 400 个，其中能得到机会受精的卵子就更少了。

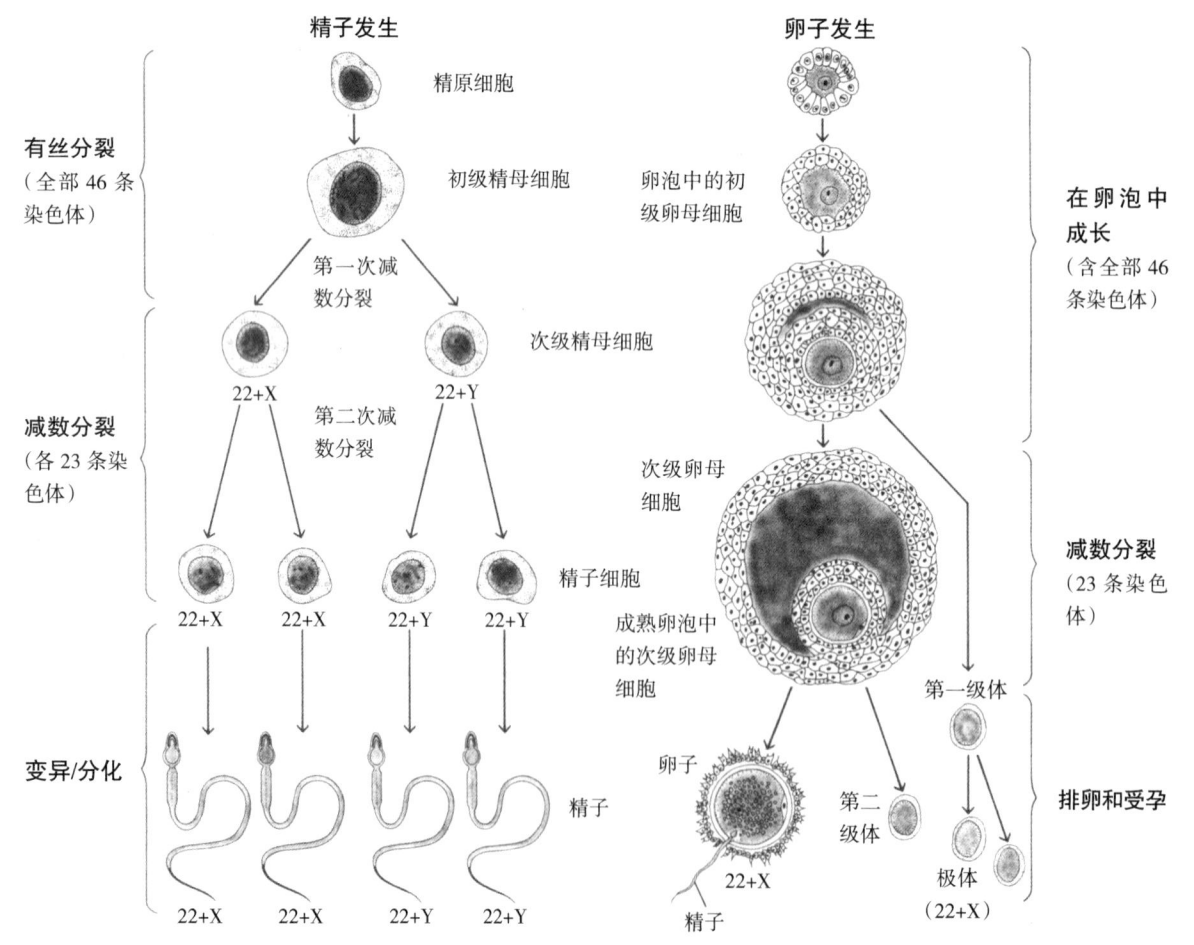

图 2.14　精子和卵子的发育

图 2.14 显示了卵子的成熟过程。卵细胞的发育在女婴出生前就开始了。女性婴儿会出现**初级卵母细胞**(primary oocytes)。初级卵母细胞及周围细胞构成了**初级卵泡**(primary follicle)。初级卵母细胞第一次减数分裂在出生前就已开始了，但在青春期前一直未有活动。青春期之后，每个月都有一群卵泡开始成熟。通常它们中的一个能移动到前部，并呈进行性膨大(同时其他卵泡退化)，直到其成为一个成熟卵泡或是**格拉夫卵泡**(Graafian follicle)(图 2.15)。这种充满液体的囊泡包裹着卵泡和**颗粒细胞**(granulosa cells)，后者环绕着卵泡并沿卵泡壁排列(颗粒细胞产生女性雌激素)。在排卵期间(第 4 章)，卵泡壁破裂，将卵细胞排入输卵管。

在即将排卵前，初级卵母细胞完成第一次减数分裂，形成**次级卵母细胞**(secondary oocyte,有 22+X 条染色体)和**第一极体**(first polar body,一个没有功能的小细胞)。在排卵时，次级卵母细胞开始第二次减数分裂，但直到与精子发生受精，分裂才会完成。此情况下，细胞分裂过程完成，并形成**成熟卵细胞**(mature oocyte)和**第二极体**(second polar body)。第一极体同时分裂为两个细胞。因此卵子发生的最后结果是形成了一个成熟卵细胞和三个退化的极体。这与精子形成不同，一个单独的初级精原细胞可发育为四个成熟的精子。

作为本部分内容的结束，让我们现在回到卵泡的话题上。排卵后，剩余的卵泡转变为**黄体**(corpus luteum)，即一种继续生成激素的腺体。排卵周期末黄体转变为瘢痕组织。

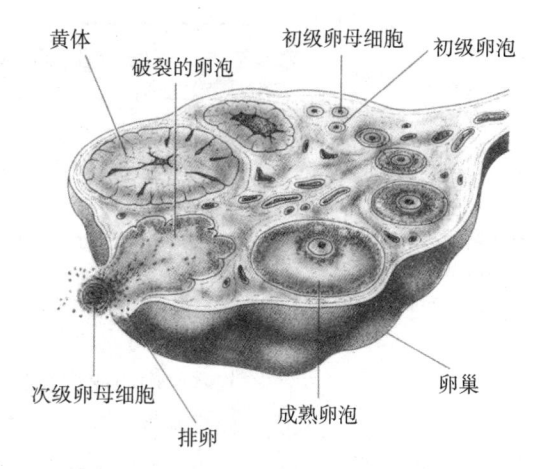

图 2.15 用间隔拍摄记录的卵巢内部。每个月都会有一个卵子成熟，卵泡破裂后就变成瘢痕组织。

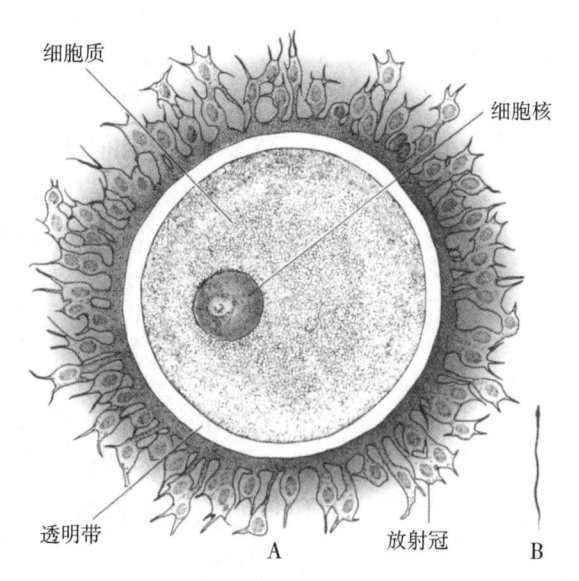

图 2.16 A 是人类的卵子，它右下角的 B 是精子，其大小悬殊。

卵子是人体最大的细胞之一。与之相比，精子显得十分微小。但是卵子用肉眼仍然看不见(图 2.16)。重构世界人口所需的全部卵子可填满两个一加仑容量的罐子；同一情况下所需的全部精子可装一个阿司匹林药瓶。生育这个世界整个下一代所需的 DNA 体积不足一个阿司匹林药瓶容积的 1/10(Stern,1973)。

卵子的**细胞核**(nucleus)内含有遗传物质，被大量的细胞质(cytoplasm)包绕。这对于受精卵生命的维持是十分必要的。由于精子需要穿行很长的距离以完成受精的使命，必须"轻装上阵"，因而它所含的细胞质很少。卵子的透明部分称**透明带**(zona pellucida)，是卵子的保护层，呈环状包绕卵子。排卵后，透明带外侧可见环状排列的卵泡细胞，这层细胞称**放射冠**(corona radiata)。

2.5 生殖系统的发育

我们已经了解了两性配子的生成,那么胚胎是怎么发展出其性别的呢*?

男女两性的生殖系统在子宫内第5~6周时就出现了,此时整个胚胎长5~12mm。胚胎在未分化阶段有一对未分化的**性腺**(gonads),两套**生殖管**(genital ducts)和**生殖窦**(urogenital sinus)。生殖窦是生殖管和泌尿道向外的共同开口,具有外生殖器的雏形(图2.18)。

此期人们即使用显微镜也无法可靠地辨认出胚胎的性别,因为性腺尚未演变成睾丸或卵巢,其他结构也未分化。肉眼未能识别性分化并不意味着性别仍未决定。基因性别在卵子受精时即已确定。它取决于受精精子的染色体成分。如果受精精子携带Y染色体,胚胎将发育成男婴,否则将发育成女婴(第6章)。

性腺的分化

Y染色体是如何启动睾丸发育过程的?有一种假设认为,一种称为**X—Y抗原**的睾丸有机物使未分化的性腺发育为睾丸。现在已证实启动男性发育的因子是位于Y染色体上的单基因,称为**睾丸决定因子**(testes determining factor,TDF)(Page et al.,1987)。睾丸决定因子作为一种生物"总开关",可决定其他与性发育相关的基因能否启用。因此是Y染色体上的一小段基因决定了性别为"男性"。

作为效应,性腺细胞演变成带有特征性的索状物**睾丸索**(testis cords),它是精曲小管的前体结构。在胚胎第7周,发育中的睾丸已可识别。如果此时还无法看到成熟睾丸的基本结构,那么我们暂可认为未分化的性腺将演变成卵巢。一般要到第10周时才有确凿的证据认为胚胎是女婴,因为此时可以看到卵泡前体结构的分布。

如果未分化性腺要发育为睾丸,那接下来的发育过程主要发生在性腺的内部或髓部;如果未分化性腺发育为卵巢,那发育则是在性腺的外部或皮质部,并使原生殖细胞最终发育为卵泡。胚胎睾丸产生的雄性激素对促进精曲小管的成熟是十分必要的。胚胎卵巢也产生雌性激素,但这些激素是否有促进卵巢发育的作用目前尚不明了。

生殖管的分化

胚胎在未分化阶段有两大生殖管,即:**副中肾管**(paramesonephric)或称**苗勒氏管**(Mullerian)将发育成女性,**中肾管**(mesonephric)或称**吴非氏管**(Wolffian)将发育成男性(图2.17)。

正如Y染色体引导未分化性腺发育成睾丸那样,胚胎睾丸进而又决定了生殖管

---

* 对生殖系统两性分化的现代解释首先是由法国内分泌学家阿尔弗雷德·约斯特(Alfred Jost)于1953年提出的。

的发育。这一过程是由两种激素调节完成的，即睾酮（由莱迪希氏细胞产生，促进吴非氏管发育）和**苗勒氏管退化激素**（由塞尔托利氏细胞产生，抑制苗勒氏管发育）。其结果是，两侧的吴非氏管最终成为附睾、输精管、精囊，而苗勒氏管退化。

如果缺乏这两种睾丸激素，吴非氏管即退化，苗勒氏管发育成输卵管、子宫、阴道上 2/3。阴道下 1/3、男女两性的尿道球腺、尿道和前列腺均从尿生殖窦演变而来。尿生殖窦是胚胎泌尿系统的一部分。

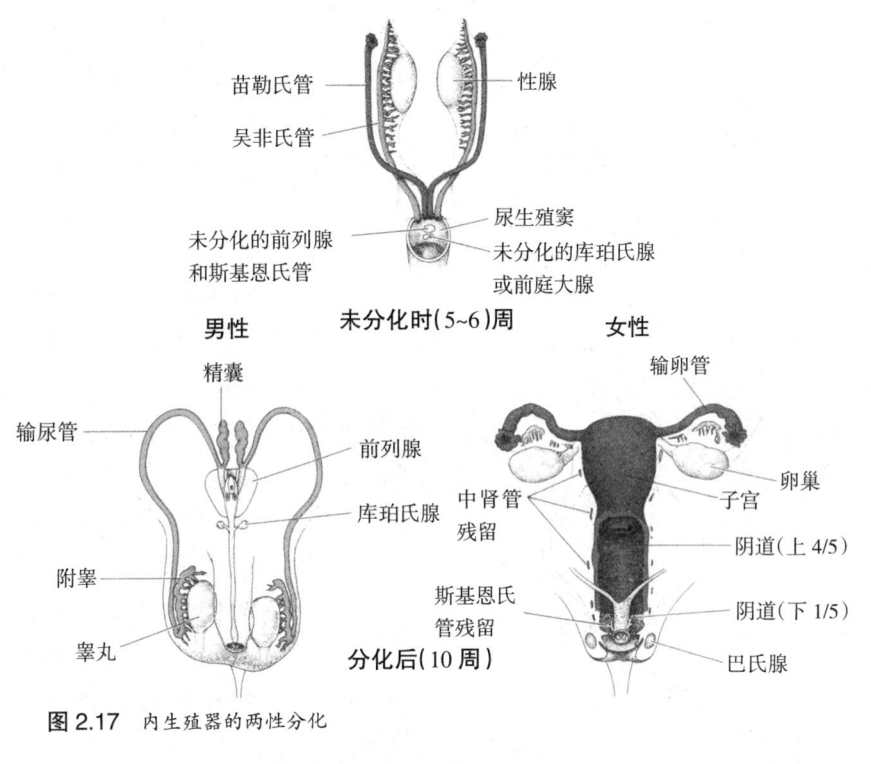

图 2.17 内生殖器的两性分化

这一分化过程的准确机制并不完全清楚，但基本原则是生殖道的分化首先依赖于 Y 染色体，然后是睾丸激素。否则，未分化的生殖系统将演化成女性型。因此，不论其基因组成如何，如果在胚胎早期将性腺除去，生殖道将发育成女性型。

在上述发育的同时，睾丸或卵巢在外形、位置上都经历着巨大的变化。起初，它们呈细长条状，位于腹腔后上方。第 10 周时它们生长发育，移行至骨盆上缘水平。卵巢保持该水平的位置直到出生。在男性，此早期的内生殖器移行之后是睾丸进一步下降进入阴囊。睾丸降入阴囊后，通道闭锁。约 2% 的男孩出生时一侧或两侧睾丸未降入阴囊内，即**隐睾症**（cryptorchidism）。大多数这些男孩在青春期时睾丸可以降入阴囊。如果没有，使用激素或外科手术矫正就很有必要了。因为腹腔内的高温环境影响精子生成，可导致不育症，而且未下降的睾丸可能引发癌症。

睾丸移离腹腔和降入阴囊所通过的通道通常在幼儿期就会闭合。如果通道没有闭合，弯曲的肠子可能会陷入其中，结果会导致**先天性腹股沟疝气**（congenital inguinal hernia）。这不同于通常在成年人中因腹肌弱化和剧烈用力（如举重物时）而引发的一类疝气（rupture）。这两类疝气通过手术都很容易治愈。

外生殖器的分化

外生殖器一开始也经历了未分化阶段（图 2.18）。甚至在胚胎的第 2 个月后性

未分化（5~6周）

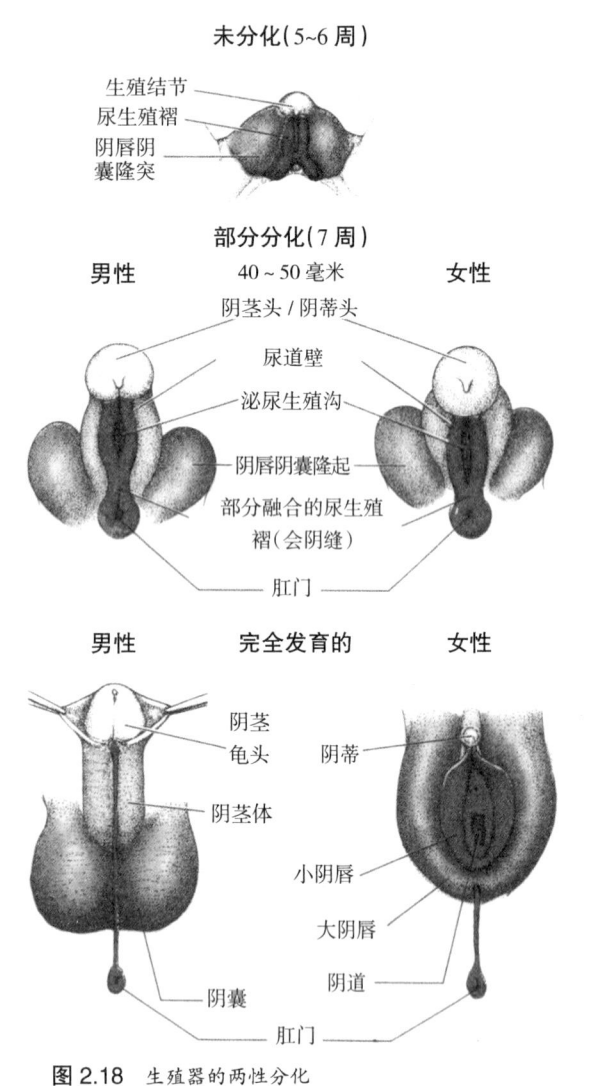

- 生殖结节
- 尿生殖褶
- 阴唇阴囊隆突

部分分化（7周）
40~50毫米
男性　　　　　　女性

- 阴茎头/阴蒂头
- 尿道壁
- 泌尿生殖沟
- 阴唇阴囊隆起
- 部分融合的尿生殖褶（会阴缝）
- 肛门

完全发育的
男性　　　　　　女性

- 阴茎龟头
- 阴茎体
- 阴囊
- 阴蒂
- 小阴唇
- 大阴唇
- 阴道
- 肛门

图 2.18　生殖器的两性分化

腺已经可以识别，却还需要几周的时间才能比较肯定地说出外生殖器的类型。到了胎儿第 4 个月，性别才不会认错。

未分化的外生殖器主要结构是**生殖结节**（genital tubercle）、**尿生殖褶**（urogenital fold）、**阴唇阴囊隆突**（labioscrotal swellings）。在男性，生殖结节长成阴茎头（龟头）；尿生殖褶变长，融合形成阴茎体和尿道；阴唇阴囊隆突融合形成阴囊。女性外生殖器在演变过程中外观改变相对不明显：生殖结节变为阴蒂，尿生殖褶形成小阴唇，阴唇阴囊隆突形成大阴唇。

像内生殖器一样，外生殖器的分化过程也受雄激素的影响。随着内生殖器的发育，雄激素的出现，将引导外生殖器向男性类型发展。否则，将向女性类型演变。然而，内生殖器向男性型的发展依赖于睾酮；外生殖器则依靠睾酮的衍生物**二氢睾酮**（dihydrotestosterone），这一点的重要意义我们将在第 10 章讨论。

因为男女两性的生殖系统基于相同的胚胎起源，所以男性外生殖器的每个部位在女性身上都有相对应部位，即**同源器官**（homologue）。即使女性的吴非氏管退化残迹和男性的苗勒氏管退化残迹是不等同的结构，我们仍很容易把男女两性的同源器官进行比较（Moore，1982，p.216）（借助图 2.17 和图 2.18，试试看能否对比男女两性的同源器官）。

男女两性同源器官如下：睾丸——卵巢；前庭大腺——尿道球腺；阴茎头——阴蒂头；阴茎海绵体——阴蒂海绵体；阴茎尿道海绵体——前庭球；阴茎腹侧——小阴唇；阴囊——大阴唇。与男性前列腺相应的器官是女性的尿道旁腺，即斯基恩氏腺（Skene's glands）。有些女性这些腺体仍有功能，因而在性高潮时可有"射液"现象。

男性和女性身体之间的基本差异是在生殖系统。然而这些差异之下的类似处则暗示，男性和女性的相似其实比我们的文化让我们所相信的更多。

第 3 章

性生理

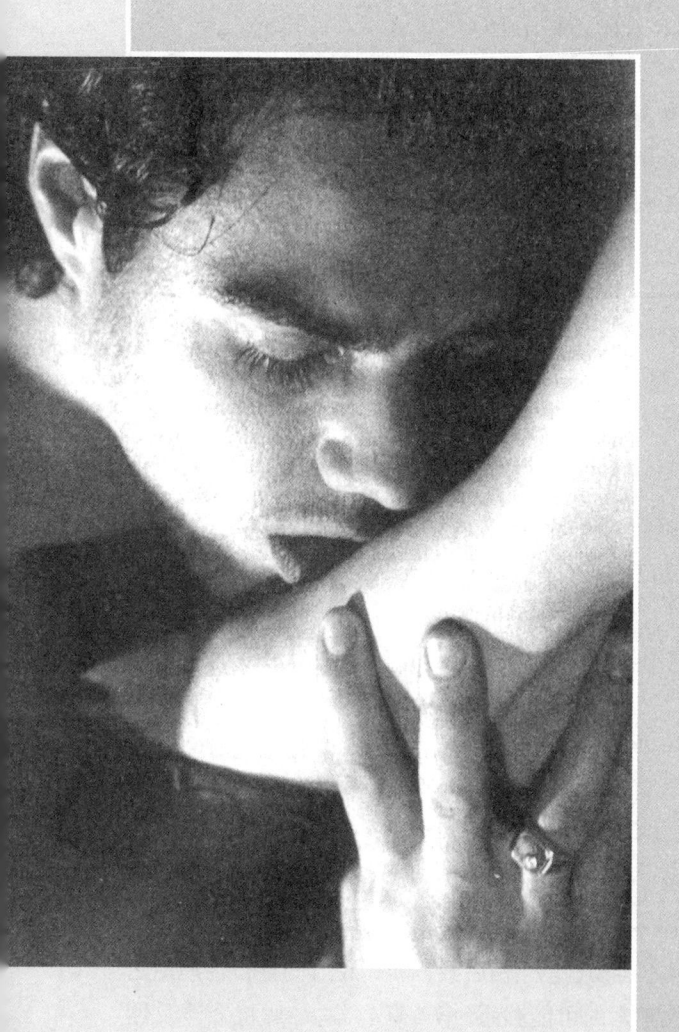

3.1 性唤醒
3.2 性反应
3.3 性功能的神经生理控制

虽然人类创造了众多涉及性的诗歌和浪漫故事，虽然人的性行为有着社会和道德意义，但若从生理功能的角度看，人与动物的性反应是完全相同的，它们均以体内客观的物质改变为基础。

——阿尔弗雷德·金赛(Alfred Kinsey)，美国生物学家、性科学研究者

通过开关，我们能令机器启动（"turn on"），但我们的身体也能像机器那样启动吗？将身体比作机器是比较常见的一个隐喻，但这很难解释清楚人体的复杂性。性活动是以许多生理过程为基础的。当我们讨论解剖学时，我们看到的是结构（structure）；而生理学处理的是功能（function）——你身体当中的性部分与其控制机制的协作方式。

人们经常在性的生理（physiological）或者身体方面，与心理（psychological）或者精神方面作出严格的区分，就好像身体和头脑完全各行其是一样。显然这是不正确的：

生理和心理与组织的各个层面有关联，这种关联并非随意而为。我们从生理学的层面研究器官和器官体系的组织和相互关系，而在心理学层面，我们则集中关注人类整体的功能（Beach, 1947, p.15）。

在我们探讨性的生理基础的时候，不要忘了，我们仍然需要讨论性的心理学方面。但是心理学不能独立处理性经验，这两个方面必须互相补充，而不是互相排斥。

3.1 性唤醒

性体验中最重要的部分是性唤醒（sexual arousal）现象。"唤醒"很难定义，因为其伴随了多种生理和心理状态。班克罗夫特（Bancroft）于1983年提出了性唤醒包括的四项基本要素：

性驱力（sexual drive）——驱动我们性行为及性反应和性刺激水平的内在动力；

中枢唤醒（central arousal）——当我们注意力集中在对性刺激的感觉时（"变得兴奋"），大脑的警醒情况；

生殖器反应（genital responses）——性器官对性刺激的反应，如阴茎的勃起和阴道的湿润；

外部唤醒（peripheral arousal）——其他身体反应，如心率加速和血压上升。

性驱力的概念很有吸引力，但不容易检验。稍后我们将讨论其与性行为理论之间的联系（第8章），并考虑其与性激素的可能关系（第4章）。这一章将会涉及性刺激的过程、生殖器官的反应和性刺激之后的身体放松，以及调控这些活动的控制机制。

性行为研究的一个有效途径是将性行为看作是**性刺激**（stimulus）和**性行为反应**（response）之间的相互作用。这一模式使我们能更清楚地区分各种激发性行为的因素及由此引起的性行为反应。

多数感性刺激来自于环境。性刺激可由眼、耳、鼻等感官的感受而引起。但除了这些外在的唤醒外，许多内在的因素也能触发性欲，如想象、记忆、幻想等（第

11章）。

无论性唤醒如何，身体的性反应方式是随前后有预兆的一组生理变化而变化的：性唤醒会导致性高潮，后者是前者的结果。尽管大部分性体验止于短暂的性高潮，但我们将会把整个性反应周期作为我们的一般模式进行讨论。

肉体性刺激

人的基本感觉有 5 种，即视觉、听觉、味觉、嗅觉和触觉。没有专门用来接收性感觉的特殊感觉神经，它们都可以向大脑输送性信息。尽管视觉和听觉在传递语言和非语言性性信息方面特别重要，但最能激发性欲的还是触觉。几乎所有能导致性高潮的性唤醒的发生都离不开身体间的接触。实际上，触觉是唯一一种脱离高级心理中枢而能引起机体反射性性反应的性刺激方式。所以，即使一个人因为失去知觉或脊髓损伤而使生殖器上的任何感觉均不能输送到大脑，只要低段脊髓的性协调中枢完好无损，那么如果抚摸其生殖器或大腿内侧，也可以引起生殖器勃起。同样的，一位脊髓受伤的女性也会在类似的刺激下产生阴道润滑。

触 摸

触摸(touch)的情色含义，可上溯至婴儿期的更广阔、更基础的人类接触需求当中去，这也是我们作为灵长类动物的遗产之一。照顾婴儿的关键因素便是来自成年看护者的触摸、爱抚、抚弄和拥抱。在对人类和灵长类动物婴儿期的研究中(Spitz 和 Wolf, 1947; Harlow, 1958)，广泛记载了被剥夺这种接触所带来的后果，我们将在第 8 章予以讨论。实际上，抚摸在灵长类动物的生活中所扮演的角色是如此的重要，以至于理毛行为(grooming)被称为"灵长类动物的社会黏合剂"(Jolly, 1972)。因此，性唤醒的基础可以说就是对安全感和温情的基本需求。

触觉信息通过存在于皮肤和皮下组织内的名为**末梢器官**(end organ)的特殊神经末梢接受和传递，这种触觉小体呈不均匀分布，机体某些部位(如指尖)就比另一些部位(如背部皮肤)更敏感。

一般来说，神经分布愈丰富的区域，对刺激的反应就愈敏感。体表的敏感区域中，有些部位尤其易于引起性唤醒，这些部位被称为**动情区**(erogenous zones)，包括阴蒂、小阴唇、阴道口、阴道前壁、

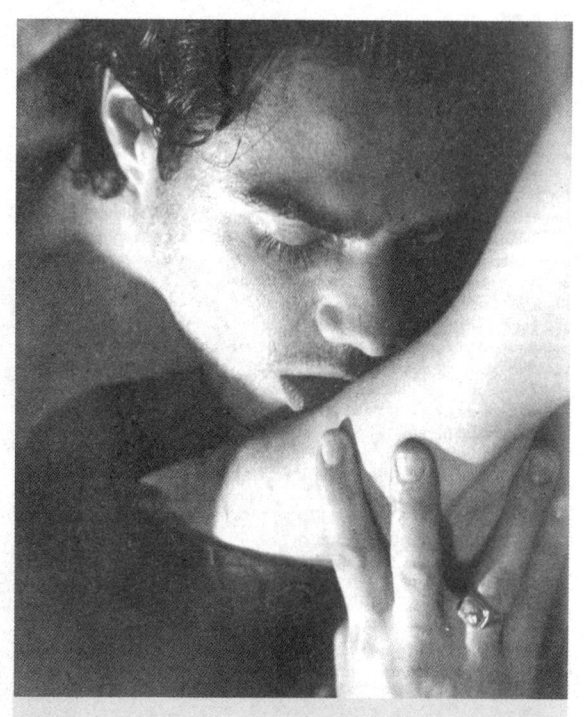

图 3.1 不同的人往往有着各自不同的动情区，许多男性常常会轻易被女性的脚部引起性唤醒。

阴茎头（特别是阴茎头冠和阴茎头腹侧）、阴茎体、外生殖器和肛门之间的区域、肛门、臀部、大腿内侧、嘴（尤其是嘴唇）、耳（尤其是耳垂）、乳房（尤其是乳头）。

尽管上述区域对性刺激最为敏感，但不能认为身体的其他部位就没有这样的功能。对少数人来说，对颈部、手掌、指尖、脚底和脚趾、腹部、腹股沟、背部下方的中央区域甚至身体的任何部位的抚摸都可激发性欲（图 3.1）。极个别女性只要被抚摸眉毛或对其牙齿施加压力便可达到性高潮（Kinsey et al.,1953）。

动情区这一概念由来已久。在古代的性爱手册中有大量或明或暗提及动情区的内容，如印度著名的《爱经》(Kama Sutra)和《爱欲之舞台》(Ananga Ranga)。了解一定的有关动情区的知识有助于提高情人的效率，这被证明是正确的。然而，性刺激在大脑引起的最终反应很大程度上受到以往体验和当时情绪的影响。因此，不能单单指望按"动情区域分布图"，以机械、性急的方式去接近自己的性伴侣，期望由此来诱发性唤醒。例如，即使女性乳头一般对性刺激有很强的反应，但不是所有女性在任何时候都喜欢这样的刺激。男性的敏感部分同样如此，如龟头、阴茎。

因为在通常情况下（或在某个特殊时刻），不同个体所需要的性刺激是不同的，所以伴侣们对彼此之间的需要和喜恶进行沟通就非常有必要了（第 12 章）。

刺激性欲的视觉、听觉和嗅觉

视、听、嗅、味也都是性刺激的重要方式，但大多数行为科学家认为这些方式与触觉不同，它们并不引起反射性活动：我们是通过学习才将生活中的场景、声音和气味分为色情性的、中性的和令人不快的。

想一想
如果一种香水令你激动，那么你的这种反应应归因于心理机制还是生理机制？

新近提出的一种观点认为，某种特定的性暗示引起性唤醒反应是有其内在机制的。犹如动物对给予的"性触发剂"(sexual triggers)有性反应一样，人对某些特定的性讯号同样也有反应，比如裸体具有一定的普遍性（Morris,1977）。跨文化与跨物种的比较结果支持了这种观点（Gregersen,1983）。性行为文明决定论主要研究不同文明人群间性唤醒的多样性，而性行为生物决定论者则致力于调查不同文明人群或人与动物间性行为的相似性（Symons,1979）。

窥视整个裸体或只是生殖器官被认为是能够普遍引起性唤醒的。尽管对什么是色情场面争议很大，不同文化、不同个体、不同性别之间也有明显差异，但是对视觉引起性唤醒作出多么高的估计也

图 3.2 气味对性的重要性，使得许多香水的广告倾向于拿性做文章。

不过分。我们对肉体因素以及化妆品和衣着的成见可以证实以上观点。大部分人所认为的"性感"主要是——但决不仅仅是——外表形态。

声音的效果没有那么明显,但也是非常重要的。语调和温柔的嗓音决定了谈话内容的情色效果。在性交中发出的叹息、呻吟和鸣咽声能更好地激发性伴侣的性唤醒(对能听到的其他人也是如此),而某些搏动节律类型的音乐和浪漫音乐也可诱发性唤醒或渲染性交时的气氛。

在人类身上,气味作为性刺激因子,其重要性远不如其他动物,后者往往发出一种强有力的、我们称之为**信息素**(pheromone,也译为"费洛蒙""香偶素")的化学物质来吸引配偶和诱发性欲。研究人类是否也分泌信息素是颇有意思的(专题 4-4)。即使没有分泌物,大多数人使用香水和对身体气味的偏见就足以说明气味在诱发性欲中的重要性(图 3.2)。

至此已阐明了感官刺激在性唤醒过程中的相对重要性。但是,场景、声音和气味同样也可以具有明显的性欲抑制作用。有些人在这方面尤其敏感,一点点不愉快的干扰就会让他们失去性欲。例如,一个人可能看起来非常性感,却很可能因为不好的体味而失去性吸引力。因此,较好的性唤醒既取决于性伴侣间能否输送性信息,又取决于能否避免抑制性欲信息的发出。

心理性刺激

尽管肉体刺激具有强大的力量,但性唤醒的关键仍是心理因素,因为它毕竟是一种情感状态,在很大程度上要受到其他情绪的影响。对感官的刺激只有伴随着合适的情绪才能正常地引起性唤醒。在大多数情况下,爱慕和信任可以增进性反应,而焦虑和恐惧会阻碍性反应。

由于我们具有高度发达的中枢神经系统,我们可以被纯粹的精神意象——梦、愿望、观念——激起性反应。性幻想是最常见的性刺激(第 11 章)。性欲反应的出现和程度不但取决于接受到的外界刺激,而且还取决于来自过去的记忆和投射到将来的想法。

作为人类,我们和其他普通生物一样,共同受一系列成长发育阶段的影响。例如当我们还是婴儿时,我们都会被成人照顾。他们会成为我们生命中最早和最重要的影响。早先有关动情区的说法因此也同样适用于心理学领域。正如我们中的多数人可能会对柔抚大腿内侧有反应,我们也可能对一种充满爱意的性兴趣表达作出积极的反应。尽管如此,由于每一个人具有各自独特的成长背景,所以我们的性反应会因我们所接触的人及社会环境的不同而不同。

性刺激与本书的其他主题紧密相联。它与性吸引力或"性感"都有关,我们将在第 16 章对此进行讨论。如何在伴侣身上引发性刺激的实际应用会在第 12 章和 15 章中讨论。性刺激中的性别差异将会在第 10 章中涉及。

专题 3-1
马斯特斯和约翰逊对性反应的研究

威廉·马斯特斯是一名妇科医生，同时担任密苏里州圣路易斯生殖研究基金会研究主席一职。马斯特斯于1966年与其研究伙伴维吉尼娅·约翰逊共同出版了《人类性反应》(The Human Sexual Response)一书（图3.3）。就像金赛的研究一样，这本书同时在学术圈和大众出版领域引起了轰动。它第一次将性反应周期中人身体的反应极其详尽地呈献给读者。

马斯特斯和约翰逊最大的兴趣在于在实验状态下对性高潮的生理性进行调查。他们的研究对象由694名年龄在18到89岁之间，身体健康的男女两性志愿者组成，共计382名女性和312名男性。其中许多人来自密苏里圣路易斯的大学城，整个群体白种人居大多数。

所有的申请都会通过面谈和体检得以筛选，凡是被认为有身体异常现象或精神不稳定的申请者都会被排除。因此，被测主体并不是对普通人口的随机取样，从这个意义上讲他们不是"普通人"。但是，他们并不是依据其性态度而特别甄选出来的，唯一的要求是他们必须在实验室状态下表现其性反应。从社会经济学的角度来说，这组群体与大多数人群相比，整体上受到的教育更好，更富有，虽然有一些人跨越社会阶层。

研究的程序是观察、监测，有时甚至要拍摄下整个身体和性器官在受到性刺激和高潮时的反应。自慰和性交都包含在这项实验当中。为了观察阴道的反应而采用了一种特殊的相机。这种相机由一种透明的塑料制成，从而能够直接观察并拍摄阴道的内部。所有的被测主体都被预先告知他们所参与的这些程序的实质，未婚被测主体则主要参与那些不包含性交的项目。

用做研究的实验室是一间朴素无窗的房间，内有一张床、一台监视器及记录设备。被测主体首先

图3.3 正在进行访谈的马斯特斯和约翰逊。

被单独留在房间里以进行性行为，只有当他们在这种状态下感觉到比较放松时才会允许观察者和技师观测设备（包括记录他们的心率、血压、脑电波及其他）。这是一种在全世界所有医学中心进行的成千上万的各种实验所通用的典型布置，唯一的独特元素是被研究对象乃是特殊的生理功能。

经过了近十年（始于1954年）的调查，马斯特斯和约翰逊调查了至少10 000次高潮。而由于大多数的被测主体是女性，并且在这种情况下女性比男性的性反应更为强烈，所以3/4的高潮来自女性。

虽然目前还没有人尝试去全面复制马斯特斯和约翰逊的研究，他们的生理学发现的大体准确性还是被广泛地加以接受。

1970年，马斯特斯和约翰逊出版了第二卷《人类性机能失调》(Human Sexual Inadequacy)，探讨了性功能障碍的治疗。他们的工作为我们当代性治疗方法提供了基础。

3.2 性反应

了解性反应的主要方式有两种，即测定性活动时性器官的变化和其他身体反应，或收集受试者的主观感受。

直到不久之前，性生理学在医学研究领域一直没有得到应有的重视。公元前4世纪，亚里士多德观察到性兴奋时睾丸上提，而性高潮时则伴有肛门收缩，同一观察结果直到23个世纪后才在实验条件下得到证实。通常认为性唤醒会导致性高潮，并随之出现性满足。性学先驱海洛克·霭理士(1942)将此过程描述为一个连续的两相阶段，以男性模式为基础：伴随着勃起增大阴茎的**膨胀**(tumescence)和复原到其未受刺激状态的**缩退**(detumescence)。

性高潮的生理学系统调查直到20世纪60年代才由马斯特斯和约翰逊首先进行(专题3-1)。此后，陆续才有了其他补充性或更正性研究(如 Bohlen et al., 1980; Bohlen, 1981)，新科技也为生理研究提供了机会(专题3-2)。

本章以下部分将主要介绍人类性反应的典型模式。但要说明的是，不要将这些模式作为普适标准，很多变异也是完全正常的。没有人能跟你的反应一模一样。

性反应模式

人们主观上总把性唤醒和性高潮看做是极为舒适的体验，而要从客观上完全揭示它们的作用则十分困难。但如果在实验条件下，人体便可看作在性唤醒和性高潮时能清楚地显示上述反应的生理模型。

由马斯特斯和约翰逊通过观察总结出来的性反应模式表明，男性有一种性反应模式，女性则有三种，每种模式均包括四个期，即**兴奋期**(excitement)、**平台期**(plateau)、**高潮期**(orgasm)和**消退期**(resolution)。这些模式与刺激类型无关，也就是说，不管性高潮是由性交、手淫或其他刺激所致，其基本生理变化是相同的。

虽然两性的性反应基本相似，但仍存在一些差异。第一个主要区别是女性反应模式有更大的可变性。你可能注意到，尽管基本男性模式的特征是连续单一的(图3.5左)，但女性方面则呈现为三种可替换的选择(图3.5右)。其次，男性的性周期存在**不应期**(refractory period)，这导致了男性在第一次性交后必须经历一个强制性休息期后才能对进一步的性刺激再次发生反应，但女性没有，女性是连续周期性的。这种性不应期紧随高潮期并延续至消退期。在此期间，无论受到什么强度的性刺激，男性也不能完全勃起和再次达到性高潮。只有在不应期过了之后才可以。不应期的时间长度似乎在男性中非常不同，并且同一个人在不同时刻也不同，可能持续的时间从几分钟到几小时不等。不应期的时间间隔随着年龄增长及一次性事中连续多次性高潮之后而变得更长(Kolodny et al., 1979)。

想一想
在人体上作性生理学试验研究存在着哪些伦理学上的争议？

专题 3-2
性研究领域的新技术

近来为测量性生理反应设计了许多新仪器。由此获得的客观资料，是两性对性唤醒和性高潮主观感觉的重要补充。这些仪器主要测量在性反应过程中的两项基本的生理反应，即血管充血和肌张力的增加。

生殖器血管充血，在男性是通过测定阴茎勃起程度来评定的，测量仪器称之为阴茎弛张计(penile straingauge)。它配有一个柔韧的橡皮环，使用时将环套在阴茎根部，阴茎勃起时环便跟着扩张。为了在实验室之外研究性刺激，Rigiscan 监测器收集了三段时间内有关阴茎硬度和膨胀的数据，每段时间为 10 小时。研究对象戴着靠电池运转的监测器，监测器被用带子固定在大腿上，并有两根绳线系在阴茎的顶端和基部(图 3.4)。这个装置能很容易地记录到睡眠中的阴茎勃起。

女性所用仪器称阴道光体积描记器(vaginal photoplethysmograph)，它是一个透明的聚丙烯酸圆柱体，使用时放入阴道内。柱内光线照在阴道壁上，通过光电管可测定由于红细胞数量增加而引起的颜色变化。另一种更精巧的仪器是生物阻抗分析仪(bioimpedance analyzer)，它通过测量身体部位的电传率的变化来测量血流(Bradford, 1986)。

测量肌张力增加和性高潮时肌肉收缩的仪器称会阴收缩计(perineometer)，将它置入阴道内，便可记录下压力的变化(注意仪器中部的金属片)。电子会阴收缩力计又称肌动描记仪(myograph)，它可以监测由神经支配的肌纤维的电活动，并能测量阴道和肛门内的肌张力改变。

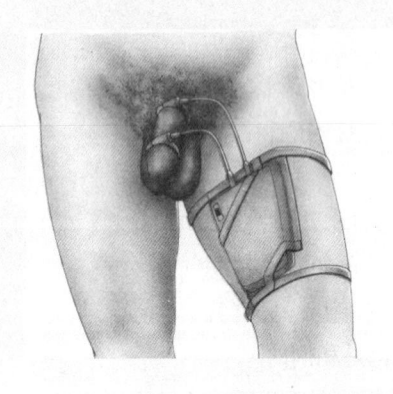

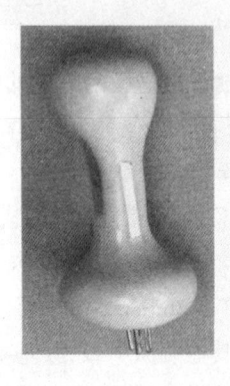

图 3.4 左：靠电池驱动从而收集阴茎勃起数据的 Rigiscan 监测器；右：阴道探针(vaginal probe)可以用两种方式来监测性唤醒，光体积描记器可以测量血管充血量(注意其把手上的光电传感器)，而肌动描记仪可以测量肌强直(注意其前部的金属条)。

---

* 这一表述可能来自于一则杜撰的小故事，G. Bermant 描述如下：一天，柯立芝总统和夫人访问一个政府农场。到达之后，他们被安排分开参观。当柯立芝夫人经过鸡笼时，停住了，问农场负责人公鸡

唤醒能力不仅受不应期的影响，同时也受复杂的相互作用因素的影响。在许多哺乳动物中，与新配偶之间的性反应是最强的，并且新配偶的引入会唤醒性兴趣(Michael 和 Zumpe, 1978)。通常这一现象[被称为"柯立芝效应"(Coolidge effect)*]在雄性中要比在雌性中更为强烈。相似的机制是否作用于人类还没有被正式认定，但对新的或多个性伙伴的渴望可能是它的一个表现形式(第 16 章)。

女性不存在性不应期，即使在与男性最接近的反应模式(模式 A)中，在性高潮结束后，性兴奋又可能因刺激增强而再次出现性高潮。因而女性可有所谓多重性高潮，即性高潮在较短时间内连续出现。但这并不意味着所有女性的每一次性生活都会或愿意出现多重性高潮。

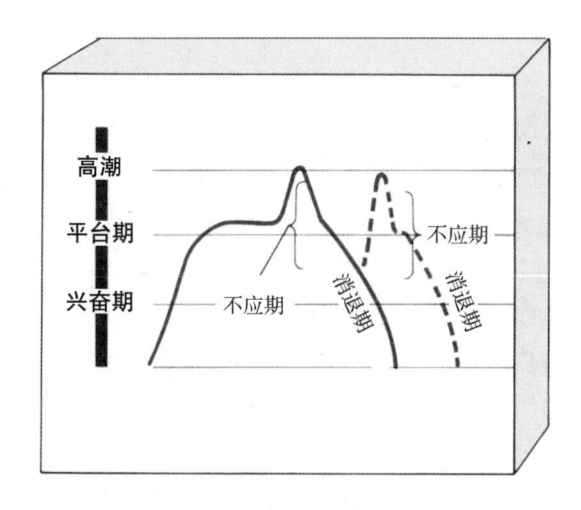

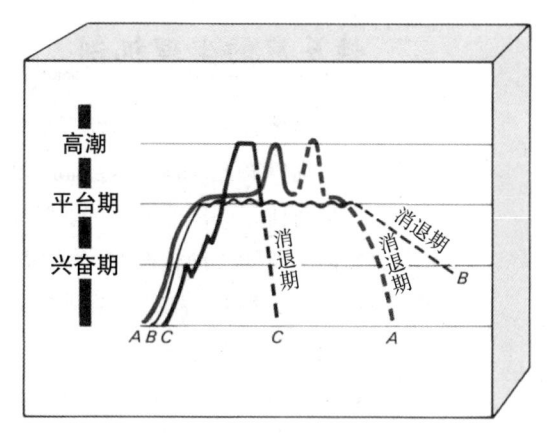

图 3.5 男性性反应模式(左)和女性性反应模式(右)

由于性不应期的存在，男性很难产生多重性高潮。马斯特斯和约翰逊的研究(1966)认为具有该能力的男性极少，但若只引起性高潮而不射精的话，则能出现多重性高潮的男性比例大大增加(Robbins 和 Jensen，1976)。有关这方面的内容在下文中还将予以介绍。

尽管两性的性反应存在上述差异，但其基本生理反应模式还是相似的(心理反应模式另作讨论)。在有效的刺激下，男性和女性(模式 A)的性兴奋不断提升。如果持续进行性刺激，性兴奋水平将在一定的高度上稳定下来，这就是平台期，随后就是高潮。在得到突然的释放之后，就进入压抑的兴奋逐步消散的消退期。

性反应周期中各阶段的持续时间差别很大，性兴奋期和消退期最长，平台期次之，高潮期最短，仅几秒钟。平台期中上下波动好几次，但在仪器上却显示不出来。完整的性反应周期持续时间变异很大，从几分钟到几小时不等。当然并不是所有的刺激都能达到性高潮。在金赛的研究对象中，性交中的男子一般会在 4 分钟内达到高潮，反之女性达到高潮则需要 10~20 分钟。然而当女性靠自己进行刺激时，她们可能会像男性一样快地到达高潮(Kinsey et al.，1948，1953)。

另一种女性反应模式是在平台期达到高度的性唤醒水平，但紧接着并不达到性高潮，而是让性兴奋在较长时间内维持已有的强度，并通过强度较小的波动使应当出现的性高潮逐渐释放掉，接着出现较长的消退(模式 B)。术语**高潮状态**(status orgasmus)就是指这种强度的性高潮经验。它或者是一段在平台期上延长了的高潮，或者是一系列没有明显间隔的连续高潮(Masters 和 Johnson，1966)。最后一种反应模式(模式 C)是突发性达到性高潮，接着性兴奋很快就消退，这种模式中不存在平台期。

在性反应周期的各阶段中到底发生了什么？生殖器和身体的其他部位都发生了数不清的生理变化。我们将分别描述男女生殖器的变化及两性的其他身体变化。

一天交配多少次。"很多次"，负责人回答。"请将这个告诉总统先生。"柯立芝夫人请求。当总统经过鸡笼被告知了公鸡的事迹后，他问道："每次都是和同一只母鸡吗？""不是，总统先生，每次都是和不同的母鸡。"总统慢慢点头，说："请将这个告诉柯立芝夫人。"对此效应更具体的讨论见 Wilson(1982)。

性反应的生理机制

身体各部分对性刺激反应的生理学机制共有两种：血管充血和肌肉紧张。

血管充血（vasocongestion）是指血管和组织充血。血流由动脉输出经静脉回流，如果身体某一部位输入的血流量超过了静脉回流量，就会导致该部位的血管充血。血流主要受小动脉控制，动脉壁肌肉的伸缩由神经冲动和激素支配。

性兴奋时，表层和深层组织均有广泛的血管充血，最明显的表现是阴茎勃起。勃起的生理机制一直是引人注目的研究课题，但迄今尚无定论（Benson et al., 1981；Newman 和 Northup, 1981；Krane 和 Siroky, 1981）。

目前较为一致的意见是，勃起的主要原因是动脉血流的增加和静脉回流减少。阴茎松弛时，由动脉注入的血流经阴茎深部静脉回流，这样，大部分血流不经过阴茎海绵体。性唤醒时，过多的血流注入阴茎组织，造成海绵体膨胀使阴茎勃起，这就如同浇水的橡胶软管接通水源后膨胀起来一样。

女性在性唤醒时也能感受到血管充血：阴蒂肿大、阴唇膨胀、阴道湿润。以往设想两性的性反应生理机制颇为相似，但新近的研究提出两者间仍有相当的差别（Levin, 1980）。迄今为止我们对女性性生理的了解比对男性的少得多（除了生殖方面以外）。一个原因是这一领域的许多实验工作一直是在动物身上做的。观察雄性动物的勃起是很容易的，但要观察雌性的反应则要困难得多。同样的原因也涉及神经机制的探察，我们将在下一节中讨论。

肌肉紧张（myotonia）即肌肉张力的增加，肌肉总要维持一定的张力，即使睡眠或完全放松休息时也不例外，若肌肉随意或刻意地收缩，肌张力便会增加。性活动时，肌肉紧张是广泛存在的，包括随意肌如骨骼肌、不随意肌如平滑肌等。性唤醒过程中脚部肌肉尤为紧张，脚趾像痉挛一样伸展。尽管肌肉紧张从性兴奋开始阶段就出现，但可延迟至血管充血后发生，性高潮时达到顶点，性高潮过后迅速消失。

兴奋期和平台期

性兴奋期和平台期都有各自的生理学特征。但由于它们不但客观上是一个连续过程，主观上人们也只能将两者体验为性唤醒的过程而无法加以区别，平台期就是一段持续的、强烈的兴奋，所以在此一并介绍。

足够的性刺激可引起强烈的性快感，此时人的意念和注意力均集中于性活动上，而对其他的一切趋于漠视。多数人总希望能够控制自己性紧张的强度和节奏，你可以通过转移注意力的方法来压制它，或是通过充分感受它的愉悦来增强它。在性唤醒早期，不安和分散注意力确实很容易使性唤醒消失，但若周围环境非常适合性活动，性欲冲动就很难控制。

第 3 章　性生理

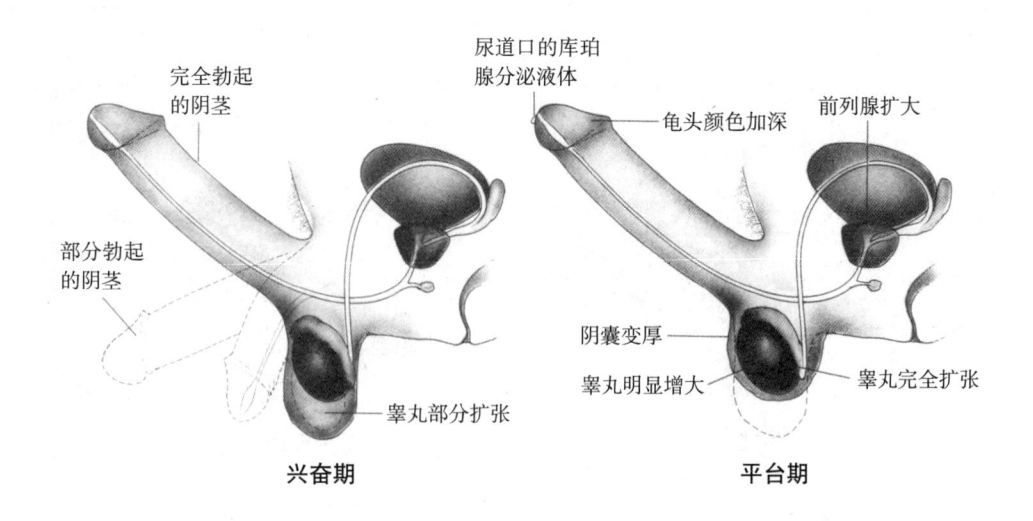

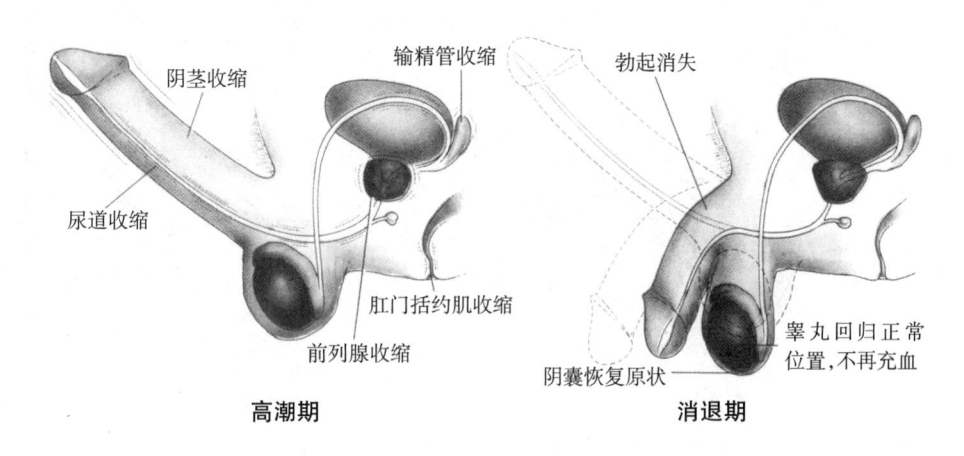

图中标注（兴奋期）：完全勃起的阴茎；部分勃起的阴茎；睾丸部分扩张

图中标注（平台期）：尿道口的库珀腺分泌液体；龟头颜色加深；前列腺扩大；阴囊变厚；睾丸明显增大；睾丸完全扩张

图中标注（高潮期）：阴茎收缩；尿道收缩；输精管收缩；肛门括约肌收缩；前列腺收缩

图中标注（消退期）：勃起消失；睾丸回归正常位置，不再充血；阴囊恢复原状

图 3.6　男性生殖器在性反应周期中的变化

尽管性兴奋有时会迅速而失控般地增强，但它更经常是不平稳的。性兴奋强度在年轻人中表现为骤升骤降，而老年人常表现为渐进式升降。性兴奋一旦进入平台期，即便分散注意力也难以阻止性高潮的发生。性高潮的前兆是强烈的快感，持续性兴奋，紧接着不可避免地达到性快感的顶点，此时如果性高潮不释放而使平台期延长，人就会因这种不良刺激的存在而感到不适和烦躁。男性会感觉到局部有沉重感，睾丸会处于紧张状态［这被称为"睾丸忧郁"(blue balls)］；而女性的盆腔会感到发胀，同时会有烦躁和易怒的感觉。

性兴奋的行为表现和主观感受因人因时的不同而变异很大，所以研究者的描述不可能面面俱到。一般来说，观察到的性行为与性兴奋呈正比。轻度的性兴奋，对观察者来说，其反应可能根本无法察觉到。另一方面，在强烈的兴奋下，行为的改变则是剧烈的。当发生强烈性唤醒时，全身的肌张力增加，脸部及全身皮肤潮红，唾液分泌，鼻翼翕动，心跳加快，呼吸加深。人的感觉、动作乃至外貌与平常完全不同。性唤醒往往还可引起某些更具体的效果：有些口吃患者一反常态，讲话变得流利；呕

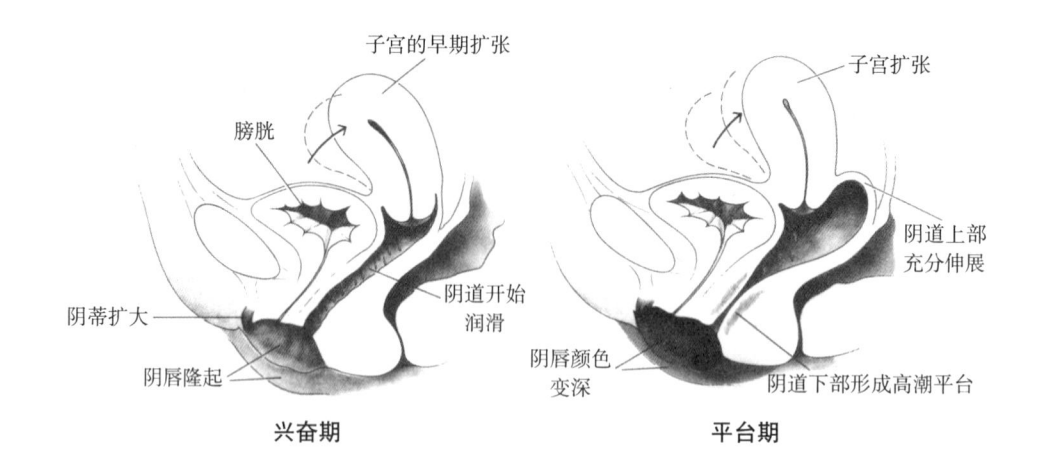

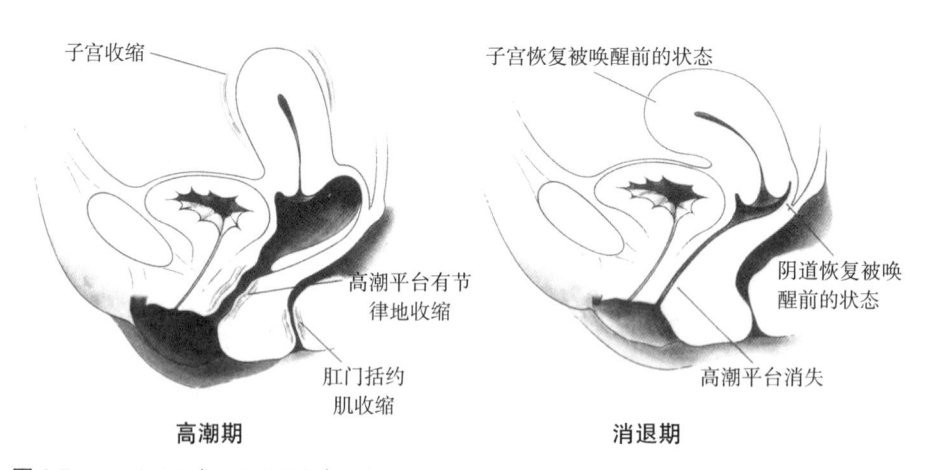

图 3.7 女性生殖器在性反应周期中的变化

吐反射(gag reflex)会变得不敏感(有人在此时将阴茎深深塞入口中而不恶心);强直性麻痹患者的运动协调性可大为好转;猩红热患者的病情可有短暂的缓解;伤口流血减少,痛觉变迟钝,因而对某些虐待性行为的耐受性大大增强(这可以帮助人忍受性虐待)。

男性性器官性唤醒后的反应

男性性兴奋时最突出的表现是阴茎勃起(图 3.6),从婴儿到老年人,无论是清醒状态还是睡眠时都可以发生勃起。有的男婴出生后马上就有阴茎勃起。

勃起并不是全有或全无现象,从阴茎松弛到性高潮前的迅速大量充血,其间可分为几个等级。当阴茎勃起时,它首先伸展至最大长度并增大了周长,随后达到其最大刚度或硬度(Wein et al., 1981)。

具有一定坚硬度是阴茎进入阴道所必需的。而达不到完全勃起的阴茎也能进入("软进入")。尤其在年纪较大的男子中,起初插入时阴茎只是不完全勃起的情况是常有的;随之在性交中可以完全变硬。

勃起的发生,年轻时很快,一般不到 10 秒钟,老年反应就比较慢。但年龄与勃起时间呈反比这一现象并不是绝对的,用人为干预的方法可以改变。阴茎在平台期会进一步充血,主要是在龟头冠部,它的颜色变深。此时勃起已经更稳定了,有时候注意力暂时转移,勃起也不会消失。

与对寒冷、恐惧、生气的反应相同,性唤醒时阴囊收缩并变厚,平台期时阴囊变化不大。但如果兴奋期过长,则阴囊在性反应周期结束前便会自动松弛下来。

睾丸的变化虽不可见但十分明显。在性兴奋期,睾丸由于精索缩短和阴囊收缩而上提;到平台期,睾丸继续上升并接近腹部。其上升机理尚不清楚,但完全的上升是性高潮的一个必要前提。睾丸的第二个主要变化是由于血管充血造成体积明显增大,多数可增大 50%。

尿道球腺在性兴奋期呈静止状态,至平台期时分泌一种澄清透明的液体进入阴茎顶端。产生量因人而异,产生较多者能够湿润整个阴茎头部甚至滴落下来,有的人则产生很少液体。该液体的分泌是射精的先兆,但缺乏并不意味着没有射精的可能。前列腺在平台期会有增大迹象。

女性性器官性唤醒后的反应

生殖术语中,阴茎与阴道是一对在功能上相对应的器官,它们对性刺激的生理反应呈互补关系。性生理反应并不单单限于性交,对阴道来说,任何形式的足够的性刺激都可以引起相应的性反应。

在性兴奋期,阴道出现三项特有的变化,即湿润、底部扩张和颜色改变。阴道壁湿润是女性性反应的首要表现,足够的性刺激仅需持续 10~30 秒钟便可导致该现象出现。阴道湿润是性交前的准备,但对女性来说,这并不是唯一的准备,因为就性交而言,心理准备与生理准备是同样重要的。此外,阴道湿润程度与性唤醒程度并不一致,有些女性即使在高度性唤醒状态下也不分泌液体。在停经期后,阴道产生的液体会变少。阴道干燥可以使用润滑剂,但应以不妨碍性享受为宜(第 10 章)。

阴道液澄清透明,滑爽而略有香味,在性交中主要起润滑作用,对女性享受性交快感是很重要的。该液体呈碱性,这对日常略呈酸性的阴道来说,恰好起中和作用,从而有利于精子的输送。由于阴道壁本身并无腺体,所以曾一度认为子宫颈或前庭大腺或者它们二者都是阴道液的来源。但 1966 年,马斯特斯和约翰逊发现它主要还是直接来自阴道壁,通过黏膜分泌出来。尽管阴道润滑反应常被比作皮肤上的"出汗",但这种类比并不准确。汗液或汗水是由皮肤中的汗腺产生的;阴道润滑液则不是由腺体产生的,它由阴道壁表面的充血动脉(毛细血管)渗出,被认为是一种**渗出液**(transudate)。

性兴奋时阴道的第二个主要变化是伸长和阴道内 2/3 部分的扩张,这样给精液的积存提供了场所;再一个变化是由于逐步的血管充血而使阴道壁颜色变深。

在平台期,阴道外 1/3 段肿胀形成性**高潮平台**(orgasmic platform)而使阴道口

想一想

为了解决关于 G 点的争论,你打算作哪些研究?

变窄,同时内端完全扩张,阴道液分泌减少。如果平台期过分延长,阴道液体分泌可完全停止。

据报道,阴道前壁有一处性欲敏感区,在性唤醒时肿胀。该区域以发现者的名字被命名为"格拉芬波点"(Grafenberg spot,即所谓的"G 点")。到目前为止,这个一枚硬币大小的区域与所谓的女性"射精"的联系尚未最后确定(专题 3-3)。

在性兴奋期晚期,阴蒂明显充血,阴蒂头尤为显著,其直径可增大一倍。同时小阴唇肿胀(这时阴茎已经勃起一段时间,阴道已经完全润滑)。

阴蒂在平台期回缩到阴蒂包皮内,仅有平时一半的长度,这往往使人误以为是性兴奋的消退。随着性兴奋降低,阴蒂又会从阴蒂包皮中伸出。有时平台期较长,这种伸缩现象可反复出现。

经产女性阴唇的性反应与未经产女性有很大的区别。性兴奋时,未经产者的大阴唇平滑、扁薄,兴奋时向两侧分开开口很大,内部充血的潮湿的组织清晰可见;而经产者的大阴唇则大得多,没有变平滑,而是在唤醒时变得相当充盈。

随着性兴奋期转入平台期,小阴唇明显充血胀大,达到平时的 2~3 倍,颜色变为粉红色,肤色浅的女性甚至呈鲜红色,经产女性则为深红色或红葡萄酒色。小阴唇的这种肤色变化称为性兴奋女性的**"性皮肤"**变化,如同男性睾丸上提一样,它也是性高潮的前兆。

前庭大腺在兴奋后期分泌少量的黏液,它的作用还不清楚,但在阴道湿润中作用甚微。

性兴奋时子宫由前倾位上抬,子宫颈随之升高使阴道扩张;到平台期,子宫完全上抬并维持到消退期。

其他反应

性兴奋时女性乳房的首要反应是乳头勃起、血管充血,造成整个乳房、包括乳晕的胀大(男性的乳头在兴奋期晚期和平台期有时也会勃起)。到了平台期,乳晕充血更加明显,结果乳头相对变小,乳房继续胀大,尤其是未哺乳过的乳房,可较平常增大 1/4。

性唤醒必然导致皮肤的反应,**性潮红**(sex flush)在女性中非常常见,它始于性兴奋期女性胸腔下部中心出现的疹状潮红,并向乳房、胸腔其余部位及脖颈处扩散,在平台期晚期达到顶峰。对于一个兴奋的、面部表情扭曲的即将经历性高潮的人来说,这种潮红被视为其性兴奋的一个重要元素。这种紧张还可通过平台期全身的肌肉组织来体现,特别是足部肌肉会绷紧,同时脚趾伸直。

心跳在兴奋期开始加速;到平台期,心跳由正常的 60~80 次/分加快至 100~160 次/分。同时血压也明显增高。呼吸频率的改变迟于心率改变。平台期时呼吸变深变快。

这些心血管功能上的变化相当于中等体力运动水平带来的变化,如快速步行和

专题 3-3
格拉芬波点与女性"射精"

长期以来，人们一直对女性是否也有射精这一问题争论不休。直到 17 世纪，人们仍认为阴道液就是女性"射精"，与男性精液相似，对于受孕是必需的。这种误解构成了允许女性在性交中通过手淫来帮助自己使阴道液分泌，达到性高潮的神学基础，否则的话，不产生阴道液便没有怀孕的可能。这一误解直到人类生殖奥秘逐渐揭开后才告终止，女性手淫也同时被告诫是不可取的。

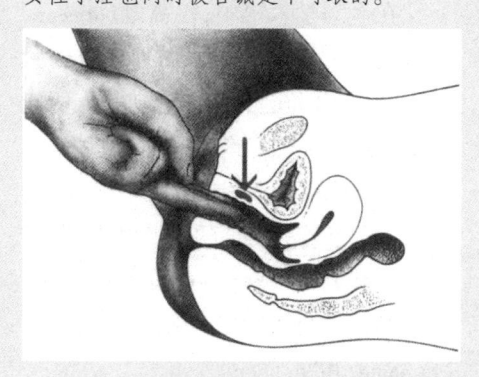

图 3.8　格拉芬波点

性高潮时，女性确能感受到阴道内有液体分泌，对其成分众说纷纭，包括尿液、前庭大腺分泌液、性高潮收缩时阴道排出的润滑液，以及自尿道分泌的液体等。

1950 年，出生于德国的犹太医师格拉芬波 (Ernst Grafenburg, 1881—1957) 发现了两个现象：第一，近尿道侧的阴道壁前端有一个动情区，性兴奋时，该区域增大并向阴道腔方向突出，至性高潮后，它又回复到平常的大小；第二，性高潮时，尿道可"喷出"大量清亮透明的液体，这一现象至少在部分女性中可以见到。

为了解释上述现象，格拉芬波提出了两点设想。他认为女性生殖器也有海绵体样勃起组织，因而阴道前壁在性兴奋时也会血管充血、肿胀；同时女性也存在类似前列腺的腺体，称为尿道旁腺 (corpus spongiosum)，它发挥着"女性前列腺"（即斯基恩氏腺）的作用。如同男性前列腺分泌液参与构成了精液一样，尿道旁腺的分泌液构成了"女性精液"。

格拉芬波的设想似乎与人类胚胎的发生发展过程相吻合，但它并无解剖学和临床资料作旁证。塞夫黎 (Sevely) 和班内特 (Bennett) 于 1978 年重新关注了这一问题，他们在一份文献回顾的总结中说，女性的确也会射精，而她们分泌的这种液体与男性的前列腺液虽不全然相同，但非常相似，佩里 (Perry) 和惠普尔 (Whipple) 于 1981 年进一步探索了这一问题，他们将阴道前壁的动情区命名为"格拉芬波点"或"G 点"（图 3.8），对女性"射精"有了更详尽的描述，包括拍摄了一部记录一位女性"射精"过程的影片。G 点位于阴道前壁距阴道口 2 英寸处。多数女性在有足够性刺激时，G 点肿胀并引起性高潮。高潮时，女性从尿道射出液体，似男性射精，只不过没有精子罢了。许多妇女自认为这是尿道失禁引起的，感到非常尴尬，因此她们压制性高潮来防止它 (Ladas et al., 1982)。

这些喷射的液体是什么？一些研究者已有过报道，指出其中含有高浓度的酸性磷酸酶（一种前列腺分泌的酶）和葡萄糖（糖类），以及低浓度的尿素和肌氨酸酐（排泄入尿液中的蛋白质代谢的最终产物）(Belzer, 1981)。虽然要比尿液中的酸性磷酸酶浓度高，但从未发现其浓度达到男性精液中的酸性磷酸酶浓度。因此以这样的观点来看，女性喷射的尿道液与男性的前列腺液有一些相似 (Addiego et al., 1981)。

其他研究者们试图证实这些声明的努力依然没有获得广泛成功。在一项研究中，女性的"射精"最终成为尿液 (Goldberg et al., 1983)。即使阴道前壁存在一个敏感区，但没有解剖证据证明其与斯基恩氏腺相关 (Alzate 和 Hoch, 1986)。不仅仅只是一个"点"，整个阴道前壁呈现出高敏感性，并且对其刺激很可能会导致高潮 (Hoch, 1986)。

如果进一步的研究证实了 G 点和女性射精的存在，那会有助于我们理解女性性生理和治疗问题。但要说明的是，性感受及其方式是多样化的，切莫因以无"射精"和无 G 点肿胀感受作为性欲缺乏的唯一指标而苦恼。

走一段楼梯。大多数人都可以从容应对此时心血管系统的负担，但也有一些人由于心脏病会失去性兴趣，或者引发性功能方面的问题。这种情况大多属于心理问题。心脏病患者不能拥有积极的性生活的说法并没有医学证据支持，但是找医生咨询一下还是有必要的（Kolodny et al., 1979）。

性高潮

在生理学术语中，**性高潮**（orgasm）即为性唤醒引起的累积的神经肌肉紧张的释放。而在主观上，它却是人所能感受到的最强烈、最满意的快感之一。虽然这种快感持续时间很短，但有时却会给人留下若死若仙的感受。"高潮"这一术语起源于希腊语 orgasmos（"膨大""贪欲的"）。通俗用语包括"to climax""to come"和"to spend"。

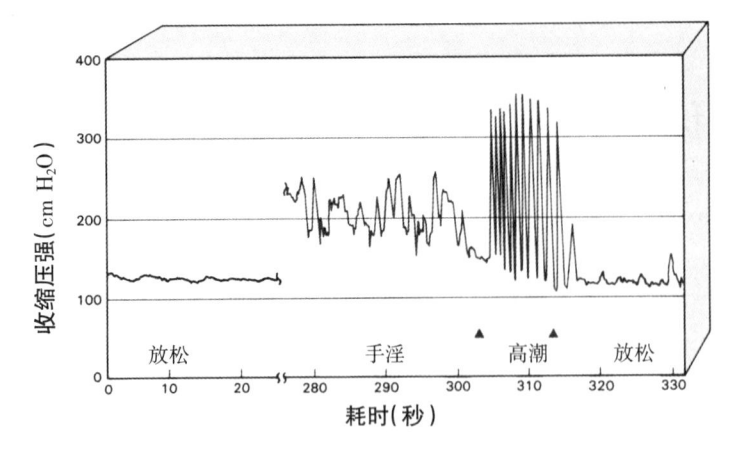

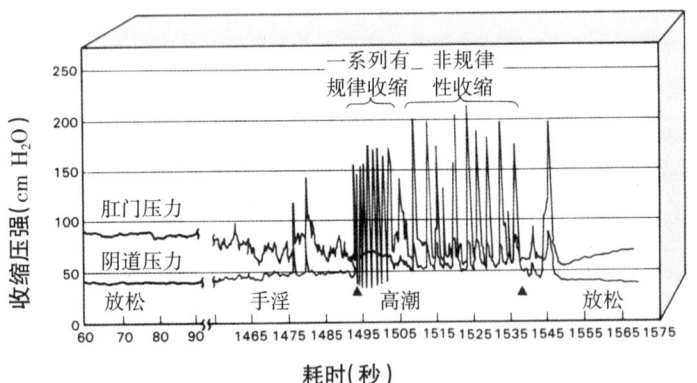

图 3.9 上图：男性手淫过程中肛门的紧张和收缩；下图：女性手淫过程中肛门和阴道压力。

性高潮时的体验因性别、年龄、身体状况、性生活间隔时间、做爱环境等因素而异，其表现可以从压抑性到爆发性不等。但它通常是一种男女两性都能感受到的紧张的快感体验，被视为"意识的另一种状态"（Davidson, 1980）。

性高潮时，两性均会产生强烈的快感，但却很难恰当地描述清楚。成年男性的性高潮是射精，它分为两个阶段，第一阶段感到射精即将到来，此时已无法阻止它的发生了；第二阶段阴茎根部明显的搏动性收缩，紧接着精液射出。

女性首先有短暂停顿的感觉，阴蒂的刺激使紧张感达到顶点，继而传递到阴道和盆腔，这个阶段的强度变化很大，有时会有"落下""打开"或液体射出的感觉（有的女性形容像是轻微的分娩痛）。紧接着，潮热感由盆腔弥漫扩散至全身，最终以其特有的盆腔颤动收缩而结束。在海蒂于 1976 年进行的性学调查中，一位女性这样描述："在接近高潮的时候，有几个瞬间感觉像要晕倒，然后我突然感觉像要着火，然后我集中我肉体和心理的所有能量，快速登上顶峰——那是暂时停顿的一刻，是一阵炽热的激流，一种骤然的呼吸停止，我所有的神经仿佛都沉浸在欢乐的海洋中。"

鉴于射精的特征，男性几乎都能鉴别出自己是否达到高潮，然而有些女性却时常搞不清自己是否有过高潮。严格地讲,任何两次性高潮都不会完全相同。但在实际调查中发现,男性的性高潮体验较女性变异更少,基本上都遵循唯一的模式。而女性则可能因为不同的生理机制而拥有不同的性高潮体验(专题3-4)。然而也有迹象表明,两性间性高潮体验的差异并没有想象中的那样大。若让一群"裁判"阅读两性对自己性高潮之主要感受的记录的话,他们单凭这些描述是很难辨别叙述者的性别的(Vance和Wagner,1976)。

高潮期男性性器官的反应

附性器官如前列腺、精囊、输精管在性高潮时会发生特征性的节律性收缩;随后延伸至阴茎(图3.6),整个尿道与阴茎根部肌肉也跟着一起收缩。开始时这种收缩相当规则,间隔期约为0.8秒;数次剧烈收缩后,就变为慢而弱、无规则的收缩。

马斯特斯和约翰逊等研究了性高潮时男性肛门括约肌的收缩情况,认为性高潮时肛门括约肌收缩2~4次,而波伦(Bohlen)等(1980)则报道这种收缩多达17次,它们发生在性高潮持续的26秒中,这是对男性性高潮一个近似的估计,尽管存在个体差异。

性高潮与射精并不是同一个概念。**射精**(ejaculation)即精液的射出,它是青春期后,当前列腺和其他附性腺成熟时,男性在性高潮中具有的最明显的表现。在青春期以前,男孩无法射精,即使他们能体验到性高潮(第8章)。如上所述,射精分为两个阶段,第一阶段称为**遗精期**(seminal emission),也称"一期高潮",前列腺、精囊、输精管的平滑肌收缩,将其内容物注入扩张的尿道球部,这时人会有精液即将射出的感觉;第二阶段称为**射精期**(explusion phase),也称"二期高潮",精液依靠阴茎根

想一想

意识形态是如何影响对女性高潮之多样性的探讨的?

专题3-4
女性性高潮的分类

在所有研究人类性学的文献中,有关女性性高潮的文章是最多的。到了现代,我们有关女性性高潮的观念深受心理分析理论影响。弗洛伊德认为,女性有两类性高潮,即阴蒂型(clitoral orgasm)和阴道型(vaginal orgasm)。阴蒂型性高潮指直接刺激阴蒂所引起的高潮,通常由手淫来获得;阴道型性高潮指由性交刺激阴道所致。这种二元性高潮观点认为,年轻女性主要性兴奋的部位是阴蒂,随着性心理的成熟,该兴奋点由阴蒂移至阴道,所以青春期后,阴道便成为最主要的性兴奋区域(第8章)。这使得阴道型性高潮比阴蒂型性高潮更"成熟"。这个模型以各种形式被弗洛伊德的追随者们重申。然而,现代的心理分析学家并不都同意这个观点。

金赛及其助手(1953)对二元性高潮观点提出了质疑。其后,马斯特斯和约翰逊(1966)证实了上述疑点,并提出在生理学上仅有一种类型的性高潮,无论阴蒂、阴道或其他任何形式的刺激,性高潮的反应都是相同的。其他一些研究者在赞成单一类型的高潮模式方面走得更远。比如,谢飞(Sherfey)(1973)在其女性性进化理论中对此表示了赞同。而

且，考虑到女性具备获得多重高潮的能力，她假设女性被赋予一种难以满足的性驱力，但却被社会压制以避免损害其孕育功能。

但是，研究者们仍在探寻性高潮的其他模式。费舍(Fisher)(1973)在对其心理和生理研究进行评估的基础上重申了阴蒂型高潮和阴道型高潮的区别，同时拒绝其心理分析含义。森格(Singer)(1972)将女性性高潮分为三类：第一类是外阴型性高潮，其特征是阴道口不随意的节律性收缩，并认为这一类就是马斯特斯和约翰逊所描述的性高潮；第二类称子宫型性高潮(uterine orgasm)，它是以子宫的反复移位为特征的，与外阴型不同的是，必须由性交或使用类似替代物来获得；第三类为混合型性高潮，即上述两类的混合(blended orgasm)。

在他们关于G点的著作的延伸部分中，莱达斯(Ladas)、惠普尔和佩里(1982)将早期的性高潮模式修改统一为性高潮反应连续性模式。这一模式的一端是阴蒂型性高潮（相当于森格的外阴型性高潮），它由刺激阴蒂而触发，涉及耻骨尾骨肌(circumvaginal muscles)的收缩，女性的主要性兴奋感受是从阴道的性高潮平台获得；模式的另一端为阴道型性高潮(相当于森格的子宫型性高潮)，由G点受刺激而触发，涉及子宫的收缩，因此主要的感受来自于盆腔内器官。阴道型性高潮是性兴奋的最高形式，一次便足以获得性满足。而阴蒂型性高潮必须重复多次才能得到性满足。

这一主题在文学中也有体现，英国女作家多丽丝·莱辛(Doris Lessing)在1962年出版的《金色笔记》(Golden Notebook)中这样写道：

> 阴道高潮是一种情绪反应，在感知上与一般的情绪没有任何区别；它是一种模糊的、隐秘的、全身性的知觉扩散过程，人就像躺在温暖的漩涡浴池里，被不断地旋转着一样，而阴蒂快感则有多种不同体验，它比阴道快感更强烈(这是男人的说法)。尽管性兴奋与性体验会有千差万别，但对女人来说，真正的快感只有一种：那就是当男人以他全部的需要和渴望要一个女人，并想得到她全身心的反应的时候，其他一切都是暂时的、虚假的，就连最没有经验的女人也能本能地觉到这一点。

不管人与人的经验何其不同，最佳策略是不要试图在几种女性高潮模式之间分出高下。女性过去曾因"阴蒂型高潮不够成熟"的想法而承受了不必要的负担，现在却又被要求必须经历多重高潮和射精高潮。每一位女性都应该发现自己的潜能，没有人必须符合别人的标准。

部肌肉和盆腔区域、生殖管的肌肉射出。同时膀胱的内括约肌紧闭，阻止精液流入膀胱。

一般来说，射精强度和精液量取决于性欲望、性能力等。但这种说法很难确证。目前认为，遗精期与性不应期之间有一定的联系，有些男性在性高潮收缩时，能有意识地抑制射精；换句话说，他们可以有**不射精的性高潮**。这样的性高潮并不会使人进入性不应期。因此，他们可以和女性一样产生多重性高潮，所以，只有射精才会导致不应期。中国古代房中术始终强调无射精性交的好处(专题3-5)，印度的**不完全性交**(Karezza)指的也是在不射精的前提下延长性交。

然而事实要复杂得多，无精液从阴茎射出并不一定意味着射精未发生。在所谓**逆行性射精**(retrograde ejaculation)时，精液逆返至膀胱而不是由尿道射出。这种情况多发生于患有某些疾病或服用了某些精神安定药、抗高血压药时(第15章)。

高潮期女性性器官的反应

女性性高潮中最为明显的反应发生在高潮平台(图 3.7),此时该区域呈节律性收缩,开始时为 0.8 秒的间隔,随后收缩强度降低。平台组织收缩得越快越强烈,性快感的体验也就越强烈。若性兴奋水平特别高,那么在这种节律性收缩之前,平台往往出现几秒钟的非节律性痉挛性收缩。高潮时女性是否射精我们已在专题 3-3 中讨论过。

阴蒂在性高潮时回缩至看不见。子宫的收缩从底部开始向下方传播,它与阴道平台的收缩同时发生,但不明显、不规则。以往认为,在性交中子宫的这种收缩可将精液吸入子宫腔内。这种效果最早由贝克(Beck)于 1874 年报道(Levin,1980)。马斯特斯和约翰逊没有找到支持这一看法的证据,但其他人的研究显示了支持性的证据(Fox 和 Fox,1969)。

新的实验研究使我们得以更精确地测定性高潮时的各种反应。进展之一是能够在高潮时同时记录反映相应肌肉收缩情况的肛门和阴道压力(图 3.9)。随着进入性高潮期,肛门和阴道内压力同时有规律地同步起伏。从性高潮开始直至高潮后期,部分女性的这两种压力呈现不规则的变化。女性性高潮的持续时间,主诉范围(即受试者声称她们开始和结束高潮的时间)是 7~107 秒(Bohlen et al.,1982b),仪器记录范围是 13~51 秒。与马斯特斯和约翰逊报道不同的是,这些调查认为性高潮的收缩次数与性快感或性满足感的程度之间没有关系。

综上所述,女性性欲说法可能有感受上的差异,但最好不去评价各种性高潮的优劣。以往女性曾被要求获得阴蒂型性高潮,现在这种负担已经卸除。但对那些没有达到上述反应的女性来说,很可能又会将多重性高潮和"射精"感受作为新的标准来衡量自己的性反应,这是大可不必的。

其他反应

性高潮中乳房并无明显变化(图 3.10)。但是如果是哺乳期的女性,乳汁会从

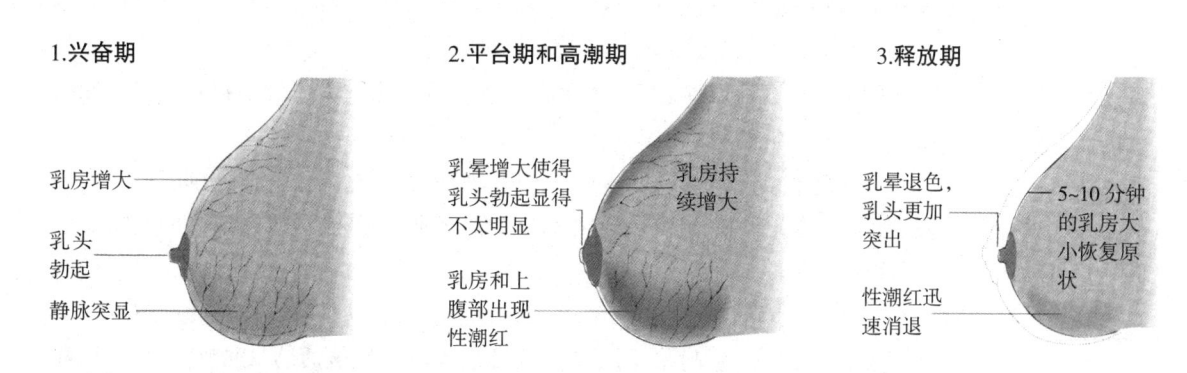

1.兴奋期

乳房增大
乳头勃起
静脉突显

2.平台期和高潮期

乳晕增大使得乳头勃起显得不太明显
乳房持续增大
乳房和上腹部出现性潮红

3.释放期

乳晕退色,乳头更加突出
5~10 分钟的乳房大小恢复原状
性潮红迅速消退

图 3.10 性反应周期中女性乳房的变化

乳头中喷射出来。皮肤温度的变化能引发高潮后漫布全身的温暖的感觉，因此会有流行的说法将性兴奋称为"发光""发热"或"着火"。表皮血管充血是对这种感觉的合适的解释。

高潮时，心跳频率达到了顶峰，升至100~180次/分，呼吸频率由平常15次/分加快至40次/分，且变得不规则。有些人在性高潮时会短暂屏气，然后快速呼吸（Fox和Fox，1969）。有些人因呼吸肌的不自主性收缩、空气进入痉挛的呼吸道而发出喘息呜咽声。当生殖器肌肉收缩时，身体其他部分的骨骼肌也会收缩。

一个通用模式

戴维德森（Davidson）（1980）试图将两性性高潮的各种类型归纳为一个统一的模式，他提出了性高潮的**双向假说**（bipolar hypothesis）：当性兴奋超过一定域值时，中枢神经系统的性兴奋控制区通过向两个方向传递神经冲动而激发性高潮，一方面神经冲动上行至大脑皮质，引起强烈的性快感，另一方面神经冲动下行至生殖器—骨盆区域，引起一系列性生理反应。

这一模式适用于男女两性，它将性高潮的心理和生理层面结合了起来。它可以解释为什么无射精的男性收缩和女性的外阴型高潮不能引发性不应期，换句话讲，性不应期必须伴随在男性的射精和女性的子宫型高潮之后，尤其是当后者变成女性"射精"之后，男女两性的高潮就在本质上统一了。

消退期及高潮后果

性高潮出现时相当明确，消退时却较模糊。此时生殖器节律性收缩逐渐变弱变慢，神经肌肉完全放松。

性高潮后期与前期恰好相反：肌肉完全放松，心跳、呼吸恢复正常，充血、肿胀的组织和器官恢复到原先的颜色和大小；躯体平静的同时，理智也恢复常态。

性高潮结束后，身体和精神渐渐安定下来。因此，过去人们认为性高潮后继之是一种忧伤感，实际上这恰是一种满足和平静的感觉。与此同时，眼睛有神但显露出疲倦，脸部微微泛红，这些均是人体安宁的表现。

性高潮可伴有突发性或渐发性眩晕。尤其在晚上，性交后全身放松，出现疲倦感，往往想睡觉，但也有人由此而兴奋难眠。

性交后出现干渴感或饥饿感并不少见，吸烟者此时可能会特别想吸烟。有人想小便，有人则感到头痛，这是由于大脑中血管充血引起的，可以用适当的药物加以治疗（Johns，1986）。

不论性高潮后的即刻反应如何，健康人均能在较短时间内完全复原。过度疲劳常常不是性高潮本身引起的，而是由性交前后伴有的其他活动，如酗酒、服药、少眠等所致。若是患者，那么性交本身便可能成为沉重的负担。

消退期性器官的反应

在消退期,先前的性器官变化开始消失(图 3.6、图 3.7)。男性勃起分两阶段消退:首先阴茎肿胀较快地消退,呈半勃起状态;继之充血状态进一步减轻,阴茎回缩至未受刺激前的大小。一般来说,兴奋期和平台期越长即血管充血越显著,消退期第一阶段也就越长,继而使第二阶段也得以拖延。

射精后若将阴茎滞留在阴道内,其肿胀持续时间就会长一些。若射精后立即抽出阴茎,或分散注意力,或有小便意识,阴茎的肿胀消退就会加快。阴茎完全勃起时,尿道内括约肌反射性收缩以防止尿液与精液混合,因而此时不会排尿。

女性在消退期时,性高潮平台迅速消退,阴道壁缓慢地恢复到平常状态。随着充血减轻,阴道壁的颜色在 10~15 分钟内恢复正常。少数情况下,分泌液体润滑阴道的过程会延续至该期,此时如果有再次性交的愿望和足够的性刺激,就可再次产生性高潮。

性高潮后,阴唇迅速回复到未充血状态,如果较长时间的性唤醒并不出现性高潮的话,在兴奋期阴唇的变化便延缓消失。强烈的充血可以使阴唇在即便所有性刺激均已撤除的情况下仍能继续充血达数小时之久。

阴蒂在性高潮后 5~10 秒内又一次迅速伸出。这一反应的速度比相应的阴茎勃起消退的第一阶段要快一些。阴蒂肿胀的最终消退,如同阴茎勃起消退第二阶段一样,是很慢的,通常需 5~10 分钟,甚至长达半小时。

盆腔持续性充血是使两性均感不适的原因之一。男性可有局部沉重感和睾丸紧张,女性则感到整个盆腔胀实,伴有烦躁不安。

其他反应

身体其余部分的反应也在高潮后得以恢复。在消退期,女性乳晕的肿胀程度有所减轻,乳头再次完全勃起,这被称为"假勃起"。乳房乳头均慢慢回复正常大小。性潮红消失,心率和呼吸频率渐渐趋于正常,肌肉回复松弛。

有 30%~50%的人会有流汗反应。这种反应在男性中要少见一些,而且通常只出现在脚和手掌。

3.3 性功能的神经生理控制

复杂的性反应控制机制构成了各种性刺激反应模式的基础。其一为激素控制,将于下章讨论;另一个是神经生理性协调控制,它有两个层次,即脊髓和脑(de-Groat,1986)。

性功能的脊髓控制

性功能首先受到**脊髓反射**(spinal reflexes)的控制。一个最有名的例子便是当敲击你膝盖下的腱时,你的腿会踢出去。在自主神经系统中,反射是无意识的、无须经脑决定就作出的自动反应。然而大脑可以感知反射,并可在一定程度上抑制其强度。

我们可以随意移动肌肉的反射与**躯体神经系统**(somatic wervous system)有关。但还有些反射,包括涉及性功能的反射,则属于**自主神经系统**(autonomic nervous system, ANS)的范围。该系统不自主地控制着许多身体内部的功能,我们往往意识不到它们的活动。

自主神经系统有两部分,它们都与性功能有关,即**交感神经**(sympathetic)和**副交感神经**(parasympathetic)。无论是兴奋还是抑制性反应均同时有这两种神经的活动。自主神经的基本功能之一是通过控制动脉的收缩来控制血流量。对生殖器官内的血管来说,交感神经的作用是使动脉收缩,而副交感神经则使动脉舒张。大多数有关脊髓控制的实验是在动物身上进行的,然后推至人类。雄性动物,因其勃起和射精较易监测,因而比较好研究,所以男性的性反射已比较清楚,下面我们首先讨论阴茎的勃起和射精。

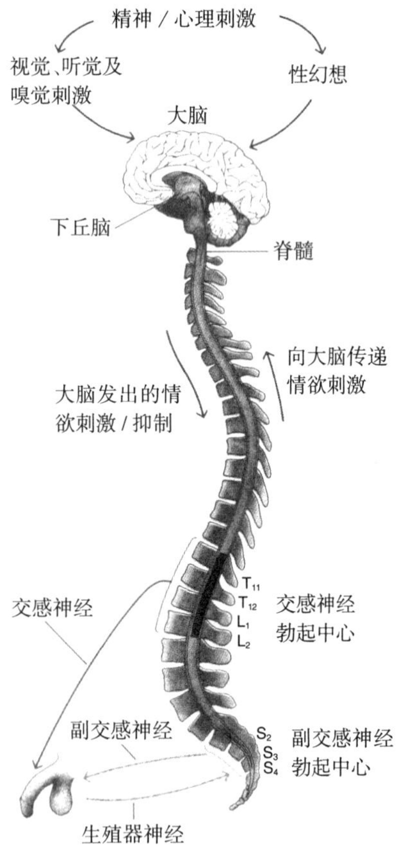

勃起和射精机制

控制勃起和射精的反射中心位于脊髓内。**传入神经**(afferent nerves)将生殖器得到的各种刺激(如对生殖器的触摸)传送至脊髓,脊髓内的反射中心被这些刺激激活后,反过来通过**传出神经**(efferent nerves)将命令传至生殖器官(如使阴茎充血)。尽管脊髓反射能够独立发挥功能,但通过在脊髓中的信息传导,它们已经在与大脑进行亲密交流了。

脊髓中有两个**勃起中心**(erection centers)(图 3.11),初级中心(即副交感神经)位于脊髓的最低处,即骶骨部位(S_2 和 S_4 之间)。冲动的感觉和对生殖器或动情区附近的刺激所带来的紧张感会传到这个中心,这些神经冲动通过阴部神经(pudendal nerve)传至脊髓。作为回应,$S_2 \sim S_4$ 反射中心通过传出副交感神经将冲动送出,从而引起阴茎的充血和勃起。

第二个勃起中心位置更高一些,位于胸部脊髓和腰部脊髓的交接处($T_{11} \sim L_2$)。这个中心是交感神经系统的一部分,可以接收到受视觉、声音和幻想等心理刺激的大脑激发出的冲动。交感神经能将传出冲动传送至生殖器,刺激勃起。确切的发生机制目前尚

图 3.11 勃起时的脊髓反射。

不清楚。

虽然信息在脊髓内来来回回地传递，但大脑始终与这些脊髓中心保持着联系。从脊髓发出并到达大脑的冲动被解释为性唤醒的主观感受，因此，大脑把它自身的唤醒状态传递给脊髓，同时又被来自脊髓的感觉所唤醒。

位于脊髓相同位置的是**射精中心**（ejaculatory centers）（图3.12）。交感神经射精中心位于T11—L2段，从这里发出的传出交感神经被传送至前列腺、输精管和精囊的平滑肌。这些肌肉的收缩带来遗精期（seminal emission），即射精期的第一阶段。在第二阶段，即精子的发送是由位于脊髓骶骨部位的自发中心（voluntary center）而不是副交感神经诱发的，这些冲动通过体内的传出神经传到阴茎根部周围的肌肉，这些肌肉的收缩使得射精得以完成（Jensen, 1980; Hart 和 Leedy, 1985）。

遗精和射精是密切联系又独立存在的两个生理过程。正常时它们几乎一起出现，但有些情况下，人可以分别体验到它们的存在；也就是说，可以有激发而无射精，此时精液可从尿道溢出。当然，也会发生无射出前兆而直接射精的（Tarabulcy, 1972; Bancroft, 1983）。

上述为阴茎勃起的反射过程。它的发生与脑无关。例如，一

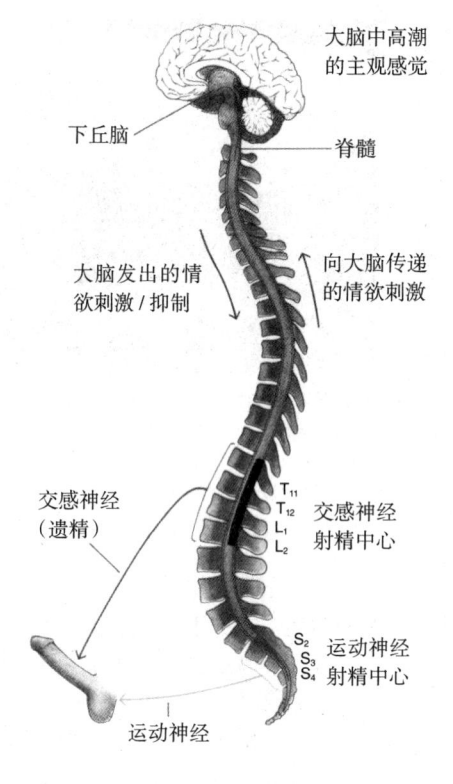

图3.12 射精时的脊髓反射

专题 3-5
射精控制

有关男性高潮的诸方面中被赋予最多关注的是射精问题，因为它是使女性受孕的基础，同时也代表了男性性高潮快感的巅峰。但是，射精也常会充满了焦虑。对许多男性来说，勃起让他们感觉有点像变成了空气滑翔机，他尽最大的力量保持高昂，但是他并没有全部的控制力，一旦高潮开始，他就无法使它停止；如果高潮出现在他和他的伴侣满足之前，他会觉得自己"演出"失败。讽刺的是，造成他最终不能勃起或者早泄的原因，正是他的"演出焦虑症"（第15章）。

有一种更深层的关于失去精子的焦虑自从古典时代以来便长期困扰着男性，古希腊人注意到了它的价值：希波克拉底曾评论过它"珍贵的"特性，毕达哥拉斯（Pythagoras）称它为"血之花"，盖伦（Galen）则称一盎司的精液等于四十盎司的血液，这种观点一直持续到中世纪。在12世纪，犹太教学者和内科医生迈蒙尼德（Maimonides）写道：

流动的精液代表着身体的能量和生命，眼睛的光明。一旦射精过量，身体便会被消耗，其生命便会被销毁。沉溺于性交的男子会过早地衰老，他的能量会衰微，他的视力将下降，他的嘴和腋窝会散发出一股坏的气味，他的牙齿会掉光，而一些不同寻常的疾病将会折磨他。英明的内科医生宣称，一千个人当中

图 3.13 中国古代表现男女交合的瓷器

将有一个人死于其他疾病,而剩下的 999 个将死于过度的纵欲。

对浪费精子的恐惧统治了 19 世纪的思维(第 20 章)。有关"手淫精神错乱症"(masturbatory insanity)和遗精(spermatorrhea)之祸害的精彩观点就是直接奠基于这种因失去精液而经受损耗的理论。

在亚洲,关于精液能量的观点更为久远。印度的苦行主义者坚持禁欲以加强他们的肉体和精神能量。对中国人来说,精液代表着"阳"的基础,是自然界最基本的男性因素(第 10 章)。作为一种生命精华,精液是不能扩散的,但是中国人并没有诅咒性交,而是设计出一种性交方式,"合而不泄",除非在小心控制的间隔期。其要旨不在于避免射精,而是在考虑到男性的年龄、健康状况、当时的季节及其他因素的基础上,选择最佳点。

这一规则也就意味着一名男子延长了其性交快感的时间,也为他的性伴侣获得享受提供了更多的机会。因为一般情况下,女性是不会射精的,因此她可以享受不受限制的高潮。而且,她的阴道分泌液是一个丰富的"阴"(自然界中的女性因素)的来源。通过延长性交来获取更多暴露于阴道分泌液中的时间,男性得以吸收重要的女性因素;而通过避免射精,他又得以保留其男性因素。结果,他因此而获得了阴阳的平衡,从而可以获得美好的生活并延长寿命。

在道教文献中,这种性交的智慧通常会通过一位君王和向他传授爱之道的引导者(通常是女性)的对话来传达。在下面摘自《玉房秘诀》(*The Secret Of The Jade Chamber*)的节录中,三名引导者提供了他们的观点:

采女问曰:"交接以写(泻)精为乐,今闭而不写(泻),将何以为乐乎?"彭祖答曰:"夫精出则身体急倦,耳苦嘈嘈,目苦欲眠,喉咽干枯,骨节解堕,虽复暂快,终于不乐也。若乃动不写(泻),气力有余,身体能便,耳目聪明,虽自抑静,意爱更重,恒若不足,何以不乐耶?"

又云:黄帝曰:"愿闻动而不施,其效何如?"素女曰:"一动不写(泻),则气力强;再动不写(泻),耳目聪明;三动不写(泻),众病消亡;四动不写(泻),五神咸安;五动不写(泻),血脉充长;六动不写(泻),腰背坚强;七动不写(泻),尻股益力;八动不写(泻),身体生光;九动不写(泻),寿命未失(央);十动不写(泻),通于神明。"

个勃起中枢以上脊髓切断的人仍能够勃起,但他却"感觉"不到阴茎刺激。也就是说,他虽无感觉,但阴茎却能"自动"地勃起。

反射中枢的这种独立性并不意味着它们不受脑的影响。事实上,脊髓的反射中枢与脑之间有着复杂的神经网络联系。白日梦可单独诱发勃起而不需要身体刺激,焦虑可抑制勃起,即使有持续的身体刺激。但一般这两种刺激总是同时存在、互为补充的。受性欲念刺激后,人便会寻求生殖器刺激;反过来,身体兴奋也会激发性欲念。

非性源性勃起主要是盆腔肌肉紧张,如提起重物、排大便等。阴茎头部受刺激或膀胱充盈时也会如此。婴儿的勃起也是反射所致。另一个令人不快的例子是有些囚犯在被施行绞刑时也会勃起。

女性的反射机制

一般认为女性也有与男性的勃起和射精中枢相应的脊髓中枢，但由于探知实验雌性动物性高潮十分困难，故而对该中枢了解甚少。

有关女性脊髓损伤对性功能的影响效果尚未察明。临床实验显示，女性可能会因为血管充血不足和阴道润滑的减少而失去获得高潮的能力（Kolodny et al., 1979）。尽管如此，女性即使在脊髓受伤的情况下参与性交的能力也比处于同样情况下的男性受到更少的限制，女性在血管未充分充血的情况下也可以参与性交（使用人工润滑剂），但男性如果没有勃起便很难实现。除了性交之外，男女两性都可参与到其他形式的令人满足的性接合中（第15章）。

神经传递素的作用

最近人们在神经科学领域最令人兴奋的成果是发现了一种能传送大脑和外围神经产生的冲动的化学物质。这种**神经传递素**（neurotransmitters）有助于解释在性行为动机下生殖器和大脑是如何活动的（Thompson, 1985）。

一些神经传递素，比如**乙酰胆碱**（acetylcholine），能将冲动从自主神经传递到肌肉细胞。人们对这种神经传递素的了解由来已久了。当动脉壁中的肌肉放松时，动脉壁会扩张，血流量增大；这种机制在血管收缩和勃起时发生作用。

更近些时期，又发现了其他一些与性功能有着更为直接关系的神经传递素，其中一种听上去最不可能的物质是**血管活性肠肽**（vasoactive intestinal polypeptide, VIP）。虽然最初是从胃肠中分离出来的，但是血管活性肠肽还可以从泌尿生殖系统神经、输精管、前列腺、阴茎海绵体中得到。假设是VIP导致了阴茎平滑肌的松弛，从而得以增加血流量，那么这项功能对开始和维持勃起非常重要（Arsdalen et al., 1983; Goldstein, 1986）。其他的神经传递素则可以解释性生理的许多其他方面。我们对这些神经传递素所扮演角色的认识正在不断深化。

大脑的控制机制

所有感觉在被人感知到之前均必须将这一信息输送至大脑。所有想法，不管有多微小，所有情感，不管有多短暂，都不可能存在于一个空脑壳之中。对神经生理作用的了解也不能替代其他方法，诸如心理、伦理等来了解人类体验。但我们也不能忘了它的生理基础。

探究脑神经生理机制可从多个方面入手。首先是电刺激的应用，可在脑的不同位置诱发出勃起、射精和交配活动。因此相关研究使用脑电图描记器监测高潮期间

想一想

如果宣称分散的大脑中心可以控制性行为的话，那么会导致什么样的心理和社会后果？

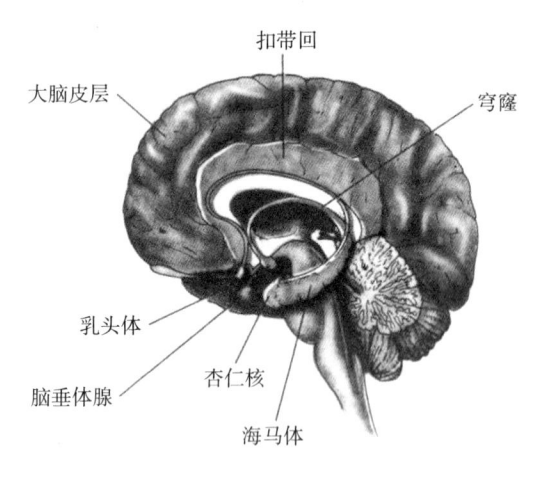

图3.14 边缘系统（标注：扣带回、穹隆、大脑皮层、乳头体、脑垂体腺、杏仁核、海马体）

大脑的自然电位（Cohen et al.,1976）。

研究的第二个方法是破坏影响性功能的脑中枢。例如通过损坏哺乳动物脑视叶前的内侧区域来去除其交配行为。类似的还有破坏下丘脑来去除雌性动物的性接受性。如果刺激脑的某一区域会引起性反应如勃起，而损伤该区域反应就消失，那么可以推断该区域至少是与控制该种反应的一系列脑机制相联系的。（这种动物实验可能很残忍，但它对了解生理机能是非常重要的。）

第三个也是补充性的一个研究方法，是鉴定对某一功能起抑制性作用的脑区域。人的运动是指示人按某种方式活动和抑制该种活动方式的两种信息综合作用的结果。如果脑中起抑制作用的区域被破坏，那么相应的行为就会出现或增多。例如，将猴的颞叶切除则导致自身性行为（如手淫）和异性间或同性间性活动的明显增加。这些猴即便在静坐时阴茎也会勃起，这一被称为 **Kluver-Bucy 综合征**（又称"颞叶切除后行为变态综合征"）的现象在人类中可通过切除双侧颞叶出现。

中央核是大脑中首先进化的部位，它控制着我们大多数的基本生命维持活动。控制性行为的是**下丘脑**（hypothalamus），它对神经、激素和边缘系统有关键影响。

边缘系统（limbic system）在大脑半球最内侧环绕着大脑中央核上方（图3.14）。大脑的这个部分为我们的性行为提供中央神经控制，但我们对其运作机制所知不多，因此它常被称为我们性行为的"黑匣子"（Bancroft,1983）。这一系统包括海马体、穹隆、杏仁核、乳头体和扣带回。边缘系统与丘脑下部密切联系，它参与控制动物的许多本能性活动，如觅食、攻击、逃避危险和性活动等。刺激雄性动物的边缘系统可诱发阴茎勃起、交配行为、性萌动等（Maclean,1976）。边缘系统中的某些区域还跟情绪体验有关，并可跟性快感联系起来。

在老鼠大脑中的下丘脑及其相关区域，已经识别出了对电流刺激反应强烈的区域，这些区域被称做**"快感中心"**（pleasure center）（Olds,1956）。在人脑的边缘系统中也可能存在着这样的中心（Heath,1972）。

目前，我们还不能完美地解释性感受的神经生理过程。还没有人能准确地确定人脑中的性感受。即使研究者能够发现"性中心"，我们仍要去理解所有这些与性有关的机制是如何协同合作的。正如比奇（Beach）（1976）所说："对性活动和性反应起支配作用的绝不是单独几个性中枢，而是依靠上至大脑皮层下至骶髓的各个神经支系统。不同的神经分支系统协调发挥作用，但又各自作用统一模式中的不同单元。"

综上所述，要完全理解人类生理学方面的巨大复杂性和无限精细性还有待于更多的努力，然而这种理解必将给人类带来巨大的益处。

第 4 章

性激素

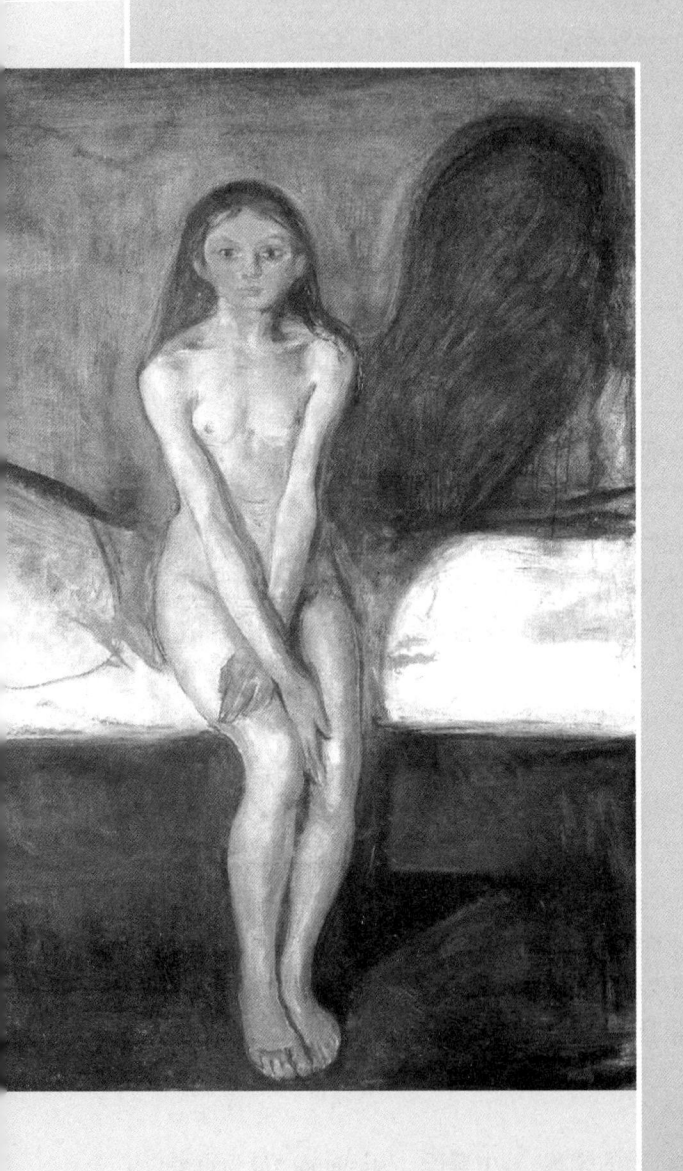

4.1 激素系统和性功能
4.2 青春期生殖系统的成熟
4.3 月经周期
4.4 性发育异常
4.5 激素和性行为

我们必须弄清体液的作用以及它们之间的关系。
——希波克拉底(Hippocrates),公元前5—前4世纪时的古希腊医生

激素(hormones)是一种无导管或由内分泌腺体(endocrine glands)和特异化的神经分泌细胞(neurosecretory cell)直接分泌入血液的化学物质。大约有10个主要的内分泌腺分泌近50种激素，它们对于一系列极其重要的生理功能的发挥和维持是必不可少的(Guyton,1986)，性功能和生殖功能更加离不开激素。

激素系统和与其密切相关的神经系统形成了体内巨大的通信网络。神经系统通过神经传输电脉冲；内分泌系统分泌激素到血流中，传到靶器官(target organs)和组织，从而控制其发育、维持和功能。

人体功能和气质的化学控制概念可以追溯到古希腊关于"体液"(被认为是血液、黏液、黄胆和黑胆)的想法。然而现代内分泌学相对来说还很年轻。"激素"(意为"使兴奋""使激动")这个概念是20世纪初才提出来的(Crapo,1985)。实际上我们对激素所有的认识，特别是它们对性发育和性行为的作用，都是在20世纪实现的(Money,1987)。

4.1 激素系统和性功能

人体内许多激素对性和生殖的发育及功能有影响，但这里只讨论同性功能有最特殊和最直接关系的激素，这些激素是由**性腺**(睾丸和卵巢)、**肾上腺皮质**、**垂体**和**下丘脑**产生的(图4.1)*。

*本章对激素功能的一般性讨论基于West(1985), Greenspan和Forsham(1986),Guyton(1986)和Gilman(1985)等人的标准生理学和内分泌学著作。

性腺激素

睾丸和卵巢产生的激素通常被称为**性激素**，因为它们来源于性腺，且对于性生理作用重大。一般还把主要是由睾丸产生的激素称为雄性激素，而把主要是由卵巢产生的激素称为雌性激素。这样的名称虽便于讨论，但也会引起误解：性激素不仅仅对于性功能有作用。雄性激素和雌性激素在两性中都存在(虽然浓度不同)，且化学结构类似。这些激素及**肾上腺皮质**(adrenal glands,位于肾上方)产生的激素，同属于**甾体激素**(steroids)，甾体激素具有相同的基本分子结构。

雄激素

雄激素(androgen)是一组化合物的统称，其中**睾酮**(testosterone)最为重要(因而这两个名称经常作为同义词使用)。雄激素主要由睾丸产生，由内精曲小管间的间质细胞(即莱迪希氏细胞)分泌(第2章)。另外，男女两性的肾上腺皮质都能产生雄激素，这是女性雄激素的主要来源，此外卵巢也会产生一小部分。

雄激素对于胎儿生殖系统的性分化有重要作用(第2章)，它们导致男性青春期性成熟的变化和女性某些第二性征的发育。它们也能生成**蛋白同化剂**(anabolic agents),从而促进组织的构建。据认为睾酮与男女两性的性欲有关,或许还同攻击行为有关。

阉割(castration,去掉睾丸)对人和动物的影响自古以来就为人们所知。古代的埃及和中国人给男孩阉割后让他们充任宦官。相似的,公牛被阉割后就变得比较驯服,一些最早的内分泌学实验就是在这一领域展开的。1771 年,苏格兰外科医生约翰·亨特尔(John Hunter)把雄鸡的睾丸移植于母鸡从而使母鸡雄性化;1849 年,德国生理学家阿诺德·贝特霍尔德(Arnold A. Berthold)将鸡睾丸移植到阉割过的雄鸡身上,使其未能出现阉割后典型结果,从而提供了关于存在一个内分泌腺的第一个实验证据。20 世纪 30 年代,从睾丸中分离出了引起这些作用的化学物质,命名为睾酮(Gilman et al.,1985)。

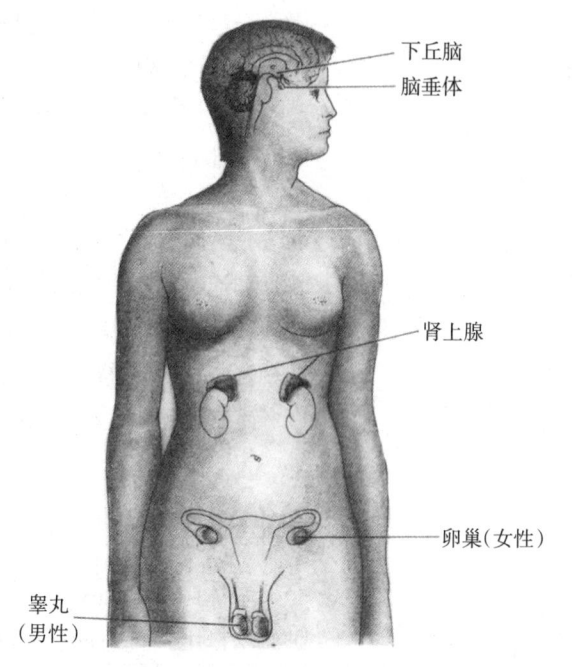

图 4.1 调控性功能的内分泌腺体

雌激素和孕激素

雌激素(estrogens)和**孕激素**(progestins)是两类主要的雌性激素。虽然我们通常单独提到雌激素,但没有哪种激素可被单独称做"雌激素"。人的三种主要雌激素中,**雌二醇**(estradiol)作用最强,而孕激素中**孕酮**(progesterone)的作用最强。不过,在日常使用中,"雌激素"和"孕酮"已经成为两类雌性激素的代表。

对于雌激素的了解历史不长,因为卵巢不像睾丸那样易于触到,要想把它们切除同时保持生物体存活,在以前是办不到的。实际上,直到 1900 年才确立了卵巢是通过激素来控制雌性进行生殖的。1920 年以来对于这些物质在生殖和避孕中的作用进行了大量的研究(Murad 和 Haynes,1985b)。

雌激素和孕激素是由卵泡的层粒细胞(granulosa cells)分泌的。雌激素主要是在卵泡成熟时产生,孕激素则是排卵后卵泡发育成黄体时产生,妊娠期间由胎盘产生这些激素,胎盘是连结胚胎和子宫的器官,出生前一直存在。

雄激素对于女性生殖系统的早期分化看来不起主要作用(第 2 章),但它们决定着青春期女孩的大多数性成熟变化。雌激素和孕激素调节月经周期,且对于生育是必不可少的。受精卵着床和胚胎维持都离不了雌激素。孕激素提供受精卵着床和早期生长的最佳条件(第 6 章)。这些激素同雌性性欲和性行为的关系还不清楚,雄性睾丸及肾上腺皮质也会产生少量的雌激素,但其功能不明。

除了体内产生的天然的或**内源性的**(endogenous)性激素外,还有许多**人工合成的**(synthetic)具有雄激素、雌激素和孕激素性质的产品。雌激素和孕激素可以口服

(如避孕药)或注射。它们是避孕药的主要成分(第7章)。雌激素还很易被皮肤和黏膜吸收,可制成阴道乳剂使用,治疗一些绝经期女性的阴道干燥。睾酮注射比口服有效得多。与雌性激素不同,睾酮的药用非常有限。性激素在肝脏失活,代谢副产物随尿液排泄出来。

抑制素

卵泡和睾丸中的塞尔托利氏细胞(滋养细胞)也可以产生一种激素,叫作**抑制素**(inhibin),负责控制垂体激素 FSH 的分泌(Steinberger 和 Steinberger,1976;DeJong 和 Sharpe,1976),接下来我们将对 FSH 进行讨论。越来越多的证据表明,生殖腺可以产生其他的化学复合物(多肽),从而影响性腺的功能(Ying et al.,1986)。

垂体激素

垂体腺(pituitary gland,或 hypophysis)是位于脑底部的小器官,由于它具有多种激素作用,使它赢得了"腺体之王"和"内分泌管弦乐队指挥"的美称,这个豌豆大小的器官只有不足 1g 重。垂体实际上是两个腺体的复合体:**垂体前叶**(anterior pituitary)和**垂体后叶**(posterior pituitary)。我们主要关心垂体前叶产生的六种激素中的两种,它们对性腺功能起调控作用,因而被称为**促性腺激素**(gonadotropins)。

这两种促性腺激素是**促卵泡生成素**(follicle-stimulating hormone,FSH)和**促黄体生成素**(luteinizing hormone,LH)。虽然是用卵巢的结构来命名的(因为它们首先在雌性中发现),但在两性中都一样。垂体前叶还可以产生**催乳素**(prolactin),可以刺激哺乳期妇女分泌乳汁(并且可以高度抑制男性性功能)(Bancroft,1983)。一种叫做**催产素**(oxytocin)的垂体后叶激素可以刺激乳汁分泌的减退以及子宫收缩,并且对性欲可能具有一定的影响(Carmichael et al.,1987)。

妊娠时胎盘产生**人绒毛膜促性腺激素**(human chorionic gonadotrophin,hCG),其作用同相应的垂体激素一样(它在检测和维持妊娠中的作用将在第6章讨论)。

甾体激素是一些比较简单的化合物,促性腺激素却是复杂的蛋白质。促性腺激素名称本身更反映了它们的功能:女性促卵泡生成素刺激卵泡的成熟;促黄体生成素促进黄体生成;在男性,FSH 起维持和调节精曲小管精子产生,LH 刺激间质细胞产生睾酮的作用。

下丘脑激素

下丘脑(hypothalamus)是脑中同垂体紧密相连的一部分,它作为神经中枢调节各种性功能(第3章),同时又作为一个内分泌腺通过垂体门脉系统,把其产生的激素运送到垂体。下丘脑本身又受到脑其他部位的复杂影响。

下丘脑激素不是通过它们的产生而是通过它们的释放来影响垂体激素水平，因此下丘脑激素叫做**释放因子**（releasing factors, RF）或**释放激素**（releasing hormones, RH）。一种被称为**促性腺激素释放激素（GnRH）**的单一激素，可同时通过垂体前叶控制 FSH 和 LH 的释放，但其释放机制还不清楚。

同垂体激素一样，下丘脑激素也是由复杂的分子构成，但结构要相对简单些。促性腺激素释放激素由 10 个氨基酸组成，促黄体生成素由近 100 个氨基酸组成。

神经内分泌控制系统

讨论到现在，你也许会得出这么一个印象，这是一个等级系统，其中性激素影响靶器官，处于最底层；而下丘脑控制司令部，垂体激素则处于中间。激素的流向确实是从下丘脑到垂体前叶，再到卵巢和睾丸。但是这一过程并不是单程的，性激素随后又回到垂体前叶和下丘脑影响它们的输出。图 4.2 以图示呈现了睾酮的这一过程。这样它就不是一个等级系统，而是一个各部分相互影响的**控制系统**了（Hafez, 1980; Guyton, 1986）。这种控制系统的一个基本原理是**反馈**（feedback）。以家用恒温器为例，当室温低于指定温度时，鼓风机便在感受装置的作用下产生热量；当室温高于指定温度时，鼓风机便停止产生热量。室温和鼓风机便以这种方式相互控制，使得温度维持在一个比较恒定的水平，这个温度是预先确定的。

血液中激素浓度类似于室温，内分泌腺类似于鼓风机。当体内激素消耗时，它们在血液中的水平低于确定的生理值，这样便产生更多的激素；一旦激素水平升高，激素的产生便减少。稍后我们就看看这个"恒温器"。

如图 4.2 所示，几个反馈链将内分泌中心连接起来，**长反馈**将性腺与下丘脑垂体连接起来。以睾酮为例，可以看到，下丘脑分泌的促性腺激素释放激素（GnRH）刺激垂体释放促黄体生成素（LH），又刺激睾丸产生睾酮，血液中升高的睾酮水平继而又通过负反馈作用抑制促性腺激素释放激素的产生；当睾酮水平下降时，这个周期又开始重复。睾丸对促卵泡生成素的抑制也应归因于抑制素（Brobeck, 1979; Ramasharma 和 Sairam, 1982）。同样的**短反馈**把下丘脑同垂体联系起来。

我们也可以为女性勾画一幅类似的图景。在下丘脑和垂体水平上涉及同样的激素。卵巢在 FSH 的刺激下产生雌激素，在 LH 的刺激下产生孕激素，这两种卵巢激素反过来向上运行抑制 GnRH、FSH 和 LH 的产生。但是，这种激素控制模式不能直接应用于女性，因而在月经期激

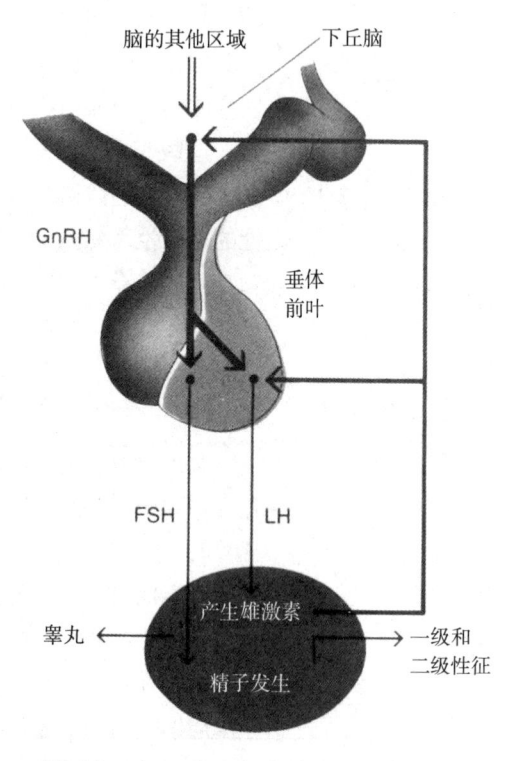

图 4.2 男性性腺功能的激素控制

素水平有明显的和周期性的变化。

靶器官和组织不在负反馈链内,它们在性激素作用下活动,性激素控制着它们的发育和功能。但性功能或许还有性行为总是不断地依赖于这些激素的合适水平来维持其最佳功能。不同的激素在血液中持续循环着。如何令不同的组织识别出不同的激素?某种特定激素影响某一特定组织的能力,取决于或是存在于细胞内或是在细胞膜上的**受体**(感受器)。激素,就像机场行李传送带上的旅行箱,它们转啊转啊,直到主人认出它们并把它拎起来。

在第 2 章我们讨论了性激素对于胚胎发育期生殖系统的生长和分化的作用,现在我们讨论性激素引起的青春期性成熟及其对性行为的影响。

4.2 青春期生殖系统的成熟

在生命的第二个十年,儿童长大为成人。**青春期**(puberty,"生长毛发"之意)主要指这一过程的生理方面,另一个词(adolescence)主要指该过程的心理方面。生殖系统的成熟和第二性征的发育,构成了青春期的主要变化。这个阶段的变化之广泛,使得几乎所有的组织都受到影响(Tanner,1984)。

青春期的主要变化包括以下几个方面:骨骼的加速及其后的减速生长(青春期的生长高峰);由骨骼和肌肉的生长引起的身体组成的变化,包括脂肪数量和分布的变化;循环系统和肌组织的发育,使得力量和忍耐性增强;性腺、生殖器官和第二性征的发育(Marshall 和 Tanner,1974)。

这些变化导致两类主要的、具有深远心理社会影响的生物学结果:首先,儿童获得了成人的体格和生理特征,包括生育能力;其次,男女两性的性别特征,或者说**性的二态性**(sexual dimorphism)在此时确立。青春期的一些骚动,同适应新的身体和身体功能有关。

身体变化

女孩在 10~11 岁、男孩在 11~12 岁时,青春期变化开始明显起来(图 4.3)。然而青春期到来的时间可以在一个大的波动范围内起伏,或早或迟于上述年龄,都是很正常的。

青春期出现一系列变化,最明显的表现在女孩乳房、阴毛及男孩生殖器的发育上。每一发育事项都有其特定的时间和变化范围。虽然次序一般来说是一致的,但这些模式并不一定在每一种情况下都是对的。比如,月经来潮一般开始于青春期变化的后期,但有时(而且很正常)月经初潮是青春期到来的第一个信号。

青春期的**急速生长**(growth spurt)是人体发育比较明显的事件之一。在整个儿童期，身体的增长是一个渐进的过程。到10岁时男孩事实上已达到了成年后高度的78%，女孩达到了84%。使得青春期生长如此显著的不是生长了多少而是生长速度。在生长的最高峰期，男孩一年平均长高3~5英寸，女孩稍慢一些（Tanner,1984）。

青春期体重增加同高度增加遵循相似的模式，虽然没有那么一致。体重增加是由于骨架、肌肉和内部器官的增大和身体脂肪数量的增加。一个重要的性别差异是身体皮下脂肪的数量及分布的不同。一般十几岁的女孩在进入成年后比年龄相仿的男孩有更多的皮下脂肪，尤其是在骨盆、乳房、后背上部和上臂部后侧皮下脂肪更多，这就是一般女性体形比较丰满圆润的原因。

男女两性在青春期肌肉组织大小和强度都有明显增加，但在男性更为明显。青春期男孩肌细胞的增加是14倍，女孩是10倍。女性在10~11岁时肌细胞数量就达到最大，而男性肌细胞要生长到30岁时才停止。

青春期人体不仅生长迅速，而且各部分比例也发生明显变化。身体不同部分生长速度不一。例如，腿会在躯干发育前一年加速生长，形成青春期的细长身材。脸部明显呈成人样，且变得轮廓分明。鼻子和下腭更突出，嘴唇更丰满。男性变化更明显，由于面毛生长和头部发际线后移，使面部进一步变化。

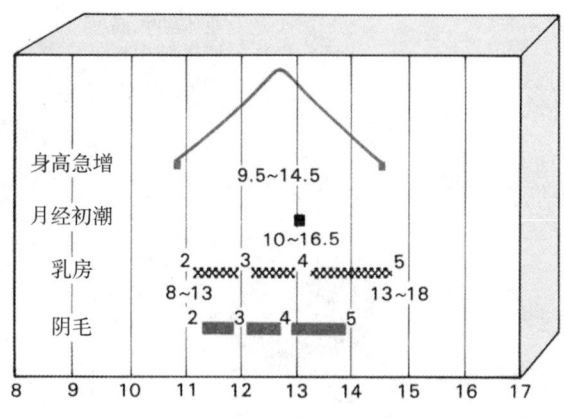

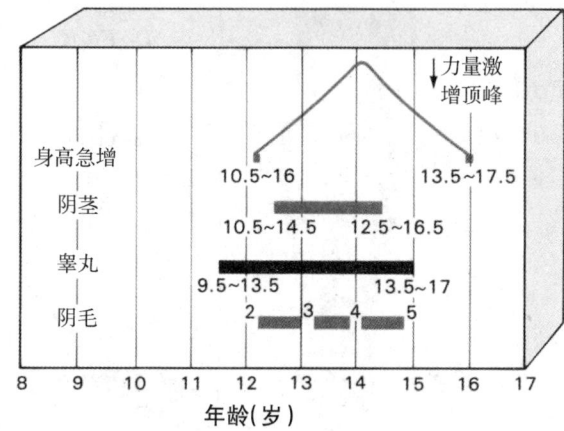

图4.3 西方女孩（上）和男孩（下）在青春期发生某些重要变化的平均年龄。每一重要变化发生的正常波动范围已在下方给出。阶段编号2~5指的是接下来的三个数字。

伴随着青春期外部形象的变化，体内也发生了许多变化。心脏体积增大，达到近于原来重量的2倍为止。血量、血红蛋白和红细胞数量都增加了，肺体积和肺容量也是如此。所有这些变化对男女两性都有影响，但对男性更为显著。

青春期的这些生理变化能极大地增强人的体力，并且能使他们通过体内代谢作用而较快地恢复。两性个体由于更有力量和忍耐力，在体力上远比他们在青春期前要强。

体力同生物能力和锻炼有关。男孩和女孩在青春期前体力差别不大。青春期后男性在总的肌肉力量和心肺功能上都比女性占优势。然而我们通常所观察到的男女两性体力差异，在很大程度上也是由于男性在工作和娱乐中较多使用体力的缘故；当女性同男性一样活动时，两性在体力方面的差异便大大缩小。这在一般水平的活动和最高水平的竞技运动中都可以得到证实。例如，奥林匹克400米自由泳项目记录显示，男性在1924年比女性快16%，1948年快11%，1972年只快7%。这期

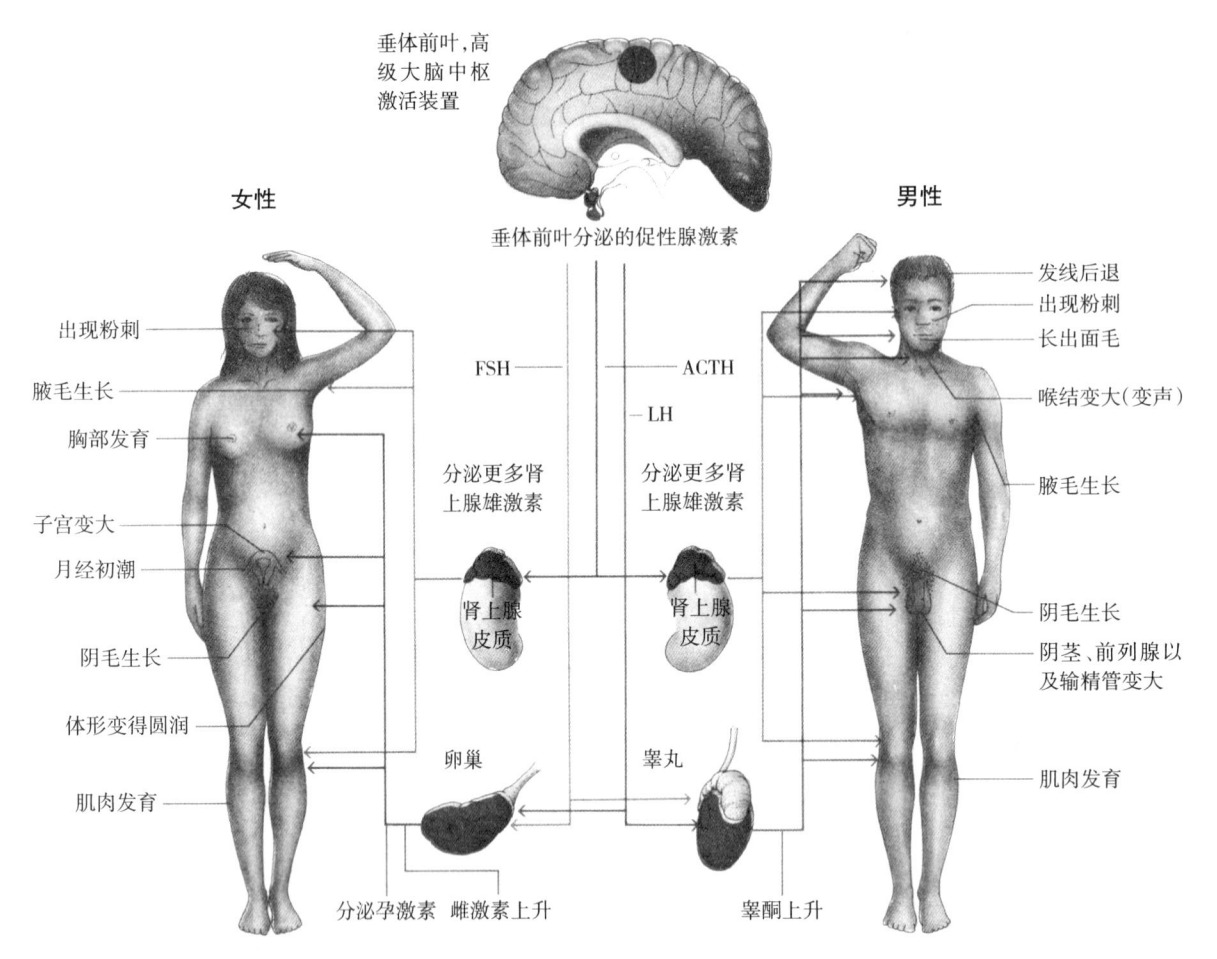

图 4.4 性激素在青春期发育当中的作用

间男性和女性都改进了他们的时间,但是女性改进得更快。女性在 1970 年的记录要快于 50 年代中叶男性的记录(Wilmore,1975,1977)。

生殖系统的成熟

男女两性生殖系统的成熟是典型的青春期标志。它包括体内性器官和体外生殖器的加速生长(第一性征),以及女性乳房、男性面毛、两性阴毛、腋毛及嗓音的变化(第二性征)(图 4.4)。

女性生殖系统的成熟

乳房发育通常是女性青春期的第一个可见信号,一般开始于 8~13 岁,13~18 岁完成。通常两侧乳房发育速度不一,导致某种程度的不对称,发育接近完全时得到矫正。阴毛通常随后出现,大约 18 岁时达到成年人的状态。它比腋毛早出现大约一年。乳房和阴毛的生长模式可以预测,这是临床诊断青春期发育程度的一个有用指标。

子宫肌明显发育。阴道扩大，壁变厚。外生殖器包括阴蒂增大，对性敏感度加强。所有这些变化中最根本的是卵巢变化，此时卵巢开始周期性活动，使个体能够受孕且导致月经周期的特征变化，这些我们另外讨论。

男性生殖系统的成熟

男性青春期起始于睾丸的增大，一般在 10~13 岁，直到 14~18 岁。阴毛出现于 12~16 岁，面毛和腋毛在此以后 2 年左右出现。第一次射精通常在 11~12 岁，但一般要晚几年才会产生成熟的精子。青春期男孩与女孩类似，通常并不具有完全的生育能力，但是这并不意味着这时的性行为不需要避孕措施。

在睾丸和阴毛发育大约一年以后，阴茎开始显著生长。喉结变大，嗓音变深沉，这一变化出现较晚，但对青春期男孩的成人意识却很重要。女孩经历类似的变化，但没有这么明显。相似的，男孩乳房也有某种程度的变大，这一点也许令人惊讶，但通常程度很小且最终会退化。

图 4.5 爱德华·蒙克（Edward Munch, 1863—1944）的《青春》。蒙克善于反映青春期的苍白与彷徨。

青春期另一特别令人苦恼的事情是面部长粉刺，时间不长，男性比女性更常见，似乎同激素有关。粉刺通常只不过是稍微影响美观罢了，但有时却很严重，需要治疗（Johnson, 1985）。

随着生殖系统的成熟，青春期性发育成熟的男孩开始在睡觉时经历勃起（夜间阴茎肿胀）和性高潮（遗精），女孩在相似的情况下则表现为阴道润滑。

青春期的神经内分泌控制

一系列复杂的神经内分泌机制控制着青春期，包括来自下丘脑、垂体前叶、性腺和肾上腺皮质的激素的相互作用。在前面探讨激素作用机制时我们已经讨论过这些激素的作用，现在可以很容易地理解了。

目前对这些激素的性质和作用已经了解得很清楚了，但其发起青春期的确切机理还是一个谜（脑中响动的"闹钟"表明了这一点）。在儿童期，下丘脑垂体系统就在一个较低的水平上起作用了，在任何时间给予合适的激素都可以激活中枢神经系统下的所有组织（垂体、性腺和靶组织）。因此制约青春期变化是由脑在下丘脑或某个更高的层次上实现的（Guyton, 1986）。

青春期到来前血液中便循环着低水平的性激素。据推测,儿童期有一高度敏感的下丘脑性激素恒定器(类似于恒温器),因此即使血液循环中的甾体激素水平很低,也能通过负反馈作用使性激素得到控制。随着儿童的发育成长,下丘脑性激素恒定器对血液中低水平的性激素的负反馈抑制就不那么敏感了,据推测这样它便"启动"下丘脑,促进垂体产生大量的促性腺激素,促性腺激素又促进大量性激素的产生,通过连续不断地调节垂体和性腺活动的平衡,不断上升的性激素水平超出了外围组织对这些激素的敏感值,这样青春期的身体变化就开始了(Grumbach et al.,1974;Grumbach,1980)。

其他理论提出了不同的过程。比如,弗里施(Frisch)认为青春期是通过达到一定的体重而激发的。由于儿童以不同的速度生长,他们在不同的年龄达到这一体重水平,从而在不同的年龄步入青春期。也有人认为开启青春期是肾上腺的作用。

4.3 月经周期

月经周期(menstrual cycle)是女性的一大重要生理特征,哺乳动物都有此特征的卵巢周期(或称**动情周期**),但月经(伴随着卵巢周期的变化,子宫每月一次的出血)只存在于女性、雌猿及某些猴子。月经对于女性的重要性不止是生理学层面上的,它在心理学和社会学方面还有重要的延伸(专题4-1)。

初潮

青春期月经周期的起始叫**初潮**(menarche);中年妇女月经周期的停止称为**绝经**(menopause)。这两者都是女性一生中具有重要意义的生物学标志,有深远的社会心理影响,我们将在第9章对此进行讨论。

初潮时间是由许多遗传因素和环境因素决定的。在美国,女性初潮平均出现在12.8岁,正常变化范围是9~18岁(Zacharias et al.,1976)。来自世界各地的资料表明这方面差异很大,例如,古巴女孩早在平均12.4岁时就出现初潮了,而新几内亚的邦地(Bundi)女孩则平均要到18.8岁(Hiernaux,1968)。在过去的一个多世纪中,西方女性初潮的平均年龄正从1840年的17岁降到现在的水平,这个水平在几十年前稳定了下来。因此现在十几岁的女孩初潮的年龄和她们的母亲差不多。

初潮年龄的下降以及在不同文化间的差异,一般归因于环境因素,如改良的营养和改善的卫生条件。但是遗传因素的作用还是很显著的。例如,随意挑选一组女孩,她们到达初潮的年龄平均相差19个月;非双胞胎的姐妹相差13个月;异卵双胞胎姐妹相差10个月,同卵双胞胎姐妹相差2.8个月(Tanner,1978)。

月经来潮后,往往需要几年的时间,月经周期才会变得规律(在完全停经之前

想一想
为什么会有月经禁忌?为什么有些现代女性会对月经有着很深的自觉?

专题 4-1
月经的禁忌

许多世纪以来，各种各样的社会中的女性一直承受着一种普遍的歧视，认为月经使她们在宗教礼仪中变得不洁。然而，经血并不是各种体液中唯一的"污秽"，精液也曾被认为是使人不洁的。

月经的宗教禁忌源于古代。《旧约全书》和《古兰经》中就充斥着有关经期妇女正当举止的戒律。这期间女子不仅被视为不洁物，而且她们被认为更可能有怀藏和传播罪恶精神的危险（Delaney et al.，1988）。

在有这种宗教禁忌的文化环境中，妇女在经期要与其他人隔离（尤其要避开患者和产妇）。她们在家中遭受各种限制，如不得不睡在地上，不能与其丈夫有性接触和所有其他的身体接触（甚至不能触及他的床），不能做饭；在犹太教中，月经开始的七天后她要按规定的宗教仪式洗澡（称为 Mikvah），然后才能变得洁净（Gregersen，1983）。

美国东南部的原住民中，女孩初次月经来潮时就被隔离，从此女人在经期要么脱离家务，要么遭受宗教禁忌的限制。印度的寺规中，尼姑因为周期性地"被玷污"而被降为第二等级，被禁止参加某些重要的仪式。

即使在没有特殊月经禁忌的社会里，也常常避免或禁止经期性交，多数情况下，这是为了使男子免受伤害。莱波切人（Lepcha）相信，如果男人与经期女子性交就会生病；桑伽（Thonga）男子认为如果受过这种诱感，他在战斗时就会发抖，甚至不能战斗；马塔科（Mataco）男子则会头痛（Ford 和 Beach，1951）。

公元 77 年，罗马历史学家普林尼（Pliny）在描述接触经血的后果时写道：

接触了它，鲜葡萄酒变酸，田地变贫瘠，嫁接的植物会死去，田园的种子会干瘪，树上的果实会坠落……钢刀的刃会钝，象牙的光泽会

图 4.6 月经还常常和狩猎联系起来。南非德拉肯斯山脉（Drakensberg Mountains）距今三千多年前的富尔顿岩洞壁画（Fulton cave drawing）表现的是为一个女孩的初潮而进行的仪式。初潮的女孩被围在中央，身上盖着一件袍子，围绕着她的是一群拍手的妇女、女舞者和（更外围）一些高举着狩猎工具的男性。这种仪式往往是为了祈求打猎好运

暗淡，蜂群会死去；即便是钢铁也会立刻生锈，而且空气中将弥漫着臭气；狗只要尝到经血就会立刻变疯，并使被狗咬的伤口染上一种不可救药的毒（Delaney，1988）。

我们不再相信这些东西，但视月经为祸根的更为潜在的偏见和恐惧感，将会长期影响我们对待经期妇女的看法。这种担心没有任何理性基础。月经只是女性的一个正常生理功能，没有任何证据证明它会影响其他一些行为。行经期的女性可以游泳、跑步、骑自行车及参加任何形式的活动。月经也不会与性交产生冲突，只是有些情侣会出于个人偏好和健康原因而在女性经期禁欲（第 5 章）。

的绝经期时月经会再次变得不规律）。在青春期，月经周期固定后，排卵则趋于不规则。**无排卵周期**（anovulatory cycles，不进行排卵的月经周期）的存在，使得青春期受孕的可能性较小，但是这种相对的青春期不孕作为一种避孕手段是高度不可靠的。有数百万的未成年少女曾怀孕。

月经周期阶段

排卵周期的长短具有物种特异性。黑猩猩的排卵周期大约为36天，奶牛为20天，羊为16天，而鼠为5天。狗和猫属于季节性繁殖动物，一年通常只排两次卵。

月经周期平均是28天（因此民间月历同此有关，而英语中的menstrual一词，其拉丁语词源为"每月"的意思），但是比这时间长短几天也是很正常的。由于月经开始出血比它慢慢停掉要明显得多，因此便以开始出血作为月经周期的第一天。

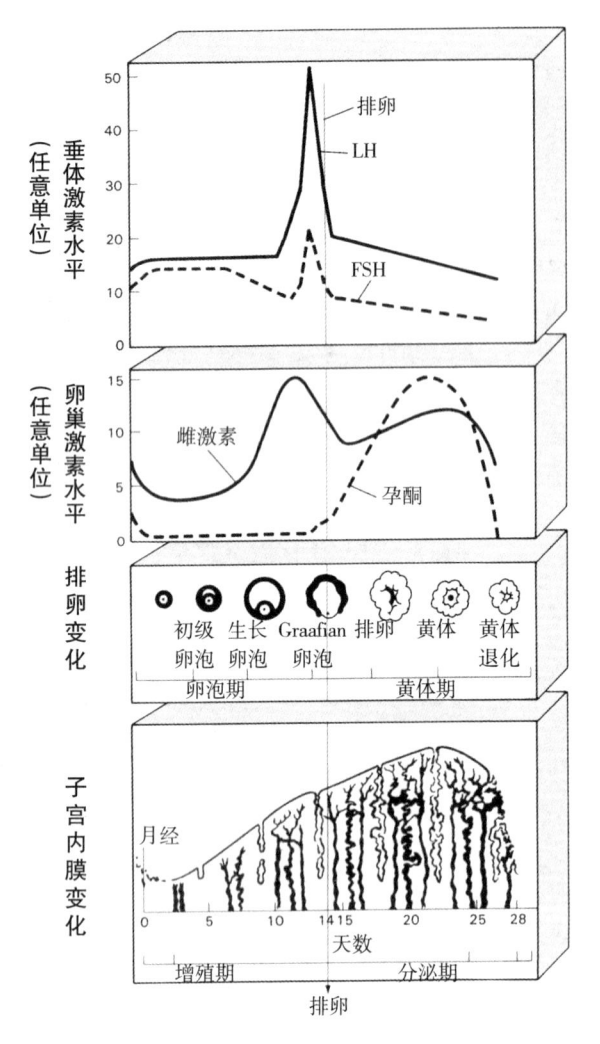

图 4.7　月经周期

月经周期是一连续过程，一个周期接着另一个周期。在行经的几十年里，大多数女性的月经节律规则可以预测，然而这个过程通常受到生理和心理因素的影响，月经节律不规则是很常见的。

月经周期是由复杂的神经内分泌机制控制的，包括来自下丘脑、垂体及性腺的激素。它涉及整个生殖道，其中卵巢、子宫和阴道变化最大。虽然月经周期是一个连续过程，为了描述方便，我们把它划分为四个阶段：排卵前期、排卵期、排卵后期及月经期。

排卵前期

一旦前一周期月经出血停止，**排卵前期**（preovulatory phase）便开始了。这一期又称做**卵泡期**（follicular phase），因为这一期卵泡发育，同时子宫黏膜变厚，故也可称之为**增殖期**（proliferative phase）。

如图 4.7 所示，月经开始出血后，垂体前叶便开始产生大量促卵泡生成素和促黄体生成素，卵巢中未成熟的卵泡群开始成熟，其中一个卵泡带头。成熟中的卵泡产生雌激素，血液中雌激素水平逐渐升高，导致子宫内膜变厚，表面血管和子宫腺增殖。子宫颈腺产生厚厚的浑浊的黏液，然后成为黏稠的水样物，同时阴道内层变厚，组成细胞发生特征性的变化。这些变化分界明确，阴道细胞、宫颈黏液及子宫内膜功能层的检查可用于卵巢激素功能的测试。

血液中不断升高的雌激素水平通过负反馈逐渐抑制 FSH 的产生。在排卵前期，LH 和孕酮的产量仍旧很低。

排　卵

排卵（ovulation）使卵巢周期达到高潮，通常发生在 28 天周期的中间，排卵通常在月经开始前 14 天左右发生，并且与月经周期的长短无关。月经周期的长短差异仅与排卵前期的长短有关。

排卵受到 LH 潮涌的激发，在更小的程度上也受到 FSH 分泌上升的影响。这两种变化都被认为是由雌激素水平快速上升引起的，这被称为"正反馈"关系。同前面讨论的负反馈模型不同，雌激素浓度的升高不是抑制而是增强了垂体激素的产生。FSH 和 LH 之间有增效作用，引起卵泡快速肿胀。同时，雌激素分泌减少，孕酮增多。所有这些一起激发排卵（Guyton，1986）。

有些女性在排卵中期时有疼痛感，这叫做经间痛（**Mittelschmerz**，德语"中期疼痛"之意），下腹部一侧或两侧间歇性痉挛，持续约一天。这种症状在年轻女性中最普遍。

排卵后期

当卵子排出，进入输卵管时，月经周期进入**排卵后期**（postovulatory phase）。在高水平 LH 影响下，黄体开始形成，从而增加孕激素的分泌。排卵期时雌激素的生成急剧下降，而这时则开始重新增加到较高的水平。因为这一阶段主要是黄体而不是发育中的卵泡产生激素，故排卵后期又称做**黄体期**（luteal phase）。

持续不变的雌激素水平继续作用于子宫内膜，使它渐渐加厚。在孕激素的作用下，子宫腺变得活跃起来，分泌营养液，因而排卵后期又叫**分泌期**（secretory phase）。分泌的子宫颈黏液逐渐变厚，成为浑浊黏稠状。由于宫颈黏液的变化与月经周期所处的阶段有关，因而其变化要取决于避孕方法的"节奏"（第 6 章）。

血液中高浓度的雌激素和孕激素水平抑制垂体前叶促性腺激素的产生，导致 FSH 和 LH 水平的下降。另外，黄体分泌了适量的激素抑制素（与睾丸塞尔托利氏细胞分泌的抑制素相同），从而进一步降低了 FSH 和 LH 的分泌，这一降低反过来意味着对黄体刺激的减少，以及雌激素和孕激素的产生降低。由于这些激素不断被代谢，它们在血液中的水平下降；没有这些激素的维持，子宫内壁便退化脱落，导致月经出血。

月经期

阴道出血表明子宫内壁脱落,成为**月经**(menstruation)。月经期持续 4~5 天,这期间要失血大约 50~200ml(相当于半杯血)。但是在不同的人和不同的周期,失血量相差很大。通常失去的血又会很快得到补充,不会有什么不良反应。不过,在月经期,膳食中应含有足量的铁,并且部分女性可能还需要补以铁化合物,以辅助红细胞的生成。

月经期血液中雌激素和孕激素水平降低,失去对垂体前叶的抑制作用,结果 FSH 水平迅速升高,表明另一周期增殖期的到来。

以上描述只适用于未怀孕妇女。对于怀孕妇女,发育中的胎盘细胞产生**绒毛膜促性腺激素**,支撑黄体产生高浓度的激素。在这些条件下,子宫内壁(现在含胚胎)不再剥落,怀孕妇女不再出现月经周期(第 6 章)。

我们刚刚讨论的过程能解释避孕药的作用原理。避孕药一般由各种合成雌激素和孕激素组成。这些激素同卵巢产生的天然激素作用方式一样,每日服用能维持这些激素在血液中的高水平。因为垂体前叶无法知道这些激素是来自卵巢还是来自药物,促性腺激素的产生便受到负反馈抑制,如同在排卵后期受到内源激素作用一样。但是由于避孕药在排卵前抑制垂体,因此便没有 LH 潮涌,没有排卵,也就不会怀孕。停止服药后,肥大的子宫内壁剥落,开始行经。重新服药则另一无卵周期便又开始(第 7 章)。

月经不适

除时间、经期长短和月经量的波动以外,月经周期还可能会出现多种紊乱。包括月经停止[**闭经**(amenorrhea)],经血量增加或月经期的延长[**月经过多**(menorrhagia)]。另外,对于绝大多数妇女来说,月经期会出现一定程度的疼痛和不适。通常不适的程度较轻,但是对于很多妇女来说(一般是年轻女性),疼痛的程度较重而需要卧床休息。

有一部分情况是明确的:女性出现月经不适的原因和症状具有特异性,并且会影响正常的生殖功能。而其他情况尚不清楚。比较重要的一个情况是部分女性在月经前或月经期会高度敏感。这并不是疾病。她们所经历的过程在生理上是正常的;然而一部分女性的确感到不适。

多种生理状况都会导致这种月经紊乱。情绪因素也有这样的作用。有时像离家上大学或从大学回家这样的变化也足以暂时打乱月经周期。如果性交时未采取保护措施,因担心受孕而紧张害怕也会导致月经延迟。因为下丘脑也具有调节情绪和内分泌功能的作用。

月经周期窘迫的症状也属于经前紧张症和痛经(经期疼痛)的一种。大约有

150种症状均与月经周期有关（Moss，1969）。在经期开始前一周即开始表现经前症状；痛经的症状是伴随月经来潮同时出现的。尽管这两种不适会有重叠，但是在处理时须区别对待。它们的表现、可能的原因和治疗各有不同。

痛 经

在成年初期，一半的女性都会经历不同程度的月经不适。典型症状有下腹部绞痛、腰痛和大腿部疼痛。而恶心、呕吐、腹泻、头痛和食欲减退等症状相对少见。当症状严重到影响工作和学习，并且持续两天以上时，则可以说已出现**痛经**（dysmenorrhea）。

如果痛经是由于骨盆疾病所致，则可以称为**继发性痛经**。如果不是由明显的疾病所致，则称为**原发性痛经**。

原发性痛经时出现的经期绞痛是由于子宫肌肉抽搐所致。抽搐是由一种叫做**前列腺素**（prostaglandins）的化学物质引起的。通常，子宫内膜功能层在月经期脱落，可以缓解症状。经血中前列腺素的浓度通常是正常子宫血液中的四倍。

前列腺素最早是从前列腺液中分离出来的（第2章），但是它们属于一族化合物，广泛分布于人体各个组织中，具有多种作用。这些作用包括子宫平滑肌的收缩（从而具有引导宫缩的作用）；多种对胃肠道的作用（导致腹泻、绞痛、恶心和呕吐）；血管扩张（导致热潮红）；以及机体内分泌和神经系统的其他变化。

尽管温水送服阿司匹林，同时卧床休息并不是痛经的最佳治疗方法，但的确经受住了时间的考验。阿司匹林（aspiring）是一种**止痛药**（解热镇痛药物）。它还属于一种叫做抗前列腺素（antiprostaglandins）的化合物，通过抑制前列腺素的合成和功能，可以预防和治疗痛经。还有一些效果更好的抗前列腺素化合物。例如，布洛芬（市面上有Advil、Nuprin等品牌）是效果最好的非处方药物（OTC），而烈性较强的药物（Motrin）必须处方开药；比较起来，对乙酰氨基酚等止痛药（扑热息痛，如Tylenol）则没有抗前列腺素的作用；所以它们治疗痛经的效用一般。而维生素B_6等其他物质可以松弛子宫肌肉，消除机体对前列腺素的反应。

服用避孕药的女性也可以缓解症状。类固醇激素可以减少子宫内膜腐肉的形成，从而减低该过程中前列腺素的释放量。不过，女性不可以只是为了这个目的服用避孕药。

进行**月经萃取术**（menstrual extraction）时也要当心，尤其是在由康复自助组织进行手术时。这种手术和负压吸宫术相同（第7章）——吸出子宫内容物。这种所谓的"五分钟经期"很可能不安全，尤其是对曾患有子宫感染史、肿瘤和多种其他疾病的妇女而言。

经前综合征

经前综合征（premenstrual syndrome，PMS）的情况更为多变，而且症状不如其他

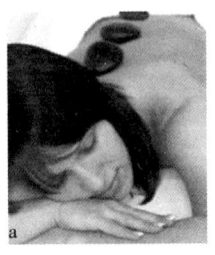

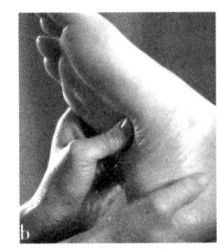

图 4.8 预防和治疗 PMS 有多种方法，热石疗法(a)、脚底按摩(b)、西药(c)及中草药(d)都可以起到一定的作用。

痛经那么明确。目前尚没有被广泛接受的解释。

经前紧张的症状通常于月经期前 2~10 天出现，并且通常在月经来潮的同时减退。部分病例中，这些症状是伴随痛经出现的，但二者均不会单独发生。

经前紧张较为常见的症状可分为三类。第一类症状与**水肿**(edema)有关：腹部浮肿，手指和腿部肿胀，胸部触痛，体重增加。第二类为头痛。第三类是情绪的不稳定，包括焦虑、易怒、抑郁、昏睡、失眠和认知功能的改变，例如注意力不集中和健忘。其他的特异性反应还包括饮食习惯的改变（比如嗜糖）、过度口渴和性欲的改变（部分提高，部分减退）(Rubinow, 1984)。专题 4-2 列出了这些变化的意义。

对这些症状和原因的评价仍然有许多不清楚的地方。首先，究竟多大比例的女性存在此类症状？据估计，范围在 30% 至 90%。另外，这些症状一般具有较高的主观性：尽管多数女性认为月经是不舒服的，但是也有一部分女性在月经时感觉精力旺盛、积极活跃。水肿是由于液体潴留所致，但是最新的研究却没有关于月经前体重增加的记录。水肿可以通过液体从身体的某些部位到其他部位的内部转移来解释。最后，尽管一些研究发现存在经前紧张的女性认为她们的精神和生理表现都有所伤害，但检查和其他客观指标并不能证实这些自我知觉。

这是否意味着 PMS 实际上是一种迷思(myth)呢？这些症状是否是女人们想象出来的呢？无数女性的经历证明事实恰恰相反。目前，这些症状被认为是定义 PMS 的标准(Abplanalp et al., 1980)。

目前人们对于经前症状的存在提出了多种生理学上的解释：排卵后期末孕酮的水平下降；维生素 B 复合物不足导致肝代谢下降，从而雌激素水平升高；醛固酮（由肾上腺皮质分泌的一种类固醇激素）水平升高；内啡肽的产生异常，导致雌激素—孕酮失衡和神经递质合成的紊乱(Debrovner, 1983; Sondheimer, 1985)。

关于雌性狒狒的研究中已发现了进一步的支持该综合征生理学机制方面的证据，据报道，这种雌性狒狒在月经前期，社会化程度会下降，并且进食量会增加(Hausfater 和 Skoblick, 1985)。

是否出现月经应激似乎还与心理学或文化因素有关，比如宗教背景？在女大学生中，天主教徒和正统派犹太人月经应激的发病率似乎较高(Paige, 1973)。对月经的负面态度及对月经不适的预期可能也会得到一种自我满足的暗示。例如，在一项研究中发现，与那些被实验人员劝服不要过早期盼经期的妇女相比，那些自认为经期在几天后即会来到的妇女出现月经前应激的可能性较高(Ruble, 1977)。其他试图寻找经前紧张的心理起源的研究者已经将它与人格类型和生活环境联系起来(Kinch, 1979)。社会和个人对月经的负性联系已经给予了特殊的关注。高度压力，

想一想
处于 PMS 中的犯罪女性，PMS 会成为减轻她们罪罚的理由吗？

专题 4-2
行为与 PMS

部分女性称月经前期的多种变化都会影响她们的想法、感觉和行动。认知上的变化包括健忘和注意力难以集中；情绪的变化包括喜怒无常（尤其是抑郁和情感淡漠）及情绪不稳定（焦虑、易激惹和恼怒）。很久之前 PMS 已经获得承认，据观察部分女性在月经期会表现出性格异常。据称维多利亚女王在月经前期时，脾气会变得非常暴躁，"甚至时任首相的墨尔本勋爵这位对付女人的老手，在看到这位 18 岁女王眼里燃烧的怒火时，还曾经偶尔吓得哆嗦，而不敢坐下"（引自 Dalton, 1979）。

月经期苦恼在有些国家的情况非常严重，如法国和英格兰，甚至在某些刑事处理中可以构成减罪原因。1981 年，英国一位 33 岁的妇女在与其爱人发生争执后将其杀死。裁决认为：这属于由于经前综合征造成责任感降低而导致的过失杀人。结果该妇女被判处三年缓刑，并被释放（Laws, 1983）。

在这一时期，是否多数妇女都会出现严重的行为变化？她们应当如何应对呢？目前，尚且没有让人信服的答案，并且各种观点的分歧严重。

在英国，达尔顿（Dalton）的观点目前已成为主流，即 PMS 是一种行为表现鲜明的临床实体。她认为月经来潮之前和之后四天内，女性的情绪压力尤其严重。统计学显示在月经期发生意外事故、急性精神病入院及蓄意自杀的比率较高。出于相似的原因，经期还与某些会导致入狱和旷工的行为联系起来。月经期被认为是妇女危险性和紧张程度较高的时期，而前面的观点就是从这里得来的。因此，尽管这是正常生理过程的一部分，仍须认真对待月经期应激的预后、症状的缓解和处理。另外，当女性对自我行动的控制力下降时，我们应宽容地对待她们在这一阶段的行为改变。

对于月经周期与行为症状的相关性理论基础，也有人持反对意见（Rubinow et al., 1986；Ghadirian 和 Kamaraju, 1987）。首先，这些将行为异常和 PMS 建立联系的研究充满了方法论上的缺陷。这些研究甚至没有测定激素水平便得出了激素效应的结论。而试图将雌激素和孕激素的浓度与情绪和日常行动联系起来的系统研究却没有显示任何相关性（Abplanalp et al., 1980）。尽管部分妇女在月经期受到的负面影响十分严重，但她们的行为异常可能已被高度夸张。并没有充分的证据证明月经期妇女的精神和躯体免疫力受到了广泛的破坏。对于她们在这一阶段对自身行为责任感的减退进行容忍或者确认，造成了对所有女性不信任感的滋生，从而为男性在职业场合和社会环境中歧视女性增加了另一个理由（Reid, 1986）。

要想解决这一困境，我们需要重新思考 PMS 的概念，重新审视谣传中的表现。除非我们在前面所讨论的问题上达成一致，否则谈论治疗的进展也就无从谈起了。同时，具有应激经历的女性绝对不要有负疚感，而未受到 PMS 应激干扰的女性也无须过分杞人忧天。

图 4.9 一幅有关 PMS 及其影响的漫画："我有 PMS, 我还有一把枪。有什么问题吗？"

比如家庭矛盾或大学考试等都可能加剧经前紧张程度(Rubin et al., 1981)。

月经前一周内低盐饮食,或服用利尿药,均可以对抗液体潴留,从而达到缓解经前紧张的辅助作用。饮用含有咖啡因和糖分的咖啡和茶、可乐会加重经前紧张的趋势。如果生理不适和头痛很严重,服用镇痛药物可能会比较有效。不过,在处理月经应激的普通问题时,一定要小心,不要由于依赖药物而将原有问题演化成为其他的问题。

根据有些报告,通过孕酮和维生素 B 复合物给药,可以达到纠正二者的不足所引发的经前症状(Freeman, 1985)。另一方面,绝大多数情况下,这些症状似乎也可以通过服用**安慰剂**(placebos)而缓解,即一种化学惰性物质可以起到患者所期望的效果。最近对 PMS 的治疗把重点放在减轻压力和情感支持上。最后,部分妇女发现,通过各种方式达到的性高潮可以缓解月经前紧张和月经绞痛(Budoff, 1980; Holt 和 Weber, 1982)。

4.4 性发育异常

虽然我们主要关心正常的性发育,但对某些性发育异常给以注意也是有益的。许多对性别认同和性相关行为的研究都是着眼于由内分泌失调引起或出生前由于激素引起的不正常状况。为了理解这一研究的意义,我们有必要简要地考虑一些具有代表性的病例。

通常情况下的胚胎期生殖系统分化,和我们在本章前面回顾过的青春期发育变化,是大多数人的正常发育模式。但有时某些环节也会出毛病,只是比较罕见。性分化异常可以表现在染色体水平,激素水平(下丘脑、垂体或性腺)或靶组织水平上。

发育异常可能是异时或错误分化。如果性发育异常早便导致**性早熟**(precocious puberty)(专题 4-3);如异常晚则使得青春期延迟到来。青春期发育障碍归根到底会导致性器官的发育不良,这被称为**性幼稚症**(sexual infantilism)。如今新的操作方法更有助于做出初期诊断和治疗。

性分化错误导致男性和女性结构不协调的结合。有些人难以凭其外生殖器官判别是男是女,这些人自古以来就被称做两性人[hermaphrodites,来自古希腊神明赫耳墨斯(Hermes)和阿芙罗狄特(Aphrodite)]。

真正的两性人同时具有男性和女性性腺,即性腺是卵

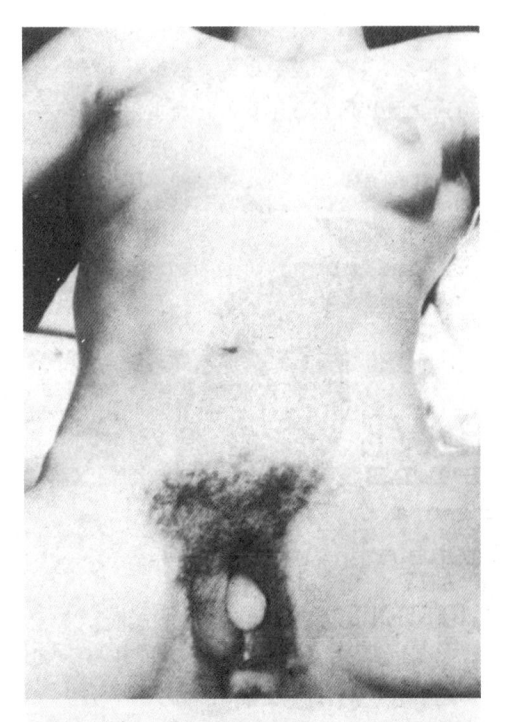

图 4.10 典型的雌雄同体,同时具有一个卵巢和一个睾丸。遗传学上为女性却一直以男性的生活方式生活。

巢组织和睾丸组织的混合物。这样的人从基因上讲虽然是女性(含 XX 染色体),但其外生殖器具有男女两性特征,并以其中一种为主(图 4.10)。如果性染色体同男性或女性性腺符合而同外生殖器不相合,这种人就是**假两性人**(pseudo-hermaphrodite)。因此一个女性假两性人便具有女性性染色体(XX)、卵巢、输卵管、子宫,但带有雄化的外生殖器;一个男性假两性人具有男性性染色体(XY)、睾丸和其他男性结构,但外生殖器是女性的,甚至体形也呈女性体态(图 4.11)。有许多不同类型的畸变,原因多种多样,我们这里只讨论一些有代表性的例子(Imperato-McGinley,1985)。

性染色体引起的病变

正常情况下染色体为 46 条,包括 XX 和 XY 性染色体。但有些人天生就是性染色体增多或缺失。如果基因型是男性的人具有额外的 X 染色体(XXY),便是**克氏综合征**(Klinefelter's syndrome);基因型是女性的人,如缺少一条 X 染色体(XO)则是**特纳综合征**(Turner's syndrome)(Grumbach 和 Conte,1985)。

患有克氏综合征的男性发育不完全,阴茎和睾丸都很

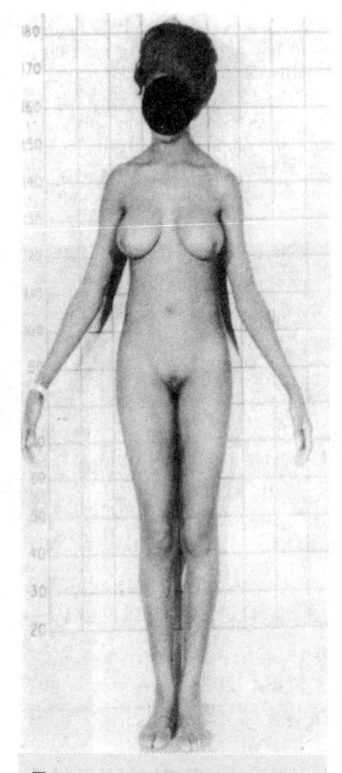

图 4.11 一位男性假两性人,遗传学上为男性,但患有雄激素不敏感综合征。

专题 4-3
性早熟

如果女孩在 8 岁前或男孩在 9 岁前开始发育,这种状况便叫做性早熟。女孩性早熟的可能性比男孩大两倍,有刚生下来一年就来月经的例子。已知最年轻的母亲是一个秘鲁女孩,3 岁开始行经,5 岁零 7 个月时,剖腹产生下一男孩(Wilkins et al., 1965)。还有一个男孩,5 个月时阴茎开始发育,5 岁时有精子生成。另据报道,19 世纪一名 7 岁的男孩已是孩子的父亲了(Reichlin,1963)(图 4.12)。

许多情况下,尤其是女孩,性早熟并不反映潜在的病态,只不过是身体的时间机制发生了自然变异。然而,20%的性早熟女孩和 60%的男孩有器官病变。脑中下丘脑部位、性腺或肾上腺肿瘤能刺激促性腺激素或性激素的产生,它们反过来便导致性早熟。这些情况清楚地表明,青春期发育依赖于激素系统,而不是身体组织的成熟。生殖系统无论什么时候都能发育成熟。

有些情况下,儿童可能经历不完全的性早熟,如乳房过早发育或阴毛过早出现,但无其他变化。这些变化导致主要器官病变的可能性不如完全性早熟大。性早熟儿童通常没有正常青春期总会出现的性兴趣增强。换句话说,"发情年龄"未必总是与生理发育过程同步的(Money 和 Ehrhardt,1972)。

小,睾酮水平低,第二性征不完全,有些人在青春期乳房还有部分发育。这些人不能生育,一些人在社会适应上有问题,这可能是因为他们的平均智商偏低(Federman,1968),但也有人过着圆满的生活。

患有特纳综合征的人具有女性身型,没有卵巢或卵巢未能发育,不能排卵,没有雌性激素生成。因此缺失一条X染色体的女性是不能生育的。如不以雌性激素治疗则不能发育为成人。这些女性身材矮小,性器官可能有先天性缺陷,蹼手指、脚趾,颈和肩还可能缩在一起。尽管性器官发育不全,但此类妇女在性心理发育过程中一般没有性别意识方面的问题。

另外一种类型的男性染色体畸变是多出一条Y染色体(Hamerton,1985)。这类人一般身体高大,智商低于常人,并有严重的痤疮。XYY综合征臭名昭著是因为监狱中的罪犯常有此类人,他们暗含更大的攻击性(Jacobs et al.,1965)。然而在监狱外随机抽样调查表明,XYY男性暴力行为并不比XY男性多。额外的一条Y染色体同反社会的性行为之间是不是有什么关系还很难说(Witkin et al.,1976)。

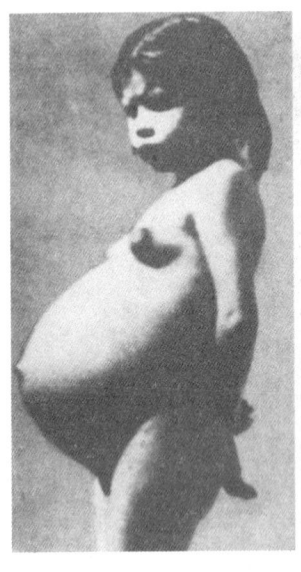

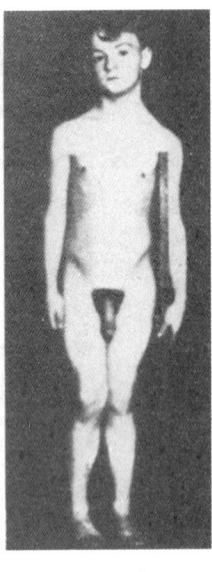

图4.12 琳达·梅迪纳(Linda Medina)是医学史上所知的最年轻的母亲。1939年她生育的时候只有5岁零7个月(左图)。右图为一个有着正常的肾上腺素水平的5岁男孩,但其身高却如一名11岁半的男孩,而他的阴茎发育也十分惊人。

性激素异常引起的病变

性染色体引起的分化异常,通常是由其产生的激素异常造成的。但发育异常也可由激素功能失调引起,此时性染色体可能还是正常的。这些激素异常可能由胚胎下丘脑-垂体-性腺系统中任一水平上的功能失调所引起。性分化异常还可能是母体在怀孕期间产生或摄入的激素所造成的。

在女性中,激素引起的假两性人症状通常与**先天性肾上腺增生**(congenital adrenal hyperplasia,CAH)有关。有遗传缺陷的胎儿,肾上腺皮质产生过多的雄激素便会引起此症。因此,如果这个胎儿是基因型女性,她的外生殖器就会雄性化:阴蒂过于肥大,看上去像阴茎;阴唇黏合在一起呈阴囊状。在刚出生的头几个星期抑制过量雄激素的产生及动手术矫正生殖器,可治疗此症。

如果女性胎儿完全正常,而母体产生的激素量不正常(如由于患产生雄激素的肿瘤)或服用雄性激素也会导致此症(Behrman和Vaughan,1983)。在男孩身上,这个缺陷可引发性早熟。曾经有一些怀孕妇女服用某些合成的甾体激素防止流产,结果生出来的女婴都男性化了,在此之前人们不知道这些化合物有男性化作用。

雄激素产生不足或产生的激素活力不够便会引起男性假两性症。缺乏正常的

想一想

性发育的非正常模式如何能够帮助你了解性行为?

雄性激素就会发育成女性生殖器。

组织应答异常引起的病变

即使激素系统很正常，如果身体组织对激素刺激不能正常应答，也会出现病变，这种症状称为**睾丸雌化症**[testicular feminization syndrome，也叫**雄激素不敏感症**(androgen insensitivity)]，是造成男性假两性症的最常见的原因。睾丸雌化症患者是基因型男性，有睾丸，能产生雄激素，但发育成女性外表，具女性生殖器（阴蒂、阴唇、阴道）和乳房。这是由于这些组织对睾酮刺激没有反应，就同没有雄激素产生一样（图 4.11）。由于对苗勒氏管抑制物的反应未受损，子宫和输卵管没有发育，患有此症的基因型男性婴儿看上去同正常女婴一样（除了能在腹股沟摸到睾丸），此症一般是在到了青春期不出现初潮后才诊断出的。

与其他形式的假两性症不同，睾丸完全雌化症患者即使早期诊断出来也要作为女性来抚养，不能用手术和激素治疗。尽管变性手术和激素治疗可以逆转已形成的女性体貌，这些人却已经获得女性身份认同，不希望有所改变。

在第 10 章中，我们将要讨论其他一些比较罕见的，但对于性别发育（如易性癖）研究十分重要的状况。

4.5 激素和性行为

有多少种性行为是被激素控制的？在过去的半个多世纪中，已获得的大量证据表明，激素对于形成和维持哺乳动物的性行为影响极大（Davidson et al., 1982）。对哺乳动物的这种影响多大程度上存在于灵长类，尤其是人类，还没有完全弄清。尽管有许多不确定的地方，性激素至少同人类性行为的某些方面有着重大联系，这一点看上去还是很有可能的。激素与性别意识，与其他性别相关的行为认识差异之间的可能关系也是同样重要的。

激素与哺乳动物行为

有关甾体激素对性行为影响的知识，绝大多数来源于对低等哺乳动物（尤其是地鼠、仓鼠、豚鼠等啮齿类动物）的研究，在一个更小的范围内来自于对非人灵长类动物（黑猩猩、大猩猩、猩猩）的研究（Beach, 1971）。这些动物便于观测，有可预见的受性激素强烈影响的同性别专一的性行为。

雌性性行为与卵巢激素有关，排卵时动物"**发情**"（estrus）。摘除卵巢可以抑制性欲；给卵巢以激素药物可以恢复性欲。雌性啮齿类动物需要依赖雌激素和孕酮；

狗和猫则只需要雌激素来维持正常的性功能。

处于发情期的雌性动物通过生殖器区域的变化和产生信息素，来唤醒雄性的性兴趣(专题4-4)。激素是影响产生者自身的，而信息素则释放到外面，散发出的气味影响同种属其他动物的行为。与雌性不同，雄性的性兴趣不是周期性的，雄性总是乐于交配，只要有一雌性接受就行。实际上雄性的性行为依赖于或受控于雌性的接受能力。

雄性性反应依赖于睾酮水平。对有过交配行为的鼠进行阉割导致其性行为减少，随后给以睾酮，又使其性行为回复到原先水平(Goy 和 McEwen, 1980; Bermant 和 Davidson, 1974)。幼年期必须有睾酮存在，它是成年后对睾酮作出足够的行为反应必不可少的。减少幼年期受到的睾酮刺激对成年后的性行为有损伤。雌性动物也有类似情况。此外，通过实验操作可以逆转雄性和雌性的性行为模式。基于这些发现，已经发展出了一个模型，把激素同哺乳动物的性行为联系起来，这个模型或许也可应用于人类。

激素的组织化和活化作用

性激素对性行为的影响发生在两个层次上。第一个层次是激素的**组织化作用**(organizational)，涉及对脑中与性行为有关部位的发育和分化的影响。第二个层次是激素的**活化作用**(activational)，与性行为的发生和维持有关(Ehrhardt 和 Meyer-Bahlburg, 1981)。

这两个作用在几个方面有区别。组织化作用在性质上同发育有关，典型地发生于出生前后一段最易受影响的时期(临界期)，其影响一般是长期而持久的。相反，活化作用是可逆的、能重复的，不限于某一段发育期。组织化作用可比做底片的曝光（摄取图像），活化作用则如同曝光的底片放在显影液中（显出图像）(Wilson, 1978)。通过双重影响，激素首先作用于处理性功能的大脑，然后激活和维持性功能。这一模式显示男性和女性大脑在某些方面是不同的。正如同在出生前通过性激素的影响，生殖系统已可做出男女分化一样，大脑很可能也已发育为男性和女性结构，从而引起了迥异的性行为。此类差别称为**大脑的二态性**(brain dimorphism)。

脑的性差异

关于哺乳类动物脑层次上的性差异有三个方面的证据。首先是行为上的，哺乳动物的性行为是典型的性特异的。例如，在交媾时母鼠弓起背部，公鼠会爬上去有节奏地冲击它的盆腔。因为这些性别差异看来不是主要由学习获得的，由此推论反映了脑差异。

更直接的证据来自生理功能方面，无论是雄性还是雌性，性激素的产生都是受同样的垂体激素(FSH 和 LH)控制的。那为什么雌性周期性地产生性激素而雄性不是这样呢？实验证据表明，引起性差异的是下丘脑而不是垂体或性腺。

第三类证据来自雄性和雌性哺乳动物脑解剖学上的差异。鼠脑最显著的结构差异在**视前区**(medial preopticarea)(Gorski et al.,1978)。雄性视前区的中部比雌性大得多,这是一个在睾酮的影响下出生不久就明显显现出来的结构性变化。视前区对于雌性排卵前性激素潮涌必不可少,对于雄性和雌性的性行为也很重要(Lisk,1967)。大脑中的这种结构性性差别十分重要,因为它可以导致成人性行为的差别,即使是在缺乏过渡激素作用的情况下(Thompson,1985)。

人类性行为的这种动物发现具有重要的意义,而这种意义仍有待证明。不过,关于人类大脑性差别的证据已开始呈现,比如内侧视前区的面积。关于这一问题的争论仍然十分活跃。

实验证据

大量证据表明,雄激素对于大脑的性组织起主要作用,就像对于生殖器官的性分化一样。我们如何知道呢？先让我们看一个比较典型的实验。

首先,阉割成年白鼠,使其不再具有性反应。用雌激素和孕激素进行治疗并不能起到恢复雄性功能(跳背)的作用,或者建立雌性反应模式(脊柱前凸),但是给予睾酮则的确可以恢复正常的雄性性行为。下一步,一只出生后立即进行阉割去势的白鼠在成年后则不再表现出性行为。给予雌激素和黄体激素时,发育为雌性反应模式(脊柱前凸)。给予睾酮治疗则无法建立起雄性模式。最后,重复同样的实验操作,但是这一次,在幼年阉割去势的同时,立即向白鼠注射睾酮。结果成年后,其性反应与其他在成年进行阉割手术的雄性白鼠完全相同：雌性激素并没有作用;睾酮可恢复正常的雄性性功能。

从这项实验中可得出两个显而易见的结论:首先,雄性性行为有赖于睾酮的存在,不论是在幼年还是成年都是如此;第二,幼年期睾酮的存在会在大脑中留下雄性模式的印迹,在此之后,雌性激素不再具有作用。幼年期睾酮缺失,雌激素和孕激素可在遗传学上的雄鼠体内诱导出雌性应答。

在雌性白鼠中重复同样的实验,通过对比,我们即可获得具有显著性差异的结果。成年雌鼠在去势阉割后会失去性功能：雌激素和孕激素治疗可以恢复正常的雌性性功能;睾酮的作用甚微或者几乎没有。幼年摘除卵巢的雌性白鼠,其表现与其他去势的雄性白鼠完全相同：成年期给以雌性激素可诱导雌性性行为模式。最后——并且这也是关键的一点——幼年时摘除卵巢的雌性白鼠和给予睾酮的雌性白鼠可能具有与雄性白鼠相同的反应。然后,雌激素和孕激素对成年期并没有作用;睾酮可以诱导产生雄性反应模式。这种雌鼠可能会跳上其他雌性白鼠的背,并出现射精动作,即使它们并不能真正射精(Daly 和 Wilson,1978)。

决定性反应类型的并不是遗传学上的性别,而是性激素。雄性和雌性哺乳动物的性生活有赖于雄激素的组织化作用或者早期生活中雄激素的缺失,并通过成年期雄性和雌性激素的活化作用来补充。

即使在低等哺乳动物这一层次，仍有许多问题有待解答，许多复杂问题这里都没有讨论。例如，雄激素也许不是引起组织化作用的唯一激素；孕酮可能扮演了一个保护脑不受雄激素影响的角色；雌激素在低浓度时可能也有这种作用（MacLusky 和 Naftolin, 1981）。

睾酮并没有直接作用于大脑细胞，这使得问题进一步复杂化。为了与脑细胞上的受体结合，睾酮需首先转化为雌二醇。因而，颇有讽刺性的是，正是这种"雌"激素最终起到使大脑雄性化的作用（Ehrhardt 和 Meyer-Bahlburg, 1981）。

认为激素是"性燃料"，它点燃性欲之火并使其燃烧下去的想法是一种误解。激素对性行为影响的结果受制于身体特性和状况。因此除了激素的早期组织化作用外，年龄、教养、性经历、营养状况及实验条件下的受试情况都对行为结果有影响。

灵长类的性行为

性激素对于非人类灵长类动物的性行为具有重要的影响，但是其作用却不如在其他哺乳动物体内那么明确。

评价这种作用的一种方法就是观察动情期，这对于激发雌性动物和雄性动物的性反应是十分关键的。进化较早的灵长类动物，如狐猴，具有十分分明的动情周期。不过，对于进化更好的灵长类动物，这种周期尤其容易受到社会和环境因素、不同种群的社会结构和雄性性欲的影响（Rowell, 1972）。

例如，尽管雄性大猩猩（gorilla）与雌性群体群居生活，但是其性欲较低，而且在群体中的性行为是偶发的，并且主要是雌性大猩猩启动的。在这种情况下，在排卵期前后的性活动可以保证繁殖的进行。事实上，的确是由雌性大猩猩的发情来引起性交（Short, 1980）。

雄性猩猩（orangutan）的性欲要强些。类人猿（ape）彼此分开生存的程度较高，因而雄性类人猿容易和每一次碰到的雌性类人猿发生性交。这一事实可能会在圈养时导致大量的性行为，因为雌性无法逃离雄性类人猿。由于这一情况的存在，雌性类人猿的发情周期似乎并不明显。不过，如果把雄性类人猿单独关在笼子中，并且将其通往雌性类人猿笼子的出口设计得过小，而对于雌性类人猿来说则恰好适中，然后，其发情模式便变得明显了。雌性类人猿在发情时会寻求性交，否则就不会（Nadler, 1977）。

黑猩猩（chimpanzee）生存的社会群体较

图 4.13　圣地亚哥动物园内两只正在进行性交的倭黑猩猩。

专题 4-4
信息素

信息素(pheromone)这个词出现于1959年,用于描述昆虫的化学性引诱剂,早在19世纪人们就已经知道了它的存在,这是一种活性很高的物质。一只吉卜赛雌蛾体内所含的极少量的信息素足以使两英里外的10亿只雄蛾性兴奋。许多昆虫类雄性都会产生"春药"引诱雌性交媾。雄蟑螂产生的是一种油状物,能诱使雌蟑螂摆出交媾姿势(Hopson, 1979)。

有许多例子说明,信息素对哺乳类生殖和社会行为有影响。把雌老鼠关在一起抑制了它们的卵巢周期。同雄性或仅仅雄性的尿接触,便能使卵巢周期重新恢复。雄老鼠的气味加速幼雌老鼠的青春期到来,外来的雄老鼠能抑制已经在同一群体内交配过的老鼠的妊娠。当雌老鼠住在一起(或只是呼吸同一片空气)时,它们倾向于在同一天排卵和发情(McClintock, 1983)。

女性月经周期趋向于受其他女性气味的影响,但其自身并没有意识到。例如,住在大学集体宿舍或其他连在一起的住房里的女性,经常在相近的时间开始行经(McClintock, 1971)。如一个女性腋下放块棉垫24小时,然后再把它给其他女性闻,这些女性的月经期便变得接近那名女性了(Russel et al., 1977)。

即使这与男性气味之间没有因果关系,至少也具有一定的相关性。在一项研究中,几乎从不约会的女性一般具有较长的月经周期;而经常约会的女性则月经周期更短、更规律。对于每周拥有一次性生活的女性,月经周期可能更规律,而且受孕的问题更少。在这些研究中,性欲并不是关键因素(手淫也一样);正是男性的存在,或者更准确地说,是男性的气味在起作用。以混合着酒精的男性腋下分泌物对女性上嘴唇轻抚可以有效地调节月经周期(Culter et al., 1985)。

是什么物质引起这些令人费解的作用呢?有些研究者报道,恒河猴月经中期阴道分泌物中含挥发性的脂肪酸,它能刺激雄猴的性兴趣、骑背及射精。女性阴道分泌物中发现有类似的化合物,在月经中期达到高峰。但服用避孕药的女性似乎没有这种情况(Michael 和 Keverne, 1968;Michael et al., 1974, 1976;Bonsall 和 Michael, 1978)。其他研究人员没能证实这些发现。因此,这种物质对人的作用目前还不清楚。

实验条件下,人能在事先不知道来源的情况下轻易地分辨阴道气味的差异。大多数男性和女性感到这种气味难闻,但对月经中期的分泌物感觉要好些(Doty et al., 1975)。另一方面,色情文学充斥了有关令人兴奋的性器官分泌物气味的描写。也许人在性兴奋的状态下对这些气味的反应可能很不一样。

阴道分泌物不一定是刺激情欲的主要根源。人体密布着产生气味的腺体。尽管我们想方设法消除或隐匿这些气味,它们很可能还是性"无声语言"的一部分。至少有一家化妆品公司寄希望于销售一种含 alpha androstenol 的香水。这是一种类似于人体汗液中的物质的化学合成物,也是公猪产生的一种作用很强的信息素,能使母猪摆出交配姿势。然而,没有任何科学依据说明这种物质对人有刺激性欲的作用(Benton 和 Wastell, 1986)。即使人的信息素能被鉴别出来——并且它们可能是存在的——也有可能它们并不比其他特征更能促使人们互相吸引。也许信息素只是这个复杂的交往过程中的一个元素而已。

小。在绝大多数时间,雌性可随时接受性行为,在发情期更是如此。发情期雌性黑猩猩的外生殖器会明显肿胀。在这时,雌性黑猩猩会与群体中多数雄性黑猩猩主动发生性行为,这种性行为通常不会导致受孕。通常,在发情期末,雌性黑猩猩会与一只雄猩猩配成一对,而怀孕更可能是由于它们的暂时性交导致的(Tutin,1980)。

从上述事例可以看出,灵长类动物的性交受到激素的影响,而不同于啮齿类动物那种一成不变的性交模式。另外,正如黑猩猩那样,性交如今所起的作用并不仅仅是为了繁衍生殖,而是服务于需要;雌性黑猩猩在排卵前可通过与所有雄性黑猩猩发生性交来增强群体凝聚力,虽然最终雌性黑猩猩会从中挑选一只雄性黑猩猩作为伴侣。换句话说,这一阶段似乎是为人类中常见的更复杂并且社会化更强的性交作准备的。

甚至对于类人猿来说,关于激素是否可以影响性行为这个问题也没有一个单一的答案。有没有影响,取决于我们讨论的是哪种激素,关照的是性行为的哪个方面,以及发生在何种情况下,这种情况不仅会发生在不同种群之间,还可能因雌雄性别差异而不同,甚至会发生于性反应的不同方面。例如,比奇1976年区分了雌性性行为的三个方面:**吸引力**(attractiveness)指的是雌性的某些可以唤醒雄性采取主动性行为的特征;**接受性**(receptivity)指的是雌性能够接受雄性性挑逗的程度;**感知力**(proceptivity)指的是雌性采取主动接近雄性的程度(这可以作为雄性吸引力的一个标准)。在恒河猴中,雌性的吸引力取决于雌激素的水平(动情期时外阴肿大,颜色有所变化);感知力取决于雄激素的水平;而接受性对激素水平的依赖性较低(Bancroft,1983)。

激素和人类性行为

测定性激素对人的行为的作用,远比测定低等动物要难,原因如下:

第一,人类性行为要比动物复杂得多。文化对生活的影响是如此广泛和不同,各类性行为的微妙和差异令人吃惊(Gregersen,1983)。因此,研究激素同性行为的关系没有简单分立的标准(如跳背或脊柱前凸等)可供遵循。

第二,对动物性相互作用具有关键揭示性意义的实验不能在人类中进行。我们绝对不会去阉割男孩,或在实验控制的条件下给女孩服用雄激素,看看对她们的性发育有什么影响。相反,我们必须依赖于对男性激素综合征这类情况的研究。

第三,也可以这样认为,我们之所以难以找到激素对人类性行为影响的令人信服的证据,可能是因为根本就没有这种影响。比奇(1947)提出,在进化过程中,性行为逐渐从激素的控制中"挣脱"出来。尤其是人,性行为受社会学习和个人经历的影响更大。

除了社会学习对人行为的较大影响外,有足够的证据表明,生物因素影响人心理和性的分化。大脑皮层下的区域同亚人哺乳类非常相似,然而却未见人脑视前区

专题 4-5
阉人

在引起雄激素缺乏的许多因素中,最明显的是睾丸切除,即阉割。如果在青春期前阉割,则使得性器官发育不全,不出现第二性征,这种人(阉人,eunuchs)将不出现青春期的大多数变化,嗓音音调高,肌肉不发达,性器官发育不全,没有胡须、阴毛和腋毛,呈女性皮下脂肪沉积,乳房部分发育。他的身高正常或较高,因为在不存在雄性激素的情况下,四肢长骨仍会继续生长。阉人的性欲很低,不过他们不一定完全是性无能。

如果是在青春期后阉割的,则不丧失第二性征。

阉割自古以来就存在于许多文化背景中,原因多种多样,最主要的是给女性提供安全保卫人员(eunuchs 来源于希腊语中的 eunoukhos,意为"床边警卫")。最为著名的伊斯兰和中国后官,阉割起始于远古。

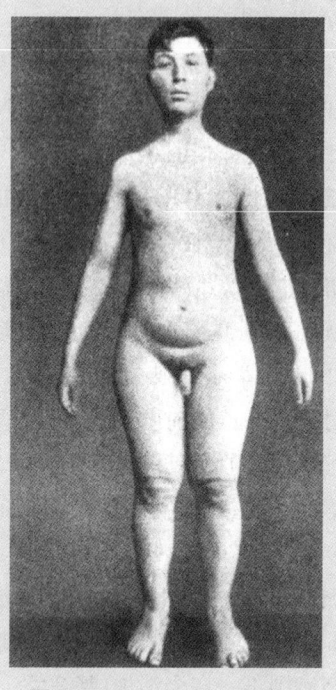

图 4.14 一名在青春期到来以前被阉割的 22 岁的阉人

有些阉人在伊斯兰和中国宫廷中摄取了很大的权力。他们没有家庭联系,没有后代,唯一要效忠的是统治者,并且常常是统治者的参谋人员。在他们的全盛时期,如中国明朝,有 70,000 多名宦官在宫廷服务,直到 1924 年宦官制度才在中国被彻底废除,最后 470 名宦官被逐出宫廷(Mitamura,1970)。

在欧洲,19 世纪以前,男孩还被阉割以保持他们的童音,这些阉人歌手(castrati)参与教堂合唱,在歌剧中扮演女性角色(这些地方是排斥妇女的)。20 世纪欧洲和美国采用阉割来纠正各种不正常性行为,如"慢性"手淫、同性爱、露阴癖和儿童性骚扰。外科手术的阉割已经不再用于惩罚目的或改变行为,但是使用抗雄激素的"化学阉割"有时仍被用于对性侵犯者的治疗(第 14 章)。

有鼠那样的性差异。

女性性激素释放有周期性,男性没有,从这可以推测出脑功能的差异,如同对低等哺乳动物那样。在雌激素的刺激下,LH 潮涌只是雌性的特征反应。这不仅在月经周期内比较常见,而且可随时通过注射雌激素诱导。相比较而言,男性在注射雌激素后则不会发生 LH 分泌量的增加。这一差别也证明了大脑的差异(Gladue et al.,1984)。

然而为了弄清甾体激素的影响,我们必须问一些更复杂的问题,而不仅仅是"激素同性有什么关系"。激素对性行为的某一方面可能影响很大,但对另外一些方面却没有影响;在某些条件下有影响,在另外的条件下则无。简言之,激素的影响,如果有的话,仅在人类经验的广泛范围内有意义;作为许多因素中的一个,它预先安排我们或使我们更可能以某种方式行事。但它绝非某种盲目的力量,可以迫使我们发生性行为,因此我们必须分开讨论激素对性行为的几个主要方面的影响。

激素与男性性欲

一般把驱使我们发生性行为的性欲看成是人的本性。但是，如我们在第3章讨论过的，实际情况要远远复杂得多。这方面的一个关键问题是生物因素，尤其是激素在多大程度上同产生和维持性欲有关。

从专题4-5可以看出雄激素对男性的作用，这最能说明激素对性欲的影响。让我们首先考虑睾酮的缺乏引发的后果。现在一般认为男性阉割后便不能有正常的性行为，但是关于此事仍有许多困惑。

极少有关于阉割后的性能力和性生活的可靠的详细资料。金赛等（1953）根据一篇文献综述得出结论："成年男性阉割后，在许多（但不是所有）情况下，受到触觉或心理刺激后性欲仍能被唤醒。"以后的研究也报道了类似的性功能滞留。由于研究方法的不一致，以及无法区别性欲改变和勃起功能下降，和针对不同性刺激的反应，因而这些早期研究的开展举步维艰。目前，"多数男性在阉割后，性行为会急剧下降或完全遭到抑制，对于这一点目前已经鲜有疑义"（Davidson et al., 1982）。尽管性欲通常会在阉割后迅速下降，但是具体发生的时间又会因人而异。另外，阉割后，63%以上的男性会在数年内保留一定水平的性欲（Sturup, 1979），不过性欲的有效性目前还不清楚。

对**性腺机能衰退**（hypogonadal）男性的临床治疗经验，更进一步确证了雄激素对性欲的重要作用。如果停止治疗一个月，性兴趣会出现下降。很快他们会丧失遗精的能力，但是性高潮则不一定会消失（换言之，他可能仍会达到性高潮，但是却无法射精）。由于性欲减退，性活动也会减少。再次给以激素1~2周后，所有这些变化均可逆转（Davidson et al., 1979; Shaakeback et al., 1981）。

雄激素和勃起能力之间的关系更为复杂。出现性腺功能衰退的男性可能会发生夜间阴茎肿胀障碍（NPT）（第3章），并且用雄性激素治疗可以明显改善其睡眠中发生勃起的能力。这些发现表明，性唤醒和勃起反应的某些方面具有雄激素依赖性，而另外一些方面则不然（Bancroft, 1986a）。

具有**抗雄激素**（antiandrogenic）功能的药物可干扰性功能，尤其是性欲。环丙孕酮和甲羟孕酮的效果非常明显，分别在欧洲和美国广泛应用，可用来治疗性骚扰者（第14章）。

但是，不缺乏睾酮的正常男性，雄激素水平同性兴奋和性交频率无明显联系（Persky, 1983）。换句话说，如果一个人具有正常雄激素水平，那么给他更多的雄激素也毫无作用，如同杯子满了再多加水也无益。

从激素对雄性性行为的影响可以得出一个有趣的推论：睾酮可能同攻击性行为有关，反过来它又可能对性行为有重大影响。一般喜欢寻衅闹事的人其睾酮水平同其他人之间并无可见的差别，但是睾酮很有可能对某些人发展这种行为起了促进作用。

想一想

如果一种有效的人类外激素被投放市场，会造成什么样的心理和社会后果？

激素与女性性欲

与亚人灵长类和其他哺乳类动物不同,女性没有发情期。类似于男性,女性在任何时候都有潜在的性接受能力。但是女性性欲是否完全同激素无关仍是一个问题。这方面的研究集中于雌激素、孕激素及雄激素的作用。

最明显的方法是观察月经周期中性兴趣的变化,将其与清晰而可预见的激素水平变化相匹配。但是迄今为止的努力都得不出确定的结论(persky,1983)。女性没有动情期,但这是否意味着她们的性欲强弱便没有周期性变化呢?目前为止所做的大量研究未能对这个问题给出确定的答案。有些研究表明,排卵时或排卵后不久,性交的可能性增大。对年轻女性不同月经期性唤醒阈值的研究也发现了类似的模式(McCance et al., 1952;Moos,1969;James,1971;Gold 和 Adams,1978)。尽管如此,许多研究都没能证明性兴趣在月经周期的中期达到顶峰的说法(Bancroft,1983)。

这些发现很可能受男性伴侣性兴趣波动的影响。女性是否性交不仅仅取决于她自身的性兴趣水平,同样也受其伴侣的影响。这一矛盾在女性同性爱关系中更不明显,因为这类关系中不存在性别冲突、对怀孕的恐惧,以及避孕方法的选择等问题。这类情侣的性结合高峰期和性高潮通常发生在中期(Matteo 和 Rissman,1984)。

另外的研究表明,月经后性交达到高峰,月经中期有另一高峰。月经后高峰可能是对月经期节欲的补偿。月经期继续性交的女性没有显示这一回复反应。

中期的高峰如果出现的话,可能是由于雌激素水平或此时出现的雄激素水平升高所致。排卵后期性欲降低同孕酮水平较高一致,因为孕酮对性欲有抑制作用。

另外一个方法是观察由于手术或自然绝经而导致卵巢功能丧失的女性。传统意义上,绝经则意味着妇女生育能力的消失,而且其性吸引力和兴趣也会下降。目前这种观念已经明显改变(第9章)。然而,几项研究表明多数妇女在绝经期后,性兴趣和高潮反应都发生了明显的下降(Hälström,1973);而且年龄在45~55岁的女性中,这种下降的趋势更加普遍(Pfeiffer、Verwoerdt 和 Davis,1972)。

这些变化与卵巢激素水平下降相关,然而这一事实并不能证明它们是由于激素水平下降引起的。首先,女性对绝经的反应似乎具有很大的变异性,不论症状的严重性方面还是性功能的改变方面都各有不同。部分妇女会出现明显的不良体验,但有些人却不会,并且有些人中年时还会出现性兴趣和反应性的正性加强(Masters 和 Johnson,1970)。

第二,绝经期会导致明显的结构变化,阴道组织变薄,润滑反应下降。如果不加以治疗,这些变化会使绝经期妇女的性生活变得十分痛苦。性兴趣的丧失可能正是躯体不适的继发作用。某些文化中,绝经期妇女还要与人们对她们拥有性生活的偏见进行抗争,这也将不可避免地影响到她们的自我认知。最后,激素替代治疗并不意味着对女性的性欲会产生影响,尽管它可以明显改善阴道干燥的状况;因此,卵巢激素水平和女性性行为之间是否存在直接关系,这一问题尚值得商榷(Bancroft,

1983）。

由于某些原因，有些女性在步入中年之前由于手术摘除卵巢而进入绝经期，她们所遭受的性功能方面的负面影响可能会比那些自然老化进入绝经期的女性更为严重，并且她们接受雌激素替代疗法的效果可能更好（Dennerstein et al., 1980）。

孕激素的行为学作用更令人困惑。已知孕酮是抑制性欲的，然而在黄体期显示出更高的性活力的女性，其孕激素水平也比其他女性高。

由于有大量女性服用避孕药，有人可能会想，对于甾体激素对女性性欲的影响一定了解得很多了。但是对口服避孕药这方面影响的研究得出了矛盾的结果。其影响如果存在的话，看来是对性欲有抑制作用的。但是这一生理作用通常可以被不用担心怀孕而带来的更强的性兴趣和性反应所抵消。

另外一个需要重点考虑的是，给已经具有正常激素水平的人服用某种性激素，不能很好地测定该激素是否起到维持性欲的作用。即使是睾酮，已确知它同雄性性行为有关，对于不缺乏此激素的人一般也没有作用。

根据临床研究，有人认为雄激素引起女性性欲，如同对男性一样。很可能是这么回事。但关于这一点的实验和临床数据都还不明确。例如，据报道摘除女性肾上腺会导致性欲、性反应的降低和性行为的减少，但这些病例涉及的是那些病得非常严重的女性，以及摘除肾上腺只作为其治疗组成部分的女性，在这种情况下对性行为作一客观分析是不大可能的（Waxenburg et al., 1959）。其他一些病例为了治疗乳腺癌而服用了睾酮，据报道她们的性欲得到增强。但是这种改善可能是由于睾酮对肉体组织的更一般的作用所致，即雄激素引起阴蒂肥大，导致生殖器官组织敏感度提高。以上这些表明，女性性欲同性激素的关系仍不确定（Gray 和 Gorzalka, 1980）。虽然如此，当由于医学原因被摘除卵巢的妇女在控制允许的条件下给予雄激素时，她们的性欲和性唤醒会增强，而且出现性幻想的频率会增加（Sherwin et al., 1985）。尽管尚未确定女性的性欲和性激素水平之间的关系，但是性唤醒至少是有可能部分取决于睾酮的水平。

在一般情况及实验室条件下，激素是如何影响性行为的，这一点仍然需要大量的工作。尽管如此，我们知道性激素对于动物的性行为具有毫无疑问的作用。我们已经明确知道性激素对于男性也起着类似的作用；尽管性激素对于女性的作用仍存在争议，但是我们目前所质疑的是这种作用的性质和范围，而不是它是否存在的问题。对于激素与性别认同（第 10 章），以及激素与性取向的发展（第 13 章）之间可能存在的关系，目前有更多的不确定性，这些我们都将单独进行讨论。

第 5 章

性器官疾病

5.1 保持性健康
5.2 生殖系统的常见疾患
5.3 性传播疾病
5.4 细菌性 STDs
5.5 由多种生物引起的 STDs
5.6 滤过性毒菌引起的 STDs
5.7 艾滋病与人体免疫缺陷病毒（HIV）

当我最初意识到我感染了 STD 时，我感觉自己像一个怪物，我想我的朋友如果知道我被感染一定会吓坏的……我真想爬进一个洞死掉……

——匿名大学生（Miller, Rich 和 Steinberg, 1987）

性是美好的,但同时也存在着危险。目前人们最担心的莫过于艾滋病(AIDS)。这是可通过性行为获得的多种性传播疾病(STDs)中最新的一种。它是否会发生在你身上呢?对这些疾病的了解能够帮助你时刻保持现实的谨慎。它能让你、你的伴侣,甚至将来有一天你的孩子免受侵袭。

本章首先讨论如何保持生殖系统的健康,然后关注生殖系统与身体其他部分所共享的一些失调症状,最后我们将讨论STDs。每一步的探讨都可帮助你学会如何照顾好自己,以及何时该寻求帮助。

STDs包含许多方面,其临床标志和症状及传播模式主要是医学方面的考虑,但STDs同样对个体如何进行性行为,以及如何处理与性伴侣之间的关系有着重要的影响。作为一类影响很大一个群体的疾病,STDs又带来了一系列经济和政治后果,并提出了一些让人头疼的伦理和法律议题。这是一个我们将在以后的章节里多次回顾的课题。

性器官疾病并不一定影响性功能,有的男子患了梅毒,但并无阴茎勃起困难;患有淋病的女子也毫无疑问可以达到性高潮。在其他一些情况下,身体病变则会干扰性功能;许多心理和人际问题也同样会影响性功能。这种性体验或性满足上的紊乱称为"性功能障碍",我们将在第15章讨论。

5.1 保持性健康

人体是一个精密设计的生物系统,需要适当的爱护,才能保持其功能正常。但在这一方面,性功能保护却因性的私密性和使人窘迫的特点而受到阻碍。这样,就要求每个人自己担负起关心自己性健康的特殊责任。预防是好身体的关键,这就意味着你要了解你的身体,保持健康,通过检查获取医学关注,同时注意疾病的一些最初的症状。

性卫生

爱护生殖器官首先要保持其清洁,除了卫生考虑外,清洁而健康的身体能够增强性吸引力。但清洁并不等于消除或遮掩所有人体自然气味,身体的自然气味可以引起性欲,腐败而令人讨厌的气味来自于皮肤上细菌和其他微生物对体表累积的分泌物的作用。

尽管阴道具有自净功能,但是有些女性喜欢在月经或性交后进行**灌洗**(douching,法语,意为"淋洗")。灌洗未必能保持清洁。它有可能使女性易受酵母菌感染,因为它破坏了通常在阴道里独有的细菌。要想使杀精子剂(膏、胶状物等)有效发挥作用,女性须在性交至少6小时后方能灌洗。在此之前灌洗的话,会把避孕物质的残留物给冲洗掉。灌洗可使用一次性的工具,但这要花费不必要的开支,一些化学溶液也可能使人不舒服,所以可以买一只灌洗袋,换用干净、微温的清水,或在1升水中加入两勺食醋使之变成微酸性。当需要把药物输送至阴道时医生也会建议采用灌洗法。

中毒性休克综合征

在绝大多数社会中,妇女已不再受月经禁忌的束缚,不再把月经视为"祸根"。但是,有些妇女仍为经血所窘而心事重重,讳莫如深。女性可以用**卫生棉条**(tampons,插入阴道内的吸血棉塞)或**卫生巾**(置于阴道开口处)来吸收经血。卫生棉条和卫生巾有各种式样,很早就为人所用。

十几岁的女孩初次月经来潮时,就要学会使用卫生棉条或卫生巾,但男孩常常觉得很神秘。卫生棉条有各种尺寸,不同年龄的女性都可以使用。小号卫生棉条放进阴道内,不会损伤处女膜。卫生棉条的大小应以相应于预计当天的出血量为宜,小号卫生棉条不能吸收大量经血;大号卫生棉条在经血较少时不能充分利用,且会使阴道感觉不适。卫生棉条放置适当时(应尽量靠外),是很少能感觉到的,不影响行动自由。经血的气味主要是因为经血暴露在空气中,细菌对它发生了作用的缘故。

1980年以来,由于使用卫生棉条而产生的一种新疾病已引起了人们的重视,它叫**"中毒性休克综合征"**(toxic shock syndrome,TSS),一般出现于经期或经后不久的年轻女性。该病被认为是由存在于许多人身上并易于在高吸收性卫生棉条上聚积的**金黄色葡萄球菌**(Staphylococcus aureus)所产生的毒素引起的,这种毒素可能由一种病毒激发细菌而产生。中毒性休克的早期症状是突发性高烧并伴有喉痛、皮疹、呕吐、腹泻、眩晕和腹痛。此病罕见,每10万名经期妇女(全美国共有5000万人)中发病不到1人,但它却可能致命。1978年至1982年中期,共有88例患者死于此病。

卫生棉条的吸收性能越好,其引发TSS的危险性就越高;吸收量最高的卫生棉条,其危险性比普通的卫生棉条高出60倍(Berkeley et al.,1987)。易于诱发此病的特定牌子的卫生棉条(Rely)已不再供应市场,但是病例的数目却并不见显著减少(在美国每月约有40~65例)。

尽管有许多病症可导致TSS疑似症状,但如果某位妇女使用卫生棉条时感觉到这些症状,她就应该马上就医。为了减少患病的危险,卫生棉条至少每6小时要换一次,换前洗手;晚上则改用卫生巾。大吸收性的卫生棉条只有在经血过量时才宜使用。另外,少女应避免使用大吸收性卫生棉条。

月经和性生活

经期女性避免性交并没有健康方面的依据,尽管许多女性是这样做的。如果妇女在经期感觉不适,那么避免性交是最好的。此外,这还涉及美感问题。性交前洗一下,床上垫一条毛巾可以减少玷污;如果再塞入一层避孕膜就能避免玷污。直到最近,个人考虑而不是医学考虑决定着人们的选择。现在情况改变了,因为有些特定健康危险被认为与经期间性交有关。

经期性交与日渐增长的**盆腔炎**(PID)、子宫及输卵管感染有很大关系。行经期间,子宫颈更加张开,又缺乏常规的黏液栓,从而使得阴道和子宫中流动的血液为细菌创造了一个滋生的媒介(Hatcher et al.,1988)。因此,从经期性交的哪怕一个动作中感染 PID 的危险性是正常性交的三到六倍。

在一个长期而互动的夫妻关系中(一夫一妻),或者在使用避孕套的情况下,女性盆腔感染的概率是可以忽略不计的。尽管如此,经血依然是艾滋病毒和 B 型肝炎病毒的可能传染源,所以同一位处于经期的女性发生性关系的男性将冒着感染上述病毒的巨大风险。如果使用避孕套的话,上述风险会有所降低。经期任何形式的高潮都有可能缓解——但也有可能加剧——女性痛经(Hatcher et al.,1988)。

5.2 生殖系统的常见疾患

泌尿生殖器感染

最严重的泌尿生殖器感染是性传播性疾病,我们将专门讨论它们,其他的一些常见的、较温和的疾病值得先提一下。

生殖器排泄物

通常,男子尿道只排出小便和精液,任何其他的排泄或便血总是不正常的。但是,女性月经周期内除了排泄经血外,还分泌阴道黏液(与性兴奋时产生的阴道液不同)。当阴道排泄物过多并含有脓液时,就称为**白带过多**(leukorrhea)。几乎所有女性在其一生中的某些时候都会有白带出现,这并不是一种疾病,而是由感染、化学药物或身体变化引起的。例如,商业性灌洗用品中的刺激性化学物质会导致过量的阴道排泄物;外来物(如避孕用具)和激素平衡的改变(如怀孕或绝经)也是如此。如果过量的排泄物伴随有瘙痒、疼痛、不良气味,或者呈不正常的颜色的话,女性应及时就医,以排除可能的感染(Hatcher et al.,1988)。

阴道炎

阴道炎(vaginitis)是一种能引起瘙痒、疼痛、分泌黏液和性交不适的阴道感染(Eschenbach,1986)。有几种有机物能导致阴道炎,但其中只有部分是性传播的。**阴**

道嗜血杆菌(hemophilus vaginalis)是一个频繁出现的病因。因为这种病菌常常会在被感染女性的性伴侣身上发现,所以有可能它也是通过性行为传播的,但阴道嗜血杆菌也曾在未发生性交的人身上发现过。

有一种常见的阴道感染,它由一种叫做**毛滴虫**(trichomonas,Trich)的原微生物引起,每年大约有近一百万名女性为这种病就医求诊。这种感染会分泌一种黄绿色有异味的泡沫状黏液,这种黏液能刺激外阴,产生瘙痒和灼痛感。这种病菌可以毫无征兆地囤积在男性的尿道和前列腺内部,有时也会引起一些轻微的尿道分泌物。性伴侣通常都是互相传染的,所以须对性交双方都施以甲硝哒唑(抗滴虫药)来避免二次感染。尽管大多数情况下是通过性行为传播,毛滴虫病偶尔也会通过以湿的泳衣或毛巾为媒介的生殖器接触而得以传播,目前关于这种感染对两性的长期后果还不得而知。

念珠菌病

另一种常见的阴道感染是**念珠菌病**(candidiasis)。它是由一种叫做"白色念珠菌"的酵母样真菌引起的,它产生白色黏稠物,痒得使人不舒服,其症状可以是很严重的。这种微生物存在于相当数目的女性的阴道中,但只有当其过量增殖时,才会产生问题。

念珠菌病较常见于服用口服避孕药的妇女、患糖尿病的妇女、怀孕的妇女,以及长期使用抗生素治疗的妇女。制霉菌素(Nystatin,即Mycostatin)栓剂或味康唑氯(miconazole)乳剂适用于治疗该病,但要根除却是困难的。

尽管不是很常见,患念珠菌病的妇女,其男性性伴侣中约有15%的人有同样的感染。他们通常无症状表现,但却可能有明显的阴茎头炎症,尤其是包皮里面。同样也可使用制霉菌素治疗。

膀胱炎

由于尿道口靠近阴道和肛门,因而会使女性膀胱和尿路感染而患上**膀胱炎**(cystitis)。有时频繁性交也能引起膀胱炎("蜜月膀胱炎")。

膀胱炎在年轻的性生活活跃的女性及患有前列腺增大的年龄较大的男性身上比较常见。年轻女性和年长男性所患的膀胱炎通常是由细菌感染刺激膀胱壁所引起的。同样的症状也可能出现在由于绝经后阴道壁变薄而使膀胱易受刺激的妇女身上。性生活活跃的女性比起那些没有性生活的女性更容易患上尿道感染(Leibovici et al.,1987)。

膀胱炎的主要症状是尿频,并伴有尿道疼痛和烧灼感,尽管几天内会自然减轻,但最好还是进行适当的治疗,因为感染不经治疗,有可能会从膀胱转移到肾脏。其他方法还有多喝流质、穿棉布内裤、保持良好的卫生等,可以防止膀胱炎。使用避孕套也能减少感染的机会(Hatcher et al.,1982)。

前列腺炎

男性的一个常见病是**前列腺炎**(prostatitis),其表现为尿频、有烧灼感和阴茎勃起时疼痛。通常没有明显的细菌感染,但是前列腺炎与频繁、无规则的性活动——长期禁欲后的高强度的性活动(被称为"海员病")之间有着奇特的关系(Silber,1981)。尽管如此,年轻健康男子患有前列腺炎通常——但并不绝对——是由一种性传播疾病引起的。

生殖器癌和乳腺癌

两性的生殖系统,尤其是女性性器官,是最容易患癌症的地方(Rutledge,1986)。早期诊断对于癌症的治疗是很重要的。每个人都应该清楚癌症的早期迹象和病症,以便及时治疗。

乳腺癌

癌症是在人体内生长并扩散全身的恶性肿瘤。乳腺癌是女性中最普遍的一种癌症,占所有女性恶性肿瘤的25%。在美国,有5%的女性(每年新增100 000例)得乳腺癌;10%的女性一生中会得乳腺癌。一般25岁以前较罕见,但此后每十年发病率递增;对40~44岁年龄组的女性来说,它是最常见的死亡原因(Giuliano,1987)。患病风险最大的女性包括50岁以上的妇女、有乳腺癌家族病史的妇女、绝经期延迟的妇女和从未生育过孩子的妇女。男性极少发生乳腺癌,仅有约1%的乳

图5.1 艺术家们的介入为乳腺癌患者赢得了越来越多的公众关注。

腺癌发生在男性身上。

乳腺癌的最初症状是乳房中有一无痛感的组织块,极少数有乳房表面凹陷,或乳头处有排泄物。肿瘤块本身是感觉不到的,因此定期、系统地进行乳房自我检查是很重要的。每位女性每月都要做一次,每次在月经后约一星期乳房不太敏感时进行。只有对乳房的正常状况了如指掌,才能检测出乳房的变化。每个月选择一个固定的日子进行检测,能够帮助你记忆乳房的形状,而且因为乳房组织都是处于相似的激素状态,所以也能较容易地感觉出来(专题5-1)。

决定一名女性能够熬过乳腺癌而幸存下来的最重要的因素是发现的时机是否足够早,以及检测到并进行治疗时的肿块是否足够小。对自己的乳房进行定期检测的女性,往往能早于医生的年度检查而发现病变,此时肿瘤往往还小得多。大多数乳房组织块的出现是因为其他原因而不是肿瘤,尤其对年轻女性来说,因此,发觉有组织块时,不要惊慌,应马上寻求医学检查。

乳腺癌的基本疗法是外科手术切除乳房[**乳房切除术**(mastectomy)]。虽然今天的外科手术已努力使对体形的损坏降到最低,并且通过外科整形手术可以进行乳

专题 5-1
如何作乳房自我检查

1. 淋浴时:检查乳房可在洗澡或淋浴时进行,因为手指在滑过潮湿的皮肤时比较滑。伸直手指,轻轻地触摸乳房的每一处,用右手检查左侧乳房,用左手检查右侧乳房,看看是否有肿块、硬结或增生处。

2. 镜子前:手臂放在两侧,观察乳房;然后,将手举过头项,看看每个乳房的轮廓是否改变:浮肿、皮肤凹陷或乳头变化。然后手掌伸平置于髋部两侧,用力下压,使胸部肌肉收缩,再看看是否有变化和不规则处。左、右侧乳房可以不完全对称——只有极少数女性的乳房是对称的。定期检查,你可以知道对你来说什么是正常的乳房,可以使你相信自己的检查。

3. 躺卧时:检查右侧乳房时,在右肩下放一个枕头或一层叠放的毛巾,将右手垫在脑后,这样可使乳房组织更均匀地分布在胸前。左手手指伸开,

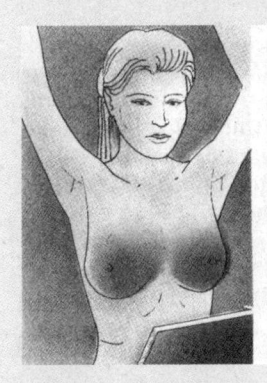

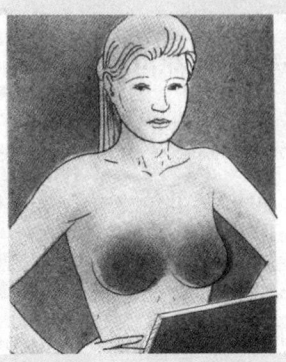

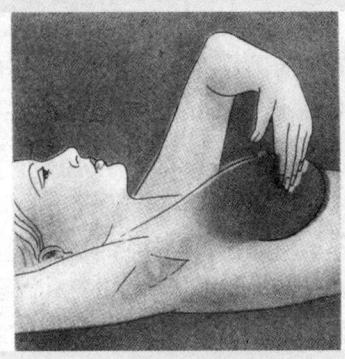

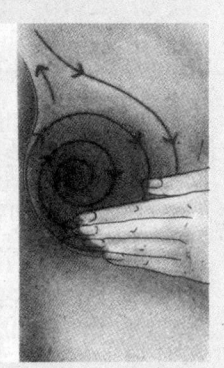

图 5.2 乳房的自我检查

轻轻按住乳房作小圆周形回转,如同按着一个假想的钟面:从右侧乳房最上面外侧开始,自钟面的12点移至1点,以此下去按圆形再回12点(每个乳房最低处有一结实的组织边缘是正常的);然后向中央(即乳头处)移动1英寸,依样作圆周运动,检查乳房的每一部分,包括乳头。至少需要做三个或更多个圆周,然后慢慢重复上述过程,左肩下垫一枕头,左手放在脑后,来检查左侧乳房,留心自己乳房结构的触觉。

最后,用拇指和食指轻轻地挤捏乳头,如果有任何清的或血样的排泄物都应立即告诉医生(上述建议来自美国癌症协会。获准引用)。

每次月经周期(特别是早期)也都要在此固定的时间进行乳房检测。要想尽早检测出乳腺癌,除了年满20岁的女性每月都要进行的例行检查外,下面这些额外的检查也很重要:

1. 20~40岁的女性,每三年都要请医生检查一次,40岁以上的女性,则每年都要检查。

2. 女性在35~39岁期间应拍乳房X线照片(mammogram),作为将来对照参考的原始资料。

3. 40~49岁无症状的女性,每两年都要重复拍乳房X线照片;50岁以上则要年年更新。

4. 任何年龄的女性,只要曾经得过乳腺癌,或者家族成员有乳腺癌史,或有其他高风险因素,都应与医生建立乳房X线照片日程表(Brozan, 1987)。

房重建,女性仍然担心她们会失去性吸引力。这样的手术后,一些妇女完全放弃了性生活。她们需要恢复对自身性吸引力的信心。咨询和支持小组有一定的帮助。可以通过装配义乳(prosthetics)来使乳房保持正常轮廓。

放射性疗法也有同样的成功率,而且不会造成体形上的显著破坏。但是放射性疗法也有不良反应,该方法只能在符合某些特征的患者——例如不能过于肥胖,乳房也不能过大——身上才能成功实施。放射性疗法要求患者天天都要到医院,在特殊医务人员的帮助下,借助特殊的仪器设备进行操作,并要持续一到两个月(Rubin, 1987)。

乳腺癌如果扩散到其他致命的器官,很快就会导致死亡;但如果发现和治疗得早,则预后还是很令人满意的。现在约有65%的乳腺癌患者在初次诊断后存活了至少五年。

宫颈癌

子宫颈癌是妇女第二大常见肿瘤,约有2%的妇女最终会患此病(每年有6万例新增病例)。20岁以前罕见,以后的几十年内发病率增加,患宫颈癌的妇女平均年龄是45岁(Hill, 1987)。此病常见于性接触过多和生过孩子的妇女。某项研究检查了13,000名加拿大处女,没有发现一例宫颈癌。此病在犹太妇女中也很罕见,这可能与性伴侣的包皮环切术有关;但是,在印度的穆斯林妇女和印度教妇女中两者的发病率却没有不同,尽管前者的丈夫往往都施行过割礼,而后者的却没有(Novak et al., 1970)。目前所知有三种因素会增加女性患宫颈癌的概率,首先是20岁以前的性交,其次是一生中有三名以上的性伙伴,再次是一个有多种性接触的男性伴侣(Richart, 1983)。

一种性传播病毒,人类乳突状病毒(也是引起生殖器疣的病毒)被与宫颈癌联系起来。感染了这种病毒(至少更可能)会引起宫颈癌。人类裸眼看不见宫颈上的感染部位,但可以被检测出来。

子宫颈癌在5~10年内可以没有任何症状,如果发现得早并及时进行治疗的话治愈成功率是很高的。现在,著名的脱落细胞巴氏染色法,或称**巴氏涂片检测**(Pap smear test),是可行的早期诊断宫颈癌的最好的实验,从20岁起就应每年做一次(如果该妇女性生活活跃就应更早些)。方法很简单:用一个木制刮勺轻轻地刮一下宫颈,将细胞转移到玻璃片上,然后染色,检查是否有异常细胞。

如果宫颈癌开始侵袭周围组织,就会出现不规则的阴道出血,或阴道内常有血样排出物,此期的宫颈癌,治疗已难成功。如果在肿瘤侵染超过宫颈以前就使用外科手术或放射治疗,或二者结合作用,则5年存活率为80%左右;如果肿瘤到达骨盆内的其他器官,则存活率迅速降低。宫颈癌患者总的5年存活率(包括各期宫颈癌)约为58%。

子宫内膜癌

子宫内膜癌要比宫颈癌少见些,只影响约1%的妇女。它通常出现于35岁以上的女性,以50~64岁间的妇女最常见。许多病例(但不是全部的病例),都可由巴氏涂片法检出,因此,除了每年定期作一次巴氏检查外,35岁以上的妇女必须注意任何不正常的阴道出血。子宫内膜癌的5年存活率是77%(Lacey,1987)。

在我们讨论与绝经有关的问题时,会指出子宫内膜癌与雌激素替代疗法有关(第9章),但避孕药却不一样,相反地它们似乎具有保护作用(第6章)。

前列腺癌

男性中,前列腺是易出问题的生殖器官。随着男子年龄的增加,它很容易增长并呈良性肥大[**增生**(benign hypertrophy)],从而妨碍尿道,影响正常的小便,结果,男子不得不常去厕所,夜里也要起来几次。

前列腺癌是男性性器官最常见的癌症(男性第三大常见癌症),大约5%的男性会患此症(Walsh,1985),但它在60岁以前很少见,且发展非常缓慢。因此,患此症的男子更有可能死于其他原因,如心脏病。

前列腺癌的初始症状与前列腺良性肥大相似,导致尿道部分阻塞。发病早期,性兴趣会因局部病变引起的频繁勃起而增加,随后常常会丧失性机能。

前列腺癌的尝试性诊断一般基于肛指检查(通过直肠触诊前列腺)、症状史和实验室检查。因此,对任何50岁以上的男子来说,前列腺检查应是每年体检时的一项内容。正如其他癌症一样,如果诊断和治疗得早,则治愈会非常乐观。前列腺癌的病因还不太清楚,尽管已有人将此症归咎于激素因子、传染性因子、过多的性活动,或者禁欲的尝试。

> **专题 5-2**
> **如何检查你的睾丸**

由于睾丸癌比较少见，所以人们总是对其早期的检测给予很少的重视。其实，这种检测非常简单。定期花上一段时间检测一下就有可能拯救你的生命。

睾丸自我检测的有效性取决于以下几个因素：定期，彻底，以及目标明确。检测的最佳时机是在洗了一个温水淋浴之后，此时阴囊呈放松状态。保持坐下或躺着状态，一次检测一只睾丸。把睾丸握在几根手指或两手之间转动，从而使指尖能接触到其表面，目的在于感觉小的肿块、表面不规则处或者睾丸本身的胀大。不要被睾丸表面由附睾引起的正常的不规则之处吓到。要将睾丸正常的触感熟记于心（这将需要多次实践），不要沉迷于这道程序，但是一旦怀疑有可能的异物生长，应立即向医生咨询。

图 5.3　睾丸的自我检查

前列腺增大和前列腺癌的治疗通常需要外科手术，而这种手术可能会损坏这一区域的神经，从而导致性能力的减弱。如果前列腺组织通过尿道被排出，则出现上述后果的可能性最小，约为 51%(Kolodny et al., 1979)。逆行射精是另一个可能的并发症。阉割和雌激素疗法可以使癌症消退，但这也会导致性功能障碍(第 15 章)(Walsh, 1985)。

睾丸癌

与大多数发生于生命后期的癌症不同，睾丸癌影响的是青年男子。虽然它仅占所有男性癌症的 0.7%，却是 29~35 岁男子最常见的癌症(Lipsett, 1985)。睾丸未下降至阴囊者或 6 岁后睾丸才降者患睾丸癌的可能性更大（这些男子中 11%~15%的人会患此症）。

如果睾丸癌发现得早是可以治愈的，否则它会扩散到身体其他部位，导致死亡。为了检查睾丸癌的早期症状，男子应定期检查睾丸(专题 5-2)。

治疗包括摘除受影响的睾丸，这并不影响性活动或生育能力。为达到整形的目的，可以对阴囊进行移植修复。否则，某些男子仍觉得缺少一侧睾丸会损害对自身阳刚气质的自我印象。

阴茎癌

阴茎癌在美国很少见，占男性所有癌症的 2%。犹太人几乎从来没有发现过阴茎癌,他们在婴儿时就被施以割礼。穆斯林中也很少见,他们在青春期前就进行过包皮环切术。然而,在世界上很少施行包皮环切术的地区,阴茎癌是很流行的。例如,在远东国家,它占所有恶性肿瘤的18%左右。虽然尚未证实,但通常的解释是,包皮环切术避免了可能致癌的分泌物(可能是一种病毒)在阴茎周缘的积累,该处是阴茎癌经常发生的部位(Silber,1981)。

5.3 性传播疾病

性传播疾病(sexual transmitted diseases, STDs,简称性病)是指主要通过性接触或经由患病的产道出生传染的各种微生物引起的感染,最初称为"花柳病"(venereal disease, VD),取自爱神"维纳斯"(Venus),现在仍流行这种称呼。STDs主要影响性器官,但绝不是局部病变,它们也影响身体其他许多部位,有着潜在的严重后果。

STDs 的流行

STDs是影响公众健康的最严重的问题之一,在美国涉及上千万人,近于流行病。这些疾病中的许多是可以控制的。STDs的迅速蔓延只是20世纪60年代才出现的现象。60年代以前,STDs并不常见,采取更有力的公共卫生措施,其发病率甚至还可进一步降低。

现在在美国,每年估计有1000多万STDs的病例出现。青年人尤其容易患病,主要发病年龄组在15~29岁。保守估计,各种STDs每年已给社会造成两百亿美元的损失(Cates 和 Holmes,1986)。而AIDS的蔓延将大幅增加这一代价。

据估计,现在全美半数青年25岁之前接触过STDs。这并不是说每两个人中就有一个人得了或将得;有些小组里几乎每人都有,而在另一些小组里则可能无人患病(Hatcher et al.,1988)。

在凯茨(Cates)和赫尔姆斯(Holmes)1986年开展的调查中,各年龄组里住在城区的经济状况不佳的受试者,和某些少数族裔所报道的STDs发病率是最高的。这个数据并不是带有偏见的。穷人概率更高的原因,部分是因为这些人更加频繁地使用公共医疗服务,这就比到私人诊所就诊所报道的病例更多。内城的穷人同样在许多其他病症上有着更高的发病率,包括大多数的传染疾病,原因则在于不卫生的生存环境,过度的拥挤,以及不合格的医疗服务。

重要的是要认识到,任何人,无论其年龄、性别、婚姻状况、教育水平、财产、性倾向或社会地位如何,都有可能患上STDs。在一项调查中发现,拨打STDs热线的人中有83%是白人,88%为异性爱者,26%为已婚。他们中1/3的人曾获得过学士学位,1/4 年薪超过 25 000 美元(Hoffman,1981)。所以说,数据是有欺骗性的,这些人们更有可能是使用这些服务,而很难代表普遍的状况。

将 STDs 的传播归罪于某一个被叫做"携带者"的群体,将有可能挑起偏见,破坏人们确认、治疗和控制 STDs 的努力。某些疾病的社会后果给被感染人群带来的伤害甚至远甚于疾病本身。

STDs 的种类

有二十多种微生物经性行为传播后,能引起多种临床综合征(一组征象和症状)或者疾病。这些微生物包括**细菌**(bacteria)、**病毒**(viruses)、**螺旋菌**(spirochetes)、**原生物**(protozoa)和**真菌**(fungi)(Cates 和 Holmes,1986)。我们将主要讨论由这些传染源引发的疾病中最常见和最重要的几种。

每种疾病往往都由一种微生物引起,但其他的因素也会影响结果——普遍健康状况、免疫水平、感染生物体的量,等等。举例来说,如果没有引发感染的细菌,没人能生出淋病,但不是所有体内含有细菌的人都会出现这种疾病的症状。有些人只是生物体的**携带者**(carrier),能够传染别人但是自己却不会出现症状。所以一个人会不会死于某种疾病取决于**寄生虫**(parasite)和**宿主**(host)双方的特征。这一模式适用于所有感染性疾病的发生。

为 STDs 分类可以有不同的方式。为方便诊断,按照其症状对其进行分类是非常有用的,某些成分主要导致尿道分泌物(淋病和衣原体),有些则导致皮肤损伤(梅毒和疱疹)。患者带着某种症状来看医生,医生就要试图通过不同的诊断——一个使用标志、症状和临床测试来剔除和确认的过程——来辨别出内在的病因(Sparling,1988)。

另一个用来分类的更为基础、对我们的目的也更有指导意义的方法是基于**病源**(etiology)或病因。虽然疱疹和肝炎各有一套不同的症状和后果,但它们都是由病毒引起的。鉴于病毒的表现往往相似,我们便将它们分为一组,这种路径为研究和治疗提供了一种易于操作的方法。

5.4 细菌性 STDs

想一想
对那种"STDs 是对那些不道德的性行为的惩罚"的论调,你会如何反应?

淋 病

淋病(gonorrhea)是**奈氏淋球菌**(Neisseria gonorrhoeae)引起的传染病。古代中国和埃及文献中提到的一种传染性尿道分泌物,很可能就是淋病。古希腊医生盖伦被认为是将"种子"与"流出"合成为"淋病"(gonorrhea)一词的人。这种微生物只传染人体,离开人体提供的生存环境(温度、湿度等)是活不长的。

在美国,每年都会有 800 000 例新增淋病病例被报道,但据估计,真实的数量每年都要超过 2 000 000 例。在 20 世纪 60、70 年代,淋病发病率曾出现疯狂增长,但是进入 80 年代后稍有回落。在 15~29 岁的人群中该病发病率尤其高。

与受感染的生殖器、咽喉或直肠黏膜紧密接触,淋病就会从一个人传播到另一个人。女性接触淋病后,比男性更易感染:一名女性与染病的男性性交一次后,受感染的概率为 50%;而类似情况下,一名男子受感染的概率仅为 25%。这或许是因为阴茎只有在性交时才沾染病女性的分泌物,而感染的精液深深地进入阴道,阴茎抽出后,精液仍留在阴道内的缘故吧。此外,性交后排尿可以将尿道细菌排出男性体外,而阴道的自我清洁则要慢得多,从而导致病菌微生物有更多的机会扎稳脚跟。虽然如此,性交后排尿也有可能减轻女性得膀胱炎的概率。像性交后冲洗和排尿这类行为也有助于预防淋病,但切不可对此产生依赖心理(Stone et al., 1986)。使用避孕套要有效得多。

症 状

男性得的淋病也被称为"clap"(来自于法语 clapoir,意为"妓院")。男性的主要症状是尿道分泌物呈淡黄色脓状。通常感染的部位是尿道,并导致**淋菌性尿道炎**(gonorrheal urethitis)。大多数感染的男子有此症状,但至少 10% 的患者无症状(尽管也感染了)。通常感染后 2~10 天内,阴茎头有排泄物出现,小便时常伴有尿道烧灼感和瘙痒。

有时在不进行治疗的情况下,2~3 个星期内,炎症可能会消退。炎症也可呈慢性;此时它易传播到其他生殖泌尿道,影响前列腺、精囊、膀胱,少数情况下影响到

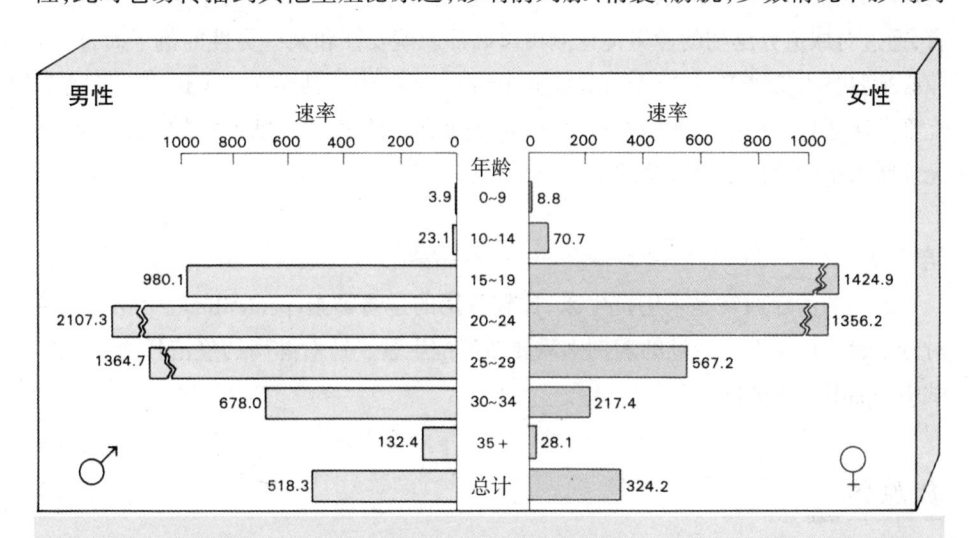

男性 速率	年龄	女性 速率
1000 800 600 400 200 0		0 200 400 600 800 1000
3.9	0~9	8.8
23.1	10~14	70.7
980.1	15~19	1424.9
2107.3	20~24	1356.2
1364.7	25~29	567.2
678.0	30~34	217.4
132.4	35+	28.1
518.3	总计	324.2

图 5.4 1982 年美国男女两性淋病发病率(以年龄组为单位,每一万人当中)

> **想一想**
>
> 如果你是一名公众卫生官员,你将如何应对你的城市中男性同性爱人群中STDs日益增长的可能趋势?

肾脏。在一些病例中,也会传播到膝、踝、腕,或肘关节处,引起**淋菌性关节炎**(gonorrheal arthritis)。

50%~80%的患病妇女早期症状甚微,或根本无症状。这一因素将导致女性出现更为复杂的并发症,而她也就作为这种疾病的"携带者"而无意间制造了传播给他人的风险。感染的最初部位通常在宫颈,并引起**淋病性子宫颈炎**(gonorrheal cervicitis)。唯一的早期症状是阴道有淡黄色排泄物,不易被人注意。如果不予治疗,感染就会传播到子宫,包括输卵管和其他骨盆内器官,引起盆腔炎(PID)。这点将在稍后讨论。

非生殖器淋病在男性和女性那里的症状是一样的。**咽淋病**(pharyngeal gonorrheal)是一种咽喉感染,最常见的传播原因是口交和接吻。相比之下,用口刺激阴茎要比用口刺激外阴更易患此病。其主要症状是嗓子疼痛,也可能有发烧和颈部淋巴结肿大。有时患者虽无症状,但仍有传染性。

通常,**直肠淋病**(rectal gonorrheal)是通过肛交而传播的直肠感染。患淋病的妇女,感染的阴道排泄物有时会进入直肠而引起感染。其症状是瘙痒,并伴有直肠排泄物。许多病例症状轻微或无任何症状。治疗直肠淋病或咽淋病与治疗淋性尿道炎方法相同。

早几年,儿童眼盲的一个常见原因是眼睛受到淋病感染,即**淋菌性结膜炎**(gonococcal conjunctivitis)。这是在出生时经过母亲的被感染器官而获得的,现在已要求强制性地给新生儿眼睛滴注青霉素眼膏或硝酸银眼药水,从而根除了这种病。

要诊断出淋病需要进行实验室测试。尽管症状可以显示病情,但还是需要通过对生殖器分泌物或其他感染部位引起病变的微生物进行确认才可确诊。为检测到无症状的感染,即使在没有症状的情况下也要提取子宫颈或尿道标本。对男性而言,通过对尿道分泌物的显微镜检测可以确诊。就女性和某些男性的例子而言,病菌必须要被人工培养(在一个营养媒介中培养)才能确认其存在。无论男性还是女性都无法通过常规的血液检查检出淋病,这就是为什么无症状淋病的检出远不如无症状梅毒的检出来得成功的主要原因。

治 疗

淋病的治疗通常是采用抗生素,比较常用的是**青霉素**(penicillin)。但是,一些对青霉素有抗药性的少见的病例则需要新的抗生素。针对淋病的疫苗目前尚在测试中(Sparling,1988)。

衣原体

衣原体(chlamydia)是一类由**沙眼衣原体菌**(chlamydia trachomatis)引起的感染

的统称,这种病菌会感染男性、女性和婴儿(Stamm 和 Holmes,1984)。

症 状

由衣原体引起的症状与淋病相似。表现在男性身上,衣原体引起的感染主要是尿道炎,由于直到最近这种病菌还很难在实验室测试中被确认身份,因此它通常被叫做**非淋性尿道炎**(nongonoccal urethitis)。症状是排尿时疼痛、瘙痒,并排出一种黏性分泌物,但分泌物的量不如淋病。有些男性患有无症状性感染,但是却可以把疾病传染给别人。衣原体不会通过泌尿生殖器的其他途径传染给别人,且在两性中都不会引起关节炎。

在女性身上主要的感染症状是宫颈炎,因从宫颈分泌出一种黏稠的黄色分泌物而被称为**黏脓性宫颈炎**(mucopurulent cervicitis)。但是,就像淋病一样,女性常常很难将其与平常的阴道分泌物相区别,而且高达 80%的女性不知道自己已被感染。女性的衣原体感染同样也会从子宫颈向上沿生殖道传播而引起盆腔炎。

新生儿通过母亲产道时也会受到感染,受感染部位是眼睛或(和)肺部,引发**结膜炎**(conjunctivitis,如不治疗会导致失明)和**肺炎**(pneumonia)。在婴儿出生时为预防淋病对其施以的治疗并不能同时对抗衣原体感染,但是大多数患有衣原体结膜炎的孩子对抗生素治疗也有所反应。

这种病菌可能感染的男女两性的其他部位还包括咽喉和眼睛。在进行口交时,咽部会暴露在感染环境中,而粘满被感染分泌物的手的触碰则会感染到眼睛。

通过检查可能的感染部位,注意尿道或宫颈分泌物,可以对衣原体作出诊断。对无症状感染的诊断则可通过细菌培养来检测,或者采用那些能更节省、更快速的得出诊断的实验室测试。

治 疗

成年人衣原体感染的治疗主要采用抗生素,通常是**四环素**(tetracycline)。而在婴儿身上,则必须采用潜在毒性更小的抗生素。

盆腔炎

盆腔炎(pelvic inflammatory disease,PID)不是一种特殊的疾病,而是输卵管和(或)子宫内壁的一种炎症,前者叫**输卵管炎**(salpingitis),后者叫**子宫内膜炎**(endometritis)(McGee,1984)。这种炎症通常归因于各种病菌的感染,大多数情况下是淋病,或者是衣原体菌。病菌从子宫颈向上扩散至子宫、输卵管,最终达到腹腔底部。

盆腔炎是一种广泛传播的疾病,据估计在美国,它每年要折磨一百万名女性,其中约 30 万要住院治疗(Washington et al.,1984)。每年为治疗这种病大约要花费

26亿美元。对于女性中日渐增长的不孕症来说,盆腔炎是一个很重要的原因。

多伴侣性行为和曾患过盆腔炎的病史都会增加女性感染新的盆腔炎的危险。处于青春期的青少年和年轻女性及黑人女性是最易受感染的。所有盆腔炎病例中近70%的患者为25岁以下的女性(Westrom,1980,1985)。大体上年轻的黑人女性更容易感染性传播疾病,这就部分解释了为什么她们患盆腔炎的比率要高一些。尽管如此,青少年中盆腔炎患病率的增长也要归因于诸如子宫颈和免疫系统的不成熟等生物学因素(Cates 和 Holmes,1986;Washington et al.,1984)。

宫内节育器(IUD)的使用也会增加患盆腔炎的风险,但是其他避孕方法增加还是降低了这种危险尚存在争议。大多数研究表明,口服避孕药能降低这种风险,但是这些研究的对象仅局限于住院病例,其在非急性盆腔炎(这种病更加典型的是由衣原体病菌引起的)病例上的准确性让人质疑。同样也有人指出,口服避孕药实际上加速了衣原体盆腔炎从宫颈到子宫的扩散(Washington et al.,1984)。

症　状

盆腔炎的症状可能会非常少,也可能包含下腹部子宫和骨盆区域疼痛、敏感、打冷战及发烧等症状。淋菌盆腔炎通常发生在年轻人身上,他们在看医生前常常会有一个持续3天的短期疼痛,发高烧,而衣原体菌盆腔炎虽然也会发生在年轻人身上,但在就诊前往往有一个持续7~9天的疼痛期,且少有高烧现象。混合病菌感染引发的盆腔炎常见于那些有盆腔炎史,且使用过宫内节育器的年龄较大的女性,其发作更急更快,并伴有发烧和衰竭现象。

如果盆腔炎演变为慢性病,那么其症状如骨盆疼痛、性交疼痛、骨盆肿大和易触痛等会在原初感染消失后长期存在。而且,慢性盆腔炎常会导致输卵管阻塞和不孕症,并会增加异位妊娠的可能。

由于很难从子宫内膜和输卵管中提取物质进行培养,因此盆腔炎的诊断十分复杂。尽管如此,对医生来说,要启动治疗以减轻症状并预防不孕,一个假设性的诊断已经足够了。

治　疗

住院患者中盆腔炎的治疗方法通常包含静脉注射抗生素,治疗开始越早越好;并且为了提供一个针对可能入侵病菌——即使这些病菌尚未被确认——的广泛的保护,需使用不止一种抗生素。

梅　毒

梅毒(syphilis)这个名称,是由一位名叫乔拉莫·弗兰卡斯特罗(Girolamo Fracastoro)的意大利医生于1530年提出的。弗兰卡斯特罗医生曾用拉丁语写了一首关于一个名叫西弗琉斯(Syphilius,希腊语中"跛子"之意)的牧羊男孩的诗,男孩因辱骂了阿波罗而被惩以这种疾病(Rosenberg,1965)。大体上人们相信,梅毒是哥伦布的船队从美洲新大陆带回欧洲的,当1493年哥伦布返回美洲不久,第一次梅毒流行疫便在欧洲传播开来。而哥伦布本人也在1508年死于晚期梅毒。

梅毒是由被称为梅毒螺旋体(treponema pallidum)的一种螺旋状微生物引起的感染,通常通过密切的性接触来传播(包括接吻),但螺旋体也能穿透所有黏膜表面或通过皮肤上的伤口进入。虽然梅毒也可通过非性交的皮肤接触的方式传播,但这种情况非常罕见。

梅毒(也叫lues)是最严重的STDs之一,在抗生素发现以前一直是一道可怕的医学难题。青霉素被发现后,梅毒的发病率在1957年下降到每十万人中4例,但是在1965年到1983年间再次上升到每十万人中12例(Sparling,1988)。目前每年约新增85 000例病例(Leary,1988)。现在梅毒在更年轻的人群中,尤其是那些贫困社区的男性中更加流行。

同性爱男性中梅毒的比率一度相当高,但是目前由于他们为避免感染艾滋病毒而采用了更加安全的性交方式,从而使比例正在下降。

一期梅毒

临床上,未经治疗的梅毒其病程可分为三期。第一期或初期梅毒以一种名为**"下疳"**(chancre)的皮肤损害为标志。它出现于螺旋体进入身体的位置。下疳是硬的圆形溃疡,边缘凸起,通常无痛感。男性中它通常出现于阴茎、阴囊或阴毛部。女性中它通常出现于外生殖器部位,但也可能在阴道里或子宫颈处而不明显

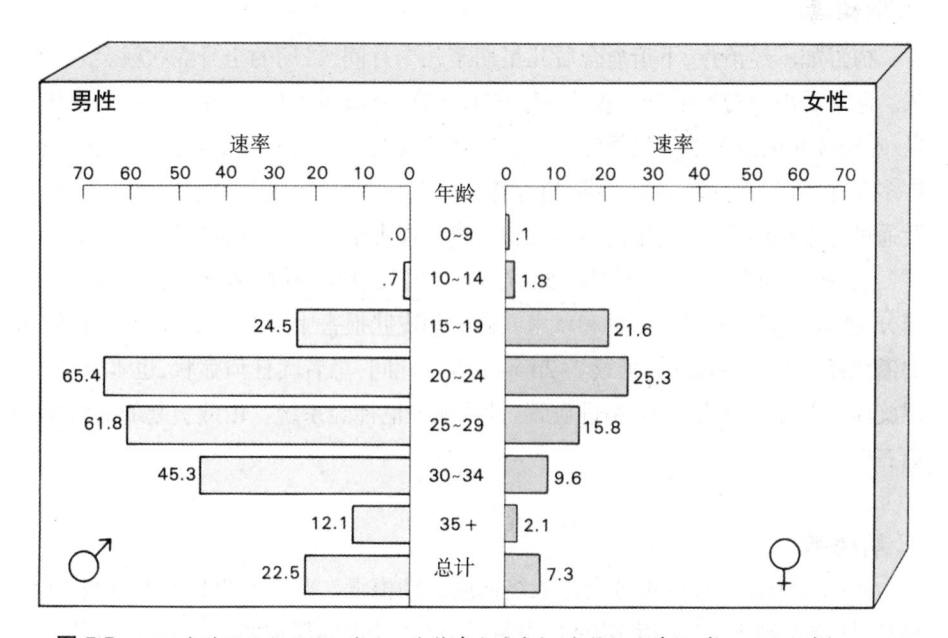

男性 速率	年龄	女性 速率
.0	0~9	.1
.7	10~14	1.8
24.5	15~19	21.6
65.4	20~24	25.3
61.8	25~29	15.8
45.3	30~34	9.6
12.1	35+	2.1
22.5	总计	7.3

图 5.5 1982年美国男女两性一期和二期梅毒发病率(以年龄组为单位,每一万人当中)

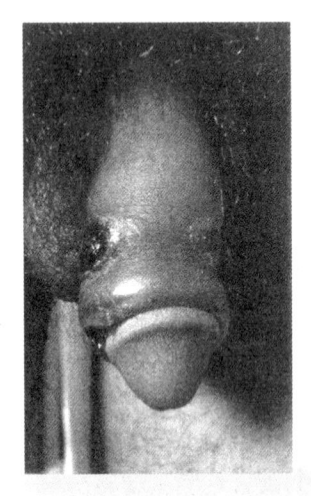

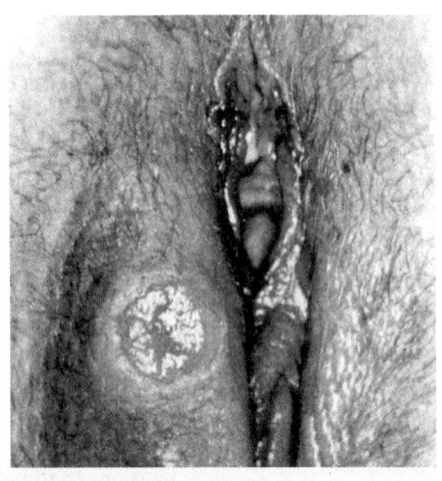

图 5.6 一期梅毒症状。出现在阴茎(左)和阴唇(右)上的梅毒下疳。

(图 6)。下疳也可能出现在嘴唇、口腔、直肠、乳头、指尖处。一句话，可以出现在任何该微生物进入身体的部位。下疳一般会在感染后 2~4 个星期内出现。如果不予治疗，通常几个星期后会消失，造成身体已康复的假象。

梅毒下疳必须与一种类似的叫做"**软性下疳**"（chancroid）的生殖器溃疡相区分，后者是由细菌性**杜克雷嗜血杆菌**（Hemophilus ducreyi）引起的。软性下疳也是通过性行为传播的，但是与梅毒不同的是，所带来的皮肤损害边缘较柔软，并伴有疼痛。但是最终的诊断必须在显微镜下或通过细菌培养来确诊。使用磺胺类药剂进行治疗是颇为有效的。上述病症在西方国家比较少见，而多见于亚洲和热带地区。

血液检查（如 VDRL、FTA-ABS）可以很好地显示是否感染梅毒。但是在很多实验室测试中，可能会出现这样的现象：实际上未患病却得出阳性结果；患者明明受了感染，却得出错误的阴性结果。因此需用特殊的**暗视野显微镜**从损伤处检出螺旋体后方能作最终的诊断。用青霉素或其他抗生素治疗，大多数梅毒能很快治愈。

二期梅毒

梅毒如不经治疗，下疳愈合后几星期至几个月间，二期的全身症状就会表现出来。通常是出现短暂的全身皮疹（图 5.7），伴有（有时也不伴有）头痛、发烧、消化不良、喉痛和肌肉或关节疼痛等症状。这些症状与初期下疳实际上是同一种病，但是许多人并不以为这些病症与一期梅毒相关。在这一阶段，还是要通过血液测试，以及通过把生物体从血液、生殖器分泌物或皮肤损害中分离出来的各种方法来确诊。

第一、二期会在一年内结束，此时患者已高度感染，螺旋菌可能已经散落在黏膜分泌物（例如生殖器分泌物和口水）、血液和皮肤损害中。紧接二期的是一段时间的**潜伏期**（latency phase），延续 2~20 年不等。此间，患者无任何症状，也不传染；但螺旋体仍在继续损害身体，钻进血管、骨骼和中枢神经系统。由此引起的症状属于第三期。

三期梅毒

约 50% 未经治疗的患者会进入终期或三期梅毒。此时会出现心力衰竭、血管损坏、肌肉控制丧失、平衡感障碍、眼盲、耳聋和严重的精神错乱，最受影响的是心血管系统和中枢神经系统,最终导致死亡。但是,即便是晚期,用青霉素治疗还是有益的,这取决于维持生命所必需的器官受损害的程度。对受损器官进行手术或药物的修补也可以拯救或延长患者的生命。梅毒的治疗通常都是很早的,因此少有病例会进入第三期。

先天性梅毒

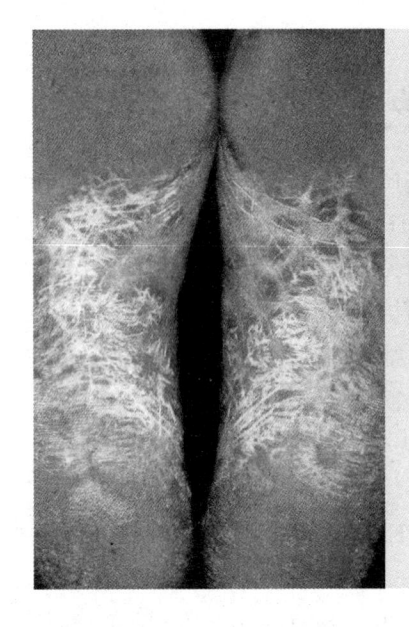

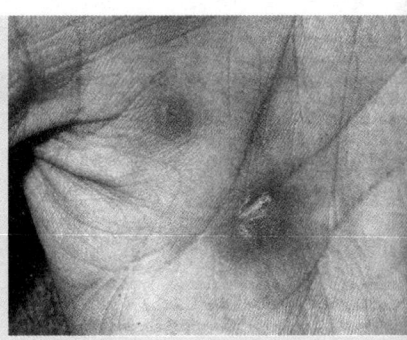

图 5.7　二期梅毒症状。身体出现红疹,通常出现在足底(左)和手掌(右)。

梅毒可由被感染的母体胎盘传给胎儿,因此婚前和产前进行义务性血液检查以检出未经治疗的梅毒是必需的。患有未经治疗的梅毒的孕妇,十中有九要么流产、死产,要么生出患有先天性梅毒的婴儿。先天性梅毒会导致孩子精神紊乱或迟钝,面部和牙齿畸形,或导致其他生育缺陷。怀孕前半期用青霉素治疗可防止孩子患先天性梅毒(Murphy 和 Patamasucon,1984)。

由细菌引起的其他 STDs

还有多种由细菌或病原微生物引发的 STDs,在美国,这些疾病相对不那么普遍(每年少于 1000 例),但是在热带和亚热带地区(包括美国南部)则比较流行。其中一种疾病是软性下疳,我们曾在梅毒一节讨论过。另两种将作简单介绍。

淋巴肉芽肿性病(lymphogranuloma venereum,LGV),表现在腹股沟处的淋巴腺增大和疼痛,并伴有发烧、寒冷和头痛。磺胺类药物对此很有疗效。**腹股沟肉芽肿**(granuloma inguinale)的特征是溃烂、无痛及累进式扩散的皮肤损伤,通常是在生殖器区域。该病对抗生素反应良好(Sparling,1988)。

5.5　由多种生物引起的 STDs

有很多 STDs 是由不同种类的有机体引起的。但是由于它们在传播方式和症状上的相似性,它们往往"相得益彰"。

肠道生物

那些生存于肠内的生物叫做**肠道生物**(enteric)。肠道生物是通过肛交和粪口污染而传播 STDs 的。

直肠会受一些涉及尿道和阴道的疾病影响。淋病便是其中之一。另外，某些感染还特别的与涉及肛门的性行为有关，比如肛交和口与肛门接触，直接或通过被污染的手指。结果，许多通过性行为传播的疾病也便通过非性方式而广泛传播，比如通过被排泄物污染的食物和水。

起　因

引起 STDs 的最重要的肠道生物：引起**志贺氏菌属**（shigella）和**沙门氏菌**(salmonella)的细菌生物；肝炎病毒；引起**阿米巴虫**(amebiasis)和**贾第鞭毛虫病**(giardiasis)的原生生物(Guerrant 和 Ravd, 1984)。其他生物，如**大肠杆菌**(escherichia coli)，通常发生于直肠，当转移至尿道或前列腺时也会引起局部感染。

在艾滋病流行以前，上述症状在男同性爱者中比较常见，因为他们更多使用肛交。考虑到艾滋病的肆虐，大多数男同性爱者开始避免这种风险，或采取预防措施。

采取肛交的异性爱伴侣也并不保险多少。肛交后没有仔细清洗阴茎便直接进行阴道性交，或更换避孕套的男性，便冒着使伴侣的阴道和他们自己的尿道感染的危险。手接触肛门或粪便污染的阴茎，然后再接触嘴，也可间接传播这种微生物。

小心肛交还有其他的原因。肛门性交或肛门手淫时插入物体也容易引起直肠损伤。由于牵扯肛门括约肌，插进肛门的物体(有些像可乐瓶子那么大的)可能会失手进入直肠。反复扩展肛门括约肌也可能导致大便失禁(Rowan 和 Gillette, 1978)。

症　状

上述肠道感染的症状通常包括腹泻、恶心，可能伴有呕吐，有时还会发烧。随着其自身的繁殖，这些生物会刺激肠的内层。通过性传播的案例，其症状各有不同。稍后我们将在讨论滤过性毒菌引起的 STDs 时，谈到滤过性细菌引起的肝炎的症状。这些肠道感染带来的长期后果包括体重降低，肠道受损，但通常它们可以自我限制。

对这些症状的诊断通常包括大便采样、血液检查等程序。通常采用抗生素治疗。

寄生虫感染

上述我们所讨论的都是单细胞生物，寄生虫(parasites)则都是多细胞生物，其中一些都是通过性行为或亲密接触传播，且常群居于皮肤、阴毛及其他外部器官。

阴　虱

阴虱病(pubic lice, 即"毛虱")是虱子引起的阴毛感染。通常是性传播的, 但是偶尔也会从污染的铺盖、毛巾或衣服获得, 其主要症状是奇痒。含有六氯苯(kwell)的乳剂、霜剂或洗发剂可有效地去除成虫(约有针尖大小)及粘在阴毛上的卵。为了避免重新感染, 与身体亲密接触的衣服和铺盖需要清除污染。

疥　疮

疥疮(scabies)是由**疥螨**(Sarcoptes scabei)引起的一种传染性皮肤感染。疥螨引起奇痒或红疹, 可通过紧密的身体接触、性接触及与有疥螨的衣服和铺盖接触而传播。疥螨常见于生殖器部位、臀部及指间, 雌性疥螨钻进皮肤, 并沿洞产卵, 几天内就孵出幼虫。人体对这些卵和幼虫的反应包括瘙痒、刺通感, 在某些情况下还会出现发红。夜间疥螨活跃, 故瘙痒最甚。治疗方法和阴虱病同 (Orkin 和 Maibach, 1984)。

5.6 滤过性毒菌引起的 STDs

病毒(virus)是最小的微生物, 虽然它们构造简单, 但却非常特别。它们只能在细胞的载体——人体、动物、植物或细菌中才能繁殖。有些病毒可以被人体很好地接受, 以至于不会造成任何伤害, 其他的则有可能引起各种疾病, 从最普通的感冒到致命的疾病比如狂犬病(Kilbourne, 1985)。它们能引起的 STDs 包括疱疹、生殖器疣、肝炎及艾滋病。

一旦人感染上这种 STDs 病毒, 它就会一直呆在人体内, 并会有间隔性的爆发。一个人即使没有任何症状也有可能携带某种病毒, 并且在某种状况下传播给他人。

滤过性病菌有时可以自我平息, 就像很多疱疹的病例一样, 但有时候也会变得极富侵略性, 就像很多艾滋病病例那样。由滤过性毒菌引起的 STDs 是抗生素治愈不了的, 其他的治疗可以减轻症状, 但通常不能排除感染。因为滤过性毒菌可以轻易变异成不同的分支, 所以还很难研发出对抗它们的疫苗。

生殖器疱疹

生殖器疱疹(genital herpes)表现为生殖器官上或其周围有令人痛苦的水泡和溃疡(图 5.8)。它由单纯疱疹病毒 II 型(HSV II)引起(Corey, 1984), 这种病毒是侵染人体最多的一族病毒中的一员。一种相似的病毒(HSV I)能引起**口腔疱疹**(也叫做"冻疱"), 造成嘴唇、口腔或脸部损害。偶尔情况下 HSV I 会引起生殖器疱疹, 而

HSV Ⅱ 也会引起口腔和嘴唇的损害。

尽管生殖器疱疹早已为人们熟知,但在美国,只是到了 20 世纪 60 年代才广泛流行。1966—1984 年间,医生们诊治的病例几乎增加了 10 倍。据估计现在每 5 个美国成年人中就有一个患有生殖器疱疹。每年,在 2000 多万病例这个基数上都要再加上 50 万,因此,疱疹已成了医学界和公众关心的焦点(Leary, 1988)。20 世纪 70 年代末,大众传媒的一次爆炸性关注,催生出了对这种性传播疾病的公众恐惧和关心。

疱疹的传播

疱疹是典型的通过接触性伴侣感染部位而传染的疾病。自我感染也是有可能的,如当一个人碰触了感染伤口接着马上接触身体其他表面或眼睛时。生殖器疱疹的病例中,这种接触通常是性接触,包括性交、口交、肛交,以及可能导致触及疱疹患处的任何其他形式的密切接触。因此,水泡完全愈合之前应避免各种性接触。复发的早期症状通常是,在水泡即将发生的部位有瘙痒、烧灼和刺痛的感觉,此时应避免触碰这些部位。

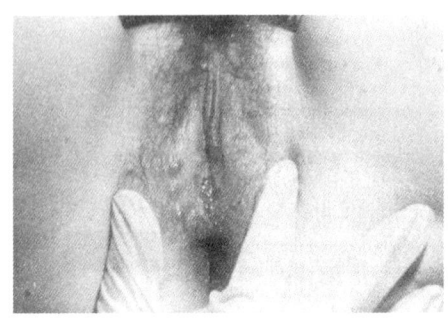

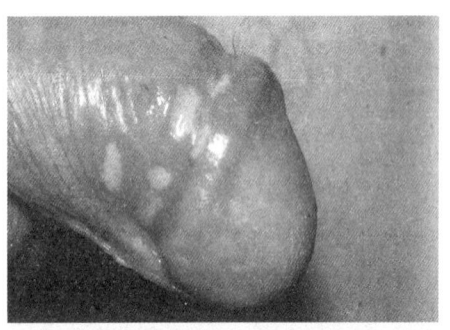

图 5.8 出现在阴唇(上)和阴茎(下)上的疱疹水疱

发病期,病毒会释放出来,感染的机会是很大的;据信,无症状期危险较小(Judson, 1983)。因此,一个人患了疱疹并不意味着其永不再是一个安全的性伙伴。在不能肯定是否危险时,使用避孕套和杀精子剂,以及性交后仔细清洗可以进一步消除危险。但是,如果病变部位不仅仅局限于被覆盖住的部位的话,那么避孕套也不能提供多少保护。

可以想象,疱疹也有可能通过意外污染得以传播。当这种病毒在黏膜分泌物中被排出体外后可以存活很短的一段时间,因此,就有可能污染马桶圈或者是热的浴缸。但是,没有证据表明在实际生活中存在这样大的风险。

症 状

疱疹由充满液体的水疱构成。水疱周围有一圈发炎的组织。通常在染上病毒后 2~20 天内出现。女性最常见的感染部位是阴道内表面宫颈表面、阴蒂包皮、大小阴唇;男性则在阴茎、阴部和阴囊处。当水疱位于生殖器内部如宫颈上时,疱疹是不易被发现的。有时男子也可能无症状(尽管有传染性)。

疱疹的水疱会引起令人痛苦的烧灼和瘙痒感。水疱破开时,又易被细菌感染,引发更长时间的酸痛;然而,治疗后几个星期或更快些,水疱就会自动消失。一旦病毒进入身体,它就会沿着神经纤维退进骶脊髓附近的神经丛中(口腔疱疹的情况下,则进入面颊部的神经细胞),此时想除掉这一病毒是不可能的。因此,它可以不引起进一步症状,也可以引起复发:多则每月两次,少则十年一次。临床症状可为疱疹的确诊提供明显的证据,但只有通过培养并鉴定出疱疹病毒才能确诊。

疱疹的复发与一系列可能降低身体抗病毒能力的诱发因素有关。外伤,身体耗力过多,日晒太久(夏季较易复发),抽烟,某些食物(如坚果、种子和洋葱),衰弱的病体,月经,压力和(并无再次感染的)性生活似乎都会导致疱疹的突发(Wickett,1982)。这些因素对于最初确认症状是否出现也很重要。

疱疹的长期并发症很少见,但却可能相当严重。通过接触感染部位把病毒传到眼睛里可能引起**疱疹性角膜炎**(herpes keratitis),并可能损害眼睛。嘴唇上的疱疹有 5%~8% 的病例导致**病毒性脑炎**(viral encephalitis)。治疗这些并发症可使用与治疗其他类型疱疹相同的药物。

疱疹病毒感染的其他长期后果还包括增加了患宫颈癌的可能性。但是在发现这一后果的大多数研究中,许多被调查对象也同时感染了人类乳突状病毒(几乎 100% 的宫颈癌都是由这种病毒引起的)。

如果产妇正患疱疹,也有可能将病毒传染给新生儿(新生儿疱疹)。在美国,这种情况每年要影响 100~200 个婴儿。孕妇分娩时如正值发病期,就有 50% 的危险会使她的孩子得病,被感染的新生儿有 50% 的可能会得脑损伤及其他严重损伤,并且有很大的可能导致死亡(Bowen,1987;Hatcher et al.,1988)。为了避免这种情况,分娩时可采用剖腹产;口部损伤的患病者爱抚或亲吻孩子也同样有危险。最后还有这样的可能,即 HSV II 使患宫颈癌的危险增加 5~8 倍,因此,建议患疱疹的妇女每 6 个月做一次巴氏涂片试验。

治 疗

目前为止,对疱疹的治疗最多能够做到减缓症状,减轻痛苦,缩短水疱持续时间,但没有根治疗法,因为没有药物能把病毒从神经中清除出去。尽管人们已采用了各种疗法,但唯一被证明对生殖器疱疹有较好疗效的是阿昔洛韦(acyclovir)软膏。它通常为局部使用的软膏,但也有口服或静脉注射剂。其作用被认为是干扰疱疹病毒的复制。如果早期使用,这种药可以减轻症状并缩短发病时间。用肥皂和水清洗,并使用镇静剂,症状也可以得到某种缓解;个人卫生很重要,因为有可能触及疮口和身体其他部位而造成自我二次感染。

人们正在积极寻求可以防止复发的药物,以及可以防止传染的疫苗。阿昔洛韦的口服药片 zovirax,经出现症状前服用人群显示,能减短发病的时间,减轻严重程度,降低发病率(Mertz,1984)。多年服用此药会有怎样的长期后果目前尚不清楚,因此服用时间最好限制在 6 个月到一年,妊娠期间绝对不要服用。人们正在积极寻找能预防这种病的疫苗,但是目前尚没有能够推向市场的疫苗。

疱疹是一种良性病,大多数情况下不会严重威胁健康;但心理反应及对患病的恐惧却可能相当严重,甚至毫无理由地为之担心的人也会因此而焦虑、困扰。据报

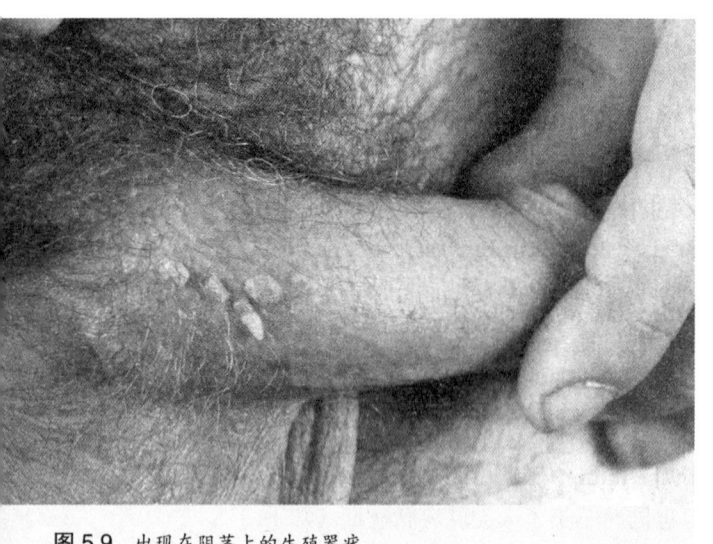

图5.9 出现在阴茎上的生殖器疣

道,20世纪80年代早期,随着媒体的广泛报道,这种恐惧已经广泛地影响了性行为的方式,特别是对那些单身汉们。从那以后,对疱疹的恐惧就完全让位给AIDS了。

生殖器疣

生殖器疣(genital warts,又名"尖锐湿疣",condylomata acuminaca)经常但不总是通过性接触来传播,虽然在古希腊时这一事实已为人们所知,但是只有到了20世纪30年代,人们才确认该病的病因为**人类乳突状病毒**(human papilloma virus),该病毒有着50多种变种。它的流行性正在迅速上升。据估计每年新增病例有100万人,美国10%的成年人感染了此病毒(Schmeck,1987)。

生殖器疣的传播方式与梅毒的传播方式相似:黏膜分泌物被暴露在一些由受感染人散落的病毒粒子中。因此,尽管人们可能没意识到自己已经感染了这种病毒,并且可能也没有出现肉眼可见的生殖器疣,但实际上他已经被感染了。

症 状

湿疣由一种病毒引起,通常在感染后3~8个月内出现。生殖器疣常出现于妇女的外阴、阴道内部和宫颈处。一些已患生殖器疣的女性,如果怀孕的话,疣在妊娠期会生长得很快,并引起厌烦、瘙痒、愤怒,以及在尺寸上会长出一些几厘米长的难看的小肿块。男性中,它们常见于阴茎头表面、阴茎冠的边缘及肛门周围。湿疣难看并引起瘙痒,可以持续几个星期到几年不等,也有可能变成永久性的。

还有一种不能为肉眼看到的生殖器疣,也是由同样的病毒引起的。这些"扁平疣"通常发生在宫颈或阴茎上。这种疣如果暴露在醋中,就会使受感染细胞变白,从而就可以在特制显微镜下显现出来。

扁平生殖器疣的长期后果包括易感染宫颈癌、阴茎癌和肛门癌(Gal et al.,1987)。发生在女性身上的这种感染可以通过巴氏涂片法来确认。通常除非是受感染女性的性伴侣,否则男性一般不会去检查。

对可见疣的诊断通常是基于疣的外表,若要确定则可通过在显微镜下检查一小部分,或作活性切片检查,从而可以确定一种变异的**"巨细胞"**的存在,即空泡细胞(koilocytes)。这种巨细胞预示着人体已经感染了人类乳突状病毒(Oriel,1984)。

治 疗

可用电极、冷冻进行外科治疗,或者直接使用各种药物杀死感染湿疣病毒的细胞,但没有任何一种方法特别有效,或不留下瘢痕。大多数形式的治疗方式——尤其是化学方法——都需要进一步的跟进,而所有的方式都有可能在同一部位或临近部位引起复发。

肝 炎

肝炎(hepatitis)是一种发生于肝器官的炎症。由 **B 型肝病毒**(HBV)引发的肝炎往往是通过性接触和血液传播的。在美国,有证据证明5%~20%的人口曾经传播过 HBV,虽然不是所有的人都曾得病。在发展中国家及在同性爱人群中,曾感染过 HBV 的人群可能已超过 80%。

B 型肝炎感染的症状需要 2~6 个月才能显现出来,这些症状包括皮肤红疹、肌肉和关节疼痛、深度疲劳、没有食欲、恶心及呕吐、头痛、发烧、尿液呈深色、黄疸、肝脏增大及易触痛。虽然这些症状与其他形式的肝炎相似,但是有这些症状和病史的患者实际上感染了 HBV。血液检查可以确诊。

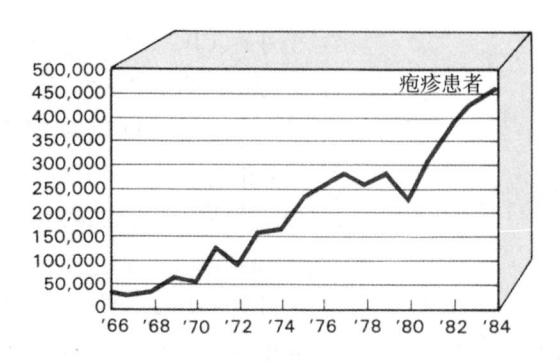

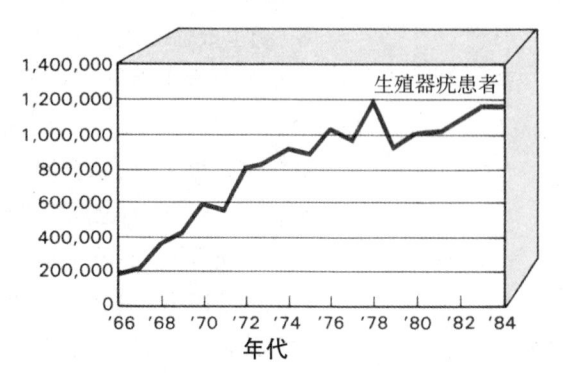

图 5.10 1966~1984 年间前往私人诊所求诊的疱疹和生殖器疣患者

目前没有 B 型肝炎的特殊疗法,但是协助性和系统性的治疗可以促进康复,缓解病痛。有一种疫苗可以非常有效地预防 B 型肝炎的感染。但是,一旦患者患病,任何疫苗都无济于事,所以对高危人群——医务人员、已知带菌者的伴侣,以及在 HBV 发病率极高的城市中生活的人们——来说,注射疫苗尤为紧急。

B 型肝炎潜在的并发症包括慢性肝炎、肝硬化、肝癌、肝功能丧失及死亡。少数情况下,肝炎可以在短短数月内致死。一些肝炎幸存者,即使在康复以后,仍有可能作为慢性带菌者在不知情的情况下通过性接触和血液接触传播给其他人。

5.7 艾滋病与人体免疫缺陷病毒(HIV)

1981 年 6 月,美国疾病控制中心(CDC)报道说洛杉矶暴发了一种罕见的疾病,5 名男性同性爱者得了肺炎。这种肺炎是由一种叫做**卡氏肺囊虫**(Pneumocystis carinii)的原生动物导致的,一般发病于免疫功能低下的人(Gottlieb et al.,1981);一个月后，CDC又发现，在过去两年半的时间里，共有26名男性同性爱者被诊断出患有另一种罕见的疾病，这次是皮肤癌，叫做**卡波济肉瘤**（Kaposi's sarcoma），这种病也和免疫系统缺陷有密切的关系（Friedman-Kein et al.，1981）。

由这些互不相干的发现终于归纳出一类疾病，"**获得性免疫缺陷综合征**"，英文缩写为AIDS（Acquired Immunodeficiency Syndrome），这就是艾滋病。这种病的表现极为复杂。艾滋病已对人类健康构成的威胁，是半个世纪以来世界所面临的最严峻的挑战。美国先锋记者和作家，同性爱者兰迪·谢尔兹（Randy Shilts）在1987年10月出版的一本书中描述了（美国）社会最初的反应：这是一个有关政府的忽视的故事（到里根总统就艾滋病问题首次发表演讲之时，21 000名艾滋病患者已经命归黄泉了）；科学家为争夺名誉而互相封锁关键性的信息；新闻媒介未能把注意力放在公共卫生政策方面上；同性爱领袖害怕艾滋病传播的真相会使来之不易的自由权利付诸东流。有人认为谢尔兹的批评过于尖刻。现在，艾滋病已受到大众高度的重视，而同性爱社团也都积极地投身于与艾滋病的斗争中了。

世界卫生组织（WHO）负责人在1986年曾称艾滋病是"一种全球性的灾难"（Altman，1986），并预言到1990年，全世界将有1亿人传染上艾滋病毒，构成对人类健康的主要威胁。一份来自美国国家科学院的报告则预测到1991年，美国将有27万人患艾滋病；每年死亡54 000人（比死于汽车交通事故的人数还要多）；艾滋病毒携带者将达到500万至1000万，其中半数的人或许最终将因此病而死亡（Morgenthau和Hager，1986）。

至今，已在120多个国家鉴定出艾滋病*。报道艾滋病例最多的是美国。截至1988年3月，美国自发现此病以来共报道了56 212例，其中超过31 400例已死于艾滋病。据1988年美国《发病率和死亡率周报》（MMWR）报道，感染上艾滋病毒的美国人估计在100万到150万之间。

艾滋病并不仅仅是同性爱者的病，也不仅仅是美国人的病。无论是从流行程度还是从对付此病的能力方面来讲，非洲中部（扎伊尔、卢旺达、布隆迪等国）是受艾滋病威胁最严重的地区，其发病率为每年每百万成年人中有550~1000个新患者。美国10个艾滋患者的护理费用（约45万美元）就远比扎伊尔一家大医院的全年投资要多；而在扎伊尔，25%的成人和儿童的艾滋病毒检测呈阳性（Quinn et al.，1986）。中非的大部分患者是异性爱者，并且男女比例接近。下面我们将会看到，美国的情况不同，其中90%的艾滋病患者是男子。

这样一种噬人的疾病是怎样在一夜之间冒出来的呢？艾滋病毒在中非的流行情况似乎表明这种病最初发源于非洲，可能来自非洲绿猴——70%的这种绿猴携带有艾滋病毒，但它们却不受其害。有人推断在过去的几十年里，艾滋病毒因猴咬人而传染到人类（类似情况的确也曾发生在另一种病毒身上）（Essex，1985）。

艾滋病毒传播到美国，最初有人认为是在70年代中期。现在已经确定，1969年死于圣路易市的一个男青年（被称为罗伯特·R），用现在的眼光来分析，就是死于

* 到2005年，艾滋病已经遍及全球所有的国家和地区——译者注

艾滋病。这表明早在60年代，艾滋病毒就已侵入美国了。这位罗伯特生前性生活频繁，并且很可能是同性爱者。让他的医生困惑不解的奇病正好与艾滋病的症状相符，并且从他的尸解组织冷藏切片也检验出艾滋病毒(Kolata,1987)。

流行病并不是什么新事物。它们曾一次又一次地大幅度削减中世纪欧洲的人口。1918年，仅死于西班牙流感(Spanish flu)的人就达2000万(美国死亡50万人)。梅毒的流行在20世纪也曾达到疯狂的地步。

难道艾滋病的出现会重复梅毒造成的灾难吗？同梅毒一样，艾滋病也是通过性行为传播的，但是后果不一样，后者死亡率高，并招致恐慌和偏见。艾滋病与梅毒的不同还有以下几个方面：它不仅通过性行为传播，输血和静脉注射吸毒也能传播。梅毒最严重的后果出现于晚期，那时患者已经年老了，而艾滋病则主要吞噬青年人的生命；梅毒可以治愈，艾滋病不能治愈；最重要的是，艾滋病的致病因子是一种病毒，这就使得药物的研制和疫苗的开发更加困难。

艾滋病流行使卫生工作者感到吃惊的原因之一，是它与经典流行病在模式上的差别。艾滋病并不是高度传染的，它不会通过日常生活中的偶然接触传染，即使长时间的接触(只要没有性接触)也不会传染。从各方面来看，艾滋病应该局限于人类的某些孤立的群体。

导致艾滋病迅速传播的重要因素是20世纪70年代的重大社会变化。航空的发达使以前分散着的人群得到接触的机会；性观念的开放使人类性接触的范围得以扩大；吸毒的增加也为艾滋病毒的广泛传播提供了方便。

艾滋病毒与免疫系统

艾滋病的传播模式早就标志着致病因子是一种病毒。到1984年——刚发现此病不久——艾滋病毒就分别在法国(Barre-Sinoussi et al.,1983)和美国(Gallo et al.,1984)确认成功。相比之下，确定梅毒的致病因子却花了几个世纪之久。

这种艾滋病毒最初的命名比较混乱。有的研究人员将它命名为**"淋巴结肿相关病毒"**(lymphadenopathy virus,LAV)；还有人称之为**"人类T细胞亲淋巴病毒III型"**(Human T cell Lymphotropic Virus Type III,HTLV-3)；现在一般称为**"人体免疫缺陷病毒"**(human immunodeficiency virus,HIV)。到目前为止，差不多所有的美国艾滋患者都是由HIV-1型病毒导致的；另一种类型的艾滋病毒HIV-2型，已从西部非洲的艾滋患者体内分离出来了，此病毒可能也已传入美国。HIV-2型的传播看来与HIV-1型相同，只不过导致的艾滋病症状较轻。

HIV属于一种**"反转录病毒"**(retroviruses)。反转录病毒所携带的基因是由RNA(核糖核酸)，而不是DNA(脱氧核糖核酸)组成的。通过一种特殊的酶(反转录酶)，这类病毒能够在别的细胞内复制，并利用宿主细胞的复制机关而得以大量繁殖。新形成的病毒钻出宿主细胞，并最终将宿主细胞彻底破坏，然后进入另一个宿主细胞,按上面的过程重演一遍。

通过这一过程,HIV所破坏的细胞正是人体**免疫系统**中最关键的一环。在深入的讨论之前,我们必须先来看一看免疫系统是怎样工作的。

免疫系统是人体的保卫系统。它有几条防护线。**巨噬细胞**(macrophages)是第一道防卫线。这些大细胞渗入到血液循环中,专门吞噬掉那些已被感染的细胞。与此同时,它们还发送警报以激活一些白细胞即**辅助性T细胞**;下一步,这些辅助性T细胞发动免疫反应以激活另外两种防卫性细胞:一种是T细胞,专门破坏那些已受感染的体细胞,以截断病毒进一步复制的路线;另一种则称为B细胞,专司生产**抗体**以消灭血液循环中的病毒(Raven,1986)。

艾滋病毒则切断了这种免疫通路。侵入辅助性T细胞后,HIV使之无法通知T细胞和B细胞以生产抗体;并且,HIV将辅助性T细胞变成自己的加工厂,生产更多的HIV,最后则将辅助性T细胞杀死(Kolata,1988)。结果使HIV无限制地生长,人体免疫系统崩溃,此时患者已无法抵御其他微生物(如细菌、真菌和其他病毒)的进攻了。艾滋病患者所表现出的症状及最终的死亡都是由于这些"机会主义的入侵者"所导致的疾病造成的。

不管是否成功,任何异物的侵入都会导致人体产生抗体。因此,人体内抗体的存在可以看做是一个间接但却可靠的证据,证明人体已感染了这种异物。这便是艾滋病毒检查的根据了。也就是说,只要能检查出艾滋病毒的抗体,便可认为已受到HIV的感染了。后面我们将详细讨论。

艾滋病的传播

病毒是非常微小的生物,不像细菌在普通光学显微镜下就能看到。如果在电子显微镜下将艾滋病毒放大到人的手指甲的尺寸,那么一根人类头发的直径,相比之下就有25英尺那么宽(Lertola,1986)。

同导致感冒的病毒(能在空气中生存)不同,艾滋病毒只能通过体液传染给另一个人。下面十种体液可能含有HIV:血液、精液、膣液(阴道分泌物)、经血、人乳、眼泪、唾液、尿液、脑脊髓液及肺泡液。但是,并非上面所有的体液均可造成事实性的HIV传染。能够传染的几种体液的危险程度也各不相同。到今天为止还未见经唾液和眼泪传染的病例。传染艾滋病毒最有效的是精液和血液,膣液和母乳次之(Friedland和Klein,1987)。

艾滋病的传染决定于下面两个因素:(1)你接触到的是**哪种体液**;(2)这种体液进入你身体的**哪个部位**。例如,感染的精液射入直肠导致艾滋病的可能性,远比射入阴道或口腔要大得多。所以,这两个变量决定了与HIV携带者的某种行为的危险程度。

肛交

至今，美国最常见的传播艾滋病的性交方式是肛交。尤其危险的是肛交中被射入HTV携带者精液的一方。肯斯利（Kingsley）等人在1987年研究了2000多名男性同性爱者。开始他们均未携带艾滋病毒。一年之后，参与接受性肛交（即被插入）的人中，11%感染上艾滋病毒；而参与插入性肛交的人中则只有0.5%感染上该病毒；其余未参与肛交的同性爱者，一年后均未查出艾滋病毒（Kingsley et al., 1987）。

由于肛交在男性同性爱者中间很普遍，因而这些人都处于危险之中。其中有些同性爱者倾向于有多个性伴侣，也使艾滋病的传播加快。在艾滋病流行的初期，男同性爱者的专用浴室则成了一种"放大系统"（这种浴室今天皆已关闭）。一群携带有HIV的人迅速将病毒传播给他人，后者再将病毒传播给更多的人，就这样越传越多。

混用针头

艾滋病最常见的非性传播模式是混用带有HIV的注射器针头。一个染有艾滋病的人用过的注射器别人再用时，残留在血液中的HIV足以使第二个人也染上艾滋病。这种情况在静脉注射吸毒者中间是比较常见的。这样传播的艾滋病在美国占17%（男性病例中的15%，女性病例中的53%）。他们是最有可能将艾滋病传给异性爱者的人。另外70%的艾滋病例（78%为男性）是男性同性爱者或双性爱者。这些数字表明，男同性爱者比静脉注射吸毒者多。然而，在有些城市中，静脉注射吸毒者占了艾滋病例中的2/3。混用针头的风险不比肛交低。

现在，越来越多的人已意识到艾滋病的威胁，男同性爱者的行为已有了很大改变。在旧金山，男同性爱者和双性爱者中艾滋病毒的传播已显著地下降，或许其他大城市的同性爱群体也是这种情况（但旧金山市一半的男同性爱者已染上了艾滋病毒）（Dowdle, 1987）。不幸的是，艾滋病仍在吸毒者中间（约75万人处于危险之中）肆虐地传播。不像同性爱男性，吸毒者四处游击，很难对其进行教育转变。让瘾君子使用洁净针头的尝试目前没什么进展；也有人反对这种做法并对此感到愤怒。

现在有迹象表明，艾滋病患者正逐渐集中到一些少数族裔——静脉吸毒和混用针头比较普遍的人群，例如，黑人和

图 5.11 鉴于混用针头是HIV传播的普遍模式，许多组织已经采取行动缓解这种状况。像艾滋队（the AIDS Brigade）这样的团体致力于为吸毒者提供洁净的针头以注射。

西班牙语系的拉丁美洲后裔占美国总人口的17%，但其艾滋病患者却占了总数的39%。美国卫生部长在1987年宣称，在美国，每4个艾滋病患者中有1个是黑人；大约一半的年龄在30岁以下的患者是黑人或西班牙裔；超过一半的艾滋病婴儿是黑人，1/4是说西班牙语的人（《纽约时报》，1987年7月9日）。艾滋病的威胁使原来负担就很重的人群雪上加霜。

异性性交

女性和"正常的"男性也可能染上艾滋病。在美国，1987年成年艾滋患者中男性占93%，女性占7%——总数为30 160个男患者，2205个女患者（Rubinstein, 1987）。而在非洲中部的性别比却接近1:1。

早在20世纪80年代初期，就有人研究了异性爱者中的艾滋病患者（Piot, 1984）。这些病例在1983年还只占总数的1%，到1987年已达到1.8%。现在看来异性爱者中的艾滋病似乎并不似早期预言的那么可怕，大部分异性爱者未必会受到危害。

这种看法曾受到性研究者马斯特斯、约翰逊和克洛德尼（Kolodny）的挑战。1988年，他们调查了800名性生活活跃的成年异性爱者，发现在过去5年里有6个性伴侣以上的人中，已有6%染上了艾滋病毒。根据这一结果和其他有关的数据，他们得出结论：艾滋病已经占领了异性爱者大军的滩头阵地，并以惊人的速度向纵深发展。

这三位研究者的结论和建议曾受到公共卫生专家和新闻媒体的严厉批评。他们的调查结果和其他大多数流行病学家采用大样本所获得的数据出入很大。例如，在布菲（Boffey）于1988年对2500万献血者和300万军人的检查中，发现感染率只有不足1%，并且两年之中未见变化。

希尔斯特（Hearst）和胡雷（Hulley）在1988年详细报道了关于异性爱传播艾滋病的概率。他们的结果听起来让人不那么害怕了。他们认为真正的危险根据不同情况而异。在一个极端，即最危险的情况下，与一个感染有HIV的人在不使用避孕套的情况下交媾，感染HIV的概率是1/500。与这样的性伙伴交媾超过500次以上，感染的概率则上升到2/3；而在另一个极端，与HIV检测呈阴性的人交媾并使用避孕套，感染的概率为1/50亿。而在这两个极端之间，与一个不属于高危群体但又不了解其感染状况的异性交媾一次的危险大概只有1/500万（相当于驾驶10英里遇车祸身亡的概率）。不过这样的预测结果也许会被视为太乐观了。

尽管使用避孕套和限制性伴侣数量仍然是很重要的措施，但是否感染艾滋病看来却与同谁交媾的关系更大。起码美国的情况是与此相符的，差不多所有通过异性爱而被感染的艾滋病例（占全部艾滋病例的4%），其性伴侣中都有吸毒者、双性爱男性、出生于非洲或海地（在此二处，异性爱传播艾滋病是极常见的）的人。这一人群大多集中于一些城市的贫穷黑人及说西班牙语的拉丁裔人口中间。在我们对于异性爱传播艾滋病的机制了解清楚之前,乐观主义和谨慎的行为相结合才算是一种理智的对策。

异性伙伴中性活动的类型也和艾滋病的危险有关。即使在男女交媾过程中,女性受男性的感染也比男性受女性感染的可能性大:精液带有较多的 HIV,并且吸附在阴道之中;而阴茎受阴道液浸润的时间毕竟相对短一些,并且阴道分泌物中病毒的含量也少。同理,女子"品箫"也比男子"品玉"的危险性大。肛交的危险性更大,这是由于直肠黏膜与阴道黏膜在结构上的差异所造成的。直肠壁更易于使病毒通过;并且阴茎(或手指)插入直肠也比插入阴道更易于造成微小的撕裂,艾滋病毒正是由这些裂口进入血液循环的。AIDS 病毒同样也能附着在直肠黏膜的特定细胞上,并以之为立足点四处传播。

为什么异性交媾在非洲中部比在美国更容易传播艾滋病呢?一种原因可能是非洲其他性病发病率高,如软下疳、梅毒等都会导致生殖器溃疡,遂为 HIV 提供了更多的入侵口。即使是在美国,到 STDs 诊所就诊的生殖器溃疡病患也比其他患者更可能感染艾滋病,虽然这种患病概率仍是很低的(Quinn et al., 1988)

输 血

输血传播艾滋病的问题已引起大众普遍的重视,因为这是对广大患者(包括儿童)的一个潜在的威胁。没有哪一个人会主动选择输血,所以通过输血而染上艾滋病就显得比通过危险的行为染上更加不公正。因为对于参与还是不参与一种危险的行为,当事者是拥有选择权的。

自 HIV 被成功分离以来,美国已有 500 多名因输血而染上艾滋病的人了。而在过去的 10 年里,美国共有 3000 万患者接受过 1 亿单位的输血。**血友患者**(hemophiliacs)(美国共有 2 万名)每周都要注射一种血液凝固因素,所以也面临着更大的危险。1%的艾滋病病例发生在血友病患者中;而在患艾滋病的儿童当中,有 6%曾经是血友病患者(Klein 和 Alter,1987)。

通过认真地检查献血者,血库及医院已经将这种危险降低到小于十万分之一。许多人为了保证绝对安全而选择在做手术之前将自己的血液贮存起来以供需要。

母婴传染

到 1987 年底,已有大约 750 名美国儿童患上了艾滋病。除其中的一小部分是由于输血而感染外,其余大部分(70%)系在母腹中受感染。而这些儿童的母亲绝大多数是吸毒者,并且 4/5 出自黑人和西班牙语系拉丁美洲后裔(Eckholm,1986)。

感染有艾滋病毒的妇女如果想怀孕则面临一个极大的困难。妊娠本身可引起妇女体内免疫系统的改变,这种变化能使染有 HIV 的人加剧发展为艾滋患者;此外,孕妇传染婴儿的概率高达 50%(Hatcher et al.,1986);哺乳还可能会给婴儿带来额外的不幸。但是目前还没有对孕妇进行强制性常规艾滋检查。关于孕妇是否要作检查属于很复杂的问题，后面我们将另行讨论。

事故传染

人的未破损的健康皮肤能有效地阻止感染异物的入侵，这和人体开口处（如口腔、鼻腔、肛门、阴道及尿道）的上皮黏膜不同，后者是易受侵害的。事故性传染艾滋病毒涉及污染液与皮肤黏膜或损伤部位的接触。

据报道，到1988年已有14名医疗卫生工作者在工作中受到艾滋病毒的感染，其中8人系因处理污染针头时皮肤被针头扎破；2人因手受伤且接触污染血液时未戴手套；1人因污染血液溅到脸上。现在的医生、牙医、护士、实验室工作人员及急救人员在处理受污染液体时，都带有保护性手套、脸罩及眼镜。特制的注射器及塑料制的实验室容器也会大大降低事故性传染HIV的危险（Pear,1987）。

怎样防止传播

同染有艾滋病的人接触时，到底有多大的保险系数？美国级别最高的公共卫生官员，卫生部长库珀将军在1986年的报告中说："你不会通过偶然的接触而感染艾滋病——如握手、拥抱、礼仪性亲吻、哭、打喷嚏不会传染艾滋病；游泳池、浴盆或公用餐馆（即使厨师或招待得了艾滋病）也不会传播艾滋病；马桶坐垫、门把手、电话听筒、办公室机器或家具甚至公用床铺、毛巾、杯子、餐具等也都不能传播艾滋病；献血是绝对安全的；从来没有发生小孩在学校因同学得艾滋病而被传染的事情；狗、猫及其他家养动物不传播艾滋病；昆虫如蚊子（尽管它吸食含HIV的血后该病毒能在其体内存活几天）也不会传播艾滋病。"（Koop,1986）

艾滋病的症状

艾滋病并不是一种简单的疾病。它是HIV感染达到最严重程度时的一种综合征。这种艾滋病毒使人体无法防御其他的感染，因而实际上许多种症状或疾患都与艾滋病有关系（Groopman,1988）。美国疾病控制中心将HIV感染的过程分为四个阶段，所以艾滋病的症状也分为四种类型（图5.12）。

第1类

构成金字塔的基底。感染有HIV和已产生抗体的人属于第1类。大部分人根本无任何症状或只表现出感冒之类的症状，如发烧、疲劳、肌肉痛等，一般在感染后2~6个星期内出现。抗HIV的抗体一般在感染后两个月内出现，但一般要在感染后半年到一年才能达到能够检查出的水平。在此阶段，还不能算得了艾滋病，并且的确有人尽管染上了艾滋病毒却从不发病。但是，这时的病毒携带者却可以将HIV传染给别人；在血液中尚检查不出抗体的时候，这些人的艾滋检查结果呈阴性，所以这些人是"沉默的病毒载体"。

第 2 类

处于第 2 类的人仍没有显著的临床症状，尽管此时感染已完全成立。实验室检测出血液内的抗体，并能看到辅助性 T-4 细胞数量的减少——此乃免疫系统已开始遭到破坏的证据，患者尚不能觉察到。

第 3 类

发展到第 3 类的人已确定无疑地感到不适了。身体各处的淋巴结肿胀——如在腋窝、胯部及脖颈等处可以摸到皮下的一些肿块——已构成**"淋巴结肿综合征"**（lymphadenopathy syndrome，LAS）。此外，患者还会出现持续性发烧、盗汗、腹泻、体重锐减、疲劳，以及发生一些不常见的感染，如酵母对口腔的感染（鹅口疮）、酵母对阴道的感染等，有时还会出现水痘病毒的复活，导致痛苦的皮肤症状（带状疱疹）。

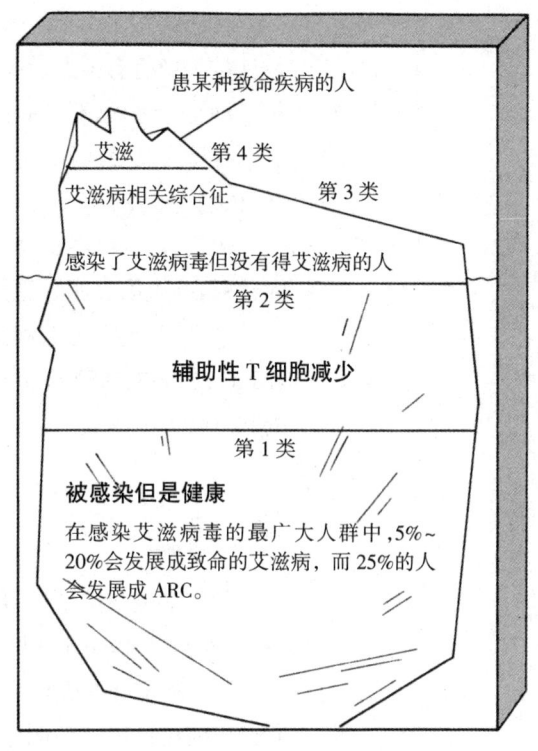

图 5.12 艾滋"冰山"

这些症状被称为"艾滋相关复合症"（AIDS-related complex，ARC）。一般来说没有生命危险，除非腹泻和失重到了非常严重的地步。可怕的是病情进一步发展成为第 4 类。

第 4 类

只有第 4 类症状才叫做艾滋病。它引起**卡氏肺囊虫肺炎**或者引起**卡波济肉瘤**。这两种都是致命的疾病。肺炎的症状集中在胸部，表现为咳嗽和呼吸困难；卡波济肉瘤是一种皮肤癌，外表为大小不一的蓝色或棕色皮瘤，触摸并无痛觉。

大量的其他**"机会性感染"**及其他癌症使第 4 类症状进一步复杂化，如可导致脑膜炎（meningitis）、结核病（tuberculosis）及弓浆虫病（toxoplasmosis），等等。由于 HIV 可以入侵神经系统，所以艾滋病开始时甚至表现为一种神经或精神疾病（Price 和 Forejt，1986）。

上面这四类症状构成一个"冰山"（图 5.12）。第 1 类和第 2 类包括所有受感染的人，都在"水面以下"——他们一般不表现出显著的临床症状；第 3 类、第 4 类已有明显的症状，所以构成冰山的水上部分。一座冰山看得见的只有这么一点儿。

一般认为，出现第 1、2 类症状的大部分人最终都将发展成为第 4 类。如在 1987 年发现，起初染有 HIV 的人在 5 年之内有 20%~30%发展为艾滋病。同样，患 LAS

(第3类)的人在5年之内发展为艾滋病的约占30%(Kaplan et al., 1987)。现在的估计数字：所有染上HIV的人在10年之内至少有50%将发展为艾滋病。时间再长，我们实际上已不可能预测多少染有HIV的人将发展成艾滋病了。

确诊为艾滋病(第4类症状)的患者，50%将在确诊后18个月内死去；80%将在36个月内死去。

但是，奇迹也不是没有。有的男性感染上HIV10年有余了，却仍未表现出任何症状；一些人虽表现为完全的艾滋患者，却已存活了6年甚至更长的时间。看来研究一些人能抵抗艾滋病的原因和研究另一些人不能抵抗的原因是同等重要的(Altman, 1987, 1987)。从长远来看，随着人类找到越来越多的新药和疗法，艾滋病的状况将大为改观。

检 查

如何知道谁携带有HIV及谁得了艾滋病呢？前一个问题需要筛检大批人群；后一个则要由医生来诊断单个个体。

有一种检查方法对上面的两种目的都很有帮助，即所谓**"抗体测试"**(专题5-3)。我们以前讨论过，血清中抗体的存在可作为一项间接的可靠证据，表明人体已感染了HIV。病毒一旦进入人体，就会永久地停留其中，所以，若抗体测试结果呈**阳性**，也就表明已受到感染了。

抗体测试法本身是很精确的，但用作检测艾滋病却并不完善。抗其他同类病毒的抗体会导致**假阳性**结果；另一方面，抗HIV的抗体也可能因检测不出来而导致**假阴性**结果。请记住，抗体产生到能检出的量是需要时间的。所以，一个真正的阳性结果也只能表明潜在的艾滋病，尤其是当被检查者并无任何症状的时候，所以无须过分担心。抗体测试结果不能预知HIV携带者在将来是否一定得艾滋病。

咨 询

阳性抗体检查结果，对受检者的精神来说是一个相当大的冲击，所以在交谈时必须慎重。这些人必须得到很好的帮助，使他们能够应付此结果在感情上及现实中所带来的一切后果。

许多人自认为将有生命危险，从而在心理上陷入焦虑、恐慌、愤怒、绝望之中。艾滋患者还会有额外的心理负担；通过性活动被传染的人会伴有悔恨和罪恶感，甚至可能还憎恨使自己感染上HIV的人——而他(或她)却可能是自己深爱的伙伴；有的人会觉得自己"肮脏"，对别人来说是危险的，因而害怕别人的拒绝……总之，知道自身体内生活着一种时刻危及生命的病毒会对人产生深远的影响，它会改变人对未来的憧憬，影响所有的人际关系——尤其是那些亲密的关系及性关系。

专题 5-3
艾滋病血液检查

艾滋病检查实际是检测血清，即血浆去掉各种细胞之后的上清液。第一级检查称为"酶联免疫吸附检测"，简称ELISA（读音"爱丽莎"）。ELISA非常灵敏，差不多能将所有感染HIV的人都检查出来。但由于太敏感，在用此法检查诸如献血者这样的低危人群的时候，容易造成许多假阳性结果。

若ELISA检查呈阴性，则可认为未感染HIV，但要考虑到生产足够量的抗体需要一定的时间这一因素。若ELISA检查结果呈阳性，则需要在同一血清样品上再重复两次检测。若重复的两次中仍有一次呈阳性，则总结果将定为阳性；若重复的两次均呈阴性，则总结果将定为阴性。换句话说，ELISA检查呈阳性的人，意味着对他/她的同一血清的三次检查中至少有两次呈阳性(Saah, 1987)。

ELISA检查只是一次粗筛选。ELISA结果呈阳性的人仍需要另一种更专业的检查才能定性。第二级检查现在常见的方法为"蛋白印迹检测法"或"沃斯登印迹法"（Western Blot，以下简称为WB）。WB能检测出存在的抗体是否专一地作用于HIV抗原。其他特异的检测方法正在摸索之中或小规模地试用着，如RIPA法依赖同位素；IFA法依赖组织培养的感染细胞；抗原检测法则依赖单克隆抗体。限于技术和费用，这些方法在今天尚不能大规模地投入使用。

当ELISA检查呈阳性时，若WB检查仍呈阳性，则可确定受查人已感染了HIV；反之，若WB检查时呈阴性，则受检者有可能没染上HIV——但是他（她）必须在等待6个月之后再重复一次WB检查，在此期间，他（她）的血不能为别人输血，他（她）要控制自己的行为，像真的染上HIV的人那样为自己和别人负责。若6个月后的重复检查结果仍呈阴性，则表明他（她）未染上HIV病毒。

两级筛选（ELISA和WB）的程序费用很高，一般只用于ELISA持续阳性的情况。因而，WB检查无法影响假阴性的比率，但却能降低假阳性的出现率。若用ELISA检查低危人群的阳性率为0.25%，而用WB检查的结果呈阳性的却可能只有0.1%；但是这些阳性结果却是更特异地针对HIV而不是其他类似的病毒(Saah, 1987)。

此外，两级检查的意义还取决于受查者是属于高危人群还是低危人群。前者如献血者，他们不太可能染上HIV；后者如静脉注射吸毒者，他们很有可能染上艾滋病毒。对于高危人群，有时HIV的感染率达到30%~70%，ELISA检查的阳性结果差不多总被WB检查所证实，所以准确度也是很高的；而对于低危人群来说，如果用ELISA检查1000万人，25 000人呈阳性(0.25%)，后者再用WB检查，只有1万人显阳性(0.1%)。这意味着15 000人被ELISA错判为阳性(假阳性)。对于这些人来，这决不是一件小事。

用ELISA在低危人群中大量筛选的结果会使许多实际上未感染艾滋病毒的人被无辜地贴上"携带者"的标签。由此所带来的个人及社会心理上的一系列后果是不堪设想的。所以，检查大批量的人群会引起很严重的社会问题和政治难题。

在帮助人们应付检测结果呈阳性这一事实时，有两点是很重要的：第一，要让人们懂得，抗体测试结果呈阳性并不意味着得了艾滋病。尽管这些人在未来的6~8年里每三个人中就有一个会发展成为艾滋病，但是却无法预知是谁。一项阳性结果并不等于宣判了死刑。当然，它的确会带来严重的后果，但是面对这些新的情况，可以更完整地体会人生，并且在需要的时候，也可以较为体面地为死亡作好准备

想一想

如果你是一位大学校长，你会让学生自愿接受艾滋检测吗？

(Gonda 和 Ruarke, 1983)。

第二, HIV 检测阳性结果表明这个人是可以通过亲密的性接触、混用针头、育儿、献血、捐赠精子, 或器官捐献等方式而传染给别人的。任何人都没有权利把危险带给别人, 至少在别人不知情或不情愿的情况不能把 HIV 传染给别人。一个病毒携带者有义务预先把自己的检查结果告诉自己的性伴侣, 并说服对方配合采用诸如"安全性交法"之类的预防措施。

治 疗

尽管作了大量努力, 但至今人类尚未找到治愈艾滋病的方法, 也无法将 HIV 从患者体内驱出。不过有两类药物正在试验当中:(1)抗病毒物质, 以阻遏 HIV 的繁殖;(2)免疫系统刺激物质, 以图重建被损坏的免疫系统。

现在最有希望的药物为**"偶氮胸腺嘧啶"**(azidothymidine, AZT)。这是一种抗病毒因子, 向 ARC 患者(第 3 类)施以此药能降低发展成艾滋病的概率(Shilts, 1988), 也能显著减缓卡氏肺囊虫肺炎患者的症状, 并延长其生命。AZT 干扰艾滋病毒的 RNA 向 DNA 的转化(逆转录), 从而阻断 HIV 的繁殖。AZT 很有效, 但却不能根治。

还有一些抗病毒性质的药物(如 ribavirin)目前正在研究之中。刺激免疫系统的物质包括一些**"白细胞介素"**(interleukin)和**"干扰素"**(interferon), 它们同时兼有抗病毒的性质。现在看来, 抗病毒类药物和免疫系统刺激类药物的结合是很有希望的, 尤其是对于治疗早期病毒对免疫系统的损害程度较小的病例而言。

艾滋病的代价

关心照顾艾滋病患者是要有所付出的, 虽然具体代价几何仍是未知。在这里, 我们同样要克服惯性和恐惧心理。

假设照顾一个艾滋病患者每年最多要花费 50 000 美元, 那么据估计到 1991 年, 艾滋病的花费将达到 109 亿, 一个相当大的总额, 尽管只是美国年度健康预算的 1.4%(Morganthau et al., 1987)。更广泛地说, 艾滋病将和癌症的花费一样大。

无论以何种方式, 直接的或间接的, 我们每个人都要为艾滋病患者的治疗付出一定代价。这些钱要么从更高额的健康保险费中出, 要么通过提高税率而从公共医疗补助中出。

私人保险公司担心为一种未经核查的艾滋病流行付出的花费会毁了他们的业务, 他们被指责抛弃了艾滋病患者, 拒绝他们的入险请求。保险公司则声称这种病在公司注册之前就已经存在了, 而且有些申请人是在发现自己被感染之后才提出入保的。这里再次出现同样的处境, 虽然总额很大, 但是在整个卫生保健花费中已经是中等的了:在一家大保险公司的卫生保险总支出中, 艾滋病保险所占的比例不到 1%。

即使这样,据估计,艾滋病的全部卫生保险金额将在 1991 年以前达到 100 亿每年(《纽约时报》,1987 年 7 月 13 日)。

更严重的是那些被排除在美国卫生保健体系之外的人的命运。据估计,约有 3500 万人没有医疗保险。当不幸染上一种灾难性的疾病时,他们不得不倾其所有,直到最终依靠公众救助。除了个人要为此付出代价之外,潜在于这一人群中的艾滋病例的激增也将给医院尤其是那些大城市的国立医院带来巨大的压力。为了照顾患病者,必须新建更多的医院,此外还需要更多的服务设施和人员,如

图 5.13 "名字计划"(the Name Project)制作了一条巨大的被子,目前由 44 000 块小被子缝合而成。每一方都是由死于艾滋病者的亲人和朋友爱心缝制而成的。"名字计划"是一个成立于 1987 年的国际性非营利性组织。

收容所、护理站、家访员等。上述每种措施都需要面对大量的问题。除非对现行的卫生保健制度进行修补(比如说建立一套国家健康保险),那些需要关心的艾滋患者实际上能得到的关注将是严重受到限制的。

预防艾滋病

对付疾病最理想的办法是防患于未然。对于传染性疾病,最好的方式是避开传染源或加强身体的防卫系统。**疫苗**保护则是早在身体受到微生物(包括病毒)入侵之前就刺激人体产生抗体,而不是等到入侵之后再临时产生反应。

疫 苗

有些物质被称为**抗原**(antigens),它们在结构上与一种致病的微生物相似,但对人体却是绝对无害的。当把某种抗原预先植入人体内后,它刺激人体产生的抗体能够将后来侵入人体的致病微生物杀死,所以我们就说人体已具备了某种免疫力。例如,牛痘病毒导致牛生痘。但若将牛痘(vaccinia)病毒植入人体,它所导致产生的抗体却能保护人类不受天花病毒的侵害。所以,牛痘病毒成了预防天花的疫苗。这是最成功的例子[也是人类历史上第一个疫苗,所以"疫苗"一词(vaccine)便由此而来],它最终使人类在世界范围内消灭了天花。

制造其他一些病毒的疫苗并不容易,导致流感的病毒就是一个例子。这种病毒变异太快,对付它就像对付一个永远移动的靶子。艾滋病毒(HIV)的情况也是如此。尽管科学家们目前正在研制着几种疫苗,但我们很难说一种安全有效的艾滋病疫

苗何时才会问世(Scarpinato 和 Calabrese,1987)。

安全性交法

目前,避免参与危险行为和使用安全性交法仍是对付艾滋病的唯一可靠的策略。

如果你不是静脉注射吸毒者,那么事实上能使你染上艾滋病的途径只有性接触了。你若能严格实行下面三条中的任何一条,都将绝对不受艾滋病的侵害:

绝对禁欲;

从 1977 年(美国出现艾滋病的年代)起,你只与严守单配偶制的性伴侣(你们俩都没有其他的性伴侣)发生性活动;

与一个新的性伴侣建立单配偶制的性关系,前提是你们均未感染艾滋病毒。这种情况要求你们的 HIV 检查呈阴性,并均未在最近一年与可能携带病毒的人发生过性关系。你必须绝对信任自己和你的性伴侣,若有半点疑问,你们均需等待一年后重查 HIV。在此期间,你们可以使用安全性交法,但避免生殖器直接接触或体液的交换。这意味着你们只能局限于拥抱、爱抚、"干"吻,以及不直接接触精液或阴道液的互相手淫(Kaplan,1987)。

这些都是很严酷的戒律,并非每一个人都愿意执行。正像我们后面将要讨论的那样,人的一生中所参与的每一项活动都或多或少地承担着一定程度的风险。避免空难的唯一途径是不乘飞机;从艾滋病方面来讲,唯一真正安全的性生活就是上面这些。

现在我们所熟知的所谓"安全性交法"更准确地应该被称为"比较安全的性交法"——这些方法只在某种程度上是安全的,并不是绝对保险(Uline,1987)。当然,我们应该承认,这是文字上的问题。交通工具和机器虽通过了"安全"检查,但也并不完全保险,而只能说已符合某些法规的要求。"安全"或"保险"的意义是什么,只好由你自己来确定了。

你一旦超越真正的安全性交的范畴,受艾滋病毒感染的机会就完全由你自己的性行为来决定了——与多少人性交、性交几次及更重要的,和什么人性交等问题都成了至关要紧的事。**较为安全的性交方式**包括:阴道性交或肛交时戴避孕套;口对阴茎接触(口交),在射精时短暂中止;口对阴道接触(舔阴)时使用牙医用的乳胶薄膜,以防止唾液和阴道分泌物混合;干吻。**不安全的性交方式**,从最危险的说,便是无避孕套状态下的肛交(对接受方来说尤其危险);无避孕套状态下的阴道性交;口对肛门刺激;没有采取保护措施的口交;口对阴道接触(Gong,1987;Ulene,1987)。

最近几年,避孕套备受专家和大众的青睐,人们纷纷称赞它在预防艾滋病(及其他性病)方面的贡献。实验室测试的结果也的确表明 HIV 不能穿过橡胶(乳胶)制的避孕套(但能穿过用动物小肠制作的一些"天然"避孕套)。因此,避孕套配合杀精子剂可提供双重的保险。但是,即使双重保险也并不意味着绝对的保险。应该指出的是,避孕套在预防艾滋病方面不会比其在避孕方面的效果更好。我们将在第7章讨论,避孕套作避孕用时,失败率为2%~10%。换句话说,完全依靠避孕套的妇女每年会有10%的人怀孕。避孕套在预防HIV方面的失败率恐怕不会更低。杀精子剂能提高避孕套的预防效果,但目前尚不知道能改良多少。杀精子剂必须放入阴道,而不是涂在避孕套的里面——后者容易使避孕套在性交过程中从阴茎上滑脱。总之,使用避孕套预防HIV和避孕一样,有很多要领。正确掌握要领,效果才理想。

当然,最最关键的还在于你跟谁发生性关系。如何选择爱侣,下面几条简单的法则是应该知道的。第一,你的性伴侣受感染的可能性越大,你被传染的机会也就越大。静脉注射吸毒者作为性伴侣,无论对男性还是女性都是危险的;对女性来说,双性爱男性远比异性爱男性更危险(至少是同样危险)。染上其他STDs的男女都更容易染上艾滋病毒。甚至地理上的差异,即住址的不同也存在着感染概率上的差别。虽然没有任何一个州、市获得艾滋免疫的恩赐,但某些地区的确比另外一些地区有更高的发病率。例如,1987年,在每100万名居民中,纽约城和旧金山市的艾滋病例都在100例以上;而芝加哥有96例;美国其他大部分地区每100万居民中只有53例艾滋患者。因此,有人推断:一个性活动频繁的人在高发病区比在低发病区感染HIV的可能性更大,即使性伴侣数量相同(这只能适用于那些性生活活跃的人,仅仅是在纽约或旧金山生活并无此类危险)。表5.1归纳了决定一个性伴侣危险性的各种因素。

第二,你的性伴侣越多,以及你的性伴侣的性伴侣越多,你们性接触的危险性就越大(Goedert et al., 1987)。已经感染了艾滋病毒的人,再接触艾滋病毒也容易加速艾滋病症状的发展。温克尔斯坦(Winkelstein)等人于1987年调查了1034名生活在旧金山海湾地区的单身男子(25~34岁),发现49%的同性爱者和双性爱者的HIV检查呈阳性;而那些性伴侣数在50个以上的人,71%呈阳性;当时尚未发现异性爱男子感染HIV的例子。

卖淫者无论男女都是很危险的,因为他们都有很多性伴侣,并且多为吸毒者。至少现在有些妓女倾向于要求她们的顾客使用避孕套,以减少感染艾滋病的危险。一些调查并未将妓女列为艾滋病传播源(Rabkin et al., 1987)。看来妓女传播艾滋病的可能性更多地要看她是哪里的妓女,例如尤林(Ulene)于1987年报道,艾滋病检查呈阳性的:纽瓦克(Newark)的妓女中有57%;而亚特兰大或科罗拉多泉城的妓女中只有1%;赌城拉斯韦加斯的妓女甚至没有一个检查结果呈阳性的。

第三,参与不安全性活动的次数显然也是一个重要因素。即使一次(甚至10次)未加防护措施的肛交也未必一定传染艾滋病,但你参与的次数越多,感染的危险也就越大。

表 5.1　估测性伴侣传播艾滋病的风险

	没有风险	低风险	高风险
性伴侣的数量	没有,或者1971年以后只有一个(一夫一妻制)	少	多
性伴侣的偏好		异性爱者或同性爱女性	同性爱者或双性爱男性
使用障碍避孕法		总是使用避孕套	很少或从不使用避孕套
艾滋抗体检测结果	呈阴性,且过去的6个月没有性接触	呈阴性,且过去的3个月没有性接触	呈阳性,或未检测
STDs 病史	没有	没有	有
使用毒品	未主动或被动吸毒	未主动或被动采用静脉注射式吸毒	自己或伴侣使用静脉注射式吸毒
输血	未输血或血液检测呈 AIDS 阴性	输血但未测试	多次大量输血,未检测
居住地		艾滋病低发区	艾滋病高发区

From Art Ulene, *Safe Sex in a Dangerous World*, New York: Vintage Books, 1987, pp.64–65.

冒险行为

驾驶摩托车要远比驾驶汽车(和骑自行车)危险得多。在美国,1988年每1000名摩托车骑士中就有1人死于交通事故;而相比之下,每6000名汽车驾驶员中才有1人死于车祸(Hatcher et al.,1988)。同样,我们每天所参与的职业活动和娱乐活动也各有其相应的危险系数。所以,我们可以毫不夸张地说:生活就是冒险。参与一项活动的机遇、频率及动机决定了我们的冒险行为的模式。生活中的冒险度可能与生活的需要有关(如职业中的冒险),但也可能是纯粹出于我们自己的选择。这都是由复杂的心理及社会因素决定的。

性行为当然也有一定的危险度。仅在美国,每5万名女子中每年就有1人死于骨盆感染,这当然是通过交媾而获得的;另外每年每1万人次怀孕就有1人死亡(第6章)。性传播疾病,尤其是艾滋病的存在大大加剧了性活动的危险程度。

现在轮到每个人来作理智的选择了。首先你要了解足够的信息,然后决定为自己的性生活付出多大的代价,冒多大的风险。你必须尽保护自身的义务而衡量有关的利害关系。就拿避孕套来说吧。有些人觉得并无不便之处;而另一些人则认为其失败率无法接受,用尤林的话说:"此时失败的代价意味着染上一种无法医治的病"。如果没有完全保险的条件,禁欲成了一些人唯一的选择;而另一些人则认为禁欲过于严苛。至少对你自己来说,应该在心里算一算到底要冒多大的险,尽可能地知道自己行为的后果,尽可能地清楚自己行为的动机。

想一想

一个已经感染了艾滋病毒的个人,如果他仍旧参与到可能将病毒传染给别人的行为中的话,社会应该怎么对待他?

性的愉悦

面对艾滋病毒,有两种非常不好的反应,一种是忽略并否定,进而危及自身和他人。另一种则是从此禁欲。如果每一个性伴侣都有可能是一个致命的感染源,每一次性邂逅都纠结于一些乳胶制品当中,这样的游戏也就不再具备什么浪漫含义了。

关于禁欲和安全性游戏,要说的话是很多的,但是如果你愿意像生命中的其他事情一样算计着寻找机会,那么就必须谨慎地参与到更安全的性行为当中去。必须意识到,除了性交或者生殖器之间的直接接触之外,还有更多关于性亲密关系的内容。通过把注意力放在整个身体的情调潜力上(通过身体亲近、爱抚、拥抱和爱情的表达),将丰富我们的性关系,在某种情况下可以导向神交而不是性交,"干"性而不是"湿"性,感性而不是性感,将为我们在艾滋时代提供我们所需要的安全保障。

相似的,我们要关切而不是压迫式地询问性伴侣的过去,从而不用就诊就能对疾病的信号保持警惕,在保证现实主义的同时也让浪漫延续。

应对性传播疾病需要有大量的教育,对有风险行为作出根本性的改变,并厉行自我约束。艾滋病向我们的社会和我们每一个人提出了巨大的挑战,我们将在后面的章节中再次回到这个问题。

第二部分 性与生殖

第6章 怀孕与分娩

第7章 避孕与流产

米开朗琪罗(Michelangelo)的《母与子》(*Mother and Child*)

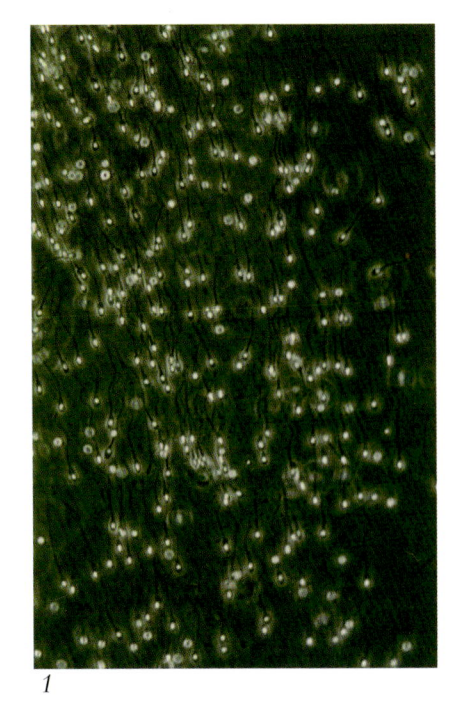

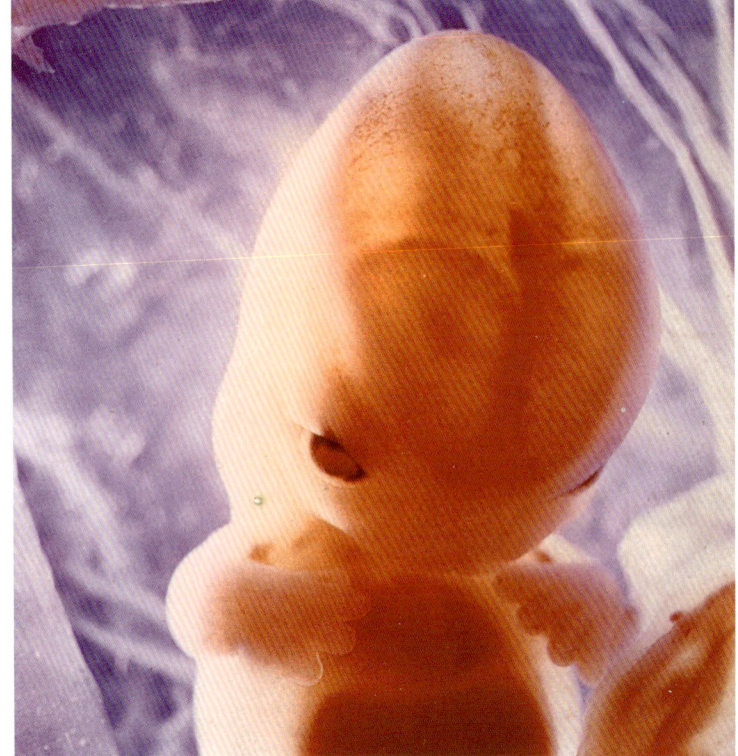

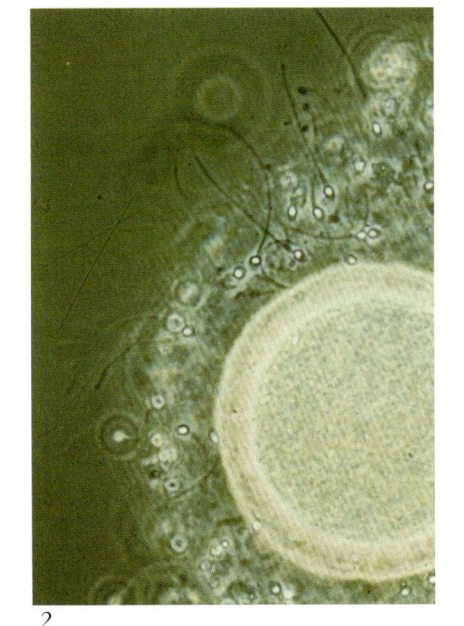

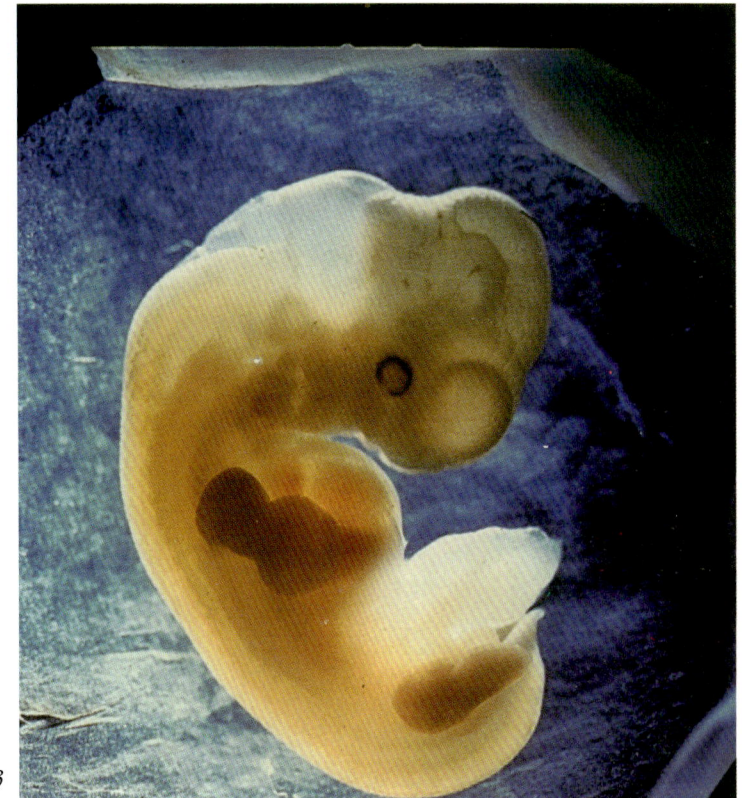

彩插 1　迁徙中的精子
彩插 2　卵子和精子
彩插 3　6 周时的胚胎
彩插 4　6 周时的胚胎

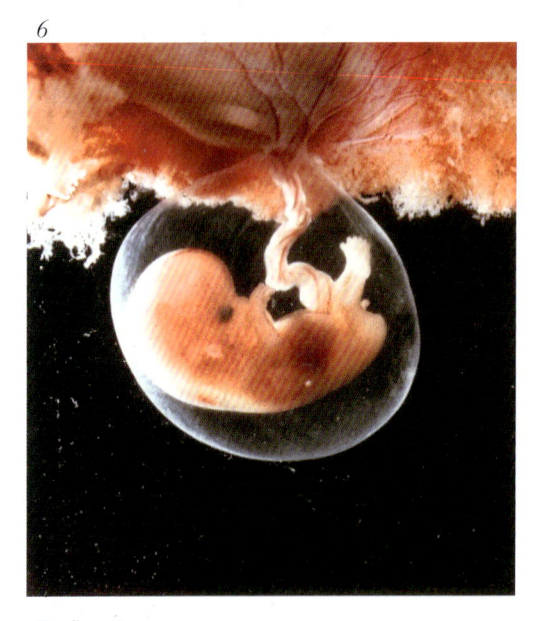

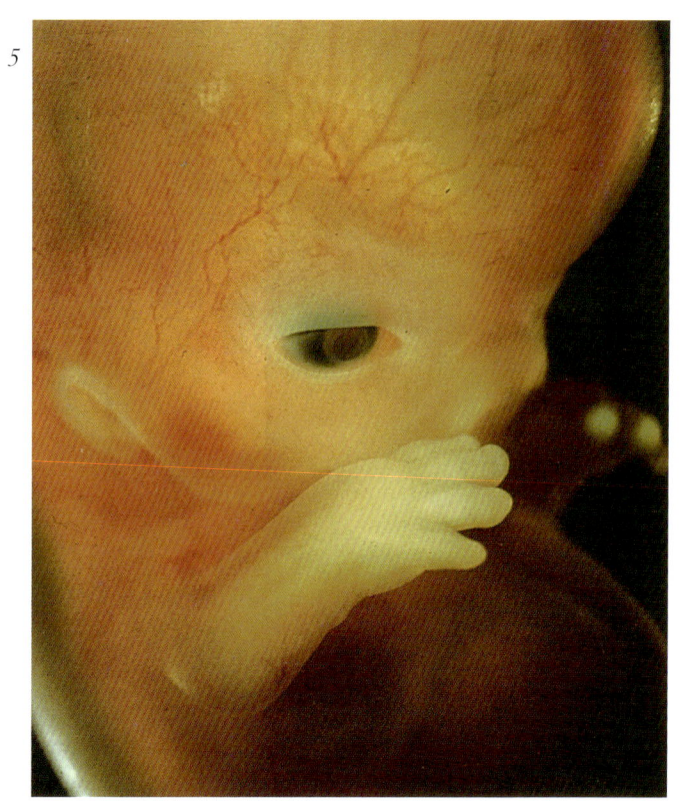

彩插5　2个月时的胎儿
彩插6　2个月时的胎儿
彩插7　3个月时的胎儿
彩插8　4个月时的胎儿

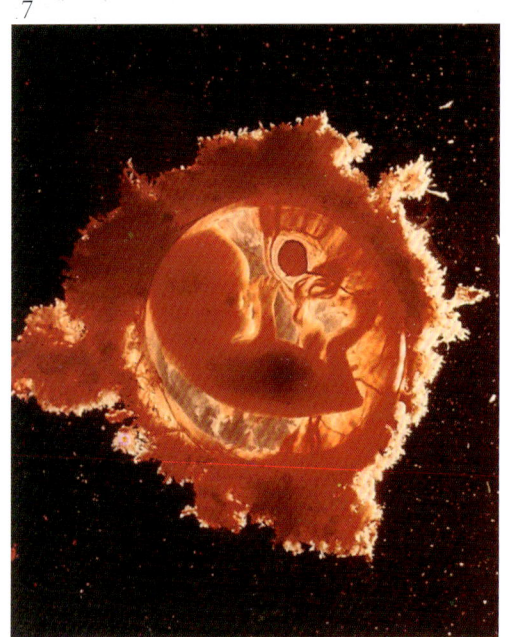

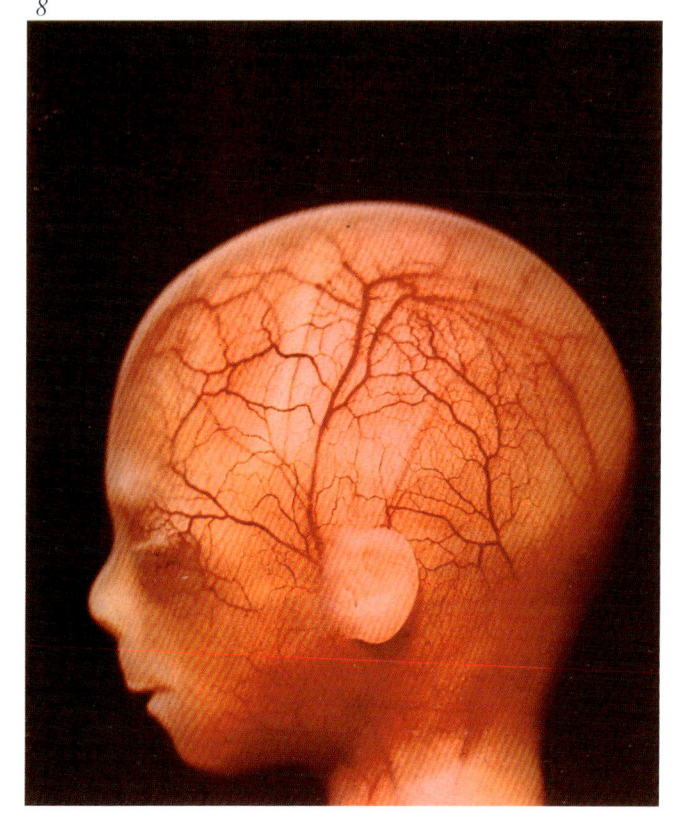

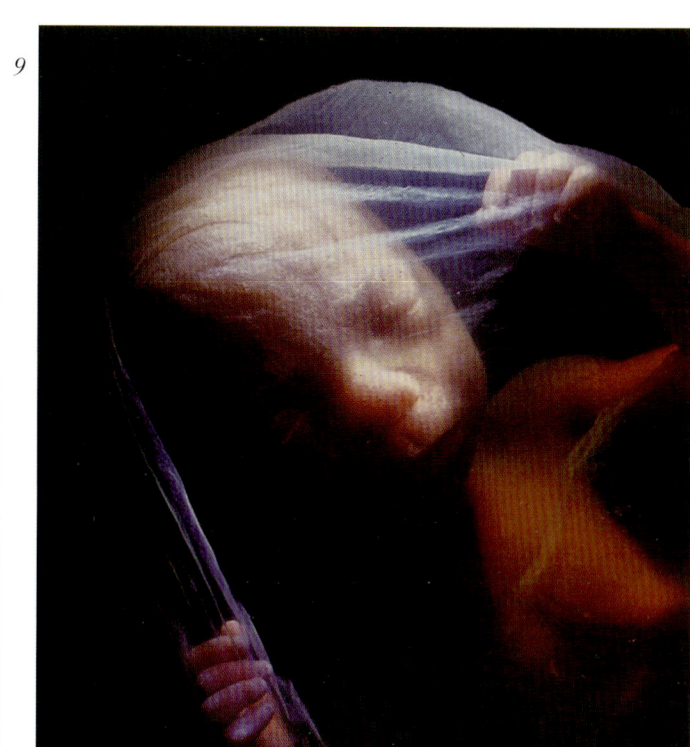

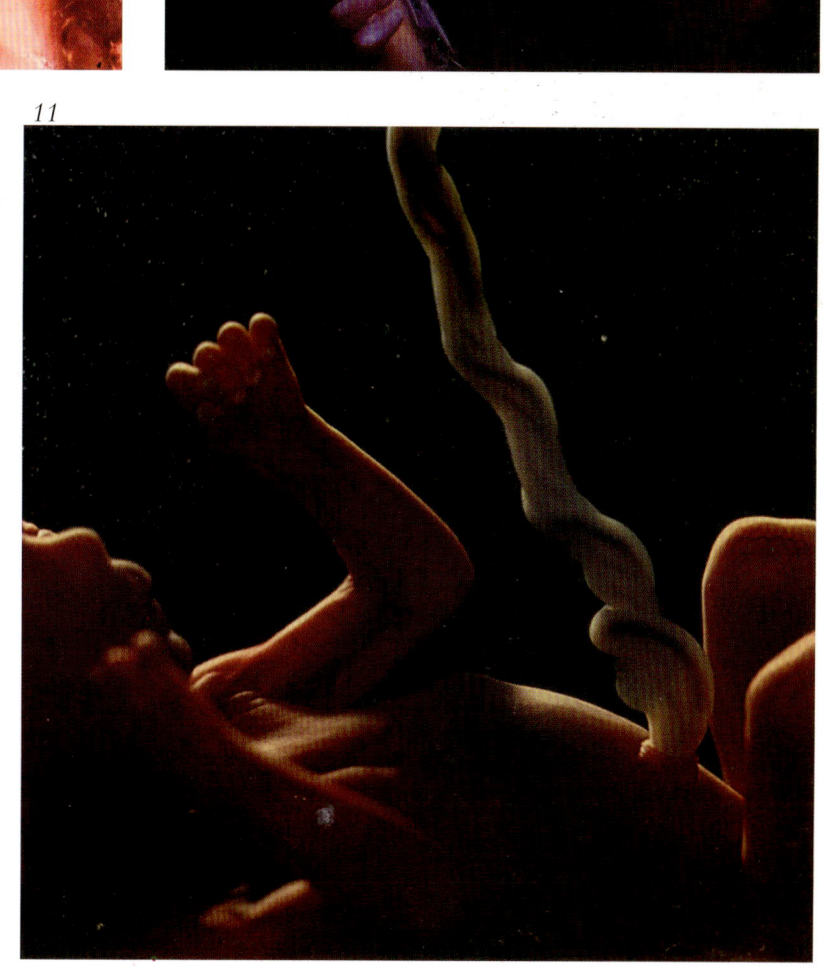

彩插9　4个月时的胎儿
彩插10　4个半月时的胎儿
彩插11　5个月时的胎儿

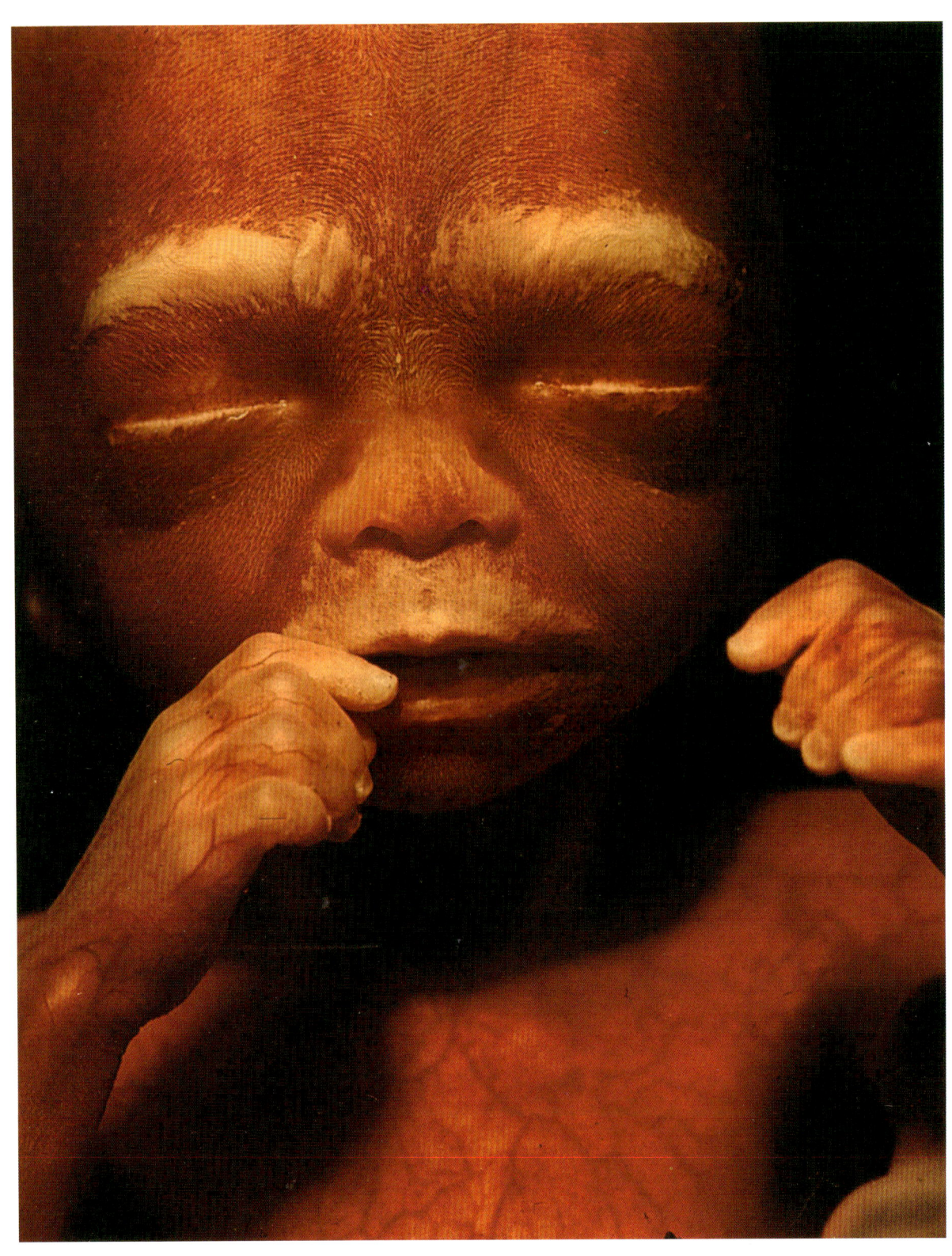

彩插 12 5个半月时的胎儿

第 6 章

怀孕与分娩

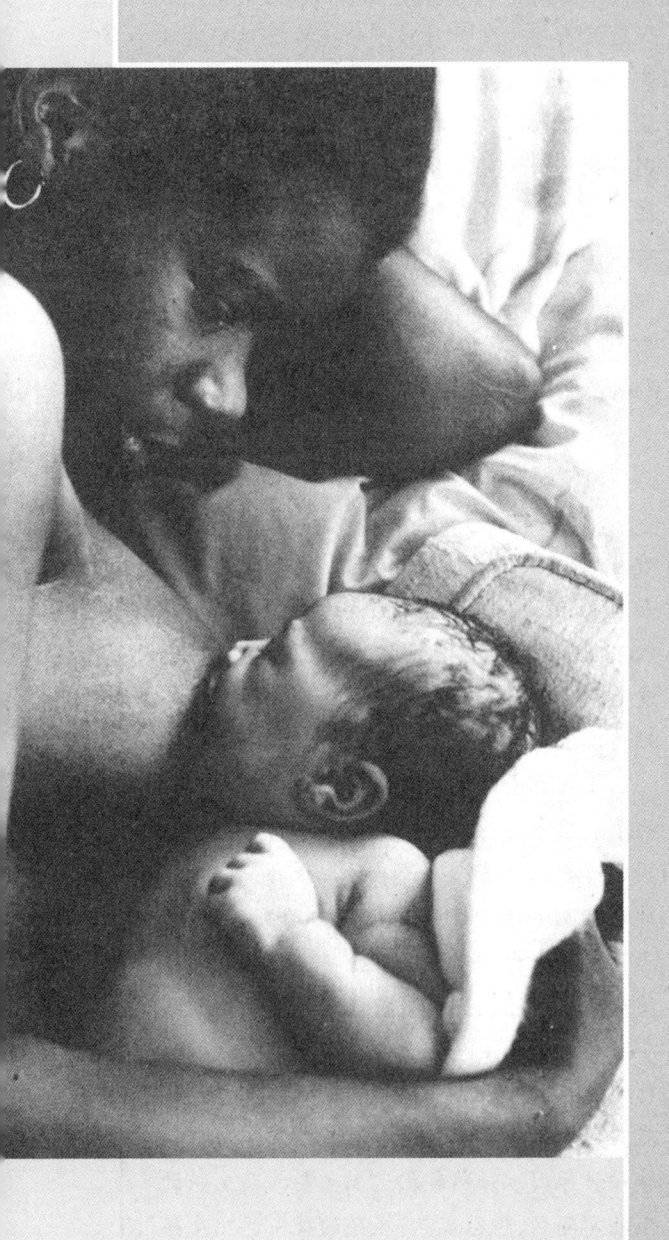

6.1 受　孕
6.2 妊　娠
6.3 新生儿的诞生
6.4 产后期
6.5 产前护理
6.6 妊娠并发症
6.7 不孕症

"上帝赐福于他们,并使之子孙满堂,幸福美满。"
——《创世记》1:27–28

生儿育女的渴望深藏于人类本性之中。繁衍后代不仅对个人，对于整个人类来说都是最重要的事情。性行为满足了男女的许多欲望，但只有生育儿女才具有更重要的生物学、心理学及社会后果。在人类，为人父母的严肃性是无与伦比的。

然而，做父母并非人之义务，出于不愿或其他原因而不能生育的人也非绝无仅有。为人父母的渴望未必总能实现。一方面，美国有10%~15%的已婚夫妇不能生育；另一方面，在美国，大约50%的怀孕是意外怀孕，其中1/4会选择自愿流产（Hatcher et al., 1988）。

怀孕并不意味着就成为母亲，同样的，使女性受孕也并不意味着就成为父亲。在这里我们会简要提到成为父母亲的感受，我们将在讨论成年期的性发育时详细描述这种感受（第9章）。我们也会关注父母身份这样一个话题中的新趋势。虽然大部分小孩出生于已婚家庭或者父母双方的关系较为稳定，但是有一小部分——并且这部分的数字在增长——单亲父母倾向于独自抚养小孩，也有些同性爱关系的恋人选择共同抚养小孩（第13章）。

在人类历史上何时弄清性交和生殖之间的因果关系，迄今仍不得而知。两者之间的关系远非显而易见。甚至到最近，对处在文化闭塞中的人们来说，这仍是一个谜。例如，南太平洋特罗勃利恩德群岛（Trobriand）的岛民们仍以取乐为性交目的，而把受孕看成是胚胎精灵由阴道或头部进入妇女体内；又如新几内亚的基瓦伊人（Kiwai）把受孕归因于妇女吃的某些东西（Ford 和 Beach, 1951）。即使在人们了解了生育的本质之后，"迷思"仍然存在着。尽管如此，早在《圣经》时代，牧人们就已经将兽群的交配与春天小兽的诞生联系起来了。

人们之所以要生孩子，除了生育儿女所包含的性生活享受之外，还存在许多强制性的因素，其中部分是社会经济方面的原因，而更多的则是个人及心理方面的原因。就传统观念来看，孩子已经成了家庭的主要财富。世代延续有赖于父母对孩子的抚养及孩子对双亲的照料。与此相似，孩子是父母对氏族、种族团体及国家的一种贡献；反过来，成为父母则被认可为成熟的、受过完整训练的社会一员。虽然在现代工业社会中，孩子作为父母未来生活的一种保障已经变得越来越不可能，但来自父母及社会的强大压力，足以使这些年轻的成人们成为父母（Pohlman, 1969; Fawcett, 1970）。

除了这些显而易见的外在因素外，强大的心理力量也是促使人们生儿育女的因素之一。尽管难以给"父母本能"下定义，要证实甚至更难，但这一表述却能恰当地表达出人类生儿育女的深沉而又原始的强烈欲望，即使这样做的回报尚不明了或其代价高昂。爱孩子，被孩子爱，与他人分享这种爱，以及由孩子带来的纯粹的欢乐是别的人生体验无法比拟的。

生儿育女给父母造成的负担及由此引起的不利后果，丝毫不亚于其所带来的奖赏。美国所有的妊娠有一半是非计划性的，许多有计划的妊娠也是由种种错误的动机所驱使：为了维持一种靠不住、摇摆不定的婚姻而诱使对方与其达到一种更持久的关系；维护某个成年男子或成年女子的身份；增强自尊心；作为成年的一条捷径；生养孩子打发时间；还有其他用不正当手段操纵别人以及纯粹自利等种种原因。虽然我们这里主要涉及生殖的生物学问题，但很显然，生殖的含义远比生殖生理学广阔得多。

6.1 受孕

一个精子与一个卵子的结合标志着一个新生命的开始，或称**受孕**(conception)*。对一个有生育能力、性欲旺盛且又想要孩子的妇女来说，达到受孕一般平均需要6个月。在排卵期间一次性交有21%的机会可以导致怀孕。大约有90%的女性在尝试一年之后成功怀孕，另有5%需两年时间(Trussell 和 Vost, 1987; Hatcher et al., 1988)。有的妇女第一次性交后就会受孕，而有些人则可能要结婚10年以上才能如愿以偿。

* 有关胚胎发育的讨论以胚胎学为基础，尤见 Moore（1982）和 Sadler（1985）。

精子的历程

在精曲小管内形成的精子，随液流经睾丸管道流入附睾。精子在附睾得以完全成熟，并且获得迁移的能力*。然后，精子通过输精管到达射精管。在射精的过程中，精子与精囊和前列腺中的分泌物混合，成为**精液**(semen)。这些分泌物提供营养物质和介质，以增强精子的流动能力。最后，精液通过尿道排出。在此以前，精子都是借助管道系统的收缩来运行，尔后，它们必须自食其力向前进（彩插1）。

一次射精的精液量有 2~3ml（相当于一茶匙），内含精子3亿~5亿个，射出的精液大部分来自精囊和前列腺（精液的特殊气味源于两者的分泌物）。精液呈白色，半凝胶状；但短时间内重复射精，精液会变得越来越稀薄。精液暴露于空气中会凝固。

* 前列腺分泌物中富含酸性磷酸酶（acid phosphatase）。阴道中的这种物质通常被用做法定断定性交的推断证据（比如在强奸案例中）。

射入阴道中的精子先向子宫运行，而精液中大部分液体则滞留于后。假如性交时女方仰卧并保持这个体位，精子就会有更多的机会抵达宫颈并且进入宫腔；为进一步增加受精的机会，继性高潮之后，阴茎可在阴道中停留一会儿工夫。假如宫颈和阴道的分泌物是强酸性的，精子会很快被破坏，甚至在弱酸性的环境中，精子的迁移也会停止。

精子通过其尾部鞭样摆动，以每小时 1~2cm 的速度运行，但是精子一旦通过子宫颈，则会得到子宫和输卵管肌肉收缩的帮助。性高潮时的子宫收缩是否对精子有吸引作用，从而推动其运行，尚不得而知。实际上，精子需要通过在月经期大部分时间都堵塞着子宫内膜入口的宫颈黏液形成的栓塞。精子一旦通过子宫进入输卵管，就逆头发样结构（纤毛）产生的液流迁移，完成其最后2英寸左右的旅程。纤毛产生的液流可推动卵子向相反的方向运行。

射精几小时后，精子到达受精部位（该部位通常位于输卵管的外侧1/3处，见图 6.1），完成全部行程。运行开始时精子有数亿之多，但仅有50个精子能最后到达目的地，最终只有一个精子能与卵子结合。

卵子的迁徙

排卵时,成熟的囊状卵泡(即格拉夫卵泡)突出于卵巢表面。囊状卵泡内充满液体,囊壁变得非常薄。此后,卵子自卵泡内游离,漂浮在液体中。在排卵时,卵泡通过卵巢表面,卵泡壁破裂,卵子在液流中被伞端的蠕动作用带入输卵管,剩余的卵泡壁后来成为黄体。

卵子一旦进入输卵管,就开始慢悠悠地游向子宫,历时3天,大约迁移3~5英寸。与精子不同,卵子缺乏自我推进的结构。它的输送完全依赖于输卵管的纤毛运动。卵子如未受精,则在随后的月经中排出(Kaiser,1986)。

受精和着床

受精(fertilization)过程包含了精子和卵子的融合。卵子的寿命不超过1天,通常在排卵后12小时内受精。精子存活的时间通常也为24小时,不过一些精子使卵子受精的能力可达3天左右。冷冻的精子据说最长可活十年(这种精子用于人工授精我们稍后讨论)。因此,妇女若要受孕,必须在排卵前一天至排卵后一天期间进行性交。安全期避孕法基于避开有效受精期,但排卵日期不容易准确测定(第7章)。

到达卵子的精子被冠状体的纤毛固定在卵子表面,这正是为什么电子显微镜下精子显现在卵子表面(彩插2)。精子在穿入卵子保护膜之前需要经过进一步的变化。通过**精子获能**(capacitation)过程除去精子头部的外膜;随之,释放出多种酶融化卵子的外部屏障,从而开辟进入卵子的通道**顶体反应**(acrosome reaction)。通常,一旦有一个精子进入卵子,卵子会迅速产生反应,使别的精子不能再进入。偶尔有不止一个精子进入,但这样异常受精结果迟早会失败(Moore,1982)。

精子顺利进入卵子后,精子头部与其他部分脱离,精核与卵子结合,将各自的23个染色体混合,最后形成具有人体细胞特征的、含46个染色体的完整复合体,来自父母双方基因的重新组合决定了新生命的遗传特征,包括其性别(专题6-1)。

受精过程大约要24小时。受精卵[又称合子(zygote)]继续向子宫

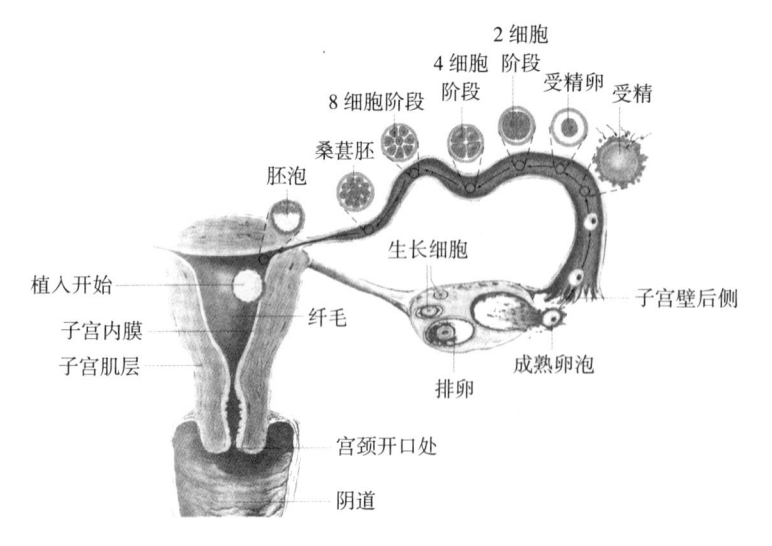

图 6.1 从受精到着床

专题 6-1
生男还是生女

胎儿的性别在受精时就已由精子的类别决定了。若授精的精子携带 X 染色体,则生女孩,若精子携带 Y 染色体,则会生男孩。

如果你能预先选择孩子的性别,你会这么做吗?这种尝试与有记载的历史一样古老。亚里士多德建议想生男孩的人们在刮北风时性交,若想生女孩,则在刮南风时性交。到了中世纪,这个公式变得更为复杂:若要确保生一个男孩,男方需要喝狮子血,并且在满月下进行性交(Wallis,1984)。

最近的尝试基于带 X 染色体的精子与带 Y 染色体的精子重量上的轻微不同。带 X 染色体的精子更重一些,而且在酸性环境中存活时间更长。另一个公式是:若想要女孩,则需在排卵前 2~3 天内进行性交,然后停止(因为含 X 染色体的精子较重,运行慢,恰好在排卵时进入卵子)。而若想要男孩,则夫妻必须在排卵时方可性交(带 Y 染色体的精子较轻,运行快)。假如妇女要生女孩,则上述时刻表应和酸冲洗、浅插入、不达到性高潮结合起来;要男孩的话,则和碱冲洗、深插入、体验性高潮相结合(Shettles,1972;Guerrero,1975)。这一方法现在已极不足取。

一种更有前途的方法是用一种溶液使精液在试管中沉积。在黏稠的蛋白液中,含 Y 染色体的精子会比含 X 染色体的精子更快沉到试管底;在胶状粉中则恰恰相反。在任何一种状况下,试管底的精子浓缩物都可以用来人工授精,以提高性别选择的成功系数。这一方法的倡导者宣称该方法有着 77% 的成功率(Ericsson 和 Glass,1982)。有些研究者成功地复制了这一结果,但有些没能做到。

对美国 5981 名已婚妇女的研究结果表明:假如用这个样本进行性别选择,从长远看来,其对男、女出生率比例的影响可忽略不计(目前是 105:100)。然而,因为那些妇女强烈倾向于第一胎生男孩,所以短期内可能造成男孩出生占优势,数年之后才会出现女孩出生的优势——前提是大多数伴侣都有一个以上的孩子。当向这些妇女问及是否有性别预选的必要性时,47%的妇女反对,39%表示赞同,另有 14%的妇女表示无所谓(Westoff 和 Rindfuss,1974)。

运行,约 30 个小时后,合子分裂成两个细胞,再由此二分四,四分八,依此分裂下去。虽然在最初的几天内,合子的体积没有明显的变化,但合子在到达子宫 3 天后就已成为一个叫**"桑葚胚"**(morula)的团块状细胞群。细胞排列在桑葚胚圆球的周围,其中央的空间充满液体。这种结构称为**"囊胚"**(blastocyst),它漂浮于宫腔,并在排卵后的 5~7 天的某个时间附着于子宫壁[**着床**(implantation)]。妊娠就由此开始了。着床的正常部位位于子宫(通常在子宫后壁),但子宫外妊娠的发生率约有 1/250。最常见的是输卵管妊娠。

两个卵子同时受精,则出现**双卵双生**(dizygotic twins)。若受精卵在着床前分裂,则会产生**单卵双生**(monozygotic twins)。遗传上看,双卵双生就像普通的同胞兄弟姐妹一样,而单卵双生个体基因组合相同,因此他们的性别总是相同,并且外表极为相似。双胞胎发生的概率通常是 1/90,其中 2/3 都是双卵双生。三胞胎

想一想

你如何从生物学的基础上判定一个成长中的有机体何时成为一个人?

通常5000胎中有一例,四胞胎为1/500 000。一胎生四个以上孩子是很少见的。第一例存活的五胞胎是迪翁(Dionne)姐妹,1934年5月28日生于加拿大。

6.2 妊娠

* 对怀孕的讨论以产科为基础,包括Pernoll和Benson(1987),Danforth和Scott(1986),以及Pritchard等人(1985)。

** 经认定的怀孕上限是349天(Haynes, 1982)。怀孕的可能时限,使得在推定父亲离开超过10个月以上的情况下为孩子确立合法性。在美国,法庭认定的最长法定怀孕期限是355天。

通常把九个月的妊娠分成三个时期*,在这期间机体不断生长,前八个星期称之为**胚胎**(embryo),以后则称为**胎儿**(fetus)。平均怀孕时间是266天,有的短些有的长些**。在36周(252天)之前出生的婴儿属于**早产**(premature),但是28周以后胎儿就可以在体外存活了。

妊娠早期

胚胎的发育

胚泡着床的时刻,子宫内膜正处于月经周期的分泌期。在胚泡内酶的作用下,子宫内膜表面被分解,随之胚泡进入,与内膜表面母体血管及营养物相连。排卵后第10~12天,胚泡牢固地附着于子宫壁上。但孕妇常常不知道自己正在妊娠,因为将停止的该次行经要过几天才到期。

这个时间对胚胎的存活是很关键的。**滋养层细胞**(trophoblast cell,将成为胎盘的一部分)开始产生**绒毛膜促性腺激素**。该激素能刺激黄体,并维持体内雌、孕激素的浓度。如果雌、孕激素水平下降,子宫内膜会因而脱落,随之胚胎消失。发生这种情况的妇女甚至根本意识不到自己已妊娠过(Yen,1986)。

在发育的早期,细胞不断分裂,形成一个空心的球体,有一细胞层穿过胚囊中心。胚胎的各部分最终将从这个**胚盘**(embryonic disk)衍生而来。周围的细胞发育成为胎盘及羊膜。后两者形成一个充满**羊水**(amniotic fluid)的液囊,胎儿就悬浮其中,在分娩前,胎儿一直受该囊的缓冲和保护。

受精后2周的最后一天,胚盘变成椭圆形。在这时期,肉眼仍难以看见胚胎。第3周,胚胎明显地分成三层:**内胚层**(endoderm)、**中胚层**(mesoderm)和**外胚层**(ectoderm)。内脏器官是从内侧的内胚层发育而来;肌肉、骨骼和血液是由中间的中胚层发育而来;中枢神经系统、皮肤和其他组织将由外胚层分化产生。

在此早期阶段,胚胎的头端发育比其他部位更快。到第3周末,可见到眼睛和耳朵的轮廓,脑和中枢神经系统的其他部分也已开始形成(彩插3);第1个月末,胚胎的心脏和消化系统已具雏形;第5周,手和脚的前体开始形成;到6~8周,手指、脚趾开始出现(彩插4),骨骼趋于成熟,小肠开始形成;性腺在第7周出现,但还不能明显区分男女(第2章)。

第8周末,即胚胎期结束时,所有重要组织的结构已出现;到第4个月,主要器官已充分形成,清晰明了的外貌正勾画出胎儿作为"小号大人"的特征(彩插5)。从这时起,胎儿的发育主要是进一步生长和分化。胚胎发育的过程,即由一群简单的细胞发育成复杂有机体的过程,这已成为贯穿人类历史的大量奇迹、猜想和研究的根源(专题6-2)。

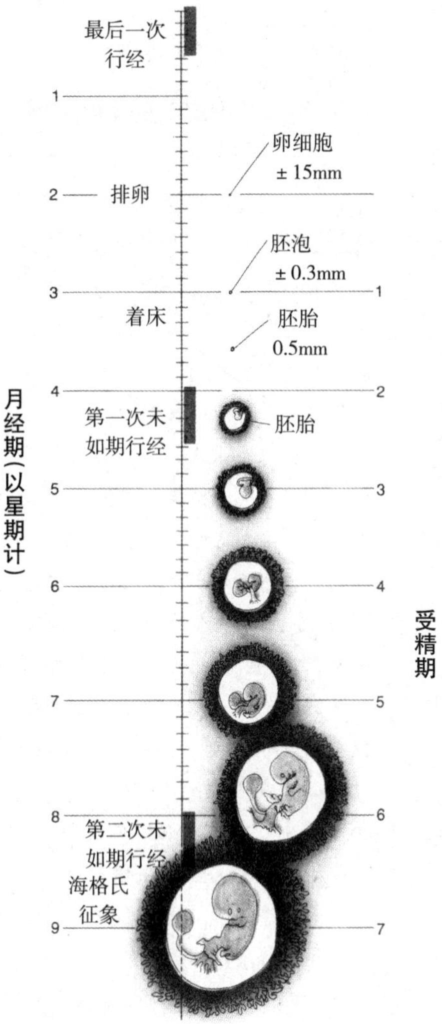

胎盘的发育

在胚胎生长期间,胎儿连于母体的生命线是**胎盘**(placenta)。胎盘从胎儿和母体两个组织中发育而来,最后生长成一个颇具规模的器官,约一磅重(450克)。胎盘给胎儿输送营养物质及氧气,带走胎儿排泄的废物,以此维持胎儿的生命(Knuppel 和 Godlin,1987)。这个运输过程是通过连接胎儿和母体循环系统的**脐带**(umbilical cord)来完成的(彩插6、彩插7)。营养物质和废物通过大量的毛细血管网状运动来运输和排除。胎儿的血液与母体血液非常接近,不过没有直接的接触和混合。

分开母体和胎儿血液的胎盘膜也会允许激素、电解质和抗体通过。对于一些可能对胎儿有害的物质,胎盘膜也会起到阻隔作用。但不是所有的有害物质都能阻挡,大多数药物都能通过它。这也是一些新生儿携带先天性梅毒和艾滋病毒的原因(第5章)。

胎盘同时也具有内分泌的功能,首先产生绒毛膜促性腺激素来维持黄体活性;此外,它本身还控制着雌激素和孕激素的合成。

图 6.2 生命孕育的头七周胚胎的实际大小及其细胞膜

妊娠早期的母亲

是什么让一名女性怀疑自己怀有身孕?妊娠有许多客观征象和主观体验。早孕最普遍的感觉是疲劳和昏睡(但也有些妇女感到精力旺盛、情绪良好)。女性在得知自己怀孕后,情绪在很大程度上因其所处的特殊环境而改变。如果她真切渴望受孕,她会有一种心满意足的感觉。如果出于某种考虑觉得妊娠不合时宜,则可能表现出担忧、愤怒或忧郁。

闭经是妊娠的征象。虽然所有妊娠妇女最后都会闭经,但还有许多其他原因可引起闭经,如过量锻炼、疾病、情绪影响等。有时,闭经的原因可能不明显。这种情况在 20 岁以下、40 岁以上的女性中尤为多见。反之,阴道血性分泌物的出现并不能排除妊娠的可能,因为约 20%的孕妇有少量出血的现象。短暂、轻微的出血与着床有关,通常无害,但也可能是流产的先兆。这种流血也可能被误认为是经期。

专题 6-2
胚胎发育假说

性交导致妊娠,这个发现确实非常重要,但它却并未揭开复杂的生命体怎样在胚胎期,由无结构的元素发育而来的奥秘。在现代胚胎学能阐明其机制以前,人们一直在猜测这个过程的本质。

亚里士多德认为,人的胚胎源于精子和经血的结合。前文字社会也同样产生过这样的观点。例如,东非的温达(Venda)部落认为,"红色元素"如肌肉、血是由母亲的月经衍化而来的(他们解释道,妊娠期的闭经是因为经血被发育中的胎儿吸收了);而"白色元素"——像皮肤、骨骼和神经则是从父亲的精子发育而来(Meyer,1939)。

随着17世纪显微镜的发明,人们能看到精子和卵子,由此,它们在生殖中所起的作用也就真相大白了。然而,精子和卵子两者都跟"人"大不一样,胎儿怎么可以在它们中产生呢?当时形成了两个学派来解释这个奥秘。卵源论者(ovists)声称:卵子中包含了一个很小的但已完全成形的婴儿,精子的功能

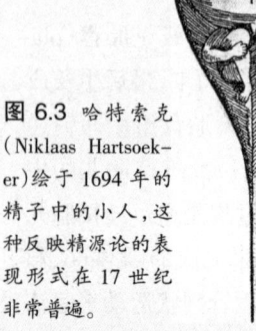

图 6.3 哈特索克(Niklaas Hartsoeker)绘于 1694 年的精子中的小人,这种反映精源论的表现形式在 17 世纪非常普遍。

仅仅是激活该先成婴儿的生长。精源论者(homunculists)持相反的意见,认为先成的婴儿存在于精子的头部,但要到精子到达适宜的子宫环境中方才开始发育。一些精源论者通过他们早期粗糙的显微镜观察,声称他们确实看到了精子内部的小人。

卵源论者和精源论者均属先成论者(preformationists),他们假设存在一个完全成形的雏体,其发育的过程仅仅是简单地长大。这不由得使人们进一步设想,人类世世代代,无论过去还是将来,都堆砌在彼此的体内,就像俄罗斯套娃似的。令人费解的是,我们现代遗传学的概念竟为这些奇谈怪论提供了一些佐证,即我们的遗传特性总是代代相传,从不间断。

先成论的影响根深蒂固。亚里士多德曾考虑发育的特征是分化而不是简单地生长。然而,直到19世纪,体现这种学说的后成论(epigenesis)才开始建立。这一理论认为,较简单的成分变成复杂的部分,只能在不断的生长和分化过程中完成(Arey,1974)。

早孕的其他征象包括乳房增大、触痛、尿频、大便无规律和阴道分泌物增加。妊娠最初的 6~8 周,大多数女性都会经历一种令人讨厌的**"妊娠晨吐"**(morning sickness)症状。早晨醒来时胃部不适,厌食,甚至对某些食物的气味极为反感。某些更严重的可伴随有呕吐,不愿接近食物。有些女性晚上出现这种状况。约25%的孕妇完全没有这种经历。每200例呕吐孕妇中有一例症状严重,非住院不可。该情况[称为**妊娠剧吐症**(hyperemesis gravidarum)]若不及时处理,可导致营养不良等严重后果。

妇科检查可提供更为客观的早孕依据综合征象:阴道、宫颈显示淡紫色[**查德威克氏征象**(Chadwick's sign)],妊娠第6周(即闭经后1个月)检查时可感觉到宫颈与宫体间有一柔软、可压缩的区域[**海格氏征象**(Hegar's sign)]。

偶然情况下,一些急切希望怀孕的妇女会在未妊娠的情况下出现一些妊娠症状[**假孕**(pseudocyesis)],如停经、晨吐、乳房触痛、骨盆有充盈感,腹部出现胎动感(腹

部肌肉收缩所致)。不过,客观指标的缺乏及妊娠试验呈阴性可辨别出并没有妊娠。

妊娠测试

临床表现,包括某些客观体征,仅是预测可能妊娠的依据。更为可靠的阳性鉴定取决于实验室检测出血或尿中**人绒毛膜促性腺激素(hCG)的存在**。正常情况下,该激素仅在妊娠妇女体内发现。

最初这些实验检查是这样做的:把含有 hCG 的尿或血清,注入雌性的鼠和兔,使这些动物排卵(或者注入雄性蟾蜍使其射精)。目前则是用免疫学实验检测该激素。这种试验方法简单、价廉,准确率为 90%~95%。

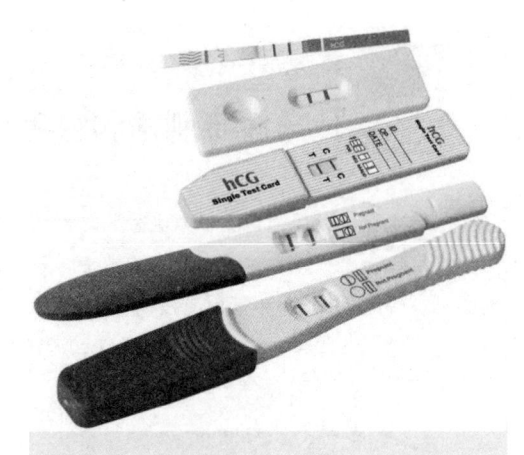

图 6.4 多种形式的 hCG 测试棒

妇女血样或尿样与特殊的化学物质混合后,如 hCG 存在,即使很微量,也能很快检测出。尿样 hCG 检测是最常用的妊娠试验,能在受孕后 7~12 天内检测出 hCG。而血液检测虽在受精后 6~8 天就能检测出激素,但因价格比较昂贵,较少应用。测定 hCG 最敏感的方法是**放射免疫测定法**(radioimmunoassay),其准确性实际可达到 100%,它能在怀孕后的第一周内就测出 hCG,这种方法能通过放射性抗体测出血浆中物质集聚的状况,从而得知是否怀孕。

另一种激素测定试验适于家庭使用,一般药房均有售。如果正确使用,能早在经期过后第 9 天测出孕妇尿中的 hCG。最近调查表明,家庭检测中的假阳性率仅为 3%,假阴性率为 20%。但若呈现阴性结果,可在 8 天后重复检测,那么准确率将上升至 91%(McQuarrie 和 Flanagan,1978)。

就各种妊娠检测而言,假阴性或假阳性的出现是难以避免的。那么最终确定妊娠就只能靠下列三种手段之一:(1)确证胎儿心跳存在;(2)胎儿骨骼的影像显示;(3)测出胎动。在检测技术尚未进展以前,上述征象常要在妊娠中期才能确定,现在可以确认得早一些。

内科医生能用普通听诊器在妊娠第 5 个月时听到胎心(胎心率是 120~140 次/分,能与其母亲 70~80 次/分相鉴别)。**胎心检测器**现有商品出售,目前最早能在妊娠第 9 周测出胎心,12 周后运用将十分可靠。

超声波检查(ultrasound)能提供影像学的证据。胎儿骨骼各部分对超声波脉冲有不同的反射,再将这些脉冲反射转换成影像,比通常 X 片清晰得多,甚至在超声波屏幕上也能看见胎儿的心跳。这种检测也更安全,因为它没有伤害胎儿的放射线。这两种技术都并非常规项目。但是在怀疑有复杂情况如胎头比骨盆开口大,巨大畸形和多胎时,用任何一种方法检查都是有价值的。例如,更多有关胎儿的信息可通过**羊膜穿刺术和绒毛活检技术**获得(专题 6-3)。

腹中的胎动常在妊娠第 4 个月底就能察觉,即胎动初感。那种感觉就像小鸟在

> **专题 6-3**
> **羊膜穿刺术和绒毛活检技术**

在某些情况下，尽早知道胎儿的状况是非常重要的。例如，由于家族病史或者母亲年龄的原因，胎儿可能会产生基因变异，那么早期诊断可以让父母要么安心继续妊娠，要么决定人工流产。在有些情况下，也有可能在不终止妊娠的情况下解决这个问题。

羊膜穿刺术（amnio-centesis）是通过分析羊水中的脱落细胞，而获得胎儿遗传信息的一种分析技术。步骤如下：首先用超声波测出胎儿在子宫内的位置，然后用一根长针通过腹壁进入子宫，抽取少许羊水，因为胎儿漂浮在羊水中，一些细胞会脱落其中。从羊水中得到脱落细胞，并加以分析。除性染色体 XX 和 XY 外，这些细胞其他染色体的状态和数量，当然还有小孩的性别，都可以相当准确地作出判断。

羊膜穿刺术是一个准确的操作，其对母子都是相对安全的，通常在妊娠 14 周后进行。羊膜穿刺术可检测出唐氏综合征（先天愚型）、神经管闭锁不全（脊柱封闭）、家族性黑蒙性白痴、囊肿性纤维化和 Rh 因子不相容等先天异常。羊水分析能够揭示出染色体、新陈代谢和血液状况方面有价值的信息。当染色体分析完成后，诊断出确有异常时，尽管在妊娠 20~24 周流产不再是简单而无危险的手术，妇女仍可选择流产来终止妊娠。那些选择继续妊娠的父母将有时间为额外的挑战作准备。

因为 40 岁的妇女比 20 岁的妇女卵子染色体异常的机会可能多 100 倍，所以羊膜穿刺术近来被推荐用于 35 岁以后妊娠的及以前怀过染色体异常的孩子的妇女，也可用于夫妻双方有某些遗传性家族病史的妇女。在美国，3% 的新生儿患有明显的先天缺陷。所以像羊膜穿刺术这样的操作牵涉到千家万户。

绒毛活检技术（chorionic villi sampling，CVS）是一种最新的技术，它从胎儿最外层的膜组织的表面取样。虽然它不能像羊膜穿刺术或者普通妊娠检查一样精确地检测出许多变异，但是它可以早在怀孕的 8 周内检测出一些状况（虽然通常会在 9 到 11 周进行），并且可以在几天内即得到结果（羊膜穿刺术则需要两周的时间）。这个时间可以让母亲选择在头三个月流产的方式，通常会更简单一些。绒毛活检的危险性并不明显高于羊膜穿刺，但是有 1%~2% 的概率会导致流产，特别是对年龄超过 35 岁的不易受孕的妇女而言（Brozan，1985）。

医生们现在可以直接从脐血管中获取胎儿血样，即在超声的引导下将针从母亲的腹部穿入到达脐血管。这种方法可以检测到更广泛的异常状况，从而尽早进行药物或者静脉治疗（Kolata，1988）。

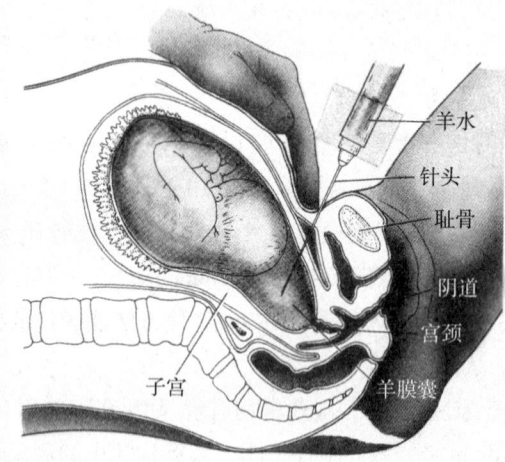

图 6.5 羊膜穿刺术

手掌中扑腾翅膀。胎动不仅证实了妊娠，也表明了胎儿是活的。

预产期

当妊娠确定后，人们关心的下一个问题就是：孩子什么时候出生？**预产期**（expected date of confinement,EDC)能通过下述公式计算:末次月经期头天日期加上 7 天减去 3 个月,然后加上 1 年。例如,末次月经开始于 1988 年 1 月 8 日,加上 7 天(即 1 月 15 日),减去 3 个月(即 10 月 15 日),然后加上一年,就算出预产期为 1988 年 10 月 15 日。实际上仅有 4%的婴儿在预产期这天出生,而 60%出生于预产期前后 5 天内。

妊娠中期

胎儿的成长

随着胎儿内部器官系统的进一步成熟,胎儿的体积也有明显增大。到第 6 个月底,胎儿的重量为 2 磅(约 900 克),身长约为 14 英寸(约 35cm)。这期间的变化特点是胎儿头皮上长有一层纤细的、暂时存在的**胎毛**(lanugo);起初,胎儿皮肤皱纹很明显,到了第 7 个月,皮下脂肪层开始生长,使胎儿看上去显得丰满。

妊娠中期结束时,胎儿的体貌特征都已较好地形成(彩插 8~彩插 12),能自发而有力地伸臂踢脚了(注意彩插 10 中胎儿在吮吸自己的手指)。胎儿觉醒与睡眠相交替。虽然宫内是一个很隐蔽的环境,但剧烈的吵闹声及母亲快速的体位变化,都会影响宫内的平静,引起剧烈的胎动。外界体温的变化不会影响子宫内的温度。宫内温度靠体内机制调节,维持在比母亲其他部位体温略高的恒定水平上。

妊娠中期的母亲

对许多妇女来说,妊娠中期是孕期最为愉快的时光。早孕时出现的恶心、呕吐、疲乏等不适症状已减轻,对分娩却还用不着过早地担心。

到了妊娠中期,怀孕更加确定,也更加显而易见了。因为随着腹部的膨隆,妇女必须穿孕服,而且妊娠体验也更真实了。妊娠 4 个月以后,母亲能感觉到更加强烈的胎动,胎儿在腹内拳打脚踢的情形,即使从腹外也能见端倪。母亲愈来愈清楚地意识到了腹中的胎儿,并开始与之建立情感联系。其他家庭成员也同样如此。这期间比先前舒服,也没有妊娠晚期的重负。孕妇在这期间,不论是工作、家务、体育运动或闲暇时光,都能积极参与,同时也保持着较强的性欲。

然而,妊娠中期也有不那么惬意之处。子宫增大所引起的压迫可导致消化不良、便秘,也同样可引起静脉曲张及痔疮,或使这些疾病加重。体液潴留导致下肢浮肿,孕妇体重也开始过度增加。

妊娠晚期

胎儿成熟

妊娠晚期是胎儿进一步发育成熟的时期。此间胎儿长得更结实,存活的可能性增大了。过了此期头一个半月出生的早产儿（提前 6 个星期左右），70%~80%能存活。

此期胎儿最初处于**臀位**。在宫内胎儿受到持续增加的挤压，位置不断变化，分娩时 97%的胎儿呈**头朝下位**。

妊娠第 9 个月，胎儿体重超过两磅，基本脏器，如肺已处于成熟状态，为出生后适应外界环境作好了准备。足月胎儿的平均体重为 7.5 磅（3.4kg），身长 20 英寸（50.8cm）。不过出生体重差别很大，通常在 5~9 磅之间（目前已知出生时最重的存活胎儿为 15.5 磅）。在美国，99%的足月新生儿都能成活。如果所有的待产妇和新生儿都能得到恰当的照料，这个数字还能提高。

妊娠晚期的母亲

在妊娠晚期，特殊的不适感逐步取代了妊娠中期舒服安宁的生活。大多数不适感是由于胎儿活动增多及体积增大，迫使母亲体内器官受压移位所致（图 6.6）。之前偶然出现的胎动转变成为不断地踢、摇摆和转动，使得母亲彻夜难眠。

如果孕妇的体重此时还不能控制，就可能会出问题。孕期最理想的是体重增加 24~27 磅（11~13kg）。妊娠 9 个月的胎儿平均体重为 3.4kg，其他重量增加如下：胎盘约重 1 磅（0.4kg）；羊水 2 磅（0.9kg）；增大的子宫 2 磅（0.9kg）；增大的乳房大约 1.5 磅（0.7kg）；以及母亲体内体液潴留及脂肪堆积，达到平衡后约为 10 磅（4.5kg）。孕期体重过度增加容易导致妊娠并发症发生率升高，如心脏负担过重和高血压等。

到了妊娠第 9 个月，孕妇常常焦急地期待着。她们猜测着新生儿的性别及其是否健康，对分娩过程也有焦虑。但身体健康并有适当准备的孕妇常怀着喜悦和期待的心情等待着新生命的降临。

心理层面

几乎任何一对夫妇都会对你说怀孕给他们带来了强烈的感情冲击。但对于怀孕的这个重要方面却几乎没有什么研究，例如情感状态的起伏，为人父母的身份和角色的形成以及关系的转换（Hittelman 和 Simons，1977）。

在许多女性的生命中，怀孕和分娩都是最重大的事件之一。分娩对于女性的健康、亲密关系、职业和成就感都有重要的影响。很少有其他的经历像分娩一样给女性的生活带来这样复杂的影响。大部分的社会传统要求女性履行生育的职能。但在工业社会，现代女性有更多的选择。不论女性作何选择都将会对她们的生活产生影响。

毫无疑问，对于女性而言，怀孕和分娩的过程是极大触动感情并对心理层面有很大挑战性的经历。而女性在怀孕和分娩的

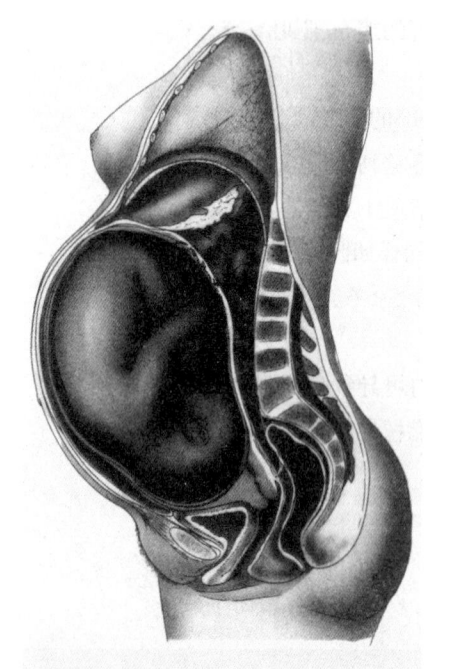

图 6.6 妊娠晚期的胎儿

过程中是满意还是痛苦在很大程度上取决于环境。在正确的时间怀上正确的人的孩子，与缺乏一个或者几个关键条件下的经历会有很大的不同。在之后有关流产和青少年发展的部分我们会讨论一些意外怀孕的情况。在这里我们仅讨论正常状况下的怀孕，虽然不是所有的怀孕都是在最理想的情形下发生的。

心理部分首先与身体变化所带来的体验相关。如前所述，在九个月的过程中，女性的身体要经历一系列相当大的变化，一些人的经历会相当的不舒服。对未知的期望和恐惧使她们产生了焦虑：我是不是生病了？我还能保持活力吗？分娩的过程会不会很痛苦？对许多女性而言，产生这类问题是很自然的。她们会特别关注婴儿的健康和安全：我的小孩正常吗？一个期待的母亲几乎无法避免疑虑，特别是出现一些轻微错误的征兆时。

另一些同样重要的问题与孩子的父亲——通常是丈夫——相关：我们的婚姻会有变化吗？我们能负担起这个小孩吗？他会仍旧觉得我有吸引力吗？有些女性担心分娩会让自己变得不够浪漫，不够性感，变得居家和平庸；另一些女性则希望孩子可以加强婚姻的纽带，加强丈夫的责任，或者让两个人的关系更完整。

最后，女性会担心自身：我能成为一个好母亲吗？我是否知道如何照顾孩子？这些担心会一直持续到小孩的青少年时期。对于职业女性来说，她们会考虑一些与未来相关的问题：孩子出生后我能有足够的假期吗？我能为他/她赚足够多的钱吗？我能否在工作和照顾小孩之间求得平衡？我的丈夫会承担多少责任？

妊娠期的性兴趣及性活动

妊娠期，孕妇在心理上和生理上都有显著变化，不言而喻，性兴趣与性活动必然受到较大影响。但在这方面，不同的人及妊娠期的不同阶段，情况又是千差万别的。总体而言，孕期性生活对孕妇与胎儿都是很安全的，然而，人们经常担心其会影响母亲的健康和胎儿的安全。

高潮会导致子宫的收缩，继而会影响胎儿的心率，有的孕妇会感觉到胎儿运动的增加，但这一影响的意义还不清楚(Chayen et al.，1986)。有些文化在怀孕的部分时间段甚至全程都禁止性交，有些文化则直到分娩之前都允许（Ford 和 Beach，1951）。在某些情况下，例如会有流产的危险时，预防和节制就是必要的了(Herbst，1979)。不过，夫妇妊娠期间的性生活应作出哪些改变通常是个人选择问题。

一些调查表明，整个妊娠期性交频率呈稳步下降(Pepe et al.，1987)。另一些研究却表明情况并非如此。在妊娠早期，孕妇对性生活的反应有很大不同，下降、不变或高涨不一而足。有些妇女因妊娠伴随着恶心、乏力及担心会影响胎儿，或是由于高孕激素水平的作用而性欲降低。但据报道，在妊娠中期，80%的女性性欲望及性反应增强(Masters 和 Johnson，1966；Tolor 和 Digrazia，1976)。妊娠晚期由于生理上的不便及身体不舒适，孕妇觉得性吸引力减弱(但并非所有的丈夫都有同感)，或害怕伤着胎儿等因素,性交次数减少(Calhoun et al.,1981)。

妊娠期的性活动对健康的影响主要有两方面,一是性高潮可能引起的流产和早产,一是感染的风险。如妇女有流产史或有流产先兆,例如阴道出血,高潮带来的危险就不可低估。若没有这些因素,性高潮与早产似乎关系不大(Perkins,1979)。如果有内膜破裂或者如果男性携带有性传染疾病,感染的危险就更大了。

妊娠期某些性生活的问题是容易解决的。在妊娠的最后几个月,采用"女上式"或"背入式"性交能消除生理上的不便,同时也能减轻对孕妇的压力。避孕套的使用有助于避免感染,尽管不能防御有可能使婴儿致命的疱疹。非生殖器性交的性行为如手淫或口淫的刺激能替代生殖器性交,但是这些性活动同样有一定的危险性,性高潮同样可能导致流产。将空气强行吹入阴道非常危险(一些人在口交时喜欢这样做),因为这样会使气泡进入孕妇血流而引起空气栓塞,这可能是致命的(Sadock 和 Sadock,1976)。

妊娠期性生活的健康问题是重要的,但决不能孤立考虑这一因素,因为孕妇本人的性需求及她的性伴侣的需求同样不能忽视。马斯特斯和约翰逊1966年访问了79位孕妇的丈夫,其中12位有了婚外性生活,这种情况被发现后对孕妇的刺激特别大。

性关系仅仅是怀孕改变夫妇关系的一个方面。在其他方面,女性的妊娠也可能影响那位未来的父亲。

为人父的经历

对于大多数男人而言,成为父亲是非常令人满意和高兴的经历。当然多数情况下,这也与怀孕时的夫妻关系和当时的社会经济状况相关。在相爱和谐的关系中拥有小孩会让男性拥有莫大的满足感,对于女性也如此;而在岌岌可危或者注定失败的关系中意外怀孕会让男性很无助。有些男人选择离开("这是她的问题。");有些男人则会被罪恶感和绝望压垮("我怎么会做这样的事?")或者生气("她怎能这样对我?")。

尽管在反应上会有不同,对于做父亲的期盼却可能在通常的几种方式下对男性产生影响。这种情况在男性第一次做父亲时更为明显,这里我们将重点讨论。

在心理层面,男性可能会把做父亲当做成为男人的一个肯定,就像女人把做母亲看做成为女人的肯定一样。他具有使女性怀孕的能力这一点成为他向公众展示能力的证据,除此之外,怀孕使得男性和女性都被赋予可生育的(generative)这样一个额外的评价,这是成年人的显著标志。因此男性会深感骄傲,自尊心也会增强。

拥有一个孩子不可避免地会改变一个男人对自我的看法,这一点也不亚于女性对自我看法的改变。在期待做父亲的责任时,他对生命的看法可能会完全改变。所有生命中重要的决定都要考虑到其对小孩的影响。

想一想

在一个女性怀孕期间、分娩时及产后,孩子的父亲应该扮演什么样的角色?

这些积极的反应同样也有消极的一面。大多数情况下,相互对立的情绪会掺杂在一起。对为人父母的期盼从来不是完全积极或完全消极的。

传统上,婚姻和为人父母被认为是给女性提供了安全和完满。对男人而言则往往意味着"束缚"。朋友们会开玩笑说这个男人放弃了寻欢作乐的自由。

现在,男人和女人都用期待成为父母的快乐来平衡自由的失去和随之而来的社会和经济压力。他们与一个共同的疑问作斗争:我能成为一个好家长吗?

在关系层面,夫妻双方具有显著的改变。有些丈夫与他们的妻子在平时的生活习惯太一致了,以至于也会承受孕妇晨吐和其他一些怀孕早期的症状。一项研究表明,23%的美国男性表示存在这类心理现象(Lipkin 和 Lamb,1982)。在一些前文字社会,还存在一种**父代母育风俗**(couvade),丈夫与妻子相配合,以赶走母亲和婴儿身上的恶魔(Davenport,1977)。

男人需要在身体和心理上作出改变以适应怀孕的妻子。那些很看重妻子身材的男人要作好准备,他们会看到发生的变化。有些男人对这种改变很兴奋,认为它让女人更性感。

怀孕让女性更关注内在,她拥有了一个身体内与之相关的小生命——这是男人永远也体会不到,因此也永远无法完全理解的。她对怀孕的关注及对胎儿的照料会让她疏远她的丈夫,但也有些夫妻的关系比之前更亲密。这种时候女性也可能会与她的母亲或女性朋友更亲近,这会让丈夫觉得他被疏离。

妻子身体上的一系列改变,全新的体验,对未来的无知会让怀孕的前三个月成为最考验男人的时间。妊娠中期会让他们暂时松一口气,孕妇的舒适会让男性不那么为她感到焦虑。怀孕的特征已经明显,这让他可以与妻子更直接地分享更多。例如,通过在她的腹部感受胎儿的运动,他可以与这个素未谋面的小人儿产生联系。通过超声波,他可以听到胎儿的心跳。他还可以与妻子参加产前训练班,与其他的父亲交流。

到了妊娠晚期,男人将面临一系列新的调整,随着出生日期的临近,将要发生的现实变得触手可及。妻子不再是过去那个灵活的伴侣了,不是他熟悉的做家务、工作、玩乐和做爱的配偶了。他还得面临新的问题,他的妻子即将成为母亲,她已经不仅仅是妻子、爱人、伴侣和朋友了。他开始在期盼中掺杂了嫉妒和羡慕。另一方面,也有与新生儿面对面的喜悦,更饱含对恢复正常夫妻生活或更美好生活的期盼,但是夫妻间的关系要回到与过去完全一样通常是不可能的。

6.3 新生儿的诞生

在分娩过程中,胎儿并不是主动地,而是被动地被排出产道,但以前却认为胎儿是主动踏入这个世界的。社会为帮助产妇分娩想了许多办法。文字产生前,坐位、蹲位、跪位通常是产妇理想的分娩姿势。但是也有用悬吊来帮助妇女生产的,或坐在篮子里摇摆(摇摆使胎儿滑下来);用烟熏阴道来助产。

习惯上,妇女在分娩时由**助产士**(midwife)助产。在欧洲,直到 16 世纪,男性都被严厉地排除在外,不许介入分娩过程。1552 年,汉堡一个叫武尔特(Wertt)的内科医生因装扮成女人偷看分娩而被绑在火刑柱上烧死。到了 18 世纪,医生们还是把照护产妇看做是有失他们尊严的工作,羞怯使他们无能力帮助分娩(Speert, 1986)。

随着 19 世纪现代医学的发展,在工业发达的国家里,分娩开始由医生接生,而且毫无例外在医院进行。近来医学界内外对此颇有异议,因为医院的环境使分娩成为非个人的、昂贵而多余的医疗程序(Arms, 1975)。结果许多可供选择的**自然分娩**方法受到了提倡,产妇可选择在家里或分娩中心生产。**分娩中心**具有常规的医疗设施,而没有医院那种受到诟病的弊端,也具有家中的氛围。另一方面,医院对其受到批评的规章制度也作了一些改进。

图 6.7 中,一位助产士正在为一位孕妇作回访。护理助产士都是经过训练的,从怀孕期到接生,再到产后护理,她们都将全程协助,并提供关于性活动的咨询。她们大多数都配合产科医生工作。

分娩过程

分娩的日子来临了,待产妇能体验到间歇的、不规则的子宫收缩,称为**假产**(false labor)。在分娩前 3~4 周,胎儿下降到腹部较低位置。随后是子宫颈变软及扩张。通常分娩开始前阴道会有少量血性分泌物排出,称为**见红**(bloody show),这表示宫颈的黏液栓被排出。分娩开始于此后的数小时,也有的长达数天。

分娩过程是由规则而有节律的子宫收缩组成的,在阵痛中宫颈扩张,并在高峰时将胎儿、胎盘、胎膜娩出。最近的研究表明,触发分娩的是胎儿而不是母亲(Daly 和 Wilson, 1978)。分娩起始的确切机制未完全明了,但已知有许多种激素参与此过程。胎儿肾上腺产生激素作用于胎盘及子宫,增加前列腺素的分泌,从而引起宫缩,启动分娩。催产素是母体垂体后叶合成的一种激素,于分娩的后阶段释放,刺激子宫,增强其收缩力,从而娩出胎儿。催产素的作用取决于雌激素,在怀孕晚期,子宫会对催产素的反应越来越大(Rall 和 Schleifer, 1985)。

分娩可分为三个阶段:第一阶段,时间

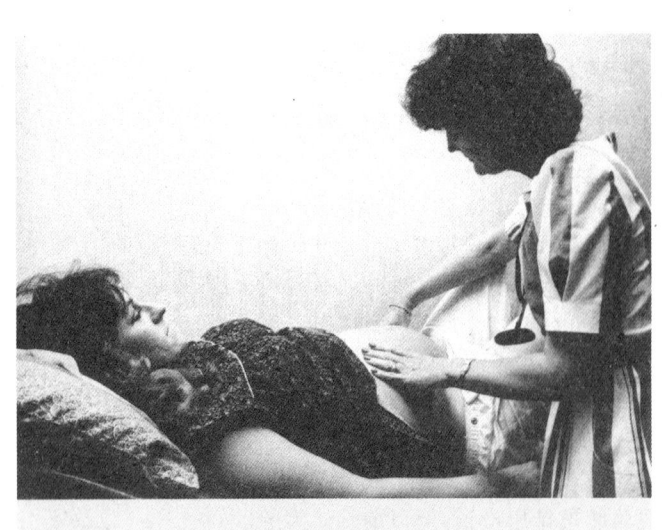

图 6.7　一位孕妇正在接受助产士的产前检查。

最长,从规则的宫缩到子宫颈开到直径 10cm 左右,初产妇约需 15 小时,经产妇约需 8 小时(第二胎在所有方面均比第一胎容易)。宫缩刚开始时,间隔时间可长达 15 到 20 分钟。频繁、有力而规则的宫缩逐渐出现。包裹胎儿的充满羊水的羊膜能减轻这些收缩对胎儿的冲击。

第二阶段起始于宫颈完全张开,终止于胎儿娩出(图 6.8),它仅需几分钟,特殊的难产则可长达数小时。在第一、第二两个阶段的某个时间,羊膜破裂,羊水涌出。10%的病例产程启动是由羊膜早破所致。另一种情况是人工破膜,加速产程。胎儿降生,开始呼吸后,脐带就被剪断,从而从生理上切断了胎儿与母亲的最后联系。

第三阶段包括胎盘与子宫壁剥离,胎衣(包括胎盘、羊膜)娩出。这一阶段,子宫强力收缩,并伴有出血,但通常出血量较少。这一阶段持续约一个小时。这时,母子都受到医护人员的仔细检查,以及时发现分娩过程的外伤及其他问题。父母可利用这段时间来抚摸孩子,与其建立最初的交流。

分娩方法

或许你的祖母在家中出生,你的母亲和你一样在医院出生。你想让你的孩子在哪里出生呢?今天大多数美国妇女选择在医院分娩,但也有一些人选择在医生和护士或助产士的照顾下在家中分娩。

家中分娩

支持家中分娩的人认为,医院中冷冰冰和强制性的设施和氛围会给产妇带来过度的压力,将一个自然和欢快的家庭事件变成一个昂贵的外科手术过程。不过只有在怀孕的过程比较正常,没有一些预期的并发症的时候,无论选择在家中或者医院,分娩才是安全的。分娩中如果出现一些危及母婴生命的紧急状况,还是在医院会得到更好的处理。只有半数的分娩中的并发症状况可以提前预计,例如胎儿的头部大于母亲的骨盆。

然而大多数的分娩都是正常的,因此大多数的妇女都可以作一个选择。夫妇双方应当了解在家中分娩的可能风险及可能

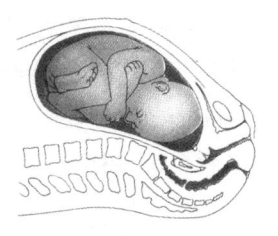

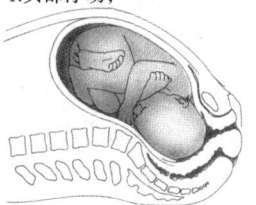

1. 头部浮动;
2. 头部进入宫颈,脖子弯下;
3. 胎儿下落,头部转向;
4. 脖子开始后仰;
5. 颈部完生后倾;
6. 头部出来,胎儿侧转;
7. 上方肩膀娩出;
8. 其余一肩娩出。

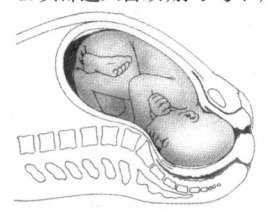

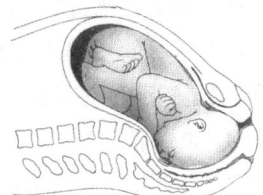

图 6.8 分娩的过程

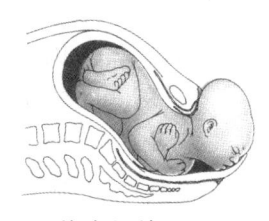

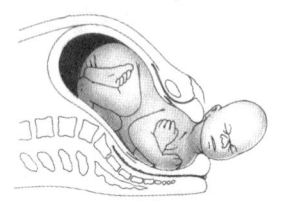

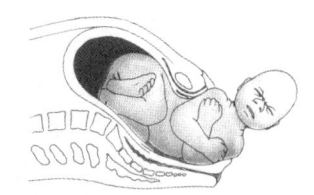

优点,而不宜被传统和流行趋势摆布。

住院分娩

医院分娩的主要优点是安全,能治疗突发的并发症,也能减轻家庭成员和朋友们的负担,使他们不必马上担负起照料母子的重担。产妇也喜欢医院安静的环境。

无论在哪里分娩,其基本过程都是差不多的,但是也因环境的不同而有许多重要的区别。在医院分娩的产妇通常会被安置在一间**待产室**(labor room)里为分娩作准备(如刮净阴毛、清洗阴部、排空肠道等等),并接受监控;待要真正分娩时便被移至**接生室**(delivery room,类似于一间手术室)。目前许多医院都会设立一间氛围温馨的**产房**(birthing room),待产和接生都将发生在这里。

分娩过程中,孩子的父亲或者是亲戚朋友通常被鼓励与产妇待在一起。信赖伙伴的安慰会让分娩容易一些,同时也可与父亲或者朋友分享这一时刻,事实上也可以减少由于压力和焦虑带来的并发症。

住院分娩通常会有一些程序来预防将来出现麻烦。一旦打了静脉麻醉,便不会因为孕妇需要药物、手术或者葡萄糖而失去时间。尤其是初次分娩的女性,会被施行**外阴切开术**(episiotomy,即在阴道和肛门之间的会阴处开一道切口),以防止婴儿的头通过时将之撕裂。上述这些防范措施很有可能花销很大,但实际上有时并不是完全必要的。

分娩虽然是一个自然过程而不是一种疾病,但是其过程却让妇女相当痛苦。在19世纪麻醉药发明之后,医生们开始使用麻醉药以减轻分娩过程中的疼痛。麻醉药的使用在相当长的时间内遭到抵制,因为它是"非自然"的,并且与上帝对夏娃的惩罚相违背["我必多多加增你怀胎的苦楚"(《创世记》3:16)]。在1853年维多利亚女王分娩她的第八个孩子时使用三氯甲烷后,麻醉药的使用开始变得普遍。

目前应用全身麻醉的例子与数十年前相比已少了很多。因为这对母亲有很大的危险,会延缓产程,影响新生儿的呼吸;母亲也失去了参与和目睹分娩的权利。医院有时常规地使用麻醉药。产妇应与她的医生在事先协商如何消除不适。适量的**镇痛剂**(analgesic)能够减轻痛苦和焦虑;**麻醉剂**(anesthetic)可阻滞它们发生。目前局部麻醉很常用。局麻仅使腰部以下失去知觉及运动功能,产妇却能一直保持清醒状态。一些女性更倾向于完全清醒和参与,要求医生不要使用任何麻醉剂。

当孕妇预产期临近或已过时,在医院内分娩还可使用催产素灌注引产。该操作并非无危险,但有选择的使用还是值得的。应用剖宫产也是同样的道理。**剖宫产**(cesarean section)是指通过切开腹部及子宫而取出胎儿。(虽然这种方法是以尤利乌斯·恺撒的名字来命名,但事实上他不可能是用这种方法接生的:母亲有生命危险时,罗马的医生们会将整个子宫取出以保全小孩的生命。恺撒的妈妈安全地生下了他。)第一个有记录的活体剖宫产发生在1610年(Speert, 1985)。

在美国,大约有25%的分娩是通过剖宫产完成的(1986年为906 000例),所占比率比以往20年提高了四倍。批评者声称剖宫产被滥用(Sehabecoff, 1987)。剖宫产增加了母亲发生并发症的危险,也实际上增加生产胎儿的费用。虽然剖宫产的死亡率仅万分之一,但仍是阴道分娩死亡率的两倍。不过有剖宫产史并不排除日后阴道分娩的可能。

然而,有12%~16%的情况下必须使用剖宫产。合理的手术指征包括胎儿头部的大小与母亲的骨盆大小不一致（使得胎儿通过的时候非常困难或者根本通不过）；危及胎儿的并发症(例如胎位不正或者胎盘过早剥离)；产道中存在性病(第5章)；以及其他影响正常分娩的状况。

有准备的分娩

"自然分娩",包括一系列的观点和实际操作,旨在设法避免分娩过程中不必要的疼痛和焦虑,同时排除过分的医学干预。对某些人而言,自然分娩很简单：在家分娩,助产士接生,不用药物,也没有医生参加。对另一些人来说,它意味着通过自然手段促进分娩的许多方法之一,而不是用麻醉、器械等。

"自然分娩"这个术语是在1932年由英国医生迪克-里德(Dick-Read)在《无恐惧分娩》(*Childbirth without Fear*)一书中提出的。迪克-里德推测分娩的疼痛首先源于产妇的恐惧,而后引起肌肉紧张的结果。因此,他想让孕妇了解分娩过程,从而打破恐惧、紧张、疼痛的恶性循环。

拉马茨(Lamaze)自然分娩方式起源于俄国,1970年在法国医生伯纳德·拉马茨(Bernard Lamaze)的努力下而得到推广。拉马茨法包括教导妇女如何在生产时集中注意力,放松肌肉和适当呼吸等内容,并辅以各种按摩技术(图6.9)。

最近美国应用的有准备分娩法综合了迪克-里德法及其他方法,让产妇及她的陪伴者(丈夫、朋友、亲戚等)在分娩前上6~10周的产前课程。这些课程让未来的父母们了解分娩的每一个步骤,回答他们提出的问题,消除他们对分娩的顾虑,也教孕妇练习控制肌肉。分娩过程中的疼痛一部分原因是腹部、会阴部肌肉紧张,而肌肉紧张则使胎儿娩出困难。学会了放松有关肌肉,胎儿能比较容易地通过产道,从而减轻疼痛。一些其他技巧,如一些特殊方式的腹部按摩,或者让产妇专注一个视觉目标,都可以用来分散注意力,减轻疼痛。

产妇的陪伴者在上述方法的应用上起着重要作用。他或她的在场,不仅给产妇以心理上的安慰和安全感,而且能帮产妇转移对疼痛的注意力,帮助她适当的呼吸,放松腹部肌肉,总之,他们共同应用他们所学到的各种技巧。"陪练"是件苦差事,不过这样的团队合作是有回报的。父亲们可以不必像往常那样只能在产房外的走廊上紧张无助地徘徊。

近几年流行的另一种分娩方式,于1975年由法国医生勒鲍厄(Frederick Leboyer)在《无暴力分娩》(*Birth without Violence*)一书中首次提出。这种方法主要是在分娩过程中保护婴儿免受不必要的疼痛和损伤。这种分娩方式比较缓慢、安静,常在医院中进行，各项工作旨在保护新生儿娇嫩的器官免受外界冲击。因此，一切都是在光线柔和的安静而温暖的房间里进行的。常将新生儿轻轻置于母腹上数分钟，使他/她出生后适应新的外界环境。这时，新生儿的脐带仍与母体相连。当婴儿出现自主呼吸时才剪断脐带（如果不剪断脐带，婴儿的血液或许会部分进入胎盘，使体质变弱），用温水对小生命轻轻沐浴。以这种温和的方式进入世界，跟婴儿被倒提起来以促使呼吸

图 6.9 准父母们一般会一起参加拉马茨产前训练班。

那种又挣扎、又哭闹的狼狈样大相径庭。不过从长远的观点来看，勒鲍厄的方法是否能使孩子们更加放松和健康，尚待证明（Nelson et al., 1980）。

自然分娩方式还是渗透到了医院的医疗实践中。越来越多的医院改革了规章制度，允许分娩时丈夫在场；同时让新生儿与母亲待在同一个房间，而不是分开护理。

母婴的早期交流

分娩后母婴的早期接触是最近备受关注的一个领域。在动物界，存在一个"关键时期"供母兽及其后代**培养感情**（bonded）。人类似乎也有相类似的过程。有一种假说认为，"从母亲焦虑症到虐待孩子这一系列问题大都是由于新生儿早期阶段的分离和其他不同寻常的环境所造成的"（Klaus 和 Kennell, 1976）。

为增加早期接触的机会，婴儿一降生就要让父母过目，然后放在面对着母亲的地方，以强化柔情的感受，有利于"眉目传情"。在婴儿的早期阶段，应当鼓励多进行拥抱、爱抚、喁喁细语及其他温柔、亲昵的接触。对于父母主动的接触，婴儿常常积极参与。**"微笑反应"**是一个最好的例子，它表示了对父母悉心关怀的一种认知，而这种认知又大大鼓舞了父母的积极性。这些行为能增强父母与婴儿间的情感交流，对小孩日后的心理发育也是大有裨益的（Scharfman, 1977）。当然，尚无令人信服的证据说明，动物界那种情感联络和"烙印"原则同样适应于人类。

6.4 产后期

产后期（postpartum period，或 puerperium）是从分娩后到有排卵的月经重新出现这段时期，约持续6~8周。无论对于母亲，还是对于婴儿或父亲，这一阶段都是很重要的。因为它牵涉到许多生理、心理和其他实际问题（Nory, 1987）。

生理变化

我们常倾向于把母体对妊娠负担的适应当成是自然而然的事情，而其中所包含的大量变化却无人问津。产后期，机体的组织、器官及生理体系要恢复到原来的状态——通常能很顺利地完成——有大量的工作要做。

分娩后，子宫显著收缩（**复位**），渐渐回复到妊娠前的大小，其重量也在6周内由2磅降到2盎司（约57克）。由于分娩而变得松垮的宫颈也在一周内恢复了弹性和一定的张力。"**恶露**"（lochia，一种子宫分泌物）也在数周内逐渐由红棕色转变为黄白色。

女性体内的激素也发生了显著的改变，高浓度的雌激素和孕激素避免了怀孕。这些激素的改变不仅使得母乳产生，子宫收缩，同时也影响着女性的情绪状态。

情绪波动

分娩后的如释重负和初为人母的喜悦使产妇在生产后的数天内非常兴奋。如未发生分娩并发症，产妇通常在分娩后的两到三天就能出院。在家的头一周，新妈妈的负担是相当重的，她必须照顾好婴儿各种各样的需求（特别是昼夜喂奶）。这期间，主要的不适是疲劳，并有一种"松一口气"的感觉。

产后的头十天，大约2/3的妇女体验到一种短暂的悲伤感，甚至哭泣。这种现象称为"婴儿忧郁"（baby blues）。某些严重的病例可导致**产后忧郁症**（postpartum depression）。在1000例产妇中，约有一到两例极为严重到发展成产后神经症，产生幻觉、极度忧郁、自杀及杀害婴儿的冲动。这种情况需要进行紧急精神病治疗（Yalom et al., 1968）。

上述问题的出现常令人大惑不解，尤其是因为它发生在这样的情况下：我们常预期随着孩子的降生，母亲会特别幸福。然而，母亲对婴儿大量的既爱又恨的矛盾心理，及害怕自己会伤害婴儿的恐惧，是产后期情绪剧烈波动的特征。与这种状况有关的原因可能是对自己做母亲的能力信心不足，疲劳，觉得被孩子的父亲拒绝或忽略，以及这期间产生的生物化学方面的变化（Simon, 1985）。在某些情况下，如孩子出生并非己愿，有缺陷或者被人家领养，不可避免地使产后期的这些问题复杂化。另一方面，大多数情况下的新妈妈们都是比较幸福的。产后期可以是非常愉快和满足的时期，因为父母双方都可以从他们带给这个世界的小生命身上获得欢乐。

喂 养

我们称动物界吸吮乳汁的行为为**哺乳**（suckling）；而在人类，则称为**喂养**（nursing）或人乳喂养（图6.10）。分娩后乳房并不立即泌乳，乳房里含有一种名为"**初乳**"（colostrum）的物质。这种稀薄的液体和一般乳汁相比，含有更多的蛋白质、更少的脂肪和一样多的糖分。初乳富含抗体，能提高婴儿的免疫力。

大约在产后的第2或第3天，乳房开始分泌乳汁，此时乳房有一种肿胀的感觉。两种垂体激素与乳汁的生理性分泌有关：来自垂体前叶的催乳素刺激乳腺产乳，来自垂体后叶的催产素则在婴儿的吸吮刺激下促进乳汁由乳房排到乳头。断奶后，即不用人乳喂养时，乳房不再受到婴儿的刺激，泌乳停止。

人乳喂养在人类历史的大部分时期都是一种广泛应用的喂养方法。直到现在，世界上许多地区仍是如此。引起人乳喂养优势下降的主要原因是城市化和工业化。对于在外工作的母亲来说，规律的母乳喂养就不切实际了，除非保证婴儿离母亲很近，或母亲预先把母乳挤到瓶子里并存放起来。即使在家工作的妇女也受时代趋势和代乳品制造商宣传的影响，而用其他一些替代方法来喂养孩子。担心人乳喂养影响乳房的外观这一点更使女性们泄气，尽管人乳喂养对乳房形状的影响不会持久。

然而，母乳喂养在美国再次流行起来了。母乳喂养给人以精神上的满足与惬意感。在喂乳时引发性欲，甚至可达到性高潮，这种情形并不少见。有些人喜欢这种体验，有的则表现出焦虑和罪恶感。通常性兴奋时女性的乳头会有奶液渗出，这可能会引起某些人的恐慌。胸部增大的哺乳期妇女对某些男性而言会更性感，然而也会让某些男性觉得很尴尬。

从婴儿的利益出发，人乳毋庸置疑是优于牛乳或市售代乳品的。人乳含有各种理想的营养成分，及保护婴儿免受疾病感染的抗体。它无菌，温度永远适中，也无需额外花费。不过另一方面，人乳喂养对某些妇女相当不便，甚至根本无法实行。她们有的产乳不足，有的压根儿就无法或不愿为孩子哺乳。母亲服用的药物也常常分泌于乳

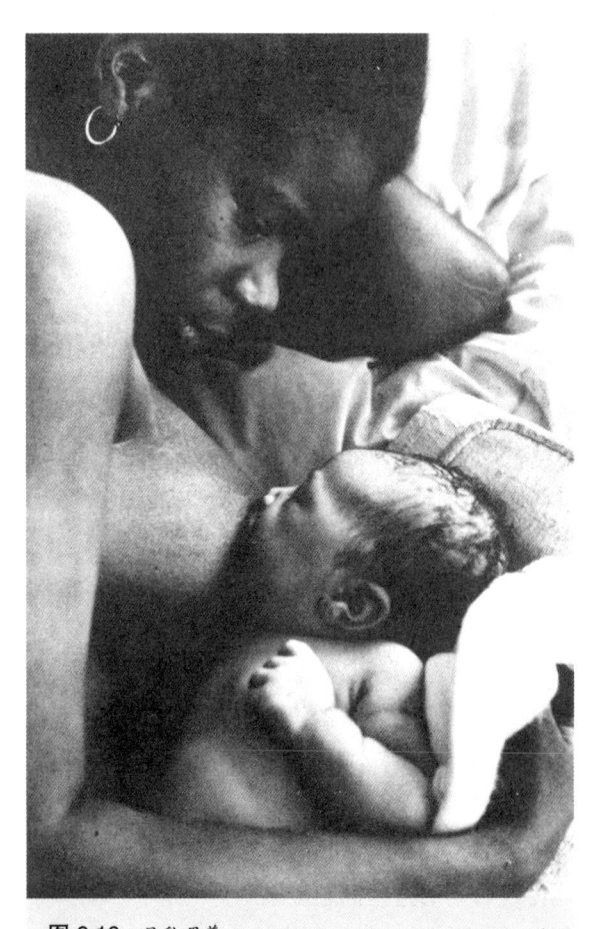

图6.10 母乳喂养

汁中。一些婴儿有人乳过敏症。因此，由于各种各样的原因，母亲完全可以毫无愧色地不选择母乳喂养。

排卵与月经的恢复

如果妇女不给孩子喂奶，月经周期大约在产后的数月内就能恢复，当然，有的也可长达18个月。只要还在喂乳，月经通常就不会来，泌乳能抑制大多数妇女排卵。世界上许多地方以此避孕，但这个方法并不可靠(第7章)。

应该强调，排卵可能在产后首次月经来潮前发生；后果可能会使妇女在产后月经开始前怀孕。产后头几次月经无论在行经时间还是经量方面都可能稍稍有些不规则，随着时间的推移会逐渐正常。此外，妇女生产后，其痛经症状可能会有所缓解。

产后期的性活动

产后性生活的情况千差万别。疲劳、身体不适、性兴趣水平及产科医生关于各种禁忌的建议，都严重影响着一个分娩后的妇女何时恢复性生活。据报道，亲自喂养孩子的妇女比那些不采取母乳喂养的妇女有更强的性欲，其中生理或心理方面的原因仍不清楚。

过去医生常告诫孕妇产前产后六周内避免性交。现在再也没人信这一套了(Easterling和Herbert, 1982)。产后数周一旦会阴切开或撕裂伤的瘢痕愈合，恶露终止(这通常需要三周)，就没有理由再认为一个健康妇女不能进行阴道性交。此期性生活唯一的危险就是感染，不过产后早期进行非阴道性活动或使用避孕套进行性交的夫妇大可不必对此顾虑重重。

孩子对夫妻关系的影响甚至比出生前更强烈，尤其是随着第一个孩子的诞生，夫妻间的亲密关系必须让这个第三者来分享。这个无助的小生命享有比夫妻间个人需要更为优先的权利。孩子能极大地增进夫妻间的亲密情感，同时增强夫妇间的性和谐和满足感。但孩子也会是夫妻感情、时间和精力上的一个入侵者和竞争对手。一旦孩子出生，上述情况几乎立刻就会发生，这就需要夫妻用一段时间来调适。

最终大多数妇女都可以恢复产前对性生活的兴趣和性兴奋的反应，但有时也有例外发生。有些女性在成为母亲后更容易高潮，有些人则由于疼痛或者阴道环状肌肉失去感觉而发生功能障碍(关于这部分将在第15章讨论)。

6.5 产前护理

妇女一旦怀孕，就应该有医生的照顾。虽然怀孕是一个正常的生理过程而不是疾病,但是它是一个增加了疾病风险的时期。在现代产科医学建立之前,无数的妇女死于分娩的并发症。今日,在正确的护理之下,怀孕对于大多数的妇女而言几乎不会带来风险。

在大多数的情况下,妊娠不应扰乱一个妇女的正常生活、工作、社会活动及性生活等。适当的调整是必要的,但若把孕妇当做患者来对待就不合情理了。然而,为了妊娠进展顺利,很有必要进行适当的**产前护理**(prenatal care),以保母子的平安。少女妈妈(15 岁以下)和高龄孕妇(35 岁以上)特别容易患上妊娠并发症,更需要加倍小心。

营养和运动

妊娠期间,孕妇不必像习惯上所说的,要吃两个人的饭。但她确实需要比平时多 200 卡的热量(妊娠期的热量摄入一共为 40 000 卡)。要吃含丰富蛋白质的饭食,并补充维生素及矿物质。尤其是钙,对婴儿骨骼发育很重要,铁和烟碱酸能预防贫血。

妊娠期间无论如何不能沉湎于节制饮食的时尚。营养不良会损害母体的健康,同样也会严重阻碍胎儿的发育,导致早产儿和低出生体重儿。两者死亡率高,而且特别容易损害大脑,导致精神发育不健全。由此可见,孕妇对食物摄入应小心谨慎:一方面,她必须获取足够的营养;另一方面她不能让体重过度增加,因体重过度增加也有其不利的一面。

就运动而言情形也是如此。正像适当的休息和睡眠一样,恰当的运动也是必不可少的。妊娠对母体是一种额外的应激,必须有所补偿。在妊娠期出现的疲劳和嗜睡,实际上是让母体更多休息的一种适应性反应。运动量的大小宜因人而异。某些女性体质较好,就可多运动一些。一般认为应摒弃危险的运动。但像游泳、步行这些活动对正常的妊娠女性是相当有益的。跑步也是有争议的锻炼方式;强度太大的用力会减少子宫和胎儿的含氧血流,重复性的弹跳也是有危害的。

烟、酒和药物的影响

胎儿对任何通过胎盘屏障的有害物质都很敏感。因此,对以任何一种形式或途径进入母体的化学物质都应有所警惕。

妊娠期吸烟比一般情况下吸烟的危害性更大。妊娠期吸烟的妇女,其胎儿早产,低出生体重及围产期(出生前后不久)死亡的危险性均较高(Baird 和 Wilcox,1985;Neiberg et al., 1985)。有证据显示,严重吸烟者的孩子童年期患冲动性行为紊乱的危险性是不吸烟者的孩子的两倍,同时,这些孩子智商较低,运动能力差(Dunn et al., 1977)。有吸烟史但在妊娠中期以前戒烟的女性,其胎儿没有这种危险性。

妊娠妇女大量酗酒能引起孩子的严重异常(**胎儿酒精综合征**),包括先天缺陷和痴呆。甚至中度饮酒(每天喝一次或两次)或一次狂饮作乐也可能造成损害。戒酒当然是最安全的措施,偶尔饮酒可能不会造成损害。着床时饮酒对胎儿造成损害的危险性是最大的。

大麻里的活性成分通过胎盘造成的损害,曾在某些动物身上发现过(Harbison 和 Mantilla-Plata,1972)。尽管孕妇吸大麻的影响尚不清楚,为安全起见,在妊娠和喂养期间还是不吸为好。

母亲使用毒品会给胎儿带来相当大的风险,其中包括成瘾,需要在出生后逐渐地戒毒治疗。在美国,医院里可卡因成瘾的婴儿的比例在上升,可卡因成瘾会在婴儿日后的成长和行为上产生长期的影响。

从原则上讲,任何化学物质或药物都可能对胎儿造成损害,必须遵医嘱使用。不单单是镇静剂(如 Thalidomide,能引起肢体畸形),一些常用药如阿司匹林和安定(Valium)也同样有危险。同样,激素也可能在婴儿出生后的数年内产生严重的不良反应(第 10 章)。妊娠期妇女应尽可能地少吃药,并严格地遵从医嘱。

6.6 妊娠并发症

直到 19 世纪中期,在医院里大约有 10%的妇女死于产褥热,即**产后热**(puerperal fever)。1847 年,匈牙利医生伊格纳兹·西美尔韦斯(Ignaz Semmelweiss)发现了产褥热的病因,医生们遂开始在产前进行手部消毒,这大大降低了分娩时的死亡率。目前在美国,分娩妇女的死亡率大约是每 10 000 例中有 9.4 例(在孟加拉国是每 10 000 例中有 70 例)(Thompson,1986)。在美国,导致分娩妇女死亡的首要病因是大出血。

怀孕过程中的困难

妊娠早期最严重的问题是**流产**或称**"自发流产"**,差不多有 10%~20%的妊娠因此而告终(75%发生于第 6 周以前)。大约 60%的流产病例可能是因为胎儿有缺陷(Scott,1986)。其余的流产病例可能由母亲的某些状况引起,如疾病、营养不良或外伤。

妊娠的另一个并发症称为**"妊娠毒血症"**(toxemia 或 eclampsia)*,原因不明,也许是身体产生的某种毒素引起了高血压、头痛、蛋白尿及水钠潴留等症状,水钠潴留又导致脚、踝及其他组织的肿胀。妊娠毒血症仅见于妊娠妇女,通常发生于妊娠晚期,发病率约为 6%,而未受到产前护理的孕妇其发病率可高达 20%(Mabie 和 Sibai,1987)。

* 现病名为妊娠期高血压疾病。——译者

图 6.11 19世纪晚期巴黎一家妇产医院内的早产儿保育箱

如前所述，囊胚可能在子宫之外的地点植入（97%的情况在输卵管），从而导致**宫外孕**（ectopic pregnancy）。它的发生率从 1/80 到 1/200 不等［在美国，每年有 25 000 到 30 000 例（Droegemueller，1986）］。通常宫外孕的发生是由于盆腔炎症疾病使得囊胚在经过输卵管的过程中受到阻碍（第 5 章）。年纪越大的妇女发生的概率越高。虽然大多数的宫外孕在早期即会发生流产，但也有部分会继续长大导致输卵管破裂，从而发生大出血导致胎儿的死亡，也给母亲带来危险。

妊娠晚期最受关注的问题是**早产**（premature birth）。因为难以精确计算预产期，而胎儿的胎龄与体重高度相关，所以早产常由体重而不是由胎龄来定义。不过，现代的诊断方法如超声波，使得医生可以判断胎儿的发育水平，并能更加准确地估计出生日期。同时人们也发现与早产一样重要的导致体重过轻的其他因素。胎儿出生体重若低于 5.5 磅（2.5 千克）就被认为是低体重新生儿。这种胎儿的死亡率与胎儿大小直接相关，胎儿越小，成活机会越小。

成功怀孕的最低限度是婴儿能否存活。通常胎儿被认为是能存活的——在子宫外存活——的最小限度是最后一次月经后的 28 周。一般这个时期的胎儿大约是 1 千克。重量和怀孕周期在决定存活率上都很重要。如果在 6 个月末的时候出生，则胎儿可能只能存活几个小时或者几天。在特别的努力下，5%~10%不低于 2 磅（900 克）的婴儿可以存活。有些胎儿在怀孕 24 周以前出生并存活下来，也有一些出生时不足 600 克的婴儿存活下来。但是目前没有关于怀孕 24 周之内出生的体重低于 600 克的婴儿存活下来的可靠报道（Tietze，1983）。

现在对小于 24 周的胎儿实施人工流产是合法的。虽然经过特别的努力他们有可能存活。获得特别的新生儿护理设备是确保新生儿度过早产期的重要因素。医学技术的不断进步使得越来越多的早产儿得以存活下来，当然这也会增加已经存在的关于流产的争议（第 7 章和第 22 章）。

美国大约有 7%的新生儿是早产儿。低出生体重儿与母亲的疾病有关（如高血压、心脏病、梅毒）。另外，也与吸烟及多次妊娠有关。有一半的早产或低出生体重原因不明。

孕妇对妊娠并发症的敏感程度各不相同，其一般健康状况、年龄及产前护理的质量均是重要因素。17 岁以前的妊娠出现毒血症、早产及新生儿死亡的可能更大。这些问题常常与无知、疏忽和劣质的护理分不开。

35 岁以上的妇女妊娠面临着其他一些特殊的问题。由于生育力降低，受孕机会减少，一旦怀孕，流产及孩子先天缺陷的危险性就会增高。然而，通过适当的护理,仍有许多 30 多岁或年纪更大的妇女能生出相当健康的小孩。

先天缺陷

婴儿死亡率(infant mortality rate)是指 1000 例活产婴儿出生后第一年的死亡数,美国目前是 14.0;**新生儿的死亡率**(neonatal mortality rate)是指 1000 例活产婴儿出生后 28 天内的死亡数,美国是 9.8。

母亲的许多疾病可能对胎儿产生有害的影响,但发育中出现的某些问题,可能并不牵涉到母亲。与生俱来的功能或结构异常称为**先天缺陷**(birth defects),约有 3%的活产婴儿患此病。其中 70%的病例无明显原因可查,约 20 %是由于父母基因遗传的结果,还有 10%是由于化学物质(通常是母亲服用的药物或酒精)、放射线照射、感染或其他因素引起(Oakley,1978)。

染色体异常的一个例子是**唐氏综合征**(Doum's syndrome),这种疾病导致严重痴呆和内脏器官缺陷,800 个婴儿中约有一个患有此病。但母亲年龄到 35 岁时,其发病率急剧上升到 1:300;45 岁生育,其发病率为 1:40;如果男性超过 55 岁,其后代患病率也会较高。

在感染性疾病中,某些病毒感染的损害尤其大。若妊娠早期患**风疹**(rubella),50%的病例会引起胎儿听觉和视觉缺陷、心脏损害及精神发育迟缓。

非先天缺陷的先天异常包括梅毒和 AIDS 等一些疾病。胎儿是从母体身上感染的(第 5 章)。另一严重情况是母子 Rh **血型不合**,导致新生儿出生后不久红细胞就被破坏。血中 Rh 因子(即猕因子)的出现或缺失因人而异。当母亲 Rh 阴性而胎儿 Rh 阳性时,问题就来了。此时,母体产生抗 Rh 因子的抗体,该抗体破坏胎儿红细胞,引起贫血、黄疸,有时导致死亡。Rh 阴性的妇女能通过服用药物中和抗体的形成,从而防止 Rh 不相容反应的产生。婴儿的这种状况可用特殊输血来抢救(Durfee,1987)。

6.7 不孕症

我们专注于新生命时,对其反面——不孕症这个问题也不要忽视。**不孕症**(infertility)指一定时期内不能受孕(常为一年),而**不育症**(sterility)指永久性不孕。

世界上的总人口也许供过于求,然而对某一对夫妇来说,无法生育儿女会使他们伤透脑筋。在美国,大约每十对夫妻中就有一对在努力了一年或更长时间后仍无法得到孩子。另外,每十对夫妇中就有一对希望能有更多的孩子,但他们却无能为力(Menning,1977)。在已婚的 20~24 岁(最佳生育期)妇女中,不育症在 1965—1982 年间上升了 177%(Wallis,1984),其中许多是由于盆腔感染疾病的增加导致的(第 5 章)。

不孕症的病因

决定生育的最重要的普通因素是年龄。男性和女性在青春期后即进入生育期，女性在绝经期后即不能生育，男性的生殖力也随着年龄的增长而下降（但不会完全失去），即使在生育活跃的年龄段，年龄也会对生殖力有所影响（专题6-4）。

男女发生生殖障碍的机会是相等的（均为40%）。另有男女双方都出现问题的概率是20%。男性不育最常见的原因是精子数目太少。当射出的精液每毫升所含精子数少于2000万时，受孕就非常困难了。其他原因包括大量精子有缺陷及输送精子的管道系统堵塞。这可能是由于睾丸发育异常（包括睾丸未降）、感染（包括性病）、辐射、化学药品、严重营养不良及全身衰竭所引起。甾体激素通过抑制促性腺激素的分泌也会阻碍精子的产生。

女性最常见的不孕原因是不能排卵及输卵管阻塞，其原因多种多样。比较明显的是生殖器官缺陷、激素分泌紊乱、卵巢疾病、严重营养不良、慢性病、药物成瘾，以及盆腔感染引起输卵管瘢痕形成。某些罕见的病例也可能是心理性的，如果对受孕的渴望发展成焦虑，则会适得其反（Moghissi和Evans，1982）。

心理影响

不能拥有小孩会是非常痛苦的，因此对成为父母的渴望有时会变成一种执念。传统上人们认为女性会对小孩特别渴望，以实现她们女性"命运"的完整。

对女性而言成为母亲非常重要，而对男性而言，不育也会让他们面临困境。除了渴望延续血统外，男性的生殖力与其自尊、自我认识和正常感觉深深相连。不能生育会让他感觉自己有一个破损的、具有生理缺陷的身体（Schreiner-Engel，1987）。

那些消极面对其不育症的男性会表现得好像他们自己就是自己的的独生子一样，他们健身，吃健康食品，进行积极的性行为。他们不太可能维持婚姻或收养孩子。另外一些态度积极的人，则会参与到儿童福利活动中（例如领导年轻人团体）并且拥有婚姻。但是他们不像他们的妻子那样渴望收养一个孩子。

不育也会影响男性的性行为。他可能会对性提不起兴趣。他们会因为失望、生气和痛苦等情绪的原始反应而降低对性的热情。对不育的调整可以通过与支持小组分享这个问题而获得帮助。

不孕症的治疗

不孕症的检查涉及男女双方，一旦发现问题所在，恰当的治疗常能奏效。这包括药物治疗，如克罗米芬（Clomiphene）能诱导垂体产生促黄体生成素和促卵泡生成素。如仍不见效,则用**人工绝经期促性腺激素**(human menopausal gonadotropin, HMG),此激素能直接作用于卵巢,这种方法能诱发大多数妇女排卵,使受孕成为可能(事实上,卵巢受到过度刺激,常致多胎妊娠)。此外,显微外科手术能使输卵管通畅。

在寻求医学帮助的夫妇中,有 40% 的夫妇获得治愈,有 40% 的夫妇明确了病因,但却无法治愈,其余 20% 的夫妇并没有检测到原因,然而却无法怀孕(Moghissi 和 Evans,1986)。面对这无情的事实,许多夫妇放弃了生孩子的愿望,有的便去领养小孩。现在有人仍费尽心机,把宝押在人工授精或寻找代孕母亲身上。

人工授精(artificial insemination)是指通过非阴道性交的方式将精液送入阴道。精液若来源于丈夫,当然不会有争议,这只不过是因为丈夫精子数量少,因而通过手淫将数次射精的精液收集起来,然后输入妻子的阴道。若因丈夫不育,精液取自捐赠者,就会产生许多心理、社会及法律方面的顾虑。这里不存在重要的技术问题。用捐赠者新鲜精子人工授精能使 75% 的妇女受孕。

捐赠者是根据血型、体格、外貌、一般健康状况、基因背景等严格挑选出来的无 STDs 者。他的身份是保密的,他永远看不到这个孩子,甚至连人工授精是否成功也无从知晓。操作程序包括将捐赠者的精液置于宫颈管及其周围的区域*。

人工授精可用新鲜精液或冷冻精液。冷冻精液更为安全,因为它可在使用之前进行 AIDS 病毒和其他微生物的检测,但成功的机会略低。冷冻精液保存于**精子银行**,是某些做输精管切除术男性的"生育保险"(第 7 章)。

当女方不育时,可找别的妇女通过人工的方法,用丈夫的精液使其受孕。按合同规定,孩子由**代孕母亲**(surrogate mother)孕育,出生后将孩子交还给这对夫妇。这种方法不可与人工授精相提并论。因为一个替身母亲放弃她的孩子,与精液捐献者怀疑自己是某个孩子的生物学意义上的父亲相比较,毕竟是一种痛苦得多的体验。代孕合同的合法性遭到质疑(第 22 章),这样的行为引起了一系列的社会关注。

1978 年发生了一起令人震惊的事件:在进行了一次成功的**体外授精**(in vitro fertilization,IVF)手术后,露易丝·布朗(Louise Brown)这个试管婴儿在英国诞生了,科幻小说的狂想成为了现实。在接下来的十年内有 1000 个试管婴儿出生。这项技术的发明者是英国妇产科医生帕特里克·斯特普托(Patrick Steptoe)和生物学家罗伯特·爱德华兹(Robert Edwards)医生。

其步骤是先通过药物诱发母亲(通常是有输卵管缺陷)排卵,并同时形成多个成熟的卵子。这些卵子可通过在卵巢表面凸起的卵泡上切一个小口而获得,一次约提取 6 个。在实验室让其在盛有适当营养成分的盘子中与父亲的精子孵育、受精,当受精卵囊胚形成后,就被转移到预先经激素处理的母亲宫腔内;因为成功率不高于 20%,因此通常会将几个受精卵一同植入。因此多胞胎的情况非常普遍,包括三胞胎,但在怀孕的过程中某些胚胎会被有选择地流产掉。最终使用 IVF 成功怀孕的成本会高达六位数。

*加州的"胚盘选择"项目(Germinal Choice)会为那些"合格"的女性——高智商、事业有成并拥有相当财力——提供诺贝尔获奖者的精子。

专题 6-4
分娩与年龄

在我们众多的近亲中，只有人类妇女的繁殖力会在死亡之前很多年终结。按照进化论的观点，遗传给后代的能量与存活率直接相关，就是说生命周期持续的时间是与繁殖的时间长短一致的。因此，野生的猴子和猩猩一旦不能够繁殖便会很快死去。但人类却不是这样。女性在她们的生育结束后，还可以与配偶一起生活很多年。

但是，考虑一下我们之前的世界，比如 50 000 年前。那时预期寿命只有 30 岁，新生儿的死亡率也很高。如果观察一下现在某些狩猎部落的儿童期后的预期寿命，仍然跟石器时代差不多。在非洲南部卡拉哈里沙漠(Kalahari)的!Kung San 部落或者布须曼(Bushmen)部落，年老远不是一件可以想象的事情。根据人类专家南茜·豪威尔(Nancy Howell)和理查德·李(Richard Lee)的研究，他们的平均期望寿命是 55 岁(如果能活过 15 岁的话)。

但是有意思的是，! Kung 部落妇女平均生育最后一个孩子的年龄是 39 岁。这个数字可能讲了一个进化的故事。它可以解释为人类跟其他的生物根本没有区别。这只是因为人类母亲需要照顾她们的后代，而人类有一个很长的儿童期。在维持物种的繁衍，物种得以存活下去的过程中需要足够的能量。最后一个孩子出生时母亲 39 岁，意味着母亲需要照顾孩子到他/她可以自我繁衍的年纪(16 岁左右)来继续生命线。然后母亲可以在 55 岁左右死去。

这个理论有助于解释为什么人类繁衍的时钟被"设计"在结束的那个点。但他没有解释时钟是如何变慢的。最新的技术和研究开始提供了这方面的解释。

去年在《科学》(Science)杂志上的一篇分析文章证实了人的生育力随着年纪的增长而降低。作者是来自普林斯顿的珍妮·门肯(Jane Menken)和詹姆斯·特拉塞尔(James Trussel)，以及来自瑞典隆德(Lunds)大学的乌拉·拉森(Ulla Larsen)。文章指出，在 20~24 岁的已婚夫妇中有 5%的不育，这一比例在 25~29 岁的已婚夫妇中上升到 9%，在 30 多岁的早期结婚的夫妇中这一比例超过 15%，在 30 多岁的晚期结婚的夫妇中这一比例超过了 25%。在 40~44 岁开始婚姻的夫妇中超过了 60%。

卵巢的创伤虽然非常引人注目，但仅是繁殖老化的机制之一。新的研究提及了女性的子宫本身。子宫逐渐失去其适宜性。它所创造的适宜植入和维持怀孕的环境逐渐变得不适宜了。它也依赖于一些维持子宫外形和胚胎成长的激素。当激素水平降低，子宫老化，从 30 岁到 50 岁它的重量便减轻了一半，开始变干。两种维持子宫和身体皮肤及结缔组织持久和灵活的重要蛋白——胶原蛋白和弹力蛋白显著下降。

在给予建议方面争议仍然存在。当然在 30 多岁早期之前生小孩几乎不会有危险，但 30 岁晚期不育的风险是肯定存在的，在 40 岁后会增加。但有很多女性在 50 岁仍然可以成为母亲。而且尽管在一般人看来有些奇怪，还是有一些 30 岁晚期和 40 岁早期的试管婴儿尝试取得成功。

生命中充满了冒险，聪明的年轻女性理论上可以评估她不生育所带来的损失，加上她由于等待而增加的不育风险，然后将上述加起来，与等待所带来的个人优势相比较。

当然实际生活总不是那么简单的。职业有它自己的逻辑。并且大部分妇女不愿意独自尝试，一定要等到合适的男人出现。领养是一种选择，虽然这会带来一定情绪上的痛苦，但也会给他们带来为人父母的满意，就像生物学上的父母一样。

By Melvin Konner, *New York Times Magazine*, Dec. 27, 1987, pp.22-23.

此后，胚胎就像普通妊娠一样发育成长，从而使得本来生育无望的妇女也有了妊娠的体验。对某些不能排卵的妇女来说，通过**胚胎转移**也可妊娠。这是通过志愿妇女与不育妇女丈夫的精液人工授精而获得的。然后将发育中的胚胎从志愿者的子宫中取出，将其移植于不育妇女的子宫，或者将胚胎冷冻晚些时候再接种。这一方法已经使不少婴儿顺利诞生。

这些技术进步和那些未来有希望出现的技术是科学的奇迹，但它们也肆意地带来了社会、道德和法律方面前所未有的复杂问题。有人认为这是成千上万想体会做母亲滋味而又无生育能力的妇女的希望之光；也有人认为这标志着一个用装配线生产人类的奥维尔式(Orwellian)世界的来临。某些人认为代理母亲不仅将女性贬低为商业生育者，并且污辱并利用了她们。相反的观点认为，女性可以控制自己的身体并且在安全的情况下使用它来进行繁殖。这个话题非常重要，我们应该将其作为性和社会观点的一部分重新考虑。

第 7 章

避孕与流产

7.1 避孕实践模式
7.2 避孕方法
7.3 流　产

生育控制与每一个人都息息相关,人们或正在参与,或将要参与,或反对参与它。
——卡尔·杰拉西(Carl Djerassi),人工避孕药之父,美国国家科学院院士你会要孩子么？想要几个，什么时候要？如果你生活在美国，你会想当然地认为你有权利也有能力回答上面的问题。然而，虽然有许多便宜有效的避孕方法，仍然有上百万的妇女会意外怀孕。

有效避孕方法的获得和人们是否愿意避孕，在全球范围内都是最重要的议题之一。

世界人口的增长也是潜在的灾难性的问题。人类对如何避免与性活动紧密相连的生育问题的探索由来已久（专题7-1）。当代避孕实践的鲜明特征是如何高效率地、合理地、安全地将性与生育区分开来，并把这作为一项大众方针向人民群众推广。

避孕（contraception）和生育控制都有试图避免和控制生育的含义。家庭计划或计划生育是指通过生育控制来安排生育间隔。

节制性交可以避孕，但这仅是避免性交，而不是使交媾在避孕上更安全。同时，通过避孕来避免怀孕与通过流产来终止怀孕之间，以及流产与杀婴之间也有明确的区别。在一些文化当中，杀婴（infanticide）是为了能够在恶劣环境中生存下去（因纽特人），为了减轻人口压力（波利尼西亚人），或是为了避免不正常的后代或非婚生子女的出生（古希腊人）。在《圣经》时代，也有记载人们需要向上帝奉献长子，以代表用最珍贵的财产祭祀上帝。任何现代社会中都不允许杀婴，虽然有些情况下人们还在非法进行这种行为。

本章讨论的重点是避孕和流产的生物学和行为学方面。当然，避孕与流产也涉及心理学和社会学等方面的问题。有关它们的道德和法律问题，我们将在第23、24章中论述。

7.1 避孕实践模式

正如有许多理由要孩子（部分理由是个人性质的：一些夫妻想计划生育，另一些是不想成为父母）一样，不要孩子——至少在某一特定时间不要——也有许多理由（对许多夫妻来说，他们只想计划生育，而不是根本不做父母，这就促使他们选择避孕）。在个人所考虑问题之外，抚育婴儿也在国家及世界层面有很多影响。社会利益与个人利益并不经常一致，因此，我们将分别对其进行讨论。

避孕的理由

男女双方的关系不融洽，是许多人不愿做父母的主要理由。虽然有时女性会选择做单身母亲，但大多数女性还是会选择婚后，或者二人关系稳定后才怀孕。避孕的另一理由是，现在总的趋势是家庭趋于小型化，这在中产阶级中更加明显。与以前婴儿死亡率很高不同，现在的父母可以肯定他们的孩子能够长大成人，所以没有理由生许多孩子。在工业社会，每100个不满一岁的儿童中仅有不到2人会死亡；在发展中国家，每100个孩子中会有10人死亡（Camp和Spiedel，1987）。

专题 7-1
早期的避孕方法

人们试图防止意外怀孕已有数千年历史了*。除了激素的应用之外，大多数现代避孕方法或多或少都能在古代先驱中找到它们的影子。这些古典方法原理正确，但受到了当时技术条件的限制。

历史最悠久、最常见的避孕方法可能是体外排精法，见于《旧约全书》。已知防止怀孕最古老的医学处方，保存在公元前1850年左右的古埃及文稿中。古埃及人用鳄鱼粪、蜂蜜和苏打做成阴道软膏，以阻碍精子通过和作杀精子剂之用。他们也用酒、大蒜和茴香的混合物冲洗阴道，达到避孕之目的。

古希腊和古罗马对避孕就更加重视了。当时使用各种方法，包括吸收剂、草药、阴道栓或永久的绝育等达到避孕的目的。公元2世纪，罗马医生索拉努斯（Soranus）清晰记叙了生育控制的实际工作，并能区别避孕物与引起流产的物质。这些古老知识经穆斯林医生传入中世纪的欧洲，并形成17世纪末以前避孕方法的基础。

绝大多数古代避孕采取屏障法。文化背景的不同，用做防止精子通过的屏障物材料也各异（Cooper, 1928）。美洲原住民用软黏土堵塞子宫颈；日本人用纸；法国人则用丝质的球。各式各样的海绵和球也可用做屏障物，有时则与医用矿物油或者弱酸性软膏合并应用，后二者充当杀精子剂的角色。宫颈塞，可由金、银或橡胶制成，是一种塞住子宫颈的避孕器具。使用时由医生在月经结束后放入，下次月经来潮前取出。子宫塞则延伸至子宫内，这样可以减少滑出的可能性。

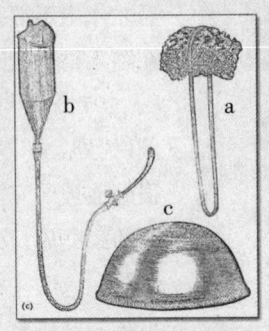

图 7.1 19世纪的一些避孕设施：a. 避孕海绵；b. 注射器（用于性交后清洗阴道内的精液）；c. 宫颈帽。

在未开化社会中，无数迷信方式也被用来避孕。在一些北非部落中，人们秘密地给妇女喝洗过死人的水，认为这可导致不孕。在另一些部落中，妇女们食用放有磨碎的死蜂和蜂房的面包。这些迷信认为死亡和绝育是紧密相连的。

另外一些避孕方法更加不着边际。摩洛哥人性交后翻转手指上一个特殊的戒指；巴布亚新几内亚妇女如不想怀孕，性交时在腰部系一根绳子。但他们交媾后均仔细冲洗，冲洗可能是使这两种方法发生效力之关键所在。

*有关避孕历史的全面了解，见 Himes (1970), Suitters (1967) 和 Draper (1976)。Dawson 等人 (1980) 探讨了现代避孕方法出现之前美国人的生育控制。

尤其是现在抚养孩子费用昂贵，仅有少数父母能抚养一个大家庭而无经济拮据之虑（过去孩子因可通过其增加的劳力而被认为是家庭财富的增加）。据估计，一个中等收入的家庭将一个孩子抚养至22岁需要花费215 000美元（按1982年购买力，不包括接受寄宿大学教育的花费），因此，能够没有经济负担地抚养许多子女，是没有多少父母能够做到的。避免怀孕或推迟怀孕的其他原因包括母亲的健康因素及父母双方的职业抱负等。

传统上，对性生活厌恶或没有生育能力是没有孩子的主要原因。随着有效避孕方法的出现，性生活活跃的人们现在不仅可以选择推迟怀孕，也可以选择不怀孕。

有些人认为不要孩子在收入、自由、职业和健康等方面都优于做父母的选择。那些明确表示自己不想要孩子的夫妇，被称为"**丁克一族**"（childfree）（Cooper et al., 1978）。一些夫妇是经过一系列的推迟怀孕之后才作出不要孩子的决定，另一些则是早早决定或在踏入婚姻殿堂之时就已有不要孩子的共识（Veevers, 1974）。早早表明不想要孩子的女性仅占很小比例（约6%）。这一群体，特别是其中的男性，还没有很好地被研究。据认为，在那些鼓励独立、进取等品质的家庭成长起来的妇女中，选择不想怀孕的可能性较大。这些不想要孩子的人们除要抵制本人想要小孩的动机外，还需与提高人口出生率的社会压力作斗争。社会往往认为做父母是成年人天经地义的职责（Houseknecht, 1978）。

图 7.2 "预防多余的孩子，使用避孕措施。"计划生育诊所（Family Planning Clinic）的避孕公益广告牌。

有些人限制家庭规模是出于延缓世界人口增长的考虑。这对社会机构和政府来讲是至关重要的，特别是在那些人口增长率很高的发展中国家（专题 7-2）。

避孕的盛行

避孕装置依作用方式可分为激素法（如口服避孕药），宫内节育器（IUD）、障碍法（避孕套、宫颈帽和宫颈隔膜、阴道棉球），杀精子剂（避孕泡沫、软膏和霜），体外排精法，以及安全期避孕法。此外，尚有许多可致流产的药物及多种永久性绝育措施。

你会使用哪种避孕方式？这取决于你生活在这个世界的哪个地方。例如，在尼日利亚——1989 年世界第八人口大国——仅仅有 5.9% 的妇女能够使用人工避孕手段。而世界全部人口的一半能够获得良好的人工避孕手段，31% 的人口能够获得一般的人工避孕手段，19% 的人口能够获得的人工避孕手段较差或很差。工业发展水平一般与避孕手段的可获取性相关，但并不总是如此。例如，在发达国家中，苏联仅仅提供一般的人工避孕手段；虽然法律规定了人们有生育的权利，但是很难获取避孕手段，夫妻们严重依赖流产（人口危机委员会，1987）。相对费用及其他因素（如公共教育及主导性宗教）在其他国家中也是不同的（Hatcher 等，1988）。

在美国，由于存在免费的公共人口控制诊所及政府投资的计划生育服务，几乎每个地区的每个人都能获取安全有效的避孕手段。因此，大部分 15~44 岁之间的已婚女性会使用某种避孕方式。如图 7.4 所示，绝育是美国最常用的避孕方式，大约占女性的 19% 及男性的 13%。然后是口服避孕药，占 28%，这也是女性最常用的避孕方式。在 20~24 岁的人口中，这是最常用的方式，而 15~19 岁年龄段及 25~29 岁年龄段中使用比例较低。男性专用的避孕方式有避孕套和体外排精法。绝育则两性都

专题 7-2
人口控制

英国牧师，经济学家托马斯·R·马尔萨斯(1766—1834)最先敲响了人口爆炸可怕后果的警钟。马尔萨斯在其1798出版的《人口论》(*An Essay on the Principle of Population*)一书中提出，人口增长方式是指数级的，而生存所需的物质条件是简单的线性增长。两者之间的差异不可避免地会引起战争及饥荒。为了避免战争和饥荒的出现，马尔萨斯鼓吹人们应该禁欲和晚婚。他的门徒们则强调避孕，并发起了控制人口运动，这项运动在20世纪60年代十分引人注目(Ehrlich, 1968)。

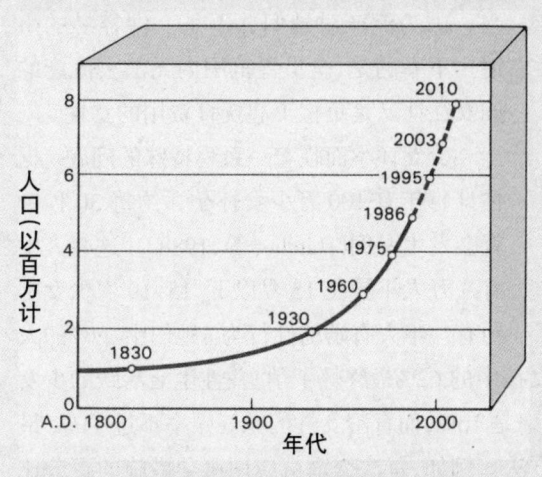

图 7.3 从1800年到2010年(预测)的世界人口增长

从史前算起，世界人口直到1830年才达到10亿。在接下来的一个世纪里，这一数字翻了一番，达到了20亿。在我们的时代，人口在不到50年的时间(上次成倍增长时间的一半)里又翻了一番，达到40亿，而现在已经增长到了50亿(见图例)。

对翻番时间的测定可以显示人口增长是一幅多么令人震惊的图画，也显示出了人口增长有很强的地域性。例如，第三世界国家人口增长率为每年2%，假定其出生率保持现状，那么每34年人口就会翻一番。而发达国家(包括美国)人口增长率为每年0.6%，每122年人口才会增加一倍。人口增长最快的国家是巴基斯坦，其增长率是2.8%，每25年人口翻一番；人口增长最慢的国家是意大利，按照现在0.1%的增长速度，意大利需要693年人口才能加倍(Camp and Speidel, 1987)。

当人群中出生率等于死亡率时，我们就会达到人口的零增长(ZPG)，人口控制理论的鼓吹者认为这是理想状态。但并不是所有人都认同这一观点。一些第三世界国家（以及美国的某些少数族裔）都认为控制人口是为了限制其增长，限制其权利(某些人甚至称之为"种族灭绝")。一些美国的经济学家宣称，人口的快速增长能够带来更多的纳税人，因此会在其他方面给人群带来益处(Julian, 1986)。

可采用。剩余的避孕方法都为女性所采用。

　　目前，避孕的重担主要是由女性承担的。这也许是另一个本应由男女共同担当，但男性都推给女性承担的典型。当然，之所以目前发展女性用避孕方法更为可行，也有其非常重要的生理原因，特别是在激素法方面(Djerassi, 1981)。随着技术的发展与进步，这种情形可望有所改观。但由于只有女性才会怀孕，避孕仍将主要与她们相关连。

　　理想情形下，怀孕的妇女应该就是想要孩子的人。事实上，美国所有孕妇中只有不到一半(45%)是计划内的。另外40%的怀孕是发生在期望的时间之前或是错误的时间之内的(经常涉及未婚的十几岁少女)，还有15%是根本不想要孩子却怀

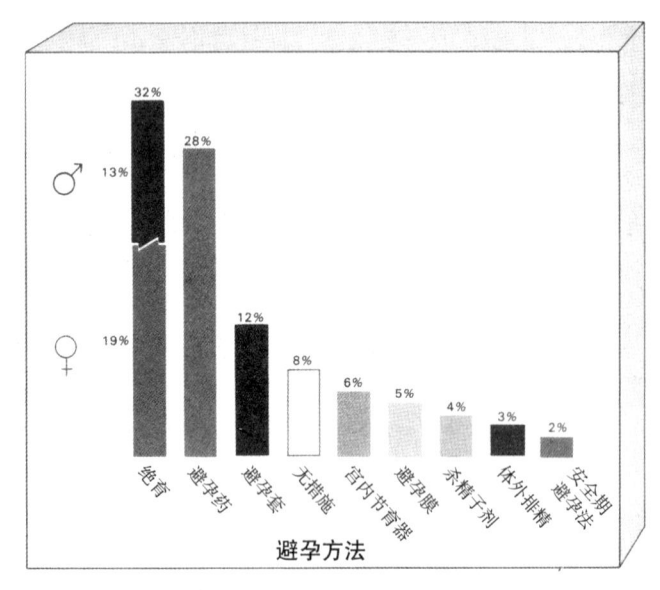

图 7.4 美国15~44岁之间的妇女及其性伴侣使用各种避孕方法以及不采取避孕措施（但不想怀孕）的比例

孕的情况。这些数据并不是说有超过半数的妊娠妇女没有采取避孕措施，而是反映了有更小一部分人不采取避孕措施。有多少非计划怀孕最终得以分娩？41%的非意愿怀孕以堕胎告终，但41%最终分娩（13%最终流产）。尽管有一些妇女在非计划怀孕后非常高兴，但有一些虽没去流产却并不感到高兴，因为流产对她们并不是一件容易的事情。不幸的是，全世界范围内无法去流产的妇女往往又是负担不起抚育费用的女性。

少女怀孕面临着一系列特殊的问题。据估计每年有100万少女怀孕，约每30秒钟就会发生一例（Hatcher等，1988）。这些人中有3万人年龄在15岁以下。15~19岁少女中约有一半人有婚前性行为。她们中27%的人从未采取过避孕措施。这些未避孕女孩中的62%最终怀了孕。在性生活活跃的少女中（不管是否采取避孕措施）总妊娠率是16%，而育龄女性的总妊娠率不过11%。最近，年轻女性倾向更多地采用避孕方法。例如，首次交媾就应用避孕措施的百分比从1976年的38%，上升到1979年的49%（Zelnik和Kantner，1980）。这些避孕方式主要是避孕套和相对效果较差的体外排精法。

除年龄因素外，应用避孕的方式和普遍性还与婚姻状态、社会经济状况、种族、宗教信仰和其他因素有关。年轻未婚女性多采用避孕药片，较少采用宫内节育器。许多人则让其男伴用避孕套或体外排精法。但这些流行趋势变化很快，特别在受过良好教育的年轻女性中更是如此。例如，加州大学某分校在1974—1978年间，服用避孕药的女性从89%降至63%，而宫颈隔膜的使用率从6%上升到33%，宫内节育器则稳定在8%左右（Harvey，1980）。

不采取避孕措施的理由

想一想

有人认为由于妊娠涉及妇女的身体，她们本人才应该对避孕负责，你怎么看待这一说法？说出你的理由。

有两类人有明显的理由不会采取避孕措施：一类是希望怀孕的人，另外一类是不会怀孕的人。在后一种人中，有些人是不孕的，另外一部分人则是没有性生活。除绝经期妇女外，15%的育龄夫妇想要孩子却没有（第6章）。15~44岁之间的妇女每5人中就有1人不是性活跃者。15~19岁的女性中有一半还没有性生活（Zelnik和Kantner，1980）。

大约有三千万性活跃妇女没有采取避孕措施，占育龄妇女的28%（Hatcher et al., 1988）。其中近20%的女性是少女；另有10%年龄在20~30岁之间（Forrest 和

Henshaw,1983)。我们在这里将关注这个年龄层的情况。

为什么不采取避孕措施？宗教并不是原因。天主教会反对避孕曾引起了很多争论（第24章），但是仅有相对较小比例的妇女因此不采取避孕措施。在已婚的美国天主教妇女中，2/3的人采取了某种非安全期避孕方式；而在1970—1975年间结婚的天主教夫妇，有90.5%采取了避孕措施(Westoff和Jones,1977)。这些天主教徒使用各种不同的避孕方式（绝育除外，天主教徒较少采取这种避孕方式）的比例与非天主教徒相似。

妨碍生育控制措施有效实施的因素，不是良心阻碍，而经常是无知、缺乏避孕工具和药物及多种心理和社会因素的结果。大量关于性的错误信息存在于青少年中，甚至在性方面很有经验的也不例外。许多人认为她们自己"太年轻"，不会怀孕。尽管在卵巢周期开始前少女是不孕的理论得到确认，但是这不能安全避孕。另一些则认为多次性交才会怀孕；或者认为如果她们不达到性高潮，就不会怀孕(Evans等,1976)。有人认为她们是在安全期，但在一项对性生活活跃的少女的调查中，上过性教育课程的占70%，但只有1/3能正确地知道她们的危险期(Zelnik,1979)。有些人认为自己不会生育，原因是她们过去的性交并未导致妊娠。男孩们则倾向于认为避孕是女人的事情，如果她什么都不说，那她就是安全的，不会怀孕。有些情侣认为放弃避孕没有什么，因为避孕"太麻烦"。

内疚感也可能导致放弃避孕措施。使用避孕措施清楚地表明双方是有意地参与性行为。而一些青少年相信在结婚或订婚以前有性行为是不道德的。如果双方约会时装备某种避孕装置或者随身携带避孕套，那么就证明含有不道德的意图。为了解决这一困境，他们不采取避孕措施参与性活动，也不去预见什么后果。因此，性欢愉的结果就是一时冲动的产物，而非有计划的行动。

不少颇有性经验的男女宁愿冒怀孕的风险也不愿采取避孕措施。他们认为采取避孕意味着深谋远虑，从而剥夺性的罗曼蒂克和自发性，使之成为冷冰冰的商业性事务。对男性而言，有准备意味着"剥削"和只是满足他的性乐趣；对女性，则意味着"乱交"。

性交与妊娠之间不可预计的联系造成了错误的安全观。实际上，单次性交导致妊娠的概率只有2%~4%。但如果在排卵前一天同房，妊娠的概率就上升至30%，排卵期间的概率为21%，性交一年怀孕概率是90%。性交次数越多，发生在危险期的性交越频繁，怀孕的概率也就越大。正如赌博时，失败或迟或早总会抓住粗心大意的冒险赌徒。

放手一搏是人类的普遍特征，不管是"只此一次"，还是经常如此，我们都会这么干。性活动中的冒险行为也不例外。表7.1给出了性交过程中的相关风险及其生殖后果，并列出了一些非性行为以作比较。

有些人在别人认为不恰当的时刻怀孕，原因是她们愿意这样做。在一组性生活活跃的青少年中，7%说她们想怀孕，9%对是否怀孕不在乎，更多的人则有类似主观动机却没有明确意识到。即使在最不利的环境下,怀孕仍具有极大的心理意义,它代表着青少年对成为成年人和被别人所爱的极度渴望,也是一种获得爱和重视的方式。对某些男性而言,使一个女性怀孕是展现其男子气概的最佳方法。据报道,有些处于青春期的女孩会为了获取社会福利以离家出走而去怀孕。妊娠同时也是留住伴侣、获得婚姻、使家人丢脸、惩罚别人和坚持自己权利的有力武器。

另外一些妨碍避孕应用的因素包括避孕的实际有效性、价格和能否获得避孕指导与工具。药店供应避孕套,但一个男性需走向前去购买,这对许多人,特别是年轻人来说不是一件容易的事情。计划生育诊所可建议和提供任何种类的避孕装置,

表 7.1 风险

风险	每年死亡概率(美国)
吸烟	1/200
骑摩托车	1/1000
驾驶机动车	1/6000
动力游艇	1/6000
攀岩	1/7500
踢足球	1/25 000
划独木舟	1/100 000
使用卫生棉条(中毒性休克)	1/350 000
性交(盆腔感染)	1/50 000
避孕	
口服避孕药——不吸烟者	1/63 000
口服避孕药——吸烟者	1/16 000
使用 IUDS	1/100 000
障碍避孕法	无
安全期避孕法	无
接受绝育手术	
腹腔镜输卵管结扎	1/20 000
子宫切除	1/1600
输精管切除	无
关于怀孕的决定	
继续妊娠	1/10 000
终止妊娠	
非法流产	1/3000
合法流产	
9 周之前	1/400 000
9~12 周	1/100 000
13~16 周	1/25 000
16 周后	1/10 000

From Hatcher et al., *Contraceptive Technology*, 1988~1999. New York:Irvington,1988.

但也首先要客户表明需求,这就暴露了他们有进行性生活的意图,这对许多人来说也是难以启齿的。如果社会强制青少年在接受避孕指导后必须告诉父母,那么青少年是否愿意寻求避孕指导也就可想而知了。

了解各种避孕措施有无不良反应是最后一道障碍。但有时这种不良反应会被夸大,以致让人对它产生恐惧。实际上,避孕的危险极小。表 7.1 给出了避孕措施的死亡率与其他一些行为死亡率的比较。

负起责任来!

我们已经考察了人们为什么要选择或避免采取避孕措施,那么在这些方面你将有何作为呢?

决定是否避孕时,首先要考虑特定情形下的性关系的总体状况及特殊状况。因为一个人究竟是否要进行生育控制,不是由理论来决定的,而是根据具体的性活动发生的实实在在的背景来决定的。要不要参与性生活有很多有说服力的心理和道德方面的理由,但对于在不恰当情形下的怀孕,从来没有什么好的理由。有效的避孕正是基于那样的信念才能开始。

对妊娠难易程度的了解也是很重要的。妇女必须监视自己最易怀孕的时间,确定是否处于怀孕的可能性增加的阶段。这些阶段往往与一些转变期有关:青春期、绝经期、建立新的性关系后、婚后不久和生育或流产后。压力之下的女性忘记采用避孕措施的可能性会增加,如分居、离婚及家庭破裂或者争吵时。离家出走、进入新的社交圈、改变生活方式等情况下会尝试新的性活动,此时往往未建立或未重新建立巩固的避孕措施(Miller,1973a)。不管在什么情况下,你都需要负起责任来!

7.2 避孕方法

理想的避孕措施应是被社会所接受的,男女皆可采用,安全,无不良反应,美观漂亮,随时可用并且价格便宜。不过目前尚无这种避孕方法,在可预见的未来也不大可能出现(Djerassi,1981)。

我们现在拥有的避孕方法有利有弊,并不是理想的。每种方法不能被抽象地评估,而是要看它是否能在特定时间满足个人的需要。目前尚无一种避孕方法(除了禁欲)在预防怀孕上绝对可靠(虽然数种方法的联合应用可以接近这点)。

具有绝对可靠性的避孕方法是禁止同房或者绝育。那些不准备作出这两种选择的人们必须承受避孕失败的风险,正如坐进汽车或横过马路也会有风险一样。比较切合实际的是估计一下风险多大,了解获得什么收益需付出什么代价。

避孕方法的有效性是用失败率来表示的。失败率是一年期间,100名采用此种避孕方法的性生活正常的已婚妇女的怀孕率。另一需要分清的是**最低失败率**与**实际失败率**之间的区别,前者是指最佳应用时的失败率,后者是指典型使用者的失败率(Trussel 和 Kost,1987)。两个失败率之间的差距是人为造成的。

表 7.2 总结了上面所讨论方法在第一年中的失败率。例如,如果一位妇女使用避孕膜避孕,其通常失败率为 18%,这个数字意味着,在 100 位性生活活跃、使用避孕膜避孕的女性中,有 18 人会在第一年怀孕。

表 7.2 各种避孕方法的第一年失败率(妇女怀孕率)

方法	最低失败率	典型使用者失败率
输卵管结扎	0.3	0.4
输精管切除	0.1	0.15
避孕药	0.1	3
迷你避孕药(仅含孕激素)	1	3
IUD	0.5	6
避孕套		
无杀精剂	4	12
具杀精功能	2	—
含杀精剂的避孕膜	2	18
避孕海绵		
没有完整妊娠史	14	18
有完整妊娠史	28	28 以上
子宫帽	8	18
体外排精	7	18
安全期避孕法	2	20
杀精子剂	3	21
不采用避孕手段	—	89

Adaped from Trussell, J. and Kost, K. "Contraceptive Failure in the United States: A Critical Review of the Literature", *Studies in Family Planning*, V18N5 Sept/Oct 1987, pp237-283.

禁 欲

不进行性生活,或称禁欲(abstinence),是最保险也最安全的避孕方法。如果性交仅仅是为了生育,那么禁欲是最合理的避孕方法。然而,性关系能够起到很多其他方面的作用,禁欲会使得这些方面得不到满足。不过,即使不进行性交也并不意味着没有其他形式的性表达或高潮。

禁欲仍然是一种避孕的重要措施。直到有效避孕方法出现之前,它实际上是仅有的一种安全可靠的避孕手段。19 世纪中叶,通过避孕来控制家庭大小是控制人口增长运动的主要原则之一。近些年,这种想法重新抬头。人们鼓励青少年对性行为说"不",以避免怀孕及性传播疾病。

然而,禁欲在理论上讲没有问题,但是对于许多人而言在实践中却并不可行。总是有一些人会不计后果地进行性交,尤其是年轻人。总会有"就这一次"的想法引诱他们。对于这些人而言,其他避孕方法更现实。

需要记住一点,怀孕比避孕造成的伤害更大,尤其是在 15 岁之前(第 6 章)。而在毫无准备的情况下将一个孩子带到这个世界上同样也很令人恐惧。

激素法

激素法是进行生育控制的基本生理学方法,因为它在源头处切断了生命繁殖过程。这是当代发现的最有效的可逆性避孕方法,如正确使用,本法的有效性超过 99%。然而,从生理角度上看,激素法也是对身体影响最大的一种,其不良反应也较其他方法更严重一些。但是激素除了避孕作用外,对身体还有其他有益之处,这是其他避孕方法无法比拟的。

激素可经口服、注射或皮下植入等方式进入人体。到目前为止,口服方法被认为是最简便可行的,所以我们主要讨论此种方法。

药物发展史

口服避孕药的应用开始于 20 世纪 60 年代,随着应用范围的日益扩大,现在简称为"药片"(the Pill)*。全世界有 6000 万,美国有 1000 万女性在服用口服避孕药,这使它成为世界上应用最广泛的可逆的避孕措施。40%的避孕单身女性和 13%的避孕已婚女性采用这种方法(Hatcher 等,1988)。口服避孕药在未成年少女和年轻女性当中是最流行的避孕方法;这个群体中性行为比较活跃的女性,则有半数要靠药物(Forrest 和 Henshaw,1983)。

口服避孕药是基于近代对卵巢周期的逐步认识发展起来的。20 世纪 30 年代,人们发现孕酮可以抑制排卵,因此可以防止妊娠。与此同时,雌激素得以分离提纯,并用于治疗某些月经失调。最早的口服避孕化学物质(norethindrone)是墨西哥城的辛泰克斯(Syntex)实验室于 1951 年合成的,1956 年在波多黎各进行了大范围临床试用。第一种市场供应口服避孕药(Enovid)出现在 20 世纪 60 年代*。此后的 20 年里,口服避孕药被广泛研究,因为这是数以百万计的健康女性为极重要理由而服用的药物。

口服避孕药的种类

口服避孕药的最大优点在于,它可使同房的二人无须在交媾前、交媾中或者交媾后采取任何措施。性活动过程无须中断。与其他避孕措施相比,口服避孕药使女

*英国作家阿道斯·赫胥黎(Aldous Huxley)在他 1958 年的小说《再谈美丽新世界》(Brave New World Revisited)中首次采用"the Pill"这一说法。

*有关药物的历史,见 Pincus(1965);有关其发展概述,见 Djerassi(1981)。

想一想

你会建立一种什么样的机制预防青少年怀孕?

性得以更好和更有效地控制其生育。

避孕药中含有各种各样的**人工甾体物质**(synthetic steroids),这些物质与雌激素及孕激素相似,能够抑制脑垂体前叶分泌促黄体生成素(LH)和促卵泡生成素(FSH),从而抑制排卵(第4章)。这两种激素也会影响子宫内膜的结构,使受精卵着床困难,同时使得宫颈黏液增厚,酸性增加,更加有效地阻止精子进入(Gilman et al., 1985)。

口服避孕药有许多种类,最常用的是**复方制剂**,其主要成分为孕酮,以及少量雌激素(雌激素含量在不同厂家生产的药片中各异)。复方药片日服一次,从月经周期的第5天(也就是月经来潮后的第5天)开始服用,连服21天,尔后等待7天,如果月经量同往常相似,就可以在下一月经周期的第5天继续服药。

为帮助使用者不致忘记服药,生产厂家往往增加7粒颜色不同的无活性或维生素药片,以利在停服避孕药时服用,这样使用者日服一药即可。如果一天未服避孕药,第2天就需服2片;如果2天未服,第3天就需服3片;如果3天或更长时间未服避孕药,那么这个周期再服避孕药就不可靠了。此时,应采取其他形式的避孕方法,直到下一个月经周期重新开始。

目前,复方避孕药是广泛应用的最有效的可逆性避孕方法。在最好的情况下,美国一年内每1000位性生活活跃的女性中,仅有1人有妊娠的风险。有些研究显示正确使用此法的妇女没有人会怀孕,然而实际的失败率为3%。

在正常的月经周期中,激素水平每天都在变化。为了更接近月经周期中激素的生理变化,数年前发展出了一种"**序贯**"**口服避孕药**(sequential pill)。这种避孕药的使用方法是月经周期的前15天服用雌激素,尔后5天服用孕酮和雌激素复方制剂。虽然这种药物效果不错,但出现严重不良反应的概率较高,因此很快就从市场上消失了。现在的**双期避孕药**(diphasic pill)和**三期避孕药**(triphasic pill)亦是基于上述目的,为更接近月经周期激素生理变化而发展的。由于每天激素水平不是恒定不变的,所以可以在月经早期用较小剂量的激素,从而减少整个月经周期激素总使用剂量。当然,这是与传统口服避孕药所用剂量相比较而言的。

双期避孕药在月经周期的前10天里孕激素含量较少,而雌激量含量较高。月经周期的第11~21天时,药片中雌激素含量不变而孕激素含量增加。三期避孕药则有3种雌、孕激素不同组合的药片,在月经周期的不同时间内服用。这些新避孕药的有效性与以前标准避孕药一样好

图7.5 各种品牌的口服避孕药

(《人口报告》,1982)。它们成为美国口服避孕药的标准。

人们在继续保持避孕药有效性的同时,也在努力减少其不必要的不良反应。这是通过减少激素含量,特别是其中雌激素成分来实现的。雌激素是引起绝大多数不良反应的主要成分,于是现代口服避孕药中雌激素的含量仅只有早期避孕药中的一小部分了。

迷你口服避孕药(Minipill)中仅含有少量的孕激素,不含雌激素。通常每天服用,包括行经期在内,尽管其不良反应少一些,但更易导致不规律的出血。迷你口服避孕药在抑制排卵方面比复方口服避孕药要弱,其理想失败率是1%,而复方避孕药则是0.1%。迷你避孕药的实际失败率也为3%。

不良反应

任何药物都不免产生许多不必要的作用,即不良反应,避孕药也是如此,从而会对其应用产生不同程度的影响。我们将着重讨论最常见的和较严重的不良反应。

避孕药较轻的常见不良反应有恶心、乳房胀痛、便秘、皮疹(如脸部的棕色斑)、体重增加、阴道分泌物增加和头痛。这些不良反应与妊娠早期的不适很相似,都是由孕酮、雌激素的升高而引起的,通常较为轻微并在服药后一到两周后消失。

避孕药较严重的不良反应是心血管系统方面的。它可使心绞痛、心肌梗死、高血压病等发病率增加,并增加血栓形成的可能性(Wahl et al.,1983)。这些血栓不仅会引起局部不适,如果栓塞了脑部或心肺,甚至会导致非常严重的后果。年龄较大的女性和吸烟者更易发生这些严重的不良反应。例如,一名30~40岁的吸烟女性口服避孕药后心绞痛的发病率可比不吸烟者高4倍。

口服避孕药最易引起公众恐慌的不良反应,是人们担忧其可能会导致子宫癌和乳腺癌的发生。已有研究证明,在几种动物之中,雌激素与子宫癌和乳腺癌相关,但尚无证据表明在人类中也是如此(Murad和Haynes,1985)。随着时间流逝,其可导致癌症发生的可能性已微乎其微了(《人口报告》,1982)。

同样地,目前无证据表明避孕药有致畸作用,但已妊娠妇女服用避孕药则会引起畸胎(所以开始服用避孕药一定要在月经来潮停止后)。现在也无证据表明,口服避孕药对以后再受孕能力有长期影响,但正常生育能力恢复可能要数月。使用避孕药对绝经期的开始无影响,对性欲的影响也无一定规律,因为影响性欲的因素很多(第4章)。

由于惧怕避孕药的不良反应(这往往是由大众出版物不恰当的宣扬所致),许多女性停止应用口服避孕药。最新综合调查表明,避孕药的影响可能是正面的,如子宫内膜癌和卵巢癌的发病率,在应用避孕药的妇女中减少了约50%。应用避孕药的妇女也在某种程度上更不易患一些疾患,如盆腔感染、类风湿关节炎、贫血、卵巢囊肿、月经不调、痤疮和痛经(Droegemueller和Bressell,1980;Altman,1982;Hatcher等,1988)。然而,激素法并不能像避孕套及杀精子剂等方法那样防止性传

想一想

有一种避孕方法,失败率仅有1%,但是对健康有很大危害;另外有一种避孕方法失败率为10%,但是对健康没有危害,你怎么选择?

播疾病。

当然,决定一位女性是否需要使用口服避孕药时应慎重考虑,并寻求医师的指导,适当考虑其生活环境。对服用避孕药所担风险要如实告知,既不要轻描淡写,也不要夸大其词。年轻的不吸烟女性采用口服避孕药可能是最佳选择,但那些高危人群则最好避免使用口服避孕药。高危人群包括年龄较大的女性、吸烟者,患有心血管疾病、肝病、糖尿病、乳腺癌、生殖系统癌症者等。

事后避孕药

事后避孕药(the morning-after pill)只在性交后需要激素的保护时才应用,因此具有极大的优越性。它的作用是干扰受精卵着床,而不是抑制排卵。由于女性不能确定自己是否怀孕(可能没有怀孕),性交后避孕的方法能够使女性免受选择是否进行流产的心理折磨。为了强调这点,支持者称其功效为"**抗生殖**"而不是流产,而反对者称其为对未出生婴儿的化学谋杀(Murphy,1986)。

早期的事后避孕药含有烈性雌激素——**乙酚**(DES),虽然没有被FDA通过,但医师可以合法使用。在未采取避孕措施的同房后72小时内——最好是20小时之内——开始服用,每天2次,连服5天,可以避免妊娠。然而,由于这种药中DES含量是普通避孕药中雌激素含量的500倍,所以可导致严重恶心和呕吐。而且DES有致畸作用,如果已怀孕妇女服用后,可导致其所生女孩许多年后癌症的发病率增加(Herbst,1981)。因此,如果事后避孕药没有阻止怀孕,考虑到它对后代的危害,可以实行堕胎。

现在比较安全的事后避孕药含有另一种雌激素[**炔雌醇**(ethinyl estradiol)]。可以仅含雌激素,也可以是复方制剂[也含有**18-甲炔诺酮**(norgestrel)]。首次服药应在同房后尽早服用,第二次服药在12小时内(有时是在同房后72小时内)。由于这些新药所含激素量不是特别高于普通避孕药(只是中量口服避孕药的4倍),因此恶心和呕吐不是很严重。然而,在这种新式的事后避孕药中,雌激素的药量也足够起作用了(Yupze,1982)。

在一组有过一次未避孕性交的妇女中,她们按上述服药方法应用了事后避孕药后,只有7人妊娠。如果未用药,估计将有30~34人会怀孕(《人口报告》,1982)。

事后避孕药还不能作为避孕的常规手段。一个人能够服用多少次而不受到危害还没有搞清楚,但是有研究正在进行,以便探索其更广的用途。

法国的研究人员最近发现了一种名为RU 486的药物。女性可以在月经推迟10天之内服用这种药物,避孕效果在85%左右,并且没有明显的不良反应(Couzinet et al,1986)。RU 486通过阻断孕酮受体,阻断了孕激素在维持妊娠方面的作用。因此,子宫内膜会脱落,胚胎会随月经排出。

RU486仅在体内存在48小时,不会对生育能力造成影响(Couzinet et al,1986),但是其长期作用尚不清楚,这种药物也没有在法国上市使用。在许多发展中国家,仅仅有 1/5 的妇女采取避孕措施(Sullivan,1986)。然而,西方发达国家最新最昂贵的的成果并不一定是发展中国家避孕方法的最佳选择。

大部分学校里的健康服务中心及私人医生都会在"意外"或是强暴的情况下,给受害者开事后避孕药,但是受联邦资助的诊所无权这样做。

宫内节育器

宫内节育器(intrauterine device,IUD)外形多种多样,大小如纸夹,现多为塑料制成。IUD 需放入宫腔内才能发挥避孕作用。现代 IUD 起始于 20 世纪 30 年代,由德国医生恩斯特·格拉芬波(Ernst Gräfenberg)和日本医生织田(Tenrei Ota)首先发明,他们将金属环作为避孕装置放入子宫内。IUD 的广泛应用是在 20 世纪 60 年代。迄今为止,美国大约一共出现过 25 种不同的 IUD。现在美国正在使用的只有两种 IUD(图 7.6)。由于盆腔感染或不育而进行的诉讼案件使得制药公司不得不将其他产品从市场上撤回(Hatcher et al,1988)。大约有 88 000 件不育病例可能与使用 IUD 相关,尤其是与设计糟糕的达康盾形环(Dalkon Shield)有关。在患有输卵管性不孕的女性中,使用 IUD 的人数是没有使用 IUD 人数的两倍(Daling et al., 1985)。

宫内节育器的有效性和使用广泛程度仅次于口服避孕药,全世界约有 5000 万女性依赖其避孕,在中国有 3500 万女性使用 IUD。在美国,采用避孕措施的已婚妇女中有 5%是使用 IUD(Djerassi,1981;Hatcher,1988),但在采取避孕的未婚女性中则不到 1%(Hatcher et al.,1988)。

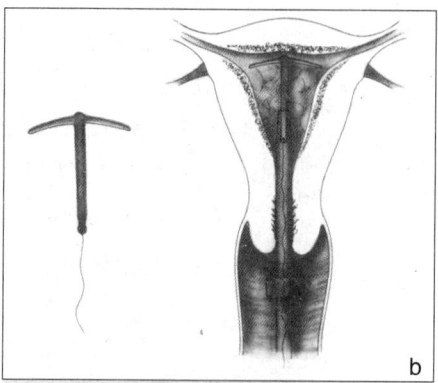

图 7.6 目前在美国使用的 IUD 共有两种,分别是 Paragard T 型 IUD(a)和黄体酮(Progestasert T)IUD(b)。Paragard T 型 IUD 在纵柄和每个横臂上均缠有铜丝,纵柄的基端连有两根单纤维丝,以便取出,这种 IUD 现在可以连续使用 10 年。Progestasert 型 IUD 效能略低于 Paragard 型 IUD,并且必须每年更换。

IUD 如何避孕的确切机制尚不清楚。现在较普遍的看法是,IUD 可引起子宫内膜产生细胞和生化反应,干扰着床。IUD 也可使已着床的囊胚脱落,此时,IUD 的功能可以看做是引起早期流产而不是避孕。

早期 IUD 是由各种金属制成的,现在使用的 IUD 均是由可弯曲塑料制成的,它可以拉直放入一管子内,在放入子宫内后回复至原来外形。IUD 尾端常连有尼龙线,垂于宫颈外阴道内,让妇女知道 IUD 是否在正确位置。IUD 含有少量金属钡,以便 X 光透视时可以看到。IUD 可通过特殊的医用镊子取出。

IUD 的理想失败率是 1.5%,实际失败率是 6%(包括那些在不使用其他避孕方法的前提下断断续续使用本法的情况)(Hatcher,1981)。第一年后失败率会下降,长期应用可更好地适应。为了提高 IUD 的有效性,某些种类的 IUD 还加入了化学方法。有些缠绕有细铜丝,这些细铜丝会在子宫内缓慢溶解。另一种则含有孕酮,但孕酮释放的速度很慢,这虽然不能抑制排卵,但可使子宫内膜发生进一步的改变以干扰着床。

口服避孕药的有效性主要依赖于使用者自己,而 IUD 的有效性则在很大程度上依赖于把 IUD 置入的医务工作者的技术。因为放置恰当与否对其有效性影响极大。IUD 一旦放置完毕,使用者只需定期检查尼龙尾线以确定 IUD 对位与否即可。如无并发症,一些 IUD 最多可以留置 4 年(但释放孕酮的 IUD 需每年更换)。

IUD 也曾被试用于事后避孕。在未采取避孕保护的交媾后 5 天内,放入含铜 IUD,效果很好。这方面的应用尚待进一步研究,并需观察是否有并发症(Yuzpe,1979)。

因为 IUD 只是一种机械装置,不是可摄取的物质,所以它不会引发系统的不良反应。不过,它的确会引发部分意料之外的局部反应。最常见的两种不良反应是不规律流血和骨盆疼通*。少量出血可见于月经周期的任何时间,使用 IUD 妇女的月经量也较正常时为多。腰酸是由子宫痉挛引起,有 10%~20% 的使用者有此不适,但在应用数月后会消失。约有 10% 的妇女由于出血量大或者腰酸较重以致需要取出 IUD。据认为含孕酮的 IUD 不良反应较少。5%~15% 的使用者其 IUD 会自行脱落(这就是为什么妇女要经常检查尾线之缘故)(Sparks et al., 1981)。

*更多有关 IUD 不良反应的详细介绍,见 Osser et al.(1980)。

比较少见但较严重的并发症有子宫穿孔、盆腔感染和带环怀孕。子宫穿孔的发生率约为 0.1%(这需要紧急施行手术)。使用 IUD 后发生盆腔感染的概率增加了 5~10 倍。这是因为尾线成为细菌由阴道进入子宫的通路,并且 IUD 也妨碍了子宫的保护机制。鉴于此点,有急性或慢性盆腔感染的妇女不应使用 IUD。

带环怀孕时,自然流产的概率增加 3 倍,发生异位妊娠的概率增加 10 倍(带环妊娠中的 5% 为异位妊娠),妊娠时发生感染的概率也有增加(Mishell, 1979; Droegemueller 和 Bressler, 1980)。但宫内节育器无致癌和致畸作用。

虽然有这许多并发症,IUD 仍不失为一种安全有效的避孕措施。一般说来,IUD 不妨碍性生活。有些妇女在性高潮时感到疼痛,这是因为子宫收缩压迫 IUD 所致。多数男性从未发现尾丝,但也有人抱怨尾线的摩擦对阴茎有刺激作用。

障碍法

障碍避孕方法的原理很简单,即用机械手段来防止精子与卵子相遇。这既可在阴茎上套一个套子[**避孕套**(condom)],也可在宫颈口放置**避孕膜**、**宫颈帽**或者**避孕海绵**来达到前述目的。在口服避孕药和 IUD 出现以前,障碍避孕法是应用最多和最可靠的避孕方法,并且目前仍在广泛应用。

障碍避孕方法的主要优点是,如果使用得当并与杀精子剂同时应用,有效性很高,几无不良反应。主要缺点是极可能使用不正确,这样它们的实际失败率就很高,如避孕膜是 18%,避孕套也为 12%。因为障碍避孕方法有时会影响性生活,比如突然想用却找不到,以及从美学上看它们外形不雅,所以有些人讨厌此方法。这些反应能被克服。伴侣们应该学着把采取避孕措施当做性生活的一部分。例如,带避孕套可以当做是前戏的一部分。本方法中所用器具均有其独特特点,我们将分别讨论。

避孕膜

为避孕而阻挡宫颈口已有悠久历史了(专题 7-1)。现代**避孕膜**(diaphragm)于 1882 年发明于德国。和现代避孕套一样,避孕膜也由橡胶制成。单独使用避孕膜很不可靠,所以它总是与杀精子剂共同应用,并凭借将杀精子剂保持在子宫颈附近而起作用。世界上现有约 400 万名妇女采用避孕膜。在美国已婚避孕妇女中约有 4% 采用本方法,在那些未婚女性中使用率略低一些。在社会经济地位较高的 20~34 岁女性中,这种方法较受欢迎(Forrest 和 Henshan,1983)。避孕膜的理想失败率为 2%,但实际失败率是 18%*。

现在使用的避孕膜是由一个薄的橡胶圆顶和与之相连的可弯曲金属环组成。金属环表面也有橡胶覆盖。使用时,将其放入阴道,盖在宫颈口上,以防止精子进入子宫颈管(图 7.7)。放入前,隔膜的内表面(即与子宫颈相接触的一面)应涂上一层避孕胶或避孕霜,如果无这些杀精子剂,避孕膜的有效性将大大降低。使用之后,可以清洗避孕膜,待干燥保存后,可以重新使用。随着时间的推移,避孕膜可能破损,这种情况下必须替代。**一次性避孕膜**正在研究当中,但是没有被批准上市。

避孕膜有各种尺寸(最常用的直径为 7.5cm),使用者最好请医务工作者确定膜的大小。在怀孕后,体重变化及发生其他可以引起阴道大小变化的情形时,应重新确定膜之大小。在经过调整和接受指导之后,大部分女性使用避孕膜没有任何问题,然而因为需要用手指将其置于阴道内并取出,一些女性对其感到不自在。

*有关大学女生使用避孕膜的研究,见 Hagen 和 Beach(1980)。

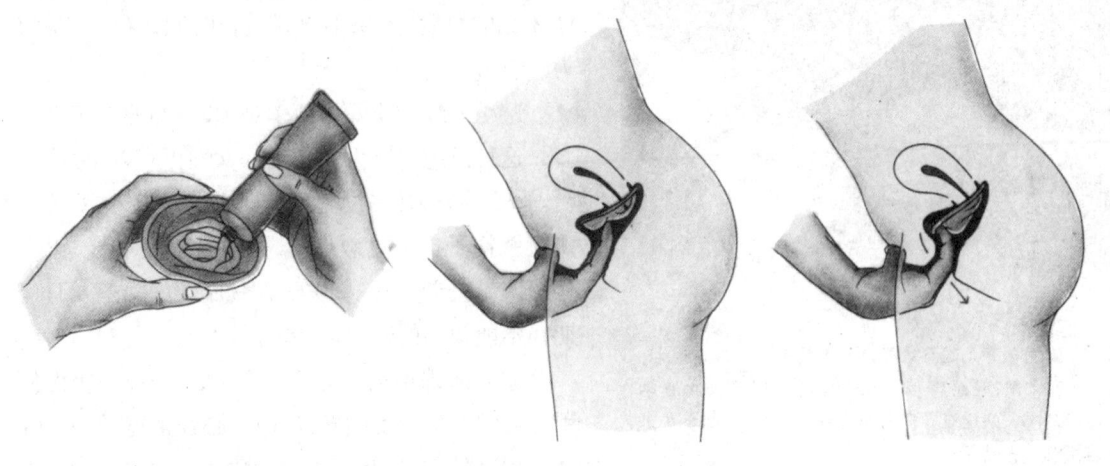

图 7.7 (从左到右)为避孕膜涂杀精子剂;检查是否在合适的位置;取出避孕膜。

同房前放置避孕膜的时间不要早于 6 小时,以防杀精子剂失效。如果在放入避孕膜超过 2 小时后再同房,不要立即取出,而应加一些避孕胶或霜进入阴道内。同样,反复交媾时每次均应多加一些避孕胶或霜进入阴道内。避孕膜应在最后一次同房后 6~8 小时内取出。尽管可以在体内留置达 12 小时之久,但这可能会增加中毒性休克的风险(第 5 章)。

除非一个女性提前知道要做爱,她必须在同房时中断一下并放入避孕膜,否则就要冒怀孕的风险。有些人认为这样会分散注意力;不过有些人则将放置避孕膜变为爱抚的一部分,成为一种不可或缺的美。避孕膜放置恰当时,双方均不会感到它的存在。当然,避孕膜脱落时他们也不会知晓。避孕膜脱落往往是因为尺寸太大或者交媾时动作幅度太大。

宫颈帽

尽管**宫颈帽**(cervical cap)的工作原理与避孕膜相同,但前者通过吸引作用能更好地适合宫颈。这种吸引可能会造成子宫颈表面黏膜的损伤或糜烂。只有巴氏涂片正常的女性才能使用这种方法。这种方法同避孕膜一样有效,子宫帽必须进行个体调整,并且与杀精子剂一同使用,可以在体内存放 48 小时。

宫颈帽是 19 世纪应用最广泛的避孕措施,但现在已被新的方法完全替代了。虽然在欧洲有使用,但是在美国,直到 1988 年,这种方法才得到了 FDA 的批准。

避孕海绵

1983 年,FDA 批准了避孕海绵的应用。**避孕海绵**(vaginal sponge)由聚氨酯制成。圆形海绵直径为 5cm,浸满了杀精子剂(nonoxynol-9,化学合成物质,亦用于杀精子膏中)。避孕海绵放入阴道上部,阻塞宫颈口和防止精子通过。阻挡和杀精子作用可持续 24 小时(因此有商品名为"今日"),与性交次数多少无关。在体内放置时间过长会增加过敏性休克的风险(如果不放置过长时间,这种风险仅为二百万分之一)。

避孕海绵的实际失败率是 18%,与避孕膜差不多。这种海绵对于无生育史的女性更有效,原因不明。迄今为止,几乎没有不良反应的报道,主要是一些对杀精子剂的过敏反应、阴道干燥或刺激,以及移出困难。同时有一些关于宫颈糜烂的报道及月经期间不能使用的建议。

避孕海绵不需要处方,不需要调整,一次性使用。通常性生活不频繁,从而不必经常避孕的女性会使用这种方式。其一年的失败率为 18%;不过,这

图 7.8 女用隔离式避孕装置以及杀精子剂。从左到右:避孕胶、子宫帽、避孕膜、阴道避孕膜(VCF)、"女用避孕套"、避孕海绵。阴道避孕膜与阴道栓作用相似,都会在阴道中溶解释放杀精子剂。

并非指每 100 个使用这种方法的女性进行一次性交,就会有 18 人怀孕。

避孕套

避孕套是唯一供男性广泛应用的可靠的避孕装置。橡胶避孕套的使用是从 19 世纪中叶开始的,它有疫苗(prophylactic)或橡胶(rubber)或其他一些有意思的名称,其早期原型是由亚麻所制。18 世纪意大利色情作家卡萨诺瓦(Casanova)认为其是使人的思想放松的英式礼拜法衣。

美国和日本避孕套年产量超过 10 亿只,供全球 2000 万男性使用。美国 10%的夫妇仅仅使用避孕套作为避孕措施,21%的性活跃青少年男子使用避孕套避孕(Forrest 和 Henshaw,1983)。避孕套在日本的使用更加广泛,四对夫妇中有三对使用避孕套避孕。

现代避孕套由极薄的乳胶制成,呈管状鞘形,一端为盲端,有一小囊,另一端为开口并有一较硬橡胶环。小囊是为容纳精液所用(如避孕套无此小囊,则应留出 1cm 长的一段以作此用)。**女用避孕套**(图 7.8)在英国有所试用,形状像一只大号的避孕套,放置于阴道中,然后阴茎插入其中。

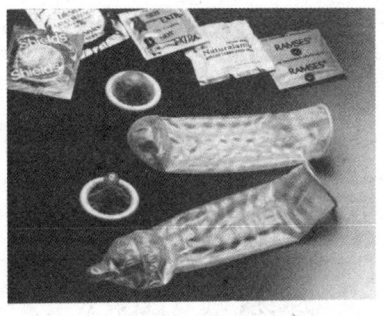

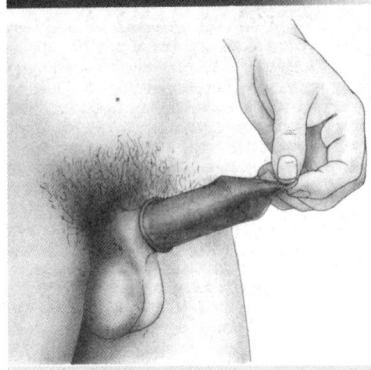

图 7.9 未展开、展开及已经带好的避孕套

避孕套大小、长度都差不多,可适合绝大多数人。*卖出时是卷起来的单个密封包装,内附详细的使用说明。密封的避孕套如果远离热源可保存两年。不过应避免与凡士林或其他石油制品接触。杀精子剂、K-Y 润滑剂和其他水溶性润滑剂对其没有影响。有些避孕套是以颜色不同的橡胶制成的,有些则有螺纹突起,或者其他特点,这些都是为了达到增强阴道刺激的目的。避孕套可从各种途径买到,如药店、邮购、校园商店或自动售货机等。

避孕套单独使用的理想失败率是 4%,与杀精子剂一起使用则为 2%。此外,加入壬苯聚醇-9(nonoxynol-9)不仅能增强避孕效果,也能帮助抵御艾滋病(第 5 章)。由于有严格的生产标准,避孕套不会破裂,尤其是阴道充分润滑的情况下。然而,不恰当使用仍可令其有效性下降,实际失败率约为 12%。

避孕套应在性交前,即在男女生殖器接触**以前**套在阴茎上。在射精之前才带避孕套是不安全的,这主要是由于两个原因:第一,可能有精液随尿道腺分泌物排出;第二,男性很难控制自己射精。然而,在前戏时过早戴上避孕套可能会造成损害。为防止精液漏出,应在阴茎疲软前就从阴道内抽出。如要再次性交,应丢弃已用过的避孕套,洗净或擦干净阴茎,换一个新的避孕套。避孕套不能重复使用,即便在洗净、晾干后亦是如此。

避孕套几乎无不良反应,虽然极少数人会对橡胶或润滑剂过敏。由于采用避孕套后,妇女可解除怀孕之顾虑,所以避孕套的应用对女性无不适,但有些女性觉

*芭芭拉·希曼(Barbara Seaman)建议说,就像女性可以选购不同罩杯的胸罩一样,男士也应该可以买到不同尺寸的避孕套——按照大小分为"大"(jumbo),"巨大"(colossal)和"超大"(supercolossal),从而避免选购"小号"的尴尬(引自 Djerassi,1981)。

得丧失了阴道内射精的感觉。较多见的是男性抱怨避孕套减弱他们的乐趣("就像穿着雨衣淋浴");为了增加质感,有些避孕套使用动物肠膜或薄橡胶制作而成(日本产的避孕套比美国产的要薄很多)。

有性能力问题的人认为套避孕套时会分散注意力,使阴茎不能勃起;但早泄者认为避孕套很有帮助。避孕套亦可防止某些性传播疾病,特别是淋病和艾滋病,就这方面来说,避孕套对那些与临时性伙伴发生关系的人来说可能是最有用的避孕装置了。对那些有稳定性关系的人,避孕套也是一种很好的避孕措施。

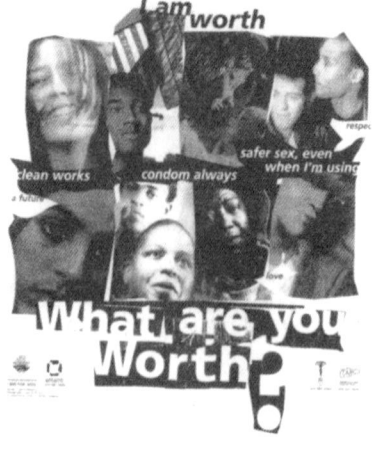

图 7.10 推广使用避孕套的公益广告

旨在预防艾滋病的公共卫生运动提高了人们对于避孕套的认识。现在在美国,避孕套已经可以在电视及其他媒体上登广告了。避孕套防病的作用在第 5 章中已有所讨论。

杀精子剂

杀精子剂(spermicides)是可杀死精子的化学药品。它们也具有堵塞精子进入子宫颈的作用,鉴于此,它们也可被认为是另一种障碍避孕措施。杀精子剂有**霜**、**胶**、**泡沫**、**药片**、**阴道膜**或**阴道栓**等多种形式。各种形式的杀精子剂中,有效的化学物质都是**壬苯聚醇 –9**。

它们都是直接放入阴道内发挥作用,但有效性和使用方法各有不同。药片及阴道栓必须在阴道中放置 10 分钟才能奏效。泡沫避孕药能够马上发挥作用,但是仅能维持半小时。随产品一起有详尽的说明,不需要处方便可在药店买到。

杀精子剂的理想失败率是 3%~5%,如果使用不正确,失败率可能会高达 21%。泡沫状杀精子剂是最有效的杀精子剂,接下来是杀精霜及杀精胶;药片及阴道栓效果最差。

目前,杀精子剂尚无肯定的严重不良反应。据报道,女性使用了杀精子剂并且怀孕后,生育畸形率稍高(在杀精子剂使用者中为 2.2%,不用者为 1%)。杀精子剂可致精子受损,受损精子与卵子结合后可能会导致畸形。但是这二者之间的联系不久之后便被推翻。在使用杀精子剂者中自然流产率也稍高于不用者。虽然上述结论尚未被任何科学研究证实,为安全起见,妇女在怀疑自己已怀孕后应及早停止杀精子剂的应用为好（Jick et al., 1981; Hatcher et al., 1988）。

杀精子剂的其他缺点包括时有烧灼感或者过敏反应。欲使用杀精子剂者必须事先弄清自己是否对它过敏。挑剔的人会觉得它很脏。有些人抱怨杀精子泡沫让性交变得像"踩在了稀泥上"，也可能让男性觉得舔阴时会有异味，虽然有些杀精子剂并没有味道。

不管怎样，杀精子剂作为避孕方法具有重要地位，特别是与障碍避孕措施一同应用时。仅有4%的女性完全依靠杀精子剂避孕，大部分将其与障碍避孕措施一起使用。如果没有杀精子霜或胶，避孕膜就不够安全，所以现在标准使用方法是二者联合应用。避孕泡沫和避孕套联合应用较少见，然而此二者的联合可使有效性几乎达100%，且能有效防止性传播疾病。需绝对保障避孕安全时，杀精子剂可与避孕膜和避孕套联合应用。除非不良反应有累加效应，否则没有理由只能采用一种避孕方法。

性交后冲洗阴道被认为是杀精子方法的一种，但其有效性极低，所以不能作为避孕措施来讨论。不论应用什么冲洗液或交媾后冲洗多么及时，均不能增加本法的有效性。

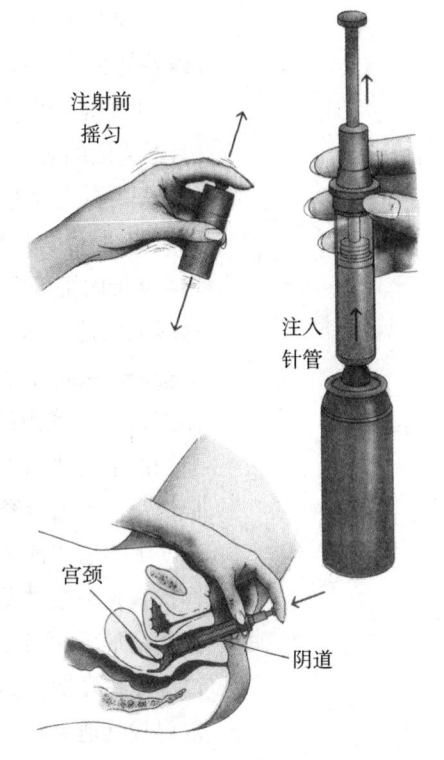

图7.11 使用一支塑料注射管注入避孕泡沫。泡沫必须完全掩住宫颈口。

安全期避孕法

发生性行为时采取任何方式以达到避孕的目的，均可认为属于避孕措施。然而，有人认为避孕措施可分为"自然的"或"非自然的"。比如，天主教会反对应用任何主动方法避孕，但以在月经周期中不会怀孕的短暂时间内性交作为避孕方式，则认为是符合道德的。另外一些人对安全期感兴趣是因为它不需使用任何避孕器具，无各种避孕工具的影响和不良反应，且不需花钱。

这种**安全期避孕法**（rhythm method）是在对什么时间可能怀孕了解清楚的基础上施行的。这种了解不但可以避免怀孕，也可以使受孕概率提高。它是了解女性什么时候可怀孕、什么时候不会怀孕的一种简单方法。

目前，有三种方法可以了解什么时间"不安全"（不安全期内妇女易怀孕）。有很多书详细论述这些方法（Hatcher et al., 1988），不过最好还是依靠受过专门训练的医师的意见。本方法的理想失败率为2%，实际失败率是20%。仅有2%的性活跃妇女依靠安全期避孕法，其中大部分都是35岁以上的妇女（Forrest和Henshaw, 1983）。

日历法

这是安全期避孕法中最原始的一种，可靠性也最差[据估计失败率可高达45%

(Ross 和 Piotrow,1974)]。日历法基于三个假设:月经周期为 28 天,排卵在第 14 天(误差为 2 天);精子可存活 2~3 天;排卵后卵子可存活 24 小时。

由于每个女性的月经周期并不都是 28 天,所以可通过 8 个月经周期的观察(月经来潮的第一天是月经周期的第一天)来确定每个人的月经周期长度。易受孕的最早一天是从最短月经周期中减去 18 天,最晚一天是从最长月经周期中减去 11 天。例如,如果月经周期是规则的 30 天,排卵是在(17±2)天内,所以在月经周期的 15~19 天内是不安全的。但在第 13 天和第 14 天留下的精子可存活至第 15 天,所以这两天也是不安全的。如果排卵是在第 17 天,卵子在第 19 天仍可存活,这几天也不安全。照此推算,月经周期的第 13 天至第 20 天内是不安全的。作为一种额外的保护,开头和结尾可再各加三天。为了更安全起见,整个排卵前期都应被排除。如果夫妇由于其他原因在行经期中仍有几天不能性交,仍有 7~11 天的时间可以进行安全性交。加上行经期,每个月中有半个月是安全的。

上述这些都是推算得出的。实际上因为月经周期并不像钟表一样精确,所以前述推算并不绝对无误。许多生理和心理因素可以影响排卵,使前述推算完全无效。极端情形下,月经周期很短而月经来潮很长的妇女,虽然正在行经但仍可排卵,所以即便在经期,无避孕保护的性交仍不是绝对安全的。为更好地推算排卵日期,可以寻找其他更多的客观现象,而不单纯依靠日期推算。下述两个方法可帮助达到此目的。

基础体温法

此方法是在排卵时伴有基础体温上升这个客观现象的基础上发展起来的。**基础体温**(basal body temperature,BBT)是指清醒时的最低体温。为得出排卵时间,必须画出每个人自己的 BBT 表格。测量 BBT 应在每天早晨醒来后、起床前或在下床做任何

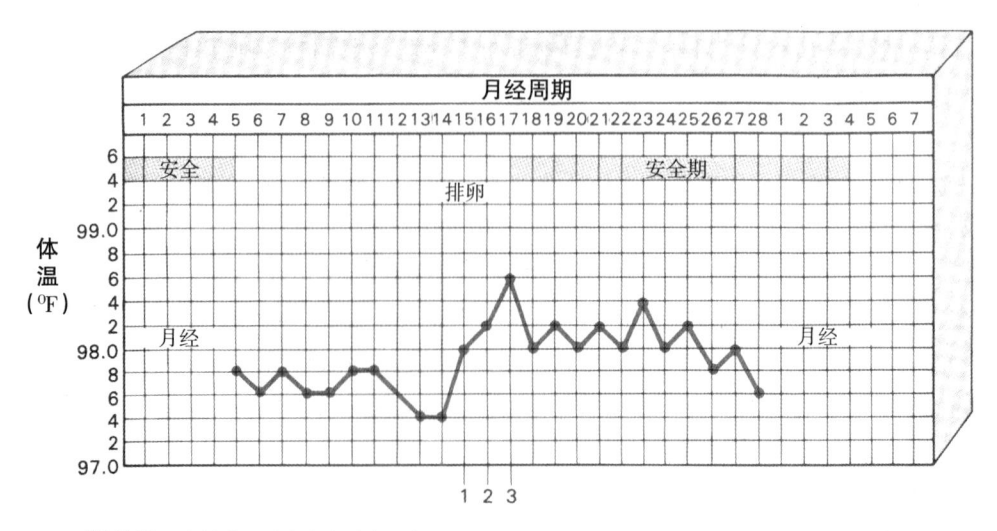

图 7.12 采样月经周期内基础体温变化

其他事情之前立即测定。基础体温比前 5 天高 0.2℃(0.4°F)或更多时,持续 3 天,表示已排卵。有时 BBT 在上升前会先有所降低,从而给人们以提醒(图 7.12)。如要避孕,女性在月经结束到排卵期前 3 天期间应禁止同房。因为有明确证据表明已排卵前的任何时间内交媾均有怀孕的风险。

本方法很易出差错,因为除排卵外尚有许多因素可导致体温升高。而且,在 20%的周期中,体温上升并不伴随有排卵,那么整个这一周期均被认为不安全。假如一个妇女非常仔细地依照 BBT 表格,并在有明确证据表明已排卵 3 天后才同房,本法的成功率据报道可高达 99.7%(Doring, 1967)。但也有一些人认为本方法并不可靠(Bauman, 1981)。

宫颈黏液法

这是一种依据宫颈黏液的变化来推算排卵日期的方法。要采用本法,必须学会如何正确辨别宫颈黏液的量和黏稠度的变化(Billings 和 Billings, 1974。因此此法也被称为**比林斯法**)。在月经来潮前后几天,许多妇女处于"干燥"期,在此阶段,几乎无宫颈黏液流出,并有阴道内干燥的感觉,这些"干燥"时间对交媾来说是相对安全的。

干燥期之后,宫颈就产生黏稠、白色或浑浊的黏液,随后渐渐变为清的稀薄状黏液(如蛋清样),此称为**高峰征象**(peak symptom),通常持续 1~2 天。一般而言,最末高峰征象日之后 24 小时发生排卵,宫颈黏液又回复至浑浊黏稠状。出现高峰征象至高峰征象最末一天之后的 4 天里应禁止同房。

为帮助女性确定排卵日期,现在发明了一种塑料制成的装置,称为**排卵推算器**(ovutimer),此装置可放入阴道内测量宫颈黏液的黏度。另外一种名叫**排卵预测仪**(Ovulation Predictor)的设备,能够利用唾液,提前 5 天预测排卵。FDA 还没有批准这种设备用于避孕,但是作为提高怀孕概率的手段,这种设备已经作为非处方设备供人们购买使用了。

1978 年,世界卫生组织(WHO)发表了一篇综述,认为即便把这三种方法联合应用,安全期避孕法仍不十分可靠。不过他们认为,失败主要是因为易怀孕期仍有性行为造成的,而不是确定 BBT 和宫颈黏液变化存在困难造成的。无论一种方法多么有效,人们必须按照其指导去做,有坚强的意志和动机去做,这方法才能奏效。

如果有一种简单可靠,并且能够提前足够时间预测排卵的设备出现,这将是避孕方面一个伟大的进步。至少能够在一小段时期内,节制自己的人会获得一种没有不良反应,且不会引起伦理问题的有效避孕方法。

哺乳避孕法

很久以来人们观察到,哺养婴儿可以防止母亲怀孕。在发展中国家,通过哺乳防止妊娠比其他任何避孕方法使用得都要多。但西方广泛认为哺乳避孕法不可靠。我们如何调解这两种看法之间的对立呢？

哺乳确实可以抑制产后卵巢活动的恢复，包括排卵和月经来潮。引起此种效应的内分泌机制尚不完全清楚，其可能机制是乳头的感觉神经末梢发生冲动，沿脊髓至脑部，抑制下丘脑，对下丘脑的抑制可致垂体促黄体生成素分泌减少，从而抑制排卵。

不过，这种机制仅在哺乳是持续的、全天进行时发挥作用。在非洲卡拉哈里沙漠的某些游牧民族中，妇女们不需依靠任何其他避孕方法，单靠哺乳就可保持平均4年不怀孕。这些母亲哺育婴儿每天多达60次。在许多发展中国家里，母乳喂养仍是极普遍的。尽管并不是每次哺育时都有乳汁分泌，但婴儿吮吸乳头时感到舒适，并且这种对乳头的刺激可维持母亲避孕机制稳定地发挥作用。

在第三世界，与西方一样，哺乳近些年来日渐失去了其避孕功能，原因是奶粉和其他代乳品使母亲喂养次数减少了。西方的奶瓶和用橡皮奶头喂养，使得吮吸机制效率减损，即使妇女仍然采取母乳喂养，情形也是如此。当然这种内部机制并未完全消失。一项对苏格兰母乳喂养妇女的调查表明，如果每24小时喂养5次以上，包括一次夜间喂养，仍可在一年或更长时间内抑制排卵(Short, 1979)。

但是一旦月经来潮恢复，母乳喂养就不能防止怀孕了。由于80%采取母乳喂养的妇女在恢复第一次月经来潮之前已有排卵，所以即便在无月经时亦不完全可靠。考虑了前述的所有方面后，现在这样进行的母乳喂养，并不能作为十分可靠的避孕措施(Hatcher et al., 1988)。

体外排精法

另一种古老而广泛使用的避孕方法是在射精前把阴茎拔出阴道，即**体外排精法**(withdrawal)，又称**性交中断法**(coitus interruptus)。《圣经》中俄南的故事是这种行为的最早记录(第24章)。

本方法主要问题是需要很强的意志，因为中断时正是男性最易把警告弃之不顾的时刻。不管怎样，本方法不需任何花费，无需任何装置，无生理上的不良反应，虽然有些人认为本方法有心理上受挫之感，不被社会所接受等等。

体外排精法作为唯一的避孕措施时，其最低失败率是7%，实际失败率是18%。这主要是因为男性通常拔出不够及时，或者射精前已有部分精液漏出在前列腺液或库珀氏腺液中。虽然体外排精法并不是可靠的避孕方法，但作为最后一步仍是有其用途的。体外排精法虽然有效性很差，但连这种避孕保护都没有的性交，则根本无避孕效果可言。

由于人们都广泛了解到体外排精法不很可靠，仅有3%的女性(仍然高达100万)依靠该法避孕。这种行为在年轻人中更多，大约有5%的15~19岁青少年使用这种方法(Forrest 和 Henshaw,1983)。

绝 育

绝育(sterilization)是以外科手术造成永久性不育(并非完全不可逆)的措施,它是适用于男女两性的最有效的避孕方法,也是美国最近在已婚夫妇生育控制中应用最广泛的避孕方法。在 35 岁以上的美国人口中,绝育占了所有避孕手段的 2/3。全世界绝育的夫妇,从 1970 年的 2000 万上升到 1977 年的 8000 万。到 1975 年,1/3 的已婚夫妇中有一人接受了绝育手术(Mishell,1982)。迄今为止,已经有 2500 万人接受了这种手术。

数年以前,做绝育的主要是女性,最近几年做绝育术的男性大大增加,二者在比例上已趋于接近(Droegemeuller 和 Bressler,1980)。然而,在非洲裔美国人及墨西哥裔美国人中,女性绝育比男性还是多很多。

现在 3/4 的女性在 30 岁以前就已生育了她们希望数量的子女,但是在以后的 15~20 年里她们还得面对意外怀孕的风险。绝育恰好给她们提供了简单、可靠、安全的方法,她们也不需采取其他任何避孕方法了。

当男性不想成为更多孩子的父亲时,也会同样认为绝育简便、安全和可靠。这是为什么年纪更大的男性更易选择绝育方法。小于 24 岁的男性不宜做输精管结扎术;在 25~29 岁有 17%的人接受了这种避孕方法;40~44 岁有 23%的人这么做(Forrest 和 Henshaw,1983)

绝育手术的最大缺点是不能再生育其他孩子。这种手术并不能总是成功可逆。如果一个人离婚或配偶死亡后重新结婚,再想要孩子就可能不会成功了。

男性绝育

男性绝育使用最多的手术是**输精管结扎术**(vasectomy),此手术 15 分钟内即可完成。做手术时,先用局部麻醉,然后在每一侧阴囊切一小切口,分离出输精管,在输精管上做两处结扎,结扎之间的一段输精管切除,或者切断后烧灼,这样可防止切开两端重新连接起来(图 7.13)。手术后精子仍在不断生成,但都积存在睾丸和附睾处,被分解和重新吸收。

输精管结扎术后,激素功能不受影响,睾丸仍分泌正常数量的睾酮进入血液,勃起与射精亦无妨碍,因为睾丸分泌的精子在精液总量中所占比例小于 10%,所以绝大多数男性不会感觉出射精发生了任何变化。唯一区别是结扎术后精液中不存在精子了。

在做了输精管结扎术后的 2~3 个月里,精液中仍可含有精子,这是由于这些精子早已存在于切断处之外的管道中。当然这些精子可在输精管结扎时冲洗出,但更简便的是,在手术后 3 个月里先采用其他避孕方式,直至连续 2 次精液中不再含有

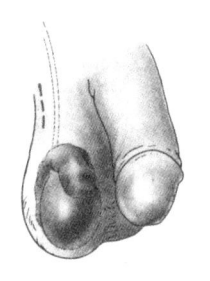

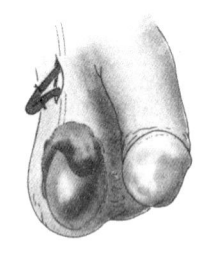

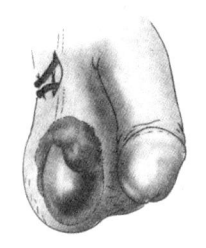

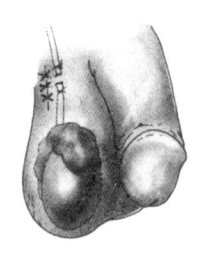

图 7.13 输精管切除术

精子为止。从显微镜下不再检查出精液中含有精子时起,这个男人就算绝育了。

极少见的失败原因是输精管结扎术后,尚未完全取得绝育效果之时,进行了无避孕保护的性行为。更为罕见的是切断的输精管两端在伤口比较新鲜时又重新连接在一起。现代技术已杜绝了这种可能。

我们已经说过,输精管结扎术的主要缺点是其永久性,虽然现代显微外科手术可重新连接输精管[**输精管重建术**(vasovasotomy)],但连接后恢复生育能力的概率只有50%(所用方法不同,成功率在5%~70%)。大约1/500的输精管结扎术后的男性要做输精管重建术,多数原因是再次结婚。

有些人在做输精管结扎术前将其精液冷冻并存入精子库,冷冻精子可作人工授精之用。10年前,这种办法非常引人注目,但现在其吸引力已逐渐消退。虽然保存数年的精子仍可导致妊娠,但成功率却大大低于新鲜精子,且不能完全保证多年的保存不会造成精子损害,并由此导致基因缺损。所以,对那些已做输精管结扎的男性,精子库作为生育保证并不可靠(Ansbacher, 1978)。

输精管结扎术无严重不良反应,术后局部不适很轻,数天后即可消失,出现并发症的危险极低。需要注意的是,由于精子重吸收引起的**自体免疫反应**(autoimmune reactions),身体可能会对重吸收的精子成分产生抗体,这种自体免疫反应也是输精管重建术后生育力恢复成功率较低的原因之一。

在输精管结扎的猴子身上发现有血管变化(动脉粥样硬化),增加了心脏病的发病风险。不过即使经过10年在人身上也没发生这些症状(Clarkson 和 Alerander, 1980)。我们不能排除发现长期效应的可能,但是随着时间的推移,这种可能性逐渐减小(Hussey, 1981)。

从纯粹的心理学角度上看,输精管结扎可影响性活动,因为男性会感到精力有损害或性能力受损。虽然无证据表明输精管结扎术可造成阳痿,但有性功能障碍或者惧怕男性气质受损害的人,最好不要做输精管结扎术。如果男人是为减轻其妻子的避孕负担而被迫做输精管结扎术,他会怨恨或者挑起争吵,同样处境下的女性也会心生怨恨。不过这些情形还是极少数的,对输精管结扎术比较多见的反应是感到自由和放松,从而造成性欲增强。

女性绝育

接受了**子宫切除术**(hysterectomy)或**卵巢切除术**(ovariectomy)的女性是不育的,但是接受这些手术通常是出于其他原因。女性绝育最常用的手术是**输卵管结扎术**(tube ligation)。输卵管结扎和切断可防止卵子和精子相遇。继续排出的卵子被身体吸收。卵巢继续正常分泌激素,月经周期和性欲均不会受到影响。

女性绝育术曾经是较大手术,但现在已有 100 多种廉价有效的手术操作可切断、堵塞或者结扎输卵管(图 7.14)。虽然在某些情形下,绝育仍与大手术相伴(如子宫切除),但现在的绝育更多是局部麻醉下的小手术。在阴道切一小口即可到达输卵管,或者也可在腹壁上切一小口,然后借助腹腔镜(带有光源的管子,医生可以借此看到腹腔内部)做绝育术。

尽管这些技术都叫"结扎"(ligation),但实际上不仅仅是连结输卵管,还有切割和烧灼。现在,正在研究可堵塞输卵管的化学药品和如何应用激光使输卵管的一段受到破坏。

现在应用的大部分女性绝育方法具有 100% 的有效性。以前偶然失败的原因主要是因为手术操作不当。更多见的原因是,绝育时已妊娠,但并不知晓。与男性绝育一样,女性绝育也是永久性的。输卵管重建后恢复生育的可能性依据所用技术的不同,为 10%~50%。

过去,女性一般较男性更愿意绝育,因为女性具有停经后绝育这个生理特点,使得她们较容易作出绝育的选择。更重要的是,如无其他选择,女性也愿意做绝育,这是因为通常由女性肩负避孕的重担和承担妊娠的风险。不过,由于女性绝育手术操作比较复杂,以及男性共同承担的责任感,使男性现在更倾向于做绝育手术。

同任何其他形式的手术一样,绝育手术也有发生并发症的危险,但严重者罕

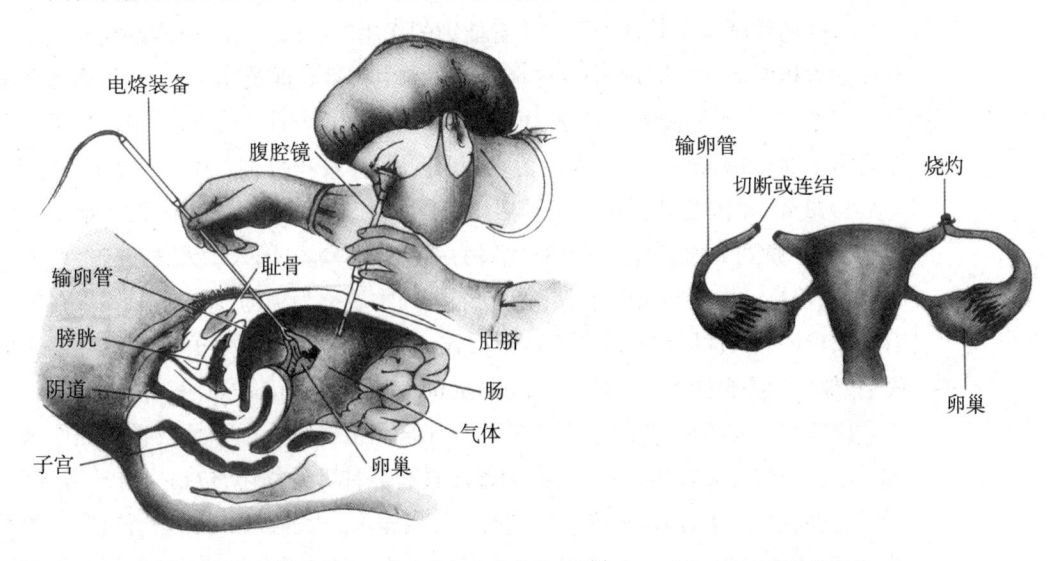

图 7.14 通过腹腔镜进行输卵管结扎。用无害气体将腹腔略微涨满,以方便对输卵管进行操作。

见。女性绝育手术的死亡率是0.005%,而男性结扎术的死亡率几乎为零。女性对绝育的心理反感较男性为少,只有2%的女性在绝育后一年内感到后悔。去掉怀孕恐惧和免除应用避孕工具的麻烦和不良反应后,通常可使女性性欲和性反应增强。只在极少情形下,绝育术后的妇女会感到其女性特征减少,发生性问题。

阿兰·古特马彻(Alan Gruttmasher,避孕领域的先驱者之一)认为,虽然近20年里,避孕技术和应用发生了极大变化,但我们在避孕有效性方面仍改观不大。避孕的未来将依靠技术的发展,以及影响这些避孕装置应用的社会观念的改变。

未来的避孕方法

对避孕方式的研究目前仍在积极地进行着,以下将要介绍的是几种在可预见的未来比较有可能付诸应用的方式。

男性避孕研究的进展

目前,对男性仅有两种可靠的避孕方法:避孕套和输精管结扎术。改善避孕套的应用,我们需要解决的是观念问题,而不是技术上的问题。在输精管结扎的研究方面,目前主要是改善重建的成功率,包括输精管功能重建和减少自体免疫反应对生育力的抑制。除了各种各样可取下的夹子和堵塞物外,研究人员现在正在研究一种可放入输精管的机械阀门,此阀门可用磁力在体外关闭或开启。

男性避孕的重要突破将是发展一种**男用避孕药片**。此药片可干扰精子生成,或者消除精子的致孕能力。这些方面已有许多有趣的进展,但也面临许多难题。这样的药片必须能控制精子不断生成的正常过程。与此同时,它还不能损害其他细胞、不引起基因突变和不丧失性欲或性功能。

有些药物已显示有减少男性生育能力的作用。Danazol是一种合成激素,结构与雄激素相似,它可以抑制脑垂体释放促卵泡生成素和促黄体生成素,从而抑制精子的产生。初步研究表明,同时服用Danazol和睾酮6个月的男性,其精子数可降至正常男子的0.5%~5%。这些人性功能并未丧失,停服药后5个月可恢复生育能力。

1978年,中国公开报道了一种男用避孕方法,有效性达99.8%,无严重不良反应。人们注意到中国某些地区男性生育力降低,这些地区的人每天食用未经精炼的棉籽油,棉籽油中影响精子生成和活动能力的物质称为**棉酚**(gossypol)。现在中国有数以千计的男性服用棉酚作为避孕措施,并取得了极大的成功。据报道在停用棉酚后,他们的生育能力可以恢复(Kaufman et al.,1981;Hatcher et al.,1988)。

棉酚可制成药片,所以它非常接近男用避孕药(虽然棉酚不是激素)。然而这种方法不会很快在美国推广施行,因为棉酚具有数种毒性作用,包括全身乏力、性欲减退、食欲改变、恶心,以及多种严重的心脏疾病等。所以必须对其进行更广泛的实验,以保证其安全性。看来男用避孕药的上市应该还要等待数年(Djerassi,1981)。

女性避孕研究的进展

现在对女性避孕的大量研究，都是旨在改善现存的破坏激素循环的避孕方法。所以正在试用包含相同激素的、长效的、并放在阴道和子宫内装置上的激素，以求达到持续防止怀孕的更长功效。

阴道避孕环(contraceptive vaginal rings)在抑制排卵上有效性为98%。此环有一塑料核心，周围包有一层甾体类激素。其外形尺寸较常见避孕膜为小，更容易放入阴道内。使用方法是在月经周期的第5天放入阴道，留置21天，取出环后的数天内即可发生月经来潮。每个环最多可使用6个月。环内所含雌、孕激素缓慢释放，并通过阴道壁吸收进入血液。释放的激素可以抑制排卵，引起子宫内膜改变并使宫颈黏液变黏稠。此环几乎无不良反应，亦不影响交媾。

为替代每日口服避孕药片，女性将来可实行长效的激素注射。现在一种这样的注射剂(Depo-Provera)已在世界许多地方应用，但在美国尚未获得批准。这种药(片剂形式为Provera)含有合成孕酮，可抑制排卵达90天，其有效性很高，但不良反应有体重增加、性欲减退、月经不调、停止注射后有不定的不孕期(有可能无法逆转)。在某些动物身上据认为此药与某些恶性肿瘤有关，但在人类身上尚未发现任何关联(Gilman et al., 1985)。

相似地，**埋植剂**(Norplant，左炔诺孕酮埋植剂)能够缓慢地释放孕酮，现在正在美国接受临床试验。这些塑料囊通过小切口埋植于前臂皮下，能够在5年内有效避孕，但是在希望怀孕或不良反应出现时，可以随时将其取出。左炔诺孕酮埋植剂已经在许多欧洲国家被批准使用(Hatcher et al, 1988)。

宫内节育器也正在加以改进。如**无尾 IUD**(Tailless IUD)可以大大减少发生感染的危险性，但对检查其是否在宫腔内增加了困难，应用新的检查技术如超声波，可以解决这个问题。现在释放孕激素的 IUD 需每年更换，如果把孕激素改为缓慢释放效力更强的孕激素(norgestrel，18-甲炔诺酮)，这样更换周期就可达6~10年了。

如果制造出**避孕疫苗**，就可在妊娠时发挥作用使其终止。现已生产出人绒毛膜促性腺激素(hCG)抗体，此抗体可让妇女对其自身的 hCG 产生免疫作用。带有 hCG 抗体的妇女对妊娠后体内激素增加的机制不再发生反应(第4章)，并可干扰受精卵着床和出现月经来潮。这种疫苗会引起早期流产，而不是防止怀孕。理论上，抗妊娠疫苗可能会使妇女永久绝育，但是疫苗随着时间的推移可能会逐渐失效，需要重新给药。抗妊娠疫苗的临床试验正在进行，但是可供使用的疫苗至少需要10年时间才能上市(Ory et al, 1983)。

尽管有了这些发展，现在的女性很有可能在男女避孕领域取得突破性进展之前，就会在20出头的时候迎来绝经期。世纪末人们所能接触到的避孕措施将是对现今这些避孕领域成果的修正。受政府规章制度限制，今天出现的科学突破，需12~15年后才能成为可广泛应用的实用装置，与此同时，每天将有35万婴儿来到这个世界,死亡的人却只有 20 万(Djerassi,1981)。

7.3 流 产

医学上,**流产**(abortion)意味着在胎儿尚未获得自己存活的能力之前终止妊娠。一般来讲,获得生存能力是在最末一次月经后的 28 周时,这时婴儿体重一般在 1000 克左右(第 6 章)。

流产既可是"自然的",也可是"人工的"。自发性流产通常是由于胚胎异常所致。严重先天性异常婴儿数目如此小的原因,就是由于 90%以上的先天性异常胎儿不能存活至出生(Lauritsen,1982;Scott,1986)。可能是由于遗传缺陷,也可能是由于母亲的因素,大约有 15%的妊娠会结束于流产。这个概率并不均等,有些妇女更容易流产,有些人甚至习惯性流产。

"人工流产"包括选择性和治疗性流产。**治疗性流产**是因母亲的健康原因采取的医学治疗手段;**选择性流产**是出于其他各种不愿要孩子的原因所做的流产。人工流产既可是"合法的",又可是"非法的",取决于美国各州法律。有关流产复杂的社会、道德和法律问题将在第 21、22 章中介绍,现在主要讨论流产的生理和心理方面的问题。

20 世纪 70 年代早期,美国实现了流产的合法化,流产人数迅速从 1973 年的 744 600 人次增加至 1980 年的 1 553 900 人次。据估计,世界范围内报道的流产次数每年为 5500 万例(每 100 个孕妇中就有 30 个人工流产)(Tietze,1983);1980 年,总妊娠中的 1/4,或者不想妊娠中的 1/2 采取了选择性流产。这个比例在整个 20 世纪 80 年代都稳定在这一水平上。

大部分接受流产的妇女年龄小于 25 岁,许多人未成年(Hatcher et al., 1988)。每 10 次流产中,就有 8 次是未婚妇女进行的。黑人进行人工流产的概率是白人的两倍(Ory et al. 1983)。一半以上的未婚女性及 1/3 的已婚女性说她们会在意外怀孕的时候考虑流产,但是没有宗教信仰的女性(66%)比天主教徒(33%)、清教徒(42%)及犹太教徒(64%)比例更高(Forrest 和 Henshaw,1983)。

非法堕胎是危险的。由流产造成的死亡则由 1958 年至 1962 年间的每年 364 例降至 1980 年的 14 例,下降的原因是非法堕胎大大减少。非法堕胎往往是在极差的环境下进行的,操作者不合格,环境不卫生,设备也可能未经消毒,从而会导致感染,不合理的操作技术有可能导致子宫大量出血或穿孔,尤其是有些女性常使用织针来自我流产,这些风险就更高了,这也是为什么人们用衣架来象征非法堕胎(图 7.15)。

图 7.15 上图:美国著名的反堕胎组织 Planned Parenthood 的反对堕胎标志。下图:反对堕胎的示威者们

这种趋势在其他国家也一样。例如在捷克斯洛伐克和匈牙利，自从 20 世纪 50 年代中期流产自由化以后，流产死亡率分别下降了 56% 和 38%；而在罗马尼亚，在 1966 年严格控制流产之后，非法堕胎的死亡率上升了 7 倍（Tietze，1938）。

流产方法

流产所采用的方法通常是由妊娠时间长短决定的。在妊娠早期，流产是通过机械手段经子宫颈取出宫内胚胎及其他部分。有些时候，晚至 20 周的妊娠仍可用这种子宫清除法，但是在妊娠中期以后，通常用引产来终止妊娠，即刺激子宫使之排出。

虽然流产具有一定的危险，但合法流产的死亡率极低，特别是妊娠早期流产（绝大多数流产均在妊娠早期施行）。妊娠时母亲的死亡率是 1/10 000，合法流产的死亡率在孕前 9 周时是 1/400 000 16 周以后为 1/10 000（表 7.1），而非法流产的死亡率是 1/3000（Hatcher et al.，1988）。

负压吸宫术

负压吸宫术（vacuum aspiration），也称真空刮宫术，是怀孕早期流产的最佳方法，因其快捷、便宜而被用做门诊患者流产手术（图 7.16）。在妊娠 8 周以前，这种手术无须或只要很少麻醉，通常无须用器械扩张宫颈。

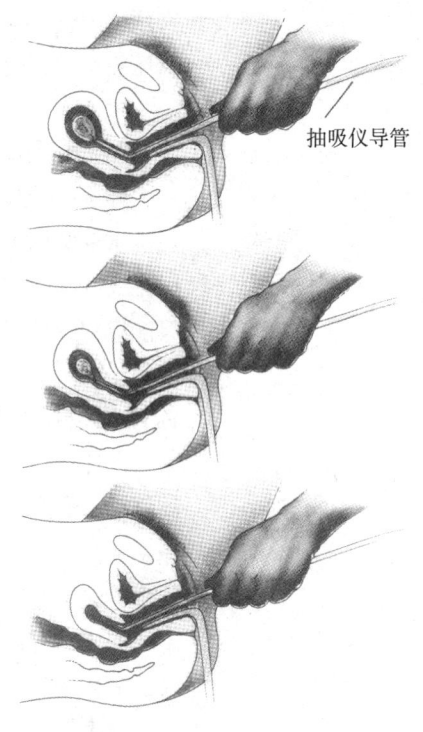

图 7.16　负压吸宫法（从上到下）：从子宫颈将负压吸管插入；抽吸子宫内容物；完成之后子宫变小。

负压吸管通过宫颈口进入子宫腔，其内容物被吸出。负压吸宫术的并发症并不多见，但也可能引发严重的子宫穿孔、出血、子宫感染和宫颈撕裂。

不想流产的女性可以在停经两周后接受月经萃取术。这种技术与负压吸宫术一样，只不过是在没有进行妊娠检测的时候施行。因此，不会知道月经推迟的原因是由于怀孕还是其他原因。

刮宫术

在 20 世纪 60 年代出现负压吸宫术以前，流产最常用的方法是**刮宫术**（dilation & curettage，D&C），即先扩张宫颈，然后刮除子宫内膜。刮宫术也用于诊断和治疗一系列的子宫疾病，所以如果一位女性接受过该手术，并不表明她必然经历过堕胎。第一步先扩张宫颈，用逐渐增粗的金属宫颈扩张器通过宫颈口使之扩张。近年来，一种应用**层压海草棒**（laminaria sticks）扩张宫颈的方法日益广泛，此方法扩张速度慢，但疼痛较轻。将层压海草棒放入子宫颈，待其吸收宫颈分泌物，在一天时间里可涨大 5 倍。当宫颈扩张至足够大时，刮匙（一种钝性带齿金属器械）放入宫腔并刮除宫颈内容物。刮宫术的并发症与负压吸宫术一样,但发生率较高。这就是刮宫术被负压吸宫术替代的原因。

中期妊娠引产术

怀孕12周以后,流产成为比较大的手术操作过程,并发症的发生率也增加了。妊娠13~20周流产采用最多的一种技术是**中期妊娠引产术**(dilation and evacuation, D&E)。中期妊娠引产术与前述两种方法相似,但是现在胎儿已较大,不容易取出,只能在宫颈扩张足够后,使用抽吸、钳子、刮匙等器械取出子宫内的胎儿。

高渗盐水引产术

在怀孕中期,可通过向子宫腔内注射高渗盐水(或尿素溶液)来引产,此被称为**高渗盐水引产术**(saline abortion)。本方法的操作技术在孕中期的早期比较困难。妊娠第4个月是最困难的,胎儿太大,不能进行简单安全的吸宫术;子宫又太小,医生很难从腹壁确定其准确位置。

向子宫腔内注射高渗盐水后,子宫收缩一般在12~24小时内发生,80%的妇女在注射后48小时内分娩出胎儿和胎盘。有些医生为刺激子宫收缩会使用催产素。

高渗盐水引产术的并发症通常较少,但有时后果却可能会很严重。最严重的是**高钠血症**(hypernatremia),可导致高血压、脑损害或者死亡。其他并发症有宫内感染和出血,胎盘滞留可引起晚期出血,一般发生在流产后数天至数周内(胎盘滞留是胎儿已娩出,但胎盘的部分或全部仍滞存于宫内)。

前列腺素引产术

前列腺素可引起子宫收缩,因此可用于引产。前列腺素可直接注射入子宫内,也可静脉或肌肉注射,有时也用层压海草棒协助引产。

前列腺素引产术(prostaglandin abortions)的并发症包括恶心、呕吐和头痛,50%的女性经历了至少一种或数种前述不良反应,但时间持续很短,罕有严重者。出血、感染和子宫撕裂(所有孕中期引产均有的危险)在前列腺素引产中都很少见。前列腺素引产后胎儿存活率较高渗盐水引产术为高,特别是妊娠20周以后,这使得许多医生在妊娠20周后不愿使用前列腺素引产术。

减胎术

服用生育药物或接受体外受精的妇女可能会有多个胚胎着床(为了保证至少有一个存活),进而可能是多胎妊娠。胚胎的数目有时可达六个或是更多,这种情况下,其存活可能性为零。即使其存活可提高至与四胞胎相同,许多父母也可能只想要一两个孩子。这种情况下,产科医生可以在孕妇的要求下对其中几个胚胎进行流产,仅留下一对双胞胎。这保证了在一个胚胎不能存活时另一个能够顺利出生;但是有些时候有些妇女会要求仅仅保留一个胚胎(Kolata,1988)。

这种手术,被称为**减胎术**(pregnancy reduction),需要在胚胎 0.5 英寸长时进行超声探测。医生会选择那些容易取到的胚胎,在其胸腔内注射氯化钾溶液,使其死亡。胚胎死亡后,可以被母体逐渐吸收。

这种操作并非没有风险,可能会引起出血、感染,或引产,这会导致所有胚胎的流产。而且这种操作引发了伦理争议和社会关注,我们在下面的章节中会对其进行讨论。

实验方法

流产手段上的最新进展包括了使用激素方法,如我们之前讨论过的事后避孕药,以及激素阻滞剂如 RU 486 等。虽然被称为避孕设备,但这些手段干扰了受精后的胚胎发育过程,其实是流产方法。

如果这些最新的方法发展良好,并被广泛接受,一位孕妇可以在家中,通过服用药物对自己进行流产,或者是在性交前后服用一片药物就可以确保自己不会怀孕。

流产的心理影响

夫妇双方,特别是妇女对流产的心理反应极为不同,这主要是由她们对流产的道德和心理观念所决定的。对有些人来说,流产相当于谋杀;而在另一些人看来,流产不过是破坏了一次她们不愿使之继续的生理过程。流产的心理问题在青少年身上表现得尤为严重(Melton,1986)。

对意外妊娠的反应

对大多数人来说,意外怀孕和随之而来的流产往往会引起极强的情绪反应。开始时典型的反应是不相信或不承认,这往往造成推迟对妊娠的确认并导致足月妊娠,这在青少年中尤为多见。当一个女人得知她确已怀孕时会感到震惊,事实上,她怀孕的时间比她根据其迟迟不来的月经推算的时间还要早,因为在其月经未按时到来时她已有数周的身孕了。也有一些情况进行得比较顺利,有些女性尽管也曾反对堕胎,但她只要知道自己不想要孩子,就会当机立断终止妊娠。

一开始的不相信逐步让位于一系列的负面情绪,苦恼和压力常伴有犯罪感和相互指责,有时会发生愤怒和暴力,在采用引诱、欺骗或高压等手段发生性关系并导致怀孕时尤其如此。

与此同时,也有人得知怀孕时感到非常满足,虽然知道流产不可避免,但仍然迟迟不肯终止妊娠。男性也受到那种想做父亲想法的影响,但他们的苦恼、内疚和愤怒等情绪往往不被了解。由于通常是由女性最后决定对妊娠的处理,男性在这种情形下也会有孤立无援的感觉。

最难作出决断的时间是在发现已怀孕和决定是否要做流产之间的这段时间,一旦决定,决断的重担将随之减轻,但怀疑将继续存在,女性也会持续有这种焦虑和压抑的感觉。

四种选择

在所有意外妊娠里情形各不相同。一个婚姻稳定的女性,准备将来某时怀孕但却出乎意料地妊娠了,她对流产的态度与那些甚至是谁致其怀孕都不清楚的少女肯定大不相同。

一位单身女性怀孕后,将面临四个选择,传统上,最优的选择是结婚,假如这个女人此时非常愿意嫁给某个男人,并感到幸福,那么即使不是这个男人使她受孕,她仍然会选择与他结婚。否则,这种状态下的结合很有可能是短暂的和挽回面子的解决办法,只是一个长期的义务。试想一个不幸福的婚姻或者随后的离婚,并有一个孩子牵涉在内,这种情形值得仔细权衡利弊。

图 7.17 在日本一座佛教寺庙里,曾经历过堕胎的日本女性将各式布制品系在雕像身上。日本禁止女性服用避孕药,因此堕胎率很高。

另一个选择是做单身母亲。现在越来越多的女性倾向于作出这一选择,原因是社会对单身母亲的偏见越来越少,且妇女的独立性更强了。但是一个人抚养孩子也不容易,因此必须对将来从男性和其他方面获得帮助,以及所选择的职业是否适合做单身母亲等其他方面加以考虑。少女妈妈经常连高中都念不完,她们自己和孩子常深陷于经济危机中(第9章)。

第三种解决办法是让别人领养孩子。这样既可以避免从道德和心理上被视为不可接受的流产,也可免除处理孩子的麻烦。然而,作出让别人领养自己孩子的决定很困难,许多人直到孩子出生后才会下定决心。如果暂时找不到领养人,可让孩子先在寄养家庭里生活;孩子被领养之前,其父亲有权表达自己的意愿。

如果前述的解决办法均不可能或不愿采取,最后的选择就是流产。40%的少女母亲选择了流产,越早作出流产的决定对健康越有利,这就是为什么妇女必须严密观察其月经周期的缘故。月经来潮比往常晚1~2天无特别意义,但假如根本不知道月经该什么时间来潮,也就不知道什么时间应该注意,什么时间该去做妊娠测试。确定妊娠早晚是决定接受孕早期流产还是孕中期引产的关键因素。

虽然时间是非常重要的,但不应强迫或催促妇女立刻作出流产的决定。对所有面临意外妊娠的女性均应给予支持,提供信息和咨询,与其讨论有关道德观念,生活条件,对将来的期望,对孩子父亲的感情和作出选择时可能经受的斗争等等。除

想一想

你会采取什么样的措施来保证在任何情况下你都不会引起或经历意外妊娠?

了传统咨询者如医生外,许多社区相关组织如计划生育指导组织(Planned Parenthood)也可提供类似咨询。

对流产的反应

或许仅仅在对前文的阅读中你已经感觉到了沮丧。一名女性对流产过程的反应,取决于妊娠的时间长短和对治疗的敏感程度,流产越迟,情绪也就越容易发生波动。经产妇可发现,诱发的子宫收缩与生产过程的阵痛一样,这些记忆的重现会造成情绪纷乱。堕胎会产下不能生存下去的活胎儿,这样的景象尤其令人压抑。

流产对任何女性来说都不是一件轻松的事,但有些人受创尤重。失去胚胎可能会让她觉得好像杀死了自己的孩子,她可能会很悲伤,内疚感和懊悔可能会导致抑郁。有必要对流产后的妇女进行心理咨询。

环境对这些情绪的影响很大。社会对流产并无任何偏见。怀孕妇女的丈夫或者情人、家庭和朋友会给予很多情感上的支持,假如能得到恰当的医学治疗,许多人可以很容易地度过流产前后的时光,而不是深受打击。

流产后通常有轻松的感觉,否认和抑制可以帮助埋葬过去不愉快的经历。然而,对作出流产抉择的疑问仍会产生痛苦的感觉,或迟或早这些感觉总会消失,数月后许多人会认为这事已经解决了。有些情形下,部分妇女需要更深入的咨询,有些人还会寻求精神科医生的帮助(David,1978;Nodelson,1978)。

现在,法律和大部分专业及公共舆论都承认,每一位女性均有权对于自己的妊娠作出决定,因为胎儿是母亲身体的一部分,所以她可行使所有权,决定对胎儿应该做什么,不应该做什么。但这种论点对于一个知情并存在着的、关心妊娠结果的父亲来说则是不公平的,他终究与胎儿有血缘关系,社会也期望他对他自己参与创造的新生命之未来给予更多的关心。他的父亲生涯,包括作为父亲的权利和义务,仅只是从婴儿出生的那一瞬间才开始吗?当然,如果父亲在决定是否流产时有否决权,必将对许多妇女造成不可忍受的负担,难道她应该怀一个她不想要的孩子并承担起抚养的责任吗?

这些问题并没有现成的答案。我们将在第23章里从社会学角度进行更详细的讨论,流产不可能完全被取消,但应用有效的避孕措施可使数以百万计的妇女免除流产的痛苦,并极大地减少她们的悲哀。

第三部分　性发育

第 8 章　童年期的性发育

第 9 章　青春期与成年期的性

第 10 章　性别与性

毕加索（Pablo Picasso）的《镜前的女孩》（*Girl before a Mirror*）

第 8 章

童年期的性发育

8.1 儿童期的性
8.2 天生反应能力
8.3 儿童期的性行为
8.4 性的社会化
8.5 性行为与性发育理论

把儿童说成是一只驯化中的动物毫无意义。
——艾里克·艾里克森(Erik Erikson),美国心理学家,新精神分析派代表人物正如生活中其他重要的方面一样，一个人的性行为也是随时间而不断变化的。我们需要从整个生命周期的角度来理解这个问题。各个阶段发生了什么？又意味着什么？在这一章，我们将审视儿童期性行为的发育状况，并在下一章继续讨论青春期和成年期的情况。

从儿童至老年，性行为某些特定的方面始终是一条主线。不论多大岁数，人体对性刺激的生理反应（如血管充血）基本相同。性可带来愉悦，并且无论多大年龄，性体验都与其他人有关。尽管如此，对于如此大的人群来说，性体验的性质、程度、发生率及结局之间的差异还是十分显著的。儿童、青少年和成人进行的手淫行为在本质上相差无几，但其目的却各异其趣。本章的目标之一就是要探究儿童期性体验是如何变化的。

第二个目标则是要看这些体验是如何结合在一起的。各个阶段是如何发展的？这些阶段并非随意安排：你成长，然后成熟。

我们在认识上存在重要的差距，尤其是在儿童期的性方面，并且目前尚没有关于性心理发育的比较明确的理论。同时，我们已经掌握的有限的知识也是值得学习的，现有的理论为我们开了一个很好的开端。

8.1 儿童期的性

直到17世纪，西方世界才将童年视为生命中一个独立的阶段（Aries，1962）。在那之前，儿童被视为成人的缩影。为了停止对童工的剥削，保护儿童的社会福利，社会改革者们渐渐将儿童从成人世界中划分出去。这种转变的一个后果就是夸大了儿童与成人之间的差别，而且直到19世纪末，成人包括所有已度过青春期的人。青春期是生命中一个独立的阶段，这种现代观念基本上是进入20世纪后才形成的。

动物和人类成熟与否的一个重要标志在于是否具备生殖能力。儿童无法生殖的事实使他们有别于成人；但是由于人们通常会将生殖和性行为等同起来，于是儿童被看作不具备生殖能力的同时，也被认为是不具有性能力的。任何证明儿童具有性行为的证据都遭到了否定，或者被视为是不正常的。

20世纪初，西格蒙·弗洛伊德被认为重新发现（有人说是"发明"）了婴儿期和儿童期的性行为，不过其他人也对儿童真实的性行为持一种研究的态度（第1章）。例如，性学家艾尔伯特·摩尔在1912年写道："当我们看到一个孩子躺在床上，下身湿润、眼睛大张，并且表现出性行为明显的迹象，而这些行为是我们在成人中通常会观察到的，这样我们就可以推测这孩子正在经历一次性快感。"

尽管如此，现代社会之所以能够认识并且勉强接受儿童期性行为的说法，主要是由于弗洛伊德理论的影响，在他的理论中，儿童性行为起着至关重要的作用。但是这些理论存在一个严重的问题，那就是它几乎完全是在弗洛伊德治疗成人患者

想一想

你认为对童年期的性行为进行研究，其伦理底线是什么？

的基础上得出的。许多精神分析师在此基础上直接对儿童进行了分析,但是弗洛伊德关于儿童期性心理发育的结论并没有牢固的经验基础。

然而很大程度上精神分析师需要依赖于临床工作和推测,于是早期的心理学家基本上将儿童性行为的存在也一并拒绝了。阿诺德·格塞尔等发育心理学家详细、系统地记录了儿童的发育模式,但并没有涉及他们的性行为。大多数关于儿童发育的现代文本中依然对青春期前性行为的记录着墨很少(Craig,1987)。即便是当性别差异成为专业著作中的焦点时,性行为仍被抛弃到了一边(Maccoby 和 Jacklin,1974)。

在性学领域,关于儿童期性行为的很多信息均是来自于对成人的调查,比如金赛和亨特的报告。而这也取决于成人对其童年经历的记忆。这些成人回忆和报告数十年前发生的事情时,准确性可能会比那些临床患者更差,临床患者花费大量的时间来与治疗师交谈,而不是在应对问卷或者他们并不认识的采访者。然而,这种调查方法确实有样本自我选择性(尽管不一定是代表性的)较低的优点。目前很少有对儿童性行为的直接调查,但我们在讨论儿童期性行为的不同方面时会借助这种方法。

发育心理学家在千辛万苦地进行研究时,之所以没有给予性行为应有的重视,并且还不断地向该领域的研究者施加阻力,是有多方面原因的。原因之一是儿童性行为的频率较低而且具有不可预测性。心理学家在观察自然状态或实验环境下玩耍的儿童时,并没有发现任何明显的性行为或性交。即使感觉儿童似乎在进行性游戏,他们也一般不会在公共场合这么做。他们很早就知道这样的行为是会遭到非议的。

研究成人性行为最主要的方法是询问他们的性活动(第1章),但这种方法对于幼儿来说却不怎么有效,他们并不能概念化地表达他们的主观经验,而且在描述时也感到词汇不足。他们在陌生人面前可能会感到无法启齿。孩子们可能会在不知情的情况下错误地陈述了他们的体验,而且个别情况下会沦为闲谈。尽管有这些缺陷,但是依然有可能从儿童的性行为报告中获得十分可靠的信息,尤其是因为他们尽管可能会遗漏信息,但不会歪曲事实。

由于性行为是一个社会敏感话题,很多研究者可能会羞于进行这样的研究。对儿童进行性研究尤其让他们感觉很不舒服。尽管在过去的几十年中性态度已被解放,但是对于侵入儿童性生活的举动仍然有很多严格的限制。儿童无法给出知情同意,这一点和成人有所不同。对儿童权利的尊重及对其利益的考虑,严格限制了我们直接了解儿童性生活状况的范围(第23章)。

尽管存在上述问题,但是在过去的几十年中,我们已经收集了大量的关于儿童期性行为的信息,我们将要在后面对其进行审查。

8.2 天生反应能力

性唤醒的能力在出生时即存在。超声研究表明,在出生前几个月时,就可能存在反射勃起(Masters,1981)。男婴的勃起,不但长期以来为母亲和保姆们所注意,而且也有正式的报道。对 9 名 3~20 周的男婴进行研究后发现,他们每天会出现 5~40 次勃起(Conn 和 Kanner,1940)。生理学的证据表明,女婴有同样的性唤醒,如阴道润滑(Largfeldt,1981)。

婴儿勃起时,更加强烈地表现出吮吸拇指和烦躁的行为,包括伸展手脚、肢体僵硬、烦恼和哭泣;出生 2~3 天的男婴哭泣时,相当普遍地出现勃起。喂食、吮吸、膀胱及肠道充盈、大小便等通常也可引起勃起;睡眠时的勃起甚至比成年人更为普遍。

反射性反应

考虑到语境和婴儿生理上的不成熟,我们通常假设这种勃起是反射性的。然而,这种经历并非是由性活动引起的神经过程(诸如膝反射),因为伴随它们的是一些愉快的表现;刺激 3~4 个月大男女婴儿的生殖器区会引起微笑和唔唔叫唤(男婴通常伴随着勃起)。因此,勃起和阴道润滑一开始是对生殖器刺激的反射性反应,但它们很快就被赋予了愉快的潜能,虽然我们不知道这种变化是在什么时候以及如何实现的。

专题 8-1
婴儿的高潮

性高潮可以出现在生命中非常早的阶段。下面是一位母亲在观察她 3 岁女儿的经历后进行的描述:

她趴在床上,将膝盖抬起来,然后骨盆开始有节奏地每隔一秒或更少的时间向前冲一次。最开始,律动限于骨盆,同时腿保持固定紧张状况。向前律动时节奏平稳、规律、连贯,只有在调整外生殖器压在娃娃上的位置时,才会出现短暂的停顿;而向后律动的时候,会出现肌肉抽搐和颤抖。每次完整的节奏中,会出现 44 次律动,而中间短暂的停顿后,接着出现了 87 次律动,又一段短暂的停顿后是 10 次律动,然后所有运动消失。她注意力高度集中,呼吸紧促,性高潮来临时会突然出现抽搐。在行为末期,她完全忘记了周围的一切,目光呆滞,无神地凝望着某一处。性高潮过后则明显松了一口气,完全放松。2 分钟后出现了第二波反应,依次呈现为 48、18 和 57 次律动,而且每个反应序列间有短暂的停歇。随着张力的增加,可听见清楚的喘息声,但是髋部律动消失后很快完全放松,而且之后只会出现散乱的一些动作*。

*From A. C. Kinsey, W. B. Pomeroy, C. E. Martin and P.

H. Gebhard, *Sexual Behavior in the Human Female*. Philadelpia：Saunders，1953，pp. 104–105。

儿科医生报告的另一案例：

> 7个月左右大时……一名医生的女儿……对娃娃有着巨大的兴趣。她会压到一个大布娃娃上，把自己的身体牢牢地固定在娃娃身上，并会节奏性地晃动身体。最先这样运动只发生在睡觉时。1岁大的时候，她和娃娃便变得如胶似漆了。她整天都抱着娃娃，并且一次次地将娃娃扔到地上，然后趴到娃娃身上，将身体压在上面节奏性地晃动，照她父母的说法，"就好像在进行性行为一样"。这时，如果分散其注意力则会导致尖叫。在她"感到满足"之前，她会一直抓着娃娃，然后"按照自己的方式完成一次性高潮"。在大约15个月大的时候，发作的频率下降，并且持续时间缩短；在17个月大的时候，自慰开始只在睡眠时发生。
>
> 4岁半的时候，她的表现已经开始和一个正常孩子无异了。她母亲说她很警觉、聪明而且活泼。她有时还会重复自己的习惯，在之前的2年间可能发生过3至4次。现在她是一个医学生。

* From H. Bakwin."Erotic Feelings in Infants and Young Children,"*American Journal of Diseases of Children*,126 (July1973)：52。

金赛及其他研究者已报道，在男女婴儿中存在着性高潮，然而我们不知道有多少比例的婴儿和儿童具有这类经历，也不知道是否经常发生（专题8-1）。虽然这种活动不是每天都发生，但它所发生的次数也许多于大人所观察到的次数。即使当它出现时，大人也经常忽略它，或者不能意识到它的意义。

唤醒的来源

儿童及少年的性唤醒通常是一种较为普遍的感情激动的一部分。已有报道指出，在男孩中，各种各样的性及非性来源的刺激能诱发性欲的反应（在女孩中尚未有可供比较的资料）。唤醒的性来源可能主要是肉体上（如衣裤的摩擦）或感情上的（像看见火、打架、事故或野生动物等令人兴奋的场合），其范围非常宽泛（Kinsey et al.,1948）。

这类不加选择的性欲反应逐渐地为更具选择性的反应所取代。到了快20岁，性反应基本上限于直接刺激生殖器或处于明显能引起性欲的场合。

8.3 儿童期的性行为

性行为与儿童活动的许多其他形式一样，也是以游戏的形式出现。自娱自乐的游戏是**自体性行为**（autoerotic）的，与他人一起进行的则是**社会群体内的性关系**（sociosexual）。这些术语有助于我们描述，但我们不应赋予其成年人的意义。

想一想

有一种观点认为，在儿童面前对性讳莫如深的传统已经历经几百年，这必然是有一定的原因的，对这种观点你怎么看？

自体性游戏

儿童中,自我探究(self-exploration)和自我操作(self-manipulation)是最为普遍的性游戏方式(图 8.1)。从 6~12 个月大的婴儿身上就已观察到这种活动(spitz,1949)。一项研究发现,母亲注意到她们 1 岁大的孩子中超过 1/3 会抚弄自己的外生殖器(Newson 和 Newson,1968)。

性器官游戏在男婴中(6~7 个月)比在女婴中(10~11 个月)出现得更早。业已注意到,在一个社区治疗中心里,61%的 1 岁婴儿有婴儿期手淫,来自"高层家庭环境"的 1 岁婴儿,91%有婴儿期手淫。这种活动被认为是意外发现的,因为婴儿只是随机探究其身体。与生殖器的接触被发现具有明显快感,因此就有重复的趋势。随着儿童的长大,自我探究变得更加集中,其性的意图也更为明显(Kleeman,1975)。

图 8.1 幼儿的自我探究

在金赛的研究课题中,偶尔有人能记得早在 3 岁时的手淫,有时会达到兴奋的极点。婴儿期的自体性行为在男孩中显然更盛行。人们已经注意到,从出生到 1 岁这段期间,男婴的自体性行为次数是女婴的两倍。男孩在 1~2 岁和 4~14 岁期间,这种活动就变得更为普遍(Gebhard 和 Elias,1969)。

抚弄阴茎和用手刺激阴蒂是最常见的自体性行为手段。儿童们也发现用大腿摩擦床、玩具等所具有的性欲潜能。巴克温(Bakwin)1974 年描述过一个女孩躺倒压在她的碎布娃娃上有节奏地用身体挤压它,直到感到满意为止(专题 8-1)。

婴儿期手淫可能延续为儿童期手淫。大多数的男孩可能是从其他人那里重新学会手淫。在金赛的样本中,据报道几乎所有的男孩在自己尝试手淫之前都已听说过它,而且有相当一部分人曾经看到过同伴手淫。据报道,不到 1/3 的男孩是自己发现这种发泄方法的;不到 1/10 的人是通过同性接触而被引向手淫。

相比之下,在金赛的样本中,2/3 的女孩最初是偶尔发现而学会手淫的。有时她们直到成年也没发现手淫。有时不是这种行为而是对这种行为的意义的认识来得很晚;一名女性可能在她认识到其行为的性质之前,已经有了几年的手淫历史。

虽然现在认为手淫是儿童期正常行为的一部分,但这种活动绝非普遍。基于从 4~14 岁男孩抽样调查所得的资料,仅有 38%的男孩有过手淫,大多数是在 3~7 岁时开始(Elias 和 Gebhard,1969)。

社会性生活游戏

儿童的性行为包括他们彼此间的互动。在 2 岁时,孩子们已可以通过相互抚摸、拥抱和亲吻对对方作出回应了;这种行为并不一定与性欲有关。在一些对自由性表达比较宽容的地方,这一类肉体接触还可以扩展到外生殖器。斯皮罗(Spiro)(1956)曾描述过在以色列农场上 2 岁大的儿童存在这样的情况。

一个 2~3 岁的儿童与其他儿童过分亲密地交往,可能会在这种交往中带进性的因素,通常是通过查看同伴的生殖器或者展示自己的生殖器(图 8.2)。这种兴趣一般相当仓促。例如,手指插入比粗略地探究生殖器区要少得多。

儿童有一些流行的游戏,诸如"过家家"及"爸爸妈妈"之类。这类游戏通常只不过与一个人躺在另一个人身上有关;但即使儿童偶尔脱去衣服,这种活动也不会超越纯粹的生殖器并置。

当一方年龄大些且更有经验时,就有可能出现较为成熟的性活动类型。在这些情形中,儿童被诱导着实践各种类型的性活动,包括集体手淫、嘴与生殖器接触以及性交(Gadpaille,1975;Martinson,1981)。

图 8.2 相互探索

假如儿童有机会见过成年人做上述事情,他们就更有可能进行这类行为。在生活条件拥挤的家庭中更有可能发生这种情况。

10%被调查的年轻人在 5 岁时初次经历社会性活动。在金赛的抽样调查中,男孩前青春期性游戏的百分比在 12 岁时达到顶峰,有 39%的男童进行过这种活动;女孩的高峰期在 9 岁,然而比率较低,为 14%(图 8.3)。对于大多数儿童来说,性活动仅是偶尔发生。据金赛调查,1/4 有过性游戏的男孩仅仅在 1 年时间内这样做过。有些人在前青春期参与过一次这样的活动。仅有 1/3 的男孩断断续续地坚持这种游戏长达 5 年或更久。对于前青春期的女孩来说,所施用的限度甚至更为严格。

男女两性中,青春期前的性活动并不随着青春期的到来而增加。事实上,一旦高峰年龄过后,性游戏反而下降,这种下降虽然甚微,但还是可以察觉。这些发现似乎支持了**潜伏期**(latency period)这个心理分析学概念,在这段时期,性兴趣和活动在儿童期末遭到了暂时的抑制(后面将进行讨论)。不过,潜伏期真正开始的时间(大约 6 岁左右)要比金赛的数据早一些。目前更多的研究证明性欲的降低并不出现在所有年龄段。不过,儿童从 5~15 岁开始,对性话题和性行为的兴趣逐渐增加

图 8.3

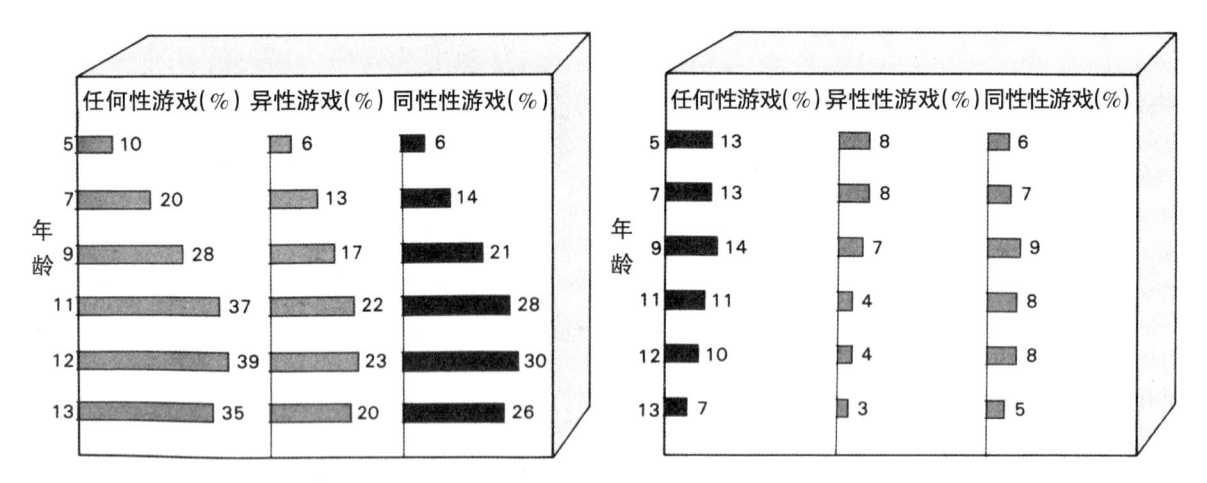

前青春期男孩（左）女孩（右）中曾有过社会性游戏的比例（Kinsey et al., 1984）。

男孩：

年龄	任何性游戏(%)	异性性游戏(%)	同性性游戏(%)
5	10	6	6
7	20	13	14
9	28	17	21
11	37	22	28
12	39	23	30
13	35	20	26

女孩：

年龄	任何性游戏(%)	异性性游戏(%)	同性性游戏(%)
5	13	8	6
7	13	8	7
9	14	7	9
11	11	4	8
12	10	4	8
13	7	3	5

（Goldman 和 Goldman, 1982）。除人类以外的灵长类动物和其他人类文化的证据表明，年轻人的性欲是在没有被觉察到的情况下与成人性行为同时出现的（Ford 和 Beach, 1951）。在这个阶段，儿童会避免在公共场合讲起他们的性活动，他们可能会对社会的抑制变得敏感。

兄弟姐妹间的性活动

社会性游戏的一个重要组成是在兄弟姐妹之间。儿童在家庭中彼此之间会作出大量亲昵的表达和肢体接触，而这并非出于性欲的驱使。由于他们对彼此的身体怀有本能的兴趣，有机会了解对方的隐私，而且彼此间还有着亲密的关系，因此他们也可能会进行性探索和性交流。兄弟姐妹同住一房，尤其假如共睡一床，则更可能进行性游戏。

从字面上来看，兄弟姐妹之间的性交流会被认为是乱伦。不过，贴上这个标签之前一定要小心，因为它通常指的是成人间的性行为。同时，儿童和同性之间的性行为也受到了相同的关注。这种性行为说起来是一种"同性爱的"，但它代表的并不是固定的性取向。多数具有这种经验的儿童在成人后并不会成为同性爱者。

在一所大学的学生中，据调查 15% 的女生和 10% 的男生有过兄弟姐妹之间的某种儿童时期的性经历类型。考虑到他们有可能会忘记或者隐瞒这样的行为，因此其真实发生率很可能会更高一些（Finklehor, 1980）。

这种性行为中的 3/4 发生在兄妹和姐弟之间，1/4 发生在同性的兄弟和姐妹之间。1/4 的案例中，兄弟姐妹之间相差 5 岁；73% 的案例中，至少一个孩子比其他孩子大 8 岁以上。观察和抚摸彼此的外生殖器最为常见。仅有部分曾有明显的性行为，其中 4% 曾试图进行性交。发生这样性活动的频率各有不同：1/3 仅发生过一次；27% 会持续 1 年以上。

大约 1/4 的儿童发生这种情况是被迫的，因而感觉不好。感到自己是受害者的大多是女孩。通常，正面和负面的反应基本持平。这种受试者从不会向别人谈起这样的经历。

父母该作何反应？

当发现他们的孩子存在这样的性行为时，父母很可能会感到疑惑不解，有时会感到惊讶，并且他们可能会束手无策，不知道应该怎么处理。没有普遍适用的处理方法可以帮助他们。每个家庭的情况各有不同，必须根据不同家庭的性价值观进行处理。

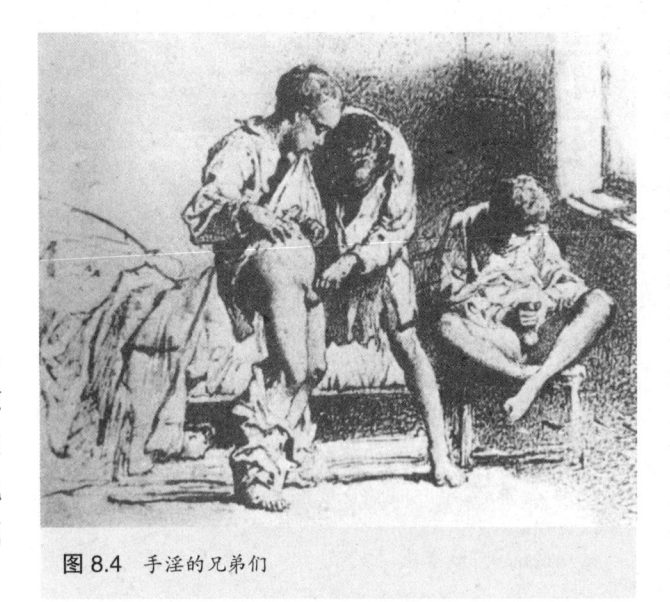

图 8.4 手淫的兄弟们

成人对孩子的性行为所作出的反应对孩子产生的影响往往大于性行为本身的影响。父母必须防止不必要的性刺激，反对强制性或利用性的性行为，但不必窒息所有的性表达。不要让孩子为自己对性的好奇感到内疚。相反，表达出这样的好奇正是对孩子进行性教育的最好机会。

在家庭空间和资源有限的情况下，家长应当仔细调整孩子们睡觉的地方。孩子最好能够拥有自己的床，如果可能的话，要拥有自己的卧室。只要兄弟姐妹间的年龄差距不大，并且有家长在旁边监督，孩子们是可以共用一个澡盆的。应尊重孩子的隐私，不过这并不是说对他们的喜好不管不问。部分证据表明，兄弟姐妹间的性交流更可能发生在父母彼此分开居住的家庭，他们往往会在进行性行为的同时在家里营造出一种性氛围(Smith 和 Israel, 1987)。

很多孩子曾与兄弟姐妹或同伴有过某种形式的性行为。不过，这与故意的性交有所区别，这一点我们必须提到，**故意**(deliberate)性行为具有性目的，而单纯的**探索**(exploratory)性行为却没有明确的性目的，尽管参与者可能会有性唤醒。探索性行为可能不会造成问题或者不适宜。

如果儿童更故意的性交流仅仅是非强迫性的观察和抚摸，则可以温柔但郑重其事地告诉他们："以后我们不要这么做了。"儿童通常会认为像开车和熬夜都应当是仅限于成人的事情。当出现强迫的或侵入性的性行为时，多数临床医师和顾问都会建议设立严格的限制。如果儿童由于这种经历而表现出明显的焦虑，进行心理咨询可能是有必要的。尽管父母反复干预，但是孩子仍然甩不掉这样的行为，这种情况同样也有必要进行心理咨询。

可能有人会说不应当控制儿童的性表达。正像性的自我探索目前已被广泛接受那样，在不引起强迫或焦虑的情况下，我们为什么不能让孩子彼此之间自由地进行性探索呢？事实上，如果儿童期性交流并没有害处，我们为什么不积极地鼓励甚

专题 8-2
儿童性活动的跨文化比较

福特(Ford)和比奇(1951)根据性的允许情况把文化分为限制性、半限制性和允许性的。

限制性社会(restrictive society)在控制青春期前性活动程度上有所不同。但一般来说他们试图阻止儿童学习性的方式并禁止其自发的性活动。例如，阿比奈耶人(Apinaye,巴西的一个一夫多妻制社会)和阿散蒂人(Ashanti,加纳一个复杂的一夫多妻制社会)显然禁止儿童幼年手淫。在新几内亚，库玛(Kwoma)妇女若瞧见男孩勃起，就会用木棍敲打他的阴茎，这些男孩很快就懂得不能接触自己的阴茎，即使撒尿时也是如此。

限制性社会为性戴上的秘密光环通常扩展到生殖功能。甚至动物产仔时儿童也不能旁观。对于婴儿从何处而来则只能杜撰。人们采取特殊的防范措施，以阻止儿童在大人性交时受到惊吓，小孩很小就与大人分开睡觉。然而儿童性欲的表现并不能完全制止。儿童还是在可能的情况下进行性游戏，虽然他(她)们可能感到害怕或羞耻。

麦森哲(Messenger)详细叙述了爱尔兰一个岛屿上的极度性抑制的种族社会。他把它称为伊内兹·比格(Inis Beag):

> 父母与亲属通过奖赏和惩罚，儿童通过有意识的模仿和无意识的内在化，很早就在儿童心中种下抑制的种子。虽然母亲给予后代以大量的慈爱和关注，尤其是男孩，但是在伊内兹·比格，爱的身体表达诸如亲密的触摸和亲吻是很少见的。母乳也不普遍，因为它具有性的内涵。婴儿稍大时，言语的慈爱代替了接触慈爱。

任何直接或间接的性表现方式——诸如手淫、相互探究身体、使用与性有关的标准词汇或俚语、经常大小便——都要受到口头或行为上的严厉惩罚。

在发展的年代里，允许性行为并不意味着完全没有规章。然而，与已经讨论过的文化相关，允许性社会表现出对年轻人性活动的显著宽容。

在许多太平洋岛民和其他允许性文化中，男女儿童自由开放地进行自体性行为和性游戏，包括嘴与生殖器接触及模仿性交。这些孩子受到性的指导，或者被允许观看大人的性活动。在一般社会里，成年人实际上引导着儿童进行性爱。西莱尔诺人(Siriono,玻利维亚的一夫多妻制游牧民族)和霍皮人(Hopi,美国亚利桑那州东南部印第安村庄居民)对他们的孩子进行手淫。在南太平洋的曼加阿(Mangaian)岛上，妇女用嘴刺激小男孩的阴茎。

在这些允许性文化中，性游戏逐渐地变得更为复杂，并逐渐与成年人的性活动融为一体。除了乱伦外，年轻人通常可以自由地满足其增长的和变化的性要求。年轻人的性活动实际上受到鼓励。切瓦人(Chewa,中部非洲的一夫多妻制的较为进步的农业部落)相信，儿童应该进行性活动，假如他们希望在将来保证生育能力的话。莱帕切人(Lepcha,喜马拉雅山上的一夫一妻制农业部落)则认为，女孩要长大，性活动是必需的;在11岁或12岁时，大多数女孩就进行性交，通常是与成年男子性交。特罗勃利恩德人的男孩在10~12岁，女孩在6~8岁时，就在大人的指导下开始性交。

至教给他们呢?部分文化的确也是这么做的(专题8-2)。

关于健康的性行为和性可接受的性行为的构成，我们的文化还有很大分歧，并且基本上不可能达成一致。对于多数父母而言，即使是对自己的孩子，他们也很难作出决定。考虑到不断变化的社会观念，很多人并不确定自己的性观念。另外，孩子的抚养不仅仰赖于家庭,而且还仰赖于社会。即使父母是裸体主义者,他们也不太可能会让自己的孩子赤裸着在大街上乱跑。这些顾虑是性社会化任务中的一部分,也是我们接下来要讨论的话题。

8.4 性的社会化

儿童经过两个过程成为成人:生物发育和社会化。在**社会化**(socialization)中,儿童从所属社会中学习行为模式,建立起他们所专有的个性、价值观和信仰。

总体上来说,性发育仅仅是发育的一部分,不过,目前我们只关注这一方面。灵长类是我们进化关系最近的"堂兄",我们先来看一下灵长类动物性社会化的进程。

性心理发育的灵长类模型

人们普遍认为像猴子这样的动物在达到生物学成熟后即会"本能"地表现自己的性欲。美国比较心理学家哈里·哈洛(Harry Harlow)的经典实验所得出的结论却恰恰相反。猴子进行性活动时除了要寻求肉体的满足外,还要求获得亲昵的交流。他的研究引出了人类性社会化的概念。

基于对猴子感情上相互作用的发育的研究,哈洛描述了五种基本的**爱的系统**(Love system):母爱、父爱、母婴之爱、同龄之爱及异性之爱(Harlow et al.,1971)。

母 爱

这个感情阶段起始于照料和安慰时期,如母猴对依附于它的幼猴所提供的喂食、保护和肉体**接触安慰**(contact comfort)。在这一阶段,婴儿和母亲间亲密的接触尤其重要。哈洛将新出生的恒河猴和它们的母亲分开抚养。每个幼猴和两个人工"母亲"单独生活在一个笼子里(图 8.5)。其中一个是用线做成的模型,上面绑着一个奶瓶,这是幼猴的食物来源。而另一个模型上裹着一层软软的灯芯绒布,但是却不能喂奶。幼猴与"灯芯绒猴妈妈"呆在一起的时间远远大于另一位"母亲",因为它能够提供哈洛所说的接触安慰。另外,当吓唬幼猴(用敲鼓娃娃)时,它会跑到灯芯绒猴那里寻求救助。对于这项性功能研究的含义,我们将在下面进行讨论。

母婴之爱

母婴之爱最初是基于非学习模式的"器官爱慕"(organic affection),它促进幼猴在乳房上进食,或者寻找接触安慰。当幼猴感到较为安全时,它们就开始经常走开,逐渐变得越来越不依赖于母猴。

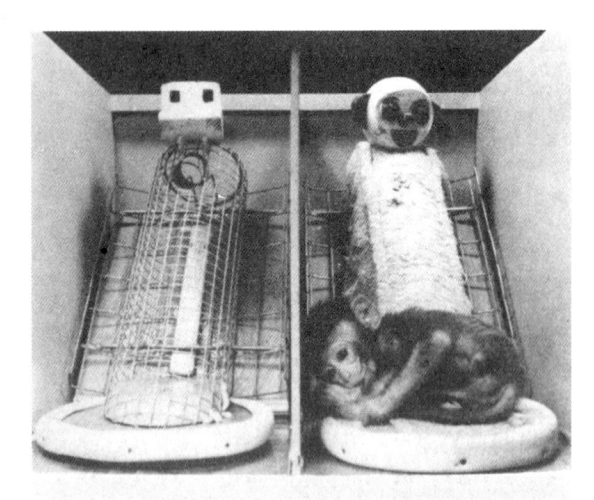

图 8.5 当被隔离抚养的恒河猴宝宝受电动动物玩具惊吓时，会向它的"灯芯绒妈妈"寻求安慰。左边的则是带奶瓶的"铁丝网妈妈"。

图 8.6 幼猴性发育之前的基本姿势

父　爱

父猴与幼猴之间的联系更少强制性，但父猴关爱和保护与它生活在一起的幼猴。相反，幼猴与父猴的情感纽带没有与母猴的情感纽带明显，虽然当母猴不在时，幼猴偶尔也会向成年公猴寻求安慰。

同龄之爱

猴子中同龄者的依恋可能是所有感情系统中最为重要的。爱慕的萌芽出现在婴儿早期，在整个童年期和青春期也持续存在。同龄者感情的发展和表现的原始媒介是游戏，通过游戏，早期感情系统得以结合。随后，爱的系统也提前出现。

异性之爱

这个阶段来源于早期的爱的系统。异性爱出现于青春期，并在这期间成熟，最终成为大多数成年者的主要社会性生活情感系统。

异性爱的系统通过三个亚系统发展而来：机械的、激素的和罗曼蒂克的。**机械亚系统**（mechanical subsystem）取决于性器官的适当功能、生理反射，以及正确的身体位置和动作。猴子有一个基本的成年交媾体位。这个位置是由幼猴进行游戏时的早期反应引起的（图 8.6），这种游戏与建立支配关系的相互作用有关。当两只猴子之间存在对抗时，通常是通过示威（threat display）来解决问题，而非通过实际搏斗。母猴一般来说屈服于更具攻击性的公猴，母猴通过展示其两条后腿，摆出顺从的姿势，结果公猴骑上母猴。在这个阶段中，两性没有从事性活动的意图。然而当猴子到达发身期并作好交媾准备时，这种已经处于适当位置的性别差异行为导致了性交。

激素亚系统（hormonal subsystem）由内分泌因素构成，我们在论及发育时已经讨论过内分泌因素（第 4 章）。谈及猴子中的**罗曼蒂亚系统**（romantic subsystem），也许听起来使人感到奇怪，不过它们的性关系并不是偶然的，在它们之间可以很容易观察到特殊兴趣的表达或各种永久性关系(第16章)。

这些异性感情亚系统脆弱易变以致破裂。例如，生命早期的社会隔离并不扰乱激素的功用，但可以严重地阻断罗曼蒂克亚系统。当把猴子饲养在社会隔离的条件下时，被剥夺交际的动物发育正常。但社会隔离对社会性行为的后果则是惨重的。当可以接纳的母猴出现时，这些公猴可能在视觉上被唤醒，但它们站着发愣，不知该干什么。它们无目的地摸索着，动作笨拙，有时袭击母猴。社会隔离对母猴的影响损害不大。虽然它们怀疑肉体接触，逃避或者攻击公猴，但它们可以被适当地诱导，以致忍受与正常公猴的部分性接触。当它们被人工受孕后，它们会生下正常的幼猴，但不会照顾它们，而是冷落甚至虐待幼猴，粗暴地对待它。在某些例子中，这些母猴会咬下幼猴的脚趾和手指，甚至把它咬死。

隔离对这些猴子产生的影响基本上不能通过行为矫正的标准模式加以改变。最为成功的是使用称为"治疗者"的猴子。这些正常饲养的猴子比那些被隔离的"患者"年轻，可以以一种无威胁的方式与"患者"进行社会接触。经过6个月的这种接触，被剥夺社会接触权的猴子的紊乱行为已经为正常的、适合年龄的社会性和游戏性行为所取代(Suomi et al., 1972)。

猴子明显不能"自动"地学习如何交媾；它们的交媾能力依赖于与成年看护者以及同龄者的一系列先前的相互作用。正如哈洛(1971)所指出："性分泌物可能产生性感觉(sensations)，但是产生有感觉的(sensational)性的是社会敏感性(sensitivity)。"

早期接触和亲键

新生儿期对于婴儿的生存和心理发育具有至关重要的作用(第6章)。正是在这一阶段，婴儿和母亲经历**亲键**(bonding)。早期这种强烈的依恋正是婴儿日后建立各种其他关系的基础(Craig, 1987)。

这种早期依恋形成的能力和需要根深蒂固地附着在我们的生命中，并且是我们进化遗传性的一部分。动物的产后行为具有明确的模式，其中包括母亲舔舐和保育新生儿的行为。正是通过这种早期的相互交流，后代和亲代动物之间开始彼此识别和接受。另外，这种依恋必须发生在一段特定的**关键期**(critical period)，否则这种依恋是不牢固的。例如，对于哈洛实验中的恒河猴来说，关键的年龄是在3~9个月；在这个阶段进行社会剥夺则会打乱社会依恋的形成。

婴儿和母亲，或者和其他主要的关爱给予者之间也存在一个相似的过程；不过对于人类来说，更可能存在一个最佳时刻(optimal time)或者**敏感期**(sensitive period)，而不是固定的关键期，在这一时期，早期依恋更容易形成。如果在最佳时刻亲键没有建立起来，随后还是有可能建立起来的，尽管更加困难一些。例如，在早产儿保育器中抚养的早产儿失去了与母亲早期接触的机会，这将导致一系列行为后果。

但是在正常的照看下,在接近 1 岁时它们会消失(Goldberg,1979)。

母亲和婴儿间的早期亲键似乎是自动形成的。婴儿出生后第一次接触时,母亲通常会用手指抚摸新生儿的四肢,然后用手掌抚摸和揉孩子的肚子。孩子会对母亲作出回应,并随着母亲的动作和声音挪动身体。随着母亲和婴儿之间逐渐增加的拥抱、用鼻子爱抚、亲吻、抚摸、轻声说话,以及其他的亲昵动作,他们之间的依恋会进一步加深。正常情况下,婴儿可在 6 个月至 1 年之内与母亲建立起稳定的依恋关系(Ainsworth et al.,1978)。

母亲在这种交流中起主要作用。如果她患有精神或躯体疾病,或由于酒精或药物导致能力缺陷,或对孩子感到烦躁或反感,那么这种依恋关系可能会受到影响,而且婴儿可能无法承受生理和心理的问题。不过,婴儿必须继续作出回应。无法作出回应或者身体存在严重缺陷的婴儿比较难以建立亲键。这一过程必须是相互作用的:婴儿推动母亲按照某种特定的方式发挥作用,同时母亲的作用又进一步引出婴儿的回应。

我们将母亲作为婴儿早期依恋的主要对象,因为她是最常见的关爱给予者。但主要的关爱给予者并不一定就是生物学上的母亲,甚至不一定是女性。即使母亲在起主要作用,父亲、兄弟姐妹、(外)祖父母和其他与孩子亲近的人也在以各种形式参与依恋行动。在某些情况下,可能是他们中的某个人成了主要的关爱给予者。

这一过程与性行为有什么关系呢?目前普遍认为早期依恋的模式即使不是最终塑造了,也是能够深刻地影响我们成人后建立亲密关系的能力。

这一关联很难被证明。目前并没有专门研究这一问题的纵向调查,而且现有研究得出的数据也并没有得出明确的结论。例如,如果将孩子与母亲的关系和其在儿童期和青春期与同伴的关系,以及成人后与对象的关系加以比较的话,我们会发现有的人都做得非常好,而有的人则一概做得很差。不过,多数情况下,早期关系的质量似乎并不能预测之后关系的质量,并且也不能在二者之间建立相关性(Skolnick,1980)。这种结论并不明确。但由于这些问题是如此的复杂,而我们的研究工具又是如此低级,以至于这一领域的研究者就好像没有望远镜可以用来凝望天空的古代天文学家那样。

一些观察者指出,父母、婴儿之间的相互关系和恋爱关系有着明显的相似性。父母像爱人一样,已完全被自己所爱的对象占据;他们将自己的宝贝理想化,毫无保留地给予自己的爱和关心,并因为其存在而感到欣喜,分开过久时则会变得闷闷不乐。反过来,爱人之间深情的凝望,希望对方陪伴在自己身边,渴望亲密的肉体接触,并且总以昵称称呼对方(比如"宝贝"等),这与早期的依恋行为也有很多的相似之处。喜欢和挚爱具有某些特殊的基本要素,这在人一生中起着联系各种亲密关系的作用(Rubin,1973)。

部分亲子间的相互关系包括一些明显的性唤醒迹象。先前我们指出了母亲在给婴儿喂奶时所体验到的性刺激(第 6 章),以及哺乳时一些男孩出现的勃起。尽管从生理学的角度来讲,这很明显是性反应,但是我们并不能真正地把它们称作性反应:母亲更可能是由于激素引起的子宫肌肉收缩所产生的反应,而并不是将孩子当作性的对象;婴儿的身体则是在某种刺激下作出的被动反应。

一些父母和孩子对彼此可能怀有性感觉(并且有时还会对此采取行动)。不管我们是否认同弗洛伊德关于这种感觉是普遍存在的说法,在亲密和亲昵相处时,会出现性欲亢进的可能是无法被消除的。

父母和孩子之间亲密和舒适的肉体接触是一种很常见的经历。我们不需要将这种反应看作是毫无温情的性反应,当然也不需要否定这种微妙的并且还会带来愉悦的性唤醒。这种亲密的相互作用不仅是正常的,而且对于早期感情纽带的形成和后期的心理健康也是十分必要的。正如被孤立的幼年灵长类动物一样,在生命初期即被剥夺了与人类亲密接触的权利的婴儿,他们在发育过程中通常会表现出严重的错乱(Spitz,1947,1949;Bowlby,1969,1973)。

成熟与性学习

度过婴儿期后,生物和社会化的双重作用仍然在发挥作用。儿童学习性知识的能力要受到他们思维水平的限制——发育中的大脑的功能。瑞士心理学家皮亚杰(Jean Piaget)(1952,1954)发现儿童的思维(他们的认知水平)是按照不同的阶段发展的。比较起来,他们被教授什么以及什么时候被教授是由社会决定的。

在对北美、英国、澳大利亚和瑞典等国年龄在7岁、9岁、11岁、13岁和15岁的838名儿童进行研究后发现,认知水平影响儿童性思维的方式是很明显的(Goldman和Goldman,1982)。例如,对于"宝宝是从哪儿来的"这个问题,儿童最初的认知水平往往都会认为宝宝是向来就存在的,或者是在什么地方制造出来的("耶稣在工厂里造出来的")。而在推理的下一阶段,主要在"宝宝是怎么被放进妈妈身体里的"这个问题上,儿童的解释变化多样。认为孩子是从种子长大的,这种想法很常见("在爸爸的浇灌下,像植物一样成长")。然后一些模糊的关于性交的想法开始出现("他躺在上面,液体流入她的体内""爸爸把他的水龙头插到妈妈的管道里,注入像蝌蚪一样的东西,然后蝌蚪就长成了小宝宝")。最后孩子对精子和卵子的作用获得一个真实的了解("当男人和女人发生关系的时候,来自男人阴茎的精子进入阴道,然后让卵子受精")。

伯恩斯坦(Bernstein)和科万(Cowan)(1975)更详细地描述了理解的各个阶段。第一阶段是"地理学"概念,即身体原本在某处已经存在;第二阶段是"加工"观点,即父母通过某种措施造出了孩子。这种概念在4岁以前一直处于主导地位。当孩子长到7岁时,他们的思维进入第三个即过渡性的阶段。他们相信更自然主义的"加工"过程。在第四阶段则更加偏向生理学解释,开始借助精子和卵子;但直到第五阶段,孩子已经到了十一二岁时,仍然认为胚胎是原本就已经形成的,即小宝宝是在精子或卵子中原本存在的。受孕和妊娠仅仅被认为是原本形成的小宝宝的成熟（与两个世纪前的发育理论十分类似，见专题6-2）。12岁以后，孩子通常已可以讲述足够的知识，他们描述精子和卵子的结合，以及二者遗传内容结合的概念。

认知发育限制了儿童的理解水平，但是社会限制了孩子被允许学习的范围。由于这个原因，不同国家中相同年龄的儿童在性思维的复杂性方面具有很大的差异。在古德曼的抽样研究中，瑞典儿童的性教育水平普遍较高——这并没有什么好惊讶的，因为瑞典是这项研究中唯一一个对7~16岁儿童进行强制性性教育的国家。通过正确的指导，即使7岁的儿童也能够理解这些复杂的生物学概念。人们发现，性交是愉悦的这一事实，多数瑞典儿童在9岁之前已经知道，而在英语国家，则要到13岁。儿童对于避孕的了解也存在着相似的差异。

在大脑成熟所设定的时间框架内，社会化决定了儿童的性知识、性态度和性行为。在这方面，最主要的社会化介质是父母和老师，尽管大众传媒和同龄人也起着重要的作用。

家庭的作用

家庭和学校通常起着互补的作用。家庭对于儿童的普遍社会化至关重要，而更正规的学术指导则要留给老师。当说到进行性教育时，这种合作性的安排似乎并不能保证有效。反而是在大量主要的问题上存在着争议：应**何时**对儿童进行性教育？应讲授**什么**？由**谁**来讲授？主要的问题是性教育应当在家庭还是在学校进行。

家庭性教育

大家都认为父母应当对孩子进行性教育。对于外生殖器的名称、功能，以及解答诸如"孩子是从哪里来的"这样的问题，父母很明显是最直接的信息来源。随着孩子逐渐长大，父母可能会遇到其他的问题，比如性关系、避孕、性观念和道德判断等。这种以家庭为基础的性教育可以与儿童期和青春期的性发育进程保持一致，并一直进行到成年。

有些人认为性教育只应当在家中进行，他们通常反对学校向未成年的学生讲授受孕、流产、婚前性行为和同性爱（第9章）。他们害怕儿童过早地接触到性主题会剥夺他们童年的童真，使他们过早地受到性刺激，并且倾向于在进入青春期时便发生性行为。他们宣称父母会更谨慎，并且会将性知识和道德观结合在一起。

主要问题并不是父母是否应该在孩子的性教育上起积极作用——他们自然应该如此。问题在于父母是否完成了自己的角色，以及他们的作用究竟有多大。

直到最近，多数研究表明儿童在家中所接受的性教育是十分有限的。在一项针对克里夫兰地区有3~11岁孩子的家庭的研究中，绝大多数儿童从其父母那里直接得到的性知识很少，或者根本就没有。父亲更是没有参与孩子的性教育；男孩和女孩都会直接询问母亲(怀孕、出生是最常谈及的话题)。另外,当父母在回答有关性的问题时,他们通常会将它作为一次性的话题来讲,而不是作为长期进行的一个主题(Roberts et al.,1978,1980)。

目前形势可能正在改变。在罗纳德·古德曼(Ronald Goldman)和朱莉叶·古德曼(Juliette Goldman)的研究(1982)中发现,在美国、加拿大和澳大利亚局部地区,父母是儿童最主要的性知识来源(表8.1)。而比较起来,在瑞典和英国,老师是更重要的来源。在北美,年龄在11~13岁的儿童中接近90%说,他们曾向父母询问过关于性的问题。大多数情况下,母亲是双亲中被询问的对象:32%的案例中,母亲是性消息的主要来源,而仅有2%是父亲(来自父母亲双方的占8%)。不过,7%的9岁男孩和27%的11岁男孩(但没有女孩)会向他们的父亲询问性问题。

家庭性交流

最好的性教育不应该再激起新的问题或者出现性行为,这种观点在我们的文化中占主导地位。很少有父母会在性实质方面主动和开放地指导自己的孩子,不过所有的父母都无可避免地会与孩子交流性态度和性观念。

关于性实质,父母会给予三种类型的信息。第一,**明确定性法**(unambiguous labeling),父母指出某些行为是错误的,但不解释为什么。可能会仅仅告诉孩子"这样不好",或者"好孩子都不这样做"。第二,**非定性法**(nonlabeling),父母通过分散孩子的注意力,或者转移话题来避免性话题。当孩子问妈妈是怎么怀孕的,可能会被告之"爸爸和妈妈在相爱",而没有给孩子留下更明智的答案。第三,**错误定性法**(mislabeling),即不去正确地解释性行为为什么受谴责,而是提供虚假的原因;可能会告诉男孩不要抚弄自己的阴茎,否则会"感染细菌"(Sears et al.,1957)。父母可能会避免定性性活动,或者含混不清地描述生殖行为和性行为。这些策略都将阻挠正确的理解,并混之以羞辱和焦虑。

不管父母喜不喜欢,孩子终究会弄清楚性是怎么回事。因为关于性的自我认识是无法避免的,进行正确的交流很重要。性的存在本身就是事实,对孩子进行蒙蔽只会让他们迷惑且不安。

儿童对于性器官和性行为有着多种多样的白话、绰号和误称,这一点更能说明问题。古德曼夫妇(1982)发现儿童用来指代阴茎的假名有60多个,而阴道也有40多个。其中一些与排尿有关(例如"pee pee"和"wee wee"男女通用)。其他有些词是类比得出的[如"维也纳香肠"(wiener)和"黄瓜"(cucumber);"洞"(hole)和"松饼"(muffin)]。人名也会被分别用来指男性和女性(Dick, Peter, Willy; Lilly, Mary, Virginia)。动物的名字同样可以这样用(cock、dicky bird、beaver、pussy),还有一些甚至更充满想象力(thingamebob,thingamajig,"那什么""那东西")。甚至当孩子们知道了正确的说法,他们也不会用,因为说正确的名字是"粗鲁的""淘气的",或者"下流的"。另外,有时候他们试图说正确的名字,结果却说错了而引人发笑:输卵管(fallopian tube)被说成了"非力比管"(Phillipian tube),"收缩"(contraction)说成了"建设"(construction),"避孕套"(condom)说成了"批评"(condemn)。性交变成了"相交"(do intersection)。在另一处,"自慰"(masturbate)结果就成了"masturbath"。

上面的例子都是口头交流。而非口头地与孩子交流的一些信息也是同样重要的,比如面部表情、手势和动作。当父母对性问题或性场合的反应是脸红脖子粗、烦躁不安或神情冷淡时,不管父母作出怎样的回答,孩子得到的信息可能都是负面的(Kahn 和 Kline,1980)。

为什么父母在讨论与性有关的话题时仍会感到不自在呢?即使久经世故的父母也会对自己的性观念感到不确定。有些父母缺乏足够准确的信息。问题提出来后,可能会使父母回忆起自己童年不愉快的性经历,或者会对自己尚未成年的孩子过早了解性知识感到不放心(Rosenfeld et al.,1982)。

这种情况依然很普遍,不过最近的两大变化似乎使其有所改观:一是父母的性态度变得更加开放,一是 AIDS 的出现。

当初性革命中的年轻男女现在大多已为人父母。他们更开放的性观念可能会反映在他们对自己孩子更开明的态度上。现在越来越多的父母知道并且的确在给予孩子以生殖方面正确的指导。有些家庭甚至允许孩子在弟弟或妹妹出生的时候在场。

最初在家庭中进行性教育是很容易的。年龄很小的孩子需要知道的不过是自己性器官的名字——就好像他们要知道身体的其他部位一样。当孩子开始对男女之间的区别感到好奇时,他们需要简单而且直接的答案。如果一个 5 岁大的孩子问宝宝是从哪儿来的,可能只要告诉他/她"是从妈妈的肚子(mommy's tummy)里来的"(或者子宫)就足够了。对于"宝宝是怎么到那里的呢",可能只需要简单地告诉他/她,爸爸如何把阴茎里的精子放到了妈妈的阴道里,然后和卵子结合而来的(Finch,1982)。不过,随着问题日益变得尖锐,父母可能就不得不去寻求信息、指导和支持了*。

AIDS 的威胁使父母更加意识到性教育的必要性,不过它也使这一任务变得更加复杂。毕竟,告诉孩子宝宝是从哪里来的是一回事,而向他/她解释肛交却是另外一回事。一次全国普查中发现,孩子在 8~12 岁的母亲中有 48%称已告诉过她们的孩子 AIDS 是什么,37%讲过同性爱是什么,而 34%讲解过性交;而父亲的比率却明显较低。即便如此,这些父母中的 69%说他们对孩子进行的性教育仍然是不够的(Leo,1986)。

学校的作用

学校和家庭一样,也在直接和间接地对孩子进行社会化。19.4%的北美儿童说他们的性教育大多来自学校(表8.1)。在瑞典,有大量的性教育项目,学校是性指

*美国性知识和性教育委员会(1970)为父母提供了一个书单。Scanzoni(1982)为基督教父母在如何回答孩子有关性的问题方面提供了一些指导。有关对于父母作为性教育者的进一步讨论,参看 Kelly(1981)、Gilbert 和 Bailis(1980)的著作。Snyder 和 Gordon(1981)提供了一个注释版的书单。

表 8.1 儿童期性知识的来源(%)

信息来源	北美	瑞典
母亲	32	15
父亲	2	—
双亲	9	20
老师与学校授课	19	32
传媒(电视、电影、书籍、百科全书、杂志)	18	21
朋友	8	8
兄弟姐妹(兄弟、姐妹和其他家庭成员)	5	1
偶尔学到(在街上和操场上)	6	3
医务人员(医生、护士和其他)	1	

Based on Ronald and Juliette Goldman. *Children's Sexual Thinking*. London: Routledge, 1982. p. 310.

导的主要提供者。不过在美国,直到最近,学校才在经过深思熟虑之后开始提供性教育项目,之前所起的作用基本近乎没有。

早在1970年,一项民意调查显示,71%的父母支持在学校进行性教育(Breasted,1970)。1986年全国普查发现,86%的受访者同意由学校进行性教育,83%希望由学校来教给孩子AIDS方面的知识。

由于AIDS,一向看法保守的美国公共卫生部部长库普(C. Everett Koop)突然转而支持这种方法,他称:"毫无疑问,我们需要学校性教育,并且必须包括异性爱和同性爱方面的内容。"他认为应该"在尽可能低的年级"进行真正的性教育,他所说的是三年级。

儿童想学习什么?

儿童只有在学习自己感兴趣的某些话题时才会学得最好。儿童所问的有关性的问题遵循一种可以预测的模式,这往往取决于他们的发育水平。小学阶段的儿童主要是询问生殖方面的问题:我出生之前在哪儿?宝宝是怎么有的?男孩可以生孩子吗?他们对月经也很好奇:女孩永远都会有月经吗?为什么男孩没有月经?

中学或初中时,他们的兴趣开始转移到约会:约会是好的还是坏的?男孩和女孩约会时做什么?关于月经的问题变得更加细致。当他们步入青春期后,儿童开始想知道躯体的改变和性表现,比如性唤醒、勃起和春梦(Schulz 和 Williams,1968)。

在古德曼夫妇(1982)的抽样调查中,11岁的北美儿童中有97%称儿童应被教授性知识,而87%赞同"学校里开设性课程的做法",只有23%称他们会向老师询问有关性的问题,并且还有23%的儿童称只会向朋友询问性问题。

应向儿童讲授什么?

即使在原则上我们同意在学校开办性教育课程,而讲授的内容和时机却又提

想一想

你如何区分学校和家庭在儿童的性教育方面所负的不同责任?

出了教学法和政治学的问题。在1986年的一次全国普查中,受访者被问到"针对12岁孩子的性教育课上应该讲授什么内容",出现最多的答案是 AIDS 和性传播疾病的危险性,分别有95%和93%的支持率;避孕稍逊一筹,为89%。因此,家长对性教育的期望具有一定的集中性。而其他一些主题的重要性似乎稍低:婚前性行为(78%),男人和女人是如何发生性交的(76%),同性爱(76%),以及流产(72%)也被认为是重要的主题(《时代》,1986年11月24日,56页)。上述应答者对于"是否应该向12岁儿童讲授上述内容"回答"是"与回答"否"或"不确定"的人数一样多。因此,对于这类问题的讲授,态度除了反对外还可以是不确定。

除了提供信息外,70%的受访者认为性教育项目中还应当讲授道德观(Leo,1986)。对于很多人来说,道德指的便是自我控制,因而,这也是试图使孩子摆脱麻烦的一大问题。

即使当性教育项目的确存在时,性学往往仍然是唯一不按循序渐进的方法进行的一个学科,学生并非在前面知识的基础上开始下一步的学习。那种一次性谈到性话题的随意教学方法并没有效果。三年级被认为是学生开始接受性教育的最佳时间。他们可以随着学习其他科目逐渐增加性知识(Barron,1987)。

生殖过程的指导是所有性教育课程的基础,但是还必须补充以性的非生殖方面的知识。性的生物学方面同样也要与情绪和社会学方面结合在一起。性教育课程可以是以问题为中心的,对于青春期前的儿童,讲授自我保护的技巧以防止他们遭到虐待显得尤为重要(Saslawsky 和 Wurtele,1986),但也不要让孩子觉得性总是与危险和伤害纠缠在一起。更正面的教育方法也是有必要的,这样的方法强调性生活愉悦的一面,它存在于爱、承诺和幽默感搭建起的框架之下(Gordon,1986)。

学校内的社会化

不管学校是否开设正规的性教育课程都会影响性的社会化。学校会设定着装要求,树立男女老师和管理人员作为行为榜样,限制男孩和女孩的课程,按性别划分或组合体育项目,允许或禁止阅读某些书。另外,学校环境是同伴之间交流的重要场所。一旦进入学校系统,他们与同伴之间的接触会大大拓宽。由于和来自不同背景的孩子接触,他们会接触到不同的性观念,有时甚至是性体验。

随着孩子逐渐长大,他们的交流会集中到三个相关的领域:性别特征、浪漫的爱恋,以及性行为。虽然这三个问题都是在高中才变得更加主导和重要,但是孩子们在学习如何做一个男孩或女孩,如何献殷勤和被恭维,参与怎样的性行为,什么时候、和谁及在什么样的情况下发生性行为时,就已经在为将来打基础了(Gagnon 和 Simon,1973)。

孩子主要人格平面的形成中,如果没能得到大人直接而且明白的指导,是非常不好的。他们的性生活将浸没在由青少年亚文化中,在大人的耳目之外,将会充满弥漫着性主题的黄色谜语、禁歌、禁诗和黄色游戏(Borneman,1983)。

在儿童的性社会化中,学校以外的其他机构也起着重要的作用。例如,具有某些特殊的年轻人项目的宗教机构等也在影响着它们的性观念和性态度。更重要的是,宗教机构能够塑造家长的道德观,而家长又会将它灌输给孩子。不过,一个文化无法言传的价值观会比任何机构都具有更大的影响力。

媒体的作用

现在的孩子正在一个泛滥着性主题的文化氛围中成长。以性为主题的广告,商店里摆放的色情杂志,无不充斥着清晰度不同的性画面,这些都可以在家中找到并且在朋友之间分享(图 8.7)。如表 8.1 所示,在北美,公共媒体是 17.6% 的儿童学习性知识的主要来源。

大众媒体中社会影响最广泛的当属电视。儿童看电视的时间要比参加其他娱乐活动的时间长。节目的内容、广告及儿童所辨认的人物形象加在一起成为一组与性和性别相关的信息。肥皂剧中充满了性关系和性的影射,但又没有描写其背后真实的后果和问题。有线电视和家里随便摆放的 X 级录像带都会给孩子留下更加震惊的性画面。随着孩子长大,流行歌曲通过歌词及歌手的公众性格和生活方式给孩子施以更多的影响(第 18 章)。

与成人的性行为

在教育、工作和游戏中,成人不仅在对孩子进行言传,而且还在进行身教。在某些文化中,成人会直接与孩子发生性关系。在文艺作品中,神话主题似乎总是会蒙上这种性交流的面纱。不过,在现代工业化社会中,这种形式的社会化是遭到禁止的。

在美国,成人和孩子之间直接的和故意的性行为是违法的。这被认为是一种剥削性的不道德行为。遭遇这种经历的孩子被认为是性虐待或儿童骚扰的受害者(第 14 章);实施这种行为的成人则要依法判以性骚扰罪(第 23 章),并作为恋童癖者接受临床治疗(第 14 章)。

也有人不同意这种社会判决,并且认为如果与儿童进行的亲昵性交流并不涉及欺骗或强迫,那么对孩子便是无害的,而且孩子具有随自己意愿发生性行为的自由。鲜有人支持这种观点,因而,在美国文化中,与成人发生性交并不是儿童该有的正常经

图 8.7 儿童在很多场合都可以接触到性文学,并被激起好奇心。

厉。尽管这样,这种交流的确是存在的,并且差不多 1/5 的男孩和女孩都曾经受到过这种经历的影响。这就是为什么我们会花大篇幅在第 14 章讨论儿童性虐待的问题。

8.5 性行为与性发育理论

一旦我们从"人从何而来"转移到"为什么发生性行为"的问题——即从事实转向理论——就会发现性是一个真正的谜。没有哪种有关性行为和性发育的单一理论能够完全把它解释清楚。因而,我们接下来要讨论的理论部分不宜喧宾夺主。不过即便是这样,这些理论依然无法广泛和概括性地解释性发育的状况,并且也无法明确地回答本章前面提出的问题。

在本章我们之所以讨论性发育理论,是由于它们大多主要强调儿童期的性发育。但这并不是说,性发育在青春期之前便已经完成了。恰恰相反,性发育是一个伴随终身的过程,我们在本章讨论的内容同样也适用于后面的章节。

目前并没有关于性行为的专门行为学理论,因而我们不得不采用更广泛的人类行为理论。对性行为的理解,最终还是要依赖对人类一般行为的基本谜题的解决。

理论不仅要经过检验,而且还要经受事实的考验,只有这样的理论才是有效的。如果你要证明性行为理论的正确性,那么你就有麻烦了:自然发生的性行为通常无法进行观察,并且性实验通常不能为社会所接受(第 1 章)。因而,性行为理论依然大多停留在思辨水平上。

关于性的理论通常可分为两类:激发理论(motivational theories)试图解释人类为什么会选择这样或那样的性行为方式;发育理论(developmental theories,通常又称性心理发育理论)则追踪性行为的成熟模式。

性本能和驱动

早在进化理论出现之前,动物与人类已被认为是属于不同的范畴。由于没有理性或灵魂,动物的性行为被认为是**性本能**(instincts,来自拉丁语中的"煽动、鼓动"一词)的作用。这些生物力量强迫机体按照某些特征性的方式行动,没有学习这些行为的必要。动物之所以交配、生殖和照看自己的后代,都是它们的"动物属性"使然;它们并不需要学习如何执行这些功能。本能的概念也被应用到了人类身上。在20 世纪初,这一理论大受追捧,以至于威廉·麦独孤(William McDougall)等心理学家试图用一系列本能来解释人类所有的行为。

人们试图用本能来解释所有现象,而实际上它什么也解释不了;因此这个词在社会科学家那里已经变得声名狼藉了。**生物性向**（predisposition）或生物倾向的概念的确是按照某些确定的方式发挥作用的，但是"本能"这个词所适用的过程要比之前的理解复杂得多*。

我们依然不确定本能过程究竟有多少能够适用于人类。我们依然在努力将动物的研究转向人类性行为。其中包括在野外实地观察和在实验室进行试验。

*Tinbergen（1951）对本能的定义是："分级组织的神经机制，对于某些特定的启动、释放和内源性或外源性的直接冲动会作出反应，以及对维持个体或种群的协调运动所作出反应。"

动物本能

动物的性行为是"非自主性的"。外部刺激——求偶舞蹈、气味和交配的姿势——会引发可预测的和相对固定的行为模式。这些模式具有遗传性、复杂性和适应性，并且在环境变化时保持稳定。由于这个事实，性行为表现为固定和"自动"的特点——鱼或鼠与其他同类个体的性行为会十分相似。例如，棘鱼的交配行为会按照可预测的模式发展：雄鱼会筑巢并且保护自己的区域不受其他雄鱼的进攻；雄鱼会邀请已充满卵子的雌鱼进入（因为雄鱼的肚子发红而雌鱼则不会，这样可以分辨雌雄）；雌鱼跟随雄鱼进入巢中，然后二者进行一系列固定的动作和交配；之后雄鱼会使雌鱼产生的卵子受精，整个过程结束（图8.8）。

是什么使雄性棘鱼的性行为这么可靠呢？为什么每次看到红色或白色的肚子时，它的行为总是按照完全相同的方式进行呢？科学家认为这是一种神经生理学机制在指导这种行为，即**先天释放机制**（innate releasing mechanism，IRM）（Campbell，1987）。他们将引发这些机制的信号叫作**信号刺激**（cue stimuli）或**社会释放体**（social releasers）。一个人的性行为是否可以按照这样的方式被触发？目前假设人类性行为的所有生物学理论也是如此的。

这种先天性的模式是如何而来的呢？是由于本性遗传的，还是出生后由于后天学习而来的呢？这样定性的话势必会使我们作出错误的选择。一个人的长相一部分是从基因中获得的，另一部分则成长过程中获得。一个人的行为也同样如此。尽管如此，理论家们在生物和文化二者之间孰重孰轻的问题上仍然争论不休。这一**先天与后天**（nature vs. nurture）之争（专题8-3）是无论如何都无法消解的。

人类性驱力

随着生物学家对先天行为的研究以及心理分析师对

雌鱼出现，发出求偶暗示

雄鱼呈"之"字形游向雌鱼

雄鱼游向巢

雌鱼紧随其后

雄鱼向雌鱼展示巢的入口

雌鱼进入巢中

雄鱼通过颤动刺入雌鱼的尾部

雌鱼产卵并离开

雄鱼进入巢中，使卵受精

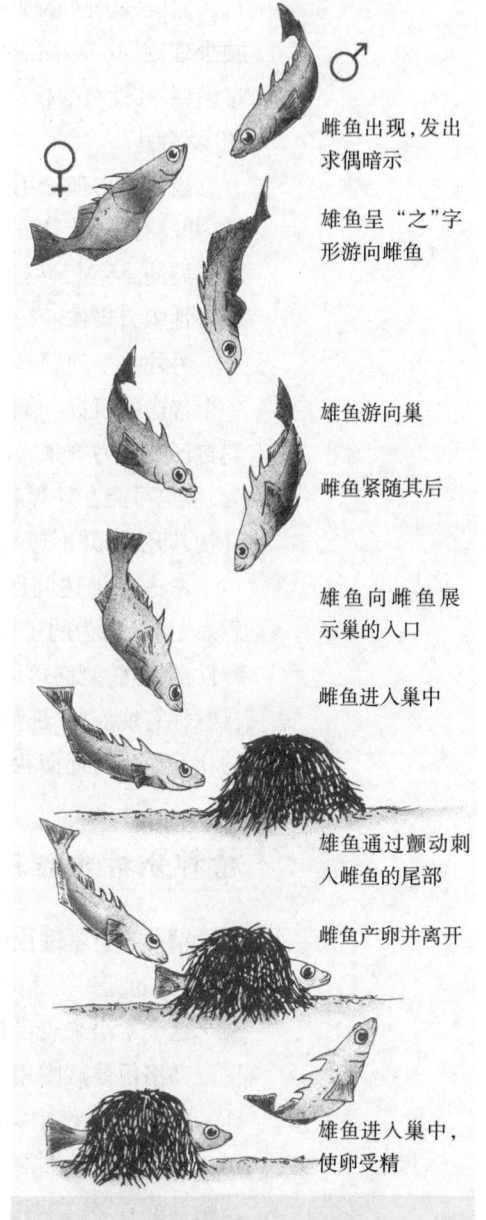

图8.8 三刺鱼的求偶和交配行为

性本能的理论化，在20世纪20年代，心理学家已开始支持性驱力的概念。**驱力**(drive)指的是某些生理需要(如饥饿或避免疼痛)激活行为的一种心理唤醒状态。

驱力和本能一样都不过是一种假说，我们只能猜测它们存在于某些行为之中。不过，内驱力的概念更加细化，而且与生理学吻合。

一个人的身体趋于维持内环境的恒定——血液中等量的糖分、同样的温度等等。这种趋势被称作**稳态**(homeostasis,"平衡状态")。

当人体平衡遭到破坏时，则会有一种纠正它的冲动。如果血糖下降，你就会想吃东西。根据美国心理学家克拉克·赫尔(Clark L. Hull)在20世纪40年代提出的**驱力减少理论**(drive reduction theory)，减少人体压力的需要是行为的基本驱动力。在稳态模型中，性唤醒扰乱了人的内在平静。为了减少性紧张感，人才会经历达到性高潮的内驱力。

当内驱力理论用于性行为时，将会出现几个缺陷。性兴趣不像饥饿或口渴一样，并没有证据可以证明它是由于生理缺乏或失衡所致，并且性也不是一个人生存所必需的。不过，性行为的确存在一个"驱动"，并且与某些特殊的生理过程有关，因而将**性驱力**当作性行为的刺激力依然是比较方便的。

另外一个问题是，驱力理论奠基于降低压力的需要上。但是减小压力显然不是一个普遍的目标。恰恰相反，很多情况下，我们是偶尔通过兴奋来获得压力，然后我们自己花大力气来唤醒性要求。另外，我们可以在内部驱力的"推"动下发生某种行为，但也可能在外界刺激的"拉"动下发生性行为。例如，如果有人拿给你最喜爱的食物，即使你并不想吃，你可能仍然会吃它。这对性同样适用。

考虑到上述问题，**诱因理论**(incentive theory)对于解释性行为似乎更让人满意。发生性行为的正性诱因是出于快感的需要；一个人并不一定要性饥渴才会被唤醒性欲(尽管剥夺可以增强性欲)。负性诱因可能会是由于害怕疼痛或焦虑。如果对自慰怀有愧疚感，那你很有可能会设法避免它。在一定的条件下，正性和负性诱因的相互作用会促使我们的行为遵循某种方式。

精神分析学理论

精神分析学理论的核心在于性本能这一概念，弗洛伊德认为性不仅是一个物理过程，也是一个精神过程，就像饥饿一样。弗洛伊德使用**"力必多"**(libido,"欲望")这个术语来表示其心理学意义，意为情欲渴望。

弗洛伊德试图用力必多来解释整个人类发育过程。在他最初的**单一本能**(single-instinct)理论中，性兴趣是所有行为的动机，然后他转向**双向本能**(dual-instinct)这一概念：**性爱**[eros，力必多或者"生命本能"(life instinct)]与**死亡**(thanatos，侵略性或者"死亡本能")共存。

弗洛伊德的批评者们批评他过于强调性的意义，甚至他的一些追随者，著名的

专题 8-3
关于先天与后天的争论

自古以来，就有人专致于思考人的行为是由本性决定的，还是由环境决定的。18 世纪，启蒙运动开始对这些问题进行批判反思。特别有影响的是英国哲学家约翰·洛克（John Locke,1632—1704）的思想，洛克认为我们的心灵在出生时像一块白板（tabula rasa），所以使我们成为独特个体的每一件事，都是通过学习得到的（Russel,1945）。

19 世纪中叶，达尔文的自然选择进化理论对此提出了重大挑战。人类被看成仅是有机物进化链中的一环，进化塑造的生物因素决定了个体的本质及社会的本质。达尔文自己很少谈及这些方面，但高尔顿（Francis Galton）将自然选择的概念应用到了人的特性和历史的各个方面上。1874 年，高尔顿创造了"先天和后天"这一专业术语，把社会的和个人的因素分开。在这两个项目下，个人的许多素质可以相比较。"本性"就是所有的人生下来带到这个世界上的东西，而环境则是人出生之后对他施加影响的一切。

高尔顿毫不怀疑本性是人的一种非常重要的决定力量，并且倾其一生来推广这一主张。在他的影响下，出现了一个生物学派别，这一派别对文化影响的重要性基本上持怀疑态度。随着这些原理的应用，导致了一场目的在于改良人种的"优生学运动"（eugenics movement）。这些思想及社会达尔文主义的滥用，被某些人用来为殖民主义、种族主义及维多利亚社会中统治社会下层的贵族们的优越性而辩护。

不是所有的生物学家都追随这一观点，如赫胥黎（T.H.Huxley）就坚持认为在"社会进化"中存在一种文化进程，它与"自然状态下发生在物种进化过程中的进程有本质的不同"。但是在 20 世纪早期，生物决定论占了上风。

极端进化论者的反对派由弗朗兹·博厄斯（Franz Boas,1858~1942,美国人类学的创始人）和他的学生阿尔弗雷德·克罗伯（Alfred Kroeber）、罗伯特·洛伊（Robert Lowie）及以后的鲁思·本尼迪克特（Ruth Benedict）、玛格丽特·米德（Margaret Mead）等人领导。博厄斯关注的中心议题是文化塑造且有时束缚个人生活的方式。当进化决定论统治生物学和人类学时，他正着手开始他自己的事业。泰勒（E. B. Tayler）是另一种观点的代表，他认为文化现象是自然现象中进化规律的次级规律。"我们的思维愿望及行为，都是按一些规律行事的，像控制波形运动……和植物、动物的生长规律一样。"这些规律最终是生物本身决定的。博厄斯提出了相反的观点，即文化"是内心成就的表达，显示了许多心灵活动积累的成果"。这些文化活动解释了许多用生物学规律无法解释的现象。

进化学家和优生学家[现在在美国以达文波特（Charles Davenport）为主]对他们的事业有着不可妥协的刻板和道德热情，因此试图在这两大理论阵营间进行理性的辩论已被证明是毫无意义的。同时文化决定论的支持者决定走他们自己的途径，并宣布他们是完全独立的：一个"永恒的分歧"（克罗伯语）使文化人类学从生物人类学中分出，这个分裂，反映在下面的文化概念中，即认为文化决定论是完全独立于进化祖先或起源的，文化不是任何链中的一环，不是任何过程中的一个阶段，而是突兀而起的，生物和进化的规律与它没有任何关系。

人类学家们对生物决定论的反感，由于别的社会科学家的工作进展而进一步加深了。社会学中的埃米尔·涂尔干（Emile Durkheim,1858~1917）认为社会是独立自主的主张，与精神分析学中的华生（J.B. Watson,1878~1958）行为学理论是极为一致的，持文化决定论。在我们理解人类的行为和社会中，这些进展结合遗传学的新发现，再加上 20 世纪 30 年代优生学原理被应用于纳粹思想而产生的反感，保证了文化决定论的胜利和最后的优势。

事情又转回到过去的几十年中,因为遗传学的进展,生态学家关于动物社会行为的研究,古生物学家主要的化石发现给人类进化研究带来了曙光。在社会生物学中,应用进化论原理去理解人类的行为,现在已经再次激起了争论。

想一想

本性与环境之争中,你站在哪一边?你所持立场的基础是什么?

卡尔·荣格(Carl Jung)也淡化性欲的重要性,而将性行为与一般的生命驱力同等对待。而威廉·赖希(William Reich)(1942)却拓展了性的意义,基本上将整个宇宙都情色化了。

根据一般理解,性的要义往往在于从性高潮中获得的快感,弗洛伊德并没有将这一层理解剥离。相反,他把这个词发扬光大,应用到了其他给人带来愉悦的体验上,而通常这种体验被认为是与性没有关联的。同样,他又把"精神"这个概念从单纯的意识体验扩张到了各种无意识的活动(Jones,1957)。从更宽泛的角度来说,性是心理分析理论的核心主题,而婴儿性行为则是心理发育和精神健康的奠基石。

精神器官

潜意识(unconscious)是弗洛伊德最重要的心灵观。弗洛伊德既没有发现也没有发明潜意识的概念,但是他指认潜意识是精神功能的关键,而且是人类基本驱力的首要来源。潜意识的想法和感觉深刻地影响着我们如何感觉,思考什么以及如何行动,尤其是在性方面。为了解释这些过程,弗洛伊德提出了一个心灵模型,由本我、自我和超我构成——不是依据大脑的各个部分,而是描述心理过程的范畴。

本我(id)指的是生物本能的精神层面,并且其内容完全是无意识的。它们只以隐藏的形式出现,要通过自我的监察才会表露。本我竭力想通过愉悦和短暂的满足得到表达,而不管可行性或社会的考虑。

自我(ego)具有双重属性,部分(自主的自我)是由认知和记忆两个精神过程构成的。自我还可以在本我的需要和超我的束缚之间调节。通过各种不同的**防御机制**,自我阻止(如压抑和否定)、改变(通过升华和替代)或者扭曲(投射)了本我的原始需要。因而,自我负责在满足和社会限制之间进行妥协。自我中一部分是有意识的,这一部分起着自我觉醒的作用,但是它抵抗本我的部分是潜意识的(最有效的隐藏方法是隐藏所做的事实)。

超我(superego)通常与良心等同在一起,其部分功能是维持社会认同性或行为道德的意识。而其他部分是潜意识的,它也是阻止本我所必需的。超我中体现的是帮助你阻止本我的价值判断力。它可能是理性的、一致的,也可能是粗鲁的和惩罚性的。当超我的预期未能得到满足时,我们将会感到羞愧和遗憾。

性心理发育的阶段

心理分析学家假定新生儿被赋予了一种力必多式的资质。因而,性心理发育也是一个过程,此过程中,这种发散的、易变的性能量在几个连续的阶段中被"包埋"

(invested)到身体的几个可引起快感的区域(如嘴、肛门、生殖器)*。

嘴是力必多包埋的第一个部位。在"**口腔期**"(oral stage),满足的方式是通过"**摄入**"或**混合**(incorporation)。通过嘴而得到的性满足可以持续人的一生,并可通过接吻、口与生殖器接触等形式获得。

力必多参与的性有关区域,其发育的第二阶段是肛门。在"**肛门期**"(anal stage),满足的最主要方式是**储便**(retention)和**排便**(elimination)。贯穿于如厕训练的冲突(任意滞留或排出粪便)导致了**矛盾心理**(ambivalence),即一种和父母有关的爱恨关系,从此以后我们既不专爱又不独恨任何人。肛门的性行为归结于肛门功能的性快感。这就建立了一个通过诸如肛门性交的直肠刺激而获得性满足的阶段。

口腔期和肛门期一般持续到3岁前。由于生殖器尚未为力必多所包埋,因此这两个阶段构成了性心理发育的**前生殖器期**(pregenital stage),并且对于两性来说是一样的。

在3~5岁时,力必多参与的部位,在男孩是阴茎,在女孩是阴蒂。在"**生殖器期**"(phallic stage),行为被一种**侵入方式**所支配。这个阶段的主要问题是"**俄狄浦斯情结**"(Oedipus complex)的发展,这时,孩子形成了一种对异性家长的情爱依恋,并对同性家长产生了一种敌对情绪。因为孩子也爱着自己的同性家长,所以他们会感到内疚。男孩会想象他将被处以阉割的惩罚(对于这点,弗洛伊德解释为阴茎的丧失,而不是睾丸)。女孩对于男孩有阴茎这一发现的反应是,她认为自己已被阉割,并嫉妒男孩的生殖器官("阴茎嫉妒")。

当孩子放弃将异性家长作为一个性欲对象,而把自己与同性家长视为一致的时候,俄狄浦斯情结也就瓦解了。它引起了对异性的倾向性。如果孩子将自己与异性家长视为一致,而选择同性家长时,则产生了一种同性倾向。在这个观点下,任何一个孩子都有朝两个方向发展的潜在可能性。为保证这些不被接受的愿望永远不为人知,整个的情绪被埋葬在潜意识中。然而俄狄浦斯愿望继续影响着性行为和它们的派生行为,偶尔渗入意识之中。

俄狄浦斯情结的瓦解标志着生殖器期的终结。在发育的下一个阶段(潜伏期)里,当智力的增长和社会的成熟被赋予更大的推动时,性驱力相对地沉寂了。到了青春期,性苏醒了,某种程度上,过去的情绪被满意地解决了,年轻人自由地沿着成年人的路线去开始性的相互作用,达到生殖器官的成熟。据此,男青年不再被自己的阴茎所吸引,并对整个自身作出性的反应;同样,年轻的女子也将"开始的"(inceptive)和"包含在内的"(inclusive)方式结合进其性心理结构之中,在母性的前景中找到了性的满足。这个时期的成功的后果导致了对父母依赖性的瓦解。年轻人这时已准备好了和其他成年人建立一种成熟的、非乱伦的异性关系,并追求一种弗洛伊德所谓的工作和爱情的生活目标。

幼儿期的性具有未分化的或者**多态性反常**(polymorphously perverse)的特点。这时,孩子代表了所有可能的性兴趣的集中;异性的、同性的和性欲倒错的(第14

> *弗洛伊德关于婴儿期的性的理论首次形成于《性学三论》(Three Essays on the Theory of Sexuality)中。有关性心理发育的精神分析模型的清晰全面的研究,见 Meissner et al. (1975)。

章)。通常,这些未被约束的念头受到压制,并和刚萌芽的选择异性目标的要求一道,升华为一种可被社会接受的行为。至今,这些早期愿望的部分残余仍以梦、幻想或其他象征形式挤进正常的成人生活之中。早期性思想和行为的记忆,基本上已在幼儿期忘却。

批 评

弗洛伊德的概念深刻地影响了西方的性观念(第1章)。他对人类行为理论的贡献是现代思想的组成部分。对于儿童期的性发育状况,及其如何与成人的性功能和性格联系在一起的,心理分析模型的解释仍然是最全面和最详细的。不过,当作为一个整体,并应用于女性时,这个理论遭到了大量的批判(Sulloway,1979;Mayer,1985;Bettelheim,1962;Horney,1973;Lederer,1968,1976;Hayden,1986)。大体来讲,批评意见包括缺乏实验数据,依赖于成人对自己童年的回忆而不是对儿童的直接观察,采用临床材料作为建立正常发育理论的基础,并且在没有来自其他文化的数据的情况下将结论在不同文化间进行了普遍化。

人们对弗洛伊德女性性观点的批判主要集中在他的男性偏倚上。尽管弗洛伊德认为男性和女性都具有双性的潜质,并且在所属文化的塑造下变成为女性或男性,他采用男性作为其发育模型,并且从这个模型中推出女性的发育模型。因而,基本的弗洛伊德模型用于男性时解释效果要优于女性。

心理分析理论目前正在进行融合。它不再支配人的精神思考,而行为科学家对此普遍持怀疑态度。尽管如此,心理分析的概念依然对知识界发挥着重要的影响。另外,心理分析的术语和含义已经根植在了我们的主流文化中。

图 8.9 一幅讽刺弗洛伊德的漫画:"男人脑子里都在想什么?"

艾里克森对社会心理发育的研究

在精神分析概念的基础上,艾里克·艾里克森找出了一个社会心理发育的规律,这种发育贯穿于整个生活历程,而不是仅存在于生命的早年。艾里克森从精神分析学中提出要点,但他使用从临床和非临床人口中对儿童进行的观察结果。

艾里克森把生命周期——从生到死的整个生活历程——分为八个社会心理发育阶段。每个阶段以阶段特定任务的基本完成来确定,尽管这种完成通常在前一个阶段即已准备,并在下一个阶段进一步完成*。

艾里克森借用了胚胎学的**渐成论**(epigenetic)**原理**:"生长的任何事物都有其基本的计划。出自这个计划,各部分生长出来,每个部分在不同时期都有其特殊优势的时候,直到所有部分都长成为一个功能性整体。"在这种思想下,孩子不再是一个成人的缩样,性成了一种潜在因素,只有在允许和帮助下才能发展。

性在**"身份形成"**(identity formation)的任务中是一个重要的因素(第5阶段),

*艾里克森在其1963年出版的《童年与社会》(*Childhood and Society*)的第7章简要陈述了他的社会心理发育大纲。在其后的《同一性与生命周期》(*Identity and the Life Cycle*)(1959)的第2部分,和《同一性:青年与危机》(*Identity: Youth and Crisis*)(1968)的第3章,艾里克森对其进行了更全面的阐述。

这是艾里克森最为著名的概念。生物学的特征是最初"给定的",但它们不能被用来决定我们是男性或女性。澄清和巩固他或她自己性的特征,作为身份形成的更大任务的部分,应落实到每个人。提供清晰、一致的模型和原则的文化,将有利于其成员完成此项任务。

尽管青春期性活动在高涨,但仅在"身份形成"相当好地巩固下来后,同异性(或其他人)的真正亲密才成为可能。青春期的性活动常常是实验性的,是身份搜寻的一部分,年轻人试图通过对方发现他们自己。

解决**亲密和隔阂**(intimacy vs. isolation)的矛盾是属于青年人的任务(第6阶段)。他们在两个极端中走一条妥协的道路。亲密需要表达、表露、给予和分担。隔阂("疏远")也是必要的,因为不管关系怎样满意,一定的距离会有助于人们互相保持适当的位置。当亲密不成或过了头,自我保护需要一个人断绝关系并斩断这种破坏性的纽带。

认知发育模型

构成发育理论的基本原则是成熟这一概念。**成熟**(maturation)是一个天生的生长模式,这种生长并不依赖于特殊的环境条件,虽然必要的环境刺激和支持对于成熟过程是不可或缺的。发育理论也提供了个体发育的特定假设,密切相关的是关于转折期的概念,在此期内会发生一些关键的改变。

弗洛伊德的性心理发育理论和艾里克森的社会心理成熟阶段理论都是这种概念性范例的典型例子。其他理论家如让·皮亚杰和劳伦斯·科尔伯格(Lawrence Kohlberg)则提出了阶段基础性的成熟理论,此理论建立在**认知发育**(cognitive development)或智力成长的基础之上。

皮亚杰认为,精神发展被质变赋予特性,借助于这些质变,孩子的思想能从对此时此地具体现实的专注,逐步转移到对周围世界的一种抽象的、象征性的概念中去(Gleitman,1983;Piaget,1952,1972)。

随着思想经过认知发育的连续阶段,在孩子理解人际关系和性关系的模式及影响他们的道德准则的方式上,出现了质的区别。儿童一旦认识到性别是永久性的,不会因他们所穿的衣服而改变,他们就会去学习和实践如何做一个男孩或女孩。性别专有的行为和活动会得到奖励,孩子就此将他们自己社会化了。基于这个前提,科尔伯格提出道德判断的三个层次。在第一层次,道德价值被用来避免惩罚和获得奖赏。在第二层次,道德价值存在于完成适当的职责,以便取悦他人且避免社会的谴责(亦即成为一个"好"男孩或"好"女孩)。在第三层次,道德价值被内在化。责任被定义为契约性的认可和必须完成的义务。最后,良心在道德原则的基础上调节行为(Kohlberg,1969)。

粗略一看,这些认知发育的过程似乎与性心理发育没有什么关系。但事实上,

想一想

如果你是一名家长或是老师,弗洛伊德、艾里克森等人的理论会对你的做法有什么影响呢?

性的行为和其他活动形式一样,最终仍然依赖于认知的作用。我们怎样察觉和理解性刺激,理解性相互作用的方法和规矩,激发和操控性符号,都是认知过程的表现形式。但至今我们远没有将这些认知发育的前景组成一个关于性发育的清晰连贯的观点。

条件反射理论

现在我们从发育理论转到动力理论上。心理学家将学习定义为由于练习而使行为发生的相对永久性的变化。并不是所有的行为变化都是由学习导致的。有些变化是由成熟带来的。例如,婴儿在15个月左右时开始走路,这是因为那时他们的神经肌肉系统已经达到了必要的成熟程度。还有一些变化是由暂时状况引起的,例如疲劳或药物影响。

我们学习什么以及如何学习都要受到我们大脑的限制,但是我们所学内容的实质和学习方法则要受到文化的制约。例如,我们学习语言的智力能力使我们能够说话,但是为了说某种语言,我们不得不进行学习。因而可以推测,性学习中也明显存在着类似的状况。

人类的学习是十分复杂的,因而心理学家不得不将鼠和鸽子放在相似的条件下研究学习的机制。因此,我们对性是如何学习的认识是建立在一般学习理论的推论之上的。这些理论主要强调学习的作用,而不是生物决定因素的影响。它们侧重知觉、认知过程,而不是潜意识的动力。金赛是一个生物学家,但他同样认为人类性行为的多个方面都是学习的产物。他认为接触不同的性观念和性经历后,将会影响个人的性偏好和性行为。马斯特斯和约翰逊的治疗方法也是建立在行为矫正技术的基础上的,而这种技术是从学习理论中衍生而来的(第15章)。

学习理论可分为三个范畴:经典性条件反射,操作性条件作用和观察学习法。它们没有一个是专门适用于性的,但我们可以用性学习的例子来解释它们。

经典性条件反射

最早的经典性条件反射实验是在20世纪20年代由巴甫洛夫(Ivan Petrovich Pavlov)进行的。他在联想的基础上发展出了一种学习形式。巴甫洛夫发现,当把食物放进狗的嘴里时,狗会反射性地分泌唾液。对于同类物体的其他刺激,如看到食物或者是看到喂食的盘子,狗会通过联想反射性分泌唾液。如果在每次给食前摇铃,最后即使没有食物只有摇铃,狗也会分泌唾液。巴甫洛夫将狗的这种反射性分泌唾液的行为称为**非条件反射**(unconditioned reflex),它是以**非条件刺激**(UCS)(嘴里的食物)和**非条件应答**(UCR)(分泌唾液)之间的联系为基础的。而比较起来,响铃代表的是**条件刺激**(CS),对此分泌唾液的反应是**条件应答**(CR),并且联想构成了学习反射或**条件反射**。

由于刺激的广泛化,学习的范围也在不断地扩展。与原始刺激相似的条件刺激也可诱导条件应答(例如,与原始响铃相似的声音也具有同样的效果)。不过,学习并不是永久性的:如果只有响铃而没有食物,那么 CR 可能会消失。在静息期即使动物未接触这些刺激,静息期后,反射也可重新出现(自动恢复)。

经典性条件反射理论适用于多种人类经验,其中包括性行为,但是它的运行机制却难以证明。基础问题之一是寻找非条件的勃起刺激,要求能够反射性引出性唤醒,即非条件性应答。生殖器的生理刺激具有这样的作用,因为对此反应性的性唤醒是可以证明的反射。可以激发性欲的物象、声音和味道并不能使人类发生反射性应答(第 3 章)。

如果我们不再寻找反射,那么通过联想学习性知识的可能性会更大。例如,如果性唤醒恰巧与某种特殊的气味(如体味或某种香水),声音(性交时发出的声音,某首曲子)和图像(裸露、内衣)同时发生,这一类刺激都可变成条件刺激(或情色刺激)并且会自己引起性唤醒。这种学习必须经常进行。我们很少能够为经过学习的性刺激或性偏好追溯到其背后的渊源。例如,男人可能会觉得女人拥有一双长腿很性感,而女人可能会觉得男人拥有窄窄的臀部很性感,但是他们却很难追溯到这种偏好是在什么时候学习到的。

操作性条件作用

经典性条件反射实验推测刺激与应答之间存在某种关联,称为 S-R 链;没有刺激,则没有应答。这其实是一种消极学习的方法,实际上,动物在这个过程中会表现出巨大的自主性。为了区分自主行为和由某种特殊外部刺激引发的行动,我们引入了**操作性条件反射**(operant behavior)这个词(动物在自己的环境中"操作"或行动)。自主行为的塑造被称作**操作性条件作用**(operant conditioning)(Skinner,1938)。与经典性条件反射相比,操作性条件作用在理解性行为方面所发挥的作用更多,而且框架更为合理。

在操作性条件作用中,学习是作为某种行为的后果而发生的。例如,动物会为了得到奖励而学习某个动作。当进行某个动作后获得了奖励,那么这种行为便获得了强化。强化可能是正面的鼓励(如食物),也可以是消除某些坏的方面(如电击)。另外,强化也不一定总是初级的,也就是说,它们并不需要满足一些基本的生物学需要。刺激需要与初级强化相配对的次级强化。因此,如果黑猩猩知道一枚硬币可以用来换取食物,那么它就会卖力表现来赚取一枚硬币。

操作性条件作用是如何作用于性行为的呢? 当孩子趴在床垫上或抚弄生殖器时,快感会加强,因而他们会不断地重复这一动作,直到有一天达到性高潮为止。于是这样孩子就学会了手淫。另外,当人继续探索可以带来更多性快感的方式时,被证明有效的方法便会被不断地重复和学习;而其他的则不然。一旦性唤醒和性高潮成为追求目标,那么人将会克服各种麻烦来达到目标。

社会学习模型

经典性条件反射和操作性条件作用的原理都是在严密的实验条件下得来的。不过,真实情况则要复杂得多。很多行为科学家认为单纯这些学习模型本身并不足以解释儿童是如何学习这些带有他们所属社会特征的行为。考虑到存在这些更加微妙、更加复杂的学习形式,社会学习理论提供了另外一种学习方法(Bandura,1986)。

这种方法即**观察学习法**(observational learning),即通过模仿其他人的行为进行学习,将其他人作为榜样。这种学习并不需要将刺激和强化配对重复进行,消除了个人直接经历的必要性。它提供了多种学习性行为的可能,包括观察行为中的人,倾听他们的描述,阅读他们的记录,看电视上录制的画面等。很明显,很多这样的学习一直在进行当中。问题仅仅是这种学习是按照怎样的机制进行的。

所有的学习理论家都认为社会化是一个塑形过程。在社会学习中,不是简单的学习仪器,而是文化的整个动力在塑造着每个个体。另外,正如比赫勒(Biehler)(1981)指出的,像班杜拉(Albert Bandura)等社会学习理论家都认为儿童是积极的学习者,总是试图理解大量的信息,而不是仅仅作为一个信息接收者。让我们来看一下社会学习是如何在性发育中发挥作用的。

经历的作用

在2岁之前,婴儿主要进行寻求安慰的行为,如哺乳、吸吮大拇指和摇晃身体等。这些行为都会使自己得到抚慰和回报,都有与人的接触(自己的或者别人的)。有些研究者指出这些经历为孩子成年期的性行为做好了准备工作(Hingham,1980)。

年龄稍大一些的孩子在性唤醒和性游戏方面会开始出现一些新的变化(Kinsey et al.,1948,1953)。进入青春期后,男孩会出现性活动,比如通过自慰达到性高潮,男孩要比女孩发生的频率高很多,尽管随着年龄的增长,女孩进行自慰活动的频率也在稳步增加。对于这种早期性别差异的存在,一种解释是由社会学习理论引申而来的:女孩和男孩所经历的性行为模式和强化模式不同。

很多研究都支持这种说法。例如,古德曼夫妇(1982)已证明女孩更看重浪漫的爱情,而男孩则注重陪伴。威廉姆斯(Williams)(1987)指出,尽管青春期后由于第二性征的出现使得性别差异变得更加明显,而且性欲也得到了加强,但是对男孩和女孩所施加的约束是不同的。韦尔伯恩-蒙哥利亚(Welbourne-Moglia)(1984)指出,女孩的学习是依赖于取悦别人,尤其是男性。因而,女孩可能会学着恋爱和寻找稳定的男友,而男孩却在学习通过控制异性的身体来实现自身的独立。最近的两项研究(Blumstein 和 Schwartz,1983;Hendrick et al.,1985)发现男性和女性之间存在着截然不同的性态度。

社会学习上的这种差异十分常见。我们的文化中充满了关于性行为的混杂的信息。早期一项关于父母对童年性行为的态度的研究中，班杜拉和渥尔特斯（Walters）（1959）发现，尽管父母声称儿童期自慰没有任何问题，但是他们都强烈否认自己的孩子可能存在这种行为，并且说如果他们发现，就一定会立即带孩子去看家庭医生。更近一些时候，威廉姆斯（1987）注意到以女性为读者的浪漫小说中很少会提到性，而以男性为读者的色情读物却很少关注浪漫。

经验似乎是学习很多性反应的关键，如性高潮（Bardwick，1971；Kaplan，1974；Kinsey，1953；Williams，1987）。社会学习理论在解释经验方面要比其他所有理论更具有优势。心理分析理论认为儿童在五六岁时形成基本的人格类型；传统的学习理论会讨论到刺激泛化，但很少会注意生命的累积经验；发育阶段理论强调由于成熟而出现的认知重组，却没有提及经验。不论你支持哪一种方法，有一点是肯定的，即孩子是积极的学习者，他们利用自己对世界的经验来搭建认知结构。

脚本理论

一些行为科学家用"脚本"的隐喻来使性行为的定形和表达概念化。经过童年和青少年时代，每个人都具有一种**性脚本**（sexual script），它就像一个过去性活动的记录、现在行为的标准，以及将来行为的计划。劳斯（Laws）和施沃茨（Schwartz）（1977）将性脚本定义为"一组被社会群体认可的行为和身份，以及管理这些行为和身份的规则、期望与惩罚"。脚本像一个蓝图，调节着个人的五个主要变量：和谁有性联系，做些什么，什么时候合适（对于整个一生和某个特定时刻而言），哪儿最合适，以及一个人为什么有性（Libby，1976；Gagnon，1977）。

性行为的脚本呈现为几个层面。文化脚本是由社会对某种性关系的一般预期所构成，比如说，已婚夫妇应当有性生活，或者说夫妇在性交前应先进行前戏。这些社会预期可能具有很大的特异性，并且彼此紧密相连。这就是为什么很多人的性行为就好像舞台上的演员在按照剧本上的角色表演一样，都是可以预测的。

每个人为了能够在文化脚本中表演，都需要将文化加入自己的脚本中。差异和改善正是发生在这一过程中。尽管脚本理论认识到了这一点，但它主要的侧重点依然是性行为的可预测性，而不是其自发性。

脚本理论假设一对伴侣会共用一套脚本，因而他们的行动遵循共同的规律。例如，在卖淫场所发生性交时，双方都知道下一步会发生什么。而如果是约会对象在一起则情况通常会比较暧昧，这时女方可能会按照浪漫的剧本行动，而男方则按照性的剧本进行（有时也可能反过来）。另外，脚本会发生改变。比如，大学生婚前性行为的脚本，现在大学生的脚本是不同于他们的父辈或祖辈的。对自己和他人的性脚本有一个清晰的了解有助于在性交流中消除误解。

性脚本理论在几个根本点上向其他性生理发育理论发出挑战。首先，它否认提

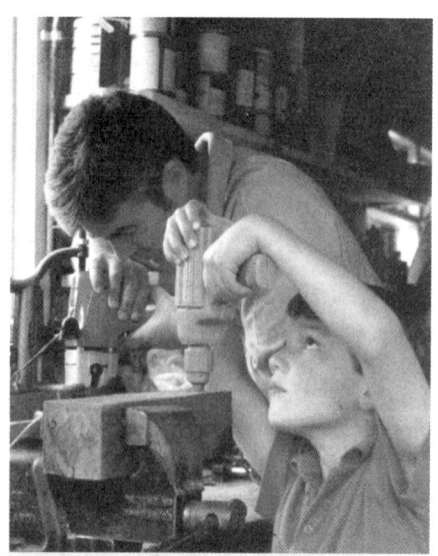

图 8.10 儿童往往根据父母来塑造自己的社会角色。

出一个基于生物学的性冲动的必要性。性行为被认可为一种社会性脚本的行为，而不是一些原始冲动的表达。我们生来具有性能力，但我们并不被驱使以某种方式去做爱。恰是性学习和社会偶然性塑造了我们的性生活。

其次，不像阶段理论那样遵循一个连续统一体的发展，脚本理论认为性经历简直是断续的。幼儿抚弄他的生殖器并不是以一个成年人的感觉去手淫，而只不过是一种心不在焉的自娱自乐行为。因此，孩子和青少年的行为，并不是必定有一个发育的连续性。我们强调一致性是因为我们希望我们的过去与我们现在的身份、角色和需求和谐统一。

最后，脚本理论尖锐地否定在"性的"和"非性的"之间存在差别。在生殖功能之外，什么叫"性"是由文化决定，并由社会脚本塑造的。简言之，社会把性称为什么，它就是什么。确实，一个人可遇到各种各样的被文化称之为"性"的信号、符号和行为。在这个意义上，性的活动并不必然和情欲的唤醒有关，就像经历情欲唤醒的能力并不一定必须伴随习惯上称为"性"的行为。

认为在文化上共享的主题和符号趋于相当一致的理由，是因为它们建立在普遍的孩童经历上，而人际脚本则趋向于更为特应性。然而两者都受到社会学习的制约。

性行为的模式与性别角色学习紧密相关。在儿童的所有经历中，这种学习对于塑造性行为具有最重要的影响（图 8.10）。换句话说，通过学习成为男性或女性，长大后的行为表现会按照社会赋予的角色进行。

各种性发育理论对于儿童性经验的重视程度各有不同。经典的心理分析理论是一个极端，它认为一个人的性取向和行为趋势是在 6 岁时确定的。脚本理论则是另一极端，它认为性发育过程是不连续的。现代多数性发育理论家都至少赞同性发育是终身过程的观点。因此，接下来我们将要揭示青春期和成年性生活的特点。

想一想

你所遵循的"性脚本"是什么？

第 9 章

青春期与成年期的性

9.1 青春期性行为
9.2 青年性行为
9.3 中年性行为
9.4 老年期的性生活

不要弥合人生不同阶段的自然区分,少年、青春期、成年、老去……让每一段生命都获得美德的快乐……让每一次转变都有好的过渡,并从过去的不完美中吸取教训,这样统筹你的生命,好让审慎和美德占据最重要的位置。

——托马斯·布朗恩爵士(Sir Thomas Browne),英国哲学家、医生

发育的传统理论主要集中在儿童和青少年阶段。在年老时发生最后的变化之前，成人期代表发育的停滞期。人们对性的一般认识所符合的模型基本相似：儿童期性兴奋，青少年性觉醒，成年早期达到顶峰，中年后逐渐下降，老年期性欲和性行为消失。在过去的几十年中，这一认识已发生了改变。如今，成年期被认为是具有自身发育特征的一个特殊的生命阶段（Bee，1987）。

青春期是人生的第二个十年。成年期大体上可以分为三个阶段：青年为 18~39 岁；40~59 岁为中年；60 岁以上为晚年。

大多数生命发育理论认为生命周期是由一系列的阶段构成的（Erikson，1963a；Loevinger，1976；Levinson，1978）。另外也有人对这种可预测的成熟模式是否存在提出了异议，认为成年期后的变化不过是机体对外界应激和状况所进行的不断调节（Pearlin，1980）。

童年期和成年期在其一般特征和性征上具有迥然的差异。而青春期作为中间过渡期，其特征较难以概括，因为它将儿童期与成年期的部分特征混合到了一起。例如，青春期后人生物学上具有了生育能力，但是在现代社会中，从社会角度上讲他们却尚未满足为人父母的条件。目前，青春期性行为与成人的性行为形式有了更多的共同点，并且其生殖能力的具备清楚地划清了它与儿童性行为的界限。这就是为什么我们要将青春期性行为作为成年性发育的前提在这一章进行讨论的原因。

9.1 青春期性行为

在青春期，人的身体由儿童变为成人发生急剧变化的同时，青春期心理的发育也是同样重要的一个过程。这些变化正是发生在 10~20 岁，这段时间是人一生中最为多变、最让人兴奋不已，有时也是最动荡的时期。性行为和性关系随着成人方式的出现会发生重要的转变。从这时开始，性不再是一种游戏，而是一种从生物、心理和社会的角度都具有长期潜在后果的活动。

青春期的变化会完全遵循可预测的规律，但并不是所有的青少年彼此都相似。青春期前期是儿童期的延续，而青春期后期又是成年期的前体。13 岁和 18 岁的孩子都是"青少年"（teenagers），但是他们的行为却是不同的。同样，即使同龄的青少年，也会由于社会、经济和种族背景的不同而出现重要的差别。将来自不同文化，或者同一文化中不同历史时期的青少年进行比较时，我们发现了更大的差异（Elder，1980）。

很少有哪些青春期性行为是可以普遍适用于这一年龄层中所有人的。另外，青少年的生活总是处于变化中，他们就像在过一座桥，从此岸的儿童世界过渡到彼岸的成人世界。这种好似悬在半空中的感觉会给青少年带来愉悦，同时也会使性格变得易怒。

适应青春期

青春期对性发育的作用包括直接的和间接的两种（Peterson 和 Taylor, 1980）。生殖器官的生长和成熟会使年轻人开始将自己看作是一个有性欲的个体。青春期性欲的高涨可能是性激素分泌增多造成的。而其他的作用则较不直接。例如，根据当今文化所决定的标准，身体的长大和长高、体形的改变也会增加性吸引力。尽管生物学因素对性发育的作用并不能与心理因素完全区分开来，我们仍然将它们分开进行讨论。

专题 9-1
一位少女和她不断变化的身体

每天，我的身体总会有一些新的变化，并且有时候还会让我感到害怕。我会在半夜醒来，就再也睡不着了，翻来覆去，脑中思绪纷飞，转得飞快，什么都有，我想起了我的两个好朋友，他们的脸都破碎了，我担心我的脸也会这样，但是到目前为止还没有。我在想我的尺寸，我没有办法阻止我的大脑不去想它——我的胸围，我的腹围，我能穿什么，我能否穿上这件衣服或者某件最新款的泳衣，一直想到头晕。即使已经到了凌晨一点，我还是那样，躺在床上，可是我为什么会头晕呢？

所有的东西都在生长和变化。我知道妈妈在看着我。我看到每个人都在观察我。有很多次，我想他们都是在极其关心地观察着我。爸爸没有盯着我，但是我猜他也在看。我将会变成"大胸脯"；这就是我的母亲如何描述她自己的！我必须想一下我应该怎么穿衣服，才会让我在胸部突然跳出来的时候感到舒服一些——我的意思是说不会感到那么古怪！我必须决定自己是否应该剃去腿上的毛！我需要！该死！我希望时间能够多退回去点，让我重新变成小姑娘，然后就没有这么多问题和决定要理会了。

哥哥也没有好到哪儿去。他开始长喉结，并且因为脸上的粉刺，他总在刮胡子的时候弄疼自己。他不喜欢电动剃须刀；他说总感觉把电动剃须刀贴

图 9.1 保罗·柏林的名画《年轻人和他的脸》(*Young Man Along with His Face*)

在脸上不干净。他成了一个冲澡疯子。一天冲两次！他总是在用芳香剂。他胳膊下面长满了毛。而我也是！我们开始像哥们儿一样聊天，并且我们总是会问："这要等什么时候才能结束啊？——好让我们的身体和前一周一模一样。"

在这方面我们是一伙的，我和哥哥，以及我的朋友们。我晚上会想：我们怎么才能够坚持到底呢——包括我的父母，还有我的妹妹。曾经我和哥哥还光着屁股（或者上身）到处乱跑，而现在即便我都不会看自己的屁股了；我进入了一种状态，不断地想知道我的下面究竟发生了多少变化，还发生得这么迅速。哥哥总是关着房门，没有人进去看他究竟穿着衣服还是没穿衣服！

From Coles, R. 和 Strokes, G. （1985）. *Sex and American Teenager*, New York: Harper & Row, pp. 2-3.）

身体形象的改变

尽管我们都曾经历过这一切，可是我们似乎很容易就忘记了当初看着自己的身体从昨天的孩子变成明天的大人时是怎样的焦虑（专题 9-1）。青春期急剧的变化需要我们对自己身体，或者说**身体形象**（body image）的自我认知进行大幅度的调整。

在成长为男人和女人的过程中会有大量的自豪和愉悦——父母也会分享这份满意。但也会出现紧张和焦躁。由于身体的各部分按照不同的速度生长，因而青少年会对自己的身体最终长成什么样子感到好奇和关心。通常，男孩会担心自己的个子太矮；而女孩则担心自己长得过高（Betancourt, 1983）。长久地徘徊于镜子前并不仅仅是为了满足虚荣心（虽然一部分是这样的），而是为了审视自己的脸和身体所发生的变化。

与身体的其他部位相比，生殖器官的变化更容易带来情绪的变化。其他的变化，比如身高的增长或者面部毛发的出现都是公开的，并且是可以与他人一起讨论的；而生殖器的变化则是隐私。女孩的胸部和男孩生殖器的大小和形状都会受到特别的关注和担心。

在过去，月经初潮对于女孩来说是很焦虑的一段时间，不过现在大多数青春期女孩都欢迎它的到来；有些父母会送给孩子鲜花或礼物，或者带她们出去吃饭来庆祝这一天的到来。如果女孩之前对此不了解，或者初潮时未能细心地处理，那么这段经历可能就会比较焦虑。

其他人的反应，尤其是父母的反应对于重新确立自己的身体形象是十分重要的。如果父母由于孩子性的变化而焦虑，那么他们可能会在与孩子交流时通过多种方式将这种紧张传给孩子，从而使孩子也变得不安起来。这些父母对于青春期早期的特点可能不太了解（Cohen et al., 1986）。通常孩子会早于父母预期或愿意接受的年龄提前进入青春期。如果父母对孩子的性发育过于漠不关心，或者表现得过于明显，孩子则可能会变得戒备或不知所措。接下来我们将回归到父母应如何处理孩子的性这个问题上。

青少年会逐渐意识到他们不断发育的身体吸引了大人们一种新的关注。女孩开始吸引异性；男孩吸引同性注意的情况较不常见。成年女性也会被这一时期的男孩和女孩吸引，但她们通常不会流露出或者表现出这种兴趣。她们对亲昵的表达（如拥抱和亲吻）往往更容易被社会所接受。

对于家长和其他成年人及同龄人对自己身体的吸引，即便不存在明显的性兴趣，青少年也会敏锐地察觉到。孩子们不仅会认识到自己身体的不断变化，而且对于影响自身形象吸引力的任何变化都不会放过，包括每一个粉刺、瘢痕和头发的不顺。女孩尤其会关注自己的体重，这可能会导致饮食的不健康和偏爱流行餐。进入青春期后，食欲不振伴随着体重下降可能主要会出现在女孩身上（Russell，1985）。

对于青少年来说，一定程度的自我意识几乎是不可避免的。他们往往需要很长的时间才能接受自己的本来面貌。自尊心的程度对这一过程的影响很大。自尊心低一些的青少年可能更容易对自己的身体感到焦虑和不满，认为自己身体的吸引力低于其他人（Jacobson，1964；Schonfeld，1971）。

"性感"的感觉会影响我们作为性伴侣被追求的程度，以及我们作为他人性对象的价值。躯体的特征（尤其容易受到时尚的影响）是否应该比更为持久的性格因素重要呢？我们将在第16章回到这个话题。

早熟与晚熟

由于青少年对同龄人彼此十分熟悉，因而成熟速度的不同是他们非常关注的一个问题。即使不管早熟还是晚熟最终都发育良好，这种时间差也将会影响一个人青春期以后的心理状况。

同龄人的发育情况基本上是不同的。这种差异在同龄的朋友看来可能是一种地位的象征或者是一种异常。研究显示，早熟的男孩通常会更自信、更放松、更有吸引力，而且更容易受到同龄人的欢迎（Jones，1965）。早熟的女孩尽管社会威望较高，但是由于她们的个子较高，或者乳房较大，可能会感到自己很显眼；而晚熟的女孩被认为是更外向，更富有自信心，而且领导能力较强。这些差别会受到社会阶层的影响：它们适用于中产阶级的女孩，但不适用于社会层次较低的女孩。另外，身体的成熟并不只会影响性关系，而且还会影响一般的友谊。例如，据报告称，5年级至7年级的女孩中，胸部发育最早的女孩与朋友的关系，可能要比其他乳房还未开始发育的女孩与朋友的关系更亲密（Brooks-Gunn et al.，1986）。

性驱力的高涨

在青春期，对性的兴趣及性活动都会增加。这是由于青春期性激素的变化导致性驱力高涨造成的。研究表明（图9.2），睾酮的增加似乎与男性多种典型的性行为相关。对于女孩，激素水平对于性兴趣具有较大的影响，而对性行为的作用却较弱（Udry et al.，1985）。

不过，对于激素是否会引起此类行为的变化，

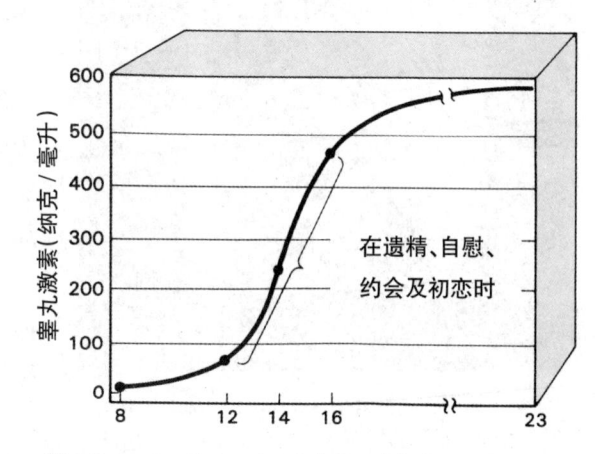

图9.2 不同年龄的男性血浆中睾酮的含量

目前尚没有可靠的证据支持。例如，青春期早熟时，激素水平的升高通常并不会伴随出现较早的约会、恋爱或性经历，尽管性幻想可能会较早地被唤醒（Money 和 Ehrhardt,1972）。有证据显示，黑人男孩比白人男孩更容易在青春期前发生性关系，这表明环境因素对性行为的影响较大(Uark et al.,1984)。

通常，青少年开始约会的时间更多地要受到社会因素的影响（如父母与同伴的期望），而激素水平的作用则相对较低(Dornbusch et al.,1981)。一旦约会在某个群体中成为标准，那么每个人都趋向于去约会，不管他们的成熟程度如何。尤其在青春期早期，社会聚会，比如说学校舞会将会把成熟程度不等的男孩和女孩聚集在一起，而其中女孩往往比男孩成熟得早。

可能激素对于性驱力的作用不具有特异性，而是更普通的行为影响的一部分。这可能包括青少年攻击性的增强（尤其是男孩）和精力的旺盛，往往表现为精力充沛和冲动性。而性可能仅仅是这种"内部巨大能力突然释放的表现之一——对于一份礼物、一个威胁或者一个谜题，都是要对抗的力量"(Coles,1985)。

性行为

青春期的性行为是其先前儿童期性行为的继续，但这种转变并非简单地从性游戏向"真实的东西"发展。儿童时期各种各样的性活动的意义，可能与他们以后所经历的性活动大不相同。青春期本身就是一个性探究的时期，而且性行为的模式也一定会随时间发生变化。

性幻想

头脑中性想法和性图像的增加可能是青春期性行为的先兆。其发生的频率和清晰度主要基于三个因素。

第一个因素可能是激素。青春期早熟的男孩出现性幻想的时间要早于其他同龄人，尽管他们发生性行为的时间通常不会更早。性幻想的出现可以很好地说明性驱力的高涨，并且性幻想不会受到社会对性行为那样的约束。

第二个因素是认知。要想建构完整精细的性画面，需要一定的智力能力，这要在孩子长大一些后才能形成。

第三个因素是社会影响程度。随着青少年步入成人的世界，他们开始接触到清晰的与性有关的材料（电

图 9.3 性文化的泛滥使得青少年无时无刻不接受到各种各样性的暗示。

影、杂志和视频),并且会观察到同龄人中的性交流,这些对于他们的性欲之火来说无异于是火上浇油。

性幻想不仅是性唤醒的来源,还可以辅助青少年暴露和界定他们的性取向和性偏好。性幻想可能是短暂的念头,也可能是完整细致的画面,后者可能需要更多的想象力。曾有一个青春期男孩幻想自己能够像暂停电影画面一样将时光冻结。在他的幻想中,他可以接近他喜欢的女人,并且随心所欲地脱光她们的衣服,爱抚她们并和她们性交,然后他可以将每个人解冻,一切还跟原来一样(专题11-1)。

青少年有时会因被唤醒性欲而感到沮丧。有些青少年尚未明确自己的性取向,而同性间的性接触和性行为可能会使他们感到烦恼不安。一些性强迫的画面中,自己被迫发生性关系或者强迫别人与自己发生关系,这种幻想的出现同样也会使人焦虑。想象其他一些不正常的性行为时,他们也会感觉自己成了"性欲倒错者",或者有点"变态",并认为会遭到社会的谴责。如果青少年发现自己的某些性幻想很常见,并且这些想法既不会"定义"我们,也不是社会无法允许的行为,那么他们将会感到比较放心(第11章)。

性　梦

梦是发生在睡眠阶段的幻想。它们可能会导致**夜间性高潮**(nocturnal orgasm)或**夜间遗精**(nocturnal emission)。(不做梦的时候也可能出现夜间性高潮,或者人在醒来时可能会不记得曾经出现过夜间性高潮。)被弄污的睡衣或者床单充当了泄密者,这些都可能会使人感到尴尬。男孩第一次在睡梦中出现性高潮时可能会引起惊慌(差不多1/8的男孩存在这样的情况)。女孩不会面临这样的问题,因为她们不会射精,但是她们也有夜间性高潮的经历。一部分女孩在早上醒来时并没有意识到。

夜间性高潮并不是一个重要的性发泄方式,并且也不是释放被压抑的性紧张的一种"安全阀门"。不过,随着年龄的增长,它们的发生频率的确在降低。

自　慰

性幻想与自慰紧密相关;幻想可能会导致自慰,而进行自慰的想法也会招来性幻想。至少一半的青少年在自慰时都会采用性幻想的方式,但是11%的男孩和7%的女孩称,他们在刺激自己达到性高潮的过程中从来不会性幻想(Sorensen, 1973)。

自慰对于男孩和女孩来说都是青春期达到性高潮最常用的方法。2/3的男孩第一次射精都是通过自慰实现的。在金赛(1948)的抽样研究中,根据回忆,男性第一次射精最早的大约在8岁,最晚的在21岁。大多数男性(大约90%)在11岁至15岁(平均年龄为14岁左右)之间曾有过此类经历。

自慰提供了一种简易、安全而且有保障的性欲发泄方式。它可以缓解性紧张,并进行自我探索。它可以是一个人的,也可以是与他人性交的重演。随着时间的推移,自慰的发生率会发生改变。如表 9.1 所示,从多年前金赛和亨特的调查至今,13 岁男孩进行自慰的频率已经发生了显著的变化。男孩自慰的发生率从 45%增加到了 63%,而女孩的则翻了一倍多,从 15%增加到了 33%。另一方面,从索伦森和柯尔斯(Coles),以及斯托克斯(Stokes)的研究至今的 10 年间,这一频率则呈下降趋势。哈斯(Haas)抽样研究表明,青少年的年龄越大,发生频率也越高。

表 9.1 进行自慰的青少年(%)

	金赛等 (1948,1953)	亨特 (1974)	哈斯 (1979)	柯尔斯和斯托克斯 (1985)
年龄	13 岁	13 岁	17~18 岁	13~18 岁
男性	45	63	80	46
女性	15	33	59	24

这些研究之间的差异部分是由于研究方法造成的。与女孩相比,男孩自慰的百分比一直较高,但男孩可能比女孩更容易真实地报告情况。很多女孩可能并不会将她们进行的自我刺激贴上"自慰"的标签。如果问一个女孩她是否会将手放在两腿中间而获得快感,她可能会说"是",但如果你问"你会自慰吗?",她可能就会说"不会"。男孩的勃起和射精则更容易贴上"自慰"的标签。

自慰已经不像过去那样会遭到批评,然而它仍然会带来羞耻感和尴尬。关于自慰的这一点及其他方面,我们将在第 11 章进行进一步的讨论。

爱 抚

进入高中后,多数青少年已经跨越了从自体性行为到社会性行为的界限。爱抚(petting)代表了一个显著的进步,因为它需要有接近、回应性对象以及与性对象交流的能力。从不怎么亲密的举动(牵手),到更热烈的交流,最后到性交,爱抚的进展是沿着非常固定的方向发生的。因而,随着年龄的逐渐增长,发生某种性行为的男孩和女孩的百分比也是逐渐增加的。

爱抚或者"亲热"(making out)指的是激发性欲的活动,但止于阴道性交、肛交或口交发生之前,其中包括亲吻、拥抱、抚摸、爱抚和乳房、生殖器刺激。另外还有"颈部亲热"(较长时间的拥抱和亲吻);"轻度"爱抚(腰部以上)和"重度"爱抚(腰部以下)三种。

爱抚行为与"前戏"行为是相同的,后者通常发生在性交之前。目前似乎不再将这种行为看作是性交的预备活动,或者是差一些的性交替代活动,而是将这种性游戏视为一种特殊的性活动,并不一定要导致性交或者"完成"性高潮才算完整。在今天,这种说法具有特殊的意义,因为安全性交很大程度上取决于性游戏(第 5 章)。

在金赛的抽样研究中,39%的女孩和 57%的男孩在 15 岁之前曾有过爱抚;18

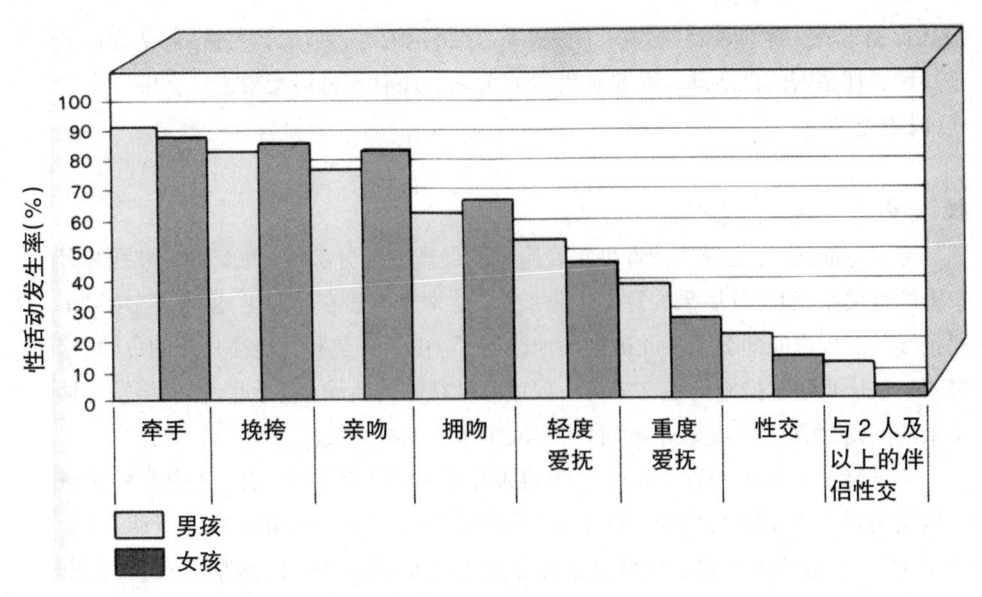

图 9.4 15 岁青少年异性间性活动的发生率

岁时,80%的男孩和女孩都曾有过。不过,在该研究中,不到 25%的样本曾达到性高潮。一组较新的数据显示,高中男孩(50%)和女孩(40%)通过爱抚达到高潮的比例要更高一些(Kolodny,1980)。

通常会发生爱抚的社会关系为"约会"。约会的意义和内涵已经随着时间的推移发生了变化。几十年前完整的求偶次序从随意约会到"稳定"下来;在青年期,它往往会导致订婚和结婚。而现在青少年的关系变得不那么正式了——他们"在一起厮混,消磨时间"(hang out together)——不过基本的交流方式并没有发生改变。在朋友关系或爱人关系的某一点上,二人在肉体上变得亲密,并且经历一系列热烈的性行为,但不一定会发生性交。如图 9.4 所示,90%的 15 岁男孩和女孩都曾有过牵手的经历,但仅有 11%的男孩和 4%的女孩曾经和两个及以上的伴侣发生过性关系。与几十年前相比,美国青少年性活动的数量和种类都有所增加,而开始的年龄却更小了。

约会行为的重要性并不仅局限于其性的方面。性决不是约会的必需或者核心部分。建立感情的维系,拥有相同的兴趣,与其他人亲密地打交道,并且了解如何在公共场所表现得像一对情侣,都是成为成年人的过程中关键的心理成长。

口 交

据报告,在金赛的抽样研究中,8%的男性和 14%的女性曾在青春期发生过舔阴。更新的数据显示,50%的男性和 41%的女性曾有过类似的行为。男性含阳的发生率已从 23%提高到了 44%,女性含阳的发生率则从 12%提高到了 32%(Newcomer 和 Udry,1985)。报告称喜欢这两种经历的男孩数量都超过女孩(Coles 和 Stokes,

1985）。有些青少年即使已经发生了性关系，但仍拒绝进行口交，因为他们认为口交是一种更加亲密的性活动，需要有更深的关系。还有人将口交视为性交的一种替代，以避免怀孕。

性　交

在性方面，性交是异性爱青少年要逾越的最重要的分水岭。性交不仅被视为最亲密的性关系，而且其后果的意义也是最大的。两个人睡在一起了，就等于"越过了那条线"，二人之间的关系从此被彻底地改变了。由于怀孕和性传播疾病的危险，使得不采取恰当防范措施的性交成为一项危险性很高的活动。鉴于此，青少年发生性关系的问题，尤其是年纪较小的时候，引起了很大的社会关注。

关于高中生群体的青少年性行为的研究目前仍为数不多。表9.2中所示的研究结果来自于以金赛为始的四项研究。尽管这些研究在方法和取样上有所不同，但是16岁左右的男孩曾发生性交的比例基本上稳定在45%的水平上；同样年龄的女孩曾发生性交的比例自金赛的研究之后翻了10倍，但之后稳定在30%左右。20世纪70年代的其他研究所显示的结果差异较大，这部分可能是由于取样的差异所致。

表9.2 进行性交的青少年(%)

	金赛等 （1948,1953）	索伦森 （1973）	哈斯 （1979）	柯尔斯和斯托克斯 （1985）
年龄	15岁	13~15岁	16岁	16岁
男性	39	44	43	44
女性	3	30	31	30

1971年和1976年进行的两次全国概率样本研究所得数据显示，性交的发生率具有相同的增长趋势。根据更新的一项研究，年龄在15~19岁未曾结婚的女性中，曾有性交经历的百分比更高了：1971年，该年龄组中有27%的女性曾有婚前性行为，在1976年这一百分比上升至35%。在这几年中，首次发生性关系的年龄年轻了大约4个月（由16.5岁降低至16.2岁）。

泽尼克（Zelnik）和坎特纳（Kantner）的研究显示白人和黑人在这一方面具有显著性差异。15~19岁黑人少女发生婚前性行为的比例要大大高于白人少女：在1971年分别为51.7%与21.4%，在1976年又分别是黑人62.7%，白人30.8%。在两次研究中，任何年龄层中均是黑人女性的发生率较高，但是在1976年，相对差异减小了，因为白人女性的发生率增长较快。泽尼克和坎特纳的研究中，17岁男性的发生率为56%，而19岁男性曾发生性交的比例为78%。

黑人青少年变得性活跃的年龄平均要比白人早2岁，这可能是由于种族或社会经济因素所致。多种其他因素也会影响性活跃的开始。一般虔诚的教徒（不论是

想一想
作为父母，你希望你的女儿或儿子何时开始性生活？

何种宗教信仰)较早发生性交的可能性较小。智力、年级和成就的低下与黑人和白人的早期性经历存在某种较强的相关性(国家调查委员会,1987)。我们下面将讨论家庭和同龄人与早期性经历的关系。和女孩相比,男孩更可能对自己的首次性交作出好的评价。在柯尔斯和斯托克斯(1985)的抽样中,60%的男孩对自己的第一次性关系感到"快乐",34%感到"不清楚",1%感到"遗憾",5%报告"没有感觉"。而女孩中,有23%感到"快乐",61%感到"不清楚",11%感到"遗憾",4%对此"没有感觉"。女孩比男孩更看重处子之身:将近一半的女孩希望自己在结婚的时候能够保持处女之身。仅有1/3的男孩希望与处女结婚。曾发生过性关系的女孩中,15%称她们本应等到结婚时才发生关系的。

同性关系

正如儿童会与同性进行性游戏一样,同性的青少年同龄人之间发生性接触也是常见的,他们很少与同性的儿童或成人发生性接触。通常,有些行为是探索性的和暂时性的;这种行为不一定说明孩子长大成人后的性取向是同性爱。另一方面,成人同性爱往往可以追溯到儿童期的性行为。青春期未表现出同性爱倾向的人很少会在成年后发展为同性爱者;但是青春期的大多数同性爱行为都会转变为异性爱取向。

尽管社会观念已经获得解放,但是青少年对同性爱依然持强烈的反对态度,而且有些还会仇视他们。女同性爱者则受到较大的宽容,一般女孩对男同性爱者的态度要比男孩更宽容。

考虑到上述事实的存在,自行报告的同性爱行为往往尤其不可靠。现有的数据显示,年龄在16~19岁的男孩和女孩中,青春期曾有过一次同性爱经历的男孩占17%,女孩占6%(Sorenson,1973);13~19岁的年龄层中,这样的男孩占14%,女孩占11%(Haas,1979a)。

在柯尔斯和斯托克斯(1985)的抽样调查中,只有极少数的青春期受试者承认自己对同性怀有性兴趣——超过1000名受试者中只有一名男孩认为自己是同性爱者;3%认为自己是双性爱者;5%说自己曾经参与过某些同性爱活动。不过,1/3的受试者认识同性爱者,而1/10的受试者称自己有的朋友是同性爱者。

公开自己是同性爱者的青少年需要面临特殊的问题。青少年在暴露或发现自己的同性爱取向后,会遭到父母(43%)和朋友(41%)的强烈反对。他们会遭到同伴的歧视(37%)、谩骂(55%)或者肉体攻击(30%)。他们中大多数还会遇到入学困难、药物滥用和情感上的问题。接近一半的此类受试者曾经感染过性传播疾病,曾离家出走或者触犯过法律(Remafedi,1987b)。

年纪较大一些的男女同性爱者可能会从彼此身上获得支持,而青少年则和他们不同,他们必须孤军奋战,独自处理自己的性取向所带来的麻烦。不过,越来越多的家庭对自己的同性爱子女给予更大的理解和支持。

图9.5 成千的青少年在波士顿参加第六届一年一度的"同性爱/异性爱年轻的骄傲大游行"(Gay/Straight Youth Pride March)。参加这项示威运动的年轻人要求获得尊重，并宣称性行为是他们自己的事。

性观念

青少年的性观念基本上可以通过他们对婚前性行为的态度得到反映。根据艾拉·赖斯（Ira Reiss）(1960, 1967, 1980)的研究，美国年轻人的性标准可以归为四类：(1) **禁欲主义**（abstinence）——不管在什么情况下，男人和女人在婚前发生性行为都是错误的；(2) **相爱，则可以接受**（permisiveness with affection）——在某些特殊的情况下，男女双方已经订婚、彼此相爱或者感情深厚时，发生婚前性行为是对的；(3) **不相爱，也是可以接受的**（permisiveness without affection）——即便没有感情或者稳定的性关系，只是基于纯粹的性吸引，不论男人还是女人发生婚前性行为都是正确的；(4) **双重标准**（double standard）——婚前性行为对于男人来说是可以接受的，但对于女人来说则是无法接受的。

青少年的道德标准与他们的行为并不总是一致的。对于他们所能接受的行为，他们的标准往往较为严格，而对于他们自己的行为则较为宽容，对于他们行为的认知标准更为宽容(Roche, 1986)。当他们自己的行为达不到自己的标准时，这种认知可以帮助他们减轻内疚感。另外，在恋爱的早期阶段（双方还没有强烈的情感），男性和女性对于正确的行为的认知具有广泛的相异性，男性更可能支持性亲密而且越早越好；在约会的晚期阶段（双方已经相爱），双方在道德观念方面已经不存在实质性的差异了。

同伴文化

目前已经有很多文章对青少年**同伴文化**(peer culture)和更广泛的**年轻人亚文化**(youth subculture)是如何影响性观念和性行为进行讨论。能否坚持群体的价值观决定了一个人受欢迎的程度。另外，这些价值观被认为是与父母的和社会的价值观相违背的。

其他人对这种说法提出了质疑。他们认为青少年是属于多种不同的群体的，他们既不会简单重复成人社会体系的性价值观和期望，同样也不会将其完全否定。

同伴压力可能会呈现为挑战、社会拒绝和排斥的威胁，也可能会更直接地表现为强迫。与黑人男孩相比,白人男孩更容易受到同伴压力的影响;而女孩比男孩更容易受到同伴的影响。因而,白人女孩最容易在作出性决策时因受到同伴的影响而摇摆不定(国家调查委员会,1987)。

性与成年人身份

青年人可能因为认为自己已经完全成年而参与性活动,也可能为了在成年人中获得这种认同而这么做。

与许多前文字文化不同,工业化社会没有普遍认可的可向个人和社会表明其社会身份转变的**成人仪式**(rites of passage)(Muuss,1970)。尽管在不同的文化间存在着差异,但是社会总是对青少年的行为表现有着强烈的期待(专题9-2)。正如参照流行的标准所作出的估计,缺乏性兴趣,性兴趣过度,或者错误的性兴趣方式,都在向父母和其他成年监护人发出警告。有些父母顾虑十几岁孩子的怀孕、性传染疾病及孩子们声名受损的后果,所以他们感到有责任去引导和保护他们的后代。但其他的父母也可能试图对孩子们强加行为准则,而对这些准则他们本身既不相信,也不遵守;他们对家庭"形象"的关心可能更甚于对孩子性行为本身的优点和缺点的关心。另一些父母仅仅是不介入孩子的生活,只要别惹出麻烦就行。在这些情况下,年轻人享受着自由,但他们可能会渴望引导和限制,因为这些限制表明了父母的照管是出自足够的关心。

性通常会被叛逆的青少年用做表达反抗和独立的方法。在青春期性发育过程中,一个人想要做的事情可能并不是社会所期望的。这种矛盾可能存在于是否进行某种性行为,以及采取何种性行为方式的选择上。青少年被迫面对满足性的需求和同伴的期望,同时又不能违背成人世界而造成麻烦。如果成人的性观念是合理的,而且已经解释清楚,那么发生矛盾的可能性将比较小;而如果过于苛刻或者本身松散不清,那么青少年可能会比较难以过渡为成人。

性与家庭的角色

父母的影响同其他一切渠道一样重要(Newcomer和Udry,1983)。母亲第一次做爱的年龄对女儿开始性经验的年龄有着重大的影响。对青春期的少女来说,如果母亲没有通过清晰坚决的限制来施加影响的话,她们更有可能发生性行为。对男孩

图9.6 社会因素在青少年成长过程中有着重大的影响。同龄人非常重要,尤其是男孩子们,他们的自尊和社会形象总是与来自同伴的评价联系在一起。在我们的文化中,暴力和攻击性被认为是有男子气概的特征,所以男孩子往往更容易沉溺于崇尚暴力的虚拟网络游戏中(左)。而进入青春期的女孩则越来越关注外表,这也和整个社会崇尚美丽并且消费美丽的风气有关。

专题 9-2
对婚前性行为的跨文化考察

在福特和比奇(1951)的调查中，大约一半的前文字社会允许女性婚前性交。假如将那些公开谴责但又私下宽恕这种行为的社会包括在内，这个数字则上升为70%。在人们能够互相自由接近的地方，年轻男女几乎每天都从事性活动，但对伴侣则加以选择。

马歇尔详细报告了生活在曼加阿岛(南太平洋库克群岛之一)上波利尼西亚人(Polynesians)的性允许社会：

> 婚前性活动的标准方式是"一夜爬行"(motoro)，这似乎是波利尼西亚人的一种普通的文化习俗。然而如同下面所描述的，在曼加阿，年轻人的聚会并不容易，它再次表明了即使是性允许，也不意味着自由地和不加选择地进行性活动。
>
> 年轻人想要求爱，首先必须溜出自己的家门，再避开村里的警察(这些警察在外搜寻那些违反晚9点钟后宵禁的人)，然后赶在其他求爱者之前抵达姑娘的家。有时这种努力在晚上10点钟至午夜间进行；假若成功，他就可以待到凌晨3点钟。假如姑娘请他来见她，或者他是一个常来常往的来访者，那么他的任务就容易完成；假如不是，他将面临要么与姑娘"甜言蜜语"(有吵醒家里人的危险)，要么使她神魂颠倒，要么用手或毛巾捂住她的嘴，直到他完全插入。曼加阿男孩相信，假如求爱者与她谈话，大多数姑娘不会呼叫家里人，但假如男孩试图使用暴力，大多数姑娘会呼叫父亲。在任何情况下，一完成插入，抵抗就会消失。"她叫不出声来。"胆小的男孩或肤色较深的、不吸引人的年轻人可能要花一年时间的'甜言蜜语'去赢得他所期望的姑娘，其他人则通过月下情歌来加快他们的求爱。大多数年轻人在这些事情上都可以手到擒来*。

福特和比奇所考察的大多数文化，其由年轻人性规则的差异所表现出来的特征，要比缺乏实施现有禁令的力量所表现出来的特征更少。例如，阿罗勒斯(Alorese，印度尼西亚的一夫多妻制农业社会)、安达曼尼斯人(Andamanese，一夫一妻制的半游牧社会，靠采集、狩猎和捕鱼为生)、休依乔尔人(Huichol，一夫一妻制、靠狩猎和耕地为生的墨西哥人)都在形式上不赞成婚前性交，但几乎不作任何努力去制止它。只要不夸耀这种经历和不引起受孕，一般是可以容忍的。当发生受孕，男女双方要被迫成婚。因此，在这些文化中，年轻人通常采取避孕措施。方法包括性交中断、在女孩大腿之间射精、在阴道中置一块衬垫及性交后冲洗阴道。怀孕的女性也可能求助于流产。

在限制性的社会里，女子的童贞在结婚时受到高度的重视，社会对成年前的性行为的强制性禁止也造成巨大的痛苦。监护和隔离被用来防范。当防范措施无效时，就实行羞辱、惩罚，甚至致死。例如，在查盖人(Chagga，坦桑尼亚进步的一夫多妻制农民)中，假如男孩子在做不正当的性活动时被捉住，他和他的同伴会被这样处置：一个人被置于另一人之上，并用桩钉在地上。

* Donald Marshall, "Sexual Behavior in Mangaia", in Marshall and Suggs(1971), p.129.Reproduced by Permission.

子来说，与母亲就某些主题进行交谈和后继的性行为有关，但是和父亲的交谈则会导致更频繁的性行为(或许因为母亲通常不赞成而父亲则往往默许这种行为)。其他的一些研究倾向于证实那些家庭完整或者兄弟姐妹很少的家庭里的孩子在青春期进行性行为的可能性更小(国家调查委员会,1987)。

性交的后果

在过去的几十年间,美国年轻人性行为的解放已经成为最深远的社会变革(第21章)。性观念的转变最早从大学生开始,目前已经迅速延伸到了中学生,并且通常达到初中生的水平。年轻人性行为改变的同时,父母和社会的容许度也发生了变化——部分勉强对年轻人的方式给予妥协,部分对这种新的性观念给予了默默的支持。

与此同时,对于年轻人可能发生的怀孕和性传播疾病,我们也有着深远而广泛的忧虑。随着灾难性的 AIDS 迅速传播到了青少年人群中,这种焦虑已经变得迫在眉睫。

我们如何评价青少年性行为的后果,部分取决于我们所看到的是哪一部分青少年人群。从乐观的角度来看,有些性活跃的青少年有着丰富的性经历,但是他们却没有出现明显的疾病后果。从悲观的角度来讲,有些青少年之所以发生性行为是迫于同伴的压力,其性生活仅仅是毫无快乐的妥协;怀孕女孩的心理和社会发育都受到了严重的妨碍;原本正在发育的男孩和女孩遭到了性传播疾病的侵扰。其他的忧虑还来自于社会名誉的毁坏及对之后婚姻幸福的破坏(Miller 和 Simon,1980)。青春期女孩发生上述大多数危险的概率都较高,不过男孩也无法免除这些伤害。

正面的结果

现在越来越多的青少年已发生性关系,并且发生的年龄在提前,对于这样的事实,可能很少的成年人会欢欣雀跃地公开表示庆祝。父母并不会恭喜自己未成年的孩子突破那条界限。不过,某些社会部门为今天年轻人享有更大的性自由而感到高兴,认为这样有着正面的价值。

现在,基本上每个人都会认同性是一个好东西,尽管对于性经历应当采取怎样的形式目前还有一些争议。如果性对于我们的生活有益,那么我们为什么要将它从孩子手中夺走呢?有些人对过去的性压抑和双重标准的伪善感到不满,并认为年轻人这种开放、诚实、平等主义的性行为如果能够适度的控制,将是一种革新。

负面的结果

任何一个有理智的人都不会忽视现在青少年性行为可能会带来的严重的社会后果;不过,也有人指出,这反映的正是我们的社会没能及时、充分地提供性知识、指导和保护。

AIDS 的威胁(第5章)并没有阻止青少年变得性活跃,但是他们中很多在选择性伴侣时可能会变得更加小心和更富选择性。而其他青少年还在继续否定 AIDS 的危险而在避孕不当的情况下性交,或者是感觉自己是百毒不侵的。

另一个日益广泛的问题是少女妈妈现象(图 9.7)。尽管性传播疾病对于男女来说都是一种对健康的威胁,但是女孩却要独自承担受孕的危险。尽管男孩也会受到影响,但是女孩承受的社会压力更多。

医学对这一专业领域的兴趣逐渐加深的同时,大众媒体也开始对"有孩子的孩子"给予越来越多的关注。原因很充分:在发达国家中,美国青少年怀孕的比率最高。年龄在 15~19 岁的青少年怀孕率最高,尤其是其中年龄较大的孩子:美国 19 岁女孩怀孕的比率是荷兰的 3 倍,而荷兰则是一个有名的实行性解放的国家,在过去的十年中,每年有超过 100 万名青少年怀孕。1984 年,在 20 岁以下的青少年中,据估计有 1 004 859 名女孩怀孕,即所有青春期女孩人数的 11%。1985 年,在 900 万名 15~19 岁女孩中,差不多一半已有过性活动。图 9.8 所示为她们的结局(Lewin,1988)。据估计,2/5 的美国女性曾经在青春期怀过孕。每年有 50 万名女性成为母亲;每年由 15 岁以下的孩子生下的婴儿差不多有 10 000 个;差不多 1/3 的未成年母亲会在 20 岁之前生下第 2 个孩子。这些未成年怀孕中一半是在第一次性交后 6 个月之内发生的。在这一段时间内,年龄小于等于 15 岁的女孩发生受孕的机会是 18~19 岁女孩的 2 倍(Zelnik,1980)。

目前青少年怀孕和分娩的比率已经停止增加;不过,未成年的未婚父母比率仍然较高。1970 年,平均每 1000 名未成年少女会生下 68.3 个孩子,1985 年,这一数据已下降为每 1000 人中 51.3 个孩子。未婚未成年父母的百分比已经从 1970 年的不到 33%,增加到了 1985 年的 58%。未成年黑人在未结婚时便生下孩子的比率较白人高 2.3 倍,尽管白人未婚先孕并且生下孩子的数量增加最为迅速;正是由于白人中的这一增长,导致了未婚青少年分娩率的增加(国家调查委员会,1987)。如果继续保持目前的态势,现在 14 岁的女孩中至少 40%会在 20 岁之前怀孕。她们陷入了一个持续的循环中:年龄在 15 岁及以下的未成年母亲中,82%是未成年母亲的女儿(Pitt,1986)。

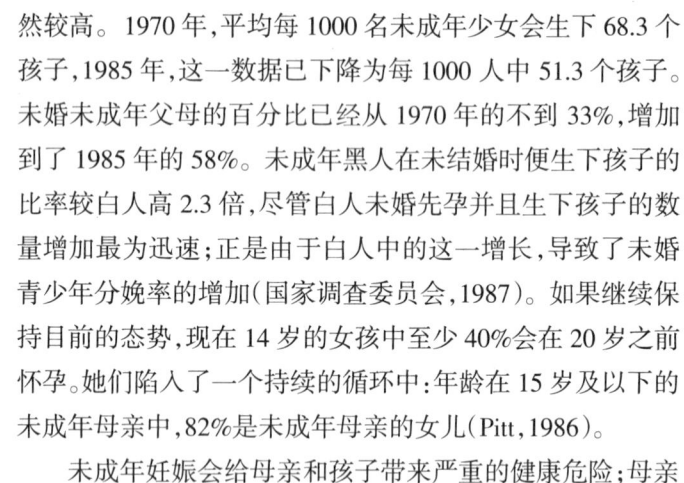

未成年妊娠会给母亲和孩子带来严重的健康危险;母亲的年龄越小,危险越大(阿伦·古特马彻研究所,1981)。未成年怀孕母亲中差不多一半会生下孩子并把孩子抚养长大;很少会把孩子送给别人领养。因此,过早分娩对母亲和婴儿的健康造成危害的同时,抚养孩子的过程对于一个年轻的单身母亲来说也会带来很多后果,不论是对于每个个体还是整个社会来说都如是(专题 9-3)。单从金钱的角度来说,在 1985 年未婚母亲带大孩子所需的经费差不多为 160 亿美元(*Carnegie Quarterly*,1986)。

图 9.7 美国每年大约有近一百万名少女怀孕,其中来自少数族裔、低社会阶层和城市的女孩占大多数。

尽管青少年怀孕主要是给少女母亲带来了负担，但是未成年父亲也会承担严重的后果。除了阻碍学业和工作以外，未成年便成为父亲还会导致巨大的压力和矛盾。一般当两人的恋人关系结束后，便不再允许这些小父亲见到自己的孩子。他们会对无力提供金钱上的支持感到受挫，并且因为社会对他们的反感而痛苦(Heindricks, 1980)。因为在内城社区，做父亲只是获取成人地位的少数方式之一，因此正确地对待这些处于不利地位的年轻男孩可能是防止未成年父亲的重要方面。

流产消除了未成年妊娠的很多后果，而未成年人也越来越多地依赖于流产这种方法，不过流产向许多年轻人和家庭提出了严重的道德问题。与成年人相比，青少年对流产的心理反应似乎更抵触一些，所感觉到的失落感和内疚感更重(但同时也松了一口气)。如果未成年孕妇积极参与作出了流产的决定，并且获得了足够的信息和心理支持，那么他们所遭受的创伤会减少。

> **想一想**
>
> 在对 13 岁的怀孕少女进行流产时，需要父母同意吗?请列出支持以及反对的理由。

青春期的性教育

鉴于青少年发生性关系所带来的不良后果，在中学进行性教育将被更多的公众接受。在对儿童进行性教育的问题上，很多人仍然表示怀疑，但他们对于青少年性教育没有什么迟疑。据称，在 1985 年一次全国普查(Harris Poll)中，85%的受访者都称中学应进行性教育。在所有涵盖的话题中，节育和性传播疾病是最受关注的。

不过，青少年性教育仍然是一个存在争议的问题。其批评者宣称这种指导只会鼓励青少年进行性实验，从而会使问题变得更加复杂而不是解决问题。其他也有人希望性教育能够只集中在道德教育，并且重点放在禁欲上(说"不")。性教育的支持者希望性教育能够超越具体问题，通过正面的性观念和负责任的性行为来加强年轻人的性生活。目前有几套不同的针对初中生和高中生的性教育课程(McCaffree，

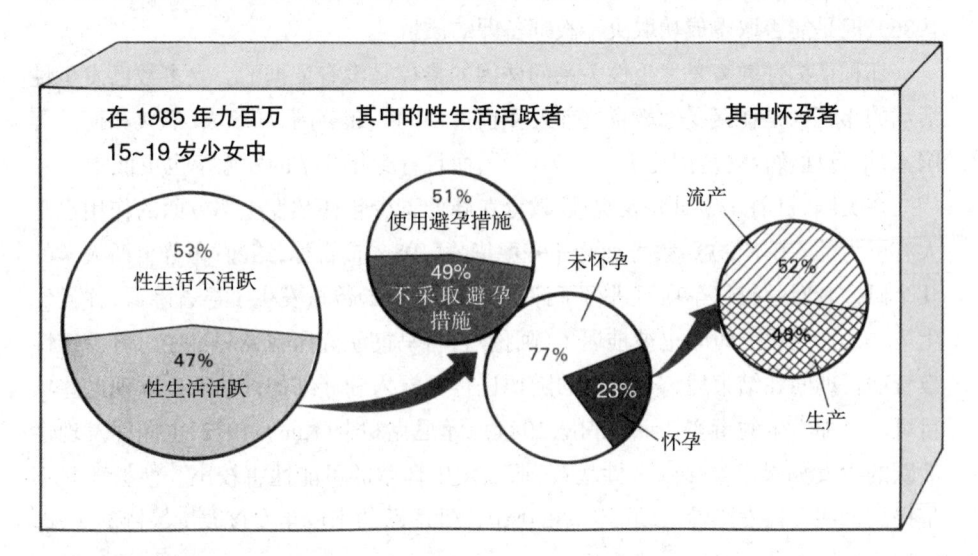

图 9.8 青春期少女性活动活跃的后果(生殖方面)

专题 9-3
未成年分娩的影响

1. 怀孕和分娩的并发症

未成年少女怀孕后发生并发症的危险是成年女孩的 4~5 倍(Menken,1972)。这些并发症的发生似乎与生活方式有关（青少年无法得到足够的产前护理，而且营养习惯较差），而与身体的成熟状况无关。

青少年的年龄越小，所生出的孩子体重(低于 2500g)状况越差，而且是成比例的。例如，在白人中，年龄低于 15 岁的母亲所生下的孩子要比年龄在 20~24 岁的母亲所生的孩子体重低（美国国家健康统计中心,1980）。

2. 教育

在 18 岁之前生下孩子的未成年母亲中，只有 50%完成了中学教育,而在 20 岁以后生孩子的母亲中完成中学教育的可达到 95%。

19 岁之前成为父亲的未成年男性中 70%完成了中学教育，而未当上父亲的男孩中 95%完成了中学教育(该研究的受试者按种族、社会经济状况、学习能力、收入和 15 岁时的教育期望进行了匹配)(Card 和 Wise,1978)。

与父母或亲属生活在一起的未成年人中（与那些单独生活的未成年人相比）：11%更可能继续待在学校,14%更可能从高中毕业,19%更可能找到工作,获得福利支持的可能性低 22%(阿伦·古特马彻研究所,1981)。

3. 家庭所得和收入

18 岁及以下生下孩子的未成年人所赚的钱差不多是 20 岁后生下孩子的 2/3。靠 25 岁及以下的年轻母亲来支撑的家庭更可能比国家的平均水平贫穷。AFDC（失依儿童家庭补助,Aid for Families with Dependent Children)中差不多 61%的女性都是在未成年的时候生下了孩子(Moore,1978)。

每年，未成年父母的第一个孩子差不多要花费 80 亿美元的社会福利服务。

From Cook et al., *Sexuality Education: A Guide to Developing and Implementing Programs*. Santa Cruz, CA: Network Publications, 1984, p.15

1986)，但是能否取得成功取决于教师备课的质量。

那种认为性教育是发生性关系的诱因的指控是没有证据的。大多数已发生性活动的年轻人是在接受性教育之前发生性关系的。在英国、加拿大、瑞典和荷兰等国家，推行性教育的范围比美国更为广泛，而且青少年怀孕的发生率也更低。

在美国，目前几项研究表明，性教育在降低青少年怀孕发生率方面的作用也是大有可为的。韦尔伯恩-蒙哥利亚和爱德华兹(1986)报告称，约翰·霍普金斯大学的几个研究者对学校怀孕项目进行了评价，发现怀孕的数量发生了显著降低，并且发生第一次性关系的时间也被推迟了(阿伦·古特马彻研究所,1986)。在对青少年性教育项目期间和结束后 5 个月内的随访进行更深入和仔细的评估后，发现这些项目可以增加学生的事实知识(Kirby,1984)。泽尼克和金(Kim)(1982)也同样发现性活跃的少女如果已经接受了性教育,那么发生怀孕的可能性将较小。性教育并不是提高这些女孩发生性活动的频率的原因。性活跃的未成年女孩数量保持不变，即使这些班级的孩子接受了性教育。

如果辅以校医院提供避孕药物或工具,那么性教育项目将会变得更加有效。在明尼苏达州圣保罗市的几所中学里,通过辅以校诊室的帮助,青少年怀孕的发生率从 1977 年的 5.9% 下降到了 1984 年的 2.6%(Wallis,1985)。

尽管性教育具有潜在的益处,但是单纯只进行性教育似乎是不够的。尤其是对于在社会上处于劣势地位的青少年来说,怀孕并不仅仅是由无知或缺乏避孕手段造成的。正如前面讨论过的(第 6 章),心理和社会因素也是必不可少的原因。目前,如何使这些问题得到最好的解决是美国社会所面对的严峻挑战之一。

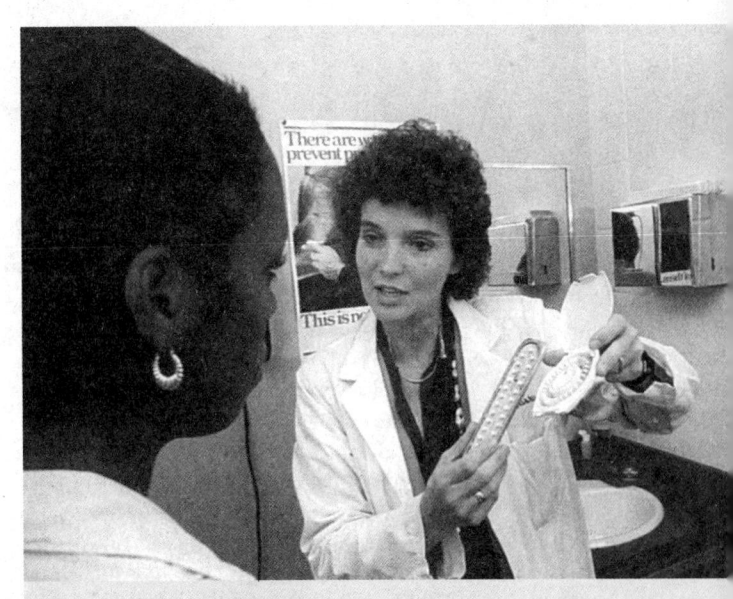

图 9.9　避孕诊所的医生正在向前来咨询的青春期少女介绍避孕药的常识。

9.2 青年性行为

从青春期向成年期的过渡发生于**青年过渡期**(early adult transition)。这一阶段确切的时间取决于每个人所处的职业和社会路径。对于男性,利文森(Levinson)(1978)指出这一阶段应该在 17~22 岁,这一年龄大体上与上大学的时间一致,当然并不是每个人都会在大学里度过这段时间。如果一个人高中毕业后开始全职工作,并且形成了稳定的亲密关系,或者结婚生子,那么他或她会很快变成一个成熟干练的青年。

大学生要长大成人则需要更长的时间。因此,他们属于**年轻人**(youth)阶段,这一阶段是由于在美国等高度工业化的社会中,职业和社会的长期成熟而形成的(Erikson,1963)。

这一过程的对应物是性成熟,即向性成人期的过渡,罗娜·萨尔(Lorna Sarrel)和菲利普·萨尔(Phillip Sarrel)(1979)将这称为**性启蒙延展**(sexual unfolding),并把这一过程分为 10 步:

　　对青春期身体的变化逐渐适应;
　　克服对性的内疚、羞愧、害怕和儿童期的抑制;
　　主要的情感依恋从父母转移到朋友;
　　回答关于性取向的问题;

学习和交流彼此的喜恶;

第一次发生性关系;

应对性功能障碍或性冲动;

理解性在我们的生活中所处的地位和价值;

对性开始采取负责任的态度;

亲密关系——将爱情和性爱结合在一起。

这些都是人们在青春期开始时面对,并且在青年期还要继续应对的一些问题;在某些方面,这些还是一生的任务。

社会性生活方面

多数成年人的忧虑和抱负主要来自两个方面:工作和爱情(Smelser 和 Erikson,1980)。第一个方面并不是我们在这里所要关注的。第二个方面涵盖了我们家庭内乃至家庭以外全部的亲密关系,有些是与性生活密切相关的。

在青年期,很多人在开始寻找随意的性伴侣的同时,也在追寻着亲密的关系。他们会结婚,并且作出长远的承诺。很多还会生儿育女,并承担抚养他们的任务。他们可能会经历各种各样的性行为,这些行为将会补充或完整他们与主要性伴侣的性行为。所有这些问题需要我们在后面的章节中具体解决。

艾里克森(1963)将青年期特异性的任务概括为**"亲密对隔阂"**。亲密的意思指的是与某个人的感情亲密,而同时不丧失自我意识。因而,在青春期,只有在煅造出归属感后,才能建立真正的亲密。很多年轻人是为寻找自我而去建立恋爱关系,不过艾里克森发现这样的冒险是徒劳的:你并不能从别人的立场上成功地定义自己。

这样的结果对于女性来说可能并不一定成立,女性通常是在关系网中明确自己的身份的。有些作者提出异议,认为女性的亲密必定是在身份确认之前已建立的 (Sangiuliano, 1978)。吉利甘(Gilligan)(1982)进一步指出,女性的自我确认是在相互依赖中形

图9.10 对大多数青少年来说,对恋爱关系的承诺越多,也就意味着建立性亲密关系的可能性越大。

成的，而不是在独立时形成的；女性会从关系(relationship)的角度来定义自己；而男人则用他们所做的和他们是谁来定义自己，是与关系相独立的。如果这样的话，这一差别与男人和女人如何达到亲密关系具有重要的关联(第16章)。

如果无法达到亲密的程度，那么关系将会寡淡而且寂寞。无法亲近对方的人可能会难以在关系中作出承诺，或者说难以保证自己能够长期忠于这段关系。不过，亲密的反面被艾里克森称为隔离或厌恶，也十分重要，可以保护我们不陷入那种既非我们选择的也非对我们最有利的破坏性的关系。某个人爱你并不足以让你反过来爱他/她。对于感情或性的请求，一个成熟的人应当能说"可以"，也能够说"不"。

婚前性行为

对于很多人来说，青年阶段是一生之中性最活跃的时期。年轻男女离开家庭来到大学，在这里他们脱离了父母的影响，而且享有了更大的性自由。有时，它会表现为在公众场合夸张地采取某些放纵的行为(图9.11)。更典型的是，大学生会经历一个更隐私的性探索和性实验阶段。不管是通过约会、随意的性接触还是短期的关系，他们会弄清楚他们想与什么样的人稳定下来，到哪里和通过什么样的方式寻找到那个合适的人，在想要什么和能得到什么之间进行怎样的妥协。在这一阶段，感情依恋即使不比性关系更重要，至少也是同等重要的。

与青年发育密切相关的性行为表现形式为"婚前性行为"(premarital sex)。婚前性行为的字面意思是"在结婚前进行性行为"。直到最近，这个词开始用于专指青年人的性交经历，因为它通常发生于打算结婚的男女朋友之间。随着第一次发生性关系的年龄逐渐下降，以及第一次结婚的年龄的推迟，"婚前"这个限定词也就不怎么合适了。对于大学生年纪的人群来说(更不必说青少年了)，这种关系通常并不是与性伴侣结婚的前奏。对于年龄更大一些的未婚成人(单身、离婚或鳏寡)来说，当用这个词来描述性关系时就更不代表什么了。不过，由于各种文献中采用的都是这种说法，而且似乎也没有比它更好的词汇("非婚姻性行为"过于宽泛)，我们仍然采用"婚前性行为"这个词来指代年轻群体的性行为。

流 行

性革命导致婚前性行为的发生率出现了急剧的改变，这是其重要影响之一(第21章)。在金赛(1948，1953)的受试者中，71%的男性和33%的女性在25岁以前曾发生过婚前性行为；20年后在亨特(1974)的调查中，男性的发生率已增长到了97%，而女性则增长到了67%。

在20世纪60年代和70年代，大学生婚前性行为的发生率变得尤其高。这一变化反映了婚前性交的总体发生率得到了增加，性伴侣的数量也增加了，并且首次发生性关系的平均年龄也降低了。

尽管不同研究所报告的发生率存在差异，但是女性所登记的发生率增加速度更快了。在1971年至1976年，15~19岁女孩失贞的百分比已经翻了一番，从17%增长到了35%。赖希（1980）估计，20世纪80年代末结婚的女性中75%已不再是处女，男性中90%不再是处男。

在同一个机构中比较变化尤其能够说明问题。例如，在一所大学的10年研究中，婚前性行为的发生率从1970年的41%增加到了1975年的62%，并且在1981年仍维持不变；女性婚前性行为的发生率则从36%增加到了45%和53%（Earle和Perricone，1986）。

不同大学之间存在着较大的差距。例如，在一个机构中，90%的女性在16岁之前一直是处女（Jackson和Potkay，1973）。但在较为保守的背景中，甚至不允许进行这样的研究，处女的比例可能会更高。

图9.11 大学生们往往通过一些生猛的行为来发泄他们的性冲动。

反 应

对于那些曾经有婚前性行为经历的人来说，婚前性行为是性发育过程中的一个分水岭。尽管越来越多的年轻男女自发性地发生了婚前性行为，但是其他人似乎是在同龄人的敦促和压力下发生的，而实际上他们并没有作好心理准备，而且也并不感到舒服。随着曾发生性经历的人群比例的增加，那些宁愿等到结婚后再发生性行为的人可能要承受一定的压力。

在亨特（1974）的抽样研究中，只有2/5的女性称其第一次性行为"非常舒服"，这可能是因为她们大多是在没有准备好的情况下便发生了性关系。超过1/3的年轻男性和接近2/3的年轻女性在事后会感到后悔和担心。通常，他们的焦虑大多是感情和道德间的矛盾，对STDs和怀孕的恐惧，以及对自己表现不够好的担忧。

更近的一次研究具有相似的发现：第一次性交对于1/3的年轻女性来说是富有快感的；另外1/3报告称自己曾有很严重的焦虑感和愧疚；其余的则交织着快感、内疚及焦虑。最重要的因素当属男性性伴侣的好坏；深爱着对方、温柔和通情达理的男性通常可以诱导出正面的反应；而动作粗鲁、不够通情达理的男性则可能会使女伴感到焦虑、内疚和受欺凌。不管二人的关系（如已经订婚）如何，都会显著地出现上述反应。如果首次性经历是发生在青春期后期，与性伙伴之前多次约会，经常有爱抚行为并了解其性伙伴很长时间，那么她的反应可能会更加积极一些（Weis，1983）。

想一想

你所在的学校对于婚前性行为持什么态度？如果你是负责人，你会采取什么样的措施？

年轻人并非都是不假思索地进行性行为。他们往往对首次性交考虑良久，通常也会讨论一段时间；仅在部分情况下是冲动而为。68%的情况下首次性行为会发生在亲密的朋友之间(对于女性，朋友的亲密程度较男性更亲密)；仅有5%的首次性行为是与陌生人发生的。一半以上(54%)的人首次性行为发生在自己或是性伙伴的家中；15%的人发生在第三方的家中；15%是在户外进行；12%是在车中进行；2%发生于旅馆或汽车旅馆中(Coles和Stokes，1985)。

人际背景

发生婚前性行为的男女双方关系似乎很密切。金赛注意到婚前性交通常发生于两个打算结婚或关系稳定的男女之间。在亨特抽样调查中，18~24岁的男女青年中间，有53%的女性及29%的男性认为没有恋爱关系的婚前性行为对于男性而言是错误的，71%的女性及44%的男性认为没有恋爱关系的婚前性行为对于女性而言是错误的。这种差异究竟反映了双重性标准，还是由内部性别差异造成的？这是一个开放的问题，即使是在《大都会》杂志的调查中，性开放的受访者中也有64%的女性将首个性伙伴列为关系稳定的男朋友，6%列为未婚夫，5%列为丈夫，只有16%列为一般的熟人(Wolfe，1981)。虽然现在年轻人对于婚前性行为持认可态度，但是主流还是认可在有感情的基础上发生婚前性行为，而不是不加区分地随意交合。

年轻人持续受到同龄人的影响，但是这种影响是否与性别以及伙伴的性行为及态度有关还在争论当中。对男性同伴支持的期待不会影响大学男生的婚前性行为，但是性活跃伙伴的个数会对其造成影响。换句话说，男生们受到他们伙伴行为的影响，而不是受到他们言论的影响。对于大学女生，两者都会起作用(Sack et al.，1984)。

虽然很少有年轻伴侣希望安定下来，但是人们普遍希望发生性行为的二者应该处于稳定的关系中。在最近的一次调查中，80%的15~19岁女性在与17~21岁的男性发生性关系后，表示会继续跟性伙伴约会并保持稳定的关系；另外7%是朋友，还有9%已经订婚，只有4%的伙伴是一般的熟人。对于男性而言，与性伙伴处于稳定关系中的比例较小；52%的男性的首次性行为是同约会的女性进行的；38%是与一般朋友进行的；9%是与刚刚认识的朋友进行的，仅有不到1%是同已经订婚的对象进行的(Zelnik和Shah，1983)。

推迟结婚的趋势(第17章)，以及有越来越多的女性接受更高的教育并从事固定职业的事实，意味着身体成熟后10多年才能在婚姻中建立稳定性关系。这段时间中，活跃并且令人满意的性生活会给人以希望，让人们的生活更加充实。而且，这可以提供一个在作出严肃承诺之前，对性生活进行检验，并从中学习的机会，从而帮助人们作出更明智的选择，也会使得婚后性生活更加和谐，虽然对于这点还存在很多争论。

尽管存在着广泛的关注,但是"婚前性行为是否会影响婚后的幸福"这个问题还是没有确切的答案。考虑到人们发生婚前性行为的原因多种多样,而决定婚姻是否幸福也有很多因素,这一点也就毫不令人惊讶了。

珍视婚姻中性忠诚的人们认为,婚前性行为给婚外性行为奠定了基础。实际上,据报告,发生婚前性行为的人们发生婚外性行为的可能性也确实较高(Athanasion 和 Sarkin,1974)。大量研究表明,婚前保持童贞会使得婚姻更加幸福(二者存在正面的联系,但也不绝对)(Shope 和 Broderick,1967)。最近的研究显示,婚后对配偶的忠诚很重要,但是以前纯洁与否对于婚姻的幸福并没有影响。

其他人认为这些证据不足以说明问题。避免婚前性行为的性保守人士也可能认为其婚姻"幸福",而一些认为其婚姻很幸福的人,性交频率及性满意度打分都低于平均值(Athanasion 和 Sarkin,1974)。除去相关性之外,婚前性行为及婚外性行为之间并没有因果关系;两者都是"性解放"这个因素的产物(Reiss,1967)。人们同时也争论到,检测男女之间是否可以性和谐的最好办法就是婚前性行为。

跨文化的证据提供了另外一种视角:婚前性行为对婚姻造成什么样的影响取决于价值观是否与行为匹配(专题 9-2)。如果婚前性行为在你的价值观和行为或者在社会标准与你的选择之间引发了紧张,那么它就会妨碍你的婚姻幸福。克里斯滕森(Christensen)(1966)将这点作为论据,对当代性观念的改变进行了分析。

9.3 中年性行为

40 岁到 60 岁之间的二十年是人生的中年期,位于青年期与老年期之间,是人生的转折之一,这与另外一个转折期青春期很相似。正如青春期不是儿童也不是成人一样,中年人不再年轻,但是也没有衰老。

转折期总是带给人很多压力,这主要是由于这一时期需要对生活目标、夫妻关系及事业发展目标进行调整。这些调整可能是由于生理事件(如绝经)造成的,更多的是纯粹的心理问题。

中年男女面临许多相似的机遇和挑战。他们身体的变化是衰老与疾病的预示。成年子女离开了家庭;婚姻关系发生了重要的改变;他们对于男性与女性气质的观念也有了轻微的改变,其性关系中也会发生别的变化。

其他方面,这种改变对于男女两性有很大不同。他们面临着不同的生理变化,在职业及社会角色中也发生了不同的心理变动。我们将分别对男性和女性进行讨论,同时会关注他们中年经历的共性(Katchadourian,1987)。

男性中年期转变

根据利文森(1978)的观点,男性中年转折期为40~45岁。这段时间的事件就是广为人知的"中年危机"(midlife crisis),40岁这个年龄具有标志性意义。

另一种更为人广泛接受的观点认为这种改变可能会持续十到二十年。中年男性人格会发生重要的改变。这些改变是由于不同的原因造成的,如果各种不同的人格改变同时发生,就会造成"危机"(Brim, 1976)。

在利文森的观点中,男性在中年转折期面临几大任务。首先是要重新评估其年轻时候的生活,不但要明确他曾经有多么成功,更要明确他是否找到了他所想要寻找的。他不但会问"我是否做得足够好",还会问"这是否是我想要的"。意识到现在的日子是对年轻时生活的妥协,他会从失望中学会放弃不切实际的想法。这种过程并非意味着损失,而是意味着解放。

另外一个重要的改变是从过去到将来的转变,应该重新组织生活。一些更加剧烈的改变会导致离婚、再婚,以及职业变动和新的生活方式。大部分男性不会发生这些外部变动,而是以内在的形式改变其生活的结构。例如,调整其价值观,重新肯定亲密的关系等。

你的整个一生都在为了**个性化**而努力——确定你与自己及与世界的关系。这种努力在转变过程(如中年期)中更加明显。对于中年期,个性化最重要的任务是对自己在下列四个方面进行定位:年轻/年老,毁灭/建设,男性化/女性化,以及亲密/独立。

每个人都会在这些转变过程中有自己相应的位置。在中年,男性的感觉通常会在年轻、年老以及介于这二者之间辗转。他通常会知道人们,包括他所爱的人们是怎样对他造成伤害的,也知道自己怎么反过来对其他人造成伤害;同样也更明白他是怎样的无私利他。中年男性对于自己男性及女性气质也有了更深刻的了解(第10章),以及怎样将他对于亲密关系的渴望和独立的渴望整合到一起(Levinsen, 1978)。

这些发育过程中的事件并非是与性特别相关的,但是很容易看出,这些事件能够深刻地影响一个人关于自我性别意识的认知,他对于自己

图 9.12 电影《美国丽人》(*American Beauty*)中,处于中年危机中的男主角对工作反感,对妻女疏远,正在厌倦人生,这时女儿青春美丽的朋友闯进了他的生活,而男主角也在对女孩的幻想中暂时获得了活力。

的男性气概、自己的性别、自己的亲密关系以及承诺的自信。在你阅读下面章节的时候，请注意这些影响。

男性的中年期转变没有明显的生理基础。与女性不同，男性一般不会经历快速性腺功能衰减，但是也会表现出睾丸功能及睾酮生成量的逐渐下降。在极少数情况下，当睾酮生成急剧下降时，男性也会经历红热、抑郁及其他与女性绝经期相似的症状（Bermant 和 Davidson，1974）。

中年转折期可能会带来特殊的性问题。对于性能力丧失的恐惧是焦虑的重要来源之一，有些时候会导致性无能。一些中年男性逐渐平静地放弃性生活；另一部分则表现出青春期样的性冲动，处处留情，神魂颠倒地希望享受"最后一次爱"。因此，这些时候婚姻关系受到很大压力并不稀奇。大部分人从更年期的痛苦中重新定位并重塑了他们的性生活；一些人继续过着性满足的生活；另一部分则成为受害者，性生活受到很大冲击或变得枯燥无味。

女性中年期转变

我们对于更年期女性的主要印象是**绝经**。在 45~55 岁（平均年龄 51 岁），女性卵巢功能会显著下降，原因不明，这会导致不育及雌激素和孕激素生成量急剧下降（Wilson，1983）。更年期的同义词 climacteric（源于希腊语的"危机"一词）包含了更多的生物及心理变化的意思。另外一个表述是"生活的改变"。

用生理学术语表达，这种改变是由于卵巢的变化，而不是由于分泌促性腺激素的脑垂体的变化。由于某种原因，卵泡不再对促性腺激素的刺激有反应，也不会再生成雌激素。不育及其他的绝经症状是由于雌激素停止分泌引起的直接结果。

在第 4 章中我们探讨了绝经对于性驱力及性行为的影响。在此我们重述一下，虽然卵巢激素的下降导致了一些女性性驱力下降，但是对于其他女性，性驱力其实是在上升。然而，绝经给许多女性带来焦虑，她们觉得自己不再有吸引力，这是由于在大部分人的意识里，性吸引力是与年轻紧密联系在一起的（女性更相信这一点）。

绝经症状

最常见的生理症状是面色潮红，这在大部分绝经期女性身上都有表现。一种温暖的感觉从上体一直上升到脸上，可能会伴有出汗或发冷。在几个月或是几年的时间内，这种潮红的症状会每隔几个小时重复发作。其他的生理症状包括眩晕、头痛、心悸，以及关节疼痛。钙开始流失，骨质变得更加疏松（骨质疏松），这使得绝经后女性变得更加容易骨折（London 和 Hammond，1986）。为了保证骨骼强健，女性应当加强体育锻炼，多食用含钙质较多的食物，避免滥用酒精、烟草及咖啡因。雌激素替代（下面将会进行讨论）是对付骨质疏松的另一措施。

在心理症状中,悲伤是最明显的(40%左右的女性经历过悲伤),程度可能从轻度的心情不好到重度抑郁。其他的症状包括易疲劳、易激动及健忘。

对于性能力,绝经期最重要的改变是对生殖系统的影响。这些影响包括阴道壁弹性的丧失及阴道壁上皮细胞变薄;性兴奋时,润滑反应会显著降低;子宫内膜会萎缩,子宫颈黏液分泌减少;乳房缩小。阴道的变化可能会引起性交疼痛,但是干燥的阴道可以使用润滑剂来进行润滑(第15章)。使用雌激素替代疗法的女性不会经历阴道润滑能力的改变。

老年女性通常会在性交后排尿时有烧灼感,这是由于阴道壁变薄后,阴茎会刺激膀胱及尿道。性交后不适可能会持续几天。而在自慰高潮后并不会出现。仍然性活跃的女性们出现这些变化的可能性较小。

绝经之后,所有的女性都会变得不育,但是不育并非一下子到来。同初潮一样,会有几年的月经不规则及相对不育。47岁之后的妊娠非常少见,虽然有医学记录的最晚的妊娠是61岁。

绝经症状的治疗

我们在第4章中所谈的有关绝经的大部分都适用于绝经症状的治疗。绝经并不是一种疾病。许多女性没有明显感觉到病态变化。在感觉到病态变化的那些女性中,仅仅有1/10的女性会感到明显不适。关于绝经对于女性而言是一种痛苦经历的偏见其实是错误的。

然而,一些女性确实经历了生理不适。而且,文化及心理因素能够使这种不适恶化。对于丧失吸引力的恐惧及失去个人最美好时光的感觉对于女性自尊和幸福的影响比绝经期激素变化产生的影响更大。

对于绝经期症状的最有效治疗是**雌激素替代疗法**(estrogen replacement treatment, ERT)。当几十年前这种方法刚刚出现时,它被热情地寄予厚望;然而随着20世纪70年代对于癌症的恐惧,雌激素的使用变得声名狼藉。现在的观点认为,雌激素替代在有必要时是一种合理的治疗,但是应该以最低剂量使用,使用时间也应该尽可能短,并且使用过程中应该接受医学监督(Mosher 和 Whelan, 1981; Judd, 1987)。

雌激素能够减轻潮红症状,逆转阴道萎缩及干燥,预防骨质疏松。但是看起来这种药对于性反应并没有影响(Myers 和 Morokoff, 1986)。使用雌激素的不良反应与使用避孕药(第7章)的不良反应相同,但是在绝经期使用雌激素发生子宫内膜癌的风险增加了5倍。然而,子宫内膜癌十分罕见,在所有女性死因中仅占1%。有亲属患有生殖系统癌症的女性风险更大。如果伴有血管性疾病或某些盆腔疾病,使用雌激素的风险就更高了(Judd, 1987)。

想一想

你怎样确定绝经期性兴趣的改变是由于生理因素还是由于心理因素?

社会心理变化

在中年女性的生活中,有比绝经重要得多的事情发生。虽然女性的生命周期不像男性那样被研究得很充分(Gilligan,1982),我们还是了解到了一些重要的人格及社会变化。

随着女性进入中年,她们变得更加独断,而不像以前那样感性,也变得更加有占有欲。同时,男性变得更加老成,不再咄咄逼人,夫妻关系肯定会出现变化。随着两性变得更加平等,其性别角色也变得更加相像。

这些变化会使夫妻关系更加紧密和满足(第16章)。夫妻们也有可能在中年分手。孩子们的离去是使得夫妻间失去了在一起的一个重要原因。随着丈夫们越来越依赖于他们的妻子,而女性从只做家务变得更加独立,有的夫妻关系也会变得更加脆弱(Lowenthal 和 Chiriboga,1973;Lowenthal et al.,1975)。

一旦由于离婚或配偶死亡导致婚姻在中年结束,女性们再婚(如果她们想的话)的概率比离婚或丧偶的男性要小。由于女性平均寿命较男性长,合适的男性会越来越少,而且男性往往希望娶比自己小的女性。因此,中老年女性的性关系部分是由于人口学因素造成的,这不在她们的掌握之中(第17章)。

9.4 老年期的性生活

性生活,如同其他需要精力充沛的体育运动一样,通常被认为是年轻人的专利。在发挥了繁育后代的功能,并且充分享受了性的快乐之后,人们认为老年人可能由于丧失了性吸引力及性能力而不会再对性有兴趣,也不能再进行性生活了。

这种态度在任何文化中都存在,有许多文化对于老年的性生活泰然自若。跨文化调查显示,对70%的老年男性和85%的老年女性而言,性生活依然很重要(Winn 和 Newton,1982)。在美国,人们也越来越接受并鼓励老年人进行性生活。人们开始意识到老年人也可以拥有活跃的性生活(Starr 和 Weiner,1981)。

性反应的改变

衰老会给性反应周期带来明显的生理改变,虽然这些改变没有被很好地理解,有些性反应保持不变,还有一些稍有变动,而另外一些则彻底消失。基本上,老年男性及女性会像以前那样作出反应,并会产生性高潮(Masters 和 Johnson,1966)。生理变化及性欲的改变会减少性行为,造成性能力的下降,而不会造成性无能。这种改变与其他生理能力的变化,如跑步的能力一样,都是人变老后的必然反应。

男性反应

若干生理变化会对老年男性的性反应造成影响。首先,对勃起刺激反应变慢,不论什么样的勃起刺激，总需要更长的时间才能达到勃起。其次，50岁之后，仅有心理刺激是不够的，他需要直接的生理刺激才能达到勃起。但是勃起时间可能会持续得更久，这可能是由于经验更加丰富，也可能是由于生理功能的改变。如果老年男性在性高潮之前停止勃起，再次勃起会变得很困难。在悸动几次之后，性高潮收缩会结束，射精会比较无力，射精量会减少。

在恢复阶段，生理变化会更快消失；实际上，有些反应在能够被探测到之前就已经消失。阴茎的恢复会在高潮后几秒钟内完成，而并非分两个阶段进行。一些老年男性追求多次性高潮，虽然很少有人能够做到这点，但是如果刺激持续时间足够长的话，一些男性还是能够做到的。

女性反应

正如我们先前所讨论的那样，绝经期女性可能会逐渐出现显著的解剖学变化。阴道壁会丧失其厚实皱褶的感觉，弹性会变小，阴道壁会变薄变苍白。阴道润滑需要更长时间（几分钟）才能发挥作用，程度会降低；隆起程度也会降低；高潮平台发展不充分。在高潮及恢复阶段，老年女性的阴道与男性的阴茎相似：高潮收缩次数减少，程度降低，恢复较快。

图9.13 《亲吻》(The Kiss)是20世纪最杰出的雕塑家奥古斯特·罗丹（Auguste Rodin）的代表作之一，一位老人坐在雕塑面前，缅怀自己的青春。

除了这些变化之外，老年女性停止性生活的生理原因比老年男性还要少。使用阴道润滑剂就完全可以替代自然润滑剂的缺乏（第15章）。更加重要的是，活跃的性生活能够大大减少衰老的影响，并保持老年男女的性健康。时间的确会给人们带来变化，但是不需要以降低性欲和性满足感为代价。

性行为的模式

对于许多老年人而言，浪漫和性仍然是存在的。在一项对800多位60岁以上老年人的抽样调查中，36%的人感觉到性生活比年轻时更好；39%的人觉得没有变化，仅有25%的人觉得变差。这些老年人表达了对性的强烈兴趣；他们认为这对他们的健康有好处，绝大多数（包括由于各种原因单身的老年人）还处于性活跃阶段（Starr和Weiner，1981）。

在一项针对4246名50岁以上的男性及女性进行的调查中（受访者数量是迄今为止最大的），性行为的广泛性及方式的多样性给人留下了更加深刻的印象（Brecher，1984）。这项研究由《消费者报告》(Consumer Reports)举办（回复率为

0.2%），以对问卷进行回复的人群作为样本。同其他杂志举办的调查一样，这项研究的发现可能反映了性开放以及性活跃者的行为，而并非大众的行为。

这次调查显示了虽然以十年为间隔，性活跃程度逐渐下降，但是70岁以上的人群中，有81%的已婚女性以及50%的单身女性仍然处于性活跃阶段；81%的已婚男性及75%的单身男性仍然处于性活跃阶段；50%的女性及58%的男性每周至少发生一次性行为；61%的女性及75%的男性声称"很喜欢性生活"；70岁以上人群中，43%的男性及33%的女性报告有手淫行为。一半左右的受访者会进行口交；另外有一些人会进行肛交或是使用震动器。

衰老并不总是意味着性活动的降低。即便是性交次数的下降也不意味着其他形式的性行为会失败。同样的，随着一个人年龄的增大，生病的可能性也越来越大；但性功能障碍反映的是疾病而不是衰老。而且，老年时性生活满意的程度部分取决于我们怎样度过我们的年轻时代。后悔过去的行为会让人失望，如何过好眼下的生活才能保持精力充沛（专题9-4）。

老年人性兴趣下降及性活动减少的原因可能有很多方面：生理变化；疾病（心脏病、中风、糖尿病、关节炎、贫血、前列腺问题、妇科疾病）；治疗疾病所用的药物；心理问题（对性无能的恐惧，认为自己性功能下降，感到性吸引力下降，人际关系冲突，抑郁，痛苦，负罪感和羞愧感）；以及实际的考虑（在老年看护之家或其他机构中，老年人性生活受限）。

人口学因素使得老年女性进行性生活面临更多困难，这是由于她们的寿命相对较长，老年女性因此相对人数较多。在40~44岁，每100位男性对应213位离婚、单身及分居女性，再加上有7%的女性从未结婚，每100位鳏夫相应的有644位寡妇。年龄也是再婚的重要障碍：20~30岁的女性离婚后再婚的可能性是76%；50岁以上的女性，再婚的可能性低于12%（Blumstein和Schwartz，1983）。没有足够的合适的老年男性，而且由于文化及其他的限制因素，对于找到年轻性伴侣的希望使情况变得更糟。由于这些因素，老年女性性选择严重受限。

另一项性生活的障碍来自于性生活使人虚弱的担心。的确在患有某些疾病的情况下（如急性心脏病），性生活，就像其他一些行为一样，是要受到限制的。但是总体而言，性生活能够使老年人身体更加健康。

在老年期维持较好的性功能需要在成年期持续进行性生活。性行为不活跃的老年女性阴道萎缩得更加严重；老年男性在长时间禁欲之后很难恢复性活跃。因此，在老年期保持性功能需要一直保持性活跃。通过坚持锻炼保持健康，合理营养，休息，对于个人形象的关注，以及保持智力兴趣和参与社区活动等，能够辅助老年人达到这一目的。

"使用或失去"这句格言很恰当（Masters和Johnson，1982），但是应该考虑两个方面。首先，使用它并非意味着一点也不失去；使用它意味着你获得更多的可能性更大。其次，使用它并不是不失去的原因，相反，两者可能都是更深层原因的结果。

想一想

你会怎样规定在老年看护之家中男女之间的性行为？

专题 9-4
两首关于衰老及性生活的诗

一个老人　C.P. Cavafy

在嘈杂的咖啡馆，
一位老人轻倚在桌边，
面前有一份报纸，
身边却没有侣伴。

在对他残年的谴责声里，
老人后悔他不曾享受生活，
在那精力充沛，言语机敏，相貌堂堂的日子里。

他知道他已然衰老；他感觉到了，也看到了，
但是年轻的日子似乎就在昨天，
时光如水，
日月如梭。

他在回想怎样被智慧欺骗；
他曾是怎样对其信赖；
多蠢啊！
耳旁还回响着那句谎言，
"明天，明天将会有足够的时间！"

他回忆起被他抑制的冲动；
有多少欢乐被他放弃。
每个被错过的机会都在嘲弄他的谨小慎微
……

伴着如许思考和回忆，
老人开始发困，
在咖啡桌上打盹。

From *The Complete Poems of Cavafy*. New York.
Harcourt, Brace, Jovanovich, 1968, p.7.

发现青春之泉　一位74岁的老妇人

我当初嫁的那个人身材清瘦，
现在却像一口罐子用来装肉；
脸上布满皱纹，
满头花白，

图9.14　对于许多老年人而言，性和浪漫还是生活的一部分。

他已不再清秀！
我照镜子的时候，
却看到一个憔悴的老太婆；
不敢相信那就是我，
这样的脸怎么是会归我所有！

但当我们每天上床的时候，
所有的皱纹都化为乌有；
我们的肌肉仍然坚固，我们的吻仍然滚烫；
我们燃烧的心激情依旧！
青春之泉就在不远：
两件物什就已经足够——
双人床，
还有一个真诚的老头！

From Brecher, E. M., *Sex, Loving and Aging*.
Boston: Little, Brown, 1984. p. 379.

在一项针对60~79岁的已婚男性进行的调查中，性生活的程度——不管是高是低——在一生中相对保持一致。这些类型与婚姻的调整，妻子的性吸引力，性态度及婚史的人口学因素等无关。相反，性生活频率，对视觉刺激的勃起反应，以及"能够忍受的无性时间"，与个体基本性冲动的强弱有关。而且，那些有性能力障碍的人群很少受到焦虑、性剥夺感及丧失自信的困扰(Martin,1981)。

如果你认识到生命的各个阶段各有其特定的欢乐与哀伤，你就会在老年时更加享受性生活。年轻时的性冲动而急切，希望获得生殖器的快感。随着我们变老，性能够更广泛地满足我们的感情需要，展示我们持续的感情，分享抚摸的快乐。意识到接近生命的终点，将赋予每个爱的行为以一种特别的柔情。

第 10 章

性别与性

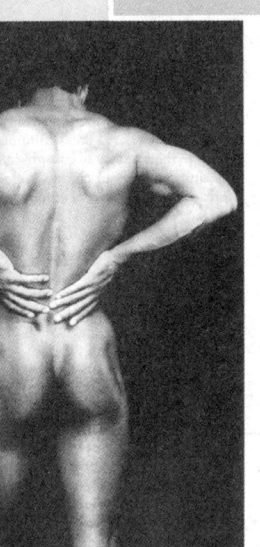

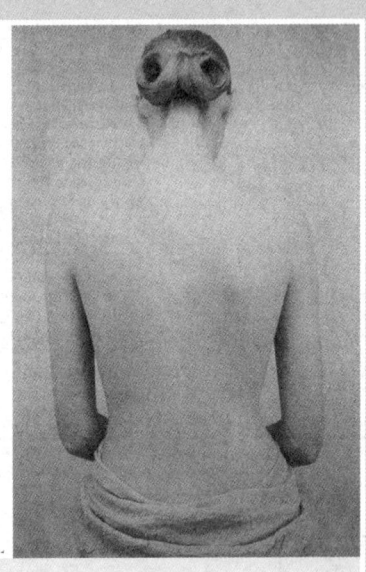

10.1 性身份的组成
10.2 生命周期的性别差异
10.3 性别认同形成过程
10.4 性别紊乱
10.5 性别与性行为

他的外表更好看,但我里面的更美。
——一位年轻的女孩评价他哥哥的生殖器

除了"人类"这一共同特征外，每个人最明显的特征就是"男性"或者"女性"。身体上的差别明显地表现出了两者的差异，而文化上的不同更突显了这种差异。作为社会人的男人和女人的发型、服饰和妆饰都有很大不同。身体上和人文文化上的差异相结合，使得我们能很快地区分男性和女性，即使是隔得很远也基本上不会认错。

每个人的行为都是不同的。事实上，社会都希望男人和女人在职业和相关的方面（尤其是性相关方面）能有不同的表现。虽然并不是每个人都很清楚地了解男人/女人所代表的内涵和男人/女人所应扮演的社会角色，但是众所周知的社会期望这个事实使得大家都相信性别的差异是"自然的"或者生物学决定的，是我们的"正常"组成部分。

但这些看法最近正处于批评反省中。"男性"和"女性"所包含的意思现在正在改变中。在工业化国家，男人和女人之间的关系已经改变了很多，而且即将发生更大的改变。

既然本章集中要讲的是性别，那么我们脑子里关于性别和性别角色的概念是不会独立存在的。性别的发展是性行为一生发展的一部分，这部分在上两章已有详述。性别发展是我们在接下来的章节里所要讨论的性行为的一部分。因此性和性别就像一枚硬币的两面。我们不可能离开男人或女人这个身份而行为为性感；同样，我们也不可能离开某些水平上的性行为而表现得像男人或女人。

10.1 性身份的组成

单词**"身份"**（identity）指的是一个人在不同时间和环境下所具有的不变的特征。无论你在哪里或者做什么事情，你的性身份决定了你是谁。人的**性身份**包括以下几个部分：作为男性或者女性的基本观念（"性感的""不性感的""性欲旺盛的""性欲淡泊的"）；性爱取向（"异性爱的""同性爱的"）；性观念（"放任的""开放的""保守的"）；性别认同（"男子气的""女子气的"）。

人的遗传、激素和解剖学特点构成了性身份的生物学基础。这些特点是两性特征，也就是性别的产生原因。在上述的生物学基础上，我们构筑了性在社会心理学上的意义。因此，人除了是男性或女性之外，还具有阳性或者阴性的意识，这就是**性别认同**（gender identity）。因此，与性别有关的对两性行为的社会期望被称为**性别角色**（gender roles）。

性别角色通常也可以叫作**性角色**（sex roles）。心理学家用**"性别区分行为"**（sex-typed behavior）这个词来解释"儿童性别所适合的角色行为"，用**"性别形成"**（sex-typing）来解释建立这种或那种性别角色所需要的行为组成的发展过程（Sears, 1965）。性别角色行为因此基本上与性别特别行为是同义的。

我们用性别来了解彼此，也同样用来定位自己。当我们表现出性行为时，未必总能分辨出我们是在满足自己的性需要，还是在按照社会对男性或女性形象的期望生活。

性别认同和性角色对于人际关系的塑造很重要。性别对所有的社会关系都很关键，尤其是性关系。性别会帮助我们了解性亲密和爱（第 16 章），性关系的制度建设，如婚姻和同居（第 17 章），以及性利用和性攻击（第 18 章）。

性别认同

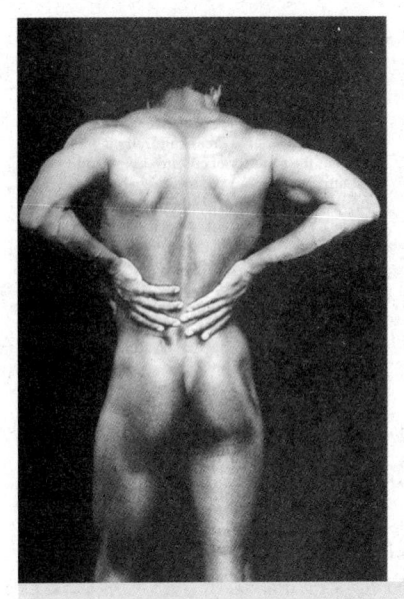

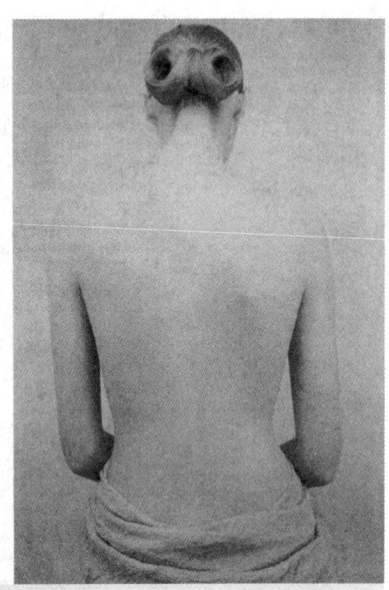

图 10.1　传统的男女两性意向在人体艺术中的表现

"性别认同"这个词是新的，但它的含义却由来已久。在中国的哲学和宗教里，被称为"阳"的阳性本原和被称为"阴"的阴性本原不仅仅表示男人和女人，也表示一切存在的事物，包括非生命物体、精神和事件（Gulik, 1974）。

阿尼穆斯（animus，女性潜意识中的男性意象）和**阿尼玛**（anima，男性潜意识中的女性意象）的概念是更现代、更西式的表达方式。荣格（Carl Jung）(1969) 把这两种意象设想为在"集体无意识"中共有的意象。阿尼玛大体上表现为存在于男性的阴性个性因素，以及男性拥有阴性天性的意象，荣格称之为阴性的"原型"。同样的，阿尼穆斯指女性拥有阳性个性成分，以及她观念中阳性的天性。通常来说，阳性特性和阴性特性存在于每个个体中，但人表现出来的只是被社会认为符合其性别的一系列特征，因此并不妨碍理想的自我形象。

"性别"（gender）这个词源于拉丁文 genus，意为出生、起源，或有共同来源的一类事物。"性别认同"这个词是斯托勒（Stoller）1968 年提出来的，因为在"性认同"（sexual identity）中使用"性的"（sexual）这个词易引起混淆。斯托勒也相信**核心性别认同**观念——一个根深蒂固的信仰，即性别的分配在解剖学上和心理上都是正确的——你就是你表现出来的那种性别，性别认同一旦确立，就很难改变，除非遭受很严重的心理创伤。而我们随后也会讨论在核心性别认同的发展过程中遇到的一些分歧，以及它在生命中什么时候是不能再被颠覆的。

精神分析学家、性科学家约翰·曼尼（John Money）和医学精神病学专家安卡·埃尔哈特（Anke Ehrhardt）在 1972 年提出的论点认为，性别认同和性别角色是同一根本实体的两面。他们将性别认同定义为：

对自己的男性、女性或性别矛盾身份持有的——尤其表现在自我意识和行为方面的——较轻或较重程度的同一性、整体性和持续性。性别认同是性别角色的个人体验,性别角色是性别认同的公共表达。

性别角色

这个短语和**"角色"**(role)的概念都来自戏剧,拉丁文 rotula 表示一个小木轮,上面包裹着有演员剧本在内的羊皮纸,因此被称为卷状物(rowle),演员的角色由剧本所决定。

性角色的定义也是由曼尼和埃尔哈特在1972年提出的,被认为是性别认同的对应面。性别角色是:

一个人说的和做的每一件暗示其他人自己是男人、女人或男女性别矛盾的程度,它包括但并不局限于性欲和性反应。性角色是性别认同的公开表现,性别认同是性角色的个人经历。

性角色或性别角色由社会所预期的来定义的,一些期望会支配男女两性的行为,还有一些则适合于他们的性行为。这些社会期望的影响是巨大的。他们定义,比如说,谁必须在性邂逅中采取主动,谁应该建立亲密关系;应该由男人还是女人来请求一个约会,或者承诺一个婚姻,或是主动调情,或者决定什么时候及怎样发生性行为。即使这些不同角色处于明显没有性意味的语境中,如工作场所,这也会明显影响他们的性互动。

性别刻板印象

在印刷过程中,铅版(stereotyping)是一个生产出大量相同复件的模型;在生物学里,刻板行为是一种重复的、可预见的行为模式,如动物的求爱。在人类行为中,刻板意味着根据他们所属的团体把预想的和过分单纯化的行为模式归因于个人。**性别刻板印象**或**性角色刻板类型**是男人和女人被期望表现出他们性别特征的方式。这些期望在生命早期就被灌输,并在语言和非语言交流中得到了加强(专题10-1)。

在最初的意思里,刻板印象包含了一些错误的概括,现在的用法已经把它的意义扩大到了包括任何一个包含有消极含义或不良社会影响力的概括。因此,说男性的身高一般高于女性或者女性拥有较高音调的嗓音可能会被一些人认为是加强性别刻板印象,尽管这两种描述在大多数情况下都是正确的。当然,也有很多的女性身高高于或者嗓音低于一些男性。但是,这些例外并不能否定那些规律在随机群体中的有效性。否则我们就几乎不能概括任何一件事情了,因为凡事总有例外。

没有恰当的定义,就难以进行概括。比如,如果我们说"男人身体要优于女人",

想一想

你会给你5岁的儿子买洋娃娃作为圣诞礼物吗?你会给一对双胞胎姐妹买玩具拖拉机吗?

专题 10-1
语言和性别刻板印象

我们可以从别人说话的内容、方式，以及他们使用非语言交流的方式来得知他们所扮演的性角色。

性别差异已经被发现存在于男人和女人如何与异性交谈或谈论异性的方式中。举个例子，齐梅曼(Zimmerman)和韦斯特(West)1975年让由男性和女性随机组成的两组人进行交谈。在异性组成的一组中，有96%的谈话中断是由男性进行的；而由同性组成的一组中，两个人打断对话的比例相当。女性也努力尝试着引入一个主题并使对话进行下去，她们通常会采用提出问题的方式。

性别模式的差异在他们的语言中也体现了出来。女性讲话时比男性用到更多的修饰词（"见到你真高兴"），提出更多的问题（"天气不错，不是吗？"），提出请求更间接，通常用问题的形式（"你能进来吗？"）(McMillan et al., 1977)。可能因此，男性说话时让人感觉更有力，而女性说话被认为更有礼貌，更夸张、委婉和富有表情，男性的语言更粗鲁和低俗。另外一些研究也显示，不同身份地位的人之间也存在相似的语言差异，地位高的人往往表现出男性方式(Henley, 1977)。

可以想象的是，通过这些说话方式差异，我们可以了解，作为一个女人，是不能直接提出对性欲和性需要的请求的；性语言比我们被他人所乐于接受的更直接或刺耳；而且我们期望付出更大的努力来让别人了解自己的需要。而男性则可以直接面对自己的需要，表达自己，而较少关注同伴试图传达的她的要求。

我们语言中的词汇也加强了男人和女人的这种性角色区分。例如，我们有更多描述对女性性贬损的术语，法默尔(Farmer)和亨雷(Henley)1965年找到了500个"妓女"的同义词，而只找到56个形容提供色情服务的男性的词语。同样地，舒尔茨(Schulz)1975年发现有些原来中性的词语用于描

图 10.2 传统的日本女性几个世纪以来都被束缚于她们的丈夫。即使在当代日本，女性也是最不可能被雇用而最有可能被解雇的群体。

述女性后就具有了淫秽的或贬低的含义，而用于男性则没有轻蔑的意思。

相同地，女性的头衔比男性的头衔传递了更多关于她们性地位的信息，如"先生"仅仅表示那个人是男性的，而"小姐"或"女士"表达的不仅仅是她的性别，同时也表达了她的婚姻状况；某些词还透露着她的年龄情况（如"Miss."指代的女性通常要比"Mrs."指代的年轻），因此也可以看出她们的性地位。阳性代名词（他，他的）可以泛指人类，但现在已被普遍认为是性别歧视。同样的还有像"人类"(mankind)和"主席"(chairman)这种假定男性为人类行为模型或标准的词。

非语言交往模式也强调了刻板行为模式。与女性或地位低的人相比，男性和地位高的人会更频繁地与人接触，维持更长的眼神交流，占用更多的空间，比女性或地位低的人让人等更长的时间(Henley 和 Freeman, 1976; Henley, 1977; Mayo 和 Henley, 1981)。这些行为上的差异造成了男人和女人之间的混合性信息。

我们到底指的是什么？男人通常在体育比赛方面胜过女人，这看起来像是对身体勇猛的一个合理解释(第 4 章)。另一方面，在以十年为单位的每一个年龄段中，女人的平均寿命都比男人长，这甚至是一个更有意义的体能指标。"优于"这个词若没有适当的限定就显得毫无意义。

为什么我们需要概括？因为有效的概括能够提供给我们更多预知将要发生的事情的机会。刻板印象也是将这些巨大的信息量组织起来并给我们一个能够包容新信息的框架的有效方式。心理学家丹尼尔·卡纳曼(Daniel Kahneman)、保罗·斯洛维克(Paul Slovic)和阿莫斯·特韦斯基(Amos Tversky)1982 年的研究表明，人们更容易使用以刻板印象为基础的信息，而不是运用概率(如统计的概率)。因此，了解性别刻板印象可以帮助我们预知人们对一个人、一件事或一种处境的看法。

要谨记以下两种重要的观点。首先，不管从一个群体里得出的概说根据有多么确实，它也不可能对这个群体的每一个人都适用。女性仍然做着大量的家务，但也不是你遇到的每一个女性都是家庭主妇。

其次，性别角色刻板印象的有害影响也一再被强调(Broverman et al., 1970; Maccoby 和 Jacklin, 1974)。刻板印象常常都是贬义的。强调任何一个群体的消极特性只能是一种偏见。

阴阳人

性别刻板印象夸大了男女之间的差异。通过将人们放置到不同的类别群体中，我们就使他们看起来始终不同。对于依附于传统印象的男人和女人们来说，性别刻板印象是令人欣慰的：一个男人看起来很有男子气概而且表现男性特征；一个女人看起来很有女人味而且表现女性特征，即使真正的男人和女人不符合这些理想，至少也有一个可以渴望的理想——一个使儿童社会化的模型及成人的行为标准。维多利亚时代的社会认为这些行为标准是淑女和绅士所应具备的。各个阶层的男人和女人都被鼓励去效仿他们，人们努力使自己的行为像一个淑女或绅士。

现代民主社会对性行为的管制远远降低，而且允许女人和男人做一样的事情。在过去的数十年里，性别的界限在许多职业领域已经消除大半，现在男人和女人在工作场所实质上做的是同样的事情。但是在他们的社会群体中，大量的性别差异仍然是存在的。

在从传统模式向现代模式转化的最前期，形成了**阴阳人**(androgyny)的概念[这一名词来自希腊文字根"andros"("男人")和"gyne"("女人")]。与性别刻板印象不同，阴阳人集中了两个性别的相似点，并且渴望加强它们。阴阳人的理念已经应用于各个方面，从头发到中性化的服饰，但是目前的研究大多集中于心理上的阴阳人。

尤其在大学校园内，能区分男性和女性差异的服装、发型及饰品正在减少。牛仔裤和运动衫、首饰及头发的长度现在有许多共同的元素。即使我们现在离同化还很远，但一些流行人物的阴阳人形象反映出它至少比二选一的接受率高。

测试性别差异

在 20 世纪 20 年代，性别差异试验研究开始探索能区分男性和女性的人性品质(Terman 和 Niles，1936)。这些研究得出性别和不同品性之间的关联性(如独断和被动)，但是并没有解释这些性别差异是为什么及怎样产生的。此外，这些男性-女性试验表明，并没有特有的男性或女性个性特征；更准确地说，不同的个性是不均衡地分布在男性和女性之间的。虽然性别试验没有宣称男性和女性的不同是天生的，不能改变的，或者说是社会需要的，但它们还是加强了对男人和女人"天然"行为的共同感知。这些性别测试提供了一个**单向**和**两极**的性别模型：性别被视为一个连续介质的两个极端，如果你的阳性特性方面的得分高，那么你在阴性特性方面得分就低，反之亦然。

这种性别差异的研究路数现在被认为是不恰当的(Constantinople，1973；Spence 和 Helmreich，1978；Bem，1981)。与把性别特征视为相互排斥的观点相反，我们认为它们可以在不同的个体中共存。一个人会在一个方面武断或者有依赖性，而在另一个方面温顺，这未必就要将其归入男子气或女子气的类型。

美国心理学家桑德拉·伯恩(Sandra Bern)1974 年延伸了这个调查，通过发展"性别角色详细目录"(Bern Sex Role Inventory，BSRI)来衡量男人和女人中阳性、阴性和中性的特性。这些特征由关键术语鉴定，如"富有侵略性的"和"有野心的"为阳性，"充满感情的""柔顺的"为阴性，"快乐的"则被视为中性类型。在对大学生进行的一项调查中，35%~40%的学生表现为性别形成——他们充分表现出了与其生理性别一致的心理特质；35%是阴阳人，表现出相当平均的对阳性和阴性特征的认同；15%的人是性别倒错，男人认可阴性特征，而女人则认可阳性特征；还有 15%是未分化的，表现为对阳性和阴性特征的认同都很低。

图 10.3　近年来越来越多的女性被任命为宗教神职人员

阴阳人印象

人们对阴阳人已经作了大量的研究。他们通常指出阴阳人具有超越了个人性别刻板印象的更多的适应性和灵活性。依靠"阳性"和"阴性"的特征，阴阳人有更宽广的心理特征和不同条件下的行为储备，他们可以在集体压力下依然保持独立(Bem，1975)，又可以慈祥地与婴儿交流(Bem et al.，1978)；他们能自如地进行阳性

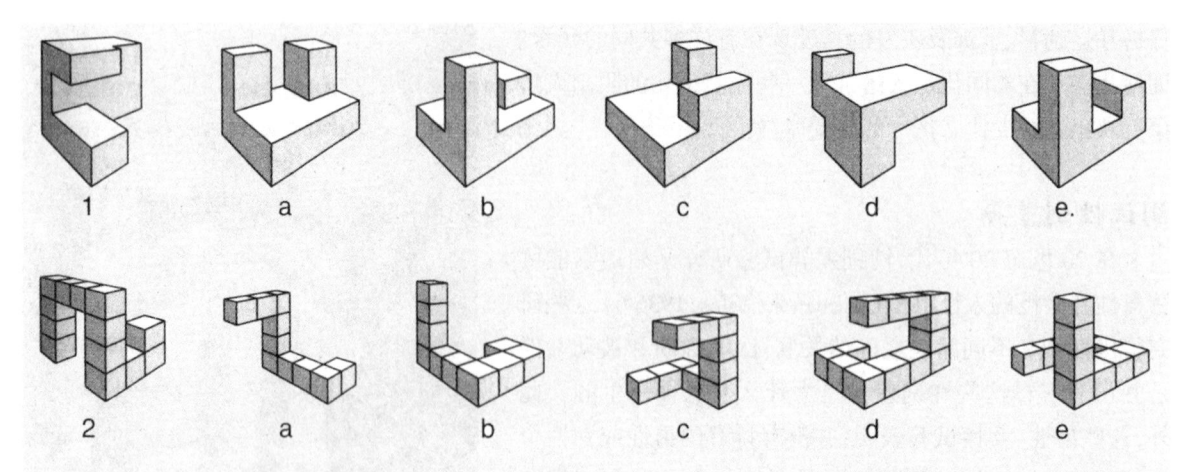

图 10.4 如果你在脑海中旋转左边的图形(1、2),那么你会得到右边五种(a、b、c、d、e)图形中的哪个?这是一道经典的性别差异测试题。视觉-空间技能(比如说将几何图形立体转变)被认为是男性性别角色典型的一部分。当然,视觉-空间技能的男女差异是很小的,可以通过训练来提高。

活动(做木匠活儿、加润滑油、打篮球)和阴性活动(纺纱、熨桌布、参加舞蹈班),他们同样也表现出较强的自尊心和从失败中恢复的能力,并乐于在团队中扮演领导角色(Porter et al.,1985)。

有一些争论认为阴阳人的独特之处不是得自阳性和阴性特征的结合,而是阳性特征起的作用,如独断和独立,自负(Whitley,1983)。换言之,女性阴阳人比男性得到了更多的好处。另一方面,有证据显示,两性中的阴性特征能有利于婚姻的幸福(Autil,1983)。男人和具有阴性性格的女人结婚会更幸福,正如女人和具阴性性格的男人(有同情心、温暖的、亲切的、疼爱孩子)结婚会更幸福。这就暗示说,阳性和阴性行为都不是非好即坏的——他们的价值取决于背景。对无论男人还是女人来说,阳性特征在商业领域起的作用比较大,而阴性特征在家庭关系中起的作用更大。如果男人和女人在自己的角色中有同样的权利和责任,性别差异就不再是一个问题了。

阴阳人并不意味着性别的中性化或缺少特征性的性状。它不是一个消极的而是一个积极的个性配置。没有性别分化,或是既没有清楚地表现出阳性特征也没有表现出阴性特征的人似乎处于不利地位。一个未分化的女人,更多的已分化的女性对其有负面评价,而她对婚姻的满意度也更低(Baucom 和 Aiken,1989)。用伯恩的分类法,未分化的个人似乎与社会的性别角色基准更难调和,他们看起来既不认同阳性特征和行为,也不认同阴性特征和行为。但是因为许多研究性别角色的工作已经集中到性别类型分明的人跟阴阳人之间的对立,所以对未分化类型我们知道的较少。

阴阳人的概念是有趣的,但同时也引发了一些深远的问题。它们的一些术语常被混淆。如果一个人的性别特征不突出的话,那么我们怎么称其个性品质是"阳性"

或"阴性"的？潜在的推测是，某个特性基本上可以说是阳性或阴性的，但是它们也可以在很大程度被两个性别共享，然而这个假说加强了与之对立的性别刻板印象。伯恩对这项指控的回答是，"阴阳人"意味着超越了性别角色——不再把篮球等同于男性，粉红色视为女性。伯恩的**性别基模理论**（gender schema theory）提出了以阴阳人作为描述一类不使用阳性/阴性分类或尺度来评价其行为的人。他们是**性别适应个体**（gender-aschematic）——他们不以以性别为依据的基模来组织信息，而是用另一个维度来代替。一个男性化的女人决定是否学习空手道时是不会考虑"这是男人的活动，因此它们不适合我"的。

10.2 生命周期的性别差异

性别认同和性别角色不是明确的。实际上男人和女人不仅仅是男性的或者女性的。人生中不同阶段的性别都面临着相似的考虑因素。和人格的其他方面一样，性别认同也是随时间发展的。

马科比（Maccoby）和杰克林（Jacklin）综述了1400多份研究报告（多数是在1966年到1973年之间公布的），他们仅仅发现四种已经完全确定的性别差异：女孩表现出较高的语言能力；男孩在视觉-空间的测试中占有优势，并且表现出较高的数学能力。这些差异在青少年时期尤其明显。和性行为具有更直接关系的是男孩通常在口头和行动上表现得比女孩更具侵略性。

有一些不是非常令人信服的证据表明：女孩更加胆小，也更容易焦虑，而男孩则更活跃和具有竞争性。有类似的证据证明：男孩更关心要在关系中处于主导位置，而女孩则表现得更顺从。并没有证据证明那些众所周知的观点，比如女孩更具有群居性和更易接受意见，以及她们自尊心不强等。而且男孩也并不是更擅长那些智力上更复杂的和需要更大成就动机的任务。然而，尽管承认"性行为本身当然可能属于受性生物学影响最多的行为范围"，这些综述并没有解释性行为中的性别差异（Maccoby和Jacklin，1974；也见Astin et al.，1975；Ortner和Whitehead，1981）。

客观地评价行为的时候，能辨别的性别差异更少；而观察到的行为组成评价的时候，出现了更多的差异。这个现象说明结果更可能是观察者而不是受试者的作用这一可能性。

甚至在那些更明确的发现中，也有更具批判性的观察对证据的真实性提出了怀疑（Fausto-Sterling，1985）。因此，一些极端的研究者声明并不存在能可靠区分男性和女性的行为差异；但另一些研究者相信，实际上确实存在着比研究结果所显示的更多的性别差异。

婴儿期

是男孩还是女孩？——这是人们对于一个婴儿最先询问的问题。男性和女性新生儿，相似性要比差异多，但是新生儿的性别的告知会引发一系列的看法和期望值，比如性情、外表和儿童的行为（Rubin、Brovenzano 和 Luria，1974；Hoffman，1977；Haugh、Hoffman 和 Cowan，1980）。自女孩们带上粉红色蝴蝶结以来，父母们就觉得她们比同龄的男孩子们要更娇小、更漂亮、更柔和，容貌更出色，更漫不经心，即使客观的实验结果表明男孩和女孩是相同的。

当研究者让人们与假设为男孩或者女孩的婴儿互动时，研究结果与上述结论相似。研究表明，通常婴儿都被给予与他们的性别相匹配的玩具（洋娃娃给女孩，锤头给男孩）；用与性别合适的词语来描述（"男"婴儿是强壮的，"女"婴儿是圆润柔和的）；并且用与性别一致的方法对待（"女孩"接受更多的语言关注，"男孩"接受更多的直接行动）。

1976 年的一项研究向大家展示了这样一盒录像带，其中播放的是一个 9 个月大的婴儿面对玩偶匣（打开就会有玩偶弹出的匣子）、洋娃娃、泰迪熊和蜂鸣器的表现。一半的观察者被告知婴儿是男孩，另一半被告知是女孩。所有的观察者都要将婴儿对每件事物表现出的害怕、愤怒和高兴划分等级。当婴儿的表现是清楚的（对着泰迪熊笑或者为蜂鸣器哭）时，观察者在婴儿所感受到的情绪上意见一致。然而，观察者对婴儿因揭开匣盖就跳起的玩偶而哭泣的解释是不同的，这取决于观察者认为他们所观察的对象是什么性别。"女"婴被描述为害怕，而"男"婴则被描述为愤怒（Contry 和 Contry，1976）。

关于婴儿的文献综述仅发现少数稳定的性别差异，相反，综述指出个人反应中存在着广泛的变异性（Birns，1976；Brackbill 和 Schroder，1980）。这些少数较为稳定的性别差异表示，与女孩相比，男孩更容易被叫醒，更喜欢扮鬼脸，并且更爱展示低强度的运动动作（Phillip et al.，1978）。

图 10.5 按照传统性别角色玩耍的女孩和男孩

儿童期

那么婴儿的性别差异，不管是真实的还是假设的，对儿童将来的发展尤其是性发育会有什么样的意义呢？如洛特(Lott)在1987年的一项研究所示,两种性别的儿童都有很强的学习能力。已经有不少的研究者表示,两岁那么小的婴儿都能分清男性和女性所应该表现的性别合适的行为,并会选择与性别匹配的玩具来玩(Fein et al.,1975;Smith 和 Daglish,1977;Kuhn et al.,1978;Cowan 和 Hoffman,1986;Fagot et al.,1986)。有证据表明他们的想法与父母对孩子长大后的期望有更大的一致性(Leahy 和 Shirk,1984)。

你和孩子们一起玩什么呢？儿童玩具、书本和电视节目是关于文化期待和刻板印象的强大的信息来源。关于玩具的广告传达了很强的性别合适类型的信息,销售者也会传达这样的意思。上文提到的研究证明女孩的玩具鼓励寻找认同和对别人的依赖,而男孩的玩具鼓励解决问题。目前,孩子们在以传统性别角色玩耍的同时,也在试验新的角色(图10.5、图10.6)。

同时,儿童的书本和电视节目常常把女性描述得比男性更不起眼,并且往往作为无助被动的追随者;他人的服务者,多数时候在室内(尤其在家里)活动;常常是需要援助的;妻子或者母亲。男性被典型性地描述成体力活动(爬树)者或者结果的完成者;救援者;活跃的领导者;多数时候户外活动者；会有很多的职业，但很少作为丈夫或者父亲(Charnes et al.,1980;O'Kelly,1974;Rachlin 和 Vogt,1974;Sternglanz 和 Serbin,1974)。

青春期

关于青春期的研究比婴儿和儿童期相对少些。许多研究者将这段时间定位为自我定义期。青少年男女有很多共同关注的东西,比如从家庭获得一些自主性;花更多的时间在同伴身上,并从他/她们那里推导出一种价值系统;探索自己的性别;思考自己未来的职业生涯并形成一种个性。然而,青少年建立的用于发现自己的途径常常被我们社会的性别角色标准所影响。

尤其在性行为上,男性青少年被鼓励要主动而不是被动,形成"一切都在掌控中"的方法并构造环境来达到要求。男性要负责安排日期,接送女性,开门,支付娱乐活动费用并送女性回家。如果有性活动的话也应由男性来掌握节奏。消极方面,男性将冒被拒绝的风险。而积极方面,他能获得如何处理拒绝的经验并且学习掌控

图 10.6 按照非传统性别角色玩耍的女孩和男孩

他的生活。

相反地，少女则被鼓励要等待男性的提议，同时要让自己变得尽可能的迷人，并发展有利于促进亲密的人际交往能力。进一步来说，女性有阻拦最初性活动的责任，那就意味着她必须拒绝她自己的性欲需要和性的发生。对女性来说，消极方面是她得到的掌控自己生活的锻炼很少，并可能会处于个人独立需要和作为从属者得到的社会报偿间的两难中(Welbourne-Moglia,1984)。积极方面是她可能会形成更和谐的人际交往关系。

儿童期学习到的性别角色定型和标准可能会加强行为的双重标准，尤其是青春期和成人期的性行为。如果儿童们从父母、老师和媒体中学习到男性应该积极主动并负责掌控，而女性则应被动地等待事情发生在她身上，那么他们可能迅速地把这些模式转化到约会和性关系中。如特韦斯(Tavris)和韦德(Wade)1984年的研究所示，这些模式也可能会造成性幻想和性行为中的统治和顺从。

成人期

在男性和女性到达成人期前，他们就已经建立起了相当好的性别差异的行为模式，包括不同的性观念(Kitzinger,1986)。对女性来说，性关系以浪漫为特征：她们要找到一个（并且仅有一个）"合适的"男人，得到持续永久和排他的关系，并要以婚姻关系来加以稳固(第16章)。

女性杂志就这个主题发表了不计其数的"如何……"性质的文章，而言情小说在所有年龄段的女性中都赢得了读者。关于爱的自助书多数是为女性准备的，通常传达的意思是使性关系正常或者明白为什么性关系不正常都是女性的责任。

对男性来说，性关系更经常以生理的性为特征：表现水平是重要的；伴侣的数量与男子气一致；一直到建立了一定事业后才会谈及婚姻。色情杂志的目标主要是男性读者，他们将理想的女性视为纯粹的性对象。性常被描写成暴力的、支配的，而与温暖和关心无关(第18章)。

男人和女人从身边获得不同的关于性关系的信息，所以难怪他们会对两性对性行为的兴趣及两性如何对待性意象上有错误的观念。因此，性观念是时代和我们所生活的文化的一项功能。

性别差异会继续影响人生后期关于性兴趣和性行为的信念。如我们在第9章所看到的，从中年开始，有一个趋向是男性和女性变得越来越像。然而，年龄的双重标准使得女性追求性关系比男性要困难。如一些研究者(Weg,1983)所示，老年男子主要由他们的成功来判断；男人头发变花白或秃顶、得肥胖症或者身材变形这一事实不会像女人那样显著地影响他们的形象。你会像对待一个被年轻女性挽着的老年男性一样对待一个和年轻的仰慕者在一起的老年女性吗？

10.3 性别认同形成过程

性别认同是如何形成的？研究者在生物和社会因素相互影响这一点上意见一致（Katchadourian, 1979），但他们在生物和社会因素的相对重要性上往往持不同看法。社会仅仅是加强了生物决定的性别特征？还是社会创造了性别模型，再把生物根源归类于它们？在任何一种情况下，很显然儿童在幼年时就知道了性别认同，并持续表现出相应的性角色。

交互模式

曼尼和埃尔哈特 1972 年提出了一种性心理分化的交互模式。它并不让以下的概念进行竞争："本性 vs. 教育，基因 vs. 环境，内生的 vs. 外源的，生物的 vs. 心理的，或者本能的 vs. 学习到的。"

图 10.7 追溯了这个概念。它表明性别分化是一个持续变化的过程，开始于受精期并在成人期到达终点。性分化的各个阶段像接力赛似的成功接替。首先性分化的指示"程序"由染色体携带，并转移到未分化的生殖腺，而生殖腺依次通过它们的激素将它传递到各种组织中。基因和激素引起两性的身体差异，或者说**生殖器的二态性**（第 2 章）。这些术语所表达的我们自己的感觉赋予我们以身体意象。

同时社会因素也在起作用。从出生那一刻开始男孩和女孩就被区别对待。这种区别对待一直贯穿整个人生，不断地加强由文化定义的性别模型和刻板印象。通过身体意象，它塑造了青少年的性别认同。

在下一个阶段，由青春期激素引起的变化使得男孩和女孩在身型（**青春期形态学**）和性功能（**青春期的性倾向**）上进一步分开。所有的这些发展形成了成年的性别认同。

除了激素影响的两种主要途径外，如图 10.7 所示，第三种途径形成了**脑的二态性**。就像生殖器由激素发展成不同的样子，由此可以推测男性和女性的大脑也是不同的（第 4 章）。如果真是这样

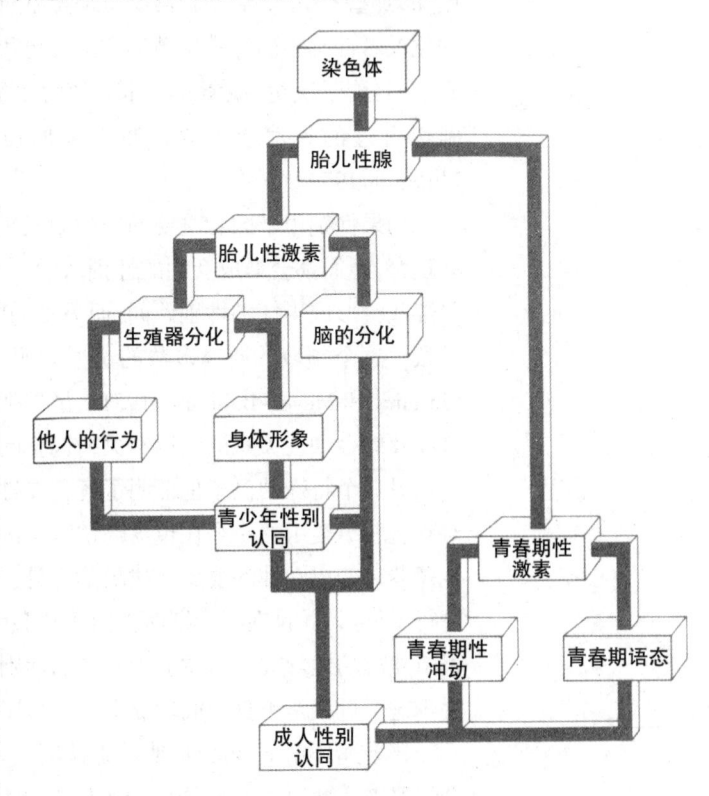

图 10.7 从受精到成年的性别认同差异模型

的话,那么人脑的差别就可以解释不同的性相关行为。当然,人脑仍然是要被社会学习所修饰的。

罗伯特·斯托勒于1985年提供了一个相类似的多重确定的关于核心性别认同发展的解释。他从生物的"力量"开始(通常是基因的),然后影响到胎儿的大脑组织。从出生就开始的性别指定或者在性别基础上的父母态度的持续影响成为了性别确定中不可缺少的部分。"生物心理"现象,比如对待婴儿的方式,条件反射,胎教和其他早期的学习经历更进一步改善了婴儿的大脑。同时不同的身体感觉,尤其是来自于生殖器的感觉,使婴儿**身体自我**(body ego)体验(一种对身体的尺寸、用途和意义的认知)的发展得以定型,这也促成了性别认同。通常这些因素是协同作用的;只有当发生意外的时候,我们才能看到它们各自独立的功能。

特 例

孩童时候我们开始注意到自己的生殖器。有没有另外的生物因素可以解释我们作为男性或者女性的感知?当我们开始生活的时候,我们的大脑是以某种方法"设置"好了的吗?社会的学习仅仅是扩大了差异,还是说它是差异的唯一原因?

许多试图回答这些问题的研究包括了不同激素诱导的畸形个体(第4章)。比如,那些有先天性肾上腺皮质增生症(CAH)的女性婴儿,她们生下来时具有雄性化或者性别不确定的生殖器官。父母可以选择把这些婴儿当做男孩或女孩来抚养。一旦作了决定,激素和手术会使得生殖器的样子符合选定的性别。在青春期会施以合适的雄性或者雌性激素来加强所选择的性别的第二性征(Money 和 Ehrhardt,1972)。

如果性别由基因和主要的产前激素决定,那么我们可以预期,这些婴儿无论怎么抚育,她们都会形成女性的性别认同。如果抚育的过程是决定性的因素,那么有些婴儿会形成男性的性别认同,而另外的则形成女性的性别认同,和所抚育的性别一致。这个领域的研究多数的论据证明了后者的结果(Money 和 Ehrhardt,1972;Ehrhardt 和 Meyer-Bahlburg,1981),虽然那些女孩在成人期需要经历一些与身体形象以及约会和性关系的延迟有关的调整问题。

另一个特殊的例子也证明了抚育在性别定义中的卓越作用,在这个例子中,一对双胞胎男婴中的一个在包皮环切术中因外科事故不幸失去了阴茎。由于将他的生殖器改变成女性的要比重建阴茎容易,他就被阉割了,他的生殖器通过外科手术进行了整形,并且在青春期时被给予雌激素。这个婴儿被当做一个女孩来抚育,据报道他成功地形成了本质上为女性的性别认同(Money 和 Tucker,1975)。但是人们关于这个过程是否真的成功提出了许多疑问(Diamond,1982)。

在上述证据下,可以证明性别认同不是由大脑的激素作用来定型的,而是由社会学习来定型的。关于阴阳人的研究表明性别在出生时是未分化的,我们成为阳性

专题 10-2
性别分化的临界期

生殖系统是在出生前可预见的时间表内分化成男性或女性的。性别认同是否也是按照进程分化的呢？如果是，那么必定会有一个临界期是核心性别身份形成的时期，即使它以后能被改进。

曼尼和埃尔哈特在1972年指出，核心性别身份的构成大约在8个月左右形成。当三四岁的时候，性别身份的感觉——成为男孩或女孩——是正常建立的，无论是在孩子还是父母的脑中，任何一个试图改变这些的尝试都会导致严重的性心理障碍。这些性别分化或多或少与掌握语言的时期一致。

幼年时期性别分化的模型似乎和一种叫做5-甲还原酶缺失症（5-alpha-reductase deficiency）的罕见的酶缺失类型相矛盾，基因是男性的儿童如果有这种缺陷将不能将睾酮转化为二氢睾酮，而这是一种对男性胚胎时期外生殖器发育十分必要的物质。因此，他们生出来具有女性的生殖器。但在青春期，睾酮的刺激会引起阴茎的生长和男性第二性征的出现。

在20世纪70年代早期，一群研究者将24个在青春期变成男孩的女孩分别养在多米尼加共和国两个隔离的村子里，他们在当地被称做"12岁的卵蛋"，基因是男性的他们由于酶缺失症而承受着前面提到的痛苦（Emperato-McGinley et al., 1974, 1976）。很显然地，这些被当做女孩抚养起来的少年，看起来好像在青春期性别认同转化为男性时没有障碍。这可能也暗示着在幼童时期核心性别认同的门没有关闭。

但是，进一步调查显示，"12岁的卵蛋"并没有像开始设想的那样突然转化（Baker, 1980），至少有一部分的孩子是在青春期之前意识到自己的生殖器是模糊的。在这种情况下，不能说他们已经发育得和正常女孩差不多了。因为在他们的文化中将他们作为男孩培养是有利的，所以这些"女孩"可能会欣然接受变成男性的机会。由此，性别认同的转化可能会比实际上更明白。此外，他们对成年男性角色的适应似乎是不一致的。对方法论的关注使得从"12岁的卵蛋"的经历得出来的结论带来了额外的问题。

或者阴性是在成长的过程中形成的（Money和Ehrhardt, 1972）。这个过程可能在定时上有限制（专题10-2）。

出生时性别中立这个模型不是没有引起争论的。反面意见认为，一个人的生物学遗传性使得性别认同的确定受限制。在这些限制内，社会因素会施加它们的影响。这样的看法认为，把那个失去了阴茎的男孩当做男孩来抚育更有意义，虽然他要面对好多问题（Diamond, 1982）。

目前更普遍的观点是，由父母和早期的社会影响确定的抚育的性别，是性别认同的主要决定因素。

想一想

不考虑道德因素的话，你会如何设立一个实验来确定激素是否在两种性别中确定性别认同？

性的二态性行为

像性别认同一样，性别角色负载着文化期望，同时也受社会学习的强烈影响。

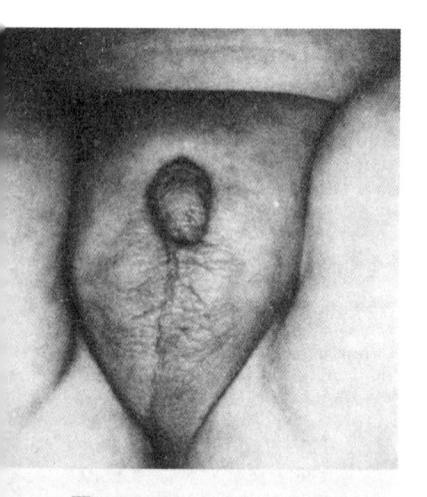

图 10.8 因为母亲在怀孕期间吸收雄性激素而导致生成男性化生殖器的女婴

虽然如此，有证据显示激素能在我们出生前就形成确定的性别定型行为(Ehrhardt 和 Meyer-Bahlburg,1981)。这些行为不是性欲的,但是它们由于能有助于定义关系而与性欲密切相关。

这些行为已经分别在儿童和青少年中进行研究（包括灵长类动物）。它们包括五个方面：

在积极的活动和运动中的能量消耗；

社会性攻击（身体和言语上的攻击）；

父母的预演（洋娃娃、过家家、扮演母亲或父亲角色、参加婴幼儿保健、幻想有孩子）；

对玩伴的性别偏爱,性别角色的标签（了解现有的男性和女性行为的准则）；

装饰行为（着装、打扮、发型、佩戴珠宝）。

行为与传统的女性模式明显不一样的女孩会被称为"假小子"(tomboy)，男孩若行为具有女性特性则被叫做"娘娘腔"(sissy)。

在动物中,有大量证据表明产前激素对幼年期性二态性中性别分化有影响,如混战、恐吓行为和斗殴、养育后代、发号施令、性隔离游戏及理毛等。在人类中,研究也大量集中在不正常的产前激素病史的个体上(Mac Lusky 和 Naftolin, 1981)。多数的证据都是建立在产前雄激素水平失常的女孩身上。她们中有一部分人患有（先天性）肾上腺性腺综合征或先天性肾上腺皮质增生症。其他人则是因为母亲在产前服用了黄体酮（预防流产），而那时候并不知道黄体酮在体内会转化为睾酮。

这些女孩生下来就具有男性生殖器(图10.8)。对先天性肾上腺性腺综合征的早期治疗是抑制雄激素生产过多,此外,这些孩子会通过手术来矫正生殖器的异常,然后被当做女孩抚养。虽然如此，产前高浓度的雄激素似乎对这些女孩的性二态性行为有显著影响：她们参加大量激烈的户外活动,显示出与男同伴的密切关系,倾向于被自己和他人认同为"假小子"。玩洋娃娃和照顾小孩等模拟父母的行为减少,同时对作为妻子和母亲的角色兴趣也不大,相反对事业热情较高。

进一步的证实来自对那些母亲在怀孕期间使用雄性激素的女性的研究(Money 和 Ehrhardt,1972;Ehrhardt et al.,1984)，这些女孩没有内在的激素

图 10.9 男孩女孩在一起参加体育运动往往有助于儿童发展出杰出的体育技能,恰是男女的隔离助长了双方相异性的发展。

异常,她们的男性生殖器早期就被矫正,同时她们也被当做女孩培养,但她们的行为模式仍与先天性肾上腺皮质增生的女孩相似。

当然,假小子的行为并不一定意味着激素异常。很多完全正常的女孩的表现也像个假小子,这样的行为也越来越为我们的文化所接受。此外,这条研究路线也已经因为研究个体数量较少和方法上的缺陷而被批评(Bleier, 1984)。相似的反对意见也可用于对那些表现出性别认同是培养方式所导致的先天性肾上腺皮质增生女孩的研究。因此,在非正常条件下进行的研究是否应该用来描述正常儿童的性别形成,这就是成问题的了。

10.4 性别紊乱

即使在最传统的社会里,也有一个对男性和女性文化刻板印象变更的可接受范围。在更自由些的社会里,这个范围就更大了,但是在某些方面,男人和女人会越过某些界限转换,从而被认为是女人气的男人和男性化的女人。

在这个范畴内,大多数个体是**正常变异**。他们非常明白如何做男人或女人,并基本上满足于他们的性别。他们不是简单的适应男性和女性刻板印象。这些个体可能在儿童期被人嘲弄,或在成年期感到尴尬,但是他们的经历与他们的性别没有内在的矛盾。他们没有被认为遭受性别认同障碍的痛苦。

同性爱是一种性定向,用来吸引与他们同性的成员(第13章)。有些同性爱者会穿与他们的性别相反的衣服(易装癖),其他同性爱男性会很明显地具有"女人气",一些女同性爱者外表和行为都有男性作风。然而,同性爱者典型地没有要做男人还是女人的烦恼。他们也没有遭受性心理认同障碍的痛苦。

相似地,有些异性爱男性会通过穿女性衣服达到性唤醒。他们或者是偶然地和私下里这么做,或者是经常在公众场合穿女装。这种行为被称为**易装癖**。有易装癖的男性同样没有与他们的男性性别相混淆或冲突。

一个有性心理认同障碍的人,必须是其解剖学上的性别和其性别认同之间错位。症状轻者知道如何让自己的思想与举止像一个男人/女人,但心中会非常不乐意;症状极端者会总感觉自己生在错误的身体中,这些个体分成三类:儿童性别认同障碍,成人性别认同障碍,以及易性癖者(美国精神病学

图 10.10 异装癖者

会,1987)。

儿童性心理认同障碍

儿童性心理认同障碍(gender identity disorder of childhood)是一种不常见的情况,其特点是一个孩子强烈地抵制自己的生理性别,同时渴望或坚决要求自己成为异性中的一员。女孩可能会寻求与男性同龄者为群,显示出对挑战性运动和扭打混战游戏的热切兴趣,拒绝玩洋娃娃和过家家,除非让她们扮演父亲的角色。这样的行为超越了单纯的假小子的概念。有时候,一个女孩会声称她不要成长为一个女人而要成为一个男人,那样她就能长出(或已经长出)阴茎来。这些孩子中的一些人还会有其他的困扰,如梦魇和恐惧。这种倾向出现在儿童期的早期,但是多数女孩到了青春期会屈服于社会压力而放弃热爱的男性活动和服装。少数人仍持有强烈的男性认同,一些人也形成了同性性取向。

男孩在性别问题上需要更多的帮助,这个事实可能反映了父母更关注儿子的不正常性别行为。男孩有这种障碍时,表现出对女性服装的偏爱(3/4 的人在 4 岁之前就开始表现出这种倾向),并且对女性同伴和女孩的游戏(玩洋娃娃,在过家家里扮演妈妈)感兴趣。不参加打斗游戏和适合男孩的活动,这些使他们被其他男孩戏弄和排斥。这些男孩厌恶他们的阴茎并且希望它们消失,或者他们相信自己长大后会变成女人。

在七八岁的时候,这些男孩可能被他们的同类严重排斥,甚至可能拒绝上学("娘娘腔"在学校里的处境要比"假小子"更艰难)。在社会的压力下,这种行为可能在青春期减少,但是至少有一半会发展成为同性性取向,还有一些人将性障碍带进了成人生活(Green et al., 1982; Green, 1986)。

后期性心理认同障碍

后期性心理认同障碍是儿童期的性心理认同障碍在后来生活中的对应现象。它的基本特点是对生理学上的或指定的性别的反复而持久的不安,穿异性的服装,但与易装癖者不同,这些个体没有从易装中得到性满足,它仅仅是与自我感知的性别认同更符合。如果停止易装,他们将会感到焦虑和沮丧,这些人不会设法改变他们的身体来符合他们的性别形象。

易性癖

性认同障碍最极端的类型就是**易性癖**。被诊断为是易性癖[transsexualism,或者患上**性别焦虑综合征**(gender dysphoria syndrome)]的条件是,一个人对指定的性别和生殖器官感到确定而持久的不安和不适,希望能摆脱它们,想要自己成为异性

图 10.11 女性变男性

中的一员。这些人应排除在阴阳人之外,也肯定不是精神病患者。这种情况必须至少持续 2 年以上(Steiner,1985)。

易性癖者的行为、着装和习惯都不同程度地模仿着异性(即他或她的"真实"性别)。一个男易性癖者会像一个男易装癖者那样穿女性的服装。然而,男易性癖者并没有因打扮成女性而得到性乐趣——就他来说,他仅仅是穿上了与自己的"真实"性别相适的衣服。相似的,男异性癖者像同性爱者一样,会被其他的男性吸引。与同性爱者寻找一个同性的伴侣不同,男异性癖用女人的方式对待男人。

世界范围内对易性癖的广泛关注始于 1953 年,那时一名叫做乔治·乔根森(George Jorgensen)的来自纽约的前水兵在丹麦做了一个手术,变成了克里斯蒂娜·乔根森(Christine Jorgensen)。从那时起,数千名易性癖男女通过激素和手术转变了自己的性别。他们中的一些人引起了国际关注,其中最著名的例子就是理察德·拉斯金(Richard Raskin)博士,一名眼科医师和网球运动员,变成了芮妮·理查德斯(Renee Richards)博士,并开始有争议地参加女子网球比赛。约翰·莫里斯(John Morris),英国著名的新闻记者和作家,变成了简·莫里斯(Jan Morris),她的自传《谜》(Conundrum)见解深刻,详细记录了她作为变性人的经历。据美国精神病学会 1987 年的估计,大约每 30 000 个男人中有一个异性癖者,每 100 000 个女人中有一个。他们当中寻求临床帮助来进行变性的男女概率分别为 8:1 和 1:1。

变性人的性取向不尽相同,一些人不需要性,显示出很少的性兴趣,从他们的生殖器中也没有得到乐趣。其他人表现为同性爱或有异性爱历史,偶尔包括结婚和生孩子。

尽管已经进行了大量的研究,造成变性的原因——生物学或心理学的——仍

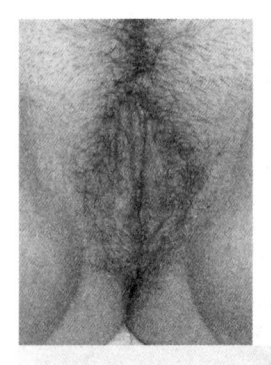

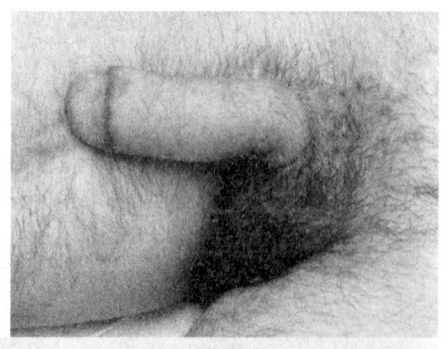

图 10.12 变性手术的结果。一般来说，男变女手术(左)要比女变男手术(右)成功率高一些。

是未知的（Stoller，1975；Sorensen 和 Hertoft，1982）。变性者没有显示激素水平的异常。尝试寻找家族或父母的原因往往也是无功而返。多数变性人将他们的性别问题追溯至童年。而想要彻底改变的强烈愿望则出现在青年期，但是中年也可能发生（Roback 和 Loshstein，1986）。

由于对生物学上的性别的极端不满而进行的变性经历经常造成严重的心理问题，导致酗酒或吸毒甚至企图自杀。他们可能不顾死活地想进行变性，以至于很有可能成为无职业道德的低水平外科医生或不法诊所的受害者。安全负责的应对方案应综合精神病学、社会、激素与手术的治疗。经过小心的选择，候选人要接受心理咨询，以及关于诸如妆饰、职业选择、法律相关问题的指导，并通过激素治疗来改变第二性征，尤其是男性乳房的生长和女性面毛的生长。整个乳房发育需要两年的雌(甾)激素治疗，这些人所经历的转变是相当引人注目的。

性别转变和性改造手术是治疗的最后一个阶段（不是所有的变性者都会经历的）。它通常是在成功地作为异性的一员生活和工作两年之后进行。一些治疗中心发现性改造手术并没有明显帮助变性人进行社会康复，因此也就不再实施这种手术。

手术操作有两个主要过程，首先，现存器官（如睾丸、阴茎、卵巢和乳房）的去除。其次，新性别的人工生殖器的建造。人工阴道是为向女性转变的男性设计的，即使是在妇科医生眼中也与正常的阴道没有明显差别。这种人工阴道是从直肠移植过来的一部分，当性冲动的时候就会有润滑反应，有些患者也能在交媾的时候达到高潮。由于缺少女性的内生殖器官（男性的内生殖器官已经被移除了），他们不能生小孩。

为女变男而创造的男性生殖器在技术上要更复杂些（图 10.12）。人工阴茎使变性人能像男人一样排尿；这个器官是敏感的，但是不能勃起，除非填入膨胀的埋植剂（第 15 章）。

这些过程的结果通常是积极的。问题在于生殖器手术。在漫长的随访研究中（平均 12 年），只有 1/3 的人能保持住人工阴道的功能。虽然半数的变性人经历了高潮，但仅仅 1/3 的人在手术后有成功的性适应（Lindemalm et al.，1986）。

在一些案例中，一些患者后悔进行了变性，并坚持要重新恢复原来的生殖器特征。这只有部分的可能性，因为在原先的手术中内生殖器官都被移除了，已不可能再恢复。

想一想

保险公司是否应该为变性手术提供保单？

10.5 性别与性行为

性别对性行为的影响是如此普遍,以至于要全面地讨论它,我们就必须提及本书余下的内容中将提到的每一件事。因此我们将集中研究男性和女性性行为的基本区别。以后讨论性活动(第 11 章到第 14 章)和性关系(第 16 章到第 19 章)时读者可以了解到更多。

性欲和性行为

所有的迹象都表明,男人对性比女人更热切、积极和主动。在异性恋的关系中,男性通常采取主动,在性行为中比女性要快得多。多数(但不是全部)研究显示他们比他们的伴侣更经常地想要进行性行为。

性活动中的性别差异比性交中的要大得多。男人更喜欢进行其他性行为,他们更喜欢手淫并且经常这么做。他们的性幻想生活也更活跃。男同性爱者与女同性爱者的比例是 3:1(第 13 章)。大多数恋童癖者、乱伦者、性暴露癖者、窥淫癖者或其他性罪犯是男人。

色情书刊的承办商和消费者多数是男人。卖淫的存在主要是满足男性的需求,不管是异性或是同性。基本上各种形式的性暴力,从性压迫到强奸都是男人犯的。

这是不是意味着男人比女人对性更感兴趣呢?这个问题没有修辞色彩,答案也不是不证自明的。社会给男人和女人的性自由度非常不同。可能女性不如男性积极是因为她们没有被允许这么做。给她们一半的机会,女性已经成功地承担了许多传统的男性职业角色,或许在性角色方面同样也能。当我们把早期的研究(像金赛研究)与最新的研究比较时,我们看到,在某些性行为中她们已经这么做了。女性现在对性,在参与水平和满足的程度方面都比以前更积极了。

然而,这些变化是可选的。一般来说,女性不会有男性那样的行为。例如,现在有许多独立、自信的单身女性,她们不像男性那样进行随意的性活动或非常规的性行为(第 14 章)。是双重标准仍然影响着她们吗?这个理由充分吗?如果不是,某种差异尺度似乎可以划分出于自由选择而不是社会制约的两性行为特征。我们该怎么解释呢?

为了讨论激素与性行为的关系,我们认为性激素,尤其是雄激素,可能在两性中都能引起性欲。男性的雄性激素水平较高,这就可以解释性行为中的所有性别差异吗?这不大可能,即使激素可能在造成男性和女性特定性行为和决定他们积极程度中起了很大的作用。由于受社会因素影响,人类性行为是复杂的,性别差异是巨大的,以致没有哪种激素理论能很好地解释它。那么怎么解释呢?

对情色品的反应

现在普遍认为男性和女性对情色品、性爱文艺,或是用于性唤醒的物质的反应是不同的。是不是男性对色情品的反应比女性的更迅速和激烈?他们能因不同的材料而"兴奋"。这些断言是不是我们附加在男性和女性身上的刻板印象?如果这些差异确实存在,它们仅仅是生物学上或文化上的吗?尽管对这些问题的兴趣是广泛的,但令人惊讶的是,这方面的研究却很少,直到最近人们才开始探究什么东西对男性和女性具有性刺激性。

金赛报道了在观看性直露材料(如裸体、生殖器或是性场景图片)时,男性通常比女性更容易兴奋,但是在观看充满浪漫色彩的电影和小说时,女性兴奋的程度和男性是相同的。这个发现似乎与那个时候的性别期望相符,尽管需要再考虑,但性别差异有可能是我们的提问方式所造成的(Gebhard,1973)。

在 20 世纪 70 年代,实验证据开始出现[金赛使用自述(self-report)这一说法]。在一项研究中,一群汉堡大学的学生在实验条件下欣赏与性有关的图片(Schmidt 和 Sigusch,1970)。总体来说,男性比女性更容易对裸体图片起反应,但是当场景是人际关系或是充满情爱的内容(如接吻)时,女性与男性有着同等的反应甚至更强。性交的图片多少更容易唤醒男性,但是并不比女性多多少。性唤醒的指标,女性多为阴道发热、发痒、搏动、湿润,男性通常有勃起反应。

施密特(Schmidt)在 1975 年的一项研究中向一个大样本(128 名男性和 128 名女性)展示男性和女性手淫、爱抚和性交的电影。在女性中,有 65% 的人有生殖器反应,而在男性中,有 31% 已经完全勃起,55% 有部分勃起。有 1/5 的男女在看电影的时候有自慰行为,其后 24 小时之内,两性性欲活动都有所增加,尤其是手淫。这些发现证实了男性对视觉情色内容的反应更迅速,尤其是更赤裸裸描写性行为的类型中;但是也显示了金赛报道的性别差异已经削弱(Schmidt,1975;Osborn 和 Pollack,1977)。

随着新技术的发展,一些特殊的仪器可提供研究生理性唤醒的客观方法(专题 3-2)。这给我们增加了一个全新的尺度来理解这些内容。举例说,受试者在听录音机里关于情色和浪漫的话题的同时,他们的反应都被仪器自动记录和监测着。无论对男女而言,有情色内容的磁带(不管含不含有浪漫成分)都比有浪漫而没有色情内容的磁带更富刺激性。然而,女性的口头叙述和她们的生理反应之间有一个有趣的偏差:只有半数有生理唤醒的女性报道了这个事实。另一方面,男性的生理反应和他们的报道较一致(Heiman,1975)。这可能因为女性不太乐意描述自己被性唤醒。

女性未能报道性唤醒也可以用解剖学上的差异(与勃起相比,女性性反应征兆比较容易被忽略)或是用对这种报告的心理压力机制来解释。由于她们所处的社会不能接受,传统上女性总是抑制性唤醒兴趣。即使这种态度当前正在改变,但其影响仍然存在。当前的研究继续报道了在唤醒上,男性在主观尺度和生理尺度上都比女性有更强的对应性(Steinman et al.,1981)。

对性反应的实验室研究提供了更多的客观数据,另一方面,这也可能使他们要调查的内容变得琐碎。例如,研究者可能发现,一个对性生活高度满足的女性可能会在实验室条件下对色情品毫无兴趣。她对人为的色情暗示没有反应这一事实很难具备现实意义,也几乎不能反映她真实的性潜力(Heiman,1980)。如果就此得出对性暗示的反应存在性别差异的结论,那将是很不准确的。因为在我们大众文化中,很多被称为色情和黄色的内容(电影、书籍、杂志等等)是由男人向男人提供的,事实上女性发现她们并没被唤醒,而且有被冒犯之感。一般来讲,这并不能说明女性对视觉色情暗示反应的能力(第18章)。

现代的研究认为,男性和女性在性唤醒方面比早前研究报道的有更多的相似性。更好的试验方法允许女性更自由地描述她们的性反应。此外,在过去的数十年里,女性对刺激的反应能力由于女性的性社会化的改变而可能有了实际的增加(Griffith,1987)。

性高潮能力

男性和女性在达到性高潮方面有性别差异吗?如果有的话这种性别差异能解释性欲的差异吗?性高潮是多数人性唤醒的生理终点和性乐趣的顶点;如果男性更容易达到高潮,可能会更刺激他们进行性行为。

在已婚夫妻中,妻子达到高潮的频率始终要低于她们的丈夫。这种模式在金赛及其之后的研究中也得到了证实(第15章)。尽管实际上所有的男性受试者在性交的时候每次都能达到高潮,女性总体上达到高潮的概率仅为4次里不到3次(Kinsey et al.,1953)。大量的研究证据显示,10%的女性在性交时从来没有达到过高潮,另外10%仅仅是偶尔地达到过高潮(第15章)。在男性中未能达到高潮主要是因为勃起障碍,这个通常较少。即使在一组没有寻求性功能治疗的受试夫妻中,各种形式的性功能障碍的患病率在女性中都要比男性多得多(Anderson和Rubinstein,1978)。

伴侣性交的形式可能并不是性刺激反应能力的真实反应。一些在性交中无法达到高潮的女性在手淫时却没有问题。对男性伴侣的被动的依赖,可能不会允许女性性欲的自由和充分的表达。因为多数女性依赖跟伴侣的性交得到她们的性满足,我们得到了一个对女性反应潜力的错误的印象。

此外,认为男性在高潮方面很了不起的说法,带有否认女性具有达到多重高潮能力的色彩(第3章)。总的来说,女性可以比男性得到更多的高潮。这可能显示高潮能力并不比对色情内容的反应更能很好地解释性别差异。

性关系方面

性行为中最一致不变的差异表现在男性和女性如何对待双方关系方面。与男性相比,女性在性行为中更谨慎。当性仅被看做是一种身体愉悦的来源时,男性显然更感兴趣;当性是更宽广的关系的一部分时,它更能吸引女性。当然,女性也需要性愉悦,而男性也关心性关系,只是侧重点不一样。男性在和偶遇的伴侣或者妓女进行性行为时更乐意放弃友情或者爱情。女性很少会对性本身有兴趣。这种差异对异性爱者和同性爱者是同样成立的。女性更担心怀孕的危险和得到"放纵"的名声(Griffith,1987)。在同一类型的性行为中,男性被称为"种马",而女性却被称为"荡妇"。

男性和女性对进行性交所给出的理由不同。当一批大学生被问到"投入感情"是否是进行性交的前提时,45%的女性说"从来都是",而男性的比例只有8%。94%的男性和80%的女性已经进行过婚前性行为,他们的性行为是相似的,但是他们对这种行为的基本看法是不同的。此外,男性强调生理需求和愉悦,而女性把关系、感情承诺和爱作为她们的基本动机(Carroll et al.,1985)。

这些基本的差异(我们将在第16章和第17章进行更详细的讨论)导致了男性和女性的性行为中存在的许多行为差异。比如,男性更容易被女性的身体裸露和女性生殖器引起性唤醒,而女性则没那么容易被男性的身体引起性唤醒。对男性来说,性交的重点是生殖器和性高潮;而女性把性交看成一个全身心的相互作用,也是一种更加广泛的感官经历。这就是为什么在前面引用的研究中,即使当女性具有更大比例的性功能障碍(通常是不能达到高潮)时,她们对性满意程度的等级几乎和男性是相同的。一个没有达到性高潮的男性会把这次性行为看成一个失败;而女性则很少会这样看。也许是因为女性不会要求更多,也可能在他们的性满意度的来源上存在一个很重要的差异。

另一个重要的因素是男性的性特征中侵略性和统治性的注入。语言本身泄露了男性把性行为看成是一种征服("我成功了")、占有("我拥有她")和侵略("我干了她")形式的倾向。这些缺少性关系元素的刺激可以解释男性寻找多个性伙伴,沉迷于各种各样的性经历和在性行为中使用武力的倾向。当女人在性行为中诉诸勾引或者其他形式的手法时,她们的目标通常不是要得到性满足,而是某些其他的目的。

看上去性关系的差异是性行为中性别差异的关键。那么什么是它们的根源呢?

如何解释差异?

就像性别认同一样,性行为中的性别差异也是生物和社会因素相互作用的结果。

性行为中的进化观

人类和动物中都存在着二态性——男性和女性以不同方式表现性别。基本的生物原因是相同的。身体的性别差异使得雄性和雌性互相辨别以交配,而行为模式增加了他们期望的机会。

正如脊椎动物的主要群体进化出了它们特有的生殖策略,每个群体的雄性和雌性也都进化出了性行为的特殊模式来使生育成功率最大化（第 1 章）(Raven 和 Johnson,1986)。生育成功率的测量并不是简单地指一个动物生育了多少个后代,而是指下一代中存活下来,产生自己的后代并保存所属基因谱系(更广泛地说是品种)的那些后代的数量。

动物不像人类,并不了解这个过程;雄性和雌性并不是因为要分享生产和照顾下一代这一宏大的愿望而走到一起的(Campbell,1987)。雄性和雌性"利用"彼此作为一个必需的载体来使它们的基因进入到下一代中(或者表现在"基因库"中)。动物存活下来并产生能生育的下一代的可能性从进化观上解释了它的**适应性**。

雄性和雌性并不能单独生殖。对哺乳动物、鸟类和一些爬行动物来说,抚育下一代需要母亲的持续投入和父亲时不时的帮助。因此,生育成功取决于两性间的合作。然而,雄性和雌性的利益并不总是一致的。在组成交配对的雄性和雌性中也存在着一种竞争成分,因为一种性别使适应度最大化的行为即使与另一个性别不是对抗的,至少也是不同的。这些差异和下一代的性别投资或者**亲本投资**(parental investment)有关。

在脊椎动物中,雌性普遍比雄性具有更多的亲本投资。雌性产生的卵子比雄性产生的精子数量要少。卵子更大,生产的成本也更高。此外,在哺乳动物中,雌性花费更多的时间和精力在子女出生前的孕育和之后的哺乳上,一直到它能自己进食。因为她们能受孕的次数是有限的,每次都是相当"昂贵的",因此雌性在决定配偶的选择上比较有兴趣。

相反的,精子是"廉价"的,在授精作用后雄性的重要性就很小了。雄性更"有益的"策略是对尽可能多的雌性授精。但是,因为和雌性在一起并帮助抚育下一代也能使他的后代的存活率最大化,所以雄性动物有动机去帮助和保护母子。

在这些假设条件下,每个物种的雄性和雌性动物都表现出了不同并可预见的行为模式。求偶类型和交配方式变化多样(第 16 章),但是目标是相同的。比如,各种鸟类中的交配关系趋向于一雌一雄,即雄性配偶只和一个雌性保持关系。哺乳动物是更典型的一雄多雌或者性滥交型,它们并没有固定持久的配偶关系。一个独身的雄性通常与多个雌性交配;相比较来说,雌性并不经常与多个雄性交配(Campbell,1987)。

这些动物的模式在何种程度上适用于人类的求偶行为呢? 社会生物学家曾试

图用一个充满争议的进化模式来解释人类关系。在进化观中,男性和女性使他们的生殖适合度最大化,他们和动物一样实行能生产尽可能多的后代的行为模式——能存活下来的后代也进行生殖,从而使他们的基因传递下去(Symons,1979)。

应用到现代的男性和女性中,这个观念看上去毫无意义。虽然有不少人希望能尽可能拥有他们所有的孩子,但多数人通过避孕控制孩子的数量*。然而,我们进化的遗传性所进行的"逻辑"命令并不总是和我们的意识推理相同。即使理性上我们可能倾向于或者被说服要以某一方式表现,但遗传影响的内心"力量"会使得我们在无意识下表现不同。

如果情况是这样的话,那么即使当男性和女性不是为了生殖,而是为了快乐、爱或者其他原因进行性交时,他们仍然会倾向于表现出使他们的亲本投资最大化的行为。因为与男性相比,女性在产生后代的数量上具有更大的限制,两性采取的策略是不同的。女性追求的是质量;而男性追求的是数量(Symons,1979)。威尔森(Wilson)总结如下:

> 对雄性来说,侵略性、急忙的、浮躁的并且不加区别的行为是不值得的。理论上讲,雌性如果害羞,一直踌躇不前,直到能证明所选择的雄性具有最好的基因的话是非常有利的。在抚养后代的物种中,雌性选择那些更可能在授精后与她呆在一起的雄性也是很重要的。

社会生物学的评论家认为这个结论是牵强而无保证。它的行为描述看似种族中心主义,行为元素缺乏界定,选择的动物模型有缺陷,而且语言也不恰当(Bleier,1984)。但是这些针对社会生物学的异议并不是必然地针对整个行为进化方法的(Hrdy,1981)。

还有一个政治方面的考虑需要讨论。那些关心妇女压迫的人在看到社会生物学替男性玩弄并虐待女性辩解时必然会勃然大怒(Fausto-Sterling,1985)。其他人担心即使那不是社会生物学家的目的,也存在着会误用他们的理论为性别歧视主义助威的可能。另一方面,如果这些进化的改变的确刺激我们的性行为,通过鉴别和面对它们,我们就能够有更好的机会来控制它们的结果(Symons,1979)。我们将在第16章回来讨论这个话题。

差别的社会化

假设生物学的讨论没有一个是有根据的。我们可以纯粹以男性和女性如何社会化来解释性行为中的性别差异吗?我们可以证明男孩和女孩被教以不同的举止行为,而且这些差异会在青春期和成人期一直保持并强化吗?是不是最后要归结于男性和女性会形成不同的社会"脚本"?

许多行为科学家也许会回答"是"。那么,为什么实际上所有的社会都选择以不

---

*《吉尼斯世界纪录》记载,18世纪一个俄罗斯农民Feodor Vassiliyev的妻子在27次分娩中生下了69个孩子(16对双胞胎,7个三胞胎和4个四胞胎),从而成为世界上生产孩子最多的母亲。子女最多的父亲的纪录保持者据说是Moulay Ismail,残忍的摩洛哥前国王(1672—1727),据说他是548个儿子和340个女儿的父亲。

同的方式去社会化男性和女性？为什么尽管有许多的文化差异，在某些性脚本中仍然存在相当惊人的一致性？为什么不同文化的男性在性行为上非常相似，但与同文化中的女性却又那么不同？

解释这种一致性的方法之一是寻找一种非常显著且普遍的男性或者女性的特点，这种特点会诱使文化将两种性别社会化成不同的样子。这种特点最可能类似于女性的生育能力。虽然它是生物特征，但社会对这种能力的反应也是最关键的。

在几十年前避孕改革之前，一个能生育的女性每次进行性交都有怀孕的风险（或者是机会）。几千年以来，女性生育的后果是巨大的。一直到现代药物来临之前，女性每次怀孕，都有在分娩时丢掉性命的风险。她生下来的婴儿或者死掉或者存活下来以稀有的资源来喂养。在这些情况下，性几乎不可能是有趣的、儿戏的。在采取避孕的情况下，对怀孕的害怕仍是女性自由表达性欲的有效妨碍物；而男性虽然也担心使伴侣怀孕，但程度相对弱些。

女性性欲的关键作用是进行生殖，生儿育女是女性的主要任务，因此人类社会已经把性愉悦充其量放在女性的第二重要位置，甚至完全将其否认。虽然许多女性拥有充分的性生活，而且现代女性也感受到了完全的性愉悦，但是几千年历史传承下来的态度是不可能在几十年内就消失的。

在有记载的历史中，多数文化中占主流的都是由男性统治的家族制*。女性为一个男性生育孩子，并被视为那个男性的财产（首先是父亲，然后是丈夫）。她在婚前和婚后都被猜疑地保护起来。因此婚前的贞洁和婚姻的忠诚成为社会道德织体和法律结构不可分的组成部分（第23章和第24章）。在性行为上存在着一种**双重标准**，男性被赋予更大的自由。为什么？因为男性制定规则，而且男性不会怀孕。

双重标准在外部和内部制裁中都存在。对性越亲现象的反应，外部制裁有使之名声扫地、设置再婚障碍和以通奸之名处死等等；对女性的惩罚要比男性严厉很多。内部制裁的表现形式是羞耻和犯罪感。同样，女性比男性更易产生羞耻感和犯罪感。女性性爱曾按照家族制社会所规定的进行。这些仍然在影响着现代的男女两性，虽然已不再那么强烈。

生儿育女大大增加了女性对男性的依赖性。一直到最近，对单身女性来说，养活自己都很困难，而养育小孩的负担就更重了。即使到今天，照顾孩子仍然是单亲职业母亲最大的难题之一。

考虑到母亲身份的责任和传统婚姻对女性生活极大的影响，性**关系**（relational）元素的重要性必然根深蒂固地根植于女性性格之中。今天，即使在急剧变化的环境下，女性仍然会寻找一种有意义的关系来进行性行为。即使在没有怀孕的风险，不想寻找丈夫，不在意社会看法，以及没有惩罚的危险的情况下，她仍然会选择那种可以避免上述这些责任和风险的方式，但现在不是因为她必须，而是因为她想要这样做。

* 19世纪，不同的作者提出了史前女性统治人类社会的信念，这一信念最近进一步复苏了。但是目前没有令人信服的证据可以证明，母系（matriarchal）社会曾是人类进化的一个普遍阶段。的确存在着母系社会，在这样的社会里，孩子首先是从母亲的家庭获得认同，并继承母系传统。但即使在这样的案例中，母系家庭中的男性成员也负责管理家庭的共同事务（Hrdy, 1981）。

想一想

当女性达到和男性一样的完全的社会平等时,性行为中的性别差异会消失吗?

其他一些理由也引导男人和女人相信性行为的目的是多样的。性发育的经历被认为是特别重要的(DeLamater,1987)。一直到青春期,男性都比女性更多地进行手淫。这种行为给他们提供了一种性经历之外的有关性唤醒、性满意度和自我控制感觉的直接体验(Rook 和 Hammen,1977)。青春期开始的标志,在男性是射精,而女性则是月经。因此,女性更可能把新出现的性特征看作是生殖的一部分,是与妻子和母亲的角色有关的,性特征被理解为社会的目的而不是性的目的。最后,女孩性信息的主要来源是母亲。从母亲那里,女孩听到最多的是关于性的生殖目的和什么是正确的以及什么是错误的(Fox 和 Inazu,1980)。

前青春期的这些差别引导男性关注他们的生殖器和性享受,而女性则关注关系,把性看做是一种在心理安全状态下加强情感亲密的方法。男性认为,"如果感觉好,那就做吧"。比较来说,女性认为,"如果感觉是对的,才可以做"(DeLamater,1987,p.131)。

这些差别可在第一次的性交经历中反映出来并得到强化。女性第一次的性伙伴是她们所爱的、交往的或者要结婚的对象的比率是男性的两倍。男性比女性更容易在随意的关系中进行他们第一次的性交经历。

结果是,女性和男性对异性关系形成了不同的定位。男性可能把他们发现的性感女性(即使是陌生人)视为可能的性伙伴;而女性可能把已经有亲近关系的男性作为性伙伴。男性普遍比女性更早开始和追求性亲密,他们更会控制性关系。

进化和社会化两个方面都给了我们提示。如果我们也能为自由意志的一些方法创造空间,我们就可以创造一个世界,在这个世界里,平等和自由选择使得男性和女性可以决定他们如何按性别表现。

第四部分　性经历的多样性

第11章　自身性行为
第12章　性游戏与性交
第13章　同性爱与双性爱
第14章　性欲倒错
第15章　性功能障碍与治疗

希罗尼穆斯·波希(Hieronymus Bosch)的《人间乐园》(*The Garden of Earthly Delight*)(细部)

第 11 章

自身性行为

11.1 性幻想
11.2 性　梦
11.3 手　淫

米开朗琪罗对教皇朱利乌斯二世说："自我否定高尚,自我教育有益,自我克制有男子气概,但与手淫相比,对于真正崇高和具鼓舞力量的灵魂来讲,这些都是平淡乏味的。"
——马克·吐温(Mark Twain),美国作家

思想和感觉，语言和行动，组成了联系我们内在的自我和我们对公众行为的观察之间的错综复杂的网络。情色的意象是这个网络的组成部分，它们表达了我们的性渴望，指引了我们的性活动。

本章涉及最私密形式的性活动，它们是私下的，我们很少跟别人谈论它们。它们包括性幻想、性梦以及手淫。

在20世纪初，海洛克·霭理士创造了"自淫"(autoerotism)这个词来描述一系列"自发的"性兴奋，即发源于个体自身的性兴奋。尽管很难对什么构成自淫作一个准确的定义，但将这类活动与社会性行为相区别是有用的，后者与人们之间的直接性联系有关。

也许可以说自淫行为和社群性行为的关系就像自言自语和与别人交谈的关系一样。我们自己对自己说的和自己独处时做的，经常是我们想对别人说的和跟别人做的事的一种改头换面、一种彩排或一种替代物。从反面讲，有时我们表面上在和别人谈话，实际却在和我们自己讲话，就好像有一个性伴侣但却是为性"独自"而挂的幌子。因此，自淫行为和社会性行为是性行为这枚硬币的正反两面。

自体性行为越来越变成性交流的一部分，爱人之间有时就依靠分享彼此的性幻想来相互刺激，这样即使没有性交也可以达到高潮。这种或许可称为相互手淫的行为，在现在是安全性行为(第5章)的一个重要部分。

11.1 性幻想

在我们的头脑里有一个完整的性活动的世界：勃发的色情图画，错综复杂的幻想，淡忘的性记忆和新的期望，反复地进出我们的意识。很明显，性幻想是所有性现象中最为普遍的，很难想象什么人会没有这种行为。

受外界刺激而引发的幻想也许会引出其他性行为，如手淫和性交。中世纪神学家把这种性狂想叫做 delectatio morosa，意为"寓享乐于淫思之中"，并且认为它比单纯的性欲望和性意图更坏。一本中世纪的赎罪规则(有关教会法的书)对这种罪行的惩罚标准为：执事忏悔25天，修道士30天，牧师40天，主教50天。

青年人对白日梦——尤其是性主题的白日梦——的嗜好是众所周知的（图11.1）。男孩子们说他们似乎比姑娘更经常地想到性(Cameron, 1970)。大学生们将17%的谈话时间用来谈论性。性幻想和其他形式的自淫一样，到了成年时期仍旧存在，但它的出现频率的确随年龄增加而降低。18~22岁的人说他们有20%的时间想到性，28~35岁的是8%，而那些60岁以上的人只有1%(Cameron, 1970; Verwoerdt et al., 1969)。即使那些对性生活很满意的人也会沉溺于过去的经历(尤其是失去的机会)和对未来的期待中。

性幻想的实质

就像人类想象力的其他多彩果实一样,在人类思想的隐秘处,各种性意象和性活动从来没有停止过。幻想好像是在舞台上上演的节目(正如剧院本身就是表达想象的艺术媒介)。在我们的思想这个私密又安全的剧院里,我们从未停止上演我们最喜爱的幻想。

在这个独立的世界里,我们每个人都同时扮演导演、演员和观众的角色。通常故事的核心部分是可信的,但不是必须符合现实。技巧是在可能与不可能之间取得平衡,这样幻想即使在受到个人愿望的塑造之后仍然会保持可信性。

在为我们的节目选择角色时,我们的选择范围很广。他们可能是我们亲近的或身边的人,也可能是偶然遇见的人;可能是公众人物(比如电影明星),也可能是想象出来的人物,其特征很模糊或者不断在变化。也可能是动物、物品或者任何我们想象的东西。我们的幻想对象可能是由过去的经历、没有满足的愿望、好奇、色情电影以及想象构造出来的,因此可以说多得数也数不清。

图 11.1 年轻男子的性幻想(作者不详)

范 型

尽管种类很多,性幻想大致仍可归入几类范型。第一种范型有着相同的情节,相同的故事一再上演,而且改动很小。例如你可能幻想在某处海滩上和某人做爱。为了幻想的丰富性,有时会对人物和地点作一定的变动。

第二种范型拥有主题的一致性。例如,某个人喜欢幻想强制性的性行为,这种幻想包括很多不同的强迫、占有、屈服之类的情节,涉及很多不同的演员。最后,有些人的幻想并没有统一的主题,而是有着广阔的取材范围。

性幻想的复杂程度也不一样。有的只是简单的性行为,甚至仅仅是生殖器的意象,有的则有详细的情节和特定的细节安排,还有的包含丰富的,足以写成浪漫小说的情感特质。同一个人可能曾经在不同的时间里有过各种类型的性幻想,但总会逐渐趋向于一种较为固定的幻想模式。

最后,人们在性幻想时对自己行为的控制能力也不相同。有些人能靠自己的意志力开始或者结束他们的性幻想。但在更多的情况下,性幻想是个不请自来的客人。性的意念可能会在一个学生学习的时候不断冲击他的注意力,这种愿望越来越强,最后不得不依靠手淫来解脱。

想一想

你如何应付那些困扰着你的由焦虑引起的性幻想?

如果一个人反感或者不能接受这些性幻想,那么(性幻想的)这种侵入就很成问题。在这种情况下,压制这种幻想是没有用的,它甚至会产生更多的焦虑和罪恶感。

目 的

性幻想的主题可能是非常个人化的。自觉的性幻想一般比别人提供的生动的性故事更能唤醒一个人的欲望(Campagna,1985)。

你自己的性幻想更能满足你的性需求。专题 11-1 和 11-2 提供了大学男女学生的一些性幻想的例子。

性幻想能满足很多需求。首先是**满足愿望**(wish fulfillment)。在性幻想最普遍最直接的形式里,幻想的对象是现实中想得到但实际上没有得到的那个人。在这种形

专题 11-1
大学男生的一些性幻想*

在一个荒僻的丛林里,我在厚厚的草丛里为自己开路。我已经一个星期没有看到别人了。突然眼前一片开阔。在我前面河的陡坡上坐落着一座房子。当我抵达那条河的时候,我发现一个和我年龄相仿的裸体女人逆流向我跑来。她在我的面前停下,说:"妈妈常说神会给我一个男人,来使我摆脱丛林的孤独。"我回应道:"我也觉得这个丛林很让人觉得孤独。"得到暗示后她热切地脱下我的背包和衣服。我们在河边的沙地上做爱。然后我们相拥在一起,躺着,直到河水上涨浸透了我们。在接下来的一个月里我们住在她的房子里,每天都做爱。然后我们离开了那个丛林,回到文明社会里来。

我全身赤裸地躺在一张舒服的床上(下面是丝质床罩),亲吻着一个漂亮的女人(当然她也全身赤裸)。她开始慢慢地在我身上游移,亲吻我身上的每一处,直到我的阴茎。然后她用她光滑柔软的腿跨在我的脸上,接着我们互相口交。我们同时达到了高潮。

和我的女朋友一起在一个热带小岛上,有美食,好酒,阳光,星光灿烂的夜晚,软和的被子,一座茅草房,并且没有怀孕的危险。哇!多美妙的时光啊!

我和一个陌生男人在一起;他英俊,体格健壮,温柔且充满爱意。我们不停地抚摸着对方,停不下来。

我在一个宿舍里参加聚会,碰见了一个陌生的女人。喝了一点啤酒并和她跳舞(或说话)之后,我们发现我们身处一个房间的黑暗角落里。我说了句开场白,或者抚摸她的大腿。她对我做同样的事。我们四目相对,然后来到楼上,在那里一直做爱。

10~12 岁时,我一直幻想能让时间停止。一切都停了下来。人们会在他们的位置上冻住。我到处走着,抚弄有魅力的女人,通常是老师或者年龄稍大的女人。然后我放开她,她也会对我百依百顺。我们狂野地做爱,然后我再将她解冻,她就不会记得任何发生过的事情。

现在我常幻想和我见过的有魅力的女人一起做爱。有时这种性行为发生在一些不同寻常的地方,例如衣柜、办公室、浴缸等。这些性行为很多时候都包括性交、口交和肛交。偶尔,我也会幻想和两个女孩同时做爱。

* 来自作者性学课上的问卷调查。答案在长度上稍有删减。未发表。

专题 11-2
大学女生的一些性幻想 *

我的性幻想是在山上的一个小木屋里,在山里,野火前面,一张熊皮毯子上,屋外暴雨如注,我在屋里和一个我真正喜欢的男人做爱,耳边回响着《月光奏鸣曲》。当我将要到达高潮的时候,雨下得更大了,音乐也达到高潮,然后结束。

我赤身裸体躺在床上,感到强烈的性欲,并沮丧地开始手淫。我的室友(女性)走向我,但没有被我的行为吓到,相反,她脱掉她的衣服,开始为我口交。我现在非常兴奋,但很希望出现一个男人,因为我希望我的阴道被插入。在这时可能发生两种情况:或者是一个男人突然出现,或者我打电话叫一个男人过来(当时我能想到的随便哪个男人)。无论哪种情况下,我都会和那个男人以及我的室友一起做爱,他们都全身心地去愉悦我。

我想象一个几乎是超现实的情形(可能在一个慢镜头里)——我们互相亲吻抚摸身体的每个部分,并产生很多快感。他进入我的身体,我们缓慢但热情地做爱。动作很慢,有节奏,然后他插入得更深了。如果我正在手淫,实际上是他第一次进入并使我达到高潮——但实际上我只是在幻想,我想象在做爱,它是缓慢的、温柔的,并有不同寻常的快感,经历着一场缓慢的、颤动的高潮,而不是一场快速的高潮。

我想象和一个与我很亲近,对我很特别的男人做爱。周围点着蜡烛,卧室装饰简单,烛光昏暗。我们坐在床上,他抱着我。我们开始亲吻,并爱抚对方的身体。他的手伸入我的T恤里,开始抚摸我的胸部。他已经脱下衬衣,开始脱我的。我的手找到他的裤子,解开它,他脱下裤子。我用我温暖而湿润的唇慢慢吸吮他的阴茎。时而加速,时而放慢,我将它全部含在嘴里。他一直在爱抚我。他射精了,温暖的精液喷到我的嘴里,但是我继续上下抚弄了一会儿。

我们亲吻并爱抚,然后他俯在我身上。他的舌头在我的阴蒂上游走,按摩它并抚弄它。我的下体开始紧张,我全身有一阵温暖的冲动。我感觉很好。我开始抽搐,我的臀部离开了床。我身体疼痛,心跳加快。高潮是如此有力,我抽搐、喘气,但感觉好极了。我开始放松,他又带给我更多的快感。

我们精疲力竭地拥抱着,爱抚着,亲吻着——在我们共享美妙时刻之后紧紧依偎在一起。我们在平静和愉快中沉沉睡去。

我是一个浪漫的人。我喜欢那种经典场面:在一个寒冷的冬夜,火堆前,喝着香醇的酒或白兰地,温柔地拥抱相爱——只有我们俩和火噼噼啪啪的声音。

我一直在读一本和性有关的书,并且感到强烈的性冲动。我到卧室里,开始抚摸自己,同时看着这本书。我轻轻地抚摸我的乳头,但很快移到敏感区——我的阴蒂。我先轻柔地抚摸整个区域——愉悦自己,然后我开始用力抚弄它。我读着书,随着时间的推移,我越来越兴奋。当我感觉高潮将要来临时,我停下来,也停止了读书。过了一会儿,我再次挑弄自己,并再次读书,那时我的丈夫突然进来了——我没有听到他回家来。他看到我是如此兴奋,然后扔下他的书。他扑向我的阴蒂,俯在我身上,带给我震颤的高潮。但这仅仅是部分的满足,他让我脱掉他的衣服,并吸吮他的龟头——这时他求我将它放进我的身体,我也这样做了。狂暴的性!高潮!高潮!精疲力竭。平静的睡眠。

* 来自作者性学课上的问卷调查。答案在长度上稍有删减。未发表。

式中,没有神秘,没有冲突,也没有愧疚。你爱的人不在身边,所以你想象你们在一个热带小岛上,在美妙的月光下,或者在你自己的旧床上,一起做爱。在这种主题里,你可以把可能会成为你的爱人但实际上却不是的那个人添加进你的故事里。这种想法可以包含所有没有冲突的且能够给你满足感的性行为,简单来说,就是如果有机会你就会去做的任何行为。

性幻想的第二种动力是**探索**(exploration)和**实验**(experimentation)。任何社会都不会允许无拘束地表达所有的性愿望,并且我们每个人也都有自己的禁区。我们会憧憬这些被禁止的性图景,所以我们通过性幻想来满足自己的好奇心和渴望。这里有一个满足愿望的因素,但不明确。我们常常不清楚自己是否愿意这种"野蛮的"性幻想变成现实,还是在任何环境下都不希望实现这种幻想。

性幻想是性行为的替代品:等候某个具体的人时(周末的约会、蜜月)暂时的满足或者对难以实现的目标的补偿。通过精神的探索,人们的性需求和性欲望得到部分的满足;他们将那些不可接受的、不利于健康的性想法和性感受通过安全、可控的方式表达出来,得到满足感。幻想不能让人完全满足,但它们缓解了愿望得不到满足而带来的挫折感。

涉及未来的幻想可能有助于解决现实生活的问题。一个人能通过预见问题,为意外作准备,并在脑海中排练多种行动模式,从而能够更好地控制自己,减少焦虑,并掌控异常的情势。但替代行动的幻想和为行动作准备的幻想之间有重要的差异(Sullivan,1969;Singer,1975)。

问 题

性幻想是日常正常的精神生活的一部分。它是性愉悦的一个丰富资源,它也可能极大地提高性交的能力。然而,在性或其他主题上的幻想,如果越过某个界限,就得不偿失了。特别是在青春期,如果沉迷于性幻想,就会阻碍人的心智的更好的发展。

如果我们对区分健康和不健康的性行为有一套统一的标准的话,那么这套标准也同样适用于性幻想。但是我们没有这样的标准。此外,主观反应是很不相同的:一些人会为一些无伤大雅的行为所困扰,而有的人连最变态的性幻想都能接受。罪恶感、对性幻想的享受是与对它们的抑制效应交织在一起的,内疚感越深,幻想的内容限制级别越高。这对女人的影响比对男人的要大(Follingstead 和 Kimbrell,1986)。

与非传统的或不为社会接受的行为有关的性幻想很常见,但是,它们不会"清楚表现"作为成人的我们。我们清楚绝大多数这样的幻想是不会变成现实的。真正重要的不是我们的所想、所感,而是我们的所作所为。

不愉快的或者困扰人的性幻想如果持续出现的话,那就成为一个问题了。有意驱逐它们的努力反而会使我们更为之所困。压制它们只会制造更多的愧疚和焦虑。

不去刻意探索它们的本质会更好——孤立的思想在现实层面并不意味着什么。

性幻想有时确实有些小问题。例如，对性交恐怖的幻想可能会影响对性的愉悦的享受。向专业咨询人士谈论这些恐惧可能会使情况变好。

一种明显是病态的幻想是**妄想症**（delusions）。一个患有妄想症的人坚定地相信明显不真实的事情。例如，妄想症患者会把无伤大雅的话当做是下流的；他们会幻听到谈论他们性行为不当的话。一个女人被强奸后可能会得妄想症；一个患妄想症的男人可能会想象他被鸡奸了；过度的嫉妒会导致失贞的妄想，并指责爱人对自己的不忠。在中世纪，修道院里精神错乱的女人有时会相信她们怀上了耶稣的孩子（第20章）。

性幻想和性行为

性幻想也可以是其他性行为的一部分。当与性伴侣性交时，性幻想也会带来特殊的问题。实践一个人的性幻想也可能会有不好的结果。

手淫幻想

不像纯粹的性幻想，手淫幻想会伴随着不同形式的自我刺激，而后者常导致性高潮。尽管难以想象什么人能在头脑一片空白的情况下进行手淫，但事实上并非人人在手淫时都幻想。比如有些人会将注意力集中在由性唤醒导致的躯体感觉上。

手淫时，手淫者通常会唤醒过去的记忆或身边的色情主题，特别是在受过良好教育的人中间，照片或文学作品也会被用作刺激源。在亨特的调查里，大约1/2的男性和1/3的女性说色情图片或电影会增强他们手淫的愿望，这对已婚和未婚者都适用。对女性来说，读色情文学比看视觉材料更有效。

金赛调查（1948，1953）幻想在手淫中的作用时，报告了一个有趣的性别差异：在男性中，72%在手淫时几乎总是幻想，17%有时如此，11%根本不幻想；在女性中相应的百分比分别是50%、14%和36%。这个情况似乎与一个通俗的观点相悖，即女性而非男性更多地沉浸于性活动的心理因素中。和上一代人相比，女性现在更为敏感，更为乐于承认对色情材料和幻想的兴趣。

在亨特（1974）的调查里，最普遍提到的幻想总牵涉到和一个所爱的人性交（3/4的男性和4/5的女性都有此报告）。但近半数的男性和多余1/5的女性也幻想在不同形式的性交往中与偶然相识的人交合。很显然，手淫幻想为不同的性要求提供了安全的表达，这种性要求的实现也许是不可能的，或对其本人来说是不可接受的。男性中报告过他们有和陌生人性交的幻想的比例比女性高：或是在集体性交的场合，或是强迫别人与其交媾。

手淫幻想的范型早在青春期时便已建立起来了，例如在索伦森13~19岁的调查对象中，57%的男孩和46%的女孩报告说手淫时多数时间会幻想；但说她们在手淫时有时幻想的姑娘是男孩的两倍；20%的男孩和10%的女孩在手淫时很少幻想。男孩们报告说幻想总是和这样一些场合有关：有人被强迫接受性交（包括他们自己），或和不止一个的女性交欢，口交、肛交和群交。姑娘们报告说会幻想和她们所喜欢的人交合，或是不得不接受几个男性的要求，并适度地殴打她们的性交伴侣。

性交幻想

很容易理解人们在手淫时会有性幻想，但为什么他们在真正性交时还有性幻想呢？首先这有利于性唤醒。这是在对一个大学生群体调查时被选择最多的原因（46%的女性和38%的男性）(Sue, 1979)。第二普遍的原因是增加伴侣的吸引力（30%的男性和22%的女性）。想象双方不会实际去做的性行为是排在第三位的原因（18%的男性和13%的女性）。换句话说，性交时的幻想是制造兴奋的一个形式。

图 11.2 对手淫和做爱中的人来说，性幻想可以说是性刺激的一个强大的来源。

人们有时候用一个更有吸引力的人，或者仅仅是一个不同的人来替代（在幻想中）和他们在一起的性伴侣。他们调用各种——比在同一个时间同一个地点和同样的人做同样的性活动更生动的——想象。即使和一个"完美的"伴侣在一起，幻想的力量也可能比现实要大。米克·贾格(Mick Jagger, 滚石乐队主唱)的一个狂热乐迷曾热切地希望和米克发生性关系并最终通过较小牌的摇滚明星实现了自己的愿望。当她终于和米克·贾格上床时，她发现自己仍然需要和米克·贾格做爱的性幻想（才能和真正的米克·贾格做爱）(Singer, 1980)。

性交时的幻想引起了两个问题：这忠于他/她的性伴侣吗？是否应该和伴侣一起分享性幻想？人们对第一个问题的反应各不相同。有人很容易感到不舒服，因为在伴侣不知情或不同意的情况下将一个"第三者"带到他们的做爱过程中，有人甚至会对此怀有犯罪感。也有人认为这是一种能丰富性生活的令人愉快的方法。还有人需要通过性幻想才能唤醒性欲并达到高潮。在存在问题的爱情关系中，性幻想可能起到一个安全阀的作用，用这种不公开破坏他们之间关系的方式，来消除性挫折和敌意(Byrne, 1977)。

关于是否应该告诉伴侣性幻想这个问题，答案也互不相同。有人认为应该公开和分享。最好的情况是，伴侣会找到能使双方都兴奋的性话题来提高他们做爱的质量；至少可以了解其伴侣的性渴望，即使不会分享它们。

对另外一些人来说,让他们公开私人的想法对他们来说是一种冒犯,并且可能破坏伴侣间的关系。关系亲密并不意味着要经常坦白自己的灵魂;有些事自己一个人知道就好,而性幻想就包含在内。因为性幻想对他们而言是一种禁区,说出来会有受到嘲笑和指责的危险。想象中的替代品可能威胁到真正的伴侣。另一个结果是在说出性幻想时会丢掉某些东西。实际上如果经常公开自己的性幻想,那么性幻想也就失去作用了。记住,性幻想能起作用的一个原因正是它们的私密性。

一个折中的办法是双方有选择地讲出各自的性幻想。更好的办法是,他们共同建造性幻想,编织能让双方都兴奋的性话题。与创造共同的"秘密"相比,驯服某些秘密的性想法可以说是得不偿失,前者给双方的做爱过程平添了一种游戏的因素,也多了一些亲密。

前戏还是替代品?

对分享性幻想的一个忧虑是,说出一个性幻想可能就是执行它的前奏。如果一个人确信伴侣的幻想没有太多新奇之处,那就不需要那么担心了。

大多数性幻想中的行为在实际生活中没人会做。部分是因为考虑到现实不允许,部分是人们并不想亲身实践。例如,一个男人可能幻想和两个女人同时做爱,但如果真要和他的妻子、情人、朋友或者认识的人来商量这样的事情将是难以启齿的。然而,和两个妓女做这样的事情并不难,因为她们为了钱可能什么都愿意做。无疑,大多数男人不会越过那条线;他们还是继续幻想三个人性交的快乐。再考虑一种情况:一个女人喜欢别人强行和她发生性关系。但是她真的想要被强奸吗?没有一个心智健全的人希望承受一次真实的强奸所带来的痛苦。在实验的条件下,虽然女人可能会被想象中的强奸画面激起性欲,但是当面对真实的强奸情节时,她们的反应是害怕和恶心(Bond 和 Moder,1986)。

很多性幻想的吸引力很容易理解。但是为什么女人——不管她们有多"温柔"——喜欢幻想一些强制性的性行为呢?一个经常被提出来的解释是社会让女人在性活动中处于被动角色,去忍受它,并对它有罪恶感。如果一个男人"强迫"她们(在没有疼痛和羞辱的前提下),那么她们就不必为所发生的事情感到羞愧。当然,即使这种解释是真的,它也不会让现实中用暴力或强制的方式和女性发生关系——这一点显然很难被一些男人所接受——正当化。那些憎恨性暴力和压制女性的人对(女性)暴力的性幻想和对它们的解释感到震惊。例如,女权主义活动家和记者苏珊·布朗米勒(Susan Brownmiller)拒绝那种心理分析的观点——这种观点认为女性可能在潜意识里希望被强奸。她接受一些女人有关于强奸的性幻想的事实,但是她认为这种现象是强加给女性的。她说,"我认为性幻想对性的快乐是很重要的,但是很少有女人能够抵抗文化,进而创造她自己的没有剥削,没有性虐待,没有暴力驱使的性幻想",相反,"当女人进行性幻想时,这种幻想常常是男性条件下的产物,而不可能是其他的"(Brownmiller,1975,p. 360)。

在一些案例中，人们确实满足了他们的性幻想。有男人在郊外旅行时会在旅馆里同时找两个妓女。有的人采用更有组织的服务，提供"kinky sex"，即更为野蛮的性虐待。这种将性幻想变为现实的行为可能会产生充足的愉悦感，因而它可能成为一种固定的或者偶然性的活动。另一方面，执行性幻想中的行为可能让人感到失望，这样它也就不再能够让人感到兴奋了（Shanor，1977）。即使在经历过这样的事情之后人们对它没有完全失望，这些人也可能不再需要它了。即使在那些实现自己的性幻想时感到高兴的人中，仍有部分人认为这种经历并不愉快（Friday，1975）。

这种认为性幻想是其行为的替代品，或者最多导致无害的对幻想的满足的观点并没有反映事实的全部。对色情品的争论在很大程度上就是因为，包含暴力以及对女性的侮辱的性幻想是从那些色情资料中得到启发而产生的，并且至少会让某些男人更可能将这种性幻想付诸行动。格林灵格（Greendlinger）和伯恩（Byrne）1987年的研究表明，强奸的可能性与强迫性性幻想的报道有关。这是个非常重要的问题，我们将在第18章和第19章继续讨论它。

在极少的案例中，有人意识到他们无法控制自己的性幻想并可能做出严重的反社会行为。这样的人必须主动或被劝服去寻求帮助。在这种情况下最好寻找专业人员的帮助，而不是求助于自己的家庭或朋友。

性别差异

在某些层面，性幻想反映出我们的性特征，但它们能反映出男女之间以及异性爱和同性爱之间的基本差异吗？

一般认为男人比女人的性幻想更频繁，更"古怪"，更"野蛮"。据报道，女性的性幻想包含更多情感、浪漫、亲情的元素（专题11-2），而男性的性幻想更多是关于原始的、"非人的"性，听起来也更加"色情"（专题11-1）。在一项研究中，当被要求详细描述性幻想时，男性比女性写得长，更详细，种类也更多（Follingstad et al.，1980）。

男人和女人的性幻想既有相似又有不同。在我们前面提到的那个对大学男女学生的调查（Sue，1979）中，两性中最普遍的性幻想主题都是和以前的情人做爱（43%的男性，41%的女性）。男性有想象中的情人的比例几乎是女性的两倍（44%，24%）。幻想强迫别人发生性关系（24%的男性，16%的女性）或者幻想战胜潜在的性伴侣的反抗（37%的男性，24%的女性），这两项的比例男性都要比女性高；更多的女性幻想被强迫发生性关系（36%的女性，21%的男性）。有同性性幻想的比例，女性（9%）比男性（3%）高。

表11.1分别比较了异性爱者和同性爱者样本中男女的性幻想。值得注意的是，四个组别中都有关于"跨偏爱的性行为"的性幻想：异性爱者幻想同性爱行为，反之亦然。相似的是，"受强迫的性行为"在四个组别中也都存在。群体性关系的经

历在两个男性组别中存在,而没有出现在两个女性组别中。在异性爱男女的两个组别中排在首位的都是和某个不是自己现在性伴侣的人发生性关系。

表 11.1　性幻想的主题和性取向(1957—1968)(按频率高低排列)

同性爱男性	异性爱男性
1. 性器官的意象	1. 替代现在性伴侣的某个人
2. 受强迫的性行为	2. 受强迫的性行为
3. 跨偏爱的性行为	3. 观看性活动
4. 和陌生男子的美妙性行为	4. 跨偏爱的性行为
5. 群体性关系	5. 群体性关系
同性爱女性	异性爱女性
1. 受强迫的性行为	1. 替代现在性伴侣的某个人
2. 和现在性伴侣的美妙性行为	2. 受强迫的性行为
3. 跨偏爱的性行为	3. 观看性活动
4. 回想过去的性经验	4. 和陌生男子的美妙性行为
5. 性虐待的意象	5. 跨偏爱的性行为

From W. Masters and V. Johnson, *Homosexuality in Perspective*. Boston: Little, Brown, 1979, p. 178. Reproduced with permission.

理论视点

到目前为止关于性幻想最多的,描述最详尽的例子出现在文学作品和艺术中。经过时间的考验后,这些作品有的成了严肃的文学和高雅的艺术,有的则成了色情品(第 18 章)。这种区别仍在分裂并困惑着人文主义者、社会科学家和法律专家,也导致了一些社会冲突(第 23 章)。

个人的性幻想与大家公认的色情资料之间有着惊人的相似。文学批评家史蒂芬·马库斯(Steven Marcus)提供了对色情品基本特征的一个深刻分析,它也清楚地显示了性幻想的特性(专题 18-2)。

令人惊讶的是,性学研究者对人们理解性幻想的影响很小。现代性学的奠基人金赛将精力投入到量化能够达到高潮的具体行为中(第 1 章)。他的作品对性幻想这个虚幻世界的描写很少,其他研究者的作品也是如此。一些记者和作家一定程度上填补了这个空白,他们从那些愿意说出自己性幻想的人那里收集资料,他们创作关于性幻想的作品,但是他们收集和表达的方式不能用于科学分析。

由于对性幻想的研究不符合认知心理学家的研究模式,所以他们的作品基本不引用这些研究。临床心理学家的研究确实包含这些内容,但主要是描述性的。从心理分析的角度来看,性幻想代表了受到压制的性欲和冲突的象征的和半隐蔽的表达。因此每一个幻想都意味着某件事物以及它的表现形式,但是幻想者并没有意识到它的"真正"的或者无意识的含义。

心理分析学家对性幻想中的侵犯行为尤其感兴趣。弗洛伊德说人们会不由自主地贬低自己的性伴侣。从此之后这种性和侵犯行为的混合物成了心理分析作品中一个重要的题目。美国心理分析学家罗伯特·斯托勒(1979)扩展了这种说法。他宣称,**敌意**(hostility),这种或隐或显的伤害别人的愿望,在制造性兴奋过程中非常重要,不仅对性虐待的爱好者如此,对每个人都是这样。通过幻想,成年人回忆起自己童年的伤痛和恐惧,然后为了征服它们,他们通过贬低或者伤害想象中的性伴侣来进行报复。在这个过程中,他们的性欲被唤醒了:"胜利、愤怒、复仇、害怕、焦虑、危险统统交织在一起,浓缩为一种被称作性兴奋的复杂的嗡嗡声。"

性临床医学家并未就性幻想是增强还是破坏了爱情关系这个问题达成一致。很多人认为性幻想能够帮助他们抵抗孤独或烦躁,并能平息那些受到禁止的欲望。还有人对它持比较负面的观点,把性幻想看做是退而求其次的,是"爱上一个真正的人所需要的复杂的快乐和痛苦的一种苍白的替代品"(Offit,1977,p. 201)。如果它们闯入并削弱一对情侣或夫妻的关系,那么它们就成了一种令关系疏远的原因。

11.2 性 梦

像所有其他的梦一样,性梦也是支离破碎和难以描述的,一些性梦含有明显的色情内容(图 11.3),其他的则含混不清。明显的性内容也许会伴随着强烈的感觉。梦境和情感也许会相当矛盾:一个人可能会梦见极度色情的活动却并不感到兴奋;而梦见一个显然非性的情景如爬梯子、在空中飞等也许会感到强烈的兴奋。

精神分析学家以其象征意义来解释这样的梦,并把梦的解释作为他们的一项重要工作。弗洛伊德(1900)认为梦的功能是保护睡眠。当人们睡着时,自我警惕松懈了,被压抑的愿望(经常是性愿望)威胁着要冲进意识,来打断睡眠。这些希望被允许以梦这样的伪装形式来得到部分表达。

在精神分析学家的推测里,许多梦中的符号都有性的意义。比如,像棍子、树干、刀子、匕首和指甲锉这类东西(因为它们前后摩擦)典型地代表阴茎,被称作男性**阳具象征**(phallic symbols)。依照同样的标准,盒子、箱子、碗柜、烤炉、房间、船——事实上任何封闭的空间或空腔物体——通常代表女性生殖器。

和这些物体与地点有关的行动也同样带有性的意义:伞的打开代表勃起;进出一间房子代表性交,并且房间是否锁着也有特殊意义;上下台阶、梯子和楼梯也代表交媾(然而你不能过分简单地将你自己的梦附会以上述色彩)。

想一想
如果你不相信梦的象征意义,那你怎样解释它们?

性梦,尤其是那些达到性高潮的梦,是有高度快感的,但也会非常令人迷惑。有人认为噩梦也有性的基础:构成噩梦特征的恐惧、焦虑和无望的麻痹感都暗示这可能是一种性胁迫的体验(Jones,1949)。

大多数行为科学家怀疑这些概念。相反在过去的几十年里,一个研究梦现象的新方法引起了极大关注。这种方法不是处理内容和符号的意义，而是研究做梦过程的神经生理学基础。

做梦的神经生理学

睡眠不像它所显示的那样是个铁板一块的状态，做梦也不是飘忽不定、毫无规律地打断睡眠。相反在晚上存在一个确定的睡眠——**睡梦周期**。脑电图（EEG）上的脑波显示出四个明显的睡眠形式。其中一个以**快速动眼**（REM, rapid eye movement）为特征。一个在 REM 睡眠期被叫醒的人会说他经历了生动的梦境。在其他睡眠时间里，做梦时有时无，并且不够生动（Reike，1985）。

REM 时期是剧烈的生理和性活动时间。在相当高的比例（85%～90%）中，可以观察到部分或完全勃起，在这中间甚至包括老人和婴儿。这些勃起并不一定总伴随着性梦，它们的全部意义还不清楚（Gulevich 和 Zarcone，1969；Karacan et al.，1976）。勃起的存在与否，在区分器质性和精神性阳痿时，是一个重要的诊断依据（第15章）。

图 11.3 梦中的牧羊人，一个罗马浮雕的残片

睡眠中的性兴奋证据，在女性中比在男性中要难以找到，但 REM 睡眠和女性反应的相关性已有令人信服的证据。在 REM 时期，女性表现出周期性血管充血，这是和男性的勃起相等价的，并且也以同样高的比例发生（95%）（Fisher et al.，1985）。

性梦高潮

"夜天使的来访"是早期的性学家保罗·曼它吉萨（Paolo Mantegazza）为夜遗取的名字。古巴比伦人信仰"夜女"（她们趁着男人们睡着时来访），还信仰和女人睡觉的"小夜郎"。这种想象中的人物在中世纪变得更为突出，他们以魔鬼的形式出现，会躺在女人的身上[**梦魇**（incubus）]或男人的身下[**女梦魇**（succubus）]。西部非洲的尤拉巴人（Yoruba）相信有一个多才多艺的东西，它可男可女，所以对在睡眠中的不论男女它均可造访（Ellis，1942）。

尽管**夜遗**（nocturnal emission，也叫"**湿梦**"）或**性梦高潮**（nocturnal orgasm）的表述将这种经历定位在夜间，但其实这是人睡梦中任何时候都能发生的，不一定在夜间。

睡眠中的性高潮（无论是白天还是夜晚），在全部性生活中并不是一个重要部分（在金赛的例子中，妇女中占2%~3%，男子中占2%~8%），但总是有可观数量的人经历过夜间性高潮。45岁之前，大约40%的女性和超过90%的男性至少有过一次这种经历。在男性中，最频繁的是发生在青春期后期和20多岁时，而妇女是在30~50岁。在金赛的报告里，夜遗在受过高等教育的人中比在教育程度较低的人中更为频繁，前者是后者的7倍。

金赛的调查之后，女性夜间高潮的发生频率看起来升高了。在1986年接受调查的一群大学女生中，37%的人声称她们有夜间高潮的经历，而在前一年这个比例是30%。夜间高潮与性梦或者性行为没有关系（Wells，1986）。

夜间高潮也会在不存在性梦的情况下发生。比如，会发生在截肢患者中，他们来自大脑（梦在这里发生）的神经冲动并不能到达脊髓的中心。同样，一些动物如猪、狗、牛、马等，在睡梦中有自发射精现象。在这种情况下（也许同样适用于人类）夜遗被假定是为繁衍的目的服务的：这种周期性精子的排泄，提高了精子的质量，也就增加了繁殖力（Levin，1975a）。过去认为夜间高潮是一个安全阀，或者是受压抑的性压力的自然释放。在效果上，它们也不是其他形式的性行为的足够的补充。

11.3 手 淫

手淫（masturbation）指与身体自我刺激相关的任何性活动。拉丁语的masturbare一词可能由"手"（manus）和"使肮脏"（sturpare）这两个词衍生而来，也可能来源于希腊语中的"男性成员"（mazdo）和拉丁语中的"骚动"（turba）。轻蔑的说法像"self-abuse"和"solitary vice"被俚语诸如"jerking off"，"jacking off"，"whacking off"，"beating one's meat"，"hand job"等等取代（Haeberle，1978）。现在一些性学研究者和临床医学家称它为**自我愉悦**（self-pleasuring）。

就像幻想一样，手淫也通常发生在独居者身上，这在所有的文化中都是最常见的性活动之一，并在许多文化的艺术中有所表现（专题11-3）。

有很多关于在多种动物中，雄性通过手淫达到性高潮的报道。在雌性动物中这种现象不很肯定，迄今的资料表明她们获得性高潮的能力不够高。

自我刺激在亚灵长类动物中可能见到。例如，一只性兴奋的豪猪会一边用一只前爪放在生殖器上，一边用其余三条腿来回走动。它还会在不同物体上摩擦性器官。福特和比奇在1951年的研究中曾看到一只被抓住的雄性豪猪腿间夹着一根棍子来回跳，表现出明显的性兴奋特征。

狗和猫在性交前后舔它们的阴茎；象则使用鼻子；被捕获的海豚在池底摩擦它的阴茎，有的雄性海豚会将其阴茎放在进水口处进行自我刺激。类似行为在大鼠、兔、马、牛和其他动物身上也可见到。

自我刺激在被捕获的灵长类中非常普遍（图11.4）。雄性大猩猩和猴子用手和脚玩弄它们的阴茎，还将其放入口中或在地板上摩擦。据说一个非洲公园里的雄性狒狒对汽车有性反应，它们习惯于在汽车头上跳跃并向挡风玻璃射精。

手淫并不局限于笼中的动物。自由活动的蜘蛛猴用尾巴拨弄它们的生殖器；成年的雄性恒河猴被观察到在可接受的雌性动物在场时，以手淫达到性高潮。但手淫并非普遍存在，比如在野生的大猩猩中就从未发现过。

图11.4 幼猴手淫

专题 11-3
手淫的跨文化观

人类学家保罗·曼它吉萨（他在20世纪30年代很出名）把欧洲人叫做"手淫者种族"。他论证道，西方文明同时既刺激又压抑性欲，对非婚姻性交的限制促使人们进行手淫以作为替代。

手淫在许多古代文化的典籍中都有发现，比如巴比伦、埃及、希伯来、印度。埃及人认为，宇宙的起源即来源于Atum神往自己手里射精（第1章），这一神话表明，手淫被运用到了某些宗教仪式中。希腊人和罗马人相信是在潘神（Pan）失去了女仆埃克耳（Echo）后，墨丘利神（Mercury）发明了这个方法以安慰潘神。据说宙斯自己就时常放纵这种行为。亚里士多德、阿里斯托芬、海洛德斯和派脱尼尔斯等提到过手淫。阿里斯托芬认为，手淫有损男性气质，但对女人、小孩、奴隶和体衰的老人来说却是可以接受的。但传统的态度是矛盾的：德摩斯梯尼被指责进行此类活动，而第欧根尼却由于在市场公开进行手淫而受到赞扬。

福特和比奇报道过在40个原始文化中存在的手淫。普遍认为在允许婚前性交的社会里，手淫较少流行，在许多前文字社会中手淫很少发生。大多数群体不赞成成年人进行手淫（Gregersen,1983）。比如，初奇人（Trukese，卡洛林岛上的一夫一妻制渔民）据说一边看妇女洗澡一边秘密地进行手淫。提柯皮亚人（Tikopia，太平洋岛屿上的农耕者）和达胡梅人（Dahomey，西部非洲的农民和渔民）的男人偶尔手淫，尽管这两种文化都允许一夫多妻。

女性手淫更少听到，并且总的来说是不被赞成的。在某些原始人中，插入阴道似乎比刺激阴蒂更为常见；非洲阿萨达（Azande）妇女使用木制假阴茎，

图11.5 古希腊黑陶杯上手淫的男子

如被她们的丈夫抓住要遭痛打；西伯利亚的处克奇人（Chukchee of Siberia）使用驯鹿的小腿肌肉；提柯皮亚妇女依靠树根和香蕉；克劳（Crow）妇女用手指，澳大利亚的阿兰达人（Azanda）也是如此。

在来苏人（Lesu，新西兰一夫多妻部落民）中，女性手淫是被允许的。波德梅克尔曾作如下报道：

手淫……在来苏人中经常进行，被视为正常行为。一个妇女如果性兴奋时没有男人可满足她就会手淫。一对夫妻性交时可能会有另一个妇女在一个房间里，或足够近的地方使她能看到他们，她可能因此而兴奋。她会坐下，弯曲右腿使其脚后跟能够挤压她的阴部。即使6岁左右的小姑娘坐在地上时也会无意地这样做。男女们很自由地谈论这件事，并不感到羞耻。这是妇女们习惯用的一个姿势，她们在童年时就已学会。但她们这么做的时候从来不使用双手。

亚灵长类哺乳动物中的雌性很少手淫。在雌性灵长类中手淫比在雄性中少见，这包括野生的和喂养的。曾看到雌性用手指拨弄和摩擦它们的生殖器，但这经常只不过是无意识的行为。即使这些动作有明显的自体性功能，也似乎不会导致性高潮。

手淫的方法

手淫的普通方式是用手刺激或用实物摩擦生殖器，紧绷肌肉，以及采用特殊的工具。这些方法互相并不排斥。正如大多数人并不总是采用一成不变的性交方式一样，他们也并非只有一种手淫的方法。

用手刺激

用手是两性（手淫时）采用最多的方式。男性最常采用的方式是抚摸并摩擦阴茎，用手紧握着它来回摩擦或者用挤奶式的动作。女性最初也是靠刺激生殖器来手淫。在海蒂的样本中，几乎80%的女性单一地采用躺着用手刺激阴蒂/阴道区域的方式。阴蒂和阴唇是被抚摸、挤压以及有节奏地刺激得最频繁的器官。因为它们是女性生殖器最敏感的区域，所以动作经常是要轻柔谨慎。女性经常不去刺激阴蒂头，她们的注意力集中在阴蒂轴，两边都可以刺激。如果用力太大或者手在一个地方摸的时间太长，这个地方就不那么敏感了。因此换一下手或者将手指移开都很平常。

男人常常认为女人在手淫时会将手指或者其他东西插入到她们的阴道里，但在金赛研究的样本中只有1/5的女性这样做，并且进入阴道时用力很轻。在1976年海蒂调查的受访者中，只有1.5%的女性说她们经常这样做。手指或其他东西插入阴道也常常和其他方式配合进行，例如刺激阴蒂的方式。然而，有的女性确实能从手指深插入阴道的行为中获得特别的快感，可能是因为这样做可以模拟性交，或者它产生了特殊的感觉。

尤其对同性爱男子而言，无论是否用手指插入，刺激肛门都有可能会唤醒性兴奋。一个偶然的实验显示，异性爱男性（以及女性）也在尝试对肛门的手淫。相近的是，尿道也可以插入各种替代品。有时候这些东西会"消失"在里面，必须通过手术才能取出。医生从直肠中发现从发夹到小瓶子等各种物品。有时这种行为会导致受伤。有一次一个女人竟用一条意大利面条将尿道戳破了，必须采取手术治疗（Bacci 和 Porena, 1986）。

用物品摩擦

那些不想用手碰自己生殖器的人可能会用其他物品摩擦它。可用的东西很多，枕头、毛巾、夹在两腿之间的睡衣、床罩或者床垫本身都可能会被用来抚摸或摩擦生殖器。用淋浴头将温水直接喷向阴蒂区域也会产生刺激（直接喷向阴道并不安全，因为细菌可能会进入尿道）。

紧绷肌肉

配合用物品摩擦的是用大腿来挤压。而无论用哪种方式，都必须紧绷肌肉，有的女性甚至能够单单依靠紧绷肌肉的方式达到高潮。当一个女人的双腿交叉或者叠在一起，可能会对整个生殖区域产生稳定而有节奏的压力，这是一种集合了直接刺激和紧绷肌肉两种方式的优点的方法。一位回应《大都会》杂志调查的女性写道："我有一种美妙的手淫方法。用两条腿互相摩擦。没人能够明白。我上学时坐在座位上就经常这样做，特别是当我因为将要参加考试而感到压力的时候——现在你知道我上大学时是怎么做到平均成绩在 3.5 到 4.0 之间的了。"（Wolfe, 1981）

特殊工具

大多数人会用身边的任何东西来刺激他们，但也有人走得更远。例如，他们可能会使用护手霜、有香味的精油、特殊的内衣，或者其他摩擦力很强的东西。女性也会用各种东西来插入阴道。从古至今被用来行使这项功能的物品包括黄瓜、香蕉、腊肠、蜡烛、刷子柄，以及其他类似的工具。《一千零一夜》(*The Arabian Nights*) 中有一首诗赞美香蕉的性爱用途："啊，香蕉，柔软光滑的皮肤，你让少女眼界大开……在水果中只有你有一颗怜悯的心，啊，你是寡妇和离婚妇女的慰藉。"小女孩也常把铅笔、刷子柄等物品插入阴道，不过只是因为好奇，而不是为了唤醒性欲。

手淫的辅助品也很专业。在很多文化里人造阴茎由各种材料制成：金、银、象牙、乌木、牛角、玻璃、蜡、木头，以及皮革填塞物；其制造技术有好有坏。现在多为塑料制品（图 11.6）。它们一般叫做 dildo（假阴茎，来自意大利语 diletto，

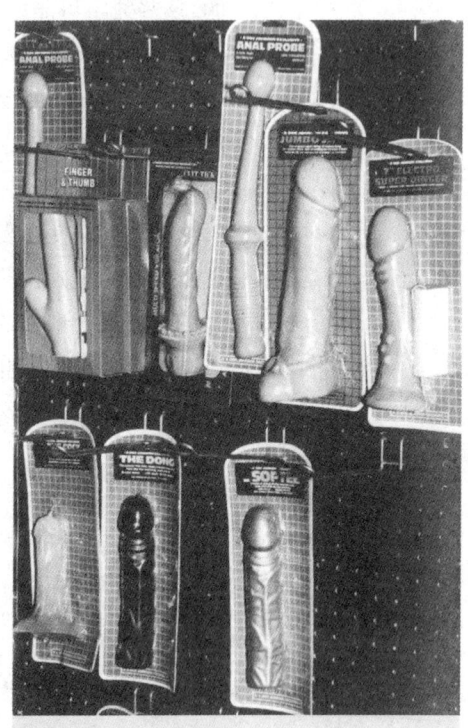

图 11.6 各种各样的 dildos

想一想

如果你发现你 10 岁的儿子或女儿在电视机前手淫,你会说什么或做什么?

意为"愉悦")。古希腊剧作家阿里斯托芬(Aristophanes)在他的戏剧中提到了假阴茎;在另一位剧作家海洛德斯(Herondas)的有一个剧本《密语》(*The Private Conversation*)里,两个女人谈论一个工匠制作这种物品的手艺。尽管在色情小说中有无数关于使用假阴茎的描写,但是女人们并不普遍使用;它常常用来愉悦男性,因为有的男人认为它们能够用来唤醒性欲。假阴茎也被同性爱男子用来插入肛门。

还有其他精妙的工具。一种是日本造的 rin-no-tama 或者叫 ben-wa(跳蛋),包括两个金属球:一个是空的,先放进阴道里;另一个里面有个更小的金属球,是铅的或者水银的,随后插入阴道。于是通过移动使两个金属球震动起来,特别适用于在吊床、秋千或者摇椅上晃动的方式。

在过去的几十年里,手握的震动器更为流行。有的是机械化的假阴茎,有的则有各种形状的颤头,或者黏在手背上来传递它们的震动。它们有的公开出售,有的羞怯地以"按摩器"的名义做广告。震动器有很强的刺激性,即使一名女性在其他方面有困难,也能用它达到高潮。

在 1977 年回应《红皮书》调查的人中间,21% 的女性声称曾经用过某种形式的小玩意儿——"震动器、油、羽毛以及假阴茎"(Tavris 和 Sadd,1977)。在马斯特斯和约翰逊 1966 年调查的更年轻一点的女性样本中,有一半人在手淫时至少使用过一次震动器;1/4 的人喜欢用这种方式来自慰。使用震动器成为第二流行的自慰方式,仅排在用手刺激生殖器的方式之后。考虑到所有这些被测主体都是自愿加入的,这些数字可能比平均水平要高。

那些喜欢使用震动器的人认为它有效且无害,能增加手淫时的快感,是一种"超级手淫"。那些反对女人对男人性依赖的人将震动器看做是可以和阴茎相竞争的、解放性的工具。对用其他方式无法达到高潮的女性而言,它是满足性欲的一个必需的途径(Dodson,1987)。

那些反对使用震动器以及类似工具的人将它视为生活机械化、人际关系疏远以及性行为平凡化的证据。他们特别针对"玩具娃娃"的使用,这是一种形似正常女性的橡胶或者聚乙烯气囊,嘴、阴道和肛门张开,以便阴茎的插入。更复杂的版本有震动和吸吮装置。也有单独的人造"阴道"和"肛门",将事物更简单化了。

一些临床医学家认为,如果女人对这种机械刺激形成依赖,将可能不利于她们的人际关系。震动器也可能变成性"拐杖",使人们忽视了隐藏的性问题。然而震动器有治疗无法获得高潮的疾病的用途(第 15 章)。就像对待其他性刺激手段一样,对于震动器,我们也应

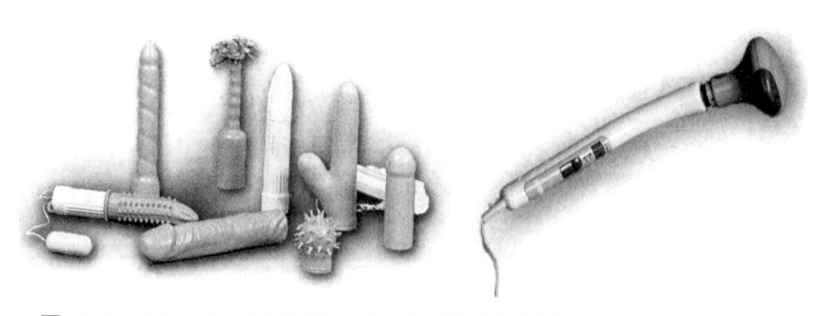

图 11.7 两种不同类型的震动器:阴茎状(左)和短棒状(右)。

该批判看待:是它为使用者服务,还是使用者在为它服务?

还有一些很少使用的高危险的自我刺激方法。例如,有人试着在脖子上系条绳索让自己呈半晕厥状态,通过这种方式提高手淫的高潮。这样做时如果不小心可能会造成严重的后果。1978 年,得克萨斯州一名妇女发现她的丈夫吊在他们卧室的门上,戴着她的假发,穿着她的内裤和胸罩。这名男子想用滑轮来控制他脖子上绳索的松紧度,但是他滑倒了,结果全身的重量都压到了套索上,将自己吊了起来(《旧金山纪事报》,1981 年 10 月 29 日,29 版)。尤其在年轻男子当中,这种性厄运经常造成过失自杀。

手淫的流行

在金赛的调查中,92%的男性和58%的女性在他们的一生中曾数次以手淫达到性高潮(还有4%的女性曾手淫而未达到性高潮)。图11.8显示了在金赛调查中有此经历的不同年龄的百分比。这种图[被称为**累积发生曲线**(accumulative incidence curves)]回答了如下问题:在特定的年龄上,有多少人曾有此经历。这里不区分一个人是只手淫过一次还是进行过多次。在10~15岁,男性曲线大幅上升,在20岁时趋于平缓。事实上任何一个可能进行手淫的男人在此时都已做过。但是这个曲线并不超过92%,每100个男性中有8个从不手淫。

想一想

什么时候起大学生手淫"过度"了?

女性曲线最高值是62%,并且是逐渐达到这个高度的。在到达45岁之前,女性人数仍在不断地增加。更新的资料表明妇女在生活中手淫开始地更早。在《大都会》杂志的调查对象中,54%的女性在15岁时就已开始手淫;只有14%在20岁之后开始这种活动。在男女手淫流行度中差异也是存在的:在亨特的调查里,94%的男性和63%的女性曾经手淫过。在大学的调查里,89%的男子和61%的女子曾有此举。另一些也来自20世纪70年代中期的研究表明女性中比例略高:一例是78%,另一例是80%。《红皮书》调查表明,在4个已婚妇女中有3个曾经手淫过。在《大都会》杂志调查的妇女中,89%曾手淫。但这些杂志调查中呈现的较高的妇女手淫比例很可能是他们抽样的伪迹,因为在其他研究报道中这一数据要低得多。虽然如此,其他国家的报道也显示出类似的模式:据一项针对当时西德女性的报道显示,她比几十年前手淫开始得更早也更频繁(Clement et al., 1984)。

在受教育程度较高的男女中手淫更加流行。菲利普和罗娜·萨尔1987年的研究推测在他们上大学的时候,5/6的男性和4/5的女性有手淫的习惯。老年人也有这种行为。大约有一半60岁以上的老人声

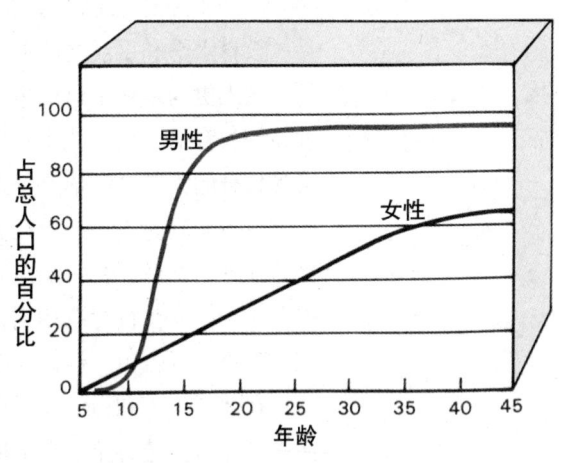

图 11.8 不同年龄组男女两性的手淫发生率(Kinsey, 1953)

称他们仍旧会手淫，他们中的40%仍和自己的配偶住在一起（Starr 和 Weiner，1981）。

手淫频率

人们手淫的频率如何？不同的因素，如年龄和婚姻状况，会造成很大差异。在金赛调查的男性中，这种行为在青春期达到高峰，此时平均手淫率是每周两次。在全部的"活跃人口"（只包括事实上进行手淫的人）中，每周平均2.4次。频率随年龄增长而稳步递减。45~60岁的未婚男子平均低于每两周一次；同龄已婚男子的数字就更低了。

亨特调查并未揭示出男子手淫频率上有什么重要变化。但女性手淫率有所增加：金赛调查中18~24岁的单身女性每年手淫21次，亨特调查中则为每年37次。

在《大都会》杂志调查中频率甚至更高：35%的女子很少手淫，37%每月数次，25%每周数次，3%每天如此。活跃女性的平均频率在不同的年龄水平（直到55岁）上都很一致，并没有随着年龄增长不断下降，而这恰是同龄男子的特征。

在大学生中手淫率变化很大。比如1%的男性新生和更小比例的女性新生报告说每天手淫；17%的男性新生和25%的女性新生手淫率小于每月一次（Gagnon，1977）。在另一个大学调查中，性活动活跃的男女两性中，每天手淫的约为6%（有些人每天手淫数次）；76%平均一周数次，另外约3%每月几次（Arafat 和 Cotton，1974）。

社会因素

金赛调查中，受过良好教育的人更可能手淫：89%的仅有中小学教育程度的男性在他们的一生中仅仅有时手淫，但上过大学的人是96%。女性的相应数字是34%和60%。对于受过大学教育的男性来说，手淫不仅构成婚前性高潮的主要来源（60%），而且在婚后也占10%。

教育水平和手淫之间关联的重要性在于它反映出社会阶层的差异。受过高等教育的人更为依赖手淫的事实，并不意味着这是他们从大学里学来的，而是由于受过高等教育的人更可能来自中产阶级，因此有着那个社群的性价值观。比如，受过高等教育的人较少惧怕手淫危害健康，在他们的社会圈子里，手淫可能会公开进行或至少不受到谴责。起码在金赛的时代，在教育水平较低的人群中，对于手淫有着更为强烈的禁忌。另一因素可能是对于婚前性行为态度上的差别。尽管教育良好的人中对于婚前性行为有相当松弛的限制，但他们会比较低社会经济群体中的同龄人有着更少的自由。他们对于手淫的更大依赖也许部分源于较少的性交自由。

在蓝领工人和白领职员以及非大学和大学水平的个人中，对于手淫的另一个区别是非常清楚甚至有更大的差异的。但在所有的社群中，对于手淫都已比以前更能容忍。

谈到婚姻状况,和金赛调查相比,在亨特的调查中,已婚和未婚女性的手淫流行性有所增加。已婚男性中也同样如此。但单身男子中的流行性没有变化。在回应《红皮书》调查的女性中间,自她们结婚后,有16%经常手淫,51%偶尔为之,7%只有过一次,剩下的26%从未手淫过(Tavris和Sadd,1977)。这些数据,如果以亨特调查中更大范围的前后内容来看,并不意味着手淫成为对婚姻性交失败的补偿,而是因为当代已婚者,尤其是年轻人,似乎相对来讲更为自由地依赖手淫作为对其性要求的辅助满足。

金赛发现宗教对于女性比对男性有更大的影响。男性也许会暂时对手淫感到内疚,但10个中有9个不久又会放纵这种行为。但在多长时间手淫一次上有区别。在金赛调查中,宗教意识浓的男性(特别是犹太正教和罗马天主教徒)手淫率较低。最高的手淫率出现于宗教活动不甚活跃的新教徒中。在妇女中,虔诚者的手淫率(41%)肯定比不虔诚者(61%)低。虔诚的程度看来比具体信哪个宗教更重要。

在亨特调查里,犹太男女中手淫的比例比非犹太人更高。天主教徒和新教徒中的情况相同,但天主教徒中的手淫者比新教徒中的手淫者进行得更加频繁。亨特报告说对宗教的虔诚性仍然对手淫起着重要影响:不信教者更可能进行手淫;他们开始手淫的年龄更低;并且更可能在进入成年后继续这项活动。但在年轻人中这种宗教影响要小得多。在女性中总的来讲宗教影响比男性中仍旧要明显得多。

手淫的功能

手淫的基本作用和性幻想相似,是一种由于自身的原因,将其作为一种工具或替代物进行放纵的行为。

手淫在性心理发育过程中起着重要作用(第9章)。从自我探究开始,孩子发现了其生殖器官令人愉快的潜能,这反过来又促成了进一步的学习和性的成熟。在青春期,手淫继续在自我探索中完成了发育的功能,并为性释放和性满足提供了初步手段。作为一种了解自己性生理和性精神的工具,手淫在成年期继续起着有效的作用(Marcus和Francis,1975)。

今天大多数性学专家将童年和青春期的手淫行为视为成长的一个正常部分,认为它是了解身体机能的方式,是为以后和别人发生性关系而进行的排练。那些在青春期手淫的人在长大后遇到的性问题更少。然而,不是每个人都需要手淫。也有人认为手淫是错的,是种罪恶,这些人不需要手淫也能过上正常的生活(Kaplan,1987)。

也许成年人中手淫最普遍的功能是一种对性交或其他社会性活动的替代,通常是对性交伴侣的缺乏,或对性伴侣因疾病、外出及其他原因而暂时不能性交的补偿。另外一些人通过手淫避免怀孕的风险和性病的传播。在所有婚姻性交之外的选择中(除去禁欲和夜遗),手淫对婚姻关系的威胁最小。

缓和性张力是成年人最常提到的手淫原因（在亨特调查中，4/5的男人和2/3的女人这么说）。在阿拉法特（Arafat）和考顿（Cotton）1974年调查的大学生样本中，48%的男性和39%的女性选择了"感觉到性冲动"；另有21%的男性和24%的女性为这种冲动感到高兴。在《红皮书》的调查中，将近40%的已婚女性说丈夫不在的时候她们会手淫；18%的女性在性交得不到满足感时会选择手淫（Tavris和Sadd，1977）。在没有社会性交机会时，手淫必然成为基本的性发泄方式。有无数的人由于个性、身体原因、健康条件、年龄、社会地位和其他原因，不能与那些吸引他们的人发生性关系，手淫对他们来说是一个可依赖的发泄手段。

还有一些其他的内在原因可解释对手淫的喜爱。手淫可以使性高潮更加强烈（对女性来说尤为明显），可以使用像震动器这样的特殊器具，它们可为人们提供新鲜的性体验。在手淫中可以更自由地进行性幻想和使用色情材料。一个人在任何时候，由于任何原因想要达到性高潮都可以，而无须等待一个动作缓慢的伴侣或者害怕跟不上动作快的伴侣的节奏；无须努力去做到妩媚，不必担心可能由性交带来的疾病和妊娠；并且不花一分钱。

手淫对于那些要达到女性性自主的妇女来讲有着特殊的重要性。女性通常通过男性的触发而了解自身的性，手淫使她们从这种依赖性中解放出来。以这种方式，女性可以在没有男性控制的情况下发现她们自己的性欲和性反应。第二个考虑因素是性行为的安全性。艾滋病会通过体液传播，而手淫——无论是一个人还是和性伴侣一起——是一种安全的性行为，只要没有直接接触性伴侣的精液或阴道分泌物。手淫在某些方式的性治疗中也有重要的作用，这一点我们将在第15章详细讨论。

最后，手淫像其他性行为一样也可以服务于非性需要。大约12%的男大学生和16%的女大学生说"孤独"是手淫的原因。两性中约10%的人进行手淫是为了抵抗心理沮丧和精神紧张（Arafat和Cotton，1974）。尤其是在一个人感觉到头脑紧张时，用手淫来帮助入睡也并非少见。由于公众中手淫比例很高，我们很容易忽视一个事实，即并非所有人都放纵这种行为。在上文提到的阿拉法特和考顿的调查中，大学生中忍住不做（11%的男生和39%的女生）和没有此愿望的占多数（76%的女生和56%的男生）。另一些人认为这是浪费精力或引以为耻（让我觉得自己"廉价"），感到内疚，或出于宗教禁忌，还有一些人反对这种事情（Arafat和Cotton，1974）。

手淫、健康与社会

"要把手淫真正的与假设的现象和结果罗列出来，实际上是无穷无尽的"，霭理士写道。他本人对这种行为的心理是矛盾的。在不同时期，一些难以置信的疾病曾被认为是由手淫引起的，这包括精神病、癫痫、头痛和"头部的奇异感觉"；瞳孔放大、黑眼圈、上斜或侧斜眼；间歇性耳聋；红鼻子和鼻出血；幻嗅和幻听；鼻子的病理变化；乳房肥大和疼痛过敏；卵巢、子宫和阴道疾病（包括痛经和"阴道酸痛"）；各种疼痛，尤其是腰背部的痛觉过敏；气喘；心脏杂音（"手淫者心脏"）；还有从粉刺到伤口等各种皮肤病，以及皮肤苍白和女性皮肤的"难闻气味"。专题11-4提供了部分这类观点的历史背景。

没有任何证据可以支持这些宣称手淫造成身体损坏的种种说法。有人会简单地说，只要性交是无害的，手淫也就同样无害。尽管如此，一些人仍然对这一行为是否被践行得"过度"而感到矛盾，尽管没人能定义其"正常"的界限在哪里。

手淫与心理健康

由于定义精神健康比定义身体健康要难，所以对心理健康的评估就更为困难。在这里，重要的是区分手淫引起心理失调和成为心理失调症候的可能性，在过去这经常被混淆。医生可能会因为看到精神病房中的患者公开地手淫就得出结论说长期的手淫使其发了疯，其实公开地进行这种活动只不过是他们精神错乱的一个表现（如同他们公开地大小便一样）。我们也必须区分手淫的效果和它们所可能产生的不良感觉的影响。

手淫可以是人心理失调的象征，但性交也同样可以，吃东西或其他行为亦可如

专题 11-4
手淫的精神失常

从希波克拉底时代（公元前5—前4世纪）医生就认为过分沉迷于性对健康是有害的。然而，只是在最近250年里，手淫才被视为一种特别有害的行为。早在18世纪，欧洲就出现了一本书，题目为《手淫，或者自我玷污那种可恶的罪》（*Onania, or the Heinors Sin of Self Pollution*）。作者可能是一个牧师，他后来成了一个骗子，随书一起叫卖手淫疗法。尽管后来onania这个词在欧洲变得流行（并在伏尔泰的《哲学辞典》中也有提到），这本书并没有对医学观念产生直接的影响*。

然后在1758年，瑞士著名医生Tissot出版了《手淫，或者关于手淫引起的机能紊乱的论述》（*Onania, or A Treatise upon the Disorder Produced Masturbation*）一书，重申并修正了之前那本书的主张。Tissot是一位无可指摘的权威，他的观点被迅速接受了。尽管他的医学观点和他个人道德都受到指责，但是这本书成了一部标准的参考书。到18世纪末，关于精神疾病的手淫假设已经很好地确立了（Hare, 1962）。

到19世纪末，这种观点在英格兰也被接受了。一家精神病院的主管William Ellis先生，在1839年写道，到目前为止，"导致脑部衰退的最频繁的原因

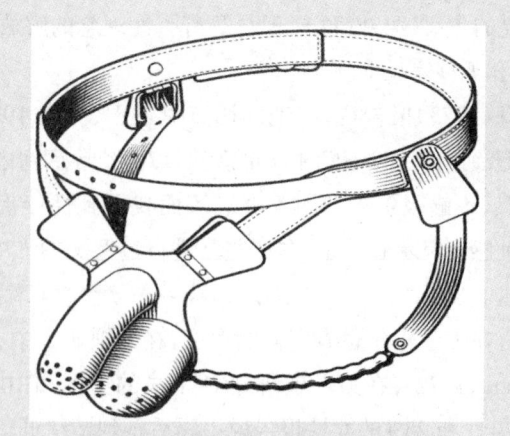

图 11.9 这种可封闭的金属生殖器袋在1910年获得专利，被精神病院用来防止病人手淫

就是手淫这种有害的习惯"。到19世纪中期，这种观点的流行达了顶峰，人们发现"独自恶行的习惯"能引起歇斯底里、哮喘、癫痫、忧郁症、躁狂症、自杀、痴呆以及一般的精神麻痹(Comfort,1967)。

考虑到这种可怕的结果，医生和家长们花费很大力气来阻止孩子们手淫。一个小女孩睡觉时，必须穿上一种连体睡衣，她的手和衣领绑在一起；她的脚绑着脚踏板；并且为了困住她的腰，她被系牢在床头板上，这样她就不能滑到床下用她的脚跟手淫；父母斥责她，给她讲道理，用鞭子打她，但效果甚微，她还是保持着(手淫)这种习惯。

为了和这个"恶魔"作斗争，父母们会利用各种约束措施，顽固的孩子会被送交医生治疗，包括割礼、切除睾丸以及阴蒂切开术。

* Onanism这一术语来自《创世记》8:8-11，实际上最初用来表述性交中断，而不是手淫。

想一想
一名医生认为青少年手淫是不健康的。你怎么说服他改变想法？

此。这并不取决于此类行为本身，而是取决于其中的动机和所要达到的目的。手淫并不会引起精神疾病，我们很有必要说明这一点，因为即使在今天这个时代仍然有些人惧怕由于手淫而导致精神错乱(Arafat 和 Cotton,1974)。

对手淫行为的适当评估，就像对其他行为一样，最终应当和个体的其他生活行为相联系地进行。在这个方面，可以想象，当手淫最终变成强迫性的行为，并以有益的人际交往为代价时，就变成了一种责任。这是达到性快乐的捷径，有着"欺骗"更深层性满足的能力。在这些病例中的问题从根本上讲不是手淫，而是其他更基本的心理对抗。但必须认识到，即使在这种病理状态下，手淫也是所剩无几的性发泄手段之一，并给这些焦躁的人们带来了心理上的安慰。

内疚和羞耻

从维多利亚时代以来世界已发生了很大变化。那时的人们由于偏见而对手淫有着不必要的焦虑(第20章)。但尽管有了性观念的解放，手淫仍可带来诸如内疚、羞耻、悲哀和孤独等反应。

索伦森(1973)报告说，在他的调查对象中，只有19%宣称他们从不感到内疚(32%很少感到内疚，32%有时有此感觉，17%经常感到内疚)。手淫暗含着一个人还不够成熟、不够吸引人和因不够老练而找不到性伴侣等潜台词，因而有时手淫会伴有羞耻感。但矛盾的是，在那些已进行过性交的人中，手淫比在那些童男童女中更为普遍。

据报道在大学生中也有同样的态度：在一项研究中，42%的人报告说曾感到内疚(Greenberg,1972)；在另一项研究中，13%的男性和10%的女性报告了内疚的感觉，11%的男性和25%的女性报告说手淫后感到情绪低落(Arafat 和 Cotton,1974)。

成年人也不免会有手淫产生的不良反应。在亨特报告中，人们总的来说对这项行为感到害羞且秘而不谈："没有哪个成年人，甚至包括那些相当解放的人，敢于告诉朋友、情人或配偶说他们偶尔仍要手淫。"一名39岁的《大都会》调查对象是个离了婚的女性(她曾有过25个情人)，她写道："我从18岁就开始手淫，但这事我没对除现在这个情人外的任何人承认过。"

尽管有相当比例的人仍然觉得手淫是错误的,但这种态度和年龄密切相关。在55岁或更大的年龄组里,29%的男性和36%的女性同意"手淫是错误的"。这种百分比随着年龄递减,以致在18~24岁年龄组中,仅有15%的男性和14%的女性依然同意这个说法。这个数据不仅指出了在态度上的相对变化,而且指出了在这个问题上性别差异的消失。

尽管手淫尚未受到相应的尊重,但社会对这种行动的接受程度已明显提高,这可从通信和文学作品中对手淫的清楚描述来判断。早期婚姻手册中对这种行为的含蓄的接纳,现在已变成通俗性手册作家们泰然自若的赞同,并且他们还会鼓吹"解放手淫"。

马克·吐温以其讽刺作品《关于手淫科学的演讲》参与了这个转折时期。其中有如下几段话:

> 荷马在《伊利亚特》第二卷中用相当的热情说道:"不手淫毋宁死!"恺撒在他的《评论》中说道:"对孤独者来说,它是个伴侣;对被抛弃者来说,

专题 11-5
文学中的手淫

波特诺伊的抱怨 *

青春期来临了,我醒着的时候有一半时间把自己锁在卫生间里,将我的"炮弹"射进马桶,或者洗衣机的脏衣服里;或者打开药箱的镜子,站在镜子前,将内裤褪下,这样我就能看到它是怎样出来的。有时我紧握着拳头,闭着眼睛但张大嘴巴,用我自己的舌头和牙齿来品味那黏黏的酪乳——尽管不经常这样做。无法控制时,我会将它全部涂在我的大背头上,就像奶油弹(在我的头上)爆炸一样。经由一块大大的旧手帕,皱巴巴的面巾纸,以及我褪色的内裤,我的手摸到了我原始的、肿胀的阴茎,不停地害怕当我在"卸掉我的负担"时,有人会偷偷走近,发现我的罪行。无疑,一旦我的手握住我那肿胀的东西,我就完全不能停止做那件事了。上课时我会找个理由,穿过走廊跑到厕所里,然后经过十到十五次重重的摩擦,站着将它排在小便池里。星期六下午看电影时,我会离开朋友们去糖果机那里,紧张地坐在一张较远的包厢座位上,将我的"种子"射在从 Mounds 吧带出来的空糖盒里。有一次举家外出,我曾经挖空一个苹果,在好奇(以及妄想)的驱使下,跑进树林里,对那个水果洞发起进攻,假装那个凉凉的、粉质的洞就是我想象的那个女人双腿之间的那个东西。那个苹果叫道:"哦,大男孩,快进来。"我就在野餐时傻傻地与这个苹果性交。我在地下室的储物间里藏着一个空奶瓶,当放学后我的阴茎直立着时,我用它来放纵自己,它喊道:"大男孩,大男孩,把你的绝活儿都亮出来。"我发神经的时候,一天下午在一家肉店买了一块肝。你可能不相信,但我在去参加一个戒律课的路上,用它来疯狂了一次。

* From Philip Roth, *Portnoy's Complaint*. New York: Random House, 1967, pp.17–19.

害怕飞翔 *

她静静地躺在他身旁。她抚摸自己,来证明她没死。她想起她断腿后的头两星期。她一直手淫,然

后感到除了疼痛之外还有别的感觉。那时疼痛是一种宗教。她完全相信。

她的手伸到下腹。她右手食指摸到阴蒂，同时她左手食指深深插了进去，假装那是阴茎。如果一条阴茎被那些柔软的、塌陷的肉洞包着，会是什么样的感觉呢？她的手指太小。她伸进两个，但是她的指甲太长了。它们被划伤了。

如果他醒来会怎么办？

也许她希望他醒过来，看到她有多孤独。

孤独。孤独。孤独。她将手指调整到那个节奏，并感到在里面的两根手指变得滑滑的，阴蒂变得更硬更红了。你能感觉到你指尖的颜色吗？红色的感觉就是这样。内洞感觉像是紫色的。蓝紫色。似乎流到那里的血都是蓝色的。

"你手淫的时候在想着谁？"她的德国心理医生问，"你在腐化谁？"我在腐化我自己。她实际上谁都没在想，又在想每一个人。想着她的心理医生，还有她父亲。不，没有她父亲。她不能想她父亲。想着火车上的一个男人。床下的一个男人。一个没有脸的男人。他的脸是空白的。他的阴茎上有一只眼睛。它哭了。

她感觉到高潮的痉挛在她手指周围疯狂地吮吸着。她的手滑落到一边，然后她沉沉入睡了。

*From Erica Jong, *Fear of Flying*. New York: Holt, Rinehart and Winston, 1973, p.121.

它是个朋友；对于老人和性交不能者它是个慈善家；那些身无分文的，只要仍有这项娱乐，就是富有的。"在另一处，这个有经验的观察家说道："有时我喜欢它胜过喜欢鸡奸。"

鲁宾逊说："我无法描述我从这个温柔的艺术中得到的东西。"伊丽莎白女皇说："它是处女的堡垒。"Cetewayo 酋长，这个祖鲁人的英雄说道："手中的一抖胜过林中的两次。"不朽的富兰克林曾说："手淫是发明之母。"他还说过："手淫是最好的政策。"米开朗琪罗和所有其他古代大师——古代大师，我要说明，是一个缩写，一个压缩——曾使用过同样的语言。米开朗琪罗对教皇朱利乌斯二世说："自我否定高尚，自我教育有益，自我克制有男子气概，但与手淫相比，对于真正崇高和具鼓舞力量的灵魂来讲，这些都是平淡乏味的。"